股东纠纷案件
司法观点集成

The Collection of Judicial Rules
in the Cases on Shareholder Dispute

孙彬彬　主编

法律出版社
LAW PRESS · CHINA

编　委　会

序

随着市场经济和现代企业制度的确立和不断发展，各类企业在经济生活中发挥着越来越重要的作用。俗话说“商场如战场”，这个战场，不仅仅是各企业之间斗争的外部市场环境；在企业内部，围绕企业经营、控制权、利润分配等主题而爆发的“战争”，亦不鲜见。企业背后的股东，正是置身于企业内部“战场”的绝对主角。

“股东纠纷”一直是法律界和公众关注的焦点，“国美争夺战”“俏江南股权之争”“万宝之争”……其中涉及的法律问题和商业纠纷，无不引发社会各界的广泛讨论。实际上，从企业设立到解散的每个阶段，都会出现阻碍股东参与公司经营、侵害股东权益的事件。而不同企业的经营状况、经营模式、股权架构等因素，也让股权纠纷案件呈现出复杂疑难的特点。

在法律依据层面，《公司法》《合伙企业法》及相关司法解释是分辨和解决股东纠纷案件的主要依据。尽管相关法律法规不断完善，但是法律的订立和修订毕竟是滞后的，如《合伙企业法》自2006年修订以来，迄今为止，已近15年。仅仅依靠法律规定，往往无法解决在处理股东纠纷案件中所遇到的困境。因此，在应对纷繁复杂的股权纠纷案件时，全面把握和了解各级法院的裁判思路，是法律从业者的必修课。

基于长期以来的股东纠纷类案件争议解决经验，以及对公司类纠纷商事争议解决的司法实践状况与发展趋势的观察、钻研，笔者的律师团队在整理司法裁判规则、总结法律实务经验的基础上，完成了本书的编撰，以期与广大法律界同仁分享与交流。

本书沿着公司设立至解散的脉络，剖析了公司各阶段中，可能产生的股东纠纷中具有代表性的重大疑难问题，并选取典型案例进行个案研究。针对每个案件，笔者首先总结出“裁判要旨”供读者快速把握裁判规则，再从“案情简介”“裁判结果”“各方观点”“法院观点”四个部分深入分析，供读者全面、深入地了解相关司法裁判思路。在每章节末尾的“律师点评”部分，笔者结合多年实务经验和最新法律研究成果，从法律规定、审判实践等方面对相关问题和裁判思路进行总结和归纳。

著名法学教授王泽鉴先生曾说：“案例是学习法律最好的方法。”在将已决个案作为起点、将未来个案作为目的的实务研究过程中，笔者始终奉行着“提出问题—分析问题—解决问题”的务实态度。真诚希望，在您开展股东纠纷争议解决相关法律实务工作或法学学术研究时，这本书能提供些许裨益。

从本书开始编撰到最终付梓，得到了各方的帮助与支持，在此一并表示深深感谢！

目　录

第一章　股东出资纠纷

第二章　股东资格确认纠纷

第六章　损害公司利益责任纠纷（股东代表诉讼）

第七章　股权转让纠纷

第八章 请求公司收购股权纠纷

第九章 公司解散纠纷

第一章　股东出资纠纷

公司是最主要的市场活动主体，随着社会主义市场经济体制的建立和逐渐完善，公司也越来越显示出在经济活动中的重要作用。公司治理中的首要法律问题就是公司设立及增资中的股东出资。股东出资是指公司股东在公司设立或增加资本时，按照法律、公司章程的规定及股东间协议约定，向公司缴付财产或履行其他给付义务以获得公司股权的行为。出资是股东的基本义务，既是公司赖以生存和开展经营的财产基础，也是公司对外承担债务的前提。通说认为，股东出资不仅是公司经营活动的基础，也是公司对外承担债务的保证，故股东未全面履行出资义务或抽逃出资同样损害公司债权人的利益。

如果股东未按规定缴纳出资，或者虚假出资、出资不足、抽逃出资等，既可能引发公司与股东、股东与股东、股东与债权人之间的出资纠纷和诉讼，也可能被起诉而依法承担继续履行、损害赔偿等一系列法律责任。基于出资制度在整个公司制度中的重要意义，《公司法》对于股东出资的数额、期限、方式及责任等都有所规定，《公司法》还规定了未履行义务股东或发起人的补缴差额责任和其他股东或发起人的连带认缴责任。此外，因违反出资义务而造成公司其他已履行义务的出资人损失的，还须承担损害赔偿责任。

在现行法律层面，最高人民法院《关于适用〈中华人民共和国公司法〉若干问题的规定（三）》（以下简称《公司法解释三》）第 13 条、第 14 条、第 15 条对股东出资纠纷项下公司、其他股东及公司债权人的权利救济作出详细规定，在审判实践中具有很强的指引性，具体到个案，根据请求权主体以及具体诉讼请求的不同，被告股东承担的责任形式亦有不同。股东出资纠纷包括股东虚假出资、未及时足额出资、抽逃出资等，实务中还涉及股东出资方式不符合法律规定而引起的出资有效性争议，股东瑕疵出资行为引起的股东是否享受股东权利的争议，以及股东在瑕疵出资情况下转让股权而产生的索赔问题等。公司法人财产权决定了公司对公司的全部财产，包括股东出资形成的财产以及在此基础上增值的财产所享有的占有、使用、收益和处分并排除他人非法干涉的权利。股东一旦完成出资义务，其出资的财产即属于公司而非股东所有，由公司自由支配并使用，股东不得再行直接支配其出资财产，公司以其自有的财产独立经营，并以其全部财产承担债务责任，对营业所得的收益由公司按照法律、公司章程和公司机关的意思决定分配。因此，为保护债权人利益并基于维护商业信誉的考虑，公司必须确保其自有财产的持续和充足。

本章节将对出资纠纷方面的几个热点问题进行探讨，包括非货币财产瑕疵出资的问题、抽逃出资行为认定、瑕疵出资及抽逃出资情况下公司债权人的权利救济，以及实务中常见的未足额出资即转让股权所涉法律问题。需要说明的是，本章节在着重探讨以上热点问题的同时，也会对其中相互关联的其他出资法律问题进行阐述。

第一节　土地使用权、实物等非货币财产瑕疵出资的问题

一、股东以不动产出资应办理估值、权属变更手续

案　　号：(2010) 沪一中民四（商）终字第808号

案件名称：甲公司与乙公司股东出资纠纷案

裁判要旨：以土地使用权出资时，股东应当配合公司办理土地使用权估值，并在交付公司使用后及时办理权属变更手续，否则视作出资瑕疵或未全面履行出资义务，公司有权诉请该出资股东配合全面履行出资义务。

案情简介

上诉人（原审原告）：甲公司

被上诉人（原审被告）：乙公司

甲公司于1996年12月9日设立，工商登记资料显示，公司注册资本人民币200万元（以下币种同），法定代表人为林某某。公司的法定住所为上海市闵行区莘庄工业区春东路618号。公司三名股东为上海巨林实业有限公司（以下简称巨林实业）、上海洪力实业公司（以下简称洪力公司）及林某某。其中巨林实业认缴出资额90万元，洪力公司认缴出资额80万元，林某某认缴出资额30万元。甲公司章程约定，巨林实业以材料或设备出资，洪力公司以5.7亩土地使用权折价出资，林某某以30万元出资。嗣后，上述地块及地上零星房屋未评估即进行了验资。甲公司成立后，在上述莘庄工业区春东路618号地块上建造了厂房等，并开始生产经营。

2000年12月20日，乙公司与甲公司签订补充协议一份，约定：1996年11月21日，由甲、乙、丙三方签订的补充协议（原补充协议），其中甲方是洪力公司，由于该公司在1998年3月已合并在乙公司，因此甲方变更为乙公司；原补充协议的乙方和丙方，现变更为只有乙方即甲公司；经复测，厂区的占地面积是7923.31平方米（折合11.88亩），建筑面积共计4813.56平方米；厂区内建筑物和场地的使用权现归甲公司；本补充协议签订之日起，甲乙双方共同努力办理厂区内建筑物的房产证；1996年11月21日所签协议的其他条款继续有效，本补充协议的所有条款与原协议有同等法律效力。

2001年，因案外人上海造漆厂颛桥联营厂迁建仓库及辅助用房，上述地块被征用。2001年12月13日，案外人上海光中实业有限公司（以下简称光中公司）作为甲方与作为乙方的巨林实业签订合同一份，约定：甲方将下属上海造漆厂颛桥联营厂名下的位于上海市沪闵路、金都路口10.7亩土地（已获政府有关部门批准并附后）转让给乙方作为工业用地使用；转让费为20万元/亩，共计214万元；等等。

诉讼中，甲公司认可巨林实业代表甲公司与光中公司签订的上述合同；甲公司自认该地块为国有土地；并自认其在该地块上建造的房屋已得到赔偿；还明确其诉讼请求为要求乙公司完全履行对甲公司的出资义务，将类似的土地交与该公司。

原审法院另查明，乙公司成立于1998年4月29日，注册地为上海市闵行区莘庄工业区申强路515号，法定代表人为马某某。该公司股东为上海市莘庄工业区横泾村民委员会、上海市莘庄工业区牛桥村民委员会、上海市莘庄工业区水产村民委员会。案外人光中公司成立于1992年10月28日，注册地为上海市闵行区莘庄工业区新生村，法定代表人为马某某。该公司股东为上海新生起重机械厂、上海颛桥客车附件厂、上海市莘庄工业区新生村民委员会。

二审法院另查明，上海市公安局闵行分局金都路派出所门牌审批的户籍档案显示，坐落于本市闵行区春东路618号的单位系上海市颛桥新华烘木厂，坐落于本市闵行区春东路688号的单位系上海卡拉康包衣技术有限公司（以下简称卡拉康公司）。本院实地调查取证，春东路上仅有卡拉康公司挂有688号门牌，未见挂有618号门牌的单位及上海市颛桥新华烘木厂字样。

本院从上海市闵行区房地产交易中心调取了上述闵行区春东路688号的房地产登记档案，该档案材料中同时存在上海市闵行区人民政府关于乙公司申请扩建卡拉康公司厂房辅助房工程的国有土地划拨批准文件，文号为闵府土（2002）75号；及相应的建设用地批准书，文号为上海市闵行区（2002）闵府土书第0060号；建设工程规划许可证,文号为沪闵建（2004）3042号。建设用地批准书及《建设工程规划许可证》所标注的上述建设项目的土地坐落于闵行区莘庄工业区春东路618号。而闵行区春东路618号的房地产登记档案材料并不存在，且未见有上述地块被政府征用的事实材料。

裁判结果

一审判决：驳回甲公司的诉讼请求。案件受理费11,800元，由甲公司负担。

二审判决：（1）撤销上海市闵行区人民法院（2009）闵民二（商）初字第1387号民事判决；（2）被上诉人乙公司应于本判决送达之日起30日内以坐落于上海市闵行区春东路618号、5.7亩土地使用权向上诉人甲公司履行其股东出资义务。一审案件受理费人民币11,800元，由被上诉人乙公司负担；二审案件受理费人民币11,800元，由被上诉人乙公司负担。

各方观点

上诉人（原审原告）观点：原审法院认为洪力公司（后被上诉人乙公司合并）将涉案出资地块交付给了上诉人，未办理过户手续属瑕疵出资，违背了相关法律关于土地使用权的转让应当依法登记、未经登记的不发生法律效力的法律规定；在司法实践中，土地使用权作为不动产出资，未办理权利人变更登记的应视为股东出资不到位，被上诉人的行为性质，应当认定为未履行其出资义务，依法应当予以缴足；原审法院认定涉案地块已被征用，与事实不符，亦属查明事实有误，因此上诉人甲公司要求被上诉人乙公司以涉案地块继续履行其出资义务合理合法。故请求撤销原审判决，依法改判支持上诉人的原审诉讼请求。

被上诉人（原审被告）未提交书面答辩意见。

法院观点

一审法院观点：本案的争议焦点是土地使用权未办理过户手续是否可认定为没有出资，乙公司是否需要履行土地出资的义务。根据甲公司的陈述，出资地块进行了验资。之后，甲公司即在该地块上建造了厂房并使用了该地块。故可以认定原公司股东洪力公司将出资地块交付给了甲公司。在甲公司成立后的几年内，该地块未过户至甲公司名下，甲公司一直没有异议。这从补充协议的“厂区内建筑物和场地的使用权现归甲公司”，并约定“补充协议签订之日，甲乙双方共同努力办理厂区内建筑物的房产证”这两节内容得到印证。而双方对是否需要办理出资地块的过户手续并没有约定。本案中，即使洪力公司出资土地的使用权确需过户而未过户，若该地块还存在，只需补办过户手续即可予以补救。因此，若需过户而未过户是属于瑕疵出资。本案中，虽然存在案外人光中公司与代表甲公司的巨林实业签订另一地块土地使用权转让合同这一节事实，但不能就此认定乙公司将原出资地块抽回，又用另一地块出资的意思表示。乙公司与案外人光中公司的法定代表人尽管为同一人，但两者的投资方不同，不能由此推定光中公司即代表乙公司，应只能视为甲公司的土地被征用后案外人对其生产经营场所的重新安置。这从涉案合同甲公司需支付案外人土地转让费等内容可以得到反映。而案外人与征地后的使用人之间的关系，涉案合同表述为“下属上海造漆厂颛桥联营厂”。至于案外人与甲公司之间的合同最终没有履行，甲公司的权益受到损失，甲公司可以通过其他途径救济。分析乙公司的该种瑕疵出资，因该地块已被征用并发生征地费用，原土地使用权出资形式已经转换为现金出资形式，即使甲公司要求乙公司履行出资义务，也只能要求该公司补足相应出资款。现甲公司要求乙公司交付类似地块的诉求，既没有合理性，也没有事实依据，原审法院难以支持。

二审法院观点：上诉人甲公司设立时，由三方股东共同出资，其中洪力公司以坐落于本市闵行区春东路618号的5.7亩土地使用权进行出资。上述洪力公司的出资行为虽未办理土地使用权属的变更登记，但上诉人已在该地块上建造厂房进行生产经营。至洪力公司为被上诉人乙公司合并，被上诉人亦未能及时办理相关的土地使用权属的变更登记手续，明显违反了法律的规定。因被上诉人未依法到庭应诉，本院采信上诉人的诉称事实，认定上诉人系因被上诉人的利益考虑而搬离了春东路618号，双方另行签约，被上诉人的关联企业表示以坐落于沪闵路、金都路口的10.7亩土地使用权转让给上诉人建造厂房使用。然而该10.7亩地块被市政建设征用，致使上诉人至今未能足额收到股东的投资，被上诉人乙公司应当依法履行洪力公司的出资义务。原审法院认定洪力公司的出资土地被征用，与事实不符，相关的坐落于闵行区春东路618号地块并未被政府征用，其土地使用权的权利归属仍在被上诉人名下。被上诉人作为合并洪力公司的法人，洪力公司作为上诉人的股东应履行以相应的土地使用权进行出资的义务，因被上诉人从上诉人处收回上述土地使用权且未能兑现向上诉人另行交付相应土地使用权的承诺，而未能全面履行，应当依法予以履行，被上诉人还应当配合上诉人办理相关的土地使用权评估及相应的权属变更登记手续。

二、股东以动产实物出资且交付公司使用，即便未办理过户手续亦属履行了出资义务

案　　号：（2008）黑高商初字第45号

案件名称：邢某某、大庆市银兴化工有限公司、大庆市太福化工集团有限公司与中国信达资产管理股份有限公司黑龙江省分公司借款合同纠纷上诉案

裁判要旨：股东以实物出资，实物价值已经超过公司章程或注册资本所记载出资价额，且已交付公司使用的，即便未办理权属变更登记，亦可认定股东已经全面履行了出资义务。

案情简介

上诉人（原审被告）：邢某某

上诉人（原审被告）：大庆市银兴化工有限公司

上诉人（原审被告）：大庆市太福化工集团有限公司

被上诉人（原审原告）：中国信达资产管理股份有限公司黑龙江省分公司

2002年12月26日，中国银行大庆市分行（以下简称大庆中行）与大庆市太福化工有限公司（以下简称太福化工公司）签订四份借款合同，借款本金总计6500万元，借款期限均为12个月，借款利率均为5.31%。其中2002中庆借字第06240029号合同借款3330万元、2002中庆借字第1220070号合同借款770万元、2002中庆借字第1220071号合同借款400万元、2002中庆借字第1219069号合同借款2000万元。同日，大庆中行与大庆市太福塑料制品有限公司（以下简称太福塑料公司）签订2002中庆保字第20021220070、20021220071、200206240029号保证合同，约定由太福塑料公司为2002中庆借字第1220070、1220071、06240029号借款合同提供连带责任保证，保证期间为2年。贷款到期后，太福化工公司未能按约定偿还贷款本息。2003年12月31日，太福化工公司在大庆中行办理了上述贷款本金借新贷还旧贷手续，重新签订两份借款合同，借款期限均为9个月，借款利率均为5.31%。其中，2003中庆借字第1118053号合同借款4500万元，2003中庆借字第0602022号合同借款2000万元，旧贷款所欠利息未还。合同签订后，大庆中行按约定发放了贷款。同日，大庆中行又与太福塑料公司签订2003中庆保字第1118053号保证合同，由太福塑料公司为2003中庆借字第1118053号借款合同提供连带责任保证。贷款到期后，太福化工公司未偿还贷款及利息。大庆中行于2004年6月25日与中国信达资产管理公司哈尔滨办事处（以下简称信达公司哈办）签订债权转让协议，将其享有的对太福化工公司的债权转让给信达公司哈办。2004年7月28日，太福化工公司及大庆市鑫福塑料制品有限公司（以下简称鑫福塑料公司）分别在债权转让通知和担保权利转让通知上盖章确认。2005年3月21日，中国银行黑龙江省分行与信达公司哈办共同在黑龙江日报上发布债权转让暨催收公告，对2002中庆借字第06240029、1220070、1220071、1220069号借款合同欠付利息进行转让通知并催收。2005年1月26日，中国银行黑龙江省分行与信达公司哈办共同在黑龙江日报上发布债权转让暨催收公告对2003中庆借字第1118053、0602022号借款合同欠付本金及利息进行转让通知并催收。2006年6月24日、2008年6月11日，信达公司哈办在黑龙江日报发布对上述六份借款合同项下债权的催收公告。

另查明，2001年1月，太福化工公司将其注册资金从1500万元变更为12,500万元，新增注册资金中邢某某投入价值2712.5万元的实物，其中包括评估值为1543.5224万元的房产，但邢某某未将该房产的产权转移至太福化工公司名下。

2003年4月，太福塑料公司更名为鑫福塑料公司。2007年9月，又更名为太福集团公司。

2005年11月，太福化工公司更名为银兴公司。

2008年6月25日，信达公司哈办向原审法院提起诉讼，请求判令：1. 银兴公司偿还贷款本金6500万元，利息33,548,666.11元（利息计算到2008年12月20日），其他损失1,451,433.89元，合计100,000,100元；2. 太福集团公司对其提供保证的4500万元贷款本金及利息19,573,360.46元（利息计算到2008年12月20日）承担连带还款责任；3. 邢某某对上述债务在其注册资金未到位的范围内承担清偿责任。

本院经二审审理除对一审法院查明的事实予以确认外，另查明：2001年，太福化工公司与中国农业银行大庆市分行营业部（以下简称农行大庆分行）签订农银借字（2001）第020号《借款合同》，约定由农行大庆分行向太福化工公司发放贷款3000万元整，并约定借款担保方式为抵押担保。农行大庆分行又与太福化工公司签订了农银抵字（2001）第020号《抵押合同》，约定由太福化工公司以机器设备为上述债务提供担保，并于2001年12月19日办理了抵押登记，登记证号为庆工商抵字第0126号。在该《企业动产抵押登记档案》中的《抵押物登记申请表》载明，抵押人为太福化工公司，抵押金额为人民币70,459,600元整，抵押物状况为企业自有。勘验人员对抵押物进行了现场勘验，档案中留存企业抵押物图片卡，其中有塑料扁丝拉丝机组若干，图片卡载明该机组的生产厂为“武进市东方”，使用单位、保管使用人为“太福化工公司”，购置日期为“2001”，另有蒸汽锅炉若干，图片卡载明其生产厂为“齐市”，购置日期为“2001”，使用单位、保管使用人为“太福化工公司”。在该《企业动产抵押登记档案》中，存有齐齐哈尔锅炉总厂大庆产品经销处于2001年10月8日为邢某某出具的150万元蒸汽锅炉及辅机款收据，以及武进市东方园织机厂于2001年10月23日，以邢某某为交款人而开具的《收款收据》，其载明“拉丝机组25套，单价600,000元”。

银兴公司于2009年5月28日出具的《邢某某出资证明》载明，股东邢某某2001年10月向银兴公司出资的财产已交付给银兴公司，其出资财产包括：1. 工艺管道1套，价值金额为10,443,355元。2. 电器设备1套，价值金额为2,404,010元。3. 采暖通风设备1套，价值金额为1,854,845元。4. 10吨蒸汽锅炉一台及辅机，价值金额为150万元。5. 拉丝机组25套，价值金额为1500万元。

2010年7月，信达公司哈办更名为信达黑龙江分公司。

裁判结果

一审判决：（1）银兴公司于判决送达之日起10日内给付信达公司哈办2002中庆借字第06240029、1220070、1220071、1219069号借款合同项下尚欠的利息（按合同约定利率计算）；给付2003年签订的借款合同项下本金6500万元及利息（合同期内按合同约定利率、逾期按中国人民银行规定的同期逾期贷款基准利率标准计算）；（2）太福集团公司对2003中庆借字第1118053号借款合同项下4500万元借款本金及利息承担连带清偿责任；（3）如银兴公司不能偿还上述债务，由邢某某在15,435,224元的范围内负责清偿；（4）驳回信达公司哈办的其他诉讼请求。

二审判决：（1）维持黑龙江省高级人民法院（2008）黑高商初字第45号民事判决第一、二、四项；（2）撤销黑龙江省高级人民法院（2008）黑高商初字第45号民事判决第三项。

各方观点

上诉人观点：邢某某、银兴公司、太福集团公司均不服原审判决，向本院提起上诉。邢某某上诉称：（1）邢某某已尽出资义务。首先，太福化工公司2000年12月15日的《股东会纪要》明确写明，邢某某出资2712.5万元，以实物出资。因此，邢某某对其他股东及公司承诺的是“以实物出资”，并非仅限于房产。原审判决判令邢某某在出资不足的范围内承担清偿责任，说明原审亦认可出资不足并非特定物之债。其次，邢某某已经连续向银兴公司以实物出资三次，出资总额累计已经达到5861.462万元，远远超出邢某某应出资的数额，更远远大于信达黑龙江分公司所主张邢某某应当承担补充赔偿责任的数额。邢某某第一次交付的出资是2001年1月14日，从太福集团分得的2741.241万元资产；第二次交付的出资是其2001年3月13日再次从太福集团分得的1470.221万元资产，虽然是在验资后取得该笔资产所有权，但处分及验资行为是有效的；第三次交付的出资是其2001年10月8日、23日从齐齐哈尔市锅炉总厂购买的蒸汽锅炉及辅机和从武进市东方园织机厂购买的拉丝机组，其投入的资产价值共计1650万元。最后，无论是否履行验资手续或者验资手续是否存在瑕疵，均不能否定邢某某已经实际出资的客观事实。（2）“公司财产不足以清偿债务”是信达黑龙江分公司要求股东承担补充责任的前提，现在没有证据证实“银兴公司财产不足以清偿债务”，目前尚不能确定“对债权人已经造成损害”，直接将股东列为被告是没有法律依据的。（3）原审法院判决适用《合同法》第73条判决邢某某向信达公司哈办承担给付责任，属适用法律错误。没有证据证明银兴公司怠于行使债权，邢某某不但未怠于履行债务反而分三次积极超额补足出资，信达黑龙江分公司目前无权行使代位权进行诉讼。（4）信达黑龙江分公司自认2003年的贷款根本没有实际发放，而只是“期限重组”，在银兴公司否认收到银行贷款的情况下，原审法院仅仅依据原债权人加盖印章的复印件作为证据，无法律依据。（5）原审法院违反级别管辖规定立案，属程序不当。故请求撤销原审判决第三项，改判邢某某不承担民事责任，并判决一审、二审诉讼费用全部由被上诉人承担。

银兴公司上诉称：本案所涉6500万元贷款并未实际发放，大庆中行与银兴公司之间并无真实的债权债务关系；即使存在该债权债务关系，对于2002中庆借字第1219069号合同项下的债权，大庆中行也从未向信达公司哈办转让过，信达公司哈办无权主张；即使债权存在并转让给了信达公司哈办，本案也已过诉讼时效。故请求撤销原审判决，依法改判驳回信达公司哈办的诉讼请求，银兴公司不承担给付责任；一审、二审诉讼费用由信达公司哈办承担。银兴公司申请减交上诉案件受理费，否则，变更其上诉请求第一项为：对原审判决主文第一项要求银兴公司“给付2003年签订的借款合同项下本金6500万元及利息”中的5万元本金及利息部分不服，请求撤销原审判决，依法改判银兴公司不承担该部分民事责任。

太福集团公司上诉称：本案所涉贷款未实际发放，信达公司哈办没有也不可能从中行大庆分行取得转让的债权，即使该债权存在且已转让，信达公司哈办的请求权也已过诉讼时效。故请求撤销原审判决，依法改判驳回信达公司哈办的诉讼请求，太福集团公司不承担给付责任；一审、二审诉讼费用由信达公司哈办承担。太福集团公司申请减交其二审案件受理费，否则，变更其上诉请求第一项为：对原审判决主文第二项要求太福集团公司“对2003中庆借字第1118053号借款合同项下4500万元借款本金及利息承担连带清偿责任”中的4万元本金及对应利息1万元部分不服，请求撤销原审判决，依法改判太福集团公司不承担该两部分民事责任。

被上诉人的观点：被上诉人信达黑龙江分公司辩称：（1）本案债权债务关系及担保关系明确，一审判决认定原债权银行向太福化工公司发放了6500万元贷款证据确实、充分。（2）银兴公司与太福集团公司的上诉请求没有事实和法律依据，应予驳回。银兴公司对原审判决第一项要求上诉人“给付2003年签订的借款合同项下本金6500万元及利息”中的5万元本金及利息部分不服，请求改判不承担该部分民事责任。而本案中2003年签订的借款合同是两笔，总计是6500万元，但是上诉人并没有说明对哪笔借款合同项下的5万元本金及利息不服，也没有说明不服的具体理由。太福集团公司对原审判决第二项要求上诉人“对2003中庆借字第1118053号借款合同项下4500万元借款本金及利息承担连带清偿责任”中的4万元本金及对应的利息1万元部分不服，请求改判不承担该部分民事责任。2003中庆借字第1118053号借款合同项下的4500万元本金及利息是一个整体，如果上诉人不服法院对该部分的判决，应该是对整体4500万元提起上诉，如今仅对4万元本金及1万元利息提起上诉是为了规避交纳上诉费，其提起上诉完全是拖延诉讼时间，属于明显的恶意上诉。（3）各上诉人对于在2001年年初邢某某将上述房产设备投入太福化工公司并无异议，对上述房产到庭审时仍然没有过户到太福化工公司名下也无异议。邢某某主张的其对太福化工公司的投资已从房产置换成了其他资产没有任何依据，按照《公司法》的相关管理制度，公司注册资金的变更是需要到工商行政管理部门进行变更登记的，而本案中太福化工公司的工商档案中没有任何变更注册资金或者变更实物注资的记录。因此，邢某某将房产作为实物注资投入太福化工公司并没有改变。对于银兴公司的债务，邢某某应承担其注册资金不到位部分的清偿责任。一审认定事实清楚，适用法律正确，三方上诉人的上诉理由没有事实及法律依据，应驳回上诉请求，维持原审判决。

法院观点

一审法院观点：原审法院经审理认为：大庆中行与太福化工公司、太福集团公司分别于2002年、2003年签订的六份借款合同、四份保证合同及大庆中行于2004年6月25日与信达公司哈办签订债权转让协议均系各方当事人的真实意思表示，内容不违反法律、行政法规的强制性规定，又无导致合同无效的其他法定情形，均应认定为有效合同。大庆中行按约定发放了贷款，太福化工公司亦在借款凭证上加盖公章及法定代表人名章予以确认，故银兴公司与太福集团公司对上述借款合同中欠付的本息负有连带偿还义务。银兴公司、太福集团公司以及邢某某提出大庆中行未实际发放贷款的抗辩主张，以及邢某某关于还款期间未到，债权人不能对外转让债权的主张均无事实和法律依据，该院不予支持。

大庆中行与太福化工公司2002年12月26日签订的四份借款合同到期后，太福化工公司未能偿还贷款，双方又于2003年12月31日重新签订两份借款合同，以借新贷还旧贷的方式偿还了2002年四笔贷款的本金，尚有2002年四笔贷款的利息及2003年两笔贷款的本息未予偿还。本案争议的是该部分债权是否超过法定的诉讼时效期间问题。2003年12月31日签订的两份借款合同约定到期日为2004年9月30日，应开始支付利息的时间为2004年3月20日，其诉讼时效截止时间分别为2006年10月1日与2006年3月21日，信达公司哈办2005年1月26日、2006年6月24日、2008年6月11日在黑龙江日报发布公告对上述债权向债务人太福化工公司及保证人太福集团公司催收，已构成诉讼时效中断，至2008年6月25日提起诉讼并未超过法定的诉讼时效期间。对于2002年四份借款合同欠付的利息，虽然原债权人及信达公司哈办在黑龙江日报发布的催收公告有误，但根据最高人民法院《关于审理民事案件适用诉讼时效制度若干问题的规定》第11条“权利人对同一债权中的部分债权主张权利，诉讼时效中断的效力及于剩余债权，但权利人明确表示放弃剩余债权的情形除外”的规定，信达公司哈办主张此部分债权亦未超过诉讼时效期间。银兴公司、太福集团公司及邢某某的此节诉讼主张缺乏事实及法律依据，该院不予支持。

邢某某至本案法庭辩论终结前仍未能将出资到银兴公司的房产权属变更至银兴公司名下，银兴公司未能取得该部分资产的所有权。故邢某某对银兴公司的出资未全部到位，其对该公司及已足额出资的股东构成违约，邢某某负有向公司补足出资的民事责任，信达公司哈办有权向邢某某主张权利，邢某某应在其出资不足的范围内对银兴公司不能清偿的债务承担清偿责任。至于邢某某主张其已用 2001 年 3 月 13 日再次从太福集团公司分得价值 1470.221 万元的资产经验资补足出资问题，经查，该部分资产为生产设备，邢某某欠缴的出资为房产，其提供的大庆庆元会计师事务所验资报告记载验资时间为 2001 年 1 月 11 日，此时该部分资产尚未分配，不存在用于出资并进行验资的可能。邢某某还主张其于 2001 年 10 月购买了价值 1500 万元的拉丝机组及价值 150 万元的锅炉出资到太福化工公司，但未能提供正式的税务专用发票，且邢某某未能举示变更出资资产种类并经验资确认的证据。银兴公司虽出具证明证实邢某某出资已到位，但因其与邢某某系公司与其股东的关系，银兴公司又拒绝提供确已接受邢某某投入资产，并已按财务制度规定记入公司实收资本账或固定资产账的证据。因此，在没有其他证据相佐证的情况下，邢某某主张已补足出资的证据不足，对其主张不予支持。信达公司哈办主张给付其他损失 1,451,433.89 元，但未能提供相应的证据，对其该部分主张该院亦不予支持。

综上所述，信达公司哈办的部分诉讼请求有事实及法律依据，该院予以支持。

二审法院观点：本案二审争议的焦点是：（1）本案所涉借款合同约定的贷款是否已实际发放；（2）邢某某是否履行了出资义务，其应否就银兴公司的债务在 1543.5224 万元范围内承担补充赔偿责任；（3）银兴公司、太福集团公司关于原审判决认定的本金和利息有误的上诉主张是否有事实依据。

1. 关于本案中大庆中行是否实际发放了贷款的问题。2003 年 12 月，太福化工公司在大庆中行就未偿还债务办理借新贷还旧贷手续，双方重新签订的两份借款合同，系双方真实意思表示，并不违反法律和行政法规的规定，应为合法有效。大庆中行按约定发放了贷款，太福化工公司亦在借款凭证上加盖公章及法定代表人名章予以确认。该债权转让给信达黑龙江分公司后，太福化工公司及鑫福塑料公司分别在债权转让通知和担保权利转让通知上盖章确认，该债权债务关系明确。故邢某某主张大庆中行并未实际发放贷款，与事实不符，本院不予采纳。

2. 关于邢某某是否履行了出资义务的问题。2001 年 1 月，太福化工公司增加了注册资本，由原 1500 万元变更为 12,500 万元，并办理了工商变更登记，其中邢某某投入价值 2712.5 万元的实物出资，包括评估值为 1543.5224 万元的房产，该房产已实际交付太福化工公司使用，但因该房产未取得产权证明书等合法手续，致使其无法过户到太福化工公司名下。根据太福化工公司于 2000 年 12 月 15 日形成的《公司章程修正案》《股东会议纪要》等记载，邢某某虽以实物出资，但并未明确该“实物”财产的具体类别。并且，大庆中行发放本案 6500 万元贷款时，借款人太福化工公司的注册资本为 1.25 亿元，没有证据证明其是基于对邢某某出资中评估价值仅为 1543.5224 万元房产的信赖而发放该笔贷款。而根据工商部门登记的太福化工公司的《企业动产抵押登记档案》中的记载，大庆中行同样可查询到邢某某于 2001 年将其购买的价值 1650 万元的拉丝机、蒸汽锅炉投入太福化工公司供其使用，并作为太福化工公司所有的财产抵押给了农行大庆分行等相关事实，使其相信太福化工公司的财产除 1.25 亿元注册资本外，还有这部分价值 1650 万元的机器设备。因此，邢某某承诺出资的房产虽未完成过户手续，但并不影响大庆中行发放贷款时对太福化工公司的资信能力所作出的实质性判断，对其决策亦不构成外观上的误导和欺诈。邢某某购买上述 1650 万元机器设备的凭证虽不是正式发票，但其购买机器设备时生产厂家出具的收据，以及此前用于抵押登记并由工商机关提供的《企业动产抵押登记档案》等证据，足以证明其购买行为及作为出资投入太福化工公司的事实是真实的，对此，银兴公司在一审期间亦明确表示认可。故本院对邢某某以价值 1650 万元的机器设备作为出资已投入银兴公司的事实予以确认。综上所述，邢某某向银兴公司实际投入的资产已超过其在《公司章程修正案》《股东会议纪要》等文件中承诺的 2712.5 万元，不存在其向银兴公司出资不足的事实。本案系信达黑龙江分公司与银兴公司之间的债权债务纠纷，在没有证据证明银兴公司不能清偿本案债务及股东邢某某侵害公司资产的情况下，信达黑龙江分公司以其对银兴公司的债权而向其股东邢某某主张代位求偿权，没有事实和法律依据。上诉人邢某某关于其不应对银兴公司的债务承担民事责任的上诉理由成立，本院予以支持。原审判令邢某某对银兴公司不能清偿的债务在1543.5224万元范围内负责清偿，系认定事实有误，适用法律不当，本院予以纠正。另黑龙江省高级人民法院依据《民事诉讼法》及相关规定，对本案行使管辖权并无不当。上诉人邢某某关于原审法院违反级别管辖相关规定的上诉理由不成立。

3. 关于银兴公司、太福集团公司对原审判决认定的本金利息不服的主张是否有事实依据的问题。银兴公司上诉提出对原审判决第一项要求其“给付2003年签订的借款合同项下本金6500万元及利息”中的5万元本金及利息部分不服。太福集团公司亦在其上诉中对原审判决第二项要求其“对2003中庆借字第1118053号借款合同项下4500万元借款本金及利息承担连带清偿责任”中的4万元本金及对应的利息1万元部分不服。但两上诉人并未提出证明原审相关判项有误的证据，原审依据相关借款合同、保证合同及贷款发放的证据，判令银兴公司偿还6500万元本金和利息及太福集团公司对4500万元本息承担连带责任，并明确“合同期内按合同约定利率，逾期按中国人民银行规定的同期逾期贷款基准利率标准计算”，证据充分，适用法律正确，并无不当。银兴公司、太福集团公司的上诉理由不成立，应予驳回。

三、未办理土地出让手续的划拨土地不得作为股东出资

案　　号：（2005）苏民二终字第034号

案件名称：南京富力精细化工有限公司诉南京四力化工有限公司出资纠纷案

裁判要旨：以划拨土地使用权出资的，在未办理土地出让手续的情况下，因涉及间接损害国家利益，不得认定为股东出资；法院在审理有关诉讼中，如果土地使用权的权利瑕疵在合理期限内补正的，可以认定出资的效力。

案情简介

上诉人（原审原告）：富力公司

被上诉人（原审被告）：四力公司

南京四力化工有限公司（以下简称四力公司）为出资设立南京富力精细化工有限公司（以下简称富力公司），于1998年8月委托南京永诚国际咨询

评估公司对其拟作为出资的部分房地产进行评估。经评估：房产面积为1055平方米，评估值为301,700元；土地面积为2830平方米，使用权价格为424,500元；设备评估值为118,142元。1998年9月18日，江苏富森科工贸有限公司（以下简称富森公司）、四力公司及徐某某签订三方合资联营协议一份，约定：三方共同出资设立富力公司，四力公司出资75万元，出资方式：以土地、厂房和部分设备折价出资；土地以联营各方确认的图纸为准，土地使用期限为50年。同日，三方又签订土地房产入股协议一份，约定：四力公司以土地房产入股，三方认定为750,000元（含设备金额），其中房产实际使用面积为1055平方米，土地实际使用面积为2830平方米，经三方签字盖章后生效；四力公司以富力公司名义办理产权使用证和土地使用证，土地使用权年限为50年，办证所需一切费用由四力公司承担。后四力公司将土地、房产及设备交付给富力公司，双方对土地的四至范围表述一致。1998年10月27日，南京审计事务所出具验资报告，证明富力公司的注册资本已由投资方缴足，其中，四力公司投入实物资产部分（含房地产）计84.43万元，以其中750,000元用于注册，超过部分按应付款核算。同年11月4日，富力公司领取企业法人营业执照。1999年7月，房产部门向富力公司核发房屋所有权证，房屋面积759.61平方米；同年11月土地管理部门向富力公司核发国有土地使用证，使用权类型为国有划拨。

经现场勘查查明，四力公司交付富力公司实际使用的房屋为三处房产，即生产用房、办公用房和实验用房，房屋的实际状况与评估报告中所记载的房屋一致，面积也基本一致，评估报告中评估价值分别为生产用房价值204,700元、办公用房价值85,000元、实验用房价值12,000元。该三处房产中的生产用房、办公用房已办理了房产所有权证，但房产所有权证面积分别比实际面积分别少88.78平方米和133.61平方米（该部分面积属于房屋内部隔层，房产部门未颁发所有权证），实验用房73平方米未办理房屋所有权证书。另四力公司已将价值118,142元的机器设备交付给富力公司。

富力公司于2004年5月24日以公司成立至今，四力公司仅交付房产759.61平方米，且未交纳土地出让金。富力公司以先为由诉至法院，请求判令：（1）四力公司补足395.39平方米的房产，如不能交付，则支付该面积房产1998年的价值，并赔偿房屋价格上涨的差价损失，共计750,000元；（2）四力公司支付土地出让金850,000元。

裁判结果

一审判决：驳回富力公司的诉讼请求。

二审判决：（1）撤销江苏省南京市中级人民法院（2004）宁民二初字第82号判决；（2）四力公司在判决生效10日内向富力公司补足出资342,158元；（3）驳回富力公司其他诉讼请求。

各方观点

上诉人（原审原告）观点：（1）一审判决认定四力公司已经向富力公司交付了面积为1055平方米的房产，只是交付后富力公司改变了房屋结构导致房屋面积与约定不符，没有事实依据，四力公司应当补足相应面积的房产；（2）一审判决认定四力公司已为富力公司办理了土地使用权证符合协议约定没有事实和法律依据，四力公司应当支付土地出让金。综上所述，请求二审法院撤销原审判决，依法支持富力公司的诉讼请求。

被上诉人（原审被告）观点：（1）四力公司已将约定的房产交付给富力公司，由于富力公司将房屋结构改变造成面积减少责任不在四力公司，而在于富力公司；（2）约定的土地使用权证已经办到富力公司名下，四力公司已经履行了约定的义务，不应再交纳土地出让金。

法院观点

一审法院观点：根据合资联营协议及土地房产入股协议的约定，四力公司应投入价值750,000元的土地、房产和设备，作为对富力公司的出资。经评估机构评估，四力公司拟作为出资的实物的总价值超过750,000元，该评估结论得到富力公司三方股东的一致认可。实际履行中，四力公司已按约将上述实物全部交付给富力公司，该事实也得到验资机构的确认。从房屋所有权证可以看出，实物交付后，房屋结构已发生变化，与原平面图存在明显差异，致房屋面积与约定不符。因房产在四力公司交付后已发生变化，故富力公司以房屋所有权证为依据认为四力公司出资不足，缺乏依据，其要求四力公司补足房屋面积并赔偿差价损失的请求不能成立。协议约定四力公司应为富力公司办理土地使用证，并未特别约定土地使用权的类型，四力公司也于1999年为富力公司办理了国有土地使用权证，使用权类型为划拨，富力公司已实际取得该土地的使用权。四力公司的行为符合协议约定。因该片土地的使用权类型并非出让，无须交纳土地出让金，也无任何管理部门要求富力公司交纳土地出让金，故富力公司要求四力公司支付土地出让金850,000元，缺乏事实依据，其请求不能成立。

二审法院观点：根据1998年9月18日富森公司、四力公司及徐某某三方签订的合资联营协议、土地房产入股协议和1998年10月27日南京审计事务所验资报告，四力公司应当向富力公司投入价值750,000元的房产、设备和土地使用权作为注册资金。在实际投入过程中，四力公司将联营协议中约定的相关实物交付富力公司的使用情况如下：价值118,142元的机器设备完全按约交付所有权；价值204,700元的生产用房和价值85,000元办公用房办理的房产所有权证记载的面积虽与约定的投入面积不相符，但由于该房产与所评估的房产一致，其价值并不因房产所有权证记载面积的减少而下降，因此该两处房产应认定投入到位；价值12,000元的实验用房因四力公司至目前为止仍未将房产所有权证办理到富力公司名下，该房产不属于富力公司所有，因此，四力公司对该房产的投入没有到位；2830平方米土地使用权性质截至目前仍为国有划拨土地，没有办理出让手续，且四力公司未能举出该土地使用权经国有资产管理部门批准可以作为注册资本投入和其被授权管理该土地使用权的证据，根据相关法律规定，富力公司虽然取得该土地的国有划拨土地使用权证，但仅仅可以根据国家的授权使用，不能将土地记入公司资产范围和进行处分，因此，四力公司对土地使用权的投入没有到位。综上所述，四力公司实际投入到位的资产价值407,842元，对于未到位的资产依法应当按约定履行，但鉴于客观上该房产、土地使用权已无法按合同约定履行，其依法应对750,000元注册资金中342,158元的不实部分承担补足责任。一审判决认定四力公司已经履行出资义务不当，应予纠正。富力公司认为四力公司的注册资金投资不到位的上诉请求成立，该院予以支持。根据《公司法》的规定，有限责任公司股东以其出资额为限对公司承担责任，股东作为出资的实物、土地使用权的实际价额显著低于公司章程所定价额的，应当由交付该出资的股东补交其差额。因此，富力公司要求四力公司赔偿差价损失和支付土地出让金的诉讼请求缺少法律依据，该院不予支持。

律师点评

股东出资是指公司股东在公司设立或增加资本时，按照法律、公司章程的规定及股东间协议的约定，向公司缴付财产或履行其他给付义务以获得公司股权的行为。出资是股东的基本义务，既是公司赖以生存和开展经营的财产基础，也是公司对外承担债务的前提。

关于公司的出资方式，1993年《公司法》第24条规定，股东既可以用货币出资，也可以用实物、工业产权、非专利技术、土地使用权作价出资。此时，股东以非货币出资，限于法律规定的方式，即法律规定了非货币出资的范围，只有法律规定的非货币财产才能作为出资。1999年、2004年《公司法》沿用此规定。而依照2005年《公司法》第25条的规定，股东可以用货币出资，也可以用实物、知识产权、土地使用权等可以用货币估价并可以依法转让的非货币财产作价出资，但是法律、行政法规规定不得作为出资的财产除外。可见，修订后的《公司法》允许股东以“不为法律、行政法规所禁止”的方式进行非货币财产的出资，即采取开放式的做法，只要法律、行政法规未禁止且可以转让的财产，均可以作为非货币出资。2013年《公司法》沿用了2005年《公司法》的规定。

根据现行《公司法》第27条的规定，股东出资的方式包括货币、实物、知识产权、土地使用权、股权及其他可用货币估价并依法转让的非货币财产；根据最高人民法院《关于适用〈中华人民共和国合同法〉若干问题的解释(三)》(以下简称《合同法解释三》)第9条、第10条的规定，非货币财产出资应依法评估作价，并在交付公司后办理权属变更手续。如果非货币财产评估的实际价额显著低于公司章程所定价额及认缴注册资本，或者未及时办理交付和权属变更，则出现出资不足、逾期出资或虚假出资等情形。实践中，就土地使用权、实物等非货币财产的出资认定标准不一，原因在于不同的非货币财产类型所涉及的交付、权属变更手续及公司实际经营效用均有所不同。公司在设立初期，需要股东缴付出资用于生产经营，针对不同行业及公司经营需求，股东以土地、房产、生产设备等非货币财产作为公司生产、经营的情况屡见不鲜，而非货币财产出资的登记、交付将影响公司的正常经营，同时该类财产的登记、交付的出资认定标准亦影响股东的自身权利。因此，无论从公司资本维持，还是从股东权益保护角度来讲，非货币财产出资的认定标准及司法层面纠纷解决机制，对于各方权责的实现和维持都存在深远的作用。

结合前述三个案件的具体案情及法院判决理由，笔者归纳常见非货币财产出资纠纷类型及裁判思路如下：

1. 股东以土地使用权出资，应当配合公司办理土地使用权估值，并在交付公司使用后及时办理权属变更手续，否则视作出资瑕疵或未全面履行出资义务，公司有权诉请该出资股东配合全面履行出资义务。

2. 以国有划拨土地使用权出资的，在未办理土地出让手续的情况下，因涉及间接损害国家利益，一般不得认定为股东出资；法院在审理有关案件时，如果土地使用权的权利瑕疵在合理期限内补正的，可以认定出资的效力。而是否允许补正瑕疵的决定权在政府土地管理部门，法院对案件的审理及认定则是以瑕疵补正的事实为依据。

3. 股东以实物出资，实物价值已经超过公司章程或注册资本所记载出资价额，且已交付公司使用的，即便未办理权属变更登记，亦可认定股东已经全面履行了出资义务。

第二节　抽逃出资行为的认定

一、抽逃出资的认定

案　　号：(2011) 沪一中民（四）商终字第1890号

案件名称：上海甲婚庆礼仪有限公司与曹某某、计某股东出资纠纷案

裁判要旨：抽逃出资行为包括：制作虚假财务会计报表虚增利润进行分配；通过虚构债权债务关系将其出资转出；利用关联交易将出资转出；其他未经法定程序将出资抽回的行为。

案情简介

上诉人（原审原告）：上海甲婚庆礼仪有限公司

被上诉人（原审被告）：季某

被上诉人（原审被告）：曹某某

上海乙足部保健有限公司（以下简称乙公司）系于2009年5月依法设立的有限责任公司，注册资本为人民币10万元，股东由曹某某、季某组成，出资比例各占50%。2010年12月，曹某某、季某将其持有的全部股权转让给案外人陈某。2011年6月，陈某将乙公司变更为甲公司。

从乙公司2009年6月10日的记账凭证记载，曹某某、季某的投资款各5万元，一级科目记载为“银行存款”，二级明细科目记载为“工行”，该记账凭证后附有两张2009年5月6日的进账单。

从乙公司在中国建设银行上海六里支行开设的账户（以下简称建行账户）可以看出，该账户于2009年7月7日通过交换存入的方式汇入100,062.01元。并在2009年7月10日、8月11日和9月2日分别以差旅费的形式提取4.9万元、1.5万元和3万元。在乙公司的现金日记账中记载：2009年7月10日，科目为“银行存款”，摘要为“提现”，收入金额为“4.9万元”；8月10日，科目为“银行存款”，摘要为“提现”，收入金额为“1.5万元”；9月10日，科目为“银行存款”，摘要为“提现”，收入金额为“3万元”。该现金日记账中还记载有：2009年6月10日，科目为“其他应付款”，摘要为“借款曹某某”，收入金额为“5万元”；6月10日，科目为“其他应付款”，摘要为“借款季某”，收入金额为“5万元”；7月31日，科目为“其他应付款”，摘要为“还款曹某某、季某各1.5万元”，付出金额为“3万元”；9月10日，科目为“其他应付款”，摘要为“还款曹、季各1万元”，付出金额为“2万元”等。

另二审法院经审理查明：乙公司的银行存款（工行）日记账载明，2009年6月10日曹某某、季某各交付投资款5万元；2009年7月10日，该10万元划入乙公司的建行账户；2009年8月10日该账户有利息收入62.01元，同日此款亦划入乙公司的建行账户。

乙公司的现金日记账载明，2009年6月10日至30日，乙公司用于购置空调、电视机、房租、工资、水费及电费等其他管理费用等共付出96,613.95元。2009年7月10日、7月31日，乙公司用于购置税控机、支付水费及电费等各类费用共付出14,245.78元。2009年8月30日，乙公司用于支付电话费、水费及电费等各类费用共付出13,459.88元。2009年10月30日，乙公司支付水费、电费及发放工资等各类费用共付出15,222.04元。

裁判结果

一审判决：驳回甲公司的全部诉讼请求。

二审判决：驳回上诉，维持原判。

各方观点

上诉人（原审原告）观点：（1）根据《中国建设银行活期存款明细账》记载，乙公司除了2009年7月7日收到验资后的注册资本（包括活期利息）10万元之外，不存在第二笔10万元借款收入，曹某某、季某从未提交过所谓2009年6月10日的《借条》，以印证借款关系的真实性。（2）《中国建设银行活期存款明细账》明确记载乙公司于2009年7月10日、8月11日及9月2日以“差旅费”的名义取款，但《现金日记账》、《银行存款日记账》及《记账凭证》中却从未有相应的差旅费的记载。从提款的时间看，乙公司的建行账户在2009年7月7日收到出资款100,062.01元，在短短一两个月的时间里94,000元就被提现取出，已构成抽逃注册资本。因此，甲公司认为原审法院认定事实不清，请求二审法院撤销原判，依法改判支持其原审全部诉讼请求或发回重审。

被上诉人（原审被告）观点：曹某某与季某共同答辩认为，注册资本与借款是两笔资金。2009年7月10日两人注册资本才进账，但在这之前公司已发生包括租房、添置固定资产等行为，当时发生的费用均是股东垫资，该些垫资实际上就是乙公司向曹某某、季某的借款，所以，注册资本进入后，公司向其还款是理所应当的，两人从未以差旅费的形式领取过钱款。原审判决正确，请求二审法院驳回上诉，维持原判。

甲公司在二审期间提交了乙公司的“2009年银行存款（工行）日记账”，以证明不存在曹某某、季某向乙公司出借10万元的事实。曹某某、季某对此证据的真实性予以认可，但对证明的事实不予认可。鉴于曹某某、季某对于甲公司提交的证据的真实性不持异议，且该证据与本案有关联性，故本院将此证据作为二审证据采用。

法院观点

一审法院观点：当事人对自己提出的诉讼请求所依据的事实或者反驳对方诉讼请求所依据的事实有责任提供证据加以证明。现甲公司认为曹某某、季某于2009年7月10日、8月11日和9月2日以提取差旅费的方式抽逃乙公司的注册资本94,000元，并认为从乙公司的现金日记账也可以反映出上述三笔款项实际从银行提取后以“提现”方式抽逃，对此，曹某某、季某不予认可。且从乙公司提供的现金日记账可以反映乙公司自2009年6月10日至10月31日一个连续的现金收入和现金支出的情况，上述三笔款项提取之后，相应用于房屋租金、工资、水、电费等公司经营所需的费用的支付，现金日记账中也有相应结存金额的提现，该现金日记账并不能反映上述款项在乙公司从银行提取后被曹某某、季某实际提取并抽逃的事实。甲公司还认为现金日记账中2009年7月31日和9月10日记载向曹某某、季某还款5万元，实际也是抽逃出资的行为，对此，现金日记账中显示，在2009年6月10日乙公司向曹某某、季某借款各5万元，且从该账目中也反映出上述借款用于购买了固定资产、支付管理费用等公司经营，故该现金日记账并不能说明其记载的10万元借款系虚假。由此，2009年7月31日和9月10日乙公司向曹某某、季某还款5万元亦合情合理，也不能证明该款项的给付实际为抽逃资金的行为。至于甲公司认为记账凭证中的投资款应当就是现金日记账中记载的借款10万元，对此，因该两本系不同的账本，且记账凭证的10万元明确记载为投资款，而现金日记账中记载为借款，故应当属于两笔不同的款项。对于甲公司认为曹某某、季某所做的现金日记账系假账的主张，亦无事实依据，原审法院难以采信。综上所述，甲公司认为曹某某、季某抽逃资金，并要求曹某某、季某补足出资的主张，无事实依据，原审法院不予支持。

二审法院观点：根据《公司法》的相关规定，在公司成立后，股东违法从公司抽回相当于其已缴纳出资数额的财产，同时继续持有公司股份的，应认定为股东抽逃出资。现甲公司主张，曹某某、季某以差旅费名义提取94,000元的行为已构成抽逃出资。而曹某某、季某则认为，该94,000元由乙公司以差旅费的名义提取后实际用于还款、支付工资及其他管理费用，两人并不存在抽逃出资。本院认为，为查明曹某某、季某是否存在抽逃出资的行为，必须先对现有的银行日记账与现金日记账记载事项予以核实，进而查明注册资本金到账后的资金流向。对此，甲公司主张，银行日记账及现金日记账虽已做平，但账上所记载的科目与原始会计凭证上并不对应，故银行日记账、现金日记账并不能真实反映乙公司的资金流向。本院通过对乙公司银行日记账、现金日记账与原始会计凭证核对发现，日记账上所记录的很多科目所发生的时间与该科目真实发生的时间确实有出入。2009 年 5 月乙公司设立，即开展一系列设立活动，如购置固定资产、支付房租及各类管理费用，但该公司的日记账在 2009 年 6 月 10 日才正式设置，因此，2009 年 6 月 10 日至 30 日所支出的费用 96,614.95 元所对应的原始会计凭证上所记载的时间早于日记账上所记载的时间，但日记账上所记的科目、金额与原始会计凭证上所记的科目、金额均一致，故日记账上日期记录的瑕疵，并不足以否定日记账、原始会计凭证上所记载的乙公司各类款项的发生。由此，本院采信乙公司的银行日记账与现金日记账所记载的事项。

虽然根据乙公司建设银行活期存款明细账显示，乙公司确于 2009 年 7 月 10 日、8 月 11 日和 9 月 2 日从乙公司的建设银行账户以差旅费的名义提取过 94,000 元，但乙公司的银行日记账、现金日记账及原始会计凭证并不存在该款被公司员工以差旅费名义领取的记录。鉴于甲公司未提供证据证明乙公司的银行日记账、现金日记账及原始会计凭证存在伪造的情形，故本院认定，乙公司从银行提取时所填写的用途并不代表该款的真实用途。

关于该 94,000 元的真实用途的问题。本院认为，根据乙公司建设银行的明细账显示，该 94,000 元是在注册资本金可以动用时，乙公司分三次领取的。从乙公司的现金日记账反映，该款在领取后用于支付公司的各类管理费及向曹某某、季某归还部分借款。该款用于支付公司的各类管理费显属合理用途，本院不再赘述。对于乙公司向曹某某、季某还款是否属于抽逃出资的问题。对此，本院认为，在 2009 年 6 月 30 日前，乙公司为公司的设立已支出大量费用，而根据乙公司银行存款（工行）日记账记录，曹某某、季某用于验资的款项于 2009 年 7 月 7 日才划入乙公司建设银行，也就是说，在 2009 年 7 月 7 日前，乙公司根本无法动用注册资本金进行公司设立活动。由此可见，曹某某、季某关于在注册资本金到账前由两人垫付款项的理由，具有可采性。因此，在注册资本金到账后，乙公司向曹某某、季某归还款项属于合法的用途，曹某某、季某并不构成抽逃出资。

综上所述，甲公司的上诉请求及事实理由，缺乏事实和法律依据，本院不予支持。原审判决并无不当，本院依法予以维持。

二、原股东在股权转让后抽逃出资应承担补缴责任

案　　号：（2012）沪二中民四（商）终字第25号

案件名称：张A等与上海钰钢钢铁有限公司等股东出资纠纷上诉案

裁判要旨：原股东抽回出资的情形，法院一般会从保护公司财产、公司资本维持和受让人利益两方面角度认定原股东构成抽逃出资，因此判令原股东继续向公司缴付出资，不受股权转让及工商变更登记的影响。

案情简介

上诉人（原审被告）：张A

上诉人（原审被告）：叶A

被上诉人（原审原告）：上海钰钢钢铁有限公司

被上诉人（原审被告）：江A

2008年12月24日，张A、叶A、江A三人签订了《资产转让及设立公司框架协议》（以下简称《转让协议》）一份，约定：江A从上海宝柯企业发展有限公司（以下简称宝柯公司）受让所得的厂房及厂房内所有的固定资产、设备等作价1500万元（币种为人民币，以下同），并按现值将财产中的60%权属分别转让给张A40%、叶A20%，由张A、叶A支付江A 900万元；上海保润金属材料有限公司（以下简称保润公司）系江A个人全资投资的公司，江A有权就前述受让标的中涉及保润公司的财产进行处理，等等。协议还约定，三方以上述资产及其他出资为基础，设立上海钰钢钢铁有限公司（以下简称钰钢公司）。设立新公司的股权比例为江A、张A各占40%，叶A占20%。嗣后，张A、叶A分别支付给江A资产转让款600万元、300万元。

2009年1月12日，张A、叶A、江A三人签订了钰钢公司章程一份，约定：钰钢公司的注册资金为3688万元，江A、张A应分别出资1475.20万元，各占40%股份，叶A应出资737.60万元，占股份20%；第一期出资应于2009年1月15日之前缴纳，其中江A、张A应分别出资295.04万元、叶

A应出资147.52万元，等等。

2009年1月15日，上海正达会计师事务所有限公司出具了验资报告，认为张A、叶A、江A三人已分别缴纳了第一期出资295.04万元、295.04万元、147.52万元。钰钢公司于同年1月23日设立。一审庭审中，张A、叶A主张上述资金系由验资机构垫资。

钰钢公司经营期间，张A、叶A、江A三人于2009年10月19日就钰钢公司的资产和公司股权的转让和受让事宜签订《资产和公司股权受让框架协议》（以下简称《受让协议》）一份，约定：江A原于《转让协议》中承诺的属其所有的全部资产及添置的一切固定资产现作价2400万元，张A、叶A按其在钰钢公司所占的60%股份作价1440万元后全部转让给江A，价款在2009年10月底之前付清。江A支付后，公司的财产权与经营权归其所有。对于钰钢公司自成立起至10月25日止的全部应付款及经营利润，由张A、叶A、江A三人按出资份额分担和取得，等等。《受让协议》签订后，因江A未支付股权转让的270万元余款，张A、叶A诉至原审法院，案号为（2011）崇民二（商）初字第71号。一审法院审理后认为上述转让协议有效，遂判决江A应支付余款270万元。

一审另查明，（2011）崇民二（商）初字第71号案件审理过程中，曾委托审计机构对钰钢公司自2009年3月至12月的实收资本、应付款及净利润情况进行审计。审计查实，张A、叶A于2009年3月13日汇入出资款392.56万元，于2009年10月30日以支票方式分别收回出资款295.04万元、97.52万元。江A的出资款295.04万元、叶A其余出资款59.39万元经查为公司小金库的废钢收入转作投资款，故在审计中予以调整转出，因此，截至2009年12月31日，钰钢公司实际到位资本为零元，总资产为8,942,184.68元，其中固定资产192,318.60元，总负债为20,570,995.32元，净资产为-11,628,810.64元。钰钢公司的固定资产不包括《转让协议》和《受让协议》中涉及的从宝柯公司受让所得的厂房及厂房内所有固定资产、设备。现钰钢公司诉至原审法院，请求判令：江A、张A、叶A分别向钰钢公司履行295.04万元、295.04万元、147.52万元的第一期出资义务。

一审又查明，《转让协议》和《受让协议》中涉及的从宝柯公司受让所得的厂房及厂房内所有固定资产、设备，系江A投资的保润公司所有。

一审再查明，张A、叶A、江A三人仍系钰钢公司工商登记之股东。

一审庭审中，江A表示，张A、叶A抽逃出资等行为如果侵害其个人财产利益的，亦由钰钢公司主张。

另二审法院经审理查明，一审查明事实中除《转让协议》《受让协议》中涉及的厂房及厂房内所有固定资产、设备系保润公司所有外均属实，本院予以确认。二审中，张A、叶A陈述，《受让协议》约定的1440万元就是《转让协议》所涉厂房、固定资产及设备的对价。钰钢公司陈述，形式上张、叶二人的出资包含在2400万元内，但实质上二人并未出资，故2400万元中不包括二人另外的出资。

裁判结果

一审判决：（1）江A于判决生效之日起10日内，向钰钢公司履行295.04万元的出资义务；（2）张A于判决生效之日起10日内，向钰钢公司履行295.04万元的出资义务；（3）叶A于判决生效之日起10日内，向钰钢公司履行147.52万元的出资义务。

二审判决：驳回上诉，维持原判。

各方观点

上诉人观点：上诉人张A、叶A不服，向本院提起上诉称：（1）在江A违约未将《转让协议》约定的固定资产作为出资投入钰钢公司后，张A、叶A用现金完成了钰钢公司的第一期全部及部分出资义务，而江A迄今未履行其出资义务。（2）根据《受让协议》约定，钰钢公司截至2009年10月25日前的债务及利润按三方出资比例承担或取得，且在次月上旬审计后的5个工作日内“少补多付”进行结算，加之江A拒绝支付《受让协议》约定的270万元转让余款，故张A、叶A在股权转让后收回各自的投资没有违反股东三方的约定，更没有损害钰钢公司的法人财产。（3）《转让协议》和《受让协议》中均没有认定系争的厂房、固定资产、设备系江A投资的保润公司的财产，且在（2011）崇明二（商）初字第71号案件中也未予认定。因此，《转让协议》和《受让协议》中的厂房及厂房内所有固定资产和设备不是保润公司所有的财产。（4）虽然张A、叶A对外仍是钰钢公司的股东，但该现状是因江A拒绝履行《受让协议》之约定及办理相关工商变更登记等法定及约定的义务所致，以致张A、叶A的利益受损。现一审判决要求张、叶二人退股后再承担出资义务，系查明事实不清，适用法律错误，请求二审法院撤销一审判决第二、三项，改判驳回钰钢公司对张A、叶A的一审诉讼请求。

被上诉人（钰钢公司）观点：原审查明事实正确，保润公司的情况与本案无关。张A、叶A、江A三人作为钰钢公司的登记股东，确实在形式上对公司履行了第一期货币出资，但在一审法院受理的另案司法鉴定报告中，明确了张A、叶A有抽逃出资的行为，故钰钢公司诉请要求其履行出资义务是符合法律规定的。《受让协议》中并没有同意张A、叶A二人抽回其首期出资的约定。即使二人抽回出资，按照钰钢公司章程规定也应当由股东会讨论决定。现张A、叶A二人是擅自抽回出资。故请求二审法院驳回上诉，维持一审判决。

法院观点

一审法院观点：根据法律规定，股东应当按期足额缴纳公司章程中规定的认缴出资额。公司成立后，股东不得抽逃出资。张A、叶A辩称，《受让协议》生效后，其已不是钰钢公司股东，故撤回出资的行为并非《公司法》上的抽逃出资行为。对此，本院认为：（1）钰钢公司章程约定第一期出资应于2009年1月15日前缴纳，当时张A、叶A均系公司股东，故负有出资义务。现张A、叶A无证据证明公司已通过股东会决议等形式减资，故其撤回出资的行为构成抽逃资本。（2）张A、叶A目前尚系钰钢公司工商登记备案之股东，对外仍具有钰钢公司股东身份。（3）即便对内已转让了全部股权，由于其撤回出资的行为发生在股权转让后，其在无三方约定或受让股东同意的情况下，擅自撤回出资，既是对公司财产权的侵害，也损害了受让股东的权利，现江A作为受让股东表示，如其财产受损也以钰钢公司名义主张权利，故张A、叶A亦应向钰钢公司返还上述资产。

对于张A、叶A辩称《受让协议》的内容表明江A已同意张A、叶A撤回出资。本院认为，一者，《受让协议》中并无此文义表示；二者，江A受让的系约定的资产及股权，理应包括原股东出资部分的财产，除非三方另有约定，现张A、叶A无其他证据证明江A同意其撤回出资，故对其辩称难以采信。

综上所述，张A、叶A、江A三人作为钰钢公司股东，对公司第一期注册资本金负有出资义务。现江A、叶A以公司小金库内的废钢收入作为其个人的出资，未实际履行出资义务，明显违反法律规定，故张A、叶A应当向钰钢公司缴纳出资。张A虽曾履行第一期的出资义务，叶A也履行了部分出资义务，但在股权转让后抽回了全部出资，且无证据证明股东会曾作出减资等决议并且受让股东同意其撤回出资，故其行为违反了《公司法》的规定，侵害了公司的财产权。张A、叶A、江A三人约定2009年10月25日前的公司债务由其按比例承担，该约定虽属处分各自权利的行为，但不代表其可以违反《公司法》的相关规定不履行出资义务或抽回出资，且该约定亦不能排除个人无力清偿债务时给债权人造成的损害。综上所述，对钰钢公司的诉请予以支持。

二审法院观点：本院认为，张A、叶A作为目前钰钢公司工商登记的股东，在没有正当理由和合法依据的情况下抽回出资的行为是为法律所禁止的。虽然《受让协议》约定了江A受让张A、叶A二人的股权，但股权转让并不意味着原股东可以收回其向公司的出资，张A、叶A二人原先的出资能否收回应当在股权转让协议约定的股权转让对价中予以体现，或者如一审法院所述，钰钢公司股东会作出决议进行减资，而股东不可以擅作决定抽回出资。否则，既违反了公司资本维持原则，使钰钢公司本身财产权益受损，又在公司注册资本具有公示效力的情况下，影响了钰钢公司的对外偿债能力。本院认为，并无证据可以证明张A、叶A二人抽回出资行为的合法性，根据当事人的陈述，股权转让双方只是约定了厂房、设备及其他固定资产的转让作价，并未涉及出资部分的处置，江A也未作同意二人抽回出资并由其补足出资的意思表示。因此，张A、叶A的行为构成抽逃出资，其认为江A未履行《受让协议》约定的付款义务和法定出资义务，故有权抽回出资的理由不能成立。更何况，本案中江A同样应当承担向钰钢公司的出资义务。由于本案是股东出资纠纷，并不涉及《转让协议》《受让协议》中载明的厂房及厂房内所有固定资产、设备的权利归属问题，故对该节事实本案中不作认定。各方当事人若对此权属存有争议，可通过其他途径另行解决。综上所述，一审判决并无不当。

律师点评

抽逃出资，是指股东在出资后，通过违法手段将其出资暗中撤回，但仍保留股东资格的欺诈性违法行为。根据《公司法解释三》第12条的规定，抽逃出资行为包括：制作虚假财务会计报表虚增利润进行分配；通过虚构债权债务关系将其出资转出；利用关联交易将出资转出；其他未经法定程序将出资抽回的行为。实践中，常见将出资款转入公司账户验资后又转出亦属于抽逃出资行为。法院在审查抽逃出资时以“损害公司权益”为实质要件，即便表面上行为人抗辩该行为已经股东会、董事会决议通过，符合公司章程及《公司法》规定的程序性条件，亦构成抽逃出资。

但需要注意的是，实务中，公司会因企业设立、经营需要等向股东借款或要求股东垫资，通常会形成书面协议约定在股东缴付出资后，由公司偿还债务。而对于未形成书面约定，或公司债权人提起因抽逃出资向该股东索赔的，法院实践认为在缴付出资可以动用时，用于归还股东借款及公司设立期间股东垫资属于合法用途，并非抽逃出资。

对于股权转让后，原股东抽回出资的情形，法院一般会从保护公司财产和受让人利益两方面角度认定原股东构成抽逃出资，从而判令原股东继续向公司缴付出资，而不受股权转让及工商变更登记的影响。

整体而言，抽逃出资行为使公司资本虚置，非法地减少了公司实有资产，削弱了公司的经营能力和偿债能力，影响交易相对人的正确判断和交易安全，根据《公司法》及其他相关法律，抽逃出资行为系针对相关行为人，从民事责任、行政责任和刑事责任三个方面来规制，其中民事责任类型主要包括：

1. 抽逃出资的股东对公司承担的民事责任

抽逃出资行为侵犯了公司财产权，公司依法享有返还财产请求权，抽逃出资的股东应当向公司承担返还所抽逃的出资，并支付按其抽逃出资的数额和时间计付利息的侵权责任。如果抽逃出资的行为直接造成了公司其他损失，行为人还应当承担相应的损害赔偿责任。

2. 抽逃出资的股东对已足额履行出资义务股东的违约责任

公司设立协议或公司章程是发起人或股东之间的合同，发起人、股东具有按时足额向公司缴纳出资的合同义务，抽逃出资影响了合同的适当履行，违反了合同义务，已足额缴纳出资的股东依法享有请求违约行为人向公司返还出资及其利息的合同权利。

3. 抽逃出资的股东对公司债权人的民事责任

抽逃出资行为非法减少了公司资产，削弱了公司的偿债能力，如果公司债权人的债权因此不能实现，抽逃出资的股东应当对公司债务承担补充赔偿责任。诉讼中，如果公司债权人主张公司资不抵债，法院一般允许追加抽逃出资股东作为共同被告，并常常判决其在抽逃出资及其利息范围内承担“垫付”责任，以减少诉讼成本，有效地保护公司债权人的权利。

4. 为抽逃出资提供帮助或者负有直接责任的股东、董事、高级管理人员或实际控制人的连带责任

根据《公司法解释三》第14条的规定，为抽逃出资提供帮助或者负有直接管理责任的股东、董事、高级管理人员或实际控制人的相关行为侵犯了公司财产权，导致公司偿债、履约能力下降，间接侵害了公司债权人的合法利益，应就因此引起的所有损害与抽逃出资股东共同承担赔偿责任，所以，需要他们与抽逃出资股东承担连带责任。

第三节　出资不实、虚假出资及抽逃出资情况下公司债权人的权利救济

一、抽逃出资股东应对公司所负债务承担清偿责任

案　　号：(2007) 民二终字第215号

案件名称：长春市商业银行北国支行与新产业投资股份有限公司、吉林省商务厅以及吉林新产业投资有限责任公司借款合同纠纷案

裁判要旨：股东擅自收回出资的资金系公司资产部分，行为构成抽逃出资。对于公司对外所负债务，公司首先应以其自有财产清偿，如果公司财产不足以清偿债务的，抽逃出资股东应承担相应的赔偿责任。

案情简介

上诉人（原审原告）：长春市商业银行北国支行

被上诉人（原审被告）：新产业投资股份有限公司

被上诉人（原审被告）：吉林省商务厅

原审被告：吉林新产业投资有限责任公司

1996年8月29日至1997年5月19日，吉林省对外贸易投资总公司（以下简称外贸公司）同长春市北国城市信用合作社现已改为长春市商业银行北国支行（以下简称商行北国支行）签订了10份借款合同，总计借款金额4298万元。借款合同签订后，长春市北国城市信用合作社如约履行了向外贸公司拨付贷款的义务。但借款合同到期后，外贸公司除1997年4月11日偿还长春市北国城市信用合作社300万元借款外，其余借款尚未偿还，截至2003年12月31日外贸公司尚欠商行北国支行借款本金3998万元，利息2639.767804万元，商行北国支行催要未果。

1997年12月25日，原吉林省对外贸易经济合作厅（以下简称吉林省外贸厅）给外贸公司下发了吉外经贸企管字〔1997〕72号关于对新产业公司零价收购省外贸公司的批复，内容为：同意由新产业投资股份有限公司零价收购外贸公司。吉林省外贸厅投入的50万元注册资金，以及外贸公司代吉林省外贸厅收回的580万元债权留外贸公司使用，待外贸公司改制时保留部分股权，由吉林省外贸厅委托第三方作为出资人享有所有者权益，吉林省外贸厅投入外贸公司的债权尚有4159万元未能实现，在新产业投资股份有限公司零价收购外贸公司前一次性返还给吉林省外贸厅。同年12月26日，吉林省外贸厅与新产业投资股份有限公司（以下简称新产业公司）签订了以吉林省外贸厅为甲方、新产业公司为乙方的《收购协议书》一份，约定：甲方同意将其持有的外贸公司95%的股权按零价转让给乙方，甲方原投资在外贸公司的债权有4159万元尚未收回，乙方同意将该部分债权由甲方收回。外贸公司的债权、债务和现有员工由外贸公司承继，乙方不承担本协议以外的债务和或有负债。外贸公司转让时间定为1997年12月31日，由甲乙双方协商，委托中介机构进行资产评估，外贸公司的资产、负债及净资产均以评估数为准。外贸公司股本核定为1280万元，公司净资产为-353万元，乙方同意甲方保留5%股权并委托外贸公司持有。

1997年12月30日，外贸公司向吉林省国有资产管理局申请评估立项，申请事由为“为适应收购工作需要，现申请对我公司的固定资产、流动资产和其他资产进行整体评估立项”。1998年2月12日，外贸公司与吉林求实会计师事务所签订了《资产评估委托书》，评估内容为整体评估，评估目的为转制零价出售。同年8月25日，吉林省国有资产管理局向外贸公司下发了吉国资企函〔1998〕82号关于确认资产评估结果的通知，内容为：你公司拟被新产业公司兼并，申请对该公司进行整体评估。经我局批准立项后，吉林求实会计师事务所受理了该项资产评估业务。现资产评估报告（吉求会所评字〔1998〕第3号）和资产评估确认申请（吉外投字〔1998〕4号）收悉。经审核验证，该评估机构具有评估资格，评估结果为净资产-2,609,635.59元。

1998年9月7日，外贸公司向吉林省工商行政管理局申请更名为吉林新产业公司，同时将原来的注册资金4400万元变更为1000万元，将企业类型由“国有”变更为“有限”。同日，吉林新产业公司领取了新的企业法人营业执照。自此，新产业公司持有吉林新产业公司95%的股权，外贸公司代吉林省外贸厅持有5%的股权。

吉林新产业公司由外贸公司更名而来，外贸公司成立之初注册资金为500万元，1996年9月25日外贸公司的注册资产由500万元变更为4400万元，但该注册资金是否到位，该注册资金是以什么方式投入的以及验资报告等材料，现有的工商档案中均没有记载。

商行北国支行曾向吉林新产业公司发出一份没有注明日期的《贷款逾期催收通知书》，《贷款逾期催收通知书》告知吉林新产业公司借款已经到期，如在2001年6月1日前不能归还，将按《贷款通则》有关规定处理。吉林新产业公司在《贷款逾期催收通知书》的借款人处加盖了公章及法人代表李新国的名章。

2001年11月26日，商行北国支行向长春市宽城区人民法院提起诉讼，后因超级别管辖将本案移送吉林省高级人民法院审理。商行北国支行请求判令：（1）吉林新产业公司偿付借款3998万元及利息；（2）新产业公司承担连带责任；（3）吉林省外贸厅在抽回4159万元注册资金范围内承担还款责任；（4）吉林新产业公司和新产业公司承担本案的全部诉讼费用。

另二审法院查明，1997年12月26日，吉林省外贸厅与新产业公司签订《收购协议书》中约定，吉林省外贸厅保留外贸公司5%的股权，由吉林省外贸厅委托吉林省对外贸公司持有。

1999年4月29日，深圳亚太会计师事务所对吉林新产业公司出具验资报告，该报告载明：按照协议，新产业公司零价占有吉林新产业公司95%股权，吉林省对外贸公司持有5%股权。吉林新产业公司承继外贸公司的相关债权、债务和现有员工，变更后的注册资本为人民币1000万元。

2003年12月30日，吉林省外贸厅被撤销，其职能并入新组建的吉林省商务厅。

裁判结果

一审判决：（1）吉林新产业公司于该判决生效后10日内偿还所欠商行北国支行借款本金3998万元、利息26,397,678.04元（暂计算至2003年12月31日，此后新孳生的利息继续计算至该判决生效之日止）；（2）驳回商行北国支行的其他诉讼。

二审判决：（1）维持吉林省高级人民法院（2006）吉民二初字第34号民事判决主义第一项；（2）变更上述民事判决主义第二项为：吉林省商务厅在4159万元范围内对吉林新产业投资有限责任公司应偿还长春市商业银行北国支行的本案债务承担赔偿责任；（3）驳回长春市商业银行北国支行的其他诉讼请求。

各方观点

上诉人观点：商行北国支行不服原审法院上述民事判决，向本院提起上诉称：（1）一审法院以新产业公司与吉林省外贸厅签订《收购协议书》中有新产业公司收购外贸公司95%股权为由，认定新产业公司是收购外贸公司股权，而不是对外贸公司的整体收购兼并行为，并判决新产业公司不承担外贸公司的债务，属认定事实错误。外贸公司被收购前是一家国有独资企业，并不是根据我国《公司法》设立的股份制公司。新产业公司享有外贸公司95%的股权，是在新产业公司完成对外贸公司收购后才设立的，并不是通过转让股权方式取得的，即新产业公司整体收购外贸公司在先，形成外贸公司股权在后。新产业公司收购外贸公司从立项、审批、资产评估至吉林省国有资产管理局出具《关于确认资产评估结果的通知》及《审核验证意见》，都明确新产业公司兼并外贸公司整体资产评估的确认，是为企业兼并提供价值依据，上述文件均可以证明新产业公司是对外贸公司的整体兼并，而不是对所谓转让股权价值的确认。根据最高人民法院《关于审理与企业改制相关的民事纠纷案件若干问题的规定》第 31 条、第 34 条的规定，新产业公司零价整体收购外贸公司属于企业兼并的法律情形，应当依法承担外贸公司的债务。此外，吉林省外贸厅向吉林省人民政府就新产业公司兼并外贸公司的报告，清楚说明新产业公司兼并外贸公司后，不仅要承担外贸公司全部债务，而且还要接收外贸公司的人员。这是国有资产转让方和吉林省人民政府批准该项外贸公司国有资产转让的真实意思表示。《收购协议书》中亦约定新产业公司不承担本协议以外的债务，而商行北国支行向新产业公司主张的债权，正是《收购协议书》附件中确定的债务，新产业公司根据《收购协议书》确定的收购原则，应当承担在《收购协议书》范围内确定的外贸公司的债务。（2）一审法院认定新产业公司收购部分国有产权，却回避了一个基本的核心问题，即新产业公司不承担外贸公司的任何债务，又不支付任何对价，却取得外贸公司巨额国有资产权益，由谁承担巨额国有资产流失的法律责任。一审法院认定新产业公司收购资产权利后，没有抽逃收购企业资产权利项下的资产，外贸公司资产总量没有因新产业公司的收购而减少，新产业公司没有按《公司法》规定作出减少注册资本的行为不承担民事责任，上述认定没有事实和法律依据。（3）新产业公司对外贸公司是整体收购，是企业兼并行为，并不是外贸公司增资扩股或部分国有资产产权转让行为。新产业公司完成收购后，通过工商变更登记方式，不仅改变了外贸公司的名称、经济性质，还将外贸公司注册资本从 4400 万元减少到 1000 万元。新产业公司通过变更登记行为，导致变更后设立的吉林新产业公司已经不是收购前的外贸公司，致使新成立的吉林新产业公司丧失偿还债务的能力，损害了包括商行北国支行在内合法债权人的权利。因此，一审判决适用最高人民法院《关于审理与企业改制相关的民事纠纷案件若干问题的规定》第 5 条规定的前提并不存在，属适用法律错误。（4）一审判决以商行北国支行没有提供证明吉林省外贸厅抽逃 4159 万元债权是注册资本金的证据为由，判决吉林省商务厅不承担责任违反事实且适用法律错误。商行北国支行在诉讼之初，提出吉林省外贸厅在向新产业公司整体转让外贸公司时，抽回外贸公司注册时投入 4159 万元债权的性质为注册资本金。对于这一事实的调查，在本案第一次二审审理过程中，最高人民法院曾经两次向吉林省商务厅发出催告和限期举证通知，要求吉林省商务厅就外贸公司注册资本金情况进行说明和举证。在本案发回一审法院重审后，吉林省商务厅认为吉林省外贸厅注册资本金增至4400万元如何形成，应当由新产业公司提交证据。一审法院就上述事实进行了相应调查，均无法证明外贸公司4400万元注册资本金是如何形成，在此情况下，一审法院在商行北国支行已经证明原吉林省外贸厅将外贸公司注册时投入4159万元债权抽回，仍将举证责任归于商行北国支行明显违反了最高人民法院有关诉讼证据的规定。即使吉林省外贸厅在整体转让外贸公司过程中，收回的4159万元债权不是注册资本金性质的债权，基于上述债权是外贸公司总资产一部分，吉林省外贸厅在转让外贸公司过程中收回上述债权没有任何法律依据，由于吉林省外贸厅收回外贸公司债权，导致外贸公司资产总量减少，吉林省商务厅应当在收回债权范围内承担法律责任。（5）一审法院违背新产业公司整体收购兼并外贸公司的基本事实，判决吉林新产业公司承担偿还借款的全部责任，将使商行北国支行的巨额国有金融债权不能得到保护。

被上诉人观点：被上诉人新产业公司答辩称：（1）新产业公司与吉林省外贸公司签订的《收购协议书》是双方当事人的真实意思表示，并对当事人具有约束力。根据该《收购协议书》的约定，新产业公司收购的是外贸公司95%的股权，成为该公司的控股股东，而并非收购外贸公司的全部资产与负债。依照约定，本案所涉债务由吉林新产业公司承担，而对于协议以外的债务，新产业公司亦不用承担。依照最高人民法院《关于审理与企业改制相关的民事纠纷若干问题的规定》第5条的规定，外贸公司的债务应由改制后的吉林新产业公司承担。（2）直接控股也同样是企业兼并的一种方式，这种方式就是通过股权转让完成，根据最高人民法院《关于审理与企业改制相关的民事纠纷若干问题的规定》第35条的规定，本案中，新产业公司能以零价格收购外贸公司95%的股权，是基于外贸公司的净资产价值为负值的状况以及双方的合意。没有任何外贸公司的资产转移到新产业公司名下，新产业公司也并未占有、转移、抽逃任何外贸公司的资产，外贸公司的资产和负债仍保留在吉林新产业公司，因此，吉林新产业公司为涉案债务的承债主体。（3）企业法人拥有独立的财产是其具有法人人格的基础和条件，是企业法人独立享受民事权利和承担民事义务的物质基础。股权转让后，外贸公司并没有因新产业公司购买部分资产权利而使其资产总量减少。根据债务随资产走以及法人财产独立的法律原则，外贸公司的债务仍应由吉林新产业公司自行承担。(4）根据2004年修正的《公司法》第186条以及《公司登记管理条例》第64条规定，减少注册资本未履行通知和公告义务的法律后果是工商机关有权对公司进行行政处罚，而不能以此要求公司后来的股东对公司的债务承担连带责任。商行北国支行以外贸公司减资未通知为由，要求新产业公司对外贸公司的债务承担连带责任没有任何法律依据。综上所述，商行北国支行的上诉请求不能成立，应予驳回。一审判决认定事实清楚，适用法律正确，应予维持。

被上诉人吉林省商务厅答辩称：商行北国支行认为吉林省外贸厅抽逃注册资金4159万元没有事实根据。吉林省外贸厅为满足新产业公司以承债方式零值收购的要求，收回了在1993年年底转给外贸公司债权中的不良债权4159万元。如果吉林省外贸厅不收回4159万元，则外贸公司当时的净资产是3898万元，根本不可能以零值出让。根据评估报告以1997年12月31日为基准日确认外贸公司的资产状况，说明出让时外贸公司的资产和债务是平衡的，足以清偿债务，吉林省外贸厅收回4159万元债权未影响外贸公司的偿债能力。在基准日以后外贸公司的任何事情，包括资产变化与吉林省外贸厅无关，当然也不承担任何责任。本案中关于注册资本的证据链条已经形成，即初始的500万元，1996年的4400万元和出让后的1000万元，虽然由于历史的原因，有关注册资金的相关资料有不完善的情况，但没有相反的证据与上述证据链条相矛盾，且未经工商行政管理机关登记认定为注册资本的，不受注册资本的法律约束。如果商行北国支行对此仍提出异议，根据“谁主张，谁举证”的原则，其应当承担举证责任。综上所述，吉林省外贸厅收回外贸公司的4159万元债权，既不是注册资本，也未影响外贸公司的偿债能力，一审判决认定事实清楚，适用法律正确，请求驳回上诉，维持原判。

法院观点

一审法院观点：本案争议的焦点问题：（1）吉林省外贸厅从外贸公司收回的4159万元债权是不是吉林省外贸厅投入外贸公司的注册资金，外贸公司的注册资金由500万元增加到4400万元是如何增加的，与4159万元债权是否有关联。(2) 吉林省外贸厅从外贸公司收回4159万元债权的行为是否属于抽逃注册资金，吉林省外贸厅应否在4159万元资金的范围内承担赔偿责任。(3) 新产业公司应否对本案借款承担连带责任。

关于第一个和第二个问题，经查，外贸公司成立之初的注册资金为500万元，该500万元注册资金是否到位，是以什么方式投入的，现有工商档案中没有记载。1993年吉林省外贸厅向外贸公司投入债权4,738,890.43元。1996年9月25日外贸公司的注册资金由500万元增加至4400万元，但外贸公司增加注册资金的相关情况即增加注册资金的形式是以实物还是以现金增资的，以及相关的验资报告等，在现有的工商档案中均没有记载。

在该院调查核实该部分事实时，吉林省工商行政管理局出具材料证实：外贸公司系全民所有制企业，出资人为吉林省外贸厅。1996年9月25日该公司原始登记档案，没有此次增资的验资报告。由于该企业设立时间较早等原因，对此次增资的方式（货币、实物）和出资是否到位无法进行确认。该院对此向吉林省外贸厅的相关人员了解，均证实对于外贸公司注册资金由500万元增加至4400万元的情况及外贸公司是否以吉林省外贸厅拨入的债权注册均不清楚。

外贸公司经合法传唤不参加本案的诉讼，该公司现已不在原办公地点办公（原办公地点系租赁的房屋），其新的办公地点及相关人员无法找到。因此有关外贸公司注册资金的情况及吉林省外贸厅投入外贸公司4159万元债权是否是外贸公司注册资金的问题，无法查实。

鉴于上述事实，该院认为，吉林省外贸厅从外贸公司收回的4159万元债权，根据本案现有的证据材料，一方面不能证明该债权是吉林省外贸厅投入到外贸公司的注册资金；另一方面也不能证明吉林省外贸厅收回的4159万元债权是抽逃注册资金。依据2001年最高人民法院《关于民事诉讼证据的若干规定》第2条的规定，当事人对自己提出的诉讼请求所依据的事实或者反驳对方诉讼请求所依据的事实有责任提供证据加以证明。没有证据或者证据不足以证明当事人的事实主张的，由负有举证责任的当事人承担不利后果。商行北国支行关于吉林省外贸厅抽回的4159万元债权系吉林省外贸厅投入到外贸公司的注册资金的主张，因证据不充分，不予支持。故吉林省外贸厅对外贸公司向商行北国支行的借款不应在4159万元资金的范围内承担赔偿责任。

关于第三个问题，本院认为，本案新产业公司对借款人外贸公司的收购不是整体收购公司行为，尽管吉林省外贸厅在批复中载明同意新产业公司零价收购外贸公司，但体现双方真实意思表示并对合同当事人有约束力的是双方最终签订的《收购协议书》。所谓整体收购公司，是指由被出售企业的资产管理人代表国家对企业的所有资产（包括债权和债务）一并出售给其他经济组织或者个人，从而改变企业产权性质的行为。本案外贸公司的资产管理人吉林省外贸厅没有把外贸公司的全部资产进行出售，而是在收回 4159 万元债权，保留 50 万元投资产生的出资人权利之后，将公司部分产权进行出售，新产业公司通过购买改制公司 95% 的财产权利，达到了参股的目的，在客观上实现了对改制公司控股式的企业兼并，所以外贸公司转变成吉林新产业公司实质上是企业产权制度变更过程中不规范的企业公司制改造行为。

企业公司制改造，是指根据《公司法》的有关规定，将企业改造为有限责任公司或者股份有限公司的法律行为。有限责任公司，是指由两个以上股东共同出资，每个股东以其所认缴的出资额为限对公司承担责任，公司以其全部资产对其债务承担责任的公司。企业公司制改造，实质上是对企业产权制度的改革，公司制企业产权的结构形式表现为股权和法人财产权。国有企业改造为公司是企业变更的一种特殊形式，由于原企业完全丧失了法人资格，因此，原企业的债权债务转移到改制后的公司中，改制后的公司应当承继原企业的债权债务。在最高人民法院《关于审理与企业改制相关的民事纠纷案件若干问题的规定》第 5 条中规定："企业通过增资扩股或者转让部分产权，实现他人对企业的参股，将企业整体改造为有限责任公司或者股份有限公司的，原企业债务由改造后的新设公司承担。"

吉林省外贸厅作为外贸公司的出资人，其通过转让部分产权的方式对外贸公司进行了公司制改造，在客观上实现了新产业公司对外贸公司的参股。外贸公司的债务应当由改制后的新设公司吉林新产业公司承担。理由是：第一，企业在改制为有限责任公司过程中，一般都是对包括债权债务在内的企业净资产进行评估的基础上，通过作价、折股、转股方式实行企业改制的。凡纳入企业净资产的原企业债务由改制后的公司承担不违反公司及其投资者的意愿，更不存在损害公司其他股东利益的问题。新产业公司与吉林省外贸厅于 1997 年 12 月 26 日签订的《收购协议书》约定，吉林省外贸厅作为外贸公司的出资人，除将其投入但未能实现的债权 4159 万元从外贸公司收回，同时以投入的 50 万元现金折算成外贸公司 5% 股权外，其余全部资产折抵改制后公司 95% 的股权按零价转让给新产业公司，该约定是企业出资人对其出资权利的合法处分，新产业公司以零价收购该部分资产权利是基于外贸公司净资产为负数的状况并经双方合意而作出的，是双方当事人真实意思表示。就新产业公司零价购买吉林省外贸厅在外贸公司的部分产权而言，该行为没有损害外贸公司的债权人的利益，没有损害国家利益，没有违反法律和行政法规的强制性规定，因此该《收购协议书》合法有效。双方在实际转让过程中，由吉林求实会计师事务所对所转让的该部分资产权利进行了评估，并经吉林省国有资产管理局对评估结果进行了确认，转让过程符合国有资产产权转让的相关规定。新产业公司替代吉林省外贸厅成为该部分资产权利的所有人，即成为改制后公司的股东，外贸公司的债权债务由改制后的公司吉林新产业公司享有和承担均符合《收购协议书》的约定。第二，企业被公司制改造后，其资产被改制后的有限责任公司接受，企业产权买受人将其企业的净资产，即财产（包括债权）减去债务的价值，作为股金全部投入新设公司，而成为新设公司的一个股东，改制后的有限责任公司接受企业的资产，当然要承担企业的债务。本案新产业公司购买吉林省外贸厅在外贸公司的资产权利后，并没有占有、转移、抽逃买受企业资产权利项下的资产，外贸公司并没有因新产业公司购买吉林省外贸厅持有的部分资产权利而使其资产总量减少，根据债务随着资产走的原则以及最高人民法院《关于审理与企业改制相关的民事纠纷案件若干问题的规定》第 5 条的规定，外贸公司的债务由改制后的吉林新产业公司承担，新产业公司不承担本案债务。

2004 年修正的《公司法》第 186 条第 1 款、第 2 款规定：“公司需要减少注册资本时，必须编制资产负债表及财产清单。公司应当自作出减少注册资本决议之日起十日内通知债权人，并于三十日内在报纸上至少公告三次。债权人自接到通知书之日起三十日内，未接到通知书的自第一次公告之日起九十日内，有权要求公司清偿债务或者提供相应的担保。”新产业公司在对改制后的企业吉林新产业公司进行减少注册资本变更登记之前，没有履行上述法律义务，但该义务的不履行所产生的法律后果是工商行政管理部门有权对其进行行政处罚，而不能由此要求新产业公司对吉林新产业公司的债务承担责任。

综上所述，本院认为，商行北国支行与外贸公司所签订的十份借款合同，双方当事人意思表示真实，合同内容没有违反法律和行政法规的强制性规定，因此上述十份借款合同合法有效。商行北国支行按照合同约定履行发放贷款的义务，外贸公司及吉林新产业公司接受贷款后未按期偿还借款已构成违约，故对本案的民事纠纷应承担民事责任。

二审法院观点：本案当事人之间争议的焦点是：新产业公司收购外贸公司资产的性质以及其是否应当对外贸公司的债务承担清偿责任问题、吉林省商务厅是否应当对外贸公司的债务承担民事责任问题。

关于新产业公司收购外贸公司资产的性质以及其是否应当对外贸公司的债务承担清偿责任问题。根据本案查明的事实，吉林省外贸厅与新产业公司签订的《收购协议书》载明，经双方协商，就吉林省外贸厅转让外贸公司股权、新产业公司受让外贸公司股权达成一致意见，并同意签订本协议。《收购协议书》第1条载明，按零价格收购，接受部分资产。吉林省外贸厅同意将其持有的外贸公司95%的股权按零价格转让给新产业公司。从上述事实可以看出，吉林省外贸厅与新产业公司在《收购协议书》中关于出让和收购外贸公司股权的意思表示明确、无歧义。在本案诉讼中，双方也未提出对《收购协议书》的上述约定应作其他理解的主张。商行北国支行一审、二审均主张新产业公司收购外贸公司的是全部资产和债务，并提供了合同以外的一系列证据材料，这些证据材料包括：（1）吉林省外贸厅于1997年12月25日作出的《关于对新产业投资集团股份公司零价收购省外贸投资总公司的批复》，该批复第1条载明：同意新产业投资股份有限公司零价收购你公司；（2）外贸公司于1997年12月20日向吉林省国有资产管理局提交的《资产评估立项申请书》，该申请书是以企业兼并进行资产评估立项的；（3）吉林求实会计师事务所于1998年3月9日作出的评估结果是对外贸公司整体资产和负债进行的评估，而不是对公司股权价值进行的评估；（4）吉林省国有资产管理局于1998年8月25日作出的《关于确认资产评估结果的通知》，该通知是对新产业公司兼并外贸公司整体资产评估的确认，而不是对被收购公司的股权价值的评估确认。本院认为，上述证据材料中出现的以零价格收购公司、以企业兼并进行评估立项、对公司整体资产和负债进行的评估以及对上述评估结果的确认等内容，与当事人意图实施的股权收购行为并不矛盾。股权收购是企业兼并的一种形式，股权收购的价格取决于企业资产的价值，股权收购应该对公司的整体资产和负债进行评估。在本案净资产评估结果为负值的情况下，股权的价值当然为负值，对本案零价格收购而言，评估资产或评估股权价值并无实质的差异。因此，在《收购协议书》已经作出明确的、无歧义的约定的情况下，商行北国支行依据合同以外其他文件中与《收购协议书》并无明显不同的内容否认《收购协议书》的约定，本院不予支持。一审判决认定新产业公司收购的是外贸公司95%的股权并无不当，本院予以维持。商行北国支行坚持主张新产业公司应当对外贸公司的债务承担清偿责任，但对于自己的主张却始终未能提供充分的证据予以证明。关于商行北国支行在本次二审中提供的材料，根据本院2001年《关于民事诉讼证据的若干规定》第41条第1款第2项的规定，不属于新的证据。况且这些材料只是说明外贸公司的对外投资情况，以及外贸公司对外转让自己所持有的股权情况，均不足以证明新产业公司在收购外贸公司股权后，占有、转移、抽逃了外贸公司的资产，本院不予采纳。如上所述，新产业公司收购外贸公司的并不是其全部资产和债务，一审法院依照《公司法》以及本院依照《关于审理与企业改制相关的民事纠纷案件若干问题的规定》，认定新产业公司不应对外贸公司的债务承担清偿责任，该认定不违反双方当事人在《收购协议书》中的真实意思表示，也不违反我国法律、行政法规的强制性规定，本院予以维持。

关于吉林省商务厅是否应当对外贸公司的债务承担民事责任问题。在本案一审审理作出判决后，吉林省商务厅向本院提起上诉，认为其不应对外贸公司的债务在4159万元范围内承担清偿责任。本院在原二审审理过程中，通知吉林省商务厅对如下事实负有举证责任：（1）在外贸公司设立时，吉林省外贸厅4400万元出资的证据；（2）上述4400万元出资的具体形式以及有关部门验资报告；（3）外贸公司返还吉林省外贸厅4159万元债权与吉林省外贸厅4400万元出资之间关系的证据，即该4159万元债权是否属于4400万元出资的组成部分。吉林省商务厅均未能提供证据。后本院以事实不清为由将本案发回一审法院重审。一审法院重审中，吉林省商务厅仍未能就上述事实举证，吉林省商务厅即应承担不利的法律后果。一审法院将举证责任归于商行北国支行不当，应予纠正。根据本案现有证据来看，由于外贸公司在工商行政管理部门注册登记的档案材料缺失，该公司投资设立的基本情况已无法考察。但是，根据外贸公司营业执照载明的注册资金为4400万元，可以认定吉林省外贸厅已经足额出资，对此，各方当事人均没有提出异议。在吉林省外贸厅与新产业公司签订的《收购协议书》以及吉林省外贸厅《关于对新产业投资集团股份公司零价收购省外贸投资总公司的批复》中，均载有新产业公司同意吉林省外贸厅在外贸公司设立时投入的债权尚有4159万元没有收回，由吉林省外贸厅收回的内容。本案诉讼中，吉林省商务厅不否认其前身吉林省外贸厅已经实际从外贸公司收回4159万元债权的事实，但其辩称该4159万元债权与4400万元注册资金无关，却始终不能提交上述4400万元出资的具体形式的证据以及证明外贸公司返还吉林省外贸厅的4159万元债权与吉林省外贸厅4400万元出资之间关系的证据。据此，应视为吉林省商务厅不能证明除4400万元注册资金之外，吉林省外贸厅对外贸公司还有其他形式的资金投入，故本院认定上述4159万元债权系外贸公司资产的组成部分，吉林省外贸厅收回该部分债权，属于吉林省外贸厅抽逃外贸公司资产的行为，该行为损害了外贸公司以及外贸公司债权人的合法权益。因外贸公司系独立的民事主体，其对外所负债务首先应以其自有财产清偿，如果外贸公司的财产不足以清偿债务，则吉林省外贸厅应就其抽逃资产的行为对外贸公司的债务承担相应赔偿责任。一审法院认定吉林省外贸厅对外贸公司向商行北国支行的借款不应在4159万元范围内承担赔偿责任不当，本院予以纠正。

综上分析，一审判决认定事实基本清楚，但部分适用法律不当，应予纠正。商行北国支行关于吉林省商务厅应当对吉林新产业公司的债务承担责任的上诉理由成立，本院予以支持。

二、公司清算阶段股东无须履行出资义务的情形

案　　号：（2010）沪一中民四（商）终字第2110号

案件名称：上诉人顾某某为与被上诉人甲公司股东出资纠纷案

裁判要旨：若公司存在对外债务，公司债权人可以在公司停止经营，不能清偿债务的情况下，直接向抽逃出资的股东请求在抽逃资本范围内承担民事责任；但如果公司已进入清算程序，并不开展经营业务，且无其他未了解诉讼和债务的，股东再履行出资义务对公司自身经营而言已无实际意义。

案情简介

上诉人（原审被告）：顾某某

被上诉人（原审原告）：甲公司

顾某某与案外人陆某某欲发起设立甲公司，双方商定由陆某某具体负责借款验资、注册登记公司。

1999 年 10 月 12 日，上述两名发起人制定甲公司章程一份，约定设立甲公司，注册资本 100 万元，公司营业期限为 10 年。章程第 9 条规定，陆某某认缴出资额 60 万元，占公司注册资本的 60%；顾某某出资 40 万元，占公司注册资本的 40%；章程第 12 条规定，股东负有以下义务：(1) 在规定期限内足额缴纳公司章程中规定的各自认缴的出资额。否则应向已足额缴纳出资的股东承担违约责任。(2) 公司注册登记后，不得抽回资金。(3) 依其所认缴的出资额承担公司债务。章程第 22 条规定了公司监事由顾某某担任。章程对其他事项亦作了规定。

1999 年 10 月 13 日，上海闵行审计事务所出具闵审事验（99）第 808 号验资报告，确认甲公司已收到其规定投入的货币资本 100 万元，顾某某与案外人陆某某在 1999 年 10 月 13 日将 40 万元、60 万元分别缴存于上海闵行审计事务所在上海银行闵行支行开设的验资专户内。

1999 年 10 月 15 日，甲公司成立，性质为有限责任公司，注册资本 100 万元，工商登记的股东为顾某某与案外人陆某某，顾某某认缴出资额 40 万元，陆某某认缴出资额 60 万元。法定代表人为陆某某。

1999 年 10 月 19 日，甲公司将其银行账户内的 100 万元划入上海银联电器设备型材厂的银行账户。

甲公司成立后，顾某某负责公司的销售工作。2005 年 5 月，顾某某离开甲公司。嗣后，甲公司停止了经营，其工商登记的企业状态于 2008 年 3 月 28 日显示为吊销未注销。

2009 年 4 月 2 日，顾某某申请对甲公司予以清算。在清算过程中，由于陆某某拒不交付公司财务账册等相关清算资料，法院无法对甲公司组织清算。2009 年 9 月 2 日，法院作出裁定，终结甲公司的清算程序。2009 年 11 月 19 日，顾某某起诉陆某某，法院判决陆某某赔偿顾某某剩余财产分配损失 495,638.84元。

一审诉讼中，顾某某确认其通过陆某某向上海华乐电工设备厂借款 40 万元用于验资，且至今尚未归还的事实；顾某某认为公司由陆某某掌控，其不知抽逃出资的事实。

甲公司认为，顾某某作为甲公司的股东之一，认缴出资额为 40 万元，依法应当足额缴纳该认缴的出资款。但顾某某在验资后又抽走出资款，显然违反了法律的强制性规定，侵害了甲公司的合法权益。故甲公司诉至法院，要求判令顾某某向甲公司足额缴纳出资40万元。

裁判结果

一审判决：顾某某于本判决生效之日起10日内向甲公司缴纳出资款40万元。

二审判决：（1）撤销上海市闵行区人民法院（2010）闵民二（商）初字第1245号民事判决；（2）驳回被上诉人甲公司的全部诉讼请求。

各方观点

上诉人观点：（1）一审认定顾某某抽逃出资的理由不足。顾某某作为甲公司股东、监事及在该公司工作，并不等同于其获知所借款项在验资后的去向，事实上顾某某是通过提起知情权诉讼，方才看到公司部分材料。一审认为出借人未催讨借款，顾某某也未归还借款，可以说明顾某某对所借款项已归还的事实是清楚的，该判决理由不能成立。一审法院认为即使陆某某代顾某某实施了划出注册资本的行为，也存在顾某某未实际出资的事实，不能说明顾某某是抽逃出资，因为抽逃出资系主观故意行为，顾某某不明知的情况下，不具备主观故意。（2）甲公司章程约定的公司经营期限已经届满，故甲公司并非案件的适格主体。（3）陆某某系甲公司大股东，并实际控制公司，现甲公司仅起诉顾某某，却不追究陆某某的出资责任，实属不公。（4）一审法院采纳了未出庭作证的证人证言，违反了法定程序。

被上诉人观点：不同意顾某某的上诉请求，要求本院驳回上诉，维持原判。

法院观点

一审法院观点：本案存在三个争议焦点，一是顾某某是否有瑕疵出资的行为，顾某某是否应承担相应责任；二是甲公司是不是本案适格主体；三是陆某某是否应当是原审被告。

关于第一个争议焦点，无论顾某某的出资款是借款取得还是以其他方式取得，在验资时已记载于顾某某名下，并已进入验资账户。根据进账单以及验资报告的记载，顾某某的出资款表面是到位的。但根据本案现有证据相互印证，可以认定在甲公司验资完成后，顾某某即从甲公司银行账户内划出与验资资金等同数额的款项归还了实际出借人上海银联电器设备型材厂。顾某某辩称不知抽逃事实，但顾某某作为两名发起人股东之一，是否归还借款关系自身利益，且其又是公司监事，还在公司工作，对所借款项用于验资后的去向不可能不知情。本院注意到，顾某某对所借用于验资的 40 万元至今也没有归还的举动，无论是上海华乐电工设备厂还是上海银联电器设备型材厂，也均未向陆某某或顾某某主张过归还借款。借款还款，本是天经地义，事隔 11 年，顾某某从未归还借款，出借人也从未催讨借款，充分说明顾某某对所借验资款项已归还的事实是清楚的。所以，尽管 100 万元验资后的款项在公司成立后即汇入上海银联电器设备型材厂银行账户内，划款的行为看似是公司具体实施，但本院认为，因被划之款项已存入公司账户内，如汇出一般形式上也只能是公司实施，而获益主体当然是股东。因此，可以认定顾某某具有划出注册资本 40 万元的行为。退一步来说，即使是陆某某代顾某某实施了划出注册资本的行为，也存在顾某某作为注册资本投入的资金，公司未实际收到的事实。上述事实符合股东将资金转入公司账户后又立即转出的情形，属于虚假出资。生效法律文书亦确认顾某某与陆某某未实际出资的事实。因此，顾某某应向公司承担瑕疵出资的责任。

关于第二个争议焦点，尽管甲公司的清算程序终结，但终结的原因是因为无法清算，而顾某某根据生效法律文书获得的不是清算后的剩余财产。所以，在未经历依法清算、公司主体未经注册登记部门核准注销的情形下，甲公司仍具有诉讼主体资格，可以要求顾某某根据注册资本的确定、维持、不变的原则，要求抽逃出资股东承担差额填补的责任。

关于第三个争议焦点，成为必然被告，必须有事实和法律上的依据。甲公司可以依据股东的出资情况，针对某一股东提起诉讼，这是甲公司的选择权。所以陆某某不是原审案件的当然被告，本院无须追加陆某某为被告。

综上所述，尽管甲公司章程及工商登记将顾某某记载为出资 40 万元、占甲公司 40% 股份的股东，但甲公司的注册资本，顾某某未实际投入。本案涉及的出资形式从社会俗语来说为“过桥借款”，即指公司股东为履行出资义务从第三人处取得借款，股东将借入资金交付公司并取得公司股权后，再将公司资金直接或间接地归还给出借人，用以抵销股东对出借人的欠款。所以，既然甲公司成立时存在瑕疵出资的事实，顾某某作为瑕疵出资股东应该承担瑕疵出资的民事责任，顾某某辩称的其出资到位，与出借人形成借款关系的理由，不能成立。

二审法院观点： 我国《公司法》关于股东负有缴纳出资义务的规定，是为形成公司独立的法人格及法人责任，同时也为保证公司的经营能力以及对外偿付能力等。一审法院认为，根据我国《公司法》的规定，顾某某作为甲公司的股东，负有缴纳出资款的法定义务，本院认为在认定顾某某是否应当履行出资义务的过程中，应当结合甲公司目前的经营状况、两位股东之间的他案诉讼等重要事实综合考虑。从甲公司的经营状况来看，公司于 2005 年 5 月已停止经营，于两年前被吊销营业执照，虽然尚未注销，但从法院于 2009 年 9 月 2 日裁定终结甲公司的清算程序来看，顾某某履行出资义务对目前甲公司自身经营而言，已无实际意义。至于甲公司是否存在对外债务，本院认为甲公司若存在对外债务，公司债权人可以在公司停止经营，不能清偿债务的情况下，直接向抽逃出资的股东请求在抽逃资本范围内承担民事责任。从顾某某与陆某某之间的他案诉讼来看，顾某某申请对甲公司予以清算一案中，系实际控制甲公司的股东陆某某拒不交付公司财务账册等相关清算资料，导致法院无法对甲公司组织清算，最终法院判决陆某某赔偿顾某某剩余财产分配损失 495,638.84 元，该案反映的事实与顾某某是否应当履行出资义务有直接关联，该案判决陆某某作为控股股东赔偿顾某某，是以认定公司有剩余财产为前提的，法院因甲公司无法清算而依法认定了公司剩余财产的分配，可以认为等同于清算后的财产分配，亦可视为顾某某取得赔偿后退出公司，从此角度而言，亦不应再要求其履行出资义务。综上所述，本院认为原审认定事实清楚，适用法律有所不当，判决结果应予纠正。

律师点评

通说认为，股东出资不仅是公司经营活动的基础，也是公司对外承担债务的保证，故股东未全面履行出资义务或抽逃出资同样损害公司债权人的利益。在现行法律层面，《公司法解释三》第 13 条、第 14 条、第 15 条对股东出资纠纷项下公司、其他股东及公司债权人的权利救济作出详尽规定，在审判实践中具有很强的指引性，具体到个案，根据请求权主体的不同以及具体诉讼请求的不同，被告股东承担的责任形式亦有不同。

2019年11月8日，最高人民法院发布《全国法院民商事审判工作会议纪要》(以下简称《九民纪要》)，其中第6条规定：“在注册资本认缴制下，股东依法享有期限利益。债权人以公司不能清偿到期债务为由，请求未届出资期限的股东在未出资范围内对公司不能清偿的债务承担补充赔偿责任的，人民法院不予支持。但是，下列情形除外：

(1) 公司作为被执行人的案件，人民法院穷尽执行措施无财产可供执行，已具备破产原因，但不申请破产的；

(2) 在公司债务产生后，公司股东(大)会决议或以其他方式延长股东出资期限的。”

《九民纪要》的出台明确了认缴资本制下股东出资加速到期的条件与前提，为司法实践中的法律适用提供了明晰且统一的标准：在公司仍然能够继续经营的情形下，债权人无权以公司无法清偿到期债务为由要求股东出资加速到期。仅当公司(1)具备破产原因但不申请破产或(2)恶意延长出资期限时，债权人方有权直接请求未届出资期限的股东在出资范围内直接承担补充赔偿责任。

同时，结合前文案例，笔者总结在抽逃出资及未全面出资情形下，公司债权人权利救济的裁判思路：

1. 股东擅自收回出资的资金系公司资产部分，行为构成抽逃出资。对于公司对外所负债务，公司首先应以其自有财产清偿，如果公司财产不足以清偿债务的，抽逃出资股东应承担相应的赔偿责任。

2.《公司法》关于股东负有缴纳出资义务的规定，是为形成公司独立的法人格及法人责任，同时也为保证公司的经营能力以及对外偿付能力等。若公司存在对外债务，公司债权人可以在公司停止经营，不能清偿债务的情况下，直接向抽逃出资的股东请求在抽逃资本范围内承担民事责任；但如果公司已进入清算程序，并不开展经营业务，且无其他未了解诉讼和债务的，股东再履行出资义务对公司自身经营而言已无实际意义。

3. 股东应当按期、足额缴纳出资，当公司(1)具备破产原因但不申请破产或(2)恶意延长股东出资期限时，债权人有权直接请求未届出资期限的股东在出资范围内直接承担补充赔偿责任。

第四节　未足额出资转让股权的法律问题

一、未足额出资即转让股权的原股东责任

案　　号：（2010）沪一中民四（商）终字第2036号

案件名称：上诉人陈某某与被上诉人甲公司股东出资纠纷案

裁判要旨：我国《公司法》第28条明确规定，股东应当按期足额缴纳公司章程中规定的各自所认缴的出资额。未足额出资的股东即使已对外转让了股权，但其出资不实的责任不应随着股权的转让而免除，仍需根据公司章程和法律规定向公司补足出资。

案情简介

上诉人（原审被告）：陈某某

被上诉人（原审原告）：甲公司

甲公司系有限责任公司，原注册资本为人民币2500万元（以下币种同），股东原由上海金桥（集团）有限公司（认缴出资额为125万元，占注册资本的5%）、马某某（认缴出资额为2250万元，占注册资本的90%）、陈某某（认缴出资额为125万元，占注册资本的5%）组成。甲公司章程载明，股东负有缴纳所认缴的出资、在公司登记后不得抽回出资等义务。

2005年6月25日，甲公司形成股东会决议，决定将公司的注册资金由原来的2500万元增加至6250万元，由马某某追加出资3375万元，陈某某追加出资375万元。上海兴中会计师事务所有限公司出具的验资报告载明，截至2005年8月10日，马某某、陈某某已将各自认缴的出资额以货币资金3375万元、375万元缴入甲公司开立于中国农业银行上海市松江支行（以下简称农行松江支行）的验资资金专户存储。作为验资报告附件的两份进账单载明，马能清以票据号码为“09210329”、金额为3375万元的本票出资，陈某某以票据号码为“09210330”、金额为375万元的本票出资。此后，甲公司的注册资本

变更为6250万元，其中，陈某某出资500万元，占注册资本的8%。

农行松江支行的记账凭证显示，2005年8月10日，上海虹洋实业有限公司（以下简称虹洋公司）分两次向甲公司的验资账户转账划款3375万元、375万元。当日，甲公司自其验资账户向虹洋公司划款3000万元。2005年8月11日，甲公司自其验资账户向虹洋公司划款750万元。本案审理期间，上述银行向本院出具书面证明称，编号为09210329、09210330的两张本票未解入甲公司验资账户。

现陈某某已将其所持甲公司股权转让给案外人。

甲公司变更其诉讼请求为请求法院判令陈某某支付未缴纳的出资款375万元。

裁判结果

一审判决：陈某某应向甲公司补缴出资款375万元。

二审判决：驳回上诉，维持原判。

各方观点

上诉人观点：在被上诉人甲公司增资3750万元过程中，应由陈某某增资的375万元已交付给了另一名股东即当时的甲公司法定代表人马某某，由马某某负责办理公司的增资事项，陈某某亦从甲公司取得了相应金额的银行本票进账单，然而甲公司通过案外人虹洋公司打款入验资账户，前述本票并未进账，系甲公司侵吞资金进行虚假验资的依据，一审法院据此认定上诉人陈某某未实际出资375万元，属认定事实不清；一审法院认定了被上诉人甲公司增资的3750万元来自案外人虹洋公司的划款，上述款项并已于划款当日及次日全额返还，由此，造成甲公司的增资款资金没有到位，其责任完全应当由被上诉人甲公司承担；上诉人陈某某已于2007年年底将其原持有的公司8%的股权全部转让给了案外第三人，甲公司再行向陈某某主张相关权益，已超过2年的诉讼时效，故请求二审撤销原判，依法发回重审或改判驳回被上诉人甲公司的原审诉讼请求。

被上诉人观点：上诉人陈某某一审时认可其系以涉案本票缴纳375万元

增资款，相关证据证明该本票为虚假的票据，陈某某于二审中又称其已将系争款项交付给了原公司法定代表人马某某，同样没有证据加以证明该项事实；股权转让并不能免除原股东的出资义务。故一审法院查明事实清楚，适用法律正确，请求驳回上诉，依法判决。

法院观点

一审法院观点：股东应当足额缴纳公司章程规定的各自所认缴的出资额。作为股东，在甲公司增资过程中，陈某某应依法履行其增资义务。尽管在该次增资过程中，验资报告所附的两份银行进账单载明，陈某某以票据号码为“09210330”、金额为375万元的本票出资，但甲公司验资账户的开户银行已向一审法院证实，上述本票并未解入甲公司验资账户。依据记账凭证，甲公司的验资账户于2005年8月10日增加的3750万元验资款来自案外人虹洋公司的划款，上述验资款已于当日及次日返还给虹洋公司，该款项中即包含陈某某认缴出资的375万元。迄今为止，无证据表明，陈某某已于此后向甲公司补足出资375万元，因此可以认定，在甲公司增资过程中，陈某某并未实际出资。鉴于股东的出资义务系法律所规定的股东基本义务，陈某某的行为违反了公司章程的约定和《公司法》的规定，故其应向甲公司履行相关的出资义务。此后，陈某某虽已对外转让了股权，但其出资不实的责任不应随着股权的转让而免除。现陈某某并无证据证明其已将出资义务转移，其应依据章程约定和法律规定向甲公司补足出资。综上所述，甲公司要求陈某某补足出资375万元的诉讼请求，依法应予支持。依照《公司法》第28条之规定，判决：陈某某应向甲公司补缴出资款375万元。本案案件受理费36,800元，由陈某某负担。

二审法院观点：我国《公司法》第28条明确规定，股东应当按期足额缴纳公司章程中规定的各自所认缴的出资额；股东以货币出资的，应当将货币出资足额存入有限责任公司在银行开设的账户；股东不按照前款规定缴纳出资的，除应当向公司足额缴纳外，还应当向已按期足额缴纳出资的股东承担违约责任。上诉人陈某某作为被上诉人甲公司的股东之一，在公司增资3750万元的过程中，理应依法履行其缴纳增资款375万元的出资义务。一审过程中，上诉人陈某某以票据号码为“09210330”、金额为375万元的银行本票进账单证明其已履行了相应的增资出资义务，但甲公司验资账户的开户银行已向一审法院证实，上述本票并未解入甲公司验资账户，3750万元增资验资款实际来自案外人虹洋公司的划款，而上述验资款又已于划款当日及次日由甲公司返还给了虹洋公司，该款项中包含了陈某某应当认缴出资的375万元。上诉人陈某某又于二审过程中称，其系于增资当时已将系争款项交给原公司法定代表人马某某，但未能提供相应的付款凭据，由于马某某已经去世，陈某某称其已付款的事实缺乏证据证明，本院难以认定。同样没有证据证明陈某某于此后向甲公司补足出资375万元，一审法院据此认定，在甲公司增资过程中，上诉人陈某某未实际出资，并无不当。鉴于股东的出资义务系法律所规定的股东基本义务，陈某某的行为违反了公司章程的约定和《公司法》的规定，故其应向甲公司履行相关的出资义务，该项义务不适用诉讼时效的规定。上诉人陈某某虽已对外转让了其全部股权，但其出资不实的责任不应随着股权的转让而免除。上诉人陈某某应当依法向被上诉人甲公司补足出资。一审法院查明事实清楚，适用法律正确，依法应予维持。上诉人陈某某的上诉理由，没有事实依据和法律依据，不能成立，其上诉请求，本院不予采信。

二、受让人的出资义务

案　　号：（2010）沪一中民四（商）终字第1115号

案件名称：周某某因与甲公司股东出资纠纷案

裁判要旨：股权转让时，受让人明知原股东未向公司全面履行出资义务的，按照公司股东应当履行的基本出资义务和公司资本维持原则，公司有权向受让人即新股东主张其履行全部出资义务。

案情简介

上诉人（原审被告）：周某某

被上诉人（原审原告）：甲公司

甲公司于1996年12月11日成立，注册资金为人民币500万元（以下币种同)，由乙公司出资255万元，占注册资金的51%，上海鸿翔国际货运服务公司（以下简称鸿翔公司）出资245万元，占注册资金的49%。甲公司于2004年3月28日召开股东会，作出股东会决议，决定：乙公司将其持有的占注册资本51%的股权，以255万元转让给周某某。同日，周某某和乙公司签订《股权转让协议》，约定乙公司将其持有的甲公司51%股权以255万元转让给周某某，该转让款由周某某一次性给付乙公司等。2004年3月至4月以周某某为缴款人、甲公司为收款人的《委托代收缴款单》和《现金解款单》显示，缴款金额为255万元。之后，甲公司经工商变更登记的注册资本仍为500万元，股东为周某某（51%股份）和鸿翔公司（49%股份）。

2004年8月5日，甲公司作出股东会决议，决定鸿翔公司将其持有的占甲公司注册资本49%的股权以245万元的价格转让给上海明鸿货运代理有限公司（以下简称明鸿公司）和刘某某，其中，明鸿公司以125万元受让25%的股权，刘某某以120万元受让24%的股权；周某某将其持有的占甲公司注册资本51%的股权以255万元转让给丁某。2004年8月6日，甲公司召开董事会，决定选举刘某某为本届董事长，周某某为副董事长，任期三年；并修改了公司章程，将甲公司股东改为明鸿公司、刘某某、丁某。同日，还签订了以周某某为出让方、丁某为受让方的《股权转让协议》。之后，周某某起诉刘某某、丁某和甲公司，上海市虹口区人民法院以（2007）虹民二（商）初字第959号作出民事判决认定，2004年8月5日在周某某未出席的情况下通过了股东会决议，并作出了董事会决议，修改了公司章程，又冒用周某某的名义签订了《股权转让协议》，并办理了股东工商变更登记手续，该股权转让行为不是周某某的真实意思表示，事后也未得到周某某追认。故判决：（1）确认甲公司于2004年8月5日所作的股东会决议、2004年8月6日作出的董事会决议，修改的公司章程，以周某某为出让方、以丁某为受让方于2004年8月6日签订的股权转让协议无效；（2）确认周某某系甲公司的股东，并享有甲公司51%的股权等。该案审理中，上海市虹口区人民法院就周某某于2004年3月至4月对甲公司出资255万元的真实情况，依法委托了会计师事务所进行了司法会计鉴定，结论为：在甲公司账面未查见周某某交款记载。审计报告也无法证实甲公司向乙公司支付了转让款255万元。该案还查明：周某某在该案中自认，其于2004年3月至4月支付乙公司转让款255万元，办理完工商变更登记手续后又收回了255万元转让款。之后，未向甲公司投入资金。

一审法院另查明，2002 年 12 月 25 日，甲公司向乙公司退还投资款 20 万元。2007 年 8 月 28 日，乙公司出具“证明”，言明：其于 1996 年经和刘某某协商后确定，由乙公司在形式上向甲公司出资 255 万元，占甲公司注册资金的 51%。乙公司只是形式上的股东，刘某某是甲公司实际控制人。根据 1996 年 11 月 5 日乙公司和刘某某签订的《备忘协议》约定，乙公司实际投入 20 万元，其余资金由刘某某负责投入。乙公司已于 2002 年 12 月收回 20 万元。2004 年 3 月，甲公司改制时，乙公司收到甲公司 255 万元后，又返还给了甲公司。刘某某出具“证明”证实其为乙公司代付的验资款 235 万元，之后已经收回。

一审法院还查明，甲公司在工商部门备案的 2004 年 3 月 22 日的《董事会决议》显示：董事会一致同意，刘某某为本届董事会董事长、法定代表人，周某某为副董事长。

一审法院又查明，2009 年 2 月 17 日，周某某向工商局递交了关于甲公司《公司变更登记申请书》，工商局根据上述申请将甲公司的法定代表人变更为周某某。上海市工商行政管理局虹口分局于 2010 年 2 月 9 日出具沪工商虹撤决字（2009）第 20090001 号撤销行政许可决定书，撤销其制发的《准予变更（备案）登记通知书》及其核准变更的公司法定代表人的登记等，并将甲公司的法定代表人恢复登记为刘某某。

2009 年 6 月 4 日，一审法院收到了加盖有“甲公司”公章的《撤诉申请书》，后甲公司向原审法院申请要求对上述《撤诉申请书》（检材）上的“甲公司”公章和本案起诉状（样本）、甲公司在工商局的 2008 年度年检报告（样本）中的印章进行比对鉴定，以确定是否一致。一审法院遂依法委托了司法鉴定科学技术研究所司法鉴定中心进行鉴定，该中心于 2009 年 9 月 18 日作出的司鉴中心〔2009〕技鉴字第 598 号鉴定意见书，鉴定结论为检材上“甲公司”的印文和样本上的印文不是同一印章盖印形成。另二审法院查明，上海市第二中级人民法院于 2009 年 1 月 14 日作出（2008）沪二中民三（商）终字第 690 号终审民事判决，对于上海市虹口区人民法院（2007）虹民二（商）初字第 959 号民事判决予以维持原判。

裁判结果

一审判决：（1）周某某应向甲公司交付股本金255万元；（2）周某某应向甲公司支付以上述255万元为基数，自2004年4月7日至判决生效日止，按照中国人民银行规定的同期贷款利率标准计算的银行利息。

二审判决：驳回上诉，维持原判。

各方观点

上诉人观点：上诉人周某某不服，向本院提起上诉称，其并非被上诉人甲公司的原始股东，其获得相应股权系从案外人乙公司处通过签订股权转让协议而取得，即使存在需要支付股权转让款的情形，亦应由周某某向乙公司支付，一审法院判定周某某向甲公司交付系争款项，属适用法律错误；双方当事人于另案审理中对于系争股权转让款的支付事实陈述并不一致，一审法院未能审查周某某自认收回上述款项的真实性，属认定事实有误，周某某有权放弃虚假的自认陈述。请求撤销一审判决，发回重审或依法改判驳回被上诉人甲公司的一审全部诉讼请求。

被上诉人观点：原审法院查明周某某自认的相关事实是有事实依据的，（2007）虹民二（商）初字第959号及（2008）沪二中民三（商）终字第690号民事判决中，均已认定了上诉人周某某未向被上诉人甲公司交付任何出资额。周某某未能出庭参加原审法院2009年6月9日的第二次庭审，一审法院并无程序违法情形。

法院观点

一审法院观点：股东应当足额缴纳出资。周某某系从乙公司处受让取得了甲公司51%的股权，乙公司作为甲公司的原始股东，其自行出具证明认可其实际仅出资了20万元，且之后甲公司也已经将该款归还给了乙公司，由刘某某为其代付的235万元验资款也已经收回，故乙公司实际并未出资。关于乙公司将股权转让给周某某一节，周某某在原审审理中确认该255万元的股权转让款由其先打入甲公司账户，再由甲公司将上述款项支付给乙公司，对此，周某某虽向原审法院提供了2004年3月至4月以其个人名义向甲公司缴付钱款的《委托代收缴款单》和《现金缴款单》，但上海市虹口区人民法院就周某某对甲公司出资255万元的真实情况，委托审计部门作出的审计结论明确甲公司账面未查见周某某交款记载，周某某也没有其他证据证明其已经缴付投资款的事实；况且周某某在（2007）虹民二（商）初字第959号案件中也自认，其在2004年3月至4月支付甲公司转让款255万元，办理完工商变更登记手续后收回了255万元转让款，之后，未向甲公司投入资金。由此可以认定，乙公司和周某某之间虽签订了股权转让协议，乙公司可以据此取得相应的股权转让款，但实际并无证据证明乙公司实际已经取得上述股权转让款，而周某某取得甲公司相应股东权利，应当对乙公司未出资部分进行补足。现周某某认可在向甲公司缴纳255万元后又予以了收回，实际上是抽逃出资的行为。故甲公司现要求周某某缴付出资255万元的诉请，一审法院应予支持。甲公司在审理中已经将违约金的诉请变更为要求周某某支付银行利息的主张，亦与法无悖，一审法院可予支持。因甲公司起诉时在诉状上加盖了该公司的公章，故甲公司提起本案诉讼并无不当。因本案系基于投资关系产生的缴付出资请求权纠纷，故不受诉讼时效的限制。

二审法院观点：我国《公司法》第28条明确规定，股东应当按期足额缴纳公司章程中规定的各自所认缴的出资额；股东以货币出资的，应当将货币出资足额存入有限责任公司在银行开设的账户，以非货币财产出资的，应当依法办理其财产权的转移手续；股东不按照前款规定缴纳出资的，除应当向公司足额缴纳外，还应当向已按期足额缴纳出资的股东承担违约责任。案外人乙公司作为被上诉人甲公司设立时的股东，其未能向甲公司足额缴纳资本金的行为有瑕疵。上诉人周某某从乙公司处受让股权时，理应将相应的股权转让款交付乙公司，但周某某自认其已收回了向乙公司所支付的255万元股权转让款，之后亦未向甲公司投入资金的事实，已由双方当事人于另案诉讼中经生效判决予以了确认。且在转让时，上诉人明知乙公司未按约支付全部出资款。无论是设立公司时的股东乙公司还是受让股东周某某均未能完全履行其作为股东应当履行的出资义务，按照公司股东应当足额出资原则及公司资本维持原则，甲公司的资本金理当受到法律的保护，其选择向当前享有股东身份的周某某要求其履行全部出资义务，为避免诉累亦未尝不可。由此，一审法院关于上诉人周某某作为股东对于被上诉人甲公司出资不到位的事实予以认定，并无不当，周某某对此未能提出充分的证据以推翻生效判决所确认的事实，其应当依法足额向甲公司缴纳出资款。至于上诉人周某某认为其系从乙公司处受让取得了甲公司51%的股权，即使需要支付相应款项，亦应向乙公司支付对应的股权转让款，而非直接由甲公司向其主张股东出资。对此，一审法院已查明乙公司实际并未出资的事实，若由乙公司向周某某主张股权转让款再行转交甲公司，周某某将可能以该主张超过诉讼时效进行抗辩，甲公司亦存在无法收取合法的股东出资的可能性，有违法律的规定。故甲公司直接向周某某提出缴付出资款255万元及利息主张的诉请，一审法院予以支持并无不妥。上诉人周某某的上诉理由，缺乏事实依据和法律依据，本院对此不予采信。

三、股东权利及义务的概括性转让

案　　号：（2011）厦民终字第2498号

案件名称：杨某某诉黄某某股权转让纠纷案

裁判要旨：根据股权的概括转让原则，除法律有规定或当事人另有约定，股权转让后，股东基于股东地位对公司所发生的全部权利义务关系均一体移转给受让人。

案情简介

上诉人（原审被告）：黄某某

被上诉人（原审原告）：杨某某

2009年3月30日，杨某某与黄某某签订《股权转让合同书》一份，合同载明杨某某同意将其在厦门兴宝鼎精密机械有限公司的23%股权转让给黄某某，黄某某同意支付杨某某人民币17万元，其中现付3万元，余款14万元两年内付清；双方签字后生效，杨某某在厦门兴宝鼎精密机械有限公司的股东权利终止。同日，黄某某向杨某某出具“股权转让费用”一份，载明“兹承接兴宝鼎精密机械有限公司杨某某先生股份转让费人民币壹拾肆万元两年内付清。”黄某某在欠款人栏签字确认。2009年12月21日，黄某某向登记部门递交《有限责任公司变更登记申请书》，申请将厦门兴宝鼎精密机械有限公司股东由林A、黄某某、杨某某变更为黄某某、黄B。厦门工商行政管理局盖章确认的厦门兴宝鼎精密机械有限公司企业信息载明，该公司在2011年3月28日的股东为黄某某，出资比例90%；黄B，出资比例10%。《厦门兴宝鼎精密机械有限公司股东（发起人）名录》载明，股东（发起人）林A，认缴出资10万元，持股比例10%，实际出资2万元，出资时间2008年3月14日，余额交付期限2010年3月16日；黄某某，认缴出资67万元；持股比例67%，实际出资134,000元，出资时间2008年3月14日，余额交付期限2010年3月16日；杨某某，认缴出资23万元，持股比例23%，实际出资46,000元，出资时间2008年3月14日，余额交付期限2010年3月16日。2008年3月13日通过的厦门兴宝鼎精密机械有限公司章程载明股东出资方式、出资额和出资时间与厦门兴宝鼎精密机械有限公司股东（发起人）名录记载一致。中威验字（2008）第022号验资报告中载明的，截至2008年3月14日厦门兴宝鼎精密机械有限公司的股东认缴注册资本、实际出资情况等内容与《厦门兴宝鼎精密机械有限公司股东（发起人）名录》一致。厦众成验〔2010〕YA001号验资报告载明，截至2010年1月6日，黄某某在厦门兴宝鼎精密机械有限公司出资90万元，占注册资本总额90%，黄B出资10万元，占注册资本总额的10%。

另查明：原被告双方就原告提交的标注日期为2009年12月21日的《股东会决议》上“杨某某”的签名笔迹，被告提交的标注日期为2009年12月21日的《厦门兴宝鼎机械有限公司股权转让协议》上“杨某某”的签名笔迹是否为原告杨某某所写产生争议，原告于2011年4月28日向本院申请鉴定。在本院主持下，双方一致认可从工商登记部门调取上述决议和协议原件，由杨某某现场书写样本，摇号决定鉴定机构，就上述签名进行鉴定。后经福建历思司法鉴定所鉴定，并作出闽历思司鉴所（2011）文鉴字第51号司法鉴定书，载明标注日期为2009年12月21日的《股东会决议》上“杨某某”的签名笔迹、标注日期为2009年12月21日的《厦门兴宝鼎机械有限公司股权转让协议》上“杨某某”的签名笔迹与所提供样本上杨某某书写的笔迹不是源于同一人所写。

原告杨某某诉称，原告原系厦门兴宝鼎精密机械有限公司股东。2009年3月30日，因公司内部合作等问题，原告提出退股。被告作为厦门兴宝鼎精密机械有限公司股东之一，经与原告协商一致就股权转让达成如下约定：被告以17万元人民币的价格受让原告的股份并于当日现付3万元整，被告承诺余下14万元款项在两年内付清。此后，原告积极的配合完成相应的股权变更手续，但被告未信守承诺支付余下14万元款项，几经原告催讨，被告都以各种理由推脱，故诉诸法院，请求判令：（1）被告立即向原告支付股权转让款14万元；（2）本案诉讼费由被告承担。

裁判结果

一审判决：被告黄某某应于本判决生效之日起10日内支付原告杨某某股权转让款14万元。

二审判决：驳回上诉，维持原判。

各方观点

上诉人观点：一审判决在认定事实及适用法律方面存在严重错误。即使一审法院认为2009年12月21日股权转让协议书经鉴定杨某某的签名非杨某某所签，也不同意黄某某重新鉴定的意见，也应当认定按2009年3月30日签订的《股权转让合同书》来履行双方的权利义务，该《股权转让合同书》约定双方签字后生效，杨某某在厦门兴宝鼎机械有限公司（以下简称兴宝鼎公司）的股东权利终止，但没有约定其股东义务终止，杨某某仍必须履行公司章程规定的第二期出资义务。另外，庭审中并未对鉴定费进行审理，杨某某没有在庭上出示鉴定费发票，一审法院也未组织对鉴定费发票进行质证，判决由黄某某承担鉴定费没有根据，且鉴定费5500元过高，不符合福建省司法鉴定收费项目及标准的规定，应按1500元/例的范围内收取较为合理合法。综上所述，黄某某请求撤销原判，改判驳回杨某某原审的全部诉讼请求。

被上诉人观点：股权转让时，黄某某作为公司的执行董事对股权现状是明知的，不可能只转让权利不转让义务；鉴定费有鉴定机构出具的相关票据为证。原审认定事实清楚，判决结果正确，请求驳回上诉，维持原判。

法院观点

一审法院观点：本案因支付股权转让款而引发的股权转让纠纷。杨某某与黄某某于2009年3月30日签订《股权转让合同书》系双方真实意思表示，符合《公司法》股东之间股权转让之规定，对双方具有法律约束力，除非有法定或约定事由阻却其适用，双方即应依其内容履行相应法律义务。现被告认为双方于2009年12月21日重新签订《厦门兴宝鼎机械有限公司股权转让协议》对2009年3月30日签订的《股权转让合同书》进行了变更，应以《厦门兴宝鼎机械有限公司股权转让协议》作为双方权利义务约定。经鉴定，标注日期为2009年12月21日的《厦门兴宝鼎机械有限公司股权转让协议》上“杨某某”的签名笔迹与所提供样本上杨某某书写的笔迹并非同一人书写。原告认为鉴定结论符合法律规定，应作为定案依据；被告认为鉴定机构未用与《厦门兴宝鼎机械有限公司股权转让协议》形成时间接近的杨某某书写样本进行比对，且是在扫描件基础上鉴定，故鉴定结论不能作为定案依据。本院认为，福建历思司法鉴定所就被告异议出具《回复委托函》确认，本案提供的比对样本材料和调取的检材扫描件经其审核认为符合鉴定要求；另双方在申请鉴定阶段均到场确认以杨某某现场书写样本作为比对样本，对鉴定机构到工商登记部门扫描原件进行鉴定不持异议，被告在鉴定结论形成后又对此提出异议，显然违反诚实信用原则，对其重新鉴定的申请本院不予准许。以上述鉴定结论为据，被告关于《厦门兴宝鼎机械有限公司股权转让协议》已对《股权转让合同书》进行变更的抗辩主张不能成立，故2009年3月30日双方签订《股权转让合同书》应作为双方履行法律义务的依据。《厦门兴宝鼎精密机械有限公司企业信息》等证据足以认定杨某某已经依约将其所持厦门兴宝鼎机械有限公司23%股权转让给黄某某，黄某某即应履行给付股权转让款的义务。原告认为《股权转让合同书》约定的价款是购买签订该合同书时杨某某的23%股权，被告认为《股权转让合同书》约定的价款系购买杨某某第二期出资完毕后的23%股权，该院认为《股权转让合同书》并未约定黄某某购买杨某某23%的股权为缴足第二期出资后的股权，未作特别说明的，即应当理解为签订合同书之时杨某某所持股权。杨某某此时所持股权记载于工商登记机关，且黄某某还是公司设立股东之一，黄某某对杨某某此时尚未缴足出资的股权情况应有充分了解，其仍签字同意以17万元购买杨某某上述股权，立即支付3万元，并出具尚欠杨某某14万元股权转让款的凭证，现即应遵照前约履行支付股权转让余款14万元之义务。黄某某在2009年3月30日的欠款凭证上注明两年内付清，现其注明的付款期限也已届满，故原告杨某某请求被告黄某某支付股权转让款14万元的请求，于法有据，该院予以支持。

二审法院观点：根据股权的概括转让原则，除法律有规定或当事人另有约定，股权转让后，股东基于股东地位对公司所发生的全部权利义务关系均一体移转给受让人。本案中，杨某某与黄某某于2009年3月30日签订的《股权转让合同书》，系双方当事人的真实意思表示，应认定为合法有效合同。《股权转让合同书》约定双方签字后生效，杨某某在兴宝鼎公司的股东权利终止，其在兴宝鼎公司的股东义务也相应终止。黄某某于2009年3月30日向杨某某出具《股权转让费用》确认其承接兴宝鼎公司杨某某股份转让费14万元于两年内付清。现付款期限已届满，杨某某要求黄某某支付股权转让费14万元是合法的，一审法院予以支持并无不当。黄某某以杨某某应缴足出资义务为由不同意支付股权转让费14万元的上诉理由缺乏依据，本院不予支持。另鉴定费系诉讼过程中产生的诉讼费用，一审法院依法判令由败诉方黄某某负担并无不当，黄某某的上诉理由缺乏依据，本院不予采纳。综上所述，一审判决认定事实清楚，适用法律正确，判决结果正确，应予维持。

律师点评

2013年修正的《公司法》正式确立了认缴注册资本制度，股东不必在公司成立时缴足出资，可自行规定其认缴的注册资本是否分期出资以及出资的具体时间，但有些特定行业另有规定的情形除外。在认缴注册资本制度下，未实缴出资即转让股权的情形并不鲜见，该情形面临两个法律问题：（1）在未足额出资的情况下，股权转让的效力是否有影响？（2）股权转让后，转让人与受让人对未足额实缴部分应承担何种责任及义务？

从法理方面来看，有限责任公司的财产来自股东出资，该出资构成公司展开经营活动的物质基础、对外承担民事责任的财产基础和对公司债权人履行债务的信用基础。《公司法》第28条明确规定了股东依法全面向公司履行出资义务系股东对公司的法定义务，体现了股东向公司履行出资义务的法定性和强制性。另外，股东有权对内或者对外转让股权，该股权转让属于法律行为，适用意思自治的合同法规则，在新旧股东之间形成合同之债，根据合同的相对性原理，股权转让协议对出让股东与受让人之间具有合同上的约束力，但不能当然约束第三人。根据上述《公司法》规定可知，股东对公司的出资义务是法定之债，因此不允许当事人依意思自治予以排除适用，故原股东对公司承担的法定出资义务不能因股权转让而免除。同时，根据《公司法解释三》第18条的规定可知，在股权转让的受让人对股东未全面出资情况知情的情况下，公司也可以要求该受让人与股东承担连带责任。综上所述，未全面履行出资义务的股东将其股权转让知情的第三人的，不能以股权已转让为由免除其对公司的法定出资义务。

关于前述第一个问题，通说认为，未足额出资不影响股权转让协议的效力，对于协议效力的认定应根据《合同法》有关规定审查其条款，是否存在无效或可撤销的情形；至于股权转让行为本身，根据《公司法解释三》第18条的规定进行判定，可以看出现行法律并不禁止未足额出资部分的股权转让，但需要注意的是，股权转让系股东享有权利和义务的概括性转让，受让股东亦应承担基本的出资义务。

关于前述第二个问题，结合上述三个案例，笔者归纳裁判思路如下：

1. 我国《公司法》第28条明确规定，股东应当按期足额缴纳公司章程中规定的各自所认缴的出资额。未足额出资的股东即使已对外转让了股权，但其出资不实的责任不应随着股权的转让而免除，仍需根据公司章程和法律规定向公司补足出资。

2. 股权转让时，受让人明知原股东未向公司全面履行出资义务的，按照公司股东应当履行的基本出资义务和公司资本维持原则，公司有权向受让人即新股东主张其履行全部出资义务。

3. 如公司章程规定分期缴纳出资，股东部分出资后在公司内部转让股权，且股权转让协议亦未明确该股权后续出资义务应由谁承担，考虑到受让股东对未缴足出资的股权情况应了解并同意受让，故应对股权所涉的权利及义务一并承担。

相关法律依据

1. 《公司法》

第3条　公司是企业法人，有独立的法人财产，享有法人财产权。公司以其全部财产对公司的债务承担责任。

有限责任公司的股东以其认缴的出资额为限对公司承担责任；股份有限公司的股东以其认购的股份为限对公司承担责任。

第27条 股东可以用货币出资，也可以用实物、知识产权、土地使用权等可以用货币估价并可以依法转让的非货币财产作价出资；但是，法律、行政法规规定不得作为出资的财产除外。

对作为出资的非货币财产应当评估作价，核实财产，不得高估或者低估作价。法律、行政法规对评估作价有规定的，从其规定。

第28条 股东应当按期足额缴纳公司章程中规定的各自所认缴的出资额。股东以货币出资的，应当将货币出资足额存入有限责任公司在银行开设的账户；以非货币财产出资的，应当依法办理其财产权的转移手续。

股东不按照前款规定缴纳出资的，除应当向公司足额缴纳外，还应当向已按期足额缴纳出资的股东承担违约责任。

第35条 公司成立后，股东不得抽逃出资。

2. 最高人民法院《关于适用〈中华人民共和国公司法〉若干问题的规定(三)》

第13条 股东未履行或者未全面履行出资义务，公司或者其他股东请求其向公司依法全面履行出资义务的，人民法院应予支持。

公司债权人请求未履行或者未全面履行出资义务的股东在未出资本息范围内对公司债务不能清偿的部分承担补充赔偿责任的，人民法院应予支持；未履行或者未全面履行出资义务的股东已经承担上述责任，其他债权人提出相同请求的，人民法院不予支持。

股东在公司设立时未履行或者未全面履行出资义务，依照本条第一款或者第二款提起诉讼的原告，请求公司的发起人与被告股东承担连带责任的，人民法院应予支持；公司的发起人承担责任后，可以向被告股东追偿。

股东在公司增资时未履行或者未全面履行出资义务，依照本条第一款或者第二款提起诉讼的原告，请求未尽公司法第一百四十七条第一款规定的义务而使出资未缴足的董事、高级管理人员承担相应责任的，人民法院应予支持；董事、高级管理人员承担责任后，可以向被告股东追偿。

第14条 股东抽逃出资，公司或者其他股东请求其向公司返还出资本息、协助抽逃出资的其他股东、董事、高级管理人员或者实际控制人对此承担连带责任的，人民法院应予支持。

公司债权人请求抽逃出资的股东在抽逃出资本息范围内对公司债务不能清偿的部分承担补充赔偿责任、协助抽逃出资的其他股东、董事、高级管理人员或者实际控制人对此承担连带责任的，人民法院应予支持；抽逃出资的股东已经承担上述责任，其他债权人提出相同请求的，人民法院不予支持。

第15条 出资人以符合法定条件的非货币财产出资后，因市场变化或者其他客观因素导致出资财产贬值，公司、其他股东或者公司债权人请求该出资人承担补足出资责任的，人民法院不予支持。但是，当事人另有约定的除外。

第16条 股东未履行或者未全面履行出资义务或者抽逃出资，公司根据公司章程或者股东会决议对其利润分配请求权、新股优先认购权、剩余财产分配请求权等股东权利作出相应的合理限制，该股东请求认定该限制无效的，人民法院不予支持。

第17条 有限责任公司的股东未履行出资义务或者抽逃全部出资，经公司催告缴纳或者返还，其在合理期间内仍未缴纳或者返还出资，公司以股东会决议解除该股东的股东资格，该股东请求确认该解除行为无效的，人民法院不予支持。

在前款规定的情形下，人民法院在判决时应当释明，公司应当及时办理法定减资程序或者由其他股东或者第三人缴纳相应的出资。在办理法定减资程序或者其他股东或者第三人缴纳相应的出资之前，公司债权人依照本规定第十三条或者第十四条请求相关当事人承担相应责任的，人民法院应予支持。

第18条 有限责任公司的股东未履行或者未全面履行出资义务即转让股权，受让人对此知道或者应当知道，公司请求该股东履行出资义务、受让人对此承担连带责任的，人民法院应予支持；公司债权人依照本规定第十三条第二款向该股东提起诉讼，同时请求前述受让人对此承担连带责任的，人民法院应予支持。

受让人根据前款规定承担责任后，向该未履行或者未全面履行出资义务的股东追偿的，人民法院应予支持。但是，当事人另有约定的除外。

第19条 公司股东未履行或者未全面履行出资义务或者抽逃出资，公司或者其他股东请求其向公司全面履行出资义务或者返还出资，被告股东以诉讼时效为由进行抗辩的，人民法院不予支持。

公司债权人的债权未过诉讼时效期间，其依照本规定第十三条第二款、第十四条第二款的规定请求未履行或者未全面履行出资义务或者抽逃出资的股东承担赔偿责任，被告股东以出资义务或者返还出资义务超过诉讼时效期间为由进行抗辩的，人民法院不予支持。

第二章　股东资格确认纠纷

股东资格确认纠纷，是指股东与股东之间、股东与公司之间或是股东与第三人之间就某一当事人是否具备股东资格产生争议而提起的诉讼。股东资格的确定，对当事人是否为公司股东，是否应当享有股东权利并承担股东责任具有关键性的意义。

在股东诉讼的体系中，股东资格确认之诉拥有较为特殊的地位和意义。从诉的分类的角度来看，它属于确认之诉，也就是说，它仅仅是请求法院确认某种法律关系，而不必然带来某种实际的给付利益，这似乎会给人造成一种错觉——它并不是那么至关重要；然而事实上，无论从“质”还是“量”上来看，股东资格确认之诉在股东诉讼的体系中都占据着弥足轻重的地位。

从性质上看，股东资格的确认与否，直接影响着股权能否顺利行使，具有一种前提性的重要性；而从数量上看，在司法实践中“与公司有关的纠纷”这一案由下，股东资格确认纠纷的案件数量仅次于股权转让纠纷，远远超过其他类别的公司诉讼案件。在公司商事纠纷日益复杂并不断涌现出新情况的当下，股东通过诉讼手段进行维权也呈现“组合拳”的特点，往往无法只通过一项诉讼就解决问题，而需要提起多项相互联系的诉讼，而“股东资格确认之诉”就往往是这组合拳中的第一拳，也是股东提起后续诉讼的前提。

股东资格纠纷既存在于公司外部，即公司与交易相对人之间发生的外部争议；也存在于公司内部，即公司与其股东之间、股东与股东之间的内部争议。基于商事行为内外有别原则，内外部关系的股东资格确认均应采取综合考虑的原则，但侧重点不同。本章将对此分别展开论述。

第一节 公司内部关系中的股东资格确认纠纷

一、工商登记不是确认股东资格的法定要件

案　　号：（2014）民提字第00054号

案件名称：万某某等诉丽江宏瑞水电开发有限公司股东资格确认纠纷案

裁判要旨：股东身份的确认，应根据当事人的出资情况以及股东身份是否以一定的形式为公众所认知等因素进行综合判断。需要考量的因素主要包括：（1）股东是否有出资合意；（2）是否有出资行为；（3）公司记账处理，是否计入“实收资本”。工商登记不是确认股东资格的法定要件。

案情简介

再审申请人（一审原告、二审上诉人）：万某某

被申请人（一审被告、二审被上诉人）：丽江宏瑞水电开发有限公司

2004年5月27日，丽江宏瑞水电开发有限公司（以下简称宏瑞公司）经有关部门核准设立，进行水电开发，法定代表人为唐A。宏瑞公司共有博尔晟公司，双河电站两名法人股东，唐B、张C两个自然人股东，其中博尔晟公司出资40万元，占注册资本40%，双河电站出资32万元，占注册资本32%，自然人股东唐B、张C各出资14万元，分别占注册资本14%。2007年4月26日，宏瑞公司变更注册资本为1200万元，各股东持股比例不变。在公司运营活动中，经法定代表人唐A授权，由股东唐B全权处理公司日常事务，唐B并有权代表博尔晟公司行使股东权利。2008年6月，为了公司建设的需要，唐B、张C拟增资扩股，遂与万某某协商，由万某某出资510万元，占公司30%股权。2008年7月29日，万某某以个人名义向丽江市古城区信用合作社贷款530万元，由宏瑞公司两个股东张C及双河电站以资产作抵押担保，唐B作为宏瑞公司的授权代理人也在借款合同上签字，借款用途为“电站投资”。2008年8月4日，万某某将所借510万元打入了宏瑞公司账户，宏瑞公司会计凭证记载为“实收资本”。2008年8月10日，唐B、张C和万某某签

署了一份《丽江宏瑞水电开发有限公司章程》（以下简称《宏瑞公司章程》），其中载明万某某于2008年8月10日认缴出资510万元，占公司注册资本的30%。2010年1月3日，万某某、张C、张D（双河电站负责人）、唐B作出《股东会决议》，决定将公司股权转让，并约定转让金按当时的出资比例进行分配，还明确了各股东到账股金的比例为：万某某510万元，占53%；唐B、唐A（博尔晟公司法定代表人）117万元，占17.7%；张C 52万元，占5.4%；双河电站230万元，占23.9%。但因后来未找到受让方，股权没能转让。2010年11月20日，唐B向万某某补写了一张借条，内容为："借到万某某人民币510万元，此款已于2008年8月4日打入公司账户，由公司承担信用社利息和本金归还，期限为一年半，若到期未能偿还作为资本债转为公司股金。"2011年6月20日及23日，宏瑞公司作出《宏瑞水电开发有限公司账务自查结论》（以下简称《账务自查结论》），其中注明"实收万某某资本金510万元"。期间，唐B于2009年7月26日、2010年5月18日向万某某账户内打入人民币110万元，2011年3月3日，唐B又将400万元人民币打入万某某账户内。

因万某某要求宏瑞公司将其确认为股东未果，2011年6月22日，万某某向一审法院提起诉讼，请求：确认其系宏瑞公司股东，出资510万元注册资本金，持有公司53%的股权；判令宏瑞公司配合万某某办理公司股东变更的工商登记手续；由宏瑞公司承担本案诉讼费。

裁判结果

一审判决：驳回了万某某的诉讼请求。

二审判决：驳回上诉，维持原判。

再审判决：（1）撤销云南省高级人民法院（2012）云高民二终字第89号、云南省丽江市中级人民法院（2011）丽中民二初字第19号民事判决；（2）确认万某某为丽江宏瑞水电开发有限公司的股东，出资510万元，持有30%的股权；（3）丽江宏瑞水电开发有限公司应于本判决生效之日起15日内，配合万某某办理股东变更登记手续；（4）二审案件受理费各47,500元，分别由万某某承担11,875元，丽江宏瑞水电开发有限公司承担35,625元。

各方观点

再审申请人（一审原告、二审上诉人）万某某观点：（1）二审判决认定事实没有证据证明，认定事实错误。①二审判决关于“上诉人万某某认可2010年11月20日唐B代表宏瑞公司向其出具借条，其持有借条原件，表明万某某接受借条，并同意将原来用于出资的510万元变更为借款”的事实认定没有任何证据支持，属于主观臆断，认定事实错误。②二审判决认定“借条出具以前的2009年7月26日、2010年5月18日，宏瑞公司已归还万某某110万元，该事实进一步证明万某某在借条出具前已同意宏瑞公司将其投入的510万元当作借款”是错误的。③二审判决认定“借条虽约定还款期限一年半，若到期不能偿还，510万元借款转化为股本金，但至2011年3月3日，唐B代表公司归还余款400万元，万某某仍未提出异议，故此应当确认借条已经将万某某与宏瑞公司之间的投资关系变更为借款法律关系，万某某不应成为宏瑞公司的股东”，这一认定同样没有证据支持。④二审判决认定“宏瑞公司2011年6月22日及23日作出的《账务自查结论》虽记载：实收万某某资本金510万元，双河电站、博尔晟公司、唐B及张C等股东均有签字，万某某并未在《自查结论》上签字，表明万某某已最后认可其原先用于投资的510万元资金已转化为借款”，这一认定是无中生有。⑤二审判决对宏瑞公司是否按照借条偿还万某某借款利息的重大事实只字不提，导致认定事实不全面、不清楚。（2）二审判决适用法律确有错误。二审判决认定宏瑞公司将万某某认缴的510万元款项以出具借条的方式转化为公司借款，并未违反《公司法》的规定，属于适用法律错误。根据《公司法》第33条、《公司法解释三》第24条的规定，股东一旦履行公司章程约定的出资义务后，其股东身份及出资的性质在公司内部已经得到实质性的认定，不因其是否经过工商登记而改变。根据《公司法》第36条的规定，即便万某某与宏瑞公司达成一致意见将出资转化为借款，也因为违反法律的禁止性规定而无效。因此，万某某申请撤销二审判决，支持其原审诉讼请求。

被申请人（一审被告、二审被上诉人）丽江宏瑞水电开发有限公司观点：宏瑞公司注册资本1200万元，实收资本1200万元，法定代表人唐A。万某某将从信用社借出的530万元借款中的510万元汇入宏瑞公司账户，汇款用途明确记载为“借款”。《宏瑞公司章程》是三名自然人万某某、张C、唐B于

2008 年 8 月 10 日订立的，应认定为无效。《宏瑞公司章程》第 64 条规定，本章程经公司登记机关登记后生效。但《宏瑞公司章程》并未登记，因而该章程也没有生效。在万某某的资金进入宏瑞公司、所谓的《宏瑞公司章程》制定近一年后，宏瑞公司曾经变更工商登记，但未增加注册资本，更没有新增股东。万某某的债转股要求不能实现后，向宏瑞公司追索借款，公司执行董事唐 B 分三次归还了万某某的全部 510 万元借款，万某某借给宏瑞公司的 510 万元资金账务处理资料表明，公司财务已结清了该笔应付欠款，万某某申请再审的事实和理由根本不能成立。因此，请求驳回万某某的再审申请，维持原审判决。

法院观点

一审法院观点：万某某将 510 万元打入宏瑞公司账户后，万某某、唐 B、张 C 于 2008 年 8 月 10 日签署的《宏瑞公司章程》已明确了万某某属宏瑞公司股东且占公司 30% 的股权，《宏瑞公司章程》虽只有原股东唐 B、张 C 的签字，但唐 B 同时还代表了博尔晟公司，故该章程并未违反《公司法》的规定，应视为各方当事人之间的约定，由此可以认定万某某的 510 万元属投资款。但 2010 年 11 月 20 日宏瑞公司出具的借条已将万某某支付的 510 万元认定为借款，该借条约定还款期限为一年半，超过一年半该借款才能转为公司股金，而还款期限应从出具借条之日，即自 2010 年 11 月 20 日起算，宏瑞公司于 2011 年 3 月 3 日归还了万某某全部借款，故万某某成为宏瑞公司股东的条件不成就。本案案由应定为“股东资格确认纠纷”。万某某起诉时虽将宏瑞公司各股东列为被告，但根据《公司法解释三》第 22 条之规定，宏瑞公司股东应为本案的第三人。该院经审判委员会讨论决定，作出（2011）丽中民二初字第 19 号民事判决，驳回了万某某的诉讼请求。

二审法院观点：本案二审争议的焦点问题主要是万某某能否成为宏瑞公司的股东。

首先，2008 年 8 月 10 日新修订的《宏瑞公司章程》虽经 2/3 以上表决权的股东通过，但二审庭审中，万某某认可 2010 年 11 月 20 日唐 B 代表宏瑞公司向其出具了借条，万某某持有借条原件，表明其接受借条，并同意将原来用于出资的 510 万元变更为借款。借条出具之前的 2009 年 7 月26 日、2010 年

5月18日，宏瑞公司已归还万某某110万元，该事实进一步证明，万某某在借条出具前已同意宏瑞公司将其投入的510万元当作借款。借条虽约定，还款期限为一年半，若到期不能偿还，510万元借款转化为股本金，但至2011年3月3日，唐B代表宏瑞公司归还余款400万元时，万某某仍未提出异议。故此应当确认，借条是当事人的真实意思表示，合法有效，借条已将万某某与宏瑞公司之间的投资关系变更为借款法律关系，万某某不应成为宏瑞公司的股东。万某某关于即便借条真实存在，因宏瑞公司未在借条约定的还款期限还款，510万元借款转化为公司股本金，其仍应成为宏瑞公司的股东的观点没有事实基础，不能成立。至于借款利息，万某某可以依据实际发生数额另案要求宏瑞公司承担。

其次，宏瑞公司归还万某某全部借款本金后，2011年6月22日及23日，其作出的《账务自查结论》虽记载，“实收万某某资本金510万元”，双河电站、博尔晟公司、唐B及张C等公司股东均有签字，但万某某并未在《账务自查结论》上签字，表明万某某已最后认可其原先用于投资的510万元款项已转化为借款，借款归还后其不再是宏瑞公司股东，不再行使股东权利，参与公司管理。万某某关于宏瑞公司《账务自查结论》是对其股东身份的最后确认的观点不能成立。

最后，2007年4月26日的宏瑞公司企业法人营业执照记载，宏瑞公司的注册资本为1200万元，虽然2008年8月10日修改的宏瑞公司章程第6条记载，2008年8月增加自然人股东万某某后为1700万元，但现有证据证明，宏瑞公司增资至1700万元后并未申请变更工商登记。根据《公司法》第26条第1款的规定，“有限责任公司的注册资本为在公司登记机关登记的全体股东认缴的出资额。”万某某2008年8月4日将510万元转账至宏瑞公司账户，宏瑞公司并未将其登记为公司注册资本，宏瑞公司或者万某某将先前转入的510万元当作借款，并非抽逃出资，并未违反法律规定，合法有效。万某某关于将510万元出资款项当作借款归还系抽逃公司资本金的行为，因其违反法律规定而无效的观点没有法律依据，亦不能成立。

综上所述，该院经审判委员会讨论决定，作出（2012）云高民二终字第89号民事判决，驳回上诉，维持原判。

再审法院观点：本案再审争议的焦点问题是万某某是否为宏瑞公司的股东。对此，具体分析如下：

1. 万某某是否取得了宏瑞公司的股东身份

股东身份的确认，应根据当事人的出资情况以及股东身份是否以一定的形式为公众所认知等因素进行综合判断。根据本案查明的事实，本院认为万某某已经取得了宏瑞公司的股东身份。

首先，万某某已经向宏瑞公司实缴出资，万某某打入宏瑞公司账户的510万元为出资款而非借款。2008年6月，代表宏瑞公司处理日常事务的唐B及宏瑞公司股东张C与万某某协商，由万某某向宏瑞公司出资510万元，占30%的股权。由此证明，万某某在出资之前，已经与宏瑞公司及其股东就出资事宜达成了合意。2008年7月29日，万某某向云南省丽江市古城区信用合作社贷款530万元，贷款用途明确约定为"电站投资"。2008年8月4日，万某某将所贷的510万元打入了宏瑞公司的账户，实缴了出资，履行了先前约定的出资义务，宏瑞公司的会计凭证也将该510万元记载为"实收资本"。直至2011年3月15日，唐B还认可万某某投入宏瑞公司的510万元是投资款。2011年6月20日及23日，宏瑞公司作出的《账务自查结论》仍然注明"实收万某某资本金510万元"。以上事实足以证明，万某某已经按认缴的出资额向宏瑞公司实缴了出资，万某某支付的510万元为出资款而非借款。

其次，万某某的股东身份已经记载于《宏瑞公司章程》，万某某也以股东身份实际参与了宏瑞公司的经营管理。2008年8月10日，唐B、张C和万某某共同修订并签署了新的《宏瑞公司章程》。虽然在《宏瑞公司章程》上签字的自然人股东只有唐B、张C两人，但由于唐B同时还代表宏瑞公司的另一法人股东博尔晟公司，故《宏瑞公司章程》的修改经过了代表2/3以上表决权的股东通过，符合法定的修改程序，宏瑞公司的另一股东双河电站在本案二审中也明确表示认可修订后的《宏瑞公司章程》，故其应为合法有效。《宏瑞公司章程》中载明，万某某于2008年8月10日认缴出资510万元，占宏瑞公司注册资本的30%。其后，万某某以宏瑞公司董事长的身份，出席了双河电站的复工典礼，并多次参加宏瑞公司的股东会，讨论公司经营管理事宜，实际行使了股东权利。

宏瑞公司主张，《宏瑞公司章程》第64条规定，本章程经公司登记机关登记后生效，但该章程事实上并未在工商部门登记，因而没有生效。本院认为，该章程除第64条规定了章程的生效问题外，还在第66条同时规定"本章程于二○○八年八月十日订立生效"。这就出现了同一章程对其生效时间的规定前后不一致的情形，此时根据章程本身已经无法确定生效的时间，而只能根据相关法律规定和法理，对《宏瑞公司章程》的生效问题作出判断认定。公司章程是股东在协商一致的基础上所签订的法律文件，具有合同的某些属性，在股东对公司章程生效时间约定不明，而《公司法》又无明确规定的情况下，可以参照适用《合同法》的相关规定来认定章程的生效问题。参照合同生效的相关规定，本院认为，经法定程序修改的章程，自股东达成修改章程的合意后即发生法律效力，工商登记并非章程的生效要件，这与公司设立时制定的初始章程应报经工商部门登记后才能生效有所不同。本案中，宏瑞公司的股东在2008年8月10日即按法定程序修改了原章程，修订后的《宏瑞公司章程》合法有效，因此应于2008年8月10日开始生效，宏瑞公司关于《宏瑞公司章程》并未生效的主张，本院不予支持。宏瑞公司章程的修改，涉及公司股东的变更，宏瑞公司应依法向工商机关办理变更登记，宏瑞公司未办理变更登记，应承担由此产生的民事及行政责任，但根据2005年修订的《公司法》第33条的规定，公司股东变更未办理变更登记的，变更事项并非无效，而仅是不具有对抗第三人的法律效力。综上所述，宏瑞公司关于《宏瑞公司章程》未生效、无效的主张，无法律及事实依据，本院不予采信。

万某某主张，以2010年1月3日所作的《股东会决议》为依据，确认其持有宏瑞公司53%的股权。但该《股东会决议》是为宏瑞公司对外转让股权这一特定事宜而作出，后来因未能找到受让方，股权转让事宜并没有付诸实施。《股东会决议》确定的股东持股比例是以各股东当时到账的出资数而非以股东认缴的出资数为依据计算出来的，主要目的在于分配股权转让款，《股东会决议》本身并没有对《宏瑞公司章程》中确定的各股东出资数及持股比例作出改变，也不涉及宏瑞公司的减资事项，在股东会决议事项并未实施，《宏瑞公司章程》依然合法有效，各股东仍应按其中所认缴的出资数额继续履行出资义务，应以《宏瑞公司章程》为据确定万某某持有宏瑞公司的股权比例，即万某某持有宏瑞公司的股权比例为30%，其主张持有宏瑞公司53%的股权，本院不予支持。

2. 万某某对宏瑞公司的股权是否转变为债权

2010年11月20日，唐B代表宏瑞公司给万某某补写了一张借条，其中载明："借到万某某人民币510万元，此款已于2008年8月4日打入公司账户，由公司承担信用社利息和本金归还，期限为一年半，若到期未能偿还作为资本债转为公司股金。”借条出具之前，唐B于2009年7月26日、2010年5月18日分两次向万某某的账户共汇入110万元，借条出具之后，唐B于2011年3月3日再次向万某某的账户汇入400万元，合计510万元。宏瑞公司主张其与万某某之间的投资关系已经因借条的出具而转变为借款关系，并且通过唐B的还款行为而将借款进行了清偿，万某某对此予以否认。因此，借条及唐B的汇款，是否使万某某对宏瑞公司的股权转变成了债权，是本案当事人争议的关键问题。根据既有的法律规定，综合考虑案件事实情况，本院认为万某某对宏瑞公司的股权并未转变为债权。理由是：

第一，股东不得抽逃出资是《公司法》的一项基本制度和原则，我国《公司法》对此作了明确规定。股东向公司出资后，出资财产即转变为公司的法人财产，其独立于股东个人的财产而构成公司法人格的物质基础。股东从公司抽回出资，则会减少公司资本，动摇公司的独立法人地位，侵害公司、其他股东和公司债权人的利益，因而为法律所严禁。本案中，万某某打入宏瑞公司账户的510万元性质上为出资款，且为《宏瑞公司章程》所确认，该510万元进入宏瑞公司的账户后，即成为宏瑞公司的法人财产，无论是万某某主动要求宏瑞公司将其出资转变为借款，还是唐B代表宏瑞公司向万某某出具借条并将出资作为借款偿还，抑或是万某某与宏瑞公司协商一致，将出资转变为借款而归还，本质上都是根本改变万某某对宏瑞公司出资性质的违法行为，都会导致万某某抽回出资并退股的法律后果，这是有违《公司法》的相关规定，因而上述行为均应无效，万某某的股东身份自然也不应因此种无效行为而改变。本院尤为强调的是，抽逃出资并不限于抽逃注册资本中已经实缴的出资，在公司增资的情况下，股东抽逃尚未经工商部门登记、但已经成为公司法人财产的出资同样属于抽逃出资的范畴，亦在《公司法》禁止之列。故此，二审法院关于宏瑞公司并未将万某某出资的510万元登记为公司注册资本，宏瑞公司或者万某某将510万元转变为借款并非抽逃出资的认定不当，本院予以纠正。

第二，借条并不能证明万某某对宏瑞公司的出资已经转变为借款。即便不考虑前述法律禁止性规定的因素，单纯从借条这一证据本身分析，亦不能得出万某某对宏瑞公司的出资已经转变为借款的结论。借条对万某某打入宏瑞公司账户的510万元规定了一年半的还款期限，在此期限内宏瑞公司如未能归还本息，则该510万元即转为股金。万某某和宏瑞公司对一年半的借款期限究竟应从何时起算存在争议。本院认为，在当事人没有特别约定的情况下，按照交易惯例，借款期限应从款项实际交付给借款人时起算，具体到本案，即使将万某某的出资当作借款，借款期限也应从510万元打入宏瑞公司账户的2008年8月4日起算，这与万某某从丽江市古城区信用合作社贷款一年半的期限正好吻合。宏瑞公司主张借款期限应从借条出具的2010年11月20日起算，但此时万某某已经将该款项打入宏瑞公司两年多，宏瑞公司实际占有和使用此款项却不属于借款，当然也无须支付借款的利息，而万某某从银行贷款帮助宏瑞公司渡过难关，不但没有获得任何对价，还需要自行承担贷款的利息，这不但违背常理，也有失公平，故本院对宏瑞公司的此项主张不予支持。按2008年8月4日计算借款期限，至2010年2月4日一年半的期限届满，宏瑞公司并未归还全部借款，按借条的约定，万某某支付的510万元也应转为出资而非借款。借条载明应由宏瑞公司承担510万元贷款的利息归还义务，但事实上该项贷款的利息919,820.88元系由万某某偿还，无论借款期限从何时起算，宏瑞公司均未在借条约定的一年半的借款期限内偿付利息，从这一角度考量，万某某支付的510万元也应属于出资而非借款。因此，一审、二审法院认定借条已将万某某与宏瑞公司之间的投资关系转变为借款关系确有不当，本院予以纠正。在万某某向宏瑞公司支付的510万元属于出资款，不应作为借款返还的情形下，唐B可以另行向万某某主张返还其所支付的510万元。

综上所述，万某某已经取得了宏瑞公司的股东身份，借条的出具并不能将其对宏瑞公司的股权转变为债权，万某某有权要求宏瑞公司确认其股东身份并办理股东变更登记。

二、出资瑕疵不影响股东资格的认定

案　　号：（2016）苏01民终6294号

案件名称：李某某与南京禄口起重机械有限公司、李G等股东资格确认纠纷案

裁判要旨：足额出资是股东对公司应履行的义务，未足额出资的股东应向公司承担补足出资的义务，但并不因此否定股东的地位。

案情简介

上诉人（原审被告）：南京禄口起重机械有限公司

被上诉人（原审原告）：李某某

2000年8月31日，自然人李某某、刘A、毛B、吴C、曹D、李E、李F共同签署了公司章程，拟共同出资80万元成立南京禄口起重机械有限公司（以下简称起重公司）。2000年11月13日，南京正宁会计师事务所有限公司出具了宁正所验字（2000）第516号验资报告，确认该80万元系以实物投资，已于2000年11月6日全部投资到位，其中李某某出资40.8万元，占投入资本比例为51%；刘A出资7.2万元，占9%；毛B投资8万元，占10%；吴C、曹D、李E、李F各出资6万元，分别占7.5%。2000年12月6日，起重公司登记成立，注册资本为80万元。2006年9月，原股东李某某将全部股份以40.8万元转让给了李G。2010年1月26日，起重公司股东会形成决议，决定原股东吴C持有的6万元股份全部转让给李G，原股东毛B持有的全部股份8万元转让给李G 3.52万元、刘A 1.68万元、曹D及李F各1.4万元，同时申请增加注册资本720万元，变更后的注册资本为800万元，新增注册资本720万元由股东李G、刘A、曹D、李E、李F认缴。起重公司增资后，股东李G实际出资503.20万元，占注册资本总额的62.90%，刘A实际出资88.80元，占11.10%，曹D实际出资74万元，占9.25%，李E实际出资60万元，占7.50%，李F实际出资74万元，占9.25%。后因起重公司认为李F系起重公司登记的备案股东，李F与被上诉人李某某并非同一人，且被上诉人李某某对起重公司并未出资。

另查明：被上诉人李某某系南京市江宁区禄口街道秦村村民。2000年11月3日，秦村村委员会出具证明一份，该证明载明："秦村行政村3队村民李某某，身份证用名是李某某，上班后常用名是李F。"原江宁县公安局禄口派出所于2000年11月6日在该证明上加盖了户口专用章，确认情况属实。2000年11月10日，南京市工商行政管理局向原南京市江宁县工商行政管理局发送了一份企业名称变更核准通知书，该通知书上载明了起重公司原全体股东的姓名和出资额，其中李某某出资6万元。

裁判结果

一审判决：（1）确认李某某为起重公司的股东，其出资额占起重公司注册资本总额的9.25%。（2）起重公司自判决发生法律效力之日起30日内，将起重公司在工商行政管理部门备案登记的股东李F变更为李某某。

二审判决：驳回上诉，维持原判。

各方观点

上诉人（原审被告）起重公司观点：（1）原江宁县禄口镇秦村村民委员会（以下简称秦村村委会）出具的证明系复印件，且出具单位负责人并未到庭说明情况，不能证明李F系李某某的曾用名；（2）李某某未能提交相应的出资证明，仅凭工商登记资料不足以证明李F已完成出资义务；（3）李某某仅认为工商登记错误，其股东权利并未受到损害，故其不具备民事法律关系上的诉讼利益，应驳回其起诉；（4）即使李某某已实际出资，但依据《公司法解释三》第24条第3款的规定，李某某在未获得其他股东半数以上同意的情况下，无权要求变更工商登记信息；（5）根据相关司法解释的规定，对于无独立请求权第三人，人民法院应当经过两次合法传唤未到庭才能够缺席审理，一审法院仅传唤一次即缺席审理，存在程序瑕疵。

被上诉人（原审原告）李某某观点：（1）秦村村委会出具的证明系李某某自工商机关调取工商登记内档资料，且所载股东李F的身份证号码与李某某一致，上述证据具有较高的证明效力，应予采信；（2）虽然李某某未在户籍资料中登记过李F，但确实使用过该姓名，而被上诉人之所以使用李F作为公司股东登记，是因为与起重公司原法定代表人重名的缘故；（3）李某某已实际履行出资义务，而是否出资与本案不具有关联性；（4）因本案仅为股东登记名字的变更，而非变更股东，故不适用《公司法解释三》的相关规定；（5）相关法律并未规定人民法院需两次合法传唤第三人方能缺席审理。

法院观点

一审法院观点：根据李某某在本案中所提供的证据，可以确认，李某某与起重公司的股东李F的身份证号码是一致的，由此可见，李某某与起重公司的股东李F是同一个人。故李某某具有起重公司的股东身份，其出资额占起重公司注册资本总额的9.25%。因起重公司在对股东李某某的股东身份作备案登记时使用的是李某某的常用名李F，李某某有权要求起重公司变更工商登记，将李F变更为李某某。起重公司辩称李某某未出资，但根据验资报告显示，股东李F的出资已经到位，而股东李F与李某某为同一人，即李某某对起重公司的出资已经到位。故起重公司的该抗辩不能成立，应不予采信。综上所述，李某某的诉讼请求于法有据，应予支持。

二审法院观点：本案主要争议焦点为，（1）被上诉人李某某是否有权提起本案之诉；（2）被上诉人李某某与起重公司工商登记资料所载股东李F是否系同一人；（3）起重工公司主张被上诉人未实际出资不具有股东资格，依据是否充分；（4）一审是否存在程序瑕疵情形。

1.《民事诉讼法》规定，起诉必须符合下列条件：（1）原告是与本案有直接利害关系的公民、法人和其他组织；（2）有明确的被告；（3）有具体的诉讼请求和事实、理由；（4）属于人民法院受理民事诉讼的范围和受诉人民法院管辖。本案中，李某某就其是否具有公司股东资格与起重公司发生纠纷，其已无法通过工商行政机关申请变更登记资料，另李某某主张登记股东名称不一致的原因并非由工商行政机关所致，故本案属于人民法院受理民事诉讼的范围，李某某有权提起本案之诉。

2. 对负有举证证明责任的当事人提供的证据，人民法院审查并结合相关事实，确信待证事实的存在具有高度可能性的，应当认定事实存在。本案中，李某某主张其与起重公司的股东李F是同一人，并为此提交了工商登记资料、秦村村委会证明等证据，其中起重公司章程所载股东李F的身份证号码与被上诉人李某某完全一致，而江宁区公安分局亦无法查询到同一身份证号码李F的户籍信息，另秦村村委会出具的证明亦证实李某某曾使用过李F的名字，故一审据此认定被上诉人李某某与股东李F为同一人，并无不当。根据工商登记资料记载，股东李F系起重公司原始股东，并曾增资和受让其他股东股份。现起重公司主张股东李F另有其人，但在整个诉讼过程中都无法提供该股东的联系方式、真实身份证信息等，明显有悖常理，本院不予采信。

3. 足额出资是股东对公司应履行的义务，未足额出资的股东应向公司承担补足出资的义务，但并不因此否定股东的地位。本案中，起重公司验资报告显示股东李F已出资到位，即被上诉人李某某的出资已到位，若起重公司认为李某某未实际出资可另行主张，但不能据此否定李某某的股东资格。

《公司法解释三》第 24 条第 3 款“实际出资人未经公司其他股东半数以上同意，请求公司变更股东、签发出资证明书……并办理公司登记机关登记的，人民法院不予支持”的规定，系针对实际出资人与名义出资人并非同一人的情况，并不适用于本案，故起重公司据此否定李某某股东身份，于法无据。

4. 无独立请求权第三人经人民法院传票传唤，无正当理由拒不到庭，不影响案件审理。本案中，原审第三人李 G、刘 A、曹 D、李 E 经一审法院传票传唤后未到庭应诉，一审法院依法缺席审理，并无不当。起重公司主张第三人需经两次合法传唤未到庭后人民法院才能缺席审理，缺乏法律依据，本院不予支持。

综上所述，起重公司的上诉请求不能成立，应予驳回；一审判决认定事实清楚，适用法律正确，应予维持。

三、股权代持下的股东资格认定

案　　号：（2018）沪民申 1292 号

案件名称：彼尚企业管理咨询（上海）有限公司与上海简会文化传播有限公司、余 A 股东资格确认纠纷案

裁判要旨：对于公司内部股东资格的确认，实质要件是重要的判断标准，该实质要件主要包括代持股协议以及实际出资人出资的事实。

案情简介

再审申请人（一审原告、二审被上诉人）：彼尚企业管理咨询（上海）有限公司

被申请人（一审被告、二审上诉人）：上海简会文化传播有限公司（原上海心之旅文化传播有限公司）

彼尚企业管理咨询（上海）有限公司（以下简称彼尚公司）是中外合资经营企业，成立于2014 年6 月4 日，经营范围包括企业管理咨询、商务信息

咨询、投资咨询、企业营销策划、展览展示服务、文化艺术活动交流策划等。现工商登记的股东有余 A（持股 1%）、M1（持股 94.50%）、M2（持股 1%）、高某（持股 1%）、马某 1（持股 1%）、马某 2（持股 1%）、朱某（持股 0.5%）。余 A 曾任彼尚公司的法定代表人，于 2016 年 10 月变更为陈 B。

上海心之旅文化传播有限公司（以下简称心之旅公司）成立于 2016 年 6 月 6 日，认缴的注册资本为人民币 1000 万元（以下币种同），现工商登记的股东为余 A，持有全部股权。经营范围包括文化艺术交流活动策划、市场营销策划、企业管理咨询、商务信息咨询、展览展示服务等。发起人为余 A 和案外人董某，董某持股比例为 0.1%。2016 年 8 月，董某将全部股权转让给余 A，心之旅公司由此成为一人有限责任公司。

2016 年 9 月 28 日，彼尚公司形成会议纪要 1 份（以下简称“9・28”会议纪要）。会议有 7 个议题，分别为：（1）关于余 A 个人相关离职手续办理的事项；（2）关于余 A 离职后办理资料移交的事项；（3）关于余 A 个人离职审计的事项；（4）关于彼尚公司股东分红的事项；（5）关于余 A 个人退股（1%）的事项；（6）关于彼尚公司员工劳动合同变更的事项；（7）关于彼尚公司 2 周年会展活动举办的事项。第 2 个议题项下又包括 10 项具体内容，其中第 8 项标题为“关于公司（彼尚公司）的对外投资”，内容如下：“公司投资设立的上海心之旅文化传播有限公司银行账户内的现有资产（约 800 万元，以审计结果为准），余 A 应当自审计结果出具后的 2 日内，将截至审计结果出具之日的心之旅公司全部财产转到相关关联公司账户内（具体转移方式及关联公司的确定由股东会决定）。财产清算完成并交付之后，心之旅公司为余 A 个人持有，心之旅公司之后的业务往来与彼尚管理公司无任何关系。”记载该内容的 1 页会议纪要上有彼尚公司股东高某、马某 1 及余 A 等的签字。“9・28”会议纪要还载明：由股东会决定是否对余 A 进行离职审计，经决定同意审计的，由董事会选出审计公司并确定审计时间，审计的范围应该包括彼尚公司和心之旅公司；待余 A 离职审计完成后，由股东会决定余 A 个人所持有的 1% 股份的退出方案等。会议参会人员有彼尚公司的股东高某、马某 1、马某 2、余 A、M1 公司的代表 B 及 M2。

2016 年 12 月 11 日，彼尚公司召开临时股东会会议，5 名股东参会，余 A 及另一股东马某 1 未出席。会议议题为对心之旅公司进行财务审计的相关事项。会议内容为，同意对心之旅公司进行财务审计，彼尚公司为心之旅公司的唯一股东，至审计报告出具前，心之旅公司名下的全部财产及债权归属于彼尚公司，审计报告出具且完成相关财产划转后，心之旅公司的业务往来及债权债务关系与彼尚公司无关……

2016 年 12 月 15 日，余 A 发电子邮件给彼尚公司的律师，表示不同意 2016 年 12 月 11 日的会议内容。余 A 在邮件中提出：心之旅公司是其独资设立的公司，其在 2016 年 9 月作出辞职决定后，曾明确要求将彼尚公司与心之旅公司的法定代表人职务及股权转移至陈 B 名下，但彼尚公司人员表示仅需过户彼尚公司，无须过户心之旅公司，而应该由彼尚公司支付的心之旅公司工商注册代办费等公司设立费用至今仍未向代办公司支付，彼尚公司人员坚持认为该笔费用应由余 A 自行支付或由心之旅公司支付，心之旅公司的注册资本为认缴，彼尚公司未投入任何资金，不存在出资设立一说；心之旅公司并非由彼尚公司出资设立，彼尚公司要求将心之旅公司的资产划转给彼尚公司或关联公司无法律依据，彼尚公司无权要求对心之旅公司进行审计；余 A 要求彼尚公司同意其股东马某 1、高某、朱某及余 A 退股的要求，并根据彼尚公司和心之旅公司的审计结果，进行分红等。

2017 年 1 月 19 日，彼尚公司委托律师发函给余 A，要求余 A 按照 2016 年 9 月 28 日的会议纪要内容执行，配合对心之旅公司进行审计，并向彼尚公司移交心之旅公司的营业执照及印章等。

2016 年 5 月 11 日，余 A 与上海 H 有限公司（以下简称 H 公司）签订《代理协议书》，委托 H 公司代办心之旅公司注册事宜，H 公司的合同经办人为董某。2016 年 12 月 15 日，余 A 向董某付款 32,939.70 元，附言“心之旅代办注册费用”。

彼尚公司向法院提起诉讼，请求：（1）确认彼尚公司为心之旅公司的股东，持有全部股权；（2）心之旅公司应向公司登记机关申请办理股权变更登记手续，即将余 A 的股权变更到彼尚公司名下，余 A 应当配合、协助。

裁判结果

一审判决：支持彼尚公司的诉请，一审案件受理费由心之旅公司负担。

二审判决：（1）撤销上海市浦东新区人民法院（2017）沪 0115 民初 22829 号民事判决。（2）驳回被上诉人彼尚公司的一审全部诉请。

各方观点

再审申请人（一审原告、二审被上诉人）彼尚公司观点：（1）二审认定彼尚公司所提供的证据不足以证明其为上海简会文化传播有限公司（以下简称简会公司）股东的主张，前述认定明显错误。彼尚公司提交了一系列证据证明余A认可彼尚公司为简会公司的唯一股东，彼尚公司已经完成了举证义务，但简会公司和余A未提供任何有力反驳证据。余A虽在庭上否认其签字确认的彼尚公司“9·28”会议纪要，但未提交其对“9·28”会议纪要存在重大误解的证据。二审法院认定“9·28”会议纪要仅是一份孤证，并认定简会公司由余A出资设立，与客观事实不符。（2）二审判决适用法律错误。二审法院依据《公司法解释三》第22条规定，认定彼尚公司未能举证证明对简会公司履行了实际出资义务或已经认缴了出资或从事了设立事务，故应承担举证不能的法律后果，是对法律的错误适用。彼尚公司提交的“9·28”会议纪要明确记载了简会公司系由彼尚公司投资设立，应由余A向彼尚公司进行移交。二审判决忽略了“9·28”会议纪要的书面约定，错误适用了《公司法解释三》第22条的规定。

被申请人（一审被告、二审上诉人）简会公司（原心之旅公司）观点：彼尚公司从未向简会公司出资，未参与过简会公司的设立、变更、决策、运营管理等，也未与余A签署过股权代持协议。“9·28”会议纪要是一份孤证，彼尚公司未能举证证明其系简会公司的股东，应承担举证不能的法律后果。

法院观点

一审法院观点：虽然彼尚公司未能提供代持股协议，但余A在“9·28”会议纪要中已经确认心之旅公司由彼尚公司投资设立，故可认定彼尚公司主张的事实。

二审法院观点：本案的争议焦点是系争股权的归属。针对焦点，综合双方诉辩意见，分析如下：

第一，《公司法解释三》第22条规定：“当事人之间对股权归属发生争议，一方请求人民法院确认其享有股权的，应当证明以下事实之一：（一）已经依法向公司出资或者认缴出资，且不违反法律法规强制性规定；（二）已经受让或者以其他形式继受公司股权，且不违反法律法规强制性规定。”根据上述司法解释，彼尚公司主张股权，应当举证证明其曾经对心之旅公司履行了实际出资义务或已经认缴了出资。但是，彼尚公司对此未能尽到举证责任。

第二，没有任何证据可以证明彼尚公司从事了心之旅公司的设立事务。彼尚公司主张，余A系根据彼尚公司的决定设立心之旅公司。但是，彼尚公司未能提交任何相关的股东会决议或董事会决议或其他内部文件，证明曾经授权或要求余A设立心之旅公司。彼尚公司认为，余A设立心之旅公司之时是彼尚公司的法定代表人、股东，余A的行为应当认定为职务行为。但是，该主张明显缺乏法律依据，法定代表人的行为并不能当然地全部定性为职务行为。

第三，彼尚公司主张，其与余A之间系代持股关系，心之旅公司系其全资设立。该主张不能成立，理由：（1）彼尚公司未能提交任何委托持股的书面协议。（2）心之旅公司成立之初有2名股东——余A和董某。彼尚公司不能合理解释为何董某也代持了心之旅公司的部分股权。（3）彼尚公司的注册资本为100万元，其自己承认目前尚未全部实缴，而心之旅公司的注册资本是1000万元，彼尚公司也不能合理解释其为何有能力可以投资设立注册资本是本身公司10倍的其他公司。

综上所述，二审法院充分注意到“9·28”会议纪要的相关文字表述，即“公司投资设立的心之旅公司”，但是该内容不能合理解释上述三点分析意见。“9·28”会议纪要仅是一份孤证，没有其他证据可以佐证。因此二审法院认为，彼尚公司的证据尚不足以证明其主张的事实，对其诉请难以支持。

再审法院观点：彼尚公司以其与余A之间系代持股关系，认定简会公司实际系其设立为由，主张其为简会公司的股东。由于简会公司的登记股东为余A，因此从法律形式上应推定余A的股东资格。彼尚公司现要求法院对其股东身份作出实质认定，从而推翻法律形式上的推定，对此彼尚公司应当提交证据证明其上述主张。对于公司内部股东资格的确认，实质要件是重要的判断标准，该实质要件主要包括代持股协议以及实际出资人出资的事实。现彼尚公司未提交双方之间的代持股协议或约定，“9·28”会议纪要中虽有“公司投资设立的上海心之旅文化传播有限公司……”的记载，但该记载并不是明确的代持股意思表示，在无其他证据佐证的情况下，上述记载不能认定为彼尚公司与余A之间的代持股约定。彼尚公司提交的经公证的“2016年9

月29日邮件及附件”，仅证明彼尚公司律师曾经发送“9·28”会议纪要初稿给余A，该事实与本案争议的股东资格确认不具有关联性，也不能证明彼尚公司与余A之间存在代持股约定，故本院对该证据不予采信。同时，彼尚公司亦未举证证明其已经依法向简会公司出资或者认缴出资，或者以其他形式继受简会公司股权。退一步讲，即使按照“9·28”会议纪要的内容，现彼尚公司另案诉讼要求简会公司返还代收款的判决已经生效，因此简会公司也已为余A个人所有，彼尚公司既要求返还代收款又同时要求确认其股权，与“9·28”会议纪要亦不相符。故彼尚公司的申诉理由缺乏事实和法律依据，本院不予支持。

四、有限责任公司中，实际出资人未经其他股东半数以上同意不得显名

案　　号：（2013）民申字第2450号

案件名称：吴某甲与浙江中纺腾龙投资有限公司等股东资格确认纠纷案

裁判要旨：有限责任公司中，实际出资人若要实现隐名股东显名化，须经公司其他股东半数以上同意。

案情简介

再审申请人（一审原告、二审上诉人）：吴某甲

被申请人（一审被告、二审被上诉人）：浙江中纺腾龙投资有限公司

被申请人（一审第三人，二审被上诉人）：中纺网络信息技术有限责任公司

被申请人（一审第三人，二审被上诉人）：吴某乙

被申请人（一审第三人，二审被上诉人）：杭州市金融投资集团有限公司

被申请人（一审第三人，二审被上诉人）：杭州祥瑞投资有限公司

2003年6月11日，中纺网络信息技术有限责任公司（以下简称中纺网络公司）与吴某乙签署《合作协议书》一份，该协议书约定：鉴于中国纺织工业总会拟在浙江省杭州市成立中国纺织服装信息商务中心（以下简称商务项目），双方友好商定，共同出资组建浙江中纺腾龙投资有限公司（以下简称中

纺腾龙公司),具体实施、运行商务项目。现就相关事宜达成协议如下:(1)公司设立:双方同意在杭州市出资设立中纺腾龙公司暂定名,以工商行政管理部门核准登记的名称为准,公司注册资本为5000万元,其中中纺网络公司以现金方式出资3000万元,占注册资本的60%;吴某乙以现金方式出资2000万元,占注册资本的40%。公司的经营范围主要是从事与该项目有关的经营活动,具体以营业执照最终核准登记的范围为准。(2)关于出资转让的特别约定:鉴于在商务项目运作过程中吴某甲先生对项目作出的努力以及双方与其在项目前期的合作,双方作出本条特别约定:①公司成立后,中纺网络公司将其在公司的2250万元的出资(占公司注册资本的45%)以1:1的价格转让给吴某甲,同时,中纺网络公司应将其在公司250万元的出资(占公司注册资本的5%)也以1:1的价格转让给吴某乙。上述转让应同时进行并互为生效条件。吴某乙在受让约定额度出资的同时,对中纺网络公司与吴某甲转让事宜不进行干涉。双方尤其是吴某乙虽然了解有关法律规定作为股东在同等条件下的享有优先受让权,但其自愿有条件放弃。②吴某甲享受本条特别约定的权利的条件是:在中纺网络公司向其披露了本协议和章程后承认本协议及本公司章程,并已同意在受让中纺网络公司出资后,承担随着出资的转让而转移的权利和义务。③吴某乙第1款的承诺是不可撤销的,应得到实际履行,但该承诺仅限于针对中纺网络公司与吴某甲之间约定额度的出资转让与受让。其他任何情形下的转让,仍按公司章程及相关法律法规的规定执行,吴某乙不受此承诺约束。④除此之外,中纺网络公司如转让其余出资的,则由吴某乙和吴某甲各受让转让部分的50%。(3)公司的决策及经营管理机制:①公司设立董事会,董事会由5名董事组成,其中,中纺网络公司委派3名,吴某乙委派2名,董事长由中纺网络公司委派的董事担任,否则中纺网络公司有权解除合同;②公司的经营及日常管理工作由公司总经理负责,总经理由吴某乙委派的董事担任,否则吴某乙有权解除合同;③公司股东会的决策机制为:公司股东会表决时,所有表决事项应当经代表出资2/3以上的股东同意方能通过;④公司董事会的决策机制:公司董事会表决时,所有表决事项应当经公司2/3以上的董事同意方能通过。(4)项目目前尚需完成的工作及开发资金:①公司成立后,双方应相互配合,以公司的名义办理项目立项、取得项目用地的使用权及项目建设的审批手续。项目用地的使用权及建成后的物业所有权均归公司所有。②该项目建设资金约为35,000万元,双方在缴足注册资本后，按出资比例追加投资5000万元，其余建设资金以公司名义向金融机构融资，如融资仍不能补足资金缺口，由双方各承担50%的资金筹措任务，以自己的名义对外筹集资金并投入公司。双方应当根据有关合同、协议的约定支付相关款项，十日前将所筹集的资金打入公司账户。1）若任何一方不能在约定期限内追加投资，而其他方在实际追加了投资后还愿意承担违约方应当追加的资金，双方在此同意按各方股东实际投入资金总额的比例调整出资比例，违约方应向守约方按1:1的价格转让其相应比例的出资，并配合办理相关手续。2）筹集资金的义务方未在约定的时间内筹集资金的，比照欠款约定处理，按各方股东实际投入及筹集资金总额的比例调整出资比例，违约方应向守约方按1:1的价格转让其相应比例的出资，并配合办理相关手续。（5）利润分配：中纺腾龙公司的经营利润由股东按出资比例分配。（6）协议解除：①在下列情形下本协议终止：1）因政策性原因公司不能获得拟建立项（目）的地块，即杭州市杭海路号地块的使用权；2）公司因故未设立；3）其他双方同意的情形。②协议解除后，双方出资设立的公司根据《公司法》及公司章程的规定解散。（7）本协议内容与双方同时签订的《出资协议书》内容不一致的，以本协议的表述及约定为准。（8）因履行本协议产生的争议，应通过协商解决；协商不成的，双方一致同意提交上海仲裁委员会裁决，该委届时有效的规则自动适用，仲裁裁决是终局的，对双方当事人均具有约束力。（9）本协议经双方签署后即产生法律约束力。（10）本协议一式三份，双方各执一份，吴某甲先生执一份。

2003年6月，吴某甲与中纺网络公司签署了《投资合作协议书》一份，该协议书约定，鉴于中纺网络公司与吴某甲共同出资3000万元（统一以中纺网络公司的名义）与其他方组建了中纺腾龙公司，双方共同的出资在中纺腾龙公司所占的出资比例合计为60%。为明确双方的投资合作关系，确保投资方的投资利益，现特签署本协议，以资共同恪守：（1）统一以中纺网络公司的名义入资中纺腾龙公司的3000万元出资中，中纺网络公司实际出资1000万元，占出资比例20%，吴某甲实际出资2000万元，占出资比例40%。双方在中纺腾龙公司运作并经营的中国纺织服装信息商务中心项目的权利义务均以双方的上述出资比例为依据进行分担与分享。（2）双方的共同出资统一由中纺网络公司的名义投入是双方出于便于运作项目以及保障投资利益的考虑，吴某甲名下的股权暂时登记在中纺网络公司名下（任何实际涉及吴某甲利益的表决应征得吴某甲认可)，中纺网络公司应当在时机成熟时将属于吴某甲的出资比例恢复登记到吴某甲名下。(3) 本协议系双方真实意思的表示，任何一方均不得以任何理由违反约定，更不得违背双方合作初衷，恶意地对本协议确定的共同投资关系的效力提出质疑。否则，如果因此导致本协议效力瑕疵和/或造成对方投资利益受损，则违约方应当赔偿对方的损失。(4) 双方因本协议发生争议，应当本着诚信的合作宗旨友好协商解决，如协商不能解决，则由北京有管辖权的人民法院管辖。(5) 本协议双方签字盖章后生效。

2003 年 7 月 6 日，吴某甲与中纺网络公司、吴某乙签订了《三方合作协议书》一份，该协议约定，鉴于：中纺网络公司与吴某乙已经共同出资组建中纺腾龙公司具体实施、运行中国纺织服装信息商务中心项目、中纺网络公司拟向吴某乙转让 250 万元的出资、拟向吴某甲转让 2250 万元的出资，经友好协商，现就相关事宜达成如下协议：(1) 中纺网络公司同意按 1:1 的价格向吴某乙转让中纺腾龙公司 250 万元的出资（占公司注册资本的 5%），转让价款为人民币 250 万元，吴某乙同意按上述条件受让该部分出资；中纺网络公司、吴某乙双方同意中纺网络公司按 1:1 的价格向吴某甲转让中纺腾龙公司 2250 万元的出资（占公司注册资本的 45%），转让价款为人民币 2250 万元；吴某甲同意按上述条件受让该部分出资。出资转让后，中纺网络公司在中纺腾龙公司的出资为 500 万元，占公司注册资本的 10%；吴某乙在中纺腾龙公司的出资为 2250 万元，占公司注册资本的 45%；吴某甲在中纺腾龙公司的出资为 2250 万元，占公司注册资本的 45%。(2) 为顺利实施中国纺织服装信息商务中心项目，协议各方均承诺：在公司经营期限内，不向公司股东以外的法人或自然人转让其出资，但根据《继承法》的规定进行继承的不受此条约束。如协议一方发生无法克服的事件，必须转让其在中纺腾龙公司的出资的，则按以下约定处理：①中纺网络公司转让其出资的，由吴某乙和吴某甲各受让转让部分的 50%；②吴某乙或吴某甲转让其出资的，则应按 1:1 的价格先向对方转让 750 万元（占公司注册资本的 15%）的出资，转让价款为人民币 750 万元，其余部分方能对外转让。出资转让时转让方已经向公司追加投资的，则转让价款中还应当包括转让方已经实际追加的相应部分投资款。(3) 吴某甲承认中纺网络公司与吴某乙所签署的《合作协议书》及公司章程并承诺中纺网络公司按该协议第 4 条约定筹集资金的义务随出资的转让全部由其承担。(4) 公司的决策和经营管理机制。(5) 项目前期尚需完成的工作及开发资金。(6) 利润分配 (上述四、五、六项约定内容与2003年6月11日中纺网络公司与吴某乙签署的《合作协议书》中的约定一致，此略)。(7) 本协议书内容与协议各方此前签订的协议内容不一致的，以本协议的表述及约定为准。(8) 因履行本协议产生的争议，应通过协商解决；协商不成的，三方一致同意提交上海仲裁委员会裁决，该委届时有效的规则自动适用，仲裁裁决是终局的，对双方当事人均具有约束力。(9) 本协议经三方签署后即产生法律约束力。(10) 本协议一式三份，三方各执一份。

2003年7月，吴某甲与中纺网络公司签订《投资合作协议书补充协议》一份，该补充协议约定：(1) 关于双方共同投资形成之中纺腾龙公司的股份，经双方协商同意：中纺网络公司各向吴某乙出让5%，向吴某甲出让5%，则双方实际在中纺腾龙公司共计持股55%，中纺网络公司持有10%，吴某甲持有45%。(2) 协议的其他约定不变。(3) 本补充协议为原协议之一部分，经双方签字盖章后生效。

2003年7月2日，中纺腾龙公司经工商注册登记成立。根据工商登记记载，中纺腾龙公司注册资金为5000万元，其中中纺网络公司出资3000万元，占公司注册资本的60%，吴某乙出资2000万元，占公司注册资本的40%。2004年8月27日，中纺腾龙公司股东会作出“关于同意增加注册资本、修改章程的决定”的决议，该决议载明：根据《公司法》及本公司章程的有关规定，本公司于2004年8月27日召开了公司股东会，会议由代表100%表决权的股东参加，经代表100%表决权的股东通过，作出如下决议：(1) 同意本次增资的总额为2500万元。(2) 接收杭州市金融投资有限公司（以下简称投资公司）为本公司新股东，同意该股东对本公司投资1250万元人民币，投资方式为货币，占注册资本的16.667%；同意接收杭州祥瑞投资有限公司（以下简称祥瑞公司）为本公司新股东，同意该股东对本公司投资1250万元，投资方式为货币，占注册资本的16.667%。(3) 股东增加注册资本后，其最新股本结构如下：中纺网络公司以货币方式出资3000万元，占注册资本的40%；投资公司以货币方式出资1250万元，占注册资本的16.667%；祥瑞公司以货币方式出资1250万元，占注册资本的16.667%；吴某乙以货币的方式出资2000万元，占注册资本的26.667%。(4) 同意以修改本公司章程，具体修改内容见“2004年8月27日修改后的公司新章程”。(5) 同意调整公司监事，其他事项不变。在该股东会决议上加盖有中纺网络公司、投资公司及祥瑞公司公章及法定代表人的签名以及自然人股东吴某乙的签名。同年10月15日，工商行政管理部门对上述中纺腾龙公司的变更事项进行审核并予以登记受理。此后，在2008年12月25日、2009年1月5日、1月20日、2月27日、3月6日，中纺腾龙公司分别作出“关于同意增加注册资本的决定”之股东会决议，并均报经工商行政管理部门审核登记。根据目前工商登记的中纺腾龙公司投资情况为：中纺网络公司、投资公司及祥瑞公司为法人投资，投资额分别为3000万元、3750万元和3750万元，其投资比例各占13.3333%、16.6667%和16.6667%；吴某乙为自然人投资，其投资额为12000万元，投资比例为53.3333%。

2003年6月19日，吴某甲分别以现金及转账形式向中纺网络公司汇款1400万元及600万元。同年8月5日，吴某甲又以转账形式向中纺网络公司汇款250万元。2003年6月19日，中纺网络公司通过中信实业银行开具了收款人为中纺腾龙公司，汇款用途为“投资款”的支票二份，汇款总金额为3000万元。同年8月8日，中纺网络公司出具证明一份，载明：在本公司投入到中纺腾龙公司的3000万人民币的注册资金中，有2250万人民币系吴某甲投入，并且系作为注册资金投入，将按照协议转为公司的等值股份，特此证明。

2004年4月5日，杭州市人民政府与中国纺织工业协会签署一份《中国纺织服装信息商务中心建设备忘录》，具体内容为：为推进我国纺织产业发展，促进杭州“女装之都”建设，经杭州市人民政府（以下简称甲方）与中国纺织工业协会（以下简称乙方）友好协商，在平等互利的原则下，就在杭州杭海路116号建设“中国纺织服装信息商务中心”（以下简称商务中心）的有关事宜达成如下一致意见：（1）甲乙双方通过吸引多元投资，在杭州市江干区注册公司（以下简称项目公司），负责商务中心的建设。项目公司注册资本不少于5000万元人民币，项目总投资额不少于35,000万元人民币。（2）甲方履行以下义务：①杭海路116号原浙江水利水电专科学校地块通过公开挂牌由项目公司受让。为支持商务中心在杭建设，该地块出让收入，由甲方部分返回项目公司，作为对项目公司的投资，但不享受分红。具体返回事项另行研究确定。②甲方为商务中心今后的建设和发展创造良好的条件，提供优质便捷服务，落实有关优惠政策，帮助解决具体问题。③项目公司依据章程具体负责商务中心的建设和建成后的经营管理。甲方派出的出资人不参与商务中心的日常经营管理和利润分配。但涉及企业治理结构调整、项目出让、经营范围和产权变动等重大事项的决定，须经甲方派出的出资人同意。(3) 乙方履行以下义务：①敦促项目公司建设的商务中心，必须作为杭州市江干区杭海路服装特色街配套项目，符合四季青服装特色街的修建性详规要求，建设品位达到国际水平，并成为杭海路服装特色街区标志性建筑。其项目的设计方案必须得到甲方书面认可。②在取得杭海路116号原浙江水利水电专科学校地块后，敦促项目公司2年内建成商务中心并投入使用。③商务中心建成后具备以下功能：1）纺织服装行业产品科技研发中心。商务中心建成后一年内，至少引进1家国家级纺织服装检测检验机构。2）服装设计中心。商务中心建成两年后，引进中国十大著名服装设计师工作室和100位以上国内外服装设计师并建立相应的设计工作室。3）国内外著名纺织服装品牌文化展示和交流中心。引进50家以上国内外知名纺织服装品牌企业，其中国际品牌在20家以上。4）纺织服装行业数据信息、国际权威服装流行趋势发布中心。商务中心建成后一年内，在杭建成全国纺织服装信息库，每年在杭举办不少于2场以上国际服装流行趋势发布活动。5）纺织服装行业人才培训中心。邀请国际、国内纺织服装一流专家来杭讲学，一年不少于4次。6）纺织服装产品贸易中心。商务中心建成后两年内，引进5家以上国际知名面辅料供应商和5家以上国际纺织机械供应商。7）纺织服装企业咨询服务中心。商务中心建成后两年内，引进5家以上国际、国内知名的纺织服装品牌咨询管理公司。8）纺织服装行业最大的物流配送中心。商务中心建成后一年内，成立相关物流配送企业，开辟5条以上物流配送线路。9）国际时尚模特管理中心。商务中心建成后一年内，建立国家模特管理中心。每年在杭举办2场以上国际、国内一流的模特大赛。④商务中心引进的企（事）业单位在杭州进行工商和税务登记。商务中心所用地块严格按照土地出让合同规定的条件进行开发建设．建成后的房地产拾年内不转让。(4) 甲、乙双方自签署之日起，每两年对《备忘录》中明确的双方义务实施情况和项目公司经营情况进行综合评估。若项目公司不能达到《备忘录》中的要求，或商务中心建成后未具备《备忘录》中所提出的功能，甲方可视情调整相关权利和义务：①甲方出资人参与商务中心的经营管理与决策。同时，按出资比例参与分红。②在合理补偿乙方出资人利益的基础上另行选择合资合作伙伴。乙方敦促项目公司和商务中心积极整改，并对甲方采取的措施予以理解。(5) 双方依据本《备忘录》的精神，调整落实项目公司出资人，完善项目公司章程，并将本《备忘录》作为章程的附件。

根据工商登记记载，中纺网络公司于2000年8月成立，注册资金为5000万元，公司发起人为中国纺织信息中心和深圳市惠中股份有限公司，出资额分别为中国纺织信息中心2600万元，占52%，深圳市惠中股份有限公司2400万元，占48%。后深圳市惠中股份有限公司更名为深圳市华联控股股份有限公司，故中纺网络公司现工商登记的股东及出资状况为：中国纺织信息中心以净资产17,848,313.82元和货币8,151,686.18元出资，合计2600万元，占出资额的52%；深圳市华联控股股份有限公司以货币2400万元出资，占出资额的48%。又根据国家事业单位登记管理局登记记载，中国纺织信息中心为国家经济贸易委员会举办的事业单位法人，开办资金1628万元，其资金来源为财政补助收入。

2011年7月21日，国务院国有资产监督管理委员会发出企业国有资产产权登记证，确定：根据《企业国有资产产权登记管理办法》（国务院第192号令）的规定，经审定，同意中纺腾龙公司依法占有、使用国有资本4250万元，并承担国有资产保值增值责任。其中中纺网络公司出资的3000万元其性质为国有控股，投资公司出资的1250万元为国有独资。后中纺腾龙公司的企业国有资产产权进行过一次变动，中纺网络公司的出资未发生变动，投资公司由原出资1250万元增加为3750万元，其性质全部为国有独资。至此，中纺腾龙公司的实收资本为22,500万元，其中国有法人资本为6750万元。

2011年8月15日，吴某甲向上海仲裁委员会提交了以吴某乙、中纺网络公司为被申请人的股份股权合同争议案的仲裁申请书，上海仲裁委员会已于同年8月19日向吴某甲发出（2011）沪仲案字第0767号《受理通知书》，决定受理仲裁申请。

2011年8月17日，吴某甲向杭州市中级人民法提起诉讼，请求依法判决以中纺网络公司的名义持有的中纺腾龙公司股权中75%股权归吴某甲所有。2012年2月1日，杭州市中级人民法院作出（2011）浙杭商初字第19号民事判决，以“在国资委未对资产性质作出变动前，吴某甲的请求与法律规定不相符合”为由，判决驳回吴某甲的诉讼请求。判决后，吴某甲不服，向浙江省高级人民法院提起上诉，请求依法撤销原审判决，改判支持吴某甲的一审诉讼请求。同时，吴某甲于2012年2月23日向杭州市西湖区人民法院提起国资行政确认诉讼，请求撤销杭州市国资委于2011年7月21日颁发给中纺腾龙公司的中华人民共和国企业国有资产产权登记证。

2011年6月20日，浙江省高级人民法院作出（2012）浙商终字第17号民事裁定，裁定认为：中纺网络公司投入中纺腾龙公司的3000万元已领取国资委出具的《中华人民共和国企业国有资产产权登记证》，其性质为国有法人资本，一审法院以国资委未对该资产性质作出变动前，该资产性质应予认定为国有资产为由，对吴某甲诉请不予支持，有相应依据。现吴某甲已向杭州市西湖区人民法院提起国资行政确认诉讼，请求撤销杭州市国资委于2011年7月21日颁发给中纺腾龙公司的企业国有资产产权登记证。由于涉案关键证据被提起行政诉讼，现该证据效力处于待定状态，且本案纠纷也可根据具体情况在行政诉讼中一并解决，本案不拟继续审理。据此裁定：撤销杭州市中级人民法院（2011）浙杭商初字第19号民事判决，驳回吴某甲的起诉。该裁定同时认为，“如相关行政诉讼争议解决后，本案争议仍未处理的，当事人可以依法另行提起民事诉讼”。

2011年7月10日，中纺网络公司向杭州市国资委发函，载明：中纺网络公司投入腾龙公司的3000万元注册资金中，中纺网络公司实际只出资500万元，隐名投资人吴某甲个人投资2250万元，该投资形成的相应权益归投资人个人享有，并非国有资产。中纺腾龙公司就中纺网络公司3000万元出资办理国有资产登记，未告知中纺网络公司，也未征得中纺网络公司同意，上述资产认定与实际情况不符。中纺网络公司知晓此事后，已于2012年5月致函中纺腾龙公司，要求其向贵委申请予以纠正。

2011年8月10日，杭州市西湖区人民法院作出（2012）杭西行初字第29号行政判决，判决认为：投资公司在申请办理中纺腾龙公司占有产权登记时，向杭州国资委递交了《企业国有资产产权登记业务办理规则》规定的文件和相关材料，杭州国资委按照相关规定审查申请机关申请时递交的材料齐全，且真实有效后，作出涉案占有登记行为事实清楚，证据充分，判决驳回吴某甲的诉讼请求。吴某甲不服一审行政判决，向本院提起上诉。杭州市中级人民法院于2012年10月22日作出（2012）浙杭行终字第176号行政判决书，判决驳回上诉，维持原判。

北京市大兴区工商行政管理局企业内档登记的中纺网络公司2010年度内资企业法人年检报告书中载明中纺网络公司对中纺腾龙公司的实缴出资额为

500 万元。

在杭州市西湖区人民法院受理行政诉讼案件期间，吴某甲另以中纺网络公司为被告，以合同纠纷为由向北京市大兴区人民法院提起民事诉讼，请求判令确认中纺网络公司在中纺腾龙公司出资的 3000 万元中的 2250 万元为吴某甲出资。该院经审理后作出了（2012）大民初字第 5992 号民事裁定书，以“双方当事人之间就签订投资合作协议书及补充协议书，在中纺腾龙公司的 3000 万元出资其中有 2250 万元系吴某甲投资的事实及法律关系并无争议”为由，裁定“驳回吴某甲的起诉”。

吴某甲起诉请求判决确认以中纺网络公司的名义持有的中纺腾龙公司股权中 75% 股权属吴某甲所有（按注册资本金为 2250 万元）。

裁判结果

一审判决：驳回吴某甲的诉讼请求。

二审判决：驳回上诉，维持原判。

再审判决：驳回吴某甲的再审申请。

各方观点

再审申请人（一审原告、二审上诉人）吴某甲观点：（1）二审判决忽略了以下事实：吴某甲系中纺腾龙公司的隐名股东的事实，各方均是明知的。吴某甲认为条件成熟要求隐名出资显名化，中纺网络公司明确表态在时机成熟时将属于吴某甲的出资恢复登记到吴某甲名下，吴某乙亦明确表态：“乙方（吴某乙）在受让约定额度出资的同时，对甲方（中纺网络公司）与吴某甲先生转让事宜不进行干涉。”故中纺网络公司、吴某乙对吴某甲隐名出资显名化的要求，已书面作出了不可撤销的同意的承诺。网络公司 3000 万元的出资中有 2250 万元系吴某甲实际出资。（2）二审判决既然确认吴某甲与中纺网络公司之间、吴某乙与中纺网络公司之间、吴某甲及吴某乙与中纺网络公司之间签订的数份合作协议均是有效的，那么协议中吴某乙与中纺网络公司对吴某甲要求隐名出资显名化表示同意的承诺应当得到履行。二审判决在认定相关协议有效的同时，却回避了吴某乙与中纺网络公司所作出的不可撤销的承诺，显属事实认定不清。（3）二审判决适用法律错误。吴某乙与中纺网络公司已经基于相关协议作出如吴某甲要求隐名出资显名化则表示同意的不可撤销的承诺，中纺网络公司也一直表示愿意将其代持吴某甲的股份显名化，同时吴某乙与中纺网络公司的持股比例又超过腾龙公司总投资的50%以上，故吴某甲要求隐名出资显名化，符合《公司法解释三》第24条第3款的规定。

中纺腾龙公司观点：（1）本公司于2003年7月2日成立，公司设立时的出资人为中纺网络公司和吴某乙，两出资人分别出资人民币3000万元和2000万元。吴某甲不是本公司的发起人，未履行出资义务。本公司自发起成立至今，已历经6次增资扩股，历次增资扩股均履行了合法程序，吴某甲均没有参加增资，因此吴某甲至今不是本公司的股东。（2）根据已经办理的企业国有资产产权登记证，中纺网络公司对本公司的3000万元出资全部系国有法人资本，吴某甲关于其中2250万元股权系其的自然人股权的诉称与该客观事实不符。且自本公司成立至今，中纺网络公司及吴某甲也没有向本公司及其股东披露中纺网络公司与吴某甲之间存在股权代持关系。（3）吴某甲从未向本公司进行过投资，其向本公司的借款，本公司均已经偿还。（4）即使中纺网络公司与吴某甲之间的股权代持关系成立，由于没有得到其他股东的同意，且吴某甲的诉请违反了中纺网络公司的上级主管部门——中国纺织工业协会与杭州市人民政府所签备忘录的约定，本公司无法协助将代持股权变更登记至吴某甲名下。请求驳回吴某甲的诉请。

中纺网络公司观点：（1）本公司与吴某甲签订的《投资合作协议书》系双方真实意思表示，没有任何的权利瑕疵，应受法律保护。（2）与吴某乙、吴某甲签署《三方合作协议书》，不是本公司真实意思表示，是应吴某甲的要求而签订的，就是为了更进一步证明吴某甲与本公司之间的代持关系。（3）本公司与吴某甲签署的《投资合作协议书补充协议》，系双方真实意思表示，更加说明吴某甲与本公司之间的代持关系。（4）吴某甲上诉称，2008年12月25日、2009年1月5日、2009年1月20日、2009年2月27日、2009年3月6日的5次增资扩股都是在其不知情的前提下操作的，这与事实不符，据本公司法定代表人相关陈述，上述增资扩股都履行了告知义务。综上所述，本公司与吴某甲签署的《投资合作协议书》系双方真实意思表示，没有违反我国法律的强制性规定，该权益受法律保护。

吴某乙观点：（1）吴某甲不是中纺腾龙公司的发起人，没有履行出资义务。（2）吴某甲关于中纺网络公司对中纺腾龙公司的3000万元出资中的2250万元出资所形成的股权系吴某甲所有与事实不符，且至今吴某甲也没有向本人披露过其与中纺网络公司存在股权代持关系。（3）即使吴某甲与中纺网络公司的关系成立，本人也不同意吴某甲由隐名变为显名。（4）吴某甲、中纺网络公司及本人就受让中纺网络公司持有的中纺腾龙公司股权签订过三方协议，但该协议没有履行。

投资公司观点：本案的项目是杭州市政府和中国纺织工业协会成立的，本公司是按照市政府的要求参与投资。中纺网络公司与吴某甲签订的协议本公司不知道，本公司也不同意吴某甲成为中纺腾龙公司的股东。

祥瑞公司观点：（1）本公司在收到本案应诉资料以前，不知道吴某甲与中纺网络公司之间有投资合作协议书及其补充协议的情况，也不知道中纺网络公司与吴某甲、吴某乙之间以及该三方之间存在合作协议的情况。2004年8月本公司在加入中纺腾龙公司前，所了解到的中纺腾龙公司注册资本、公司股东和股权结构的情况是：公司注册资本5000万元，股东为中纺网络公司和吴某乙。其中，中纺网络公司出资3000万元，持有60%的股权，吴某乙出资2000万元，持有40%的股权。在本公司于2004年8月成为公司的股东之后，中纺腾龙公司历经6次增资、召开股东会、修改公司章程经过了全体股东的一致同意。从2004年到本案诉讼长达7年的时间内，本公司从未知道中纺腾龙公司有隐名股东的情况。（2）本公司对于吴某甲与中纺网络公司之间的投资合作协议书及其补充协议的真实性和有效性均不予以认可。理由是：①中纺网络公司是国有公司，其名下的中纺腾龙公司3000万元股权属于国有股权，吴某甲与中纺网络公司之间的投资合作协议书及其补充协议等均与该客观事实完全相反，故本公司对吴某甲与中纺网络公司间协议的真实性表示异议；②即使历史上有过吴某甲与中纺网络公司的相关协议，也因协议内容改变了该股权的国有性质，在未经国资管理机构批准以前，有效性存在问题。（3）吴某甲若有充分的证据可以证明其与中纺网络公司之间的投资合作协议的真实性和合法性，本公司作为中纺腾龙公司的股东，也不同意其要求公司办理股权变更登记其名下的诉讼请求，即不认可其股东资格。

法院观点

一审法院观点：吴某甲以股东资格确认纠纷为由起诉，请求人民法院判决确认以中纺网络公司名义持有的中纺腾龙公司股权中75%股权属其所有。根据该诉请，吴某甲要求确认的权利主体在其与中纺网络公司之间。而中纺网络公司与吴某甲对于该出资权益的约定签订有投资合作协议书等，且在协议中均约定了管辖条款，吴某甲亦以合同纠纷为由向北京市大兴区人民法院提起过诉讼。而对于中纺网络公司在中纺腾龙公司的出资共计3000万元，其中2250万元实际为吴某甲出资的事实，中纺网络公司始终认可，并无异议。故吴某甲作为实际出资人与名义股东中纺网络公司之间有关投资权益的约定，属于双方内部约定，仅在合同双方内部产生法律约束，并不发生对外效力。吴某甲认为其已实际行使了股东的权利义务，作为实名股东的中纺网络公司也同意将其的隐名出资实名化。但根据《公司法解释三》第24条第3款的规定，实际出资人要求将其出资实名化的，需经公司其他股东半数以上同意。现除中纺网络公司以外的中纺腾龙公司其他股东均明确表示不同意吴某甲成为中纺腾龙公司的股东，故吴某甲提出要求确认其为中纺腾龙公司的股东不符合法律规定。

二审和再审法院观点：中纺网络公司对吴某甲提出的中纺网络公司在中纺腾龙公司的3000万元出资中有2250万元实际为吴某甲出资的主张始终确认，并无异议。本案的争点在于：应否判决确认中纺网络公司持有的中纺腾龙公司股权中的75%股权归吴某甲所有。吴某甲上诉提出，吴某乙对吴某甲作为出资人与中纺网络公司间有关投资权益的约定明知且同意，且吴某乙持有中纺腾龙公司的股权超过50%、中纺腾龙公司的股东祥瑞公司系吴某乙投资的全资公司，故原判认定吴某甲要求隐名出资实名化未经中纺腾龙公司其他股东半数以上同意错误。据工商登记材料显示，中纺腾龙公司现在的股东组成为：中纺网络公司、投资公司及祥瑞公司的投资额分别为3000万元、3750万元和3750万元，其投资比例各占13.3333%、16.6667%和16.6667%；吴某乙的投资额为12,000万元，投资比例为53.3333%。《公司法解释三》第24条第3款规定，“实际出资人未经公司其他股东半数以上同意，请求公司变更股东、签发出资证明书、记载于股东名册、记载于公司章程并办理公司登记机关登记的，人民法院不予支持”。即实际出资人若要实现隐名股东显名化，须经公司其他股东半数以上同意。因此，即使吴某甲系实际出资人，但独立法人祥瑞公司、投资公司和吴某乙在一审、二审中均不同意吴某甲成为中纺腾龙公司显名股东，中纺网络公司二审亦答辩要求驳回上诉的情形下，吴某甲提出确认以中纺网络公司名义持有的中纺腾龙公司股权中75%股权属吴某甲所有、将隐名出资实名化的上诉请求和理由不符合法律规定，本院不予支持。

五、企业改制下的股东资格认定

案　　号：（2018）沪01民终11562号

案件名称：姚某某诉上海市闵行区建筑工程有限公司股东资格确认纠纷案

裁判要旨：改制企业现存的股东出资、股权结构需要结合公司改制前后的历史情形予以确定，不可简单割裂，亦不可拘于形式。同时，股份合作制企业职工股东丧失其企业职工身份时，除非章程另有约定，其股东资格及相应权利自然因此丧失。

案情简介

上诉人（原审原告）：姚某某

被上诉人（原审被告）：上海市闵行区建筑工程有限公司

1981年6月22日，上海市A公司成立，企业性质为集体企业。

2000年2月3日，姚某某向上海市A公司缴纳款项人民币（以下币种同）1万元，上海市A公司出具了收款内容为“股金”的收据。2000年2月21日，姚某某向上海市A公司缴纳款项4万元，上海市A公司出具了收款内容为“股金”的收据。2000年3月2日，姚某某向上海市A公司缴纳款项2万元，上海市A公司出具了收款内容为“股金”的收据。2004年11月10日，姚某某向上海市A公司缴纳款项1万元，上海市A公司出具了收款内容为“股金”的收据。

2005年1月，上海市闵行区人民政府批复同意上海市A公司通过置换集体产权改制为上海市闵行区建筑工程有限公司（以下简称闵行建工公司）。2005年2月，通过产权交割，上海市A公司改制，成立了公司类型为有限责任公司的闵行建工公司，注册资本1506万元。闵行建工公司工商登记的股东分别为解某（1.46%）、冯某（3.19%）、赵某（0.98%）、顾某1（1.46%）、刘某（3.65%）、卫某（51%）、李某（5.38%）、王某（3.52%）、陈某1（4.63%）、周某（2.12%）、施某（2.06%）、沈某（1.99%）、朱某（2.84%）、陈某2（2.39%）、陆某1（2.79%）、王某1（1.59%）、杨某（1.44%）、黄某（1.46%）、王某2（1.39%）、毛某（2.35%）、陆某2（0.53%）、顾某2（1.78%），合计22人。

闵行建工公司章程第15条规定："股东出资方式全部为现金，出资额依据公司岗位而定。"闵行建工公司章程第16条规定："股东全部缴纳出资后，须经法定的验资机构验资并出具验资报告，对股东出资，公司在成立后依据上述验资报告，以公司名义签发出资证明书。出资证明书应载明下列事项：1. 公司名称；2. 公司登记日期；3. 公司注册资本；4. 股东的姓名或者名称，缴纳的出资额和出资日期；5. 出资证明书的编号和核发日期。该证明书由公司盖章。"闵行建工公司章程第17条规定："为了维护公司内部的稳定性，出资认购的股东须期满三年后方可在股东之间转让。但有以下情况之一的，其所持股份不受三年限制，可以在公司内股东之间转让或由董事会收购和收回：1. 退休；2. 辞职；3. 被公司辞退、除名；4. 死亡；5. 职务、岗位的变动。其股份额也应随岗位而调整。股东转让股份的价格，以公司上一年会计年度的财务报表的账面净资产为参考依据，由转让方和受让方自行协商决定。股东因死亡转让股份时，其所转让的股份由遗产继承人领取转让的股份金额。上述情况应在规定的时间内办理退股手续，逾期办理者即告失去股东资格。"

2009年2月28日，姚某某向闵行建工公司缴纳款项3万元，闵行建工公司出具了收款内容为"股金"的收据。

2009年6月28日，闵行建工公司形成一份增资决议，决定闵行建工公司的注册资本由1506万元增至2050万元。闵行建工公司登记的22名股东在决议上签名。2015年3月，姚某某从闵行建工公司退休，次月开始领取养老金。2016年1月5日，闵行建工公司向姚某某账户汇款11万元。对应的银行交易凭单的附言一栏记载："退股金"。当日，闵行建工公司又向姚某某汇款2.2万元。对应的银行交易凭单的附言一栏记载："股金红利"。

姚某某向法院提起诉讼，请求确认姚某某系享有股东权利并登记于股东名册的实际出资人。

裁判结果

一审判决：(1) 驳回姚某某的诉讼请求；(2) 一审案件受理费减半收取计 1250 元，由姚某某负担。

二审判决：驳回上诉，维持原判。

各方观点

上诉人（原审原告）姚某某观点：闵行建工公司是原集体企业性质的改制公司，根本不存在所有股东的“合意”；闵行建工公司出具的“股金”凭证具有证据效力，是否用于改制注册出资，应当由闵行建工公司举证；根据闵行建工公司的章程，股东退休并非强制性由公司收回股份。

被上诉人（原审被告）闵行建工公司观点：姚某某没有成为闵行建工公司股东的意思表示，也没有其他股东的合意，没有参与公司章程的制定；闵行建工公司是改制企业，但也是有限责任公司；股金收据只能证明姚某某向改制前的集体企业缴纳过款项，是集体企业的集资款，并非对闵行建工公司的出资，闵行建工公司的注册资本是由登记注册的 22 名股东缴纳的；分红凭证其实就是集资款的投资回报，不是闵行建工公司的股东分红。

法院观点

一审法院观点：姚某某的请求权是否存在基础事实，应从以下两个层面予以厘清：

1. 姚某某在职时的股东资格的争议

任何权利、义务的存在，任何法律后果的归属，都必然有其承担者（主体），也就有谁作为承担者（主体）的资格问题。所以，任何法律规则都必然与人格制度和权利能力制度相配合使用。股东资格亦不例外。股东资格的确定标准，应以公司章程、股东名册、工商登记的记载作为公司股东应当具备的形式要件，而以是否有成为股东的意思、实际出资、实际享有权利及承担义务作为股东的实质要件。实质要件和形式要件不同程度地具有表征股东资格的功能，两者均可能被采信是反映法律事实的证据。由于形式要件经由法定的公示程序固定，可能更趋近于“法律真实”，而实质要件是实际出资行为的体现，可能更趋近于“客观真实”。实质要件是形式要件的归依，形式要件是实质要件的外化，形式要件采用与否取决于实质要件是不是“法律真实”与“客观真实”一致性的体现。析言之，当形式要件与实质要件相符时，两者反映的事实既符合“法律真实”的程序标准又符合“客观真实”的实体标准，均可以是确认股东资格的证据，也就不存在股东资格的争议了。当形式要件与实质要件相冲突时，两者反映的事实就会出现矛盾，哪个要件证明的事实最接近于“客观真实”，且证明事实的过程符合“法律真实”的程序标准，该要件也就成为确认股东资格的证据。无论是公司章程、股东名册，还是工商登记，仅是在一定范围内具有权利推定的效力或对抗的效力，如果有实质要件可以将其推翻，则不能以此为据，应以实质要件认定股东。申言之，形式要件持有人主张股东资格无须举证，而实质要件持有人必须承担推翻形式要件的举证责任。从本案来看，闵行建工公司的公司章程、工商登记、股东会决议均没有将姚某某记载为股东，姚某某并不具备股东资格的形式要件。故姚某某主张其是闵行建工公司股东，必须由其承担推翻形式要件的举证责任。

本案中，姚某某对于实质要件，进行了举证。就姚某某是否具有股东资格的实质要件分析如下：(1)《公司法》是典型的团体法，同时它也是私法的一部分，属于民法的下位法，其当然不可能完全脱离于民法的核心理念——意思主义的约束和影响。股东资格无论是原始取得、继受取得首先均要有成为公司股东的意思表示。庭审中，姚某某认为其无成为公司股东的意思表示，成为股东是公司安排，隐在顾某某名下亦是公司安排。所以，姚某某没有成为公司股东的意思表示。(2)公司系团体法人，拥有财产为其具有人格的绝对要件。因而，实际出资于公司独立人格具有重要意义。只有公司拥有独立财产且达到法定的最低资本限额，股东才得以出资额为限承担有限责任。任何人欲取得股东资格，必须以向公司承诺出资为前提。要获得实际的股权收益，应以出资义务的实际履行为前提。股东享有股权的大小取决于其出资的比例或数额。可见，投资人以出资为代价，换取成为公司成员的资格。本案中，闵行建工公司改制成立为有限责任公司时，姚某某是闵行建工公司职工。即在闵行建工公司成立时，姚某某应该是发起人股东，需通过出资取得“名分”，即股东身份。从姚某某是否向闵行建工公司真实出资来看，在姚某某所谓的出资时间节点上，姚某某陆续在2000年一年之内交纳的7万元的收款对象不是闵行建工公司，而是闵行建工公司改制之前的企业性质为集体的法人主体。因此，从款项交纳时间看，7 万元不可能构成对闵行建工公司注册资本的股本金的出资。至于该 7 万元在改制时是否转化作为股本金，没有相应证据予以证实。还有，姚某某认为其 2009 年 2 月交纳公司的款项 3 万元系公司增资股本金。但公司增资决议形成于 2009 年 6 月。在时间节点上，姚某某不能举证其提前 4 个月交纳的款项系增资股本金。所以，一审法院无法仅凭姚某某举证的若干份“股金”收据直接认定姚某某作为股东已经完成公司注册资本股本金的出资事实。（3）实际行使股权的记录主要指记载股东获得利润分配或者参加股东会等的书面文件。由于股权是一种资格性的权利，享有股权的人，必然是取得股东资格的人（股权的主体与实际行使股权的人并不一定是一一对应的关系，实际行使股权的记录所载明的人并不一定是股东本人）。从姚某某是否一直行使股东权利来看，其从未参加股东会。其举证存在公司每年按照姚某某投入款项数额的 20% 发放“股金红利”的事实。但强调的是，固定红利不符合《公司法》对于股东盈利分配的规定，而更类似于职工集资款（作为公司营运资金）的固定回报。由此，从所谓的“股金红利”发放事实不能推定出姚某某系以股东身份获得了利润分配。综上所述，姚某某没有实际行使股东权利、履行股东义务的证据。

依据以上分析，姚某某主张其是闵行建工公司股东，但其请求权所依据的基础事实均不符合股东资格认定的形式要件和实质要件。

2. 姚某某退休后的股东资格的争议

先假设姚某某在职时享有股东资格，故对于退休后姚某某股东资格的争议进行阐述如下：姚某某观点认为，退休并非丧失股东资格的充分条件。关于公司章程，（1）关于闵行建工公司所说取得股东资格的前提系公司职工，此系事关所有股东的重大事项，章程中并未明确规定。章程的确是约定了对于股份额的调整随岗位调整，但公司内部均未形成明确的细则，所以不能推定姚某某离职后即丧失股东资格。（2）闵行建工公司主张退休后由董事会收回股份或由股东间相互转让。首先，该条并非强制性规定，没有约定必须由董事会收回股份。其次，即使收回股份，前提应当是以公司上一会计年度账目报表的账面资产为参考依据，确定转让股份价格。

公司章程载明对于股东出现“退休”（包括辞职、辞退、除名等）状况时，可以选择：（1）股东之间转让；（2）董事会收购和收回。该种情况应在规定的时间内办理退股手续，逾期办理者即告失去股东资格。依据该条文内容，能够认定闵行建工公司的股东取得股权具有人身依附性。章程中虽然没有细化办理退股手续的时间，但应有合理期间。在姚某某退休 9 个月后取得（姚某某认为系被动取得）了所谓的“退股金”。因此，姚某某即使原来是股东，亦依据公司章程的规定丧失了股东资格。至于姚某某提出的“即使收回股份，前提应当是以公司上一会计年度账目报表的账面资产为参考依据，确定转让股份价格”这一观点，与股东资格的认定无涉。姚某某若认为股权价格不公允，对其投资权益的保护，可以另觅途径解决。

综上所述，无论姚某某当初是不是闵行建工公司股东，至少在本案诉讼阶段，姚某某已经不具有闵行建工公司的股东身份。现姚某某要求确认其为持股比例为 0.54% 的股东，没有基础事实。况且，据姚某某所述，姚某某一直隐名在顾某某处。姚某某要求公司确认其股权份额，后又要求确认系记载于股东名册的实际出资人。在公司不承认姚某某股东身份的情形下，实质系姚某某要求在公司内部显名，按照司法解释的规定，亦必须取得公司其他股东半数以上同意，现姚某某没有对应证据佐证公司其他股东半数以上同意。据此，一审法院判决驳回姚某某的诉讼请求。

二审法院观点： 闵行建工公司系改制设立的有限责任公司，故研判公司现存的股东出资、股权结构需要结合公司改制前后的历史情形予以确定，不可简单割裂，亦不可拘于形式。本案的基本事实是：姚某某在闵行建工公司改制前交纳股金合计 8 万元，改制后又交纳股金 3 万元，收据的形式和内容基本一致；姚某某已经每年获取 20% 的股金红利；姚某某在公司改制前后均是公司职工；姚某某是在退休后取得退股金 11 万元；姚某某与闵行建工公司之间没有集资协议。据此，本院可以确定姚某某先后交纳的 11 万元款项，不是闵行建工公司所抗辩的职工集资款，而是作为职工股东的出资款。

首先，根据集体企业改制的一般情形，被改制企业全员入股的情况非常普遍，同时由于全员人数众多，推选部分人员登记注册，也是操作惯例，并无违法情形；其次，闵行建工公司章程第 15 条、第 17 条的规定，能够充分反映公司内部的特别属性，即股东资格、出资与其职工身份存在密切联系；再次，姚某某于公司改制后的 2009 年 2 月又交款 3 万元，结合闵行建工公司当年的增资时点和幅度，按原出资比例增资的说法更具有合理性，而不可能是公司改制后又发生的集资款；最后，姚某某收到退股金，是发生在其退休后的次年，闵行建工公司的此项操作完全符合公司章程第 17 条的特别约定。

另外，本院在参照分析了案外人计某、冯某的交款记录以及公司章程的记载后认为，姚某某整理提交的股东出资名单具有一定的真实性，即公司改制时，姚某某已交款8万元，隐含在顾某某的记载出资（26.8万元）名下；同时另有5人，冯某交款13万元，但其出资记载是48万元，另有6人隐含在其名下。综上所述，依据同股同权的基本认定原则，本院认定姚某某在其退休前，是闵行建工公司的隐名股东之一，享有股东权利并承担股东义务。因其已在2015年3月从闵行建工公司退休，故其股份同样应当按照章程的特别规定由公司收回，至此不再具有股东资格。经二审释明，姚某某确认，其起诉的根本原因在于其对退股的价格存在异议。本院告知其可依据公司章程第17条的规定另行与闵行建工公司协商解决，本案不作处理。

综上所述，姚某某的上诉请求不能成立，应予驳回。

关联案例

▶ **改制企业章程中约定的“在职持股，退职退股”条款只要不违反《公司法》等法律强制性规定，可认定为有效**

案件名称：董某某与河南天海电器有限公司股东资格确认纠纷案

审理法院：最高人民法院（2015）民申字第710号

法院观点：“河南天海电器集团有限公司章程”中约定的“在职持股，退职转股、退股”，是基于河南天海电器有限公司（以下简称天海集团）进行企业改制的特殊背景而形成的意思自治约定，该规定已经经过股东代表会议一致通过且实施，是全体股东意思自治的结果，也是全体股东真实意思表示。董某某选择缴纳股金的行为亦表明其接受“河南天海电器集团有限公司章程”的约定。此外，二审判决已经查明，具备天海集团在职职工身份，是获得改制后公司股权的前提条件，同时，天海集团的改制架构和募集资金的方式，也决定了其在公司章程中作出“在职持股，退职退股”的约定。故二审判决基于天海集团改制的特殊背景，认定“在职持股，退职退股”的约定不违反法律规定，并无不当。

律师点评

股东请求确认其与公司或与其他股东之间的股权关系，属于公司内部法律关系。在内部关系的股东资格确认纠纷中，出于对公司稳定性的保障，法院在认定股东资格时往往涉及对股东真实意思的考量，即贯彻意思自治原则，以是否签署公司章程、是否实际出资、是否享有并行使股东权利等实质要件作为确认股东享有实际权利的主要依据。

目前我国立法尚未对股东资格确认实质证据的相关问题进行明确，在司法实践中对于证据的认定大多依靠法院的自由裁量权。《公司法解释三》第22条规定："当事人之间对股权归属发生争议，一方请求人民法院确认其享有股权的，应当证明以下事实之一：（一）已经依法向公司出资或者认缴出资，且不违反法律法规强制性规定；（二）已经受让或者以其他形式继受公司股权，且不违反法律法规强制性规定。"《公司法解释三》在此强调的是股东资格的实质要件之一，即出资。可见，出资义务是股东对公司最重要的义务，是直接影响股东资格、股东权利的正当性的基础性义务。

在本章第一节万某某等诉丽江宏瑞水电开发有限公司（以下简称宏瑞公司）股东资格确认纠纷案中，最高人民法院指出，万某某已经向宏瑞公司实缴出资，虽然公司章程变更后未进行工商登记，但并不影响万某某股东身份的认定。而对于股东资格的判断，最高人民法院指出："股东身份的确认，应根据当事人的出资情况以及股东身份是否以一定的形式为公众所认知等因素进行综合判断。"显而易见，出资是股东资格认定中至关重要的判断因素。

然而，当股东存在违反出资义务，出资存在虚假出资、出资不足、抽逃出资等出资瑕疵情形时，并不当然地剥夺其股东资格。股东虽负有向公司足额交纳认缴出资的义务，但其是否完整履行出资义务并非确认是否具备股东资格的唯一标准，未按照约定履行出资义务，依法应当向公司补足出资、对出资股东承担违约责任，并不直接否定其股东资格。因此，股东出资瑕疵的情形并不影响股东资格的取得。

此外，在股权代持的情形下，法院对于隐名股东资格的确认存在较为特殊的规则。这是由于股权代持中至少存在两重法律关系：一是隐名股东与股权代持人之间基于意思自治而建立的股权代持关系，二是隐名股东、股权代持人相对于公司、公司其他股东的关系。

《公司法解释三》第24条对于这种情形下的处理规则作出了较为明确的规定："有限责任公司的实际出资人与名义出资人订立合同，约定由实际出资人出资并享有投资权益，以名义出资人为名义股东，实际出资人与名义股东对该合同效力发生争议的，如无合同法第五十二条规定的情形，人民法院应当认定该合同有效。前款规定的实际出资人与名义股东因投资权益的归属发生争议，实际出资人以其实际履行了出资义务为由向名义股东主张权利的，人民法院应予支持。名义股东以公司股东名册记载、公司登记机关登记为由否认实际出资人权利的，人民法院不予支持。实际出资人未经公司其他股东半数以上同意，请求公司变更股东、签发出资证明书、记载于股东名册、记载于公司章程并办理公司登记机关登记的，人民法院不予支持。”

该条的第2款进一步重申了出资为股东资格判断的基础性依据，效力高于公司内部文件记载或者工商机关的登记。第3款则是一项较为特殊的规则，即隐名股东如希望通过股东资格确认之诉实现显名化，需要得到公司其他股东半数以上同意。

究其原因，在于隐名股东与股权代持人之间的法律关系与公司及公司其他股东无关，隐名股东相对于公司及其他股东而言仍然属于“外部人”，基于有限责任公司人合性的特征，其主张获得股东资格、股东权利以其他股东过半数同意为前提。

上海市高级人民法院《关于审理涉及公司诉讼案件若干问题的处理意见(一)》第1条对此有较为明确的意见：“当事人之间约定以一方名义出资(显名投资)、另一方实际出资（隐名投资）的，此约定对公司并不产生效力；实际出资人不得向公司主张行使股东权利，只能首先提起确权诉讼。有限责任公司半数以上其他股东明知实际出资人出资，并且公司一致认可其以实际股东的身份行使权利的，如无其他违背法律法规规定的情形，人民法院可以确认实际出资人对公司享有股权。”

第二节　涉及公司外部第三人的股东资格确认纠纷

一、涉及公司外部第三人时，优先适用形式要件认定股东资格

案　　号：(2017) 苏02民终3236号

案件名称：陈某某与宜兴申利化工有限公司股东资格确认纠纷案

裁判要旨： 即使股权代持关系得以认定，亦应优先保护债权人作为善意第三人的信赖利益。

案情简介

上诉人（原审原告）：陈某某

被上诉人（原审被告）：宜兴申利化工有限公司

1. 鹏鷂股份公司（以下简称鹏鷂公司）工商档案的相关材料中附有落款时间为2011年12月1日的鹏鷂公司股东决定，该决定文本中喜也纳企业有限公司（CIENA ENTERPRISES LIMITED，以下简称喜也纳公司）作为鹏鷂公司的股东持有100%的股权，同意鹏鷂公司新增投资总额5.3亿元，新增注册资本3.5亿元；新增注册资本中3.5亿元，由其与新增的投资方共同认购，其中宜兴申利化工有限公司（以下简称申利公司）以出资2887.5万元认购鹏鷂公司本次新增注册资本550万元，余额2337.5万元作为资本公积。2011年12月15日，鹏鷂公司对注册资本、公司类型、股东等进行了变更登记，注册资本从5000万元变更为4亿元，公司类型从有限责任公司（外国法人独资）变更为有限责任公司（中外合资），股东从喜也纳公司变更为喜也纳公司、申利公司等。2013年1月21日，鹏鷂公司变更企业名称为鹏鷂股份公司，同时公司类型从有限责任公司（中外合资）变更为股份有限公司（中外合资，未上市）。截至2016年11月14日，申利公司仍为鹏鷂股份公司股东，持有鹏鷂股份公司550万股股份。

2. 一审法院于2016年1月28日裁定受理江苏宜兴农村商业银行股份有限公司对申利公司的破产清算申请，后指定无锡衡鑫清算事务有限公司为管理人。

3. 2016年7月，鹏鷂公司的首发申请获得证监委通过。

4. 对陈某某与申利公司之间是否存在代持股权的关系，根据调取的工商登记材料，并结合陈某某提供的增资协议、补充协议及网银回单，2011年11月申利公司在鹏鷂公司增资过程中通过出资2887.5万元认购鹏鷂公司新增注册资本550万股并成为该公司股东是事实，此后虽历经鹏鷂公司名称变更、形式变更乃至鹏鷂股份公司通过发展可能成为上市公司，申利公司的持股情况均在公司登记机关进行了登记且至今未发生变化。虽然陈某某未能提供其与申利公司之间存在代持股协议的直接书面证据，但从陈某某向申利公司缴款的时间、金额以及申利公司出具的说明、情况说明等材料等来看，申利公司接受了陈某某向其缴纳的款项，也向陈某某出具了书面材料确认了代持股事实。综合前述证据可以认定陈某某作为实际出资人出资26.25万元通过申利公司代持鹏鹞公司5万股股份的事实，且该代持股合同关系并不违反法律规定，合法有效。

陈某某向一审法院起诉请求：(1)确认申利公司名下的鹏鹞公司550万股股份中的5万股股份属于其所有；(2)申利公司立即归还该5万股股份。

裁判结果

一审判决：对陈某某的诉讼请求，不予支持。

二审判决：驳回上诉，维持原判。

各方观点

上诉人（原审原告）陈某某观点：2011年11月，江苏鹏鹞环境工程承包有限公司（现已更名为鹏鹞环保股份有限公司，以下简称鹏鹞公司）进行增资扩股，其与申利公司一起出资参与了此次增资扩股，当时为办理手续方便，其以申利公司名义统一完成增资协议签订、出资款缴纳、股份代持等手续。其以申利公司名义出资26.25万元持有5万股股份，且双方之间明确申利公司代持的该5万股属于其所有，该股权是其财产而非申利公司财产。其与申利公司是隐名股东和显名股东的关系，申利公司虽然进入破产清算程序，在破产财产不足清偿全部债务的情况下，申利公司代其所持鹏鹞公司的5万股股份，仍应当归其所有。因破产债权人绝大多数是银行、民间借贷债权人、供货商，享有的是债的请求权，并未取得诉争股权的所有权或其他权利，不属于善意第三人。而且，对于申利公司的对外投资破产债权人并不具有信赖利益。因此，申利公司名下的鹏鹞公司550万股股份中的5万股属其所有，应予归还。

法院观点

一审法院观点：本案争议焦点为实际出资人陈某某借用名义股东即申利公司名义向鹏鹞公司出资，陈某某与申利公司之间存在代持股关系，在申利公司破产后，陈某某以其为代持股的实际权利人为由提起诉讼，要求确认股权归其所有的，人民法院应否支持。

如本案中的名义股东申利公司并未进入破产清算程序，本案仅是发生在实际出资人陈某某与名义股东申利公司双方的内部纠纷，法院只需根据代持股份的证据结合讼争股份的性质确认讼争股份的归属即可，无须考虑代持股合同的效力及申利公司债权人的权益是否需要获得优先保护的问题。但本案是在申利公司破产清算程序中提起的衍生诉讼，在申利公司已进入破产清算程序，其破产财产难以清偿全部债务的情形下，是否确认实际出资人的股东身份，与作为善意第三人的申利公司破产债权人有重大利害关系。

《公司法》第32条第3款规定："公司应当将股东的姓名或者名称向公司登记机关登记；登记事项发生变更的，应当办理变更登记。未经登记或者变更登记的，不得对抗第三人。"维护交易安全、提升交易效率是《公司法》立法的基本宗旨，具体表现形式为公示主义与外观主义，公示主义指交易当事人应将与交易有关的重要事实以法定形式予以公开，使交易相对人周知，免受不测之损害，如股东身份通过工商登记等材料予以公示；外观主义，是指将交易当事人的外观行为推定为其真实意思表示的行为，以行为的外观确定行为的法律效果。因此在涉及善意第三人的公司外部关系中，保护善意第三人的合法权益更符合《公司法》保护公司、股东和债权人的合法权益的立法目的。

具体而言，陈某某以申利公司名义出资购买讼争股份，并登记于申利公司名下，根据《公司法》的规定，股权变更经登记发生法律效力，对外具有公示效力，申利公司在外观上已具有股东特征。讼争股份作为现拟上市的鹏鹞公司股份，其股东持有股份和变动的情况更应以依法披露的公开信息及具有公示效力的登记为准。前述登记所具有的公示力对第三人而言，第三人有权信赖登记事项的真实性。讼争股份是登记在申利公司名下的财产，现申利公司已进入破产清算程序并已被裁定宣告破产，申利公司的债权人难以得到全额清偿。申利公司的破产债权人基于讼争股份登记公示的外观，有理由相信申利公司是讼争股份的真正权利人，并依据该信赖以讼争股份进行公平清偿。如仅考虑实际出资人和名义股东之间的内部关系，从而支持陈某某关于确认及返还股权的诉讼请求，必将损害申利公司债权人的利益。因此，在对代持股的外部和内部关系所涉及的利益综合衡量的基础上，遵循商法的外观主义和公示主义原则，应优先保护申利公司的债权人作为善意第三人的信赖利益。

综上所述，对陈某某的诉讼请求，不予支持。

二审法院观点：申利公司代持的鹏鹞公司的5万股股权不能确权给陈某某。因陈某某虽是案涉股权的实际出资人，其与申利公司签订协议约定该股权为陈某某所有，但该股权登记在申利公司名下，申利公司、鹏鹞公司也向社会予以公示。因此，对内关系上，陈某某与申利公司之间应根据双方的协议约定，陈某某为该股权的权利人；对外关系上，应当按照公示的内容，认定该股权由记名股东申利公司享有。2016年1月28日申利公司进入破产清算程序，申利公司的债权人根据申利公司的工商登记资料，有理由相信申利公司持有鹏鹞公司的股份，有权利就该股权实现其债权。如果支持陈某某确认股权的诉讼请求，将损害申利公司其他债权人的利益。因此，一审法院认可陈某某与申利公司之间存在代持股权事实，但对陈某某要求确权的诉讼请求不予支持，是正确的。

综上所述，陈某某的上诉请求不能成立，应予驳回；一审判决认定事实清楚，适用法律正确，应予维持。

二、未能举证被他人冒名登记为股东，应对债权人承担责任

案　　号：（2017）沪01民终3651号

案件名称：刘某诉上海铧镡钢铁销售有限公司股东资格确认纠纷案

裁判要旨：在公司债权人与股东之间因股东资格产生争议时，应优先使用形式特征特别是公司登记机关的登记、公司章程的记载来认定股东资格，以保护公司外部人的权利。

案情简介

上诉人（一审原告）：刘某

被上诉人（一审被告）：上海铧镡钢铁销售有限公司

被上诉人（一审第三人）：郑某

被上诉人（一审第三人）：邵某

被上诉人（一审第三人）：山东能源重装集团乾元不锈钢制造有限公司

2005 年 4 月 5 日，上海铧镡钢铁销售有限公司（以下简称铧镡公司）成立，性质为有限责任公司，注册资本为 500 万元，成立时股东为刘某、邵某及案外人乐某，持股比例分别为 40%、15% 及 45%。

2005 年 5 月 12 日，乐某将其持有的铧镡公司 5% 的股权转让给刘某。同日，邵某将其持有的铧镡公司 15% 的股权转让给刘某。同日，铧镡公司就上述股权转让向公司登记机关申请股权变更登记，铧镡公司股权结构变更为刘某持股 60%、乐某持股 40%。

2007 年 8 月 8 日，乐某将其持有的铧镡公司 40% 的股权转让给郑某。同日，铧镡公司就上述股权转让向公司登记机关申请股权变更登记，铧镡公司的股权结构变更为刘某持股 60%、郑某持股 40%（铧镡公司现工商登记的股权结构）。

2008 年 10 月 13 日，铧镡公司企业名称由“上海赢冶贸易有限公司”变更为现企业名称，即“上海铧镡钢铁销售有限公司”。

铧镡公司上述股权转让变更登记均系由案外人胡某具体办理。2016 年 4 月 12 日，针对铧镡公司的设立问题，普陀区人民法院对胡某进行谈话，胡某确认：铧镡公司的设立系由 × × 管委会代为办理，刘某、邵某及乐某的签字均系由工作人员代为签署，但具体事宜是在收到刘某、邵某及乐某的身份证原件后再行办理，且该事宜是由主任案外人黄某交办。2016 年 4 月 15 日，普陀区人民法院对黄某进行谈话，黄某确认：郑某要求 × × 管委会代为办理铧镡公司的设立；其曾见过刘某及铧镡公司郑某；刘某、邵某及乐某的身份证原件系从刘某和铧镡公司郑某处取得。

刘某与郑某曾系夫妻关系，现已离异。

普陀区人民法院已立案受理山东能源重装集团乾元不锈钢制造有限公司（以下简称乾元公司）与刘某等为铧镡公司的股东损害公司债权人利益责任纠纷一案，案号为（2015）普民二（商）初字第 849 号。

刘某向法院起诉请求：确认刘某自始不是铧镡公司的股东。

裁判结果

一审判决：驳回刘某的诉讼请求。

二审判决：驳回上诉，维持原判。

各方观点

上诉人（一审原告）刘某观点：2015 年 12 月底，刘某偶然得知自己系铧镡公司的股东及法定代表人。但刘某完全不知晓铧镡公司的存在，也从未在铧镡公司设立时的公司章程、股东会决议上签署名字，更未对铧镡公司进行出资。刘某认为，铧镡公司的公司章程、股东会决议等工商注册文件均系他人假冒刘某作出，侵犯了刘某的合法权益，应当认定无效，故刘某并非铧镡公司的股东。一审法院对本案的事实查明不清。关于普陀区人民法院对胡某、黄某的谈话笔录，一审法院以证据来自司法机关为由，未经进一步查证便对该证据的真实性、合法性、关联性及证明事项予以认可，显然于法无据。胡某、黄某陈述与事实不符，其在另案中的单方陈述不能在本案中予以直接认定。本案所有证据都已表明，上诉人并没有成为铧镡公司股东的意思表示，也从未参与过铧镡公司的成立和运行的任何过程，所有工商材料上的签字均系案外人冒充，然而一审法院却对该等认定股东身份的最重要事实不予确认，径直认定上诉人具有铧镡公司的股东资格，显然于法无据，应予纠正。一审法院适用法律依据错误。一审法院在本案事实已经查明的情况下，理应依法确认上诉人不是铧镡公司的股东，但一审法院机械套用商事行为的外观主义和公示原则作出相反判决，显然属于适用法律错误。

被上诉人（一审第三人）乾元公司观点：第一，股东是否亲自在工商材料上签字，不是确认股东身份的必然标准。铧镡公司注册过程中需要上诉人交出身份证原件，相关经办人员的陈述也证明了这点，而上诉人表示其从未遗失过身份证，故代为设立公司的行为足以确定刘某知晓铧镡公司注册的情况。第二，胡某、黄某的相关陈述，其效力和上诉人的陈述效力相同，交叉询问不是必经程序，该两人不是本案的证人，没有义务接受交叉询问。第三，从证据上可以看出上诉人委托××管委会设立铧镡公司的意思表示，上诉人与郑某曾为夫妻，上诉人在 2012 年相关案件调解书中，曾共同承担法律责任，说明上诉人对其股东身份是明知的。上诉人承担赔偿责任后仍有追偿的途径，不会承担不必要的经济损失。

法院观点

一审法院观点：本案的争议焦点是刘某是否享有铧镡公司的股东资格？

对此，本院认为，刘某享有铧镡公司的股东资格。理由如下：

第一，尽管铧镡公司工商内档资料上的签字非刘某本人所签，但该事实并不能否定刘某的股东资格。原因系：股东姓名登记系公司登记机关作出的具体行政行为，未经法定程序撤销，即具有确定的法律效力，即使刘某并未真实出资抑或并未亲自签名，也不能否定其股东身份，再加之，铧镡公司成立时，设立公司并不要求投资人必须到场，代办公司设立登记的情况比较普遍，工商登记材料中投资人的签字由他人代签的情况亦不在少数，因此，刘某欲凭工商登记资料中签字并非其本人所签从而否定其股东资格，显然依据不足。刘某认为，铧镡公司工商内档资料中使用的是其第一代身份证，而在铧镡公司注册成立之前，其已更换为第二代身份证，由此可知，刘某对被登记为铧镡公司的股东并不知情。对此，本院认为，铧镡公司工商内档资料中存有刘某的身份信息，胡某作为代办公司设立人员亦确认曾取得刘某的身份证原件，黄某更进一步确认曾见到刘某与郑某共同至××管委会办理铧镡公司设立事宜，且刘某未能举证证明其身份信息确属通过非正常途径由胡某等人取得的事实，加之，第二代身份证的取得并不代表第一代身份证已遗失或失效，故本院有充分理由认定，刘某自铧镡公司设立时即知晓其被登记为铧镡公司股东，刘某的上述观点不能成立。

第二，商事案件的审理应当贯彻商事行为的外观主义和公示原则。在公司股东资格认定方面同样应坚持上述理念，尤其是涉及公司之外商事主体的利益时更应如此。公司的工商登记信息，对外具有公示效力，对公司债权人而言，公司登记机关登记的内容系其要求股东承担责任的重要依据，就此角度而言，刘某股东资格的确认与否关系到公司债权人的利益实现与否。诚然，商事主体成为股东的意思表示是认定股东资格的重要标准，但在公司债权人与股东之间因股东资格产生争议时，应优先使用形式特征特别是公司登记机关的登记、公司章程的记载来认定股东资格，以保护公司外部人的权利。就本案而言，即便刘某不具有成为铧镡公司股东的真实意思表示，但其作为股东被记载于公司章程及工商登记材料却是不争之事实，在外观和形式上其完全具备铧镡公司股东的特征，乾元公司对此有充分的理由予以信赖。若以刘某不具有成为股东的真实意思为由而否定其股东身份，则可能导致许多已经确定的法律关系发生改变，不利于维护交易安全和经济秩序的稳定，与商法公示原则与外观主义原理相背。

第三，刘某自2005年被登记为铧镡公司股东后至今已逾十年的时间，而在该期间内，刘某从未因被登记为铧镡公司的股东而提出过异议。但在乾元公司向刘某主张权利后，刘某才提起本案诉讼，其目的显然不是为解决其在公司内部实质上是否具有股东身份的问题，而是意欲免除其个人基于股东身份产生的债务。在此情况下，法院理应首先保护善意债权人（乾元公司）对公司登记机关公示内容的信赖。

综上分析，一审法院有充分理由认定，刘某享有铧镡公司的股东资格，故一审法院对刘某的诉讼请求不予支持。

二审法院观点：本案的争议焦点在于刘某被登记为铧镡公司的股东是否他人冒用刘某名义所致，刘某要求确认其不是铧镡公司股东是否成立？

二审法院认为：根据《公司法解释三》第28条规定："冒用他人名义出资并将该他人作为股东在公司登记机关登记的，冒名登记行为人应当承担相应责任；公司、其他股东或者公司债权人以未履行出资义务为由，请求被冒名登记为股东的承担补足出资责任或者对公司债务不能清偿部分的赔偿责任的，人民法院不予支持。"本案中，刘某系铧镡公司的登记股东，其股东身份已对外产生公示效力，现刘某要求确认其不是铧镡公司的股东，不承担相应股东责任，则刘某应对其系被冒名登记为铧镡公司股东的事实负举证责任。现刘某明确其身份证并未遗失过，由于办理公司登记手续时一般应提交股东身份证的原件，结合刘某与郑某曾为夫妻，且郑某是铧镡公司的实际控制人等情况，刘某的身份证原件经由郑某之手而用于铧镡公司注册的可能性较大，同时刘某在本案中也未能对其身份证原件用于铧镡公司注册的事实给出其他合理解释，故刘某对于其身份被冒名登记的事实未能尽到举证责任，铧镡公司工商资料中刘某签字非其本人所签的事实，并不能推断出刘某系被冒名登记为股东的结论。关于胡某、黄某在普陀法院的谈话笔录，本院认为，本案系由普陀区人民法院审理的乾元公司起诉刘某等股东损害公司债权人利益责任纠纷而引起，该案审理过程中，胡某、黄某作为铧镡公司注册的代办经办人作了相关陈述，该陈述内容与本案争议直接有关，一审法院在庭审中已明确将依职权调取相关谈话笔录，各方当事人也同意对此发表书面质证意见，故上述谈话笔录的认证程序并无不当。一审法院依据谈话笔录的内容，同时结合本案其他证据，最终认定刘某的诉请不成立，理由及结果正确。

综上所述，上诉人刘某的上诉理由均不能成立，一审判决认定事实清楚，适用法律正确，应予维持。

关联案例

▶ **公司事项一经登记公示应推定为具有相应的法律效果，善意第三人根据登记事项所为的行为应当有效，即使登记存在瑕疵或错误**

案件名称：刘某某与北京华农天润科技发展有限公司股东资格确认纠纷案

审理法院：北京市大兴区人民法院（2017）京0115民初15796号

法院观点：本案虽是公司内部的股东资格确认纠纷，但因本案刘某某和第三人鹰潭合伙企业另涉股东损害债权人利益责任纠纷，刘某某是否具有北京华农天润科技发展有限公司（以下简称华农天润公司）股东身份，涉及第三人鹰潭合伙企业的权益；因此，应结合具有对外公示效力的工商登记材料对刘某某的股东资格予以判断。公司事项一经登记公示应推定为具有相应的法律效果，善意第三人根据登记事项所为的行为应当有效，即使登记存在瑕疵或错误。公司登记正是通过保护善意第三人对登记外观的信赖利益，从而维护交易的安全和迅捷。本案中，自华农天润公司申请设立之日至其被吊销之日，根据刘某某提交的证据，华农天润公司两次变更注册信息的工商登记档案材料中，均记载“刘某某”为股东，部分重要材料均附“刘某某”签名。2016年10月8日华农天润公司即被吊销，在公司被吊销的情况下，认定工商登记公示的股东“刘某某”具备股东资格，更符合善意第三人对华农天润公司的认识，也能最大限度地避免损害公司交易相对人的合法利益。刘某某自称直至2017年5月13日收到北京市海淀区人民法院寄来的（2017）京0115民初12240号案件传票及起诉状才得知自己被登记为华农天润公司股东，其股东资格争议显然涉及案外人利益，其是否具有股东资格，很可能影响到该案中鹰潭合伙企业的权益，亦不能排除其具有逃避债务之嫌疑。因此，在刘某某未提交证据证明工商登记档案材料记载其股东身份存在错误，且在刘某某和鹰潭合伙企业另涉股东损害债权人利益责任纠纷的情形下，不宜贸然否定其华农天润公司股东资格。

律师点评

股东资格确认纠纷，不仅发生在公司股东与股东或者股东与公司之间，在公司债权人要求公司股东承担有限责任之外的其他民事责任时，也必须对当事人是否具有公司股东资格进行确认。

在外部关系的股东资格确认纠纷中，公司外部的善意第三人并无渠道了解公司内部的具体情况，其仅能基于公司公示于外部的信息如工商登记等对公司的情况作出判断，并由此与公司进行交易。若公司公示于外部的信息存在偏差，如存在股权代持、冒名登记等情形，导致公司外部的善意第三人蒙受损失，公司应当依据登记信息承担相应责任。

法院在审理涉及公司外部第三人的股东资格确认纠纷时，往往遵循商法公示主义、外观主义的要求，保护善意相对人因合理信赖公司登记机关的登记事项而作出的行为的效力。2019 年《全国法院民商事审判工作会议纪要》第 8 条指出，当事人之间转让有限责任公司股权，受让人以其姓名或者名称已记载于股东名册为由主张其已经取得股权的，人民法院依法予以支持，但法律、行政法规规定应当办理批准手续生效的股权转让除外。未向公司登记机关办理股权变更登记的，不得对抗善意相对人。

显而易见，在公司债权人与股东之间因股东资格产生争议时，优先适用形式特征特别是公司登记机关的登记、公司章程的记载来认定股东资格，以保护外部善意第三人因合理信赖公司章程的签署、公司登记机关的登记、公司股东名册的记载而作出的行为效力。以陈某某与宜兴申利化工有限公司股东资格确认纠纷一案为例，即使法院认定了公司中存在的股权代持关系，当股东身份的确认与善意第三人存在利害关系时，也应优先保护善意第三人的信赖利益。

在存在冒名登记的情况下，主张身份信息被冒用的当事人应当承担举证责任，提供足够的证据证明本人身份信息系被冒用。法院会考量当事人主观上是否有成为公司股东的意思表示、是否明知其名义被冒用，并结合客观上当事人是否履行股东义务、享有任何股东权利等情况，最终得出当事人是否被冒名登记为股东的结论。当事人仅仅提供笔迹鉴定证明公司设立登记的相关材料上并非本人签字并不能得到法院的支持。

第三节 股东资格的消极确认之诉

一、当事人请求确认他人不具有公司股东的身份

案　　号：（2015）民申字第1092号

案件名称：沈阳市东陵区南塔村民委员会与沈阳市浑南区市场开发服务中心股东资格确认纠纷案

裁判要旨：当事人请求确认他人不具有股东资格的消极之诉的请求因不具有相关利害关系而不具有可诉性，不属于法院的受理范畴。

案情简介

再审申请人（一审原告、二审上诉人）：沈阳市东陵区南塔村民委员会

被申请人（一审被告、二审被上诉人）：沈阳市浑南区市场开发服务中心

原审第三人：沈阳南塔鞋城有限责任公司

2001年，沈阳市东陵区委、区政府与原告沈阳市东陵区南塔村民委员会（以下简称南塔村委会）协商后，组织部署对多年前建在原告南塔村委会所有土地上的南塔鞋城进行扩建改造，以预售业户租金作为建设投资，实现撤棚进厅，成立了鞋城建设指挥部。

南塔村委会以60亩土地及该宗土地上的酒厂、修配厂、鞋城西区等数个企业作为投资，沈阳市南塔企业发展服务中心以6亩土地及地上建筑物作为投资，在东陵区鞋城建设指挥部的部署下，建成了南塔鞋城。

南塔鞋城工程竣工后，区政府以召开会议的形式，分配了沈阳南塔鞋城有限责任公司（以下简称南塔鞋城公司）的股权，具体比例是南塔村委会享有41%股权；沈阳市南塔企业发展服务中心享有32%股权；沈阳市浑南区市场开发服务中心（以下简称市场开发服务中心）享有27%股权，并以虚假验资报告作为投资依据在工商局办理了相关手续。工商局的档案资料所记载的是：市场开发服务中心货币出资2700万元，沈阳市南塔企业发展服务中心货

币出资3200万元，南塔村委会货币出资4100万元，均汇入建设银行鞋城分理部，共计1亿元。

实际情况是三个股东都没有货币出资，但南塔村委会和沈阳市南塔企业发展服务中心有土地和房产的实物出资，按当时的市场行情，南塔村委会出资远远超过了4100万元，市场开发服务中心没有任何出资。2012年，市场开发服务中心先后三次致函南塔村委会，要求将27%股权挂牌出售。南塔村委会明确答复股权争议没有解决之前不能进行股权转让。为了维护农民投资人的合法权益，南塔村委会向沈阳市中级人民法院提起诉讼。

裁判结果

一审判决：驳回原告沈阳市东陵区南塔村民委员会的起诉。

二审判决：驳回上诉，维持原判。

再审判决：驳回沈阳市东陵区南塔村民委员会的再审申请。

各方观点

再审申请人（一审原告、二审上诉人）南塔村委会观点：（1）南塔鞋城公司设立时的《验资报告》是伪造的，符合“原判决、裁定认定事实的主要证据是伪造的”应当再审的情形；（2）本案所涉及的政府分配股权的行为不是行政行为，南塔村委会提起民事诉讼并无不当。一审、二审裁定驳回南塔村委会起诉属适用法律错误。

被申请人（一审被告、二审被上诉人）市场开发服务中心观点：（1）原审法院未对本案实体事实进行认定，未对双方提交的证据进行实质性审查与确认，不存在“原判决、裁定认定事实的主要证据是伪造的”之情形。（2）原审适用法律正确。①南塔村委会认为政府分配股权的行为不是行政行为，表明南塔村委会实质上认可其所主张的股权分配行为是基于民事行为，并通过后续实际设立公司、与市场开发服务中心共同签署公司章程的行为进行确认与追认。如此，即使二审法院的认定存在错误，也不对本案结果产生实质影响。②南塔村委会请求确认市场开发服务中心虚假出资，属于对市场开发服务中心出资与否事实的认定，而非对法律关系的确认，不符合法律规定的确认之诉要件。③南塔村委会请求确认市场开发服务中心不具有南塔鞋城公司股东资格为消极的确认之诉，旨在消灭市场开发服务中心的股东资格，南塔村委会该项请求无法律依据。现行有效的法律规定，仅《公司法解释三》第20条、第21条对股东资格确认之诉进行规定，但均是对积极确认之诉行使的内容，即对确认具有股东资格之诉进行规定，并无法律、法规对消灭股东资格之消极确认之诉进行规定。所以，南塔村委会该项诉请无法律依据。法院无权通过司法审判剥夺任一股东的股东资格，否则即为司法审判权对公司经营权的干涉。

法院观点

一审法院观点：本案系公司的股东与股东之间因出资产生的股东资格确认纠纷。确认之诉是原告请求人民法院确认其与被告之间存在或不存在某种民事法律关系的诉，其目的是通过法院确认某种法律关系存在或不存在，进而肯定自己所享有的实体权利或否定自己应承担的义务。然而确认之诉一般不包含对事实状态的确认。原告南塔村委会提出的第一项诉讼请求为“确认被告市场开发服务中心所谓的现金投资2700万元为虚假出资”，“被告市场开发服务中心虚假出资”是一种单纯的事实状态，并非原告南塔村委会与被告市场开发服务中心之间民事法律关系存在与否的状态，该项诉讼请求不符合确认之诉的要件。在经本院释明之后，原告南塔村委会并未对该项诉讼请求进行修改或者补足，故原告南塔村委会提出的该项诉讼请求不符合《民事诉讼法》规定的“有具体的诉讼请求”之起诉条件。

原告南塔村委会第二项诉讼请求表述为：确认被告市场开发服务中心对第三人南塔鞋城公司不享有股东资格。庭审时其对该诉请的解释为：按照股东名册、股东确认书等登记文件，被告市场开发服务中心对南塔鞋城公司是从形式上享有股东资格，但是如果经法院确认被告市场开发服务中心的出资为虚假出资，那么被告市场开发服务中心的股东资格应当丧失，故向法院提起请求。从其表述分析，原告南塔村委会并非请求对原告南塔村委会与被告市场开发服务中心之间现存法律关系进行确认，而是希望通过法院的判决改变或消灭现存的民事法律关系，使被告市场开发服务中心的股东资格消灭。确认之诉的特点之一是：法院仅需要确认当事人之间存在或不存在一定民事法律关系，无须也不能改变法律关系存在或不存在的现状。因而该项诉请不符合确认之诉的特点。那么法院能否依原告南塔村委会的请求直接对被告市场开发服务中心享有的第三人南塔鞋城公司之股东资格予以剥夺呢？按照《公司法》的规定，股东未实际出资应当承担相应的民事责任：股东或公司可以诉讼方式促使未实际出资股东履行出资义务。现行《公司法》制度确认了股东资格解除规则，即公司可以通过股东会决议解除未履行出资义务股东之资格，法院认可其解除的后果。但是原告南塔村委会请求法院直接剥夺另一股东的股东资格没有法律依据，法律并未赋予法院直接对被告市场开发服务中心具有第三人南塔鞋城公司公司股东资格予以剥夺的权利。

虚假出资，是指股东表面上出资而实际根本未出资、未足额出资、未适当出资，本质特征是股东未向公司支付相应对价而取得公司股权。实际出资，是股东对公司的义务而不是取得股东身份的条件。逻辑上，先有股东身份，才有出资义务。《公司法》分别规定了未实际出资股东对其他股东的违约责任、对公司的资本充实责任，对债权人的补充赔偿责任。《公司法》亦认可公司对未实际出资股东相应的财产权利作出合理限制，但是股东没有实际出资并不必然导致其丧失股东资格，公司有最终的权利决定是否解除其股东资格。本案中，无论被告市场开发服务中心是否存在虚假出资，都不会因此而导致其股东资格的丧失，都不足以支持原告南塔村委会的诉讼请求。

综上所述，原告南塔村委会不符合起诉条件。

二审法院观点：南塔村委会主张是东陵区政府确定了南塔鞋城公司的公司股东和股权比例，三股东在南塔鞋城公司成立时没有进行现金投资。因此案有政府行为的介入，是行政行为主导的股权分配，故南塔村委会的起诉缺乏法律依据。

再审法院观点：（1）关于本案是否存在“原判决、裁定认定事实的主要证据是伪造的”情形。一审、二审法院对本案所涉是否存在虚假出资的相关事实未进行审理认定，裁定驳回起诉的理由中也未涉及市场开发服务中心是否实际出资，《验资报告》是否真实。因此，南塔村委会以南塔鞋城公司设立时的《验资报告》内容虚假为由，主张本案原裁定存在认定事实的主要证据是伪造的应当再审的情形，没有事实依据。南塔村委会该申请再审事由不成立。（2）关于本案原裁定是否存在适用法律错误应当再审的情形。

《民事诉讼法》第119条规定了起诉必须符合的条件，其中第一项为“原告是与本案有直接利害关系的公民、法人和其他组织”，第三项为“有具体的诉讼请求和事实、理由”。本案南塔村委会起诉提出的两项诉请为：①确认市场开发服务中心所谓的现金投资2700万元为虚假出资；②确认市场开发服务中心对南塔鞋城公司不享有股东资格。本院认为，在南塔村委会两项诉请中，确认市场开发服务中心虚假出资是其诉请市场开发服务中心不享有南塔鞋城公司股东资格的事实基础，并不构成具体的诉讼请求。南塔村委会与市场开发服务中心均是南塔鞋城公司登记的股东，南塔村委会起诉请求确认的是市场开发服务中心不享有南塔鞋城公司的股东资格，而不是请求确认其与南塔鞋城公司之间是否存在股东资格关系。一审庭审时，南塔村委会对其诉请解释为：按照股东名册、股东确认书等登记文件，市场开发服务中心对南塔鞋城公司是从形式上享有股东资格，但是如果经法院确认市场开发服务中心的出资为虚假出资，那么市场开发服务中心的股东资格应当丧失，故向法院提起请求。因此，南塔村委会起诉并未主张其与市场开发服务中心之间存在直接的利益关系。据此，南塔村委会与本案并无直接利害关系。一审裁定认定南塔村委会的起诉不符合法律规定的起诉条件正确，二审法院认为“因此案有政府行为的介入，是行政行为主导的股权分配”，理由虽欠妥，但维持一审法院驳回起诉的裁判结果正确。南塔村委会主张原裁定适用法律错误应当再审的申请再审事由不成立。

二、当事人请求确认自己不具有公司股东的身份

案　　号：（2017）津02民终705号

案件名称：孙某某、天津市欧威特商贸有限公司股东资格确认纠纷案

裁判要旨：登记股东请求确认自己不具有公司股东的身份，实际上是登记股东与公司之间就股东资格是否存在而产生的纠纷，应当属于法院受理的民事案件范畴。不能仅凭工商登记资料中签字并非其本人所签从而否定其股东资格，关键在于当事人有无作为公司股东的事实或同意他人利用自己的身份设立公司的事实。

案情简介

上诉人（原审原告）：孙某某

被上诉人（原审被告）：天津市欧威特商贸有限公司

被上诉人（原审第三人）：王某某

原审第三人：崔某某

原审第三人：潘某某

案外人天马集团原系马场街办事处控股企业。1998年6月2日，天马集团与崔某某共同申请设立天津市区欧威特商贸有限公司（以下简称欧威特公司）。注册资本50万元，其中天马集团出资30万元占60%的股份；崔某某出资20万元占40%股份。1998年6月15日，欧威特公司成立。

2003年3月14日，天津市河西区人民政府常务会议审议并通过区经贸委关于区街挂靠企业解除挂靠关系问题的请示。2003年5月22日，天马集团与崔某某签订《关于“天津市欧威特商贸有限公司”股东双方明确产权关系的协议》，双方确认以下事实：（1）天马集团在欧威特公司投资的30万元是由崔某某投入的，天马集团未投资；（2）双方解除原来达成的由天马集团代崔某某投资的协议。解除协议的时间为此次办理工商登记事宜完毕的时间……2003年7月8日，天津市河西区区街集体资产管理委员会作出津西集资（2003）211号《关于天津市欧威特商贸有限公司进行产权界定的批复》：“经核查确认：马场街办事处控股企业天马企业集团船舶发展有限公司所占60%的股权是由崔某某个人投资，马场街办事处控股企业天马企业集团船舶发展有限公司未向你公司投入任何国有及集体资金，你公司无任何银行贷款。经产权界定并办理股东变更前的一切债权债务继续由你公司承担，与马场街办事处控股企业天马企业集团船舶发展有限公司无关。”

2003年7月10日，欧威特公司提交《公司变更登记申请书》，申请将原核准登记的股东：天马集团、崔某某变更为崔某某80%、孙某某20%。并提交以下材料：（1）转股协议（2003年7月10日），约定：①崔某某将其在欧威特公司占有的20%股份转让给孙某某；②孙某某接受崔某某在欧威特公司中占有的20%的股份转让；③转股前后，孙某某按其在欧威特公司中所占股份比例承担有限债权债务。（2）《家庭财产协议书》（2003年7月10日），约定：孙某某与崔某某对家庭财产进行合理分割，双方分别从家庭共有财产属于自己的份额中提取部分资金，用于投资设立欧威特公司，公司注册资本为50万元人民币，其中崔某某投入40万元，孙某某投入10万元。(3)《股东会议决议》(2003年7月10日)，决议事项：①修改公司章程；②崔某某将占公司20%的股份转让给孙某某。(4)《章程修正案》(2003年7月10日)，对公司章程第4章第9条、第6章第12条进行修改，原：公司由二方组成：天马集团、崔某某；公司由二方出资：天马集团以货币出资30万元占60%、崔某某以货币出资20万元占40%；公司选举监事潘某某。修正为：公司由二方出资组成，崔某某、孙某某；崔某某以货币出资40万元占80%、孙某某以货币出资10万元占20%；公司选举孙某某为监事。(5)《新股东会议决议》(2003年7月10日)，决议事项：①一致通过章程修正案；②一致同意转股协议；③免去潘某某监事，选举孙某某为监事；④执行董事不变。(6)《天津市欧威特商贸有限公司董事、监事、经理任职资格审查意见书》(2003年7月10日)。以上材料中的第一、二、四、五、六中均有"孙某某"的签字。一审庭审过程中，孙某某表示上述签字并非其本人所签，王某某称上述材料中"孙某某"的签字系经孙某某电话授权后由其代孙某某所签。

2003年12月25日，欧威特公司召开股东会并形成《股东会议决议》，决议事项：①修改公司章程；②变更注册资本。注册资本由50万元增加到500万元，其中崔某某由40万元增加到450万元占90%，孙某某由10万元增加到50万元占10%。当日，全体股东还通过了关于上述变更注册资本的《章程修正案》。在上述《股东会议决议》及《章程修正案》中"全体股东签字(盖章)"处均有"孙某某"的签字。孙某某当庭表示上述材料中的签字均非其本人所签，王某某表示《章程修正案》中"孙某某"的签字系经孙某某电话授权后由其代孙某某所签。对于《股东会议决议》中的签字，孙某某经一审法院释明后仍不申请鉴定。

2007年4月18日，欧威特公司召开股东会并形成《股东会议决议》，会议表决通过以下决议：①变更经营住所；②延长经营期限。同日，孙某某及崔某某共同向天津市工商行政管理局河西分局出具《承诺书》，"兹有天津市欧威特商贸有限公司投资人，拟将企业（个体工商户）注册地址设立在河西区××公寓2-1505，在此全体投资人承诺如下：1. 此地址是本企业（个体工商户）的办公用房，保证不在此处从事办公以外的业务；2. 不在此地址存储商品"……孙某某在"全体投资人"处签字。孙某某同时还向天津市工商行政管理局河西分局出具了《住所租赁使用证明》，“兹有孙某某将坐落在河西区××公寓2－1505的房屋，面积96平方米，租赁给天津市欧威特商贸有限公司使用。租赁期限自2007年4月30日至2017年4月30日止”，孙某某在“出租人”处签字。工商档案中还存有房屋所有权人为××、房屋××地址为××公寓2－1505的房屋所有权证复印件一份。孙某某当庭表示，《天津市欧威特商贸有限公司股东会议决议》《承诺书》《住所租赁使用证明》中“孙某某”的签字均为其本人所签，工商档案中的房屋所有权证亦由其提供。

2007年5月24日，欧威特公司召开股东会并形成《天津市欧威特商贸有限公司股东会议决议》，会议表决通过以下决议：增加经营范围。孙某某当庭表示，决议中“股东盖章、签字”处“孙某某”的签字均为其本人所签。

另查，欧威特公司《公司年检报告书（2003年度）》记载，“股东出资情况：崔某某出资额40万元占比80%、孙某某出资额10万元占比20%”；《公司年检报告书（2004年度）》记载，“股东出资情况：崔某某应缴、实缴出资额均为450万元、孙某某应缴、实缴出资额均为50万元”；《有限责任公司、非公司企业法人、股份有限公司年检报告书（2005年度）》记载，欧威特公司“股东、发起人姓名（名称）与登记一致，各股东、发起人、出资人已按期缴足认缴的出资额”。在该份年检报告书第2页“指定代表或委托代理人姓名”处有“孙某某”的签字，孙某某当庭表示，对于是否办理2005年企业年检“一点印象也没有”。报告书中“孙某某”的签字并非其本人所签，但对此并不申请鉴定。潘某某对此提出鉴定申请后，孙某某表示既不同意也不配合潘某某的上述鉴定申请。

2003年12月30日，天津市兴业有限责任会计师事务所向欧威特公司出具（2004）兴验字第001号《验资报告》，报告记载：“在审验过程中，我们结合贵公司的实际情况，实施了检查等必要的审验程序。贵公司原注册资本为人民币50万元，根据公司股东会决议的规定，申请增加注册资本450万元，由崔某某、孙某某出资。经我们审验，截至2003年12月30日，贵公司已经收到崔某某、孙某某投入的新增注册资本450万元，均为货币资金。……截至2003年12月30日，变更后的累计注册资本实收金额为人民币500万元。”《验资报告》后附有附件两份：附件一《新增注册资本实收情况明细表》《注册资本变更前后对照表》，附件二《验资事项说明》。其中《新增注册资本实收情况明细表》记载：崔某某新增实收货币资金410万元，孙某某新增实收货币资金40万元。《注册资本变更前后对照表》记载：崔某某认缴及实缴注册资本变更前为40万元占比80%，变更后为450万元占比90%；孙某某认缴及实缴注册资本变更前为10万元占比20%，变更后为50万元占比10%。《验资事项说明》记载："一、变更前后基本情况。天津市欧威特商贸有限公司是由崔某某、孙某某共同出资组建。根据公司股东会决议的规定，将注册资本由50万元调增至500万元。现正办理工商变更登记注册事项。二、申请新增的注册资本及出资规定。根据公司股东会决议的规定，贵公司新增的注册资本为450万元，其中：崔某某增投410万元，孙某某增投40万元。出资方式为货币资金，出资币种为人民币。三、实际出资情况。崔某某投入货币资金410万元，孙某某投入货币资金40万元，已分别于2003年12月29日、12月30日存入天津市商业银行津华支行——天津市欧威特商贸有限公司账户。"2006年6月9日，天津市永信有限责任会计师事务所向欧威特公司出具津永会检审字（2006）第336号《工商年检审计报告》，报告记载："我们接受委托，对贵公司截至2005年12月31日的实收资本及相关的财务报表项目进行了审核，经审核：贵公司截至2005年12月31日的注册资本及实收资本情况：……孙某某，出资方式货币，应缴注册资本500,000元，占注册资本总额比例10%。账面实收资本500,000元，占注册资本总额比例10%。……贵公司原股东为'天津市天马企业集团船舶发展有限公司、崔某某，经股权转让现股东为崔某某、孙某某'……股东借款明细：孙某某，差旅借款9000元。"

再查，孙某某与崔某某于1992年10月6日登记结婚，2007年3月29日双方协议离婚。

孙某某向法院起诉请求：（1）确认孙某某不是欧威特公司股东；（2）王某某赔偿孙某某经济损失350万元及精神损失100万元。

判决结果

一审判决：驳回孙某某全部诉讼请求。

二审判决：驳回上诉，维持原判。

各方观点

上诉人（原审原告）孙某某观点：孙某某成为欧威特公司的股东，是欧威特公司法定代表人崔某某和原股东潘某某及潘某某之妻王某某三人合谋，并由王某某具体实施操作而形成的，孙某某并不知情。在一审法院2016年3月23日的谈话笔录中，王某某承认在出资、转股和增资等材料中孙某某的签名是由王某某冒名签署的，王某某主张是孙某某电话委托其代签的，并没有证据予以证实。关于出资问题，因出资和增资材料中的有关签字都是王某某冒用孙某某之名所为，故出资和增资都是虚假的，孙某某并没有实际出资。关于潘某某的股东资格问题，孙某某有证据证明潘某某曾是欧威特公司的股东。对于欧威特公司办理经营时间变更问题，孙某某是在与崔某某协议离婚时才知道自己“被股东”了，因此才在离婚协议中加了一条放弃股份的声明。在没有来得及办理变更手续时，欧威特公司的经营时间就到期了，当时为了作变更手续，孙某某才在有关变更材料中签字。对此，一审法院认定了王某某的说法，并没有证据予以证实。另外，2006年6月2日《法定代表人确认声明》中孙某某的签名，有可能是崔某A代签的。同时，孙某某主张一审判决认定事实存在错误，即一审判决书第3页第4自然段“原告只是去帮忙，并不是行使股东权利”的表述，没有出处，开庭笔录上并没有表述，属一审法院断章取义。而一审判决书第6页第2自然段倒数第3行起至段落结束的表述也不对，王某某已经承认其冒名签字的事实，已无鉴定的必要，因此孙某某才不申请进行鉴定。

被上诉人（原审第三人）王某某观点：对于工商登记中孙某某的签字是王某某代签的。2003年7月10日，崔某某将其欧威特公司20%的股份转让给孙某某，当时是崔某某让王某某去的工商局帮他填写表格，而后崔某某打电话给孙某某，要求孙某某签字，孙某某就请王某某帮她签字。增资也是这样。签字后，王某某就离开了，后续的办理情况就不清楚了。同时，王某某明确表示不同意赔偿孙某某经济及精神损失650万元。

原审第三人潘某某观点：孙某某在电话中委托王某某代为签字是一种委托行为。对于崔某A代为签字的问题，是在欧威特公司年检的时候，孙某某以指定代理人的身份进行得签名，其中明确表明孙某某是欧威特公司股东，占公司10%的股份。欧威特公司原股东天马企业集团船舶发展有限公司（以下简称天马集团）与崔某某解除挂靠关系，经过了相关部门的批准，同时崔某某将20%的股份转让给了孙某某。欧威特公司年检报告上的签名，孙某某是承认的，证明了王某某在代孙某某签字后，孙某某承认了自己的股东身份，并参与了公司的工作。对此，孙某某是知情的。2007年4月18日，欧威特公司召开股东会议，孙某某以股东身份参加了会议，并签字。同日，在给工商局的承诺书上，孙某某也签了字。上述事实均证实孙某某对于王某某代其签字行为的追认。至于孙某某主张潘某某是欧威特公司的股东问题，属于概念不清。当时欧威特公司的股东之一是天马集团，并不是潘某某个人，潘某某只不过是天马集团的总经理。

法院观点

一审法院观点：股东资格确认纠纷，是指股东与股东之间或者股东与公司之间就股东资格是否存在，或者具体的股权持有数额、比例等发生争议而引起的纠纷。孙某某起诉要求确认其不是欧威特公司的股东，系公司内部法律关系中的股东资格消极确认之诉。

孙某某要求确认其不是股东的直接依据是2003年7月10日欧威特公司股权变更时工商档案中所留存的转股协议、《家庭财产协议书》、《章程修正案》、《新股东会议决议》、《天津市欧威特商贸有限公司董事、监事、经理任职资格审查意见书》5份材料中“孙某某”的签字不是孙某某本人所签。本院认为，公司在工商部门设立、变更登记的行为仅是工商部门依据国家法律规定，在民事主体之间形成的民事法律关系的基础上，对公司的名称、性质、注册资本、股权分配等事项进行基于行政管理的备案登记并产生对外公示的效力。工商备案登记内容具有滞后性，工商登记材料并不能反映出公司内部的客观真实情况，故工商登记行为并不是判断公司内部民事主体之间真实民事法律关系的唯一标准。孙某某是否具备欧威特公司的股东资格，应当从其与公司之间、与其他股东之间形成的真实民事法律关系来判别，即应以孙某某是否具有成为欧威特公司股东的意思表示、是否对公司实缴出资、是否行使和承担股东权利义务、公司内部章程的记载等方面综合判定。

首先，关于孙某某是否具有成为欧威特公司股东的意思表示以及是否对公司实缴出资问题，可以从以下证据材料进行论证：（1）（2004）兴验字第

001 号《验资报告》，该报告记载，截至 2003 年 12 月 30 日，欧威特公司已经收到孙某某及崔某某投入的新增注册资本 450 万元。崔某某投入货币资金 410 万元，孙某某投入货币资金 40 万元，已分别于 2003 年 12 月 29 日、12 月 30 日存入天津市商业银行津华支行欧威特公司账户中。验资机构出具的验资报告是表明公司注册资本数额的合法证明，验资报告具有法定证明效力。(2) 津永会检审字（2006）第 336 号《工商年检审计报告》，该报告记载截至 2005 年 12 月 31 日孙某某应缴注册资本 500,000 元，实收资本 500,000 元，占注册资本总额比例 10%。欧威特公司原股东为天马集团、崔某某，经股权转让现股东为崔某某、孙某某。(3)《公司年检报告书（2003 年度）》《公司年检报告书（2004 年度）》，报告书中均记载了孙某某的股东身份及出资额。以上材料均表明孙某某具有成为欧威特公司股东的意思表示并已实缴出资。对于孙某某主张崔某某将欧威特公司 20% 股权转让给其本人一事并不知情、其本人亦未向欧威特公司注资的观点，一审法院不予采纳。

其次，关于孙某某是否行使股东权利、承担股东权利义务问题，可以从以下证据材料进行论证：(1) 2007 年 4 月 18 日，欧威特公司召开关于变更经营住所及延长经营期限的股东会，孙某某在会后形成的《股东会议决议》中签字。之后，在实际办理变更登记时，孙某某同时向天津市工商行政管理局河西分局提交了《承诺书》《住所租赁使用证明》，上述材料中均有孙某某本人的签字，孙某某亦承认签字系其本人所签。(2) 2007 年 5 月 24 日，欧威特公司召开关于增加经营范围的股东会，孙某某在会后形成的《天津市欧威特商贸有限公司股东会议决议》中签字。以上述材料表明孙某某在公司内部已充分行使了股东参与决策的权利以及向工商登记部门如实提交相关材料的义务。

最后，2003 年 7 月 10 日崔某某将欧威特公司 20% 的股权转让时，孙某某与崔某某尚处于婚姻关系存续期间，孙某某主张其对股权转让一事不知情不符合常理。

综上所述，在确认公司内部股东身份的法律关系中，孙某某目前提交的证据不足以证实其并非欧威特公司的股东身份，上述证据亦不足以排除其他合理可能性，根据最高人民法院《关于适用〈中华人民共和国民事诉讼法〉的解释》（以下简称《民诉解释》）第 90 条“当事人对自己提出的诉讼请求所依据的事实或者反驳对方诉讼请求所依据的事实，应当提供证据加以证明，但法律另有规定的除外。在作出判决前，当事人未能提供证据或者证据不足以证明其事实主张的，由负有举证证明责任的当事人承担不利的后果”的规定，故一审法院对孙某某请求确认其不是欧威特公司股东身份的诉讼请求不予支持。关于孙某某请求王某某赔偿其经济、精神损失的诉讼请求，与本案确认股东资格纠纷不属同一法律关系，虽经释明，孙某某仍坚持该项诉讼请求，一审法院不予处理。

二审法院观点：依照法律规定，公司的设立、变更应在工商行政管理部门办理登记，经过工商行政管理部门核准登记后即产生对外公示效力。然而，对于确认公司股东资格问题而言，工商登记行为并不是判断公司内部民事主体之间真实民事法律关系的唯一标准，还应依照《公司法》的规定综合进行判定。本案中，当事人之间的争议焦点在于孙某某是否系欧威特公司的股东问题。孙某某主张其不是欧威特公司股东，并主张2003年7月10日欧威特公司股权变更时工商档案中所留存的转股协议、《家庭财产协议书》、《章程修正案》、《新股东会议决议》、《天津市欧威特商贸有限公司董事、监事、经理任职资格审查意见书》5份材料中“孙某某”的签字不是孙某某本人所签，对此，王某某认可系其所为，并称当时已经通过电话得到了孙某某的授权委托，但王某某却未提供证据加以证实。然而，在此后的《公司年检报告书（2003年度）》、（2004）兴验字第001号《验资报告》、《公司年检报告书（2004年度）》、津永会检审字（2006）第336号《工商年检审计报告》中均记载了孙某某的股东身份、出资份额及持股比例，而此时，孙某某与崔某某尚在婚姻关系存续期间，孙某某主张对上述情况并不知情，理据并不充足。2007年4月18日，欧威特公司召开关于变更经营住所及延长经营期限的股东会，孙某某在会后形成的《股东会议决议》中签字。在随后实际办理变更登记时，孙某某向天津市工商行政管理局河西分局提交了《承诺书》《住所租赁使用证明》等材料，上述材料中均有孙某某本人的签字，孙某某亦对此表示认可。2007年5月24日，欧威特公司召开关于增加经营范围的股东会，孙某某在会后形成的《天津市欧威特商贸有限公司股东会议决议》中再次签字。上述证据足以表明，孙某某不仅知晓其为欧威特公司股东的事实，还行使了股东参与决策的权利以及向工商行政管理部门提交相关材料的义务。

关于孙某某上诉所依据的事实及理由问题，本院经审理后认为：孙某某主张其成为欧威特公司的股东，是欧威特公司法定代表人崔某某和原股东潘某某及潘某某之妻王某某三人合谋所为，孙某某并未提供证据加以证实。同理，对于孙某某提出的出资和增资均是虚假的，其并没有实际出资问题，孙某某亦未能提供充足证据否定在案证据所表明的事实。因此，根据“谁主张，谁举证”的一般举证规则，对于孙某某的上述主张，本院不予采信。孙某某主张潘某某曾是欧威特公司的股东，经过审查，潘某某在一审法院开庭笔录中的陈述并非自认其本人即为欧威特公司的股东，而是泛指其所担任负责人的天马集团。况且，工商登记材料中亦没有潘某某个人投资入股欧威特公司的记载。因此，对于孙某某的此项主张，本院不予采信。对于欧威特公司办理经营时间变更时，孙某某在有关材料中的签字问题，孙某某虽然对此进行了说明和解释，但依然没有证据予以支撑，本院亦难以采信。至于孙某某提出的一审判决表述的部分事实有误的问题，经过审查，一审判决认定的事实均有笔录文字记载，并不不妥。

另外，孙某某上诉请求王某某赔偿其经济、精神损失的诉讼请求，因与本案确认股东资格纠纷不属同一法律关系，一审法院不予处理是正确的，本院亦不予处理。

律师点评

《公司法解释三》第21条，规定了当事人可以通过提起诉讼确认自己的股东资格。但该法条未明确规定股东能否提起诉讼确认自己不具有股东资格。

实践中可以将股东资格消极确认之诉分为两类：一类为当事人请求确认自己不具有公司股东的身份，另一类为当事人请求确认他人不具有公司股东的身份。

《民事诉讼法》第119条规定，“起诉必须符合下列条件：（一）原告是与本案有直接利害关系的公民、法人和其他组织；（二）有明确的被告；（三）有具体的诉讼请求和事实、理由；（四）属于人民法院受理民事诉讼的范围和受诉人民法院管辖”。根据该条规定，提起确认之诉的一方当事人应当对请求确认的事项具有确认利益，且该利益处于不安或危险状态，此时才有提起确认之诉进行司法保护的必要。因此，提起消极确认之诉的一方当事人应当对请求确认的事项具有确认利益，且该利益处于不安或危险状态。

在没有证据表明诉请事项确有影响当事人合法权益的情况下，当事人提起消极确认之诉缺乏现实需求以及司法保护的必要性，依法应不予受理或驳回起诉。由此可见，在当事人请求确认他人不具有股东资格的情况下，往往会因为消极之诉的请求不存在相关利害关系，不具有可诉性而被法院驳回起诉。

对于当事人请求确认自己不具有股东资格的情况，往往存在冒名登记的可能。该情形在上节中亦有叙述，法院将结合当事人是否具有成为公司股东的意思表示、是否对公司实缴出资、是否行使和承担股东权利义务、公司内部章程的记载等方面综合判定当事人的股东资格。

相关法律依据

1.《公司法》

第31条　有限责任公司成立后，应当向股东签发出资证明书。

出资证明书应当载明下列事项：

（一）公司名称；

（二）公司成立日期；

（三）公司注册资本；

（四）股东的姓名或者名称、缴纳的出资额和出资日期；

（五）出资证明书的编号和核发日期。

出资证明书由公司盖章。

第32条　有限责任公司应当置备股东名册，记载下列事项：

（一）股东的姓名或者名称及住所；

（二）股东的出资额；

（三）出资证明书编号。

记载于股东名册的股东，可以依股东名册主张行使股东权利。

公司应当将股东的姓名或者名称向公司登记机关登记；登记事项发生变更的，应当办理变更登记。未经登记或者变更登记的，不得对抗第三人。

第73条　依照本法第七十一条、第七十二条转让股权后，公司应当注销原股东的出资证明书，向新股东签发出资证明书，并相应修改公司章程和股东名册中有关股东及其出资额的记载。对公司章程的该项修改不需再由股东会表决。

第129条　公司发行的股票，可以为记名股票，也可以为无记名股票。

公司向发起人、法人发行的股票，应当为记名股票，并应当记载该发起人、法人的名称或者姓名，不得另立户名或者以代表人姓名记名。

第130条　公司发行记名股票的，应当置备股东名册，记载下列事项：

（一）股东的姓名或者名称及住所；

（二）各股东所持股份数；

（三）各股东所持股票的编号；

（四）各股东取得股份的日期。

发行无记名股票的，公司应当记载其股票数量、编号及发行日期。

第139条　记名股票，由股东以背书方式或者法律、行政法规规定的其他方式转让；转让后由公司将受让人的姓名或者名称及住所记载于股东名册。

股东大会召开前二十日内或者公司决定分配股利的基准日前五日内，不得进行前款规定的股东名册的变更登记。但是，法律对上市公司股东名册变更登记另有规定的，从其规定。

2. 最高人民法院《关于适用〈中华人民共和国公司法〉若干问题的规定（三）》

第21条　当事人向人民法院起诉请求确认其股东资格的，应当以公司为被告，与案件争议股权有利害关系的人作为第三人参加诉讼。

第22条　当事人之间对股权归属发生争议，一方请求人民法院确认其享有股权的，应当证明以下事实之一：

（一）已经依法向公司出资或者认缴出资，且不违反法律法规强制性规定；

（二）已经受让或者以其他形式继受公司股权，且不违反法律法规强制性规定。

第23条　当事人依法履行出资义务或者依法继受取得股权后，公司未根据公司法第三十一条、第三十二条的规定签发出资证明书、记载于股东名册并办理公司登记机关登记，当事人请求公司履行上述义务的，人民法院应予支持。

第24条　有限责任公司的实际出资人与名义出资人订立合同，约定由实际出资人出资并享有投资权益，以名义出资人为名义股东，实际出资人与名义股东对该合同效力发生争议的，如无合同法第五十二条规定的情形，人民法院应当认定该合同有效。

前款规定的实际出资人与名义股东因投资权益的归属发生争议，实际出资人以其实际履行了出资义务为由向名义股东主张权利的，人民法院应予支持。名义股东以公司股东名册记载、公司登记机关登记为由否认实际出资人权利的，人民法院不予支持。

实际出资人未经公司其他股东半数以上同意，请求公司变更股东、签发出资证明书、记载于股东名册、记载于公司章程并办理公司登记机关登记的，人民法院不予支持。

3. 最高人民法院《关于适用〈中华人民共和国公司法〉若干问题的规定（四）》

第2条　依据公司法第二十二条第二款请求撤销股东会或者股东大会、董事会决议的原告，应当在起诉时具有公司股东资格。

第7条　股东依据公司法第三十三条、第九十七条或者公司章程的规定，起诉请求查阅或者复制公司特定文件材料的，人民法院应当依法予以受理。

公司有证据证明前款规定的原告在起诉时不具有公司股东资格的，人民法院应当驳回起诉，但原告有初步证据证明在持股期间其合法权益受到损害，请求依法查阅或者复制其持股期间的公司特定文件材料的除外。

4.《公司登记管理条例》

第9条　公司的登记事项包括：

（一）名称；

（二）住所；

（三）法定代表人姓名；

（四）注册资本；

（五）公司类型；

（六）经营范围；

（七）营业期限；

（八）有限责任公司股东或者股份有限公司发起人的姓名或者名称。

第34条　有限责任公司变更股东的，应当自变更之日起30日内申请变更登记，并应当提交新股东的主体资格证明或者自然人身份证明。

有限责任公司的自然人股东死亡后，其合法继承人继承股东资格的，公司应当依照前款规定申请变更登记。

有限责任公司的股东或者股份有限公司的发起人改变姓名或者名称的，应当自改变姓名或者名称之日起30日内申请变更登记。

5. 最高人民法院《关于审理外商投资企业纠纷案件若干问题的规定（一）》

第14条 当事人之间约定一方实际投资、另一方作为外商投资企业名义股东，实际投资者请求确认其在外商投资企业中的股东身份或者请求变更外商投资企业股东的，人民法院不予支持。同时具备以下条件的除外：

（一）实际投资者已经实际投资；

（二）名义股东以外的其他股东认可实际投资者的股东身份；

（三）人民法院或当事人在诉讼期间就将实际投资者变更为股东征得了外商投资企业审批机关的同意。

第三章　股东知情权纠纷

现代公司中，所有权与经营权相分离，公司的运营管理往往由公司董事、经理实际操作，股东作为出资人，在行使重大决策、选任管理者等权利时，往往需要对公司的相关信息和实际经营状况有一定程度的了解。股东知情权即是法律赋予股东用以了解公司的权利，股东可以通过查阅公司的财务会计报告、会计账簿等有关公司经营、管理、决策的相关资料，实现了解公司的经营状况和监督公司高管人员活动的目的。

股东知情权是股东固有的基础性权利，是股东了解公司运营状况、参与公司决策、运营的重要手段。与此同时，股东知情权的行使又关涉公司管理成本、经营信息乃至商业秘密等切身利益，因此，在股东知情权行使的过程中极易发生争议。

由于实务中绝大部分股东知情权诉讼的被告公司为有限责任公司[1]，本章将主要针对有限责任公司的股东知情权纠纷展开讨论。

第一节　行使知情权的主体资格

一、实际出资人不具有主张股东知情权的主体资格

案　　号：（2015）沪二中民四（商）终字第1238号

〔1〕 参见李建伟：《股东知情权诉讼研究》，载《中国法学》2013年第2期。

案件名称： 黄某某与上海通承实业有限公司股东知情权纠纷案

裁判要旨： 股东知情权系属于法律赋予公司股东的特定权利，实际出资人并非公司股东，故无权行使。

案情简介

上诉人（原审原告）：黄某某

被上诉人（原审被告）：上海通承实业有限公司

上海通承实业有限公司（以下简称通承公司）成立于2009年4月14日，由上海外高桥发电有限责任公司、上海外高桥第二发电有限责任公司、上海外高桥第三发电有限责任公司（以下简称外高桥三公司）在职职工逾900人按规定档次共同投资设立，注册资本金7377.50万元。因在职职工人数庞大，遂以施A、王B、陈C、潘D、刘E、陶F、李G 7人名义持股。其时，黄某某系外高桥三公司职工，亦投资50,000元，通承公司出具了相应的《出资证明》。经营一年后，黄某某获送股金45,000元。

2011年3月，黄某某起诉通承公司，要求确认其系通承公司的股东，并由通承公司办理相应的工商登记，即（2011）崇民二（商）初字第80号案件（以下简称80号案件）。法院经审理认为，通承公司对出资人有身份限制，出资金额、出资方式及出资人的权利义务均由三家发电公司工会会议讨论通过，且出资人数近千人，远远超出法律规定的有限责任公司股东人数的最高限额50人，故通承公司的出资人不等同于有限责任公司的股东，其作为出资人的权利亦有别于股东。黄某某出资时知道并同意由李G作为股东代持股，其是通承公司出资人，而非股东。法院遂于2011年5月19日判决驳回了黄某某的诉讼请求。该判决经二审维持已经发生法律效力。现黄某某已从外高桥三公司退休。

黄某某认为其退休至今已届三年，可退出通承公司的投资，为了掌握其在通承公司的可得利益，于2015年3月27日书面致函通承公司法定代表人李G，要求查阅、复制公司章程、股东会会议记录、董事会会议记录、董事会会议决议和历年财务会计报告、查阅历年财务凭证等，用途为退出公司时，与公司交涉之用。李G收函后，未作回复。

黄某某诉至法院，请求法院判令准许黄某某查阅、复制公司章程、股东

（董事）会会议纪录、董事会会议决议、历年（自2009年起至判决生效之日止）经会计师事务所审核的年度财务会计报告，查阅、取证（自2009年4月30日起至判决生效之日止）历年的财务凭证。

裁判结果

一审判决：驳回黄某某的全部诉讼请求。

二审判决：驳回上诉，维持原判。

各方观点

上诉人（原审原告）黄某某观点：黄某某虽非通承公司的注册股东，但仍是出资人，在入股时，并未委托注册股东行使任何权利和义务，也没有任何文件规定出资人无公司经营知情权，故依现有司法解释的规定，黄某某作为出资人，应有公司知情权。另根据相关规定，通承公司有义务向工商部门报送年度报告，并向社会公示，故黄某某请求法院判令通承公司提供年度报告的请求也合法有据。

被上诉人（原审被告）通承公司观点：黄某某确有出资，但其系委托李G代持股份，其本身并非公司股东，无权行使股东权利，应按照法律规定在实际出资人和名义股东之间进行诉讼。

法院观点

一审法院观点：1.《公司法》第33条规定的是有限责任公司的股东，依法有查阅、复制公司章程、股东会会议记录、董事会会议决议、监事会会议决议和财务会计报告的权利，以及要求查阅公司会计账簿的权利。但黄某某只是通承公司的出资人，并非股东，不具有《公司法》第33条规定的行使知情权的主体身份。

2. 通承公司出资人的出资金额、出资方式以及出资人的权利义务等，不是出资人自由协商，而是由三家企业工会讨论决定。在通承公司经营期间，黄某某作为出资人除了获得相应红利外，从未参加股东会议或参与公司内部治理，对于公司重大经营、决策事项均无直接表决权。通承公司出资人这种有别于股东的权利限制源于出资人须为三家企业职工的特殊身份和庞大的出资人数。如果每个出资人都具有《公司法》上的股东权利，既违反了《公司法》关于有限责任公司股东人数限制的规定，也会极大影响公司的正常经营。

3. 根据黄某某在本案及80号案件中的陈述，通承公司设立前，黄某某还参与投资了与通承公司同样模式的上海外高桥热力股份有限公司（以下简称热力公司）以及上海福澄实业有限公司（以下简称福澄公司），这两家公司均设有职工持股委员会，并与职工约定由职工持股委员会全权代表出资人行使股东权利，并且认为通承公司是沿用福澄公司的做法。以上内容如果属实，表明无论三家企业的工会是采取设立职工持股委员会还是以自然人股东名义持股的方式，都是为了解决900余名投资人投资有限责任公司的人数问题，黄某某作为一名老职工，应当明知职工投资通承公司后，不可能每个人都作为股东并直接行使股东权利。

综上所述，黄某某要求根据《公司法》第33条的规定行使股东知情权之诉请，本院难以支持。

黄某某认为，其作为实际出资人，没有和名义出资人李G签订任何合同，也没有委托他人行使股东权利。既然没有合同约定，那么本人根据《公司法解释三》第24条规定，也有权直接向公司行使股东权利，包括知情权。对此，一审法院认为，《公司法解释三》第24条第1款规定："有限责任公司的实际出资人与名义出资人订立合同，约定由实际出资人出资并享有投资权益，以名义出资人为名义股东，实际出资人与名义股东对该合同效力发生争议的，如无合同法第五十二条规定的情形，人民法院应当认定该合同有效。"上述法条是对实际出资人与名义股东之间有关投资权益等约定的效力认定。而本案是出资人与公司之间的纠纷，并非实际出资人与名义股东之间的纠纷，因此该法条与本案无关联性。

至于《公司登记管理条例》第57条，是要求公司通过企业信用信息公示系统向公司登记机关报送上一年度的年度报告，并向社会公示。与本案黄某某作为出资人的权利义务无关。如果通承公司没有按条例规定履行的，应由相关行政管理部门处理，与本案无关。

综上所述，一审法院认为，黄某某要求行使股东知情权，一则其并非通承公司股东；二则其明知900余名职工出资人不可能享有与股东相同的权利，且黄某某也从未直接参与公司内部治理活动；三则黄某某没有证据证明其作为出资人也有权直接向公司行使查阅、复制通承公司章程、股东（董事）会会议记录、董事会会议决议、年度财务会计报告，查阅、取证历年的财务凭证等权利。故一审法院对黄某某的诉讼请求难予支持。

二审法院观点：根据此前的生效判决及本案查明的事实可知，黄某某的出资部分属于委托李 G 代为持股，其并非公司股东。而黄某某要求查阅、复制公司章程、股东（董事）会会议记录、董事会会议决议，查阅、取证（2009 年 4 月 30 日起至判决生效之日止）历年的财务凭证的诉讼请求，系属于法律赋予公司股东的特定权利，黄某某并非公司股东，故无权行使，一审法院对此请求不予支持，并无不妥。至于公司应当向工商部门提交的年度报告，系公司本身应负有的社会义务，黄某某可通过行政部门寻求其知情权的救济，而与本案的股东知情权诉讼无关。综上所述，一审认定事实清楚，判决并无不当。

二、代持股权的显名股东有权主张股东知情权

案　　号：（2016）京 01 民终 349 号

案件名称：北京中盛环宇科技有限公司与连某某股东知情权纠纷案

裁判要旨：代持股权的显名股东为公司工商登记股东，依法享有股东权利，其与隐名股东之间是否存在股权代持关系不影响其作为公司的股东行使股东知情权。

案情简介

上诉人（原审被告）：北京中盛环宇科技有限公司

被上诉人（原审原告）：连某某

北京中盛环宇科技有限公司（以下简称中盛环宇公司）系成立于 2000 年 6 月 8 日的有限责任公司。2013 年 2 月 4 日，连某某向中盛环宇公司出资 100 万元，成为该公司股东。2015 年 8 月 18 日，连某某给中盛环宇公司邮寄《关于查阅、复制财务会计报告等资料的通知》，载明：为实现股东知情权和监事的监督职能，了解和检查公司的经营和财务状况，对执行董事、经理执行公

司职务的行为进行监督，检查其是否具有损害公司的利益的情形，以维护公司和股东的合法权益，要求中盛环宇公司自收到本函之日起7日内：（1）提供公司所有的公司章程及其变更记录、股东会会议记录、执行董事决议、财务会计报告及该财务会计报告经会计师事务所审计后出具的审计报告供本人查阅并复制；（2）提供公司所有的会计账簿（包括但不限于记账凭证和原始凭证）供本人查阅。中盛环宇公司拒收函件。

中盛环宇公司的法定代表人杨某表示一直知晓连某某查阅公司相关材料的要求，也同意连某某查阅，但公司并无由会计师事务所审计后所出具的审计报告，故无法提供该资料供查阅。

连某某诉至法院，请求判令：（1）中盛环宇公司提供股东会会议记录、执行董事决议、财务会计报告及该财务会计报告经会计师事务所审计后出具的审计报告供连某某查阅并复制；（2）中盛环宇公司提供全部会计账簿（包括但不限于记账凭证和原始凭证）供连某某查阅；（3）本案诉讼费用由中盛环宇公司承担。

裁判结果

一审判决：（1）中盛环宇公司于判决生效之日起10日内将该公司自2013年2月4日至2015年10月30日止的股东会会议记录、执行董事决议和财务会计报告置备于公司住所地，以供连某某进行查阅、复制；（2）中盛环宇公司于判决生效之日起10日内将该公司自2013年2月4日至2015年10月30日止的会计账簿（包括记账凭证和原始凭证）置备于公司住所地，以供连某某进行查阅；（3）驳回连某某其他诉讼请求。

二审判决：驳回上诉，维持原判。

各方观点

上诉人（原审被告）北京中盛环宇科技有限公司观点：一审判决在事实认定、采纳证据和适用法律上存在错误。（1）连某某不是实际股东，无权以股东名义进行起诉，更谈不上拥有股东知情权。连某某实际没有出资，其股份来自其丈夫李某的，其为挂名股东。2013年3月李某、于A、林B签订了投资入股协议。连某某从未参与管理，不履行监事职责和义务。（2）本案是股东知情权纠纷，而连某某以监事之名要求查账是没有依据的，也是矛盾的。如果连某某是股东，应当提交申请并讲明查阅目的，连某某没有申请，查账目的不明，且含有恶意，因此不能支持查账。如果是监事，其行使监事职权，应另行起诉。

法院观点

一审法院观点：连某某系中盛环宇公司的股东，依法享有股东知情权，其行使股东知情权的内容、范围应当依据法律的规定确定。依据《公司法》第33条的规定：股东有权查阅、复制公司章程、股东会会议记录、董事会会议决议、监事会会议决议和财务会计报告。故连某某要求查阅并复制中盛环宇公司的股东会会议记录、执行董事决议和财务会计报告具有事实和法律依据，本院对其该项诉讼请求予以支持。复制公司章程、股东会会议记录、董事会会议决议、监事会会议决议和财务会计报告是法律赋予公司股东的权利，中盛环宇公司称仅同意连某某查阅，不允许复制相关材料缺乏法律依据，本院不予采纳。连某某还要求查阅、复制经会计师事务所审计后出具的审计报告，但中盛环宇公司在庭审中多次表示公司并无此类经审计后出具的审计报告，连某某在起诉的事实和理由中亦陈述：公司未依法经会计师事务所审计。双方均确认中盛环宇公司并无审计报告，故连某某要求查阅、复制审计报告的诉讼请求缺乏事实依据，本院不予支持。《公司法》还规定：股东可以要求查阅公司会计账簿。股东要求查阅公司会计账簿的，应当向公司提出书面请求，说明目的。连某某此前已向中盛环宇公司提出书面申请，要求查阅公司的会计账簿，包括记账凭证和原始凭证，中盛环宇公司亦同意连某某查阅，对此本院不持异议。本院对连某某要求查阅中盛环宇公司会计账簿（包括记账凭证和原始凭证）的诉讼请求予以支持。

二审法院观点：根据《公司法》第33条之规定：“股东有权查阅、复制公司章程、股东会会议记录、董事会会议决议、监事会会议决议和财务会计报告。股东可以要求查阅公司会计账簿。股东要求查阅公司会计账簿的，应当向公司提出书面请求，说明目的。公司有合理根据认为股东查阅会计账簿有不正当目的，可能损害公司合法利益的，可以拒绝提供查阅，并应当自股东提出书面请求之日起十五日内书面答复股东并说明理由。公司拒绝提供查阅的，股东可以请求人民法院要求公司提供查阅。”股东知情权是法律赋予公司股东了解公司信息的权利，该权利是股东享有的一项重要、独立的权利，不依附于其他股东权利而单独存在，也是股东实现其他股东权的基础性权利，公司不得限制或者剥夺股东此项权利，股东是否实际参与公司管理不影响其行使股东知情权。中盛环宇公司上诉称连某某为其名义股东，实际股东为其丈夫李某，并在二审期间提交了2013年3月28日的投资入股协议书复印件予以证明，认为连某某无权提起股东知情权的诉讼，对此本院认为，连某某为中盛环宇公司工商登记股东，依法享有股东权利，其与李某之间是否存在股权代持关系不影响其作为中盛环宇公司的股东行使股东知情权，本院对中盛环宇公司该项上诉意见不予支持。关于中盛环宇公司上诉提出的连某某未提出查阅申请一节，本院认为，连某某向中盛环宇公司住所地邮寄《关于查阅、复制财务会计报告等资料的通知》，但中盛环宇公司因自身原因未能收到邮件，且中盛环宇公司的法定代表人杨某在一审诉讼中亦表示其知晓连某某查阅公司相关材料的要求，故一审法院认定连某某已通知了中盛环宇公司并无不当。关于中盛环宇公司提出的连某某查阅公司账目含有恶意的上诉主张，本院认为，根据《民诉解释》第90条的规定，即“当事人对自己提出的诉讼请求所依据的事实或者反驳对方诉讼请求所依据的事实，应当提供证据加以证明，但法律另有规定的除外。在作出判决前，当事人未能提供证据或者证据不足以证明其事实主张的，由负有举证证明责任的当事人承担不利的后果。”中盛环宇公司应就其该项主张承担举证责任，现其未能提交相应证据，故本院对其该项主张不予认可。综上所述，中盛环宇公司的上诉理由均不能成立，对其上诉请求本院不予支持。一审判决认定事实清楚，处理结果并无不当，应予维持。

三、瑕疵出资股东享有股东知情权

案　　号：（2017）苏13民终671号

案件名称：夏某某诉宿迁市佳宏酒店有限公司股东知情权纠纷案

裁判要旨：股东知情权系股东的固有权利，且具有共益权性质。股东尽管未履行出资义务，但在股东资格未被公司依法解除的情况下，该股东仍对公司享有知情权。

案情简介

上诉人（原审被告）：宿迁市佳宏酒店有限公司

被上诉人（原审原告）：夏某某

宿迁市佳宏酒店有限公司（以下简称佳宏公司）设立于2013年12月13日，注册资本为200万元，经营期限自2013年12月13日起至2033年12月12日止。夏某某、周某系佳宏公司的股东，二人2012年11月29日认缴的出资数额均为100万元，缴付出资时间是2015年11月28日。2014年9月，夏某某离开佳宏公司，此后佳宏公司未召开过股东会，也未向夏某某分配利润。2016年11月3日，夏某某以对佳宏公司经营现状所知甚少，需要了解公司实际经营情况为由，委托江苏君哲律师事务所律师薛A向被告佳宏公司邮寄一份股东知情权申请书，要求查阅或复制公司的所有资料（含公司所有会计账簿、原始凭证、契约、传票、通知等）。同日，夏某某即向本院提起了本次诉讼。佳宏公司于2016年11月4日签收了邮件，并未书面回复夏某某。

另查明，2012年3月31日，夏某某（甲方）与周某（乙方）签订合作协议一份，约定：(1) 甲乙双方以共同出资的方式，在宿豫区民丰银行西隔壁新建的豫江大厦购买房产，并共同投资开设汉庭连锁酒店。豫江大厦房产以购房合同总面积为准，双方各占50%，出资方式也按总房款50%各自出资。一楼、二楼的房产登记为周某、夏某某二人名下（甲乙双方各占50%），四楼、五楼产权登记在夏某某个人名下，六楼、七楼的产权登记在周某个人名下，九楼按总面积的50%登记在各自的名下，汉庭连锁酒店也由甲乙双方按投资总额的50%各自出资。甲乙双方共同合作经营汉庭连锁酒店项目，是以甲乙双方共同出资、共同经营、共同收益为原则。合作期间酒店所产生的一切费用均由甲乙双方共同按股份比例承担，投资装修及固定资产由甲乙双方共同所有。(2) 在合作期限到期一年，甲乙双方必须要明确继续合作的意向，并以书面形式签订继续合作的相关条条款，若不再合作，也要以书面形式签订散伙协议并解除因在合作期间内所有的问题，不留任何后果。(3) 利润分配按照公司的实际盈利（真实的财务数据），按各自的股份比例年度或月度进行分配。(4) 若有一方违约，由违约方支付给对方违约金人民币 5 万元。

裁判结果

一审判决：宿迁市佳宏酒店有限公司应于判决发生法律效力之日起 10 日内将自 2013 年 12 月 13 日成立以来的财务会计报告、会计账簿提供给夏某某查阅，上述材料应在宿迁市佳宏酒店有限公司住所地的法定工作日期间查阅，查阅时间以 5 日为限。

二审判决：驳回上诉，维持原判。

各方观点

上诉人（原审被告）佳宏公司观点：夏某某系佳宏公司股东，认缴出资额为 100 万元，缴付期限为 2015 年 11 月 28 日。但夏某某至今未按公司章程规定履行出资义务，其不具有股东资格，不享有股东权利，无权向佳宏公司行使股东知情权。

被上诉人（原审原告）夏某某观点：夏某某已经实际履行了出资义务。即使夏某某未履行出资义务，其股东资格并不当然被否定，仍然享有知情权。

法院观点

一审法院观点：根据《公司法》第 33 条的规定，股东有权查阅、复制公司的财务会计报告；股东可以要求查阅公司会计账簿；股东要求查阅公司会计账簿的，应当向公司提出书面请求，说明目的；公司有合理根据认为股东查阅会计账簿有不正当目的，可能损害公司合法利益的，可以拒绝提供查阅，并应当自股东提出书面请求之日起 15 日内书面答复股东并说明理由；公司拒绝提供查阅的，股东可以请求人民法院要求公司提供查阅。本案中，夏某某已经被工商机关登记为股东，法律对股东的查阅权利并未作出排除性规定，夏某某当然具有股东权利，而查阅公司的财务会计报告及会计账簿则是股东的最基本权利，故夏某某具备查阅的资格，至于其有无实际出资与有无查阅财务会计报告及会计账簿权利之间没有必然关系。若其确未实际出资，佳宏公司或周某均有权另行要求夏某某履行出资义务。由于夏某某离开佳宏公司时间较长，且未分配到利润，其有权了解佳宏公司的经营状况，而查阅公司财务会计报告及会计账簿则是了解公司经营状况的最基本手段，故夏某某要求查阅公司财务会计报告及会计账簿并无不正当之处。虽然夏某某在向佳宏公司邮寄查阅申请书的同时即向本院提起了诉讼，存在程序瑕疵，但佳宏公司在收到书面请求之日起15日内未书面答复股东并说明理由，至开庭时股东查账所需的前置程序已经履行完毕，故对夏某某要求查阅公司的财务会计报告及会计账簿的诉讼请求予以支持。由于公司的会计账簿等涉及公司的商业秘密，夏某某在查阅时，应当保守商业秘密。由于佳宏公司成立时间较短，为了保证不影响公司的正常经营秩序，酌定查阅的时间不超过5日。

二审法院观点：根据佳宏公司章程记载和工商登记，夏某某是佳宏公司股东。根据佳宏公司章程记载，该公司两名股东夏某某、周某的出资额均为100万元，出资方式均为货币出资，出资期限均为2015年11月28日。根据《公司法》第28条第1款的规定，股东以货币出资的，应当将货币出资足额存入有限责任公司在银行开设的账户。至本案二审判决前，夏某某未能提供证据证明其将认缴出资足额存入了佳宏公司账户，本案中尚无证据证明其履行了股东出资义务。但是，作为公司章程记载和工商登记的股东，未经法定程序解除其股东资格的情况下，其股东资格并不当然被法律否定。根据《公司法》的规定，公司有权要求未履行出资义务的股东履行出资义务，作为该股东保有股东资格的对价。同时，在股东未履行出资义务的情况下，公司可以根据公司章程或者股东会决议对其利润分配请求权、新股优先认购权、剩余财产分配请求权等股东权利作出相应的合理限制。上述限制的原理在于，出资是股权的基础，但是股权权能丰富多样，不同的权能与出资的联系密切程度不同。分红权等自益权与出资义务的履行关系密切，应予限制，知情权具有共益权性质，是股东了解公司经营情况的固有权利，没有直接的财产内容或不完全体现为财产性权利，与出资义务的联系程度较远，如因股东未履行出资义务而对其知情权予以剥夺，缺乏法律上的合理性。如前分析，本院认为，尽管夏某某在本案中没有提供充分证据证明其完成了佳宏公司章程规定的出资义务，但其要求对佳宏公司行使知情权，查阅公司财务账簿、财务会计报告并不违反公司法规定，应予支持。

综上所述，佳宏的上诉理由不能成立。一审判决认定事实清楚，适用法律正确，应予维持。

四、脱离股东身份后，股东知情权消灭

案　　号：(2018) 苏04民终1226号

案件名称：刘某某与常州凯瑞化学科技有限公司股东知情权纠纷案

裁判要旨：公司通过股东会决议解除原告的股东资格，在该决议未被宣告无效或撤销前，原告起诉要求行使股东知情权，主体不适格。

案情简介

上诉人（原审原告）：刘某某

被上诉人（原审被告）：常州凯瑞化学科技有限公司

常州凯瑞化学科技有限公司（以下简称凯瑞公司）成立于2009年7月10日，经营范围为危险化学品批发，化学助剂的研发、技术转让及技术服务；非危险化学品化工原料及产品的销售；自营或代理各类商品及技术的进出口业务（国家限定企业经营或禁止进出口的商品及技术除外），（依法须经批准的项目，经相关部门批准后方可开展经营活动）。凯瑞公司注册资本为300万元，股东包括刘某某、洪A及洪B，其中刘某某及洪B各出资135万元，洪A出资30万元。常州诺威尔化学科技有限公司（以下简称诺威尔公司）成立于2014年5月5日，经营范围同凯瑞公司经营范围一致。刘某某与洪B原系夫妻关系。2016年3月，刘某某起诉洪B离婚纠纷一案经法院受理。刘某某在起诉状中称“2016年2月双方矛盾进一步激化，被告突然将凯瑞公司经营所需公章、财务章等全部拿走，为了防止凯瑞公司账户资金被被告转走，刘某某将凯瑞公司的大部分账户资金转存在自己的账户中以保障资金安全”[1]。

2017年9月21日，常州市钟楼区人民法院立案受理了凯瑞公司诉刘某某、诺威尔公司损害公司利益责任纠纷一案，即（2017）苏0404民初5248号案件，在该案中，凯瑞公司要求刘某某返还2,951,420.9元，并支付利息，诺威尔公司对其中1,095,000元承担连带责任。在该案审理中，凯瑞公司明

[1] (2008) 苏0404民初515号判决书。

确其主张返还的2,951,420.9元包括两部分，即刘某某抽逃的全部出资135万元及侵占的公司款项1,601,420.9元。

2017年10月31日，凯瑞公司书面通知刘某某召开2017年度临时股东会决议，会议时间定于2017年11月20日下午3时，会议内容为审议关于股东刘某某抽逃全部出资并在公司通知后的合理期限内仍未归还，对其进行股东除名进行表决。同年11月7日，刘某某回函称此次临时股东会所需审议的会议内容违反法律规定，缺乏依据。同年11月20日，凯瑞公司召开股东会并作出股东会决议，参会股东有洪B、洪A，股东会决议载明“鉴于股东刘某某在公司经营过程中存在利用职务之便抽逃全部出资及侵占公司财产的行为，并经公司催告在合理期限内仍然未偿还的，参与股东会成员一致表决同意解除刘某某股东资格，公司后期协助相关变更登记手续”。

2017年11月6日，刘某某向凯瑞公司发出查阅函一份，要求查阅凯瑞公司自2009年至2017年前三个季度的会计财务报告及会计账簿、原始会计凭证。

刘某某向法院起诉请求：(1) 判令凯瑞公司完整提供公司自成立即2009年7月10日至2017年9月的会计账簿及原始会计凭证、财务会计报告供刘某某和刘某某委托的专业人士查阅；(2) 本案的诉讼费用由凯瑞公司承担。

裁判结果

一审判决：裁定驳回刘某某的起诉。

二审判决：驳回上诉，维持原裁定。

各方观点

上诉人（原审原告）刘某某观点：一审法院认定事实和使用法律均错误。第一，股东资格应当以工商登记为准，目前，上诉人仍是凯瑞公司工商登记的股东，上诉人依法应该享有股东资格和《公司法》及公司章程赋予股东的权利。第二，退一步讲，被上诉人提供的所谓2017年11月作出的解除上诉人股东资格的股东会决议直到开庭前一天才由书记员将照片拍给上诉人的诉讼代理人，直到一审开庭被上诉人也未将所谓的解除股东资格的股东会决议送达或通知上诉人，因此，暂且无论被上诉人解除上诉人股东资格的股东会决议是否有效，至少在上诉人提起知情权诉讼时的股东身份是依法存在的。而一审法院在上诉人不知道解除其股东资格的股东会决议存在的情况下，要求上诉人先行行使股东会决议撤销权或确认股东会决议无效，显然在客观上是无法实现的。第三，凯瑞公司认为刘某某抽逃全部注册资本、侵占公司财产没有事实依据和法律依据。首先，凯瑞公司已经以损害公司利益责任纠纷将刘某某起诉至法院，但至今没有生效判决进行定向。其次，刘某某在该案中提交的证据足以证明刘某某不是抽逃公司注册资本或侵占公司财产，而是凯瑞公司归还刘某某个人的借款，且已记录在册。为查明该事实，才特向一审法院提起股东知情权诉讼。而一审法院对此事实并未审理，就仅凭被上诉人的股东会决议就否认上诉人的股东资格缺乏事实依据和法律依据。第四，上诉人曾于2017年11月7日向被上诉人邮寄了要求查账的书面申请。被上诉人收到该函后未在法定期限内回复亦未提供财务账簿，更未回复或通知上诉人其股东资格已被公司解除的事实。

被上诉人未发表意见。

法院观点

一审法院观点：知情权是股东的固有权利。虽然现在刘某某仍显示为凯瑞公司工商登记的股东，但凯瑞公司已于2017年11月通过股东会决议，以刘某某抽逃全部出资为由决议解除刘某某股东资格，故刘某某仅凭工商登记资料不能达到证明其具备合法股东资格的目的，刘某某对股东会决议内容不予认可，应先行通过法定程序要求撤销决议或确认该协议无效。故刘某某现起诉要求行使股东知情权主体不适格。据此，依照《民事诉讼法》第119条、第154条第1款第3项，《民诉解释》第208条第3款规定，裁定如下：驳回刘某某的起诉。

二审法院观点：刘某某以其系凯瑞公司股东为由，提起本案诉讼，要求行使股东知情权。但凯瑞公司于2017年11月通过股东会决议，以刘某某抽逃全部出资为由决议解除刘某某的股东资格，在该决议未被宣告无效或撤销前，刘某某起诉要求行使股东知情权，主体不适格，一审法院据此驳回刘某某的起诉并无不当。刘某某在二审中以其与凯瑞公司股东会决议无效一案正在审理过程中为由，要求本案中止审理。本院认为，无论刘某某将来是否通过诉讼或股权转让等方式取得凯瑞公司的股东身份，均不影响本案针对当前案件事实情况下对刘某某主体资格的判断，因此，本案并不属于《民事诉讼法》第150条所规定的应当中止诉讼的情形。综上所述，刘某某的上诉请求不能成立，应予驳回；一审裁定认定事实清楚，适用法律正确，应予维持。

关联案例

▶ **显名股东在被隐名股东要求收回代持股份后，不能要求查阅、复制公司的财务会计报告、会计账簿、公司股东会会议记录**

案件名称：陆某某与北京亿合众通服饰有限公司股东知情权纠纷案

审理法院：北京市丰台区人民法院2015年丰民（商）初字第15429号

法院观点：根据《公司法》第33条规定："股东有权查阅、复制公司章程、股东会会议记录、董事会会议决议、监事会会议决议和财务会计报告。股东可以要求查阅公司会计账簿。股东要求查阅公司会计账簿的，应当向公司提出书面请求，说明目的。公司有合理根据认为股东查阅会计账簿有不正当目的，可能损害公司合法利益的，可以拒绝提供查阅，并应当自股东提出书面请求之日起十五日内书面答复股东并说明理由。公司拒绝提供查阅的，股东可以请求人民法院要求公司提供查阅。"故享有并行使股东知情权的前提是公司的股东。本案中，经北京市大兴区人民法院（2016）京0115民初8208号民事判决书判决，陆某某在亿合众通公司1%的股份属于蒋某某所有，即陆某某是该1%股份的代持人，实际持有人为蒋某某，现蒋某某已明确要求收回陆某某代持的该1%股份，故陆某某要求查阅、复制被告的公司财务会计报告、会计账簿、公司股东会会议记录，于法无据，本院不予支持。

律师点评

股东知情权既是股东的一项重要权利，也是其行使其他的股东权利的基础和前提，保障股东知情权的行使直接关系到股东自身利益的实现。《公司法》第33条是有限公司股东知情权的法律渊源，也是股东知情权诉讼中所主要被引用的条文。《公司法》第33条规定"股东有权查阅、复制公司章程、股东会会议记录、董事会会议决议、监事会会议决议和财务会计报告。股东可以要求查阅公司会计账簿。股东要求查阅公司会计账簿的，应当向公司提出书面请求，说明目的……"从条文文意看，股东知情权诉讼的主体必须是股东，但实践中往往会出现种种特殊情况，对此笔者梳理如下：

1. 股权代持下的股东知情权

在股权代持的情形下，实际出资人对公司进行出资，享有投资收益但并不以股东身份进行工商登记，名义股东作为公司股东登记在股东名册、工商登记之中。

一般而言，为保障公司结构及商业交易的稳定性，在实际出资人根据法定程序显名之前，名义股东即为法律意义上的公司股东，其享有并行使知情权。因此，对于在公司章程、股东名册、出资证明书、工商登记都未予以记载的隐名股东，在其股东身份被依法确认之前无法支持其关于知情权的诉请。

在北京中盛环宇科技有限公司与连某某股东知情权纠纷一案中，法院指出，股东知情权是法律赋予公司股东了解公司信息的权利，该权利是股东享有的一项重要、独立的权利，不依附于其他股东权利而单独存在，也是股东实现其他股东权的基础性权利，公司不得限制或者剥夺股东此项权利，股东是否实际参与公司管理不影响其行使股东知情权。因此，名义股东作为工商登记股东，依法享有股东权利，其与实际出资人之间是否存在股权代持关系不影响其作为公司的股东行使股东知情权。

当然，若实际出资人经过法定程序成为显名股东，其自然应当享有股东知情权。名义股东代持的股权被收回后丧失股东资格，无权继续享有股东知情权。

2. 出资瑕疵股东的知情权

股东出资义务亦是股东法定义务之一，当股东不履行出资义务时，必然损害公司的合法利益，进而可能使公司其他股东及债权人的权益受到侵害。根据权利与义务相一致原则，股东未履行出资义务，其股东权利必然受到相应限制。

对于出资瑕疵股东权利的限制应当及于股东通过其出资获取经济收益的权利，如新股优先认购权、剩余财产分配请求权等自益权利。然而，股东知情权作为股东了解公司状况的基础性权利，影响着股东对公司的监督权、决策权，属于共益权范畴。从这个角度看，出资瑕疵股东未完成出资受到的权利限制不应当及于股东知情权。

就瑕疵出资的法律后果而言，根据《公司法》第28条的规定，违反出资义务的股东依法承担的是资本补足责任和对已出资股东的违约责任，而不直接导致其丧失股东资格。股东出资瑕疵的，公司可依法要求其补足出资，由此给公司或第三人造成损害的还应承担相应的违约责任，但不应以此为理由否定股东正当行使股东知情权。

因此，即使出资瑕疵股东的股东权利受到限制，在其丧失股东身份之前，都应当享有股东知情权。

第二节 股东知情权的边界

一、会计账簿及会计凭证属于股东可查阅范畴

案　　号：（2018）京03民终1465号

案件名称：乐视影业（北京）有限公司与北京思伟股权投资管理中心（有限合伙）股东知情权纠纷案

裁判要旨：账簿查阅权是股东知情权的重要内容，股东对公司经营状况的知悉，最重要的内容之一就是通过查阅公司账簿了解公司财务状况。会计账簿系根据原始凭证制作，会计凭证是会计账簿的基础，股东只有通过查阅原始凭证与会计账簿相比对，才能客观真实了解公司状况。因此，会计账簿查阅权的行使范围包括会计账簿和会计凭证。

案情简介

上诉人（原审被告）：乐视影业（北京）有限公司

被上诉人（原审原告）：北京思伟股权投资管理中心（有限合伙）

乐视影业（北京）有限公司（以下简称乐视影业公司）于2011年12月28日经北京市工商行政管理局怀柔分局依法核准登记成立，公司类型为其他有限责任公司，公司法定代表人张某，注册资本83,679.2444万元，公司注册地为北京市怀柔区宋镇凤翔东大街9号A座1002室。2015年10月29日，北京思伟股权投资管理中心（以下简称思伟股权中心）经工商变更登记为乐视影业公司的股东。乐视影业公司的章程记载，思伟股权中心出资时间为

2015年6月15日，出资数额为2399.4049万元；股东会由全体股东组成，是公司的权力机构，股东会会议分为定期会议和临时会议；公司设董事会，成员为7人；公司不设立监事会，设监事1名，由股东会选举产生。

2017年6月9日，思伟股权中心通过中国邮政特快专递向乐视影业公司的主要办事机构所在地“北京市朝阳区东风乡六里屯甲18号晨光大院”邮寄了3份《查阅公司会计账簿申请书》（以下统称申请书），快递单上载明的收件人分别为法定张某、陈某某、吉某某，单位名称为乐视影业公司，内件品名为“北京思伟查阅乐视影业会计账簿申请书”，申请书中载明如下内容：乐视影业公司：思伟股权中心作为乐视影业公司的股东之一，为了解公司资产及实际经营情况，更好地对公司事务参与和监管，以便维护我方合法的股东权益，现依据《公司法》第33条有关规定，依法行使股东对公司的知情权，申请于2017年6月12日起现场查阅公司以下文件：（1）提供自2015年6月11日起至2017年6月9日的公司章程、股东会会议记录、董事会会议决议、监事会会议决议和财务会计报告供申请人查阅、复制；（2）提供自2015年6月11日起至2017年6月9日的会计账簿（包括总账、明细账、日记账和其他辅助性账簿）和会计凭证（含记账凭证、相关原始凭证及作为原始凭证附件入账备查的有关资料）供申请人查阅。望公司尽快准备上述材料。特此申请。上述函件于2017年6月10日妥投，签收人显示为单位收发章。

乐视影业公司表示，思伟股权中心的第二项诉讼请求中的文件均为公示的文件材料，不需要由乐视影业公司提供，其已经向思伟股权中心提供了其要求的部分文件，乐视影业公司正在资产重组，任何行为均需要证监会批准，思伟股权中心要求查阅会计账簿只是想给乐视影业公司重组造成障碍，可能损害重组的进展和融资以及其他股东的合法利益，违反公平原则，故无法向思伟股权中心提供其要求查阅的材料，公司有合理根据认为股东查阅会计账簿有不正当目的的可能损害合法利益，可以拒绝查阅。

思伟股权中心表示，申请书中虽然要求行使知情权的期间至2017年6月9日，但其通过起诉的方式已经履行了要求查阅至起诉之日的会计账簿的前置程序；会计凭证属于特定文件，股东有权查阅，并向法院提起诉讼。

裁判结果

一审判决：（1）乐视影业公司于判决生效之日起10日内置备自2015年6月11日起至2017年6月27日止的公司章程、股东会会议记录、董事会会议决议、财务会计报告于其办公场所供思伟股权中心查阅、复制；（2）乐视影业公司于判决生效之日起10日内置备自2015年6月11日起至2017年6月27日止的会计账簿（包括总账、明细账、日记账和其他辅助性账簿）及会计凭证（含记账凭证、相关原始凭证及作为原始凭证附件入账备查的有关资料）于其办公场所供思伟股权中心查阅。

二审判决：驳回上诉，维持原判。

各方观点

上诉人（原审被告）乐视影业公司观点：（1）思伟股权中心作为乐视影业公司的股东已经参与并了解公司章程、股东会议记录、董事会会议决议、财务会计报告等基本信息。思伟股权中心作为股东可以通过工商公示信息查询上述材料，并且乐视影业公司已经配合思伟股权中心提供了财务、运营等相关资料，乐视影业公司不存在侵害股东知情权的情况。一审法院在思伟股权中心对相关材料已经知情的情况下，仍然判决乐视影业公司提供公司章程、股东会议记录、董事会决议、财务会计报告等材料，不符合《公司法》保护股东知情权的本意。（2）会计凭证不属于公司法规定的可查阅内容，一审法院判决思伟股权中心可以查阅会计凭证不符合《公司法》规定。（3）思伟股权中心未能证明其已经向乐视影业公司提出查询会计账簿的书面请求，不满足《公司法》规定的前置程序。（4）思伟股权中心查询会计账簿及会计凭证具有不正当目的，会侵害乐视影业及其他股东的合法利益。（5）一审判决乐视影业公司于判决生效之日起10日内置备自2015年6月11日起至2017年6月27日止的股东会会议记录、董事会会议决议、会计账簿、会计凭证等材料，时间过短，履行存在客观困难，需要2～3个月的时间。

被上诉人（原审原告）思伟股权中心观点：思伟股权中心作为乐视影业公司的股东，依法享有了解公司相关信息的权利，有权查阅复制乐视影业公司的相关文件、会计账簿及其他特殊文件材料，乐视影业公司拒不履行的行为损害了思伟股权中心的股东知情权。

法院观点

一审法院观点：乐视影业公司系依法设立的有限责任公司，乐视影业公司与其股东的权利义务按照《公司法》及乐视影业公司章程的相关规定进行调整。《公司法》第33条规定，“股东有权查阅、复制公司章程、股东会会议记录、董事会会议决议、监事会会议决议和财务会计报告。股东可以要求查阅公司会计账簿。股东要求查阅公司会计账簿的，应当向公司提出书面请求，说明目的。公司有合理根据认为股东查阅会计账簿有不正当目的，可能损害公司合法利益的，可以拒绝提供查阅，并应当自股东提出书面请求之日起十五日内书面答复股东并说明理由。公司拒绝提供查阅的，股东可以请求人民法院要求公司提供查阅”。思伟股权中心作为乐视影业公司的股东，依法享有股东知情权。

股东知情权是股东享有了解和掌握公司经营管理等重要信息的权利，股东要对公司事务进行参与和监管，首先要获取公司经营的有关信息，进而维护股东及公司的利益。股东知情权是股东行使其他权利包括资产收益、参与重大决策和选择管理者等的前提和基础。本案中，思伟股权中心虽然在2015年10月29日之前未被登记为乐视影业公司的股东，但其有权了解乐视影业公司在此之前的经营管理情况，进而依据公司以往的经营情况参与公司的重大决策、选择管理者等，从而维护乐视影业公司以及股东自身的合法权益，故思伟股权中心有权自2015年6月11日行使股东知情权，乐视影业公司关于思伟股权中心自被登记为股东之后方有权行使股东知情权的抗辩意见，本院不予采纳。

乐视影业公司虽然以电子邮件的形式向思伟股权中心提供了部分财务报表及董事会决议，但仍应提供完整的财务会计报告以及董事会决议的原件供思伟股权中心查阅并复制，思伟股权中心能否通过公示的方式查询到的乐视影业公司的章程、股东会会议记录、董事会会议决议以及财务会计报告，不能代替公司自行履行。故对于思伟股权中心公司要求查阅、复制乐视影业公司自2015年6月11日起至起诉之日止的公司章程、股东会会议记录、董事会会议决议、财务会计报告的诉讼请求，符合法律规定，本院予以支持。

关于思伟股权中心是否有权查阅乐视影业公司自2015年6月11日起至起诉之日止的财务账簿（包括总账、明细账、日记账和其他辅助性账簿）和会计凭证（含记账凭证、相关原始凭证及作为原始凭证附件入账备查的有关资料）的问题。首先，思伟股权中心是否履行了法律规定的前置程序。依照《公司法》的规定，股东申请查阅公司会计账簿应向公司提出书面请求、说明目的。起诉前，思伟股权中心于2017年6月9日通过中国邮政特快专递向乐视影业公司的主要办事机构所在地邮寄了书面申请书，说明了查阅目的，且3份邮件之一的收件人即为乐视影业公司的法定代表人张某，该3份函件已被签收。虽然乐视影业公司辩称未收到思伟股权中心的申请书，但思伟股权中心已经履行了法律规定的程序，其提起股东知情权诉讼的前置条件已经满足，有权要求查阅乐视影业公司的会计账簿。其次，思伟股权中心的查阅目的是否正当。当事人对自己提出的诉讼请求所依据的事实或者反驳对方诉讼请求所依据的事实，应当提供证据加以证明。在作出判决前，当事人未能提供证据或者证据不足以证明其事实主张的，由负有举证证明责任的当事人承担不利的后果。乐视影业公司虽主张思伟股权中心要求查阅财务账簿具有不正当目的，但未提供证据予以证明，故对于乐视影业公司主张的思伟股权中心查阅会计账簿将对乐视影业公司的资产重组制造障碍、可能损害重组的进展和融资以及其他股东的合法利益、违反公平原则的抗辩意见，本院不予采信。再次，会计凭证（含记账凭证、相关原始凭证及作为原始凭证附件入账备查的有关资料）是否属于股东知情权的范围。《会计法》第9条第1款规定："各单位必须根据实际发生的经济业务事项进行会计核算，填制会计凭证，登记会计账簿，编制财务会计报告。"第14条规定："会计凭证包括原始凭证和记账凭证。办理本法第十条所列的经济业务事项，必须填制或者取得原始凭证并及时送交会计机构……记账凭证应当根据经过审核的原始凭证及有关资料编制。"第15条第1款规定："会计账簿登记，必须以经过审核的会计凭证为依据，并符合有关法律、行政法规和国家统一的会计制度的规定。会计账簿包括总账、明细账、日记账和其他辅助性账簿。"根据会计准则，契约等有关资料也是编制记账凭证的依据，应当作为原始凭证的附件入账备查。据此，会计凭证是编制会计账簿的依据，公司的具体经营活动只有通过查阅记账凭证、相关原始凭证及作为原始凭证附件入账备查的有关资料才能知晓，否则可能无法了解公司真正的经营情况。故思伟股权中心有权要求查阅会计凭证

（含记账凭证、相关原始凭证及作为原始凭证附件备查的有关资料）。最后，思伟股权中心的查阅期间。思伟股权中心在申请书中要求查阅期间的截止日期为 2017 年 6 月 9 日，该日为其寄送申请书的日期，其本意为要求查阅至申请之日止，而思伟股权中心系于 2017 年 6 月 27 日提起本案诉讼，故其该项诉讼请求，符合其行使股东知情权的本意，并无不当。

二审法院观点：《公司法》第 33 条规定："股东有权查阅、复制公司章程、股东会会议记录、董事会会议决议、监事会会议决议和财务会计报告。股东可以要求查阅公司会计账簿。股东要求查阅公司会计账簿的，应当向公司提出书面请求，说明目的。公司有合理根据认为股东查阅会计账簿有不正当目的，可能损害公司合法利益的，可以拒绝提供查阅，并应当自股东提出书面请求之日起十五日内书面答复股东并说明理由。公司拒绝提供查阅的，股东可以请求人民法院要求公司提供查阅。"思伟股权中心作为乐视影业公司的股东，依法享有股东知情权。

结合当事人的诉辩主张和查明的事实，本案二审的争议焦点为：（1）乐视影业公司是否应将其自 2015 年 6 月 11 日起至 2017 年 6 月 27 日止的公司章程、股东会会议记录、董事会会议决议、财务会计报告供思伟股权中心查阅、复制；（2）乐视影业公司是否应将其自 2015 年 6 月 11 日起至 2017 年 6 月 27 日止的会计账簿（包括总账、明细账、日记账和其他辅助性账簿）及会计凭证（含记账凭证、相关原始凭证及作为原始凭证附件入账备查的有关资料）供思伟股权中心查阅。

对于争议焦点一，本院认为：第一，乐视影业公司主张思伟股权中心在 2015 年 10 月 29 日之前未被登记为乐视影业公司的股东，无权行使此期限之前的股东知情权，然法律设立股东知情权的立法本意是为了让股东充分掌握公司信息、管理活动及风险状况，从而监督公司管理层，保护股东的合法权益，只有股东对公司全部的运营状况充分掌握，对公司的历史全面了解，才能有效行使股东的其他权利并履行股东义务，故思伟股权中心有权了解乐视影业公司在此之前的经营管理情况，乐视影业公司关于思伟股权中心自被登记为股东之后方有权行使股东知情权的抗辩意见，本院不予采纳。

第二，乐视影业公司主张其已将部分财务报表及董事会决议通过电子邮件的形式提供给思伟股权中心，但上述材料并非 2015 年 6 月 11 日起至 2017 年 6 月 27 日止的全部公司章程、股东会会议记录、董事会会议决议、财务会计报告，期限、内容均与思伟股权中心请求查阅的文件范围有差异，故此举并不能免除乐视影业公司应提供上述材料供思伟股权中心查阅并复制的义务，本院对乐视影业公司的该项抗辩意见不予采纳。

综上所述，本院认为，思伟股权中心公司要求查阅、复制乐视影业公司2015年6月11日起至2017年6月27日止的公司章程、股东会会议记录、董事会会议决议、财务会计报告于法有据，且符合法律程序。

对于争议焦点二，本院从以下几方面论述：

第一，关于会计账薄查阅权的行使范围是否包括会计凭证（含记账凭证、相关原始凭证及作为原始凭证附件入账备查的有关资料）。本院认为，账簿查阅权是股东知情权的重要内容，股东对公司经营状况的知悉，最重要的内容之一就是通过查阅公司账簿了解公司财务状况。《公司法》并未限制股东查阅会计凭证、原始凭证，《会计法》第15条第1款规定："会计帐簿登记，必须以经过审核的会计凭证为依据，并符合有关法律、行政法规和国家统一的会计制度的规定。会计帐簿包括总帐、明细帐、日记帐和其他辅助性帐簿。"会计账簿系根据原始凭证制作，会计凭证是会计账簿的基础，股东只有通过查阅原始凭证与会计账簿相比对，才能客观真实了解公司状况。根据会计准则，契约等有关资料也是编制记账凭证的依据，应当作为原始凭证的附件入账备查。因此，会计账簿查阅权的行使范围包括会计账簿（含总账、明细账、日记账和其他辅助性账簿）和会计凭证（含记账凭证、相关原始凭证及作为原始凭证附件入账备查的有关资料）。乐视影业公司关于会计凭证并非查阅范围的上诉理由，本院不予采信。

第二，思伟股权中心请求查阅会计账簿和会计凭证是否履行了《公司法》规定的前置程序。根据思伟股权中心在一审中提交的证据显示：思伟股权中心曾于2015年6月9日向乐视影业公司提出书面请求要求查阅公司会计账簿和会计凭证，3份申请书于2017年6月10日妥投，签收人为乐视影业公司的单位收发章。乐视影业公司虽抗辩称其客观上未收到思伟股权中心的申请书，然其并未对此举证证明，本院对乐视影业公司的该项抗辩意见不予采纳。故思伟股权中心要求查阅会计账簿和会计凭证的前置条件已经满足。

第三，思伟股权中心公司要求查阅乐视影业公司的会计账簿和会计凭证是否存在不正当目的。本院认为，乐视影业公司虽主张思伟股权中心要求查阅财务账簿具有不正当目的，会对乐视影业公司的资产重组制造障碍、可能损害其他股东的合法利益，但未提供充分证据予以证明，故本院对乐视影业公司的该项上诉理由不予采信。

第四，关于思伟股权中心的查阅期间。思伟股权中心在申请书中要求查阅期间的截止日期为2017年6月9日，该日为其寄送申请书的日期，其本意为要求查阅至申请之日止，而思伟股权中心系于2017年6月27日提起本案一审诉讼，故一审法院认定其查阅期间2015年6月11日起至2017年6月27日止，符合其行使股东知情权的本意，并无不当。

因此，一审法院判决认定思伟股权中心有权查阅乐视影业公司自2015年6月11日起至2017年6月27日止的会计账簿（包括总账、明细账、日记账和其他辅助性账簿）及会计凭证（含记账凭证、相关原始凭证及作为原始凭证附件入账备查的有关资料），并无不当，本院予以确认。

另外，乐视影业公司主张10日内置备相关材料供思伟股权中心查阅存在客观困难，需要延长准备期限的上诉理由，缺乏事实与法律依据，本院不予支持。

二、继受股东可以查阅进入公司前的公司文件

案　　号：（2009）穗中法民四终字第36号

案件名称：广州塔祈巴那电器有限公司与宏德亚洲有限公司股东知情权纠纷案

裁判要旨：股东依法有权查阅的公司财务会计资料的范围，原则上不应仅仅限于其成为股东之后的财务会计资料。只要股东的请求不违反诚实信用原则和公平合理原则，如要求查阅的财务账册不是过于久远以致给公司管理造成不合理的负担，以及不存在所要求查阅的账册与股东的现实决策和权利救济无关等情形，公司就有义务给予配合，以保障股东正当权利的实现。

案情简介

上诉人（原审被告）：广州塔祈巴那电器有限公司

被上诉人（原审原告）：宏德亚洲有限公司

2005年11月21日，广州塔祈巴那电器有限公司（以下简称塔祈巴那公

司）的全资股东香港塔祈巴那电器公司与宏德亚洲有限公司（以下简称宏德公司）签订股权转让协议，约定香港塔祈巴那电器公司把其在塔祈巴那公司中1%的股权转让给宏德公司，塔祈巴那公司根据股权转让协议对其公司章程进行了修改，于2006年1月24日获得广州市番禺区对外贸易经济合作局的批准，并办理了相关的变更登记。

宏德公司于2008年11月25日委托律师将《查阅会计账簿申请书》以律师函的形式通过特快专递寄给了塔祈巴那公司。塔祈巴那公司收到该申请书后，于2008年12月2日委托律师用传真件回函，以宏德公司与塔祈巴那公司之间有未结之诉讼，宏德公司的要求存在不正当目的为由，拒绝了宏德公司的申请。2008年12月19日，宏德公司又向塔祈巴那公司发出律师函，要求查阅塔祈巴那公司的财务报告和会计账簿等资料。2008年12月29日，塔祈巴那公司律师以传真件回函，表示基本同意宏德公司要求，但由于工作安排要等到春节后，具体日期另行通知。但事后塔祈巴那公司并未安排宏德公司查阅有关财务报告和会计账簿。

宏德公司认为，塔祈巴那公司的行为严重侵害了其股东知情权，故此诉请法院判令：（1）塔祈巴那公司向宏德公司提供2005年11月至2008年12月的公司财务会计报告（包括：资产负债表、损益表、财务状况变动表、财务情况说明书）以供查阅、复制；（2）塔祈巴那公司向宏德公司提供2005年11月至2008年12月的全部公司财务账簿以供查阅。

裁判结果

一审判决：（1）塔祈巴那公司应在判决发生法律效力之日起7日内提供2005年11月至2008年12月的公司财务会计报告给宏德公司查阅、复制。（2）塔祈巴那公司应在判决发生法律效力之日起7日内提供2005年11月至2008年12月的公司财务账簿给宏德公司查阅。

二审判决：驳回上诉，维持原裁定。

各方观点

上诉人（原审被告）塔祈巴那公司观点：（1）一审法院就塔祈巴那公司

在一审答辩期内提出的管辖权异议没有作出书面裁定，严重违反了《民事诉讼法》（2007年）第140条的规定[1]，应予纠正。（2）塔祈巴那公司属外商投资企业，根据法律规定，其股东的股权转让应经外贸管理部门批准后才生效。本案中，宏德公司自塔祈巴那公司受让所得的股权于2006年1月24日才获得广州市番禺区对外贸易经济合作局的批准。自批准之日起，宏德公司才成为塔祈巴那公司的合法股东，所以其股东知情权也应以该日作为起始日。（3）塔祈巴那公司有权拒绝宏德公司查阅公司会计账簿。双方之间有涉及金额几百万元的经济纠纷，目前正在香港进行诉讼，双方关系比较紧张。所以塔祈巴那公司认为，宏德公司在此时提出查阅会计账簿的申请有不正当目的，可能损害上诉人合法利益，塔祈巴那公司有权予以拒绝。

被上诉人（原审原告）宏德公司观点：（1）塔祈巴那公司一审提出的是级别管辖异议，不是地域管辖异议，对此一审法院作出书面通知并无不妥。（2）宏德公司自双方签订股权转让协议之日即2005年11月21日起就成为塔祈巴那公司的合法股东，不以向相关部门办理批准和登记手续为前提。（3）本案股东知情权纠纷与另案处理的股东之间的经济纠纷是两个不同的法律关系，纠纷的存在并不能证明宏德公司要求查阅公司账册存在非法目的。塔祈巴那公司无权剥夺宏德公司作为其合法股东的权利。

法院观点

一审法院观点：宏德公司为香港特别行政区注册公司，本案可参照涉外案件处理。本案为股东知情权纠纷，宏德公司及塔祈巴那公司对适用我国内地法律审理本案均无异议，且本案塔祈巴那公司注册地在我国内地，依照最密切联系原则，本院确认以我国内地法律作为解决本案股东知情权纠纷的准据法。

本院经审理认为，股东对公司的经营状况享有知情权，系法律赋予股东的固有权利，不得加以剥夺和限制。宏德公司拥有塔祈巴那公司1%的股份，作为塔祈巴那公司的合法股东，应享有知情权。宏德公司请求行使知情权，系为了解塔祈巴那公司的财务状况和经营状况，与维护其基于股东地位而享

---

〔1〕 2017年修订的《民事诉讼法》第154条。

有的利益有直接联系。宏德公司和香港塔祈巴那公司于 2005 年 11 月 21 日签订股权转让协议，该协议合法有效，故从双方签订协议之日起，宏德公司是塔祈巴那公司的合法股东，宏德公司要求塔祈巴那公司提供 2005 年 11 月至 2008 年 12 月的公司财务会计报告及全部财务会计账簿以供查阅、复制，该主张合理合法，本院予以支持。塔祈巴那公司辩称双方有经济纠纷，宏德公司有损害公司利益的不正当目的，但未向本院提供任何证据，本院不予采信。

二审法院观点：因宏德公司是在香港注册成立的企业，故本案属涉港商事纠纷，应比照涉外商事案件处理。一审法院作为一审被告塔祈巴那公司住所地依法享有涉外涉港澳台商事案件集中管辖权的法院，对本案有管辖权。由于本案是因宏德公司作为塔祈巴那公司股东要求查阅公司财务会计资料而产生的股东知情权纠纷，而塔祈巴那公司的住所地在我国内地，根据最密切联系原则，一审确认以我国内地法律作为解决争议的准据法是正确的。

关于一审对塔祈巴那公司管辖权异议的处理方式问题，本院认为，根据最高人民法院 1995 年 7 月 3 日发布的《关于当事人就级别管辖提出异议应如何处理问题的复函》（已失效），级别管辖是上下级法院之间就一审案件审理方面的分工。当事人就级别管辖权提出异议的，受诉法院应当认真审查，确无管辖权的，将案件移送有管辖权的法院并告知当事人，但不得作裁定；经审查受诉法院有管辖权的，可直接告知当事人其异议不成立。因此，一审采用书面通知的方式对塔祈巴那公司的管辖权异议作出处理并无不当。

关于股东查阅公司财务账册的起始时间问题，本院认为，股东知情权是法律赋予股东的一项权利，因此只有具备了股东身份才可享有该项权利。宏德公司与香港塔祈巴那公司于 2005 年 11 月 21 日签订股权转让协议，当时该协议尚未获得外商投资企业审查批准机关的批准，有关股权的转让尚未发生法律效力，故 2005 年 11 月 21 日宏德公司尚未成为塔祈巴那公司的股东，其无权要求查阅塔祈巴那公司的财务资料。但是，股东依法享有知情权的起始时间与股东有权查阅的财务会计资料的范围是两个不同的概念。由于股东通过查阅公司的会计资料，从而了解公司的运营状况及相关财务信息，是其正常行使股东权利，并对公司经营作出决策的重要前提。所以，股东依法有权查阅的公司财务会计资料的范围，原则上不应仅仅限于其成为股东之后的财务会计资料。只要股东的请求不违反诚实信用原则和公平合理原则，如要求查阅的财务账册不是过于久远以致给公司管理造成不合理的负担，以及不存在所要求查阅的账册与股东的现实决策和权利救济无关等情形，公司就有义务给予配合，以保障股东正当权利的实现。本案中，宏德公司要求查阅、复制塔祈巴那公司自2005年11月至2008年12月的财务会计报告，以及查阅上述期间的公司财务账簿并不违反法律规定，塔祈巴那公司也没有证据证明宏德公司的以上请求存在不正当目的，故此，一审判决对宏德公司的请求予以支持是正确的。

关联案例

▶ **后续股东有权查阅、复制其加入公司前的公司财务会计报表**

案件名称：上海申通驾驶员培训二部有限公司与刘某某股东知情权纠纷案

审理法院：上海市第二中级人民法院（2009）沪二中民三（商）终字第555号

法院观点：知情权是股东获取公司信息、了解公司情况的权利。被上诉人经受让股权后成为上诉人的股东之一，其有权依据公司法的规定，行使法律赋予的股东知情权。虽然被上诉人成为上诉人公司股东的股权变更登记时间为2009年1月，但法律并未禁止后续股东查阅、复制其加入公司前的公司财务会计报表。更何况，公司运营是个持续性过程，如果拒绝公司的后续股东行使对加入公司前的公司信息的知情权，将导致股东获得的相关信息残缺不全，从而减损股东知情权的制度价值。故被上诉人要求查阅、复制上诉人公司2008年1月至11月的财务会计报表符合法律规定，本院予以准许。

三、前置程序存在瑕疵不绝对导致知情权丧失

案　　号：(2014) 沪一中民四（商）终字第S2030号

案件名称：佳啤贸易（上海）有限公司与Cova国际企业有限公司股东知情权纠纷案

裁判要旨：虽然前置程序存在瑕疵，但是通过事后追认弥补瑕疵后，可以认定股东已履行了法定的前置程序。

案情简介

上诉人（原审被告）：佳啤贸易（上海）有限公司

被上诉人（原审原告）：Cova 国际企业有限公司

Cova 国际企业有限公司（以下简称 Cova 公司）系根据 2004BVI 公司法于 2007 年 9 月 5 日成立的一家位于英属维尔京群岛地区的商业公司，公司三位股东 A、B 及 C 均系公司董事，另 A 于 2013 年 10 月 17 日被任命为 B 的代理董事。

2013 年 10 月 16 日，A 曾向 C 的电子邮箱地址发送电子邮件一份，称 2013 年 10 月 29 日在英属维尔京群岛公证员的监督下即将通过董事会决议，随函附送一份文件，任命 A 为 B 的代理董事；2013 年 10 月 29 日，A 将签署一些与 Cova 公司相关的董事会决议，欢迎 C 届时出席或委任代理出席；如 C 或其代理想要出席，请回复此邮件并前往英属维尔京群岛托托拉岛罗德城。

2013 年 10 月 29 日，由 A 作为公司董事及公司另一董事 B 的代理董事签署 Cova 公司董事会决议一份，决议载明：（1）根据公司章程规定，任何公司的董事会决议（包括免除公司董事的决议）可由全体公司董事过半数同意；（2）免除 C 公司董事以及法定代表人的职务；（3）公司签订授权委托书，授权律师代表公司起诉佳啤贸易（上海）有限公司（以下简称佳啤公司）和/或佳啤公司法定代表人……每一位公司董事或代理董事（每一位都是授权签字人），有权代表公司单独签署文件……

同日，A 代表 Cova 公司签署《授权委托书》一份，授权律师在 Cova 公司对佳啤公司和/或法定代表人以及执行董事 C 的诉讼中代表 Cova 公司行使诉讼程序中的全部权利和义务，包括提起诉讼和提出诉讼请求等。Cova 公司起诉状载有 A 的签名。

2014 年 1 月 6 日，佳啤公司向一审法院提交加盖有 Cova 公司公章的《撤诉申请书》一份，称 C 与 A 均系 Cova 公司股东，并担任 Cova 公司董事，Cova 公司董事会并未授权 A 代表公司诉讼，A 系盗用 Cova 公司名义提起诉讼，要求撤回本案诉讼。

一审法院另查明，Cova 公司的组织大纲与章程中，与本案争议有关的内容如下：

第 45 条规定，董事可随时签署书面文件授权其他董事或其他人员作为其代理董事，该书面文件保存于公司注册办事处。上述代理董事应有权接受董事会会议通知并作为董事参加任命董事未能出席的会议并进行投票；在上述会议上，其有权行使任命董事授予的所有权力、权利、职责及职权。各代理董事应视为公司管理人员而不应视为任命董事的代理。如因章程第 70 条规定向董事传达需获批决议的通知时，产生不当延误或出现传达遇阻情况，其代理董事（如有）应有权代表董事同意该决议。

……

第 55 条规定，董事会可委托并授予任何董事或管理人员根据条款条件规定许可的任何权力，并以其认为适当的限制条件限制该授予的权力。

……

第 56 条规定，董事会可随时出具委任状任命任何公司、企业或个人、团体，于董事会认为适当的目的、权力、权限及判定条件及期限下，成为公司代理人（不得超过章程赋予董事会权利或董事会可行使之权力范围）。

……

第 63 条规定，董事会可为业务的分配召开会议、休会或根据其认为适宜的情况调整董事会议。会议期间提出的问题应由多数票赞成的方式作出决议。……

第 64 条规定，公司董事应至少提前三天获得董事会议的通知。

第 65 条规定，尽管章程第 64 条另有规定，任何违反第 64 条规定召开的会议如符合下述前提条件即视作有效：持有表决权股票的绝大多数股东放弃接受会议通知；且股东到会视作放弃接受会议通知。

第 66 条规定，出于无意未能向股东传达通知，或某位董事事实上没有收到通知的，召集的董事会会议不将因此失效。

第 67 条规定，如果董事会会议开始后，与会董事（不论出席或由代理董事出席）人数不少于董事总人数的三分之一，即至少为两人；如董事仅有一人，则至少为一人，则董事会会议有效。

……

第 70 条规定，任何由决议通过时有权接受董事会议或董事委员会会议通知的绝大多数董事通过的且通过书面形式、传真或其他书面或电子通信递送的决议（一份或多份文件）具有与未事先通知并正式召开的董事会议和董事委员会会议上通过的决议具有同等效力。

一审法院另查明，2004BVI“公司法”与本案争议有关的内容如下：

2004BVI“公司法”第 127 条规定，根据备忘录或章程针对通知的要求，召开董事会议前应对董事给予合理的通知……如果因疏忽未能向某一名董事发出会议通知或某一名董事未收到会议通知，均不会使召开的董事会议失效。

……

第129条规定，(1) 董事决议可以经由以下方式予以通过，(a) 在董事会议上经决议通过；或 (b) 根据组织大纲及公司章程的规定，以书面决议通过。

(2) 根据组织大纲及公司章程的规定，董事决议在董事会议上由出席会议并有权对决议案进行表决的董事成员投票，获得多数票则予以通过。

……

第130条规定，根据公司的组织大纲及公司章程的规定，公司董事可以将任何其他董事成员，或非第111条规定的被取消董事委任资格的其他人员，委任为代理董事，以在委任董事不在场时，为作出董事决议相关事宜而(a) 行使委任董事之权力并 (b) 履行委任董事之职责；

第130A条规定，(1) 在与董事会议相关的事宜或通过传阅以作出书面同意的任何书面决议方面，代理董事具有与委任董事相同的权利；

(2) 代理董事为其委任董事所行使的在董事会作出决定的权力，与其委任董事本人亲自所行使的权力具有（同等）效力。

……

佳啤公司系2008年9月23日于中国上海设立的外国法人独资的有限责任公司，注册资本14万美元，公司的唯一股东为Cova公司。

2013年9月23日，上海市××律师事务所向佳啤公司及佳啤公司法定代表人C发送律师函一份，称该所接受Cova公司全权委托，要求佳啤公司在收函后15天内向Cova公司或该所提交佳啤公司自2012年1月至2013年9月的财务会计报告及会计账簿。

一审法院再查明，Cova公司股东A系世福之舍餐饮管理（上海）有限公司（以下简称世福之舍公司）的法定代表人，佳啤公司曾向世福之舍公司供应啤酒，双方存在业务往来。

原审审理中，佳啤公司称收到2013年9月的律师函后，未同律师事务所或Cova公司进行联系，也未对此进行答复。

裁判结果

一审判决：(1) 佳啤公司应于判决生效之日起15日内向Cova公司提供

佳啤公司自2012年1月至2013年9月的财务会计报告，供Cova公司查阅、复制；（2）佳啤公司应于判决生效之日起15日内向Cova公司提供佳啤公司自2012年1月至2013年9月的会计账簿，供Cova公司查阅。

二审判决：驳回上诉，维持原判。

各方观点

上诉人（原审被告）佳啤公司观点：（1）A代表Cova公司提起本案诉讼缺乏合法授权。无论2013年10月16日A向C的邮箱发送电子邮件的真实性，就该邮件的内容而言，并未说明召开会议的目的，不能认定该董事会或发起董事履行了通知义务。此外，免除C公司董事职务属于BVI公司法规定的特殊事项，应当经过至少75%有投票权的公司董事通过书面决议，而签署涉案董事会决议的董事共计持有Cova公司62.5%的股份，远远没有达到BVI公司法规定的表决比例。据此，涉案董事会决议违反了BVI公司法的强制性规定，应属无效，A无权代表Cova公司提起本案诉讼。（2）佳啤公司从未收到来自Cova公司要求查阅公司财务会计报告和会计账簿的书面请求，作为第三方的上海市××律师事务所向佳啤公司发送律师函，但该律师事务所并未提交Cova公司的授权委托书，佳啤公司也未收到来自Cova公司任何形式的解释，其完全有理由对上述函件不予理会。由于Cova公司未履行法定程序，佳啤公司有权对其行使知情权的要求予以拒绝。（3）世福之舍公司与佳啤公司存在长期的业务往来，A以Cova公司的名义主张对佳啤公司行使股东知情权，实质目的是窃取佳啤公司的商业机密，为其个人经营的世福之舍公司服务，具有不正当目的。

被上诉人（原审原告）Cova公司观点：（1）上海市××律师事务的律师函是在Cova公司的监事授意下向佳啤公司发出，Cova公司已经履行了行使知情权的法定程序。（2）A的主观目的和Cova公司行使股东知情权没有必然的联系。如果佳啤公司认为A有任何有损Cova公司商业利益的行为，应当另行起诉，但不能作为其拒绝向股东提供公司会计账簿的合法理由。（3）涉案董事会决议合法有效，A在董事会上签字不仅代表自己，还代表Cova公司另一位董事B的意思表示。

法院观点

一审法院观点：1. 关于 Cova 公司意志代表权争议

本案中，Cova 公司提起本案诉讼系基于 2013 年 10 月 29 日的董事会决议，佳啤公司对该决议的效力提出异议，认为董事会会议仅有 A 一人出席，而且未履行召开董事会会议的通知义务，不符合章程规定。对此，本院认为，（1）虽然 Cova 公司章程第 67 条规定，董事会会议的与会董事至少为两人，但根据 Cova 公司章程第 45 条规定，董事可授权其他董事作为其代理董事，代理董事有权接受董事会会议通知并作为董事参加任命董事未能出席的会议并进行投票。2013 年 10 月 29 日的董事会决议，虽然仅有 A 一人的签名，但根据 Cova 公司的注册登记资料，A 已于 2012 年 10 月 17 日被任命为另一董事 B 的代理董事，故该董事会决议实质由两名董事签署，佳啤公司关于该次董事会仅有一人出席签字的意见，缺乏依据，应不予采信。至于佳啤公司称任命代理董事的授权文件未保存于公司注册办事处，对 A 作为 B 代理董事资格提出的异议，本院认为，Cova 公司注册代理人出具的证明文件已附有代理董事的注册登记文件，佳啤公司认为该文件未置备于公司注册办事处是将董事 A 的个人地址误作文件置备地址，该意见亦缺乏依据。故根据 Cova 公司公司章程第 63 条及 2004BVI 公司法第 129 条的规定，该董事会决议已由多数董事同意而通过。（2）关于董事会会议的通知问题。首先，Cova 公司章程第 66 条规定，出于无意未能向股东传达通知，或某位董事事实上没有收到通知的，召集的董事会会议不将因此失效，因此，董事会会议未尽通知义务并不必然导致董事会决议无效。其次，2013 年 10 月 16 日，A 曾向 C 的电子邮箱发送电子邮件一份，就召开 10 月 29 日的董事会向 C 作出通知，佳啤公司否认 A 发送的邮箱地址系 C 的电子邮箱地址，但 Cova 公司提供了佳啤公司所用的英文名称中包含“justbeer”的依据，佳啤公司也未向法庭就其使用的企业电子邮箱作出说明，故该邮箱地址为 C 使用，A 已就召开董事会向 C 作出通知。综上所述，一审法院认为，2013 年 10 月 29 日的董事会决议中有关授权 A 代表 Cova 公司起诉的内容有效，A 根据该董事会决议有权签署起诉状，以 Cova 公司名义提起本案诉讼。另需指出，就审理中双方争议的该董事会决议其他事项的效力，与本案无涉，一审法院不作认定。

对于佳啤公司提交加盖 Cova 公司公章的《撤诉申请书》要求撤回起诉，

一审法院认为，公章虽然是公司对外作出意思表示的重要外在表现形式，但本案所涉及的是A能否代表Cova公司提起诉讼，实质是Cova公司的股东或董事A与C就Cova公司意志代表权问题产生的内部争议。在公司内部争议中，控制公章的事实，只反映公章控制者可能有权代表公司意志的一种表象，至于其是否依授权能够代表公司意志，仍需审查公司股东会董事会有无授权的意思。本案中，A以Cova公司名义提起本案诉讼系基于董事会决议的合法授权，佳啤公司以加盖Cova公司公章的撤诉申请书提出撤诉，应不予准许。

2. 关于股东知情权争议

本案中Cova公司要求查阅的范围包括佳啤公司的财务会计报告和会计账簿。关于财务会计报告，根据《公司法》第33条第1款的规定，股东有权查阅、复制公司财务会计报告，故对于Cova公司要求佳啤公司提供自2012年1月至2013年9月的财务会计报告供Cova公司查阅、复制的诉讼请求，一审法院予以支持。

关于会计账簿，《公司法》第33条第2款规定，股东要求查阅会计账簿的，应当向公司提出书面要求，说明目的；公司有合理根据认为股东查阅会计账簿有不正当目的，可能损害公司合法利益的，可以拒绝提供查阅。双方就会计账簿查阅的争议在于：（1）Cova公司是否履行法定程序，向佳啤公司提出书面要求；（2）Cova公司的查阅请求是否存在不正当目的，可能损害佳啤公司利益。本院分述如下：

（1）关于Cova公司是否履行法定程序的争议。Cova公司用于证明其已提出书面要求的文件为2013年9月23日上海市××律师事务所向佳啤公司发出的律师函，函件称该所接受Cova公司全权委托，要求佳啤公司在收函后15天内向Cova公司或该所提交佳啤公司自2012年1月至2013年9月的财务会计报告及会计账簿。佳啤公司认为该函件非由Cova公司发出，而是来自第三方，律师函中仅是单方陈述授权，不构成Cova公司的意志。对此本院认为，我国《公司法》对股东查阅会计账簿设置书面要求程序的目的在于防止股东滥用该权利对公司的正常经营造成干扰，但我国《公司法》并未禁止股东委托代理人向公司提出查阅请求，即股东或其代理人只要履行该书面请求行为，即应视为其已完成法定程序，股东委托代理人提出书面请求后，佳啤公司如对代理人的授权或股东查阅目的存有异议，可以要求其补充授权手续或拒绝其要求，但本案中佳啤公司既未同Cova公司或其委托的律师事务所核实授权情况，也未作出书面答复，应视为 Cova 公司已履行该法定程序。

（2）关于 Cova 公司查阅请求是否存在不正当目的。佳啤公司提出 Cova 公司查阅会计账簿存在不正当目的的理由系 A 担任法定代表人的世福之舍公司与佳啤公司存在业务往来。对此，一审法院认为，尽管本案系由 A 代表 Cova 公司签署起诉状，但要求行使股东知情权的主体为 Cova 公司而非 A，佳啤公司意见缺乏依据。而且，股东知情权是股东固有的、法定的基础性权利，无合理根据证明股东具有不正当目的，不应限制其行使，佳啤公司仅以其曾向世福之舍公司开具发票，双方存在业务往来即主张 A 代表 Cova 公司要求查阅会计账簿系存在不正当目的，显然依据不足，本院对佳啤公司的该抗辩意见不予采信。对于双方争议的佳啤公司法定代表人 C 是否存在另外开设公司与佳啤公司存在竞业禁止行为，因《公司法》并未对股东查阅会计账簿的目的作出要求，该争议与 Cova 公司能否行使知情权无关，无须认定处理。

综上所述，Cova 公司主张行使股东知情权，要求查阅佳啤公司的会计报告及会计账簿，合法有据，应予支持。

二审法院观点：根据《公司法》第 33 条第 1 款之规定，股东要求查阅和复制公司的财务会计报告无须向公司提出书面请求并说明目的，公司也不能以股东查阅的目的是否正当为由予以拒绝，故 Cova 公司要求查阅和复制佳啤公司财务会计报告于法有据，应予支持。本案二审存在的争议焦点主要在于：（1）Cova 公司的诉讼代表权是否合法有效？（2）Cova 公司要求查阅佳啤公司的会计账簿是否符合我国《公司法》规定的前置程序？（3）Cova公司要求查阅佳啤公司会计账簿是否具有不正当目的？

关于 Cova 公司的诉讼代表权是否合法有效的问题。A 系依据 Cova 公司 2013 年 10 月 29 日作出的董事会决议代表 Cova 公司签署起诉状、授权委托书等，故系争董事会决议的效力对本案处理具有关键作用。佳啤公司上诉认为 2013 年 10 月 29 日 Cova 公司作出的免除 C 的董事和聘请律师的董事会决议未履行法定的告知义务，未达到法定 75% 以上有投票权的董事通过，故无效。对此，本院认为，首先，A 曾于 2013 年 10 月 16 日向 C 的电子邮箱发送电子邮件一份，就 Cova 公司召开董事会的事宜通知 C，且明确会议的目的是“签署一些与 Cova 公司相关的董事会决议”。佳啤公司的工商档案材料显示该公司的英文名称中包含有“justbeer”的字母，且 C 系佳啤公司的法定代表人，其名字中本身亦含有邮箱中的名称，在没有其他证据予以推翻的情形下，能够认定上述邮箱地址系C使用。A作为召集的董事已经对C履行了通知义务。况且，2004BVI公司法第127条规定："……如果因疏忽未能向某一名董事发出会议通知或某一名董事未能收到会议通知，均不会使召开的董事会失效。"即便A就董事会的召开未通知C，也不会导致董事会决议无效。关于系争董事会的表决方式，2004BVI公司法第129条规定："……（2）根据组织大纲和公司章程的规定，董事决议在董事会议上由出席会议并有权对决议案件进行表决的董事成员投票，获得多数票则予以通过。"本案中，A出席董事会，不仅代表其自己，同时也作为B的代理董事签署董事会决议，该董事会决议已经获得出席会议并有权对决议案进行表决的董事成员的多数票同意。涉案董事会决议中关于"每一位公司董事或代理董事（每一位都是授权签字人），有权代表公司单独签署文件"的决议事项符合法定的表决比例，应属有效。即便如佳啤公司所言，免除C的董事职位的决议事项属于BVI公司法规定的特殊事项，须经75%有投票权的公司董事通过，亦与本案处理并无关联。故本院认定A依据Cova公司2013年10月29日作出的董事会决议取得合法授权，其代表Cova公司签署起诉状和授权委托书的行为能够代表Cova公司。佳啤公司认为A无权代表Cova公司提起知情权之诉的主张缺乏事实和法律依据，本院不予采信。

关于Cova公司要求查阅佳啤公司的会计账簿是否符合公司法规定的前置程序问题。《公司法》第33条第2款规定："股东可以要求查阅公司会计账簿。股东要求查阅公司会计账簿的，应当向公司提出书面请求，说明目的。公司有合理根据认为股东查阅会计账簿有不正当目的，可能损害公司合法利益的，可以拒绝提供查阅，并应当自股东提出书面请求之日起十五日内书面答复股东并说明理由。公司拒绝提供查阅的，股东可以请求人民法院要求公司提供查阅。"上述条文表明股东查阅公司的会计账簿必须符合法定的前置程序。本案中，双方对于Cova公司查阅会计账簿是否履行了前置程序产生争议。对此，本院认为，尽管上海市××律师事务所于2013年9月23日向佳啤公司发出律师函时没有附带Cova公司的相关授权委托书，但在本案诉讼中Cova公司对该律师事务所的上述行为予以追认，据此产生相应的法律效力。况且，Cova公司2013年10月29日董事会决议的第8（j）条规定："如果任何上述行动在本决议签署前已经执行，该行为可以获得批准及认可。"据此，虽然上海市××律师事务所在发出律师函时的授权存在瑕疵，但是通过Cova

公司董事会决议的内容和Cova公司的事后追认弥补了这一缺陷，可以认定Cova公司要求查阅佳啤公司的会计账簿履行了法定的前置程序，本院对佳啤公司主张Cova公司未履行前置程序的观点不予采信。

关于Cova公司要求查阅佳啤公司会计账簿是否具有不正当目的的问题。股东知情权是《公司法》赋予股东的法定权利，对于股东要求查阅公司会计账簿，在公司不能证明股东具有不正当目的的情况下就不能拒绝提供查阅。本案中，佳啤公司认为A以Cova公司名义对佳啤公司行使知情权，实质是窃取其公司的商业信息并为其个人经营的公司服务。对此，本院认为，首先，本案系由Cova公司行使股东知情权而非由A个人行使知情权；其次，即便A个人经营的公司与Cova公司存在业务上的往来，佳啤公司也未提供证据证明Cova公司行使知情权会损失其公司利益，故本院对佳啤公司的此项主张不予支持。

综上所述，本院认为，上诉人佳啤公司的上诉理由均不能成立，本院依法不予支持，一审判决认定事实清楚、适用法律正确，本院依法予以维持。

律师点评

实践中，股东知情权的边界问题常常被提及，尤其是关于“会计账簿”的界定。《公司法》第33条第1款规定，“股东有权查阅、复制公司章程、股东会会议记录、董事会会议决议、监事会会议决议和财务会计报表”。该条第2款规定，股东可以要求查阅公司会计账簿。虽然《公司法》规定股东有权查阅会计账簿，但并未明确规定“会计账簿”的内涵和外延。

根据笔者对法院判例的整理和汇总，在请求行使知情权的股东不具有不正当目的的情况下，法院通常会支持股东查阅会计凭证及会计账簿的诉请。

首先，会计凭证是编制会计账簿的基础，仅靠会计账簿还不能详尽地反映公司经营信息和财务信息。股东知晓公司信息的首要前提是可以查看公司真实、完整的财务资料，只有股东知晓公司的真实信息才能在股东会以及公司监督等途径中作出真实的意思表示，来行使股东权利、保障股东利益，何况实践中不乏会计账簿与会计凭证不符或会计账簿造假的现象，因此，当股东查阅会计账簿有疑问时，法院允许其延伸查阅作为记账凭证的原始凭证，从而全面真实地了解公司经营管理状况，故股东有权查阅会计账簿、会计凭证等反映公司真实财务信息的资料。

其次，对于股东知情权的时间范围问题。《公司法》并未限制查阅文件的时间范围，亦未禁止继受股东查阅其加入公司前的财务会计报告、会计账簿等文件。公司运营是个持续性过程，继受股东对其成为股东之前的公司运营状况和财务信息予以了解和掌握，属于其正当行使股东知情权的范围，如果拒绝继受股东行使对其加入公司前的公司信息的知情权，将导致股东获得的相关信息残缺不全，从而减损股东知情权的制度价值。

最后，关于行使股东知情权的前置程序。《公司法》第33条第2款规定“股东可以要求查阅公司会计账簿。股东要求查阅公司会计账簿的，应当向公司提出书面请求，说明目的。公司有合理根据认为股东查阅会计账簿有不正当目的，可能损害公司合法利益的，可以拒绝提供查阅，并应当自股东提出书面请求之日起十五日内书面答复股东并说明理由。公司拒绝提供查阅的，股东可以请求人民法院要求公司提供查阅”。对这一条文进行文义解释，股东提起账簿查阅权诉讼的前置条件是股东向公司提出了查阅的书面请求且公司拒绝提供查阅。这一前置条件设定的目的在于保障股东在其查阅权受侵犯时有相应的救济途径，同时也防止股东滥用诉权，维护公司正常的经营。但在实践中，部分案件中原告股东由于已经和公司产生争议或是其他原因，导致前置程序出现瑕疵。法院往往会从实际结果出发认为前置程序虽有瑕疵、但是足以证明原告的知情权受到侵害，而认定原告股东已经完成了行使知情权所必需的前置程序。

第三节　行使股东知情权的正当性

一、股东具有不正当目的的，其知情权不受保护

案　　号：（2017）浙03民终4736号

案件名称：温州市大众城建监理有限公司、黄某股东知情权纠纷案

裁判要旨：通过提起股东知情权诉讼拖延执行程序进程属于不正当目的，故对股东要求查阅公司财务账簿及凭证的诉讼请求不予支持。

案情简介

上诉人（原审被告）：温州市大众城建监理有限公司

被上诉人（原审原告）：黄某

温州市大众城建监理有限公司（以下简称大众监理公司）成立于1999年8月26日，成立时的股东为温州市城建设计院、金某A、吴某B。后大众监理公司的股东经多次变更。2011年10月26日，黄某从原股东潘某某处受让大众监理公司38%股权成为公司股东（此时公司另一股东为杨某某，占62%股权）。2012年4月23日，黄某从股东杨某某处受让大众公司10%股权，受让后累计持股48%。2014年7月22日，黄某将其持有的大众监理公司48%股权转让给其父亲黄某C。2016年3月16日，黄某C将其持有的大众监理公司14.5%股权转让给吴某D，后吴某D于2016年11月24日将该部分股权转给郭某某。2015年10月10日，案外人煌盛集团有限公司向洞头区人民法院起诉，要求撤销黄某将其持有的大众监理公司48%股权转让给其父亲黄某C的行为。后经洞头区人民法院及温州市中级人民法院的审理，上述股权转让行为被撤销，但因14.5%的股权已转让给案外人无法回转，故仅有33.5%的大众监理公司股权重新登记于黄某名下。因黄某涉及其他诉讼案件并无法清偿债务，洞头法院查封了黄某持有的该部分股权，现正在评估拍卖过程中。2017年5月18日、21日，黄某分别通过顺丰快递和EMS快递向大众监理公司的法定代表人杨某某邮寄《请求查阅、复制公司相关财务会计报告、会计账簿的函》，邮寄地址为大众监理公司的住所地，其以了解公司运营及财务状况为由要求大众监理公司提供2011年1月至2017年5月的股东会会议记录、董事会会议决议、监事会会议决议、财务会计报告、会计账簿。上述快递中顺丰快递被签收，EMS快递被拒收退回。此后，因大众监理公司未向黄某提供上述材料，黄某提起本案诉讼。

裁判结果

一审判决：（1）大众监理公司于本判决生效之日起10日内提供公司2011年1月至2017年5月的股东会会议记录、董事会会议决议、监事会会议决议、财务会计报告供黄某在公司住所地查阅、复制，查阅、复制的期间自查阅、复制之日起不得超过 5 个工作日；（2）大众监理公司于本判决生效之日起 10 日内提供公司 2011 年 1 月至 2017 年 5 月的会计账簿（含总账、明细账、日记账和其他辅助性账簿、记账凭证、原始凭证）供黄某在公司住所地查阅，查阅的期间自查阅之日起不得超过 10 个工作日；（3）驳回黄某的其他诉讼请求。

二审判决：（1）撤销温州市鹿城区人民法院（2017）浙 0302 民初 7164 号民事判决；（2）驳回黄某的诉讼请求。

各方观点

上诉人（原审被告）大众监理公司观点：（1）黄某已经丧失合法股东身份，其相应权利应受到限制或剥夺。黄某在 2011 年 10 月 26 日之前并非大众监理公司的股东。黄某 2011 年 10 月 26 日受让大众监理公司原股东潘某某 38% 股份，2012 年 4 月 23 日受让原股东杨某某 10% 股份。2014 年 7 月 22 日，黄某将其名下 48% 股份全部转让给其父亲黄某 C。2014 年 11 月 6 日，黄某 C 在黄某的授意下安排将其名下 14.5% 股份转让给儿媳妇吴某 D（黄某胞弟黄某 E 的老婆）。2016 年 11 月 24 日，吴某 D 在黄某的授意安排下将其名下 14.5% 股份转让给郭某某。2017 年 5 月 17 日，黄某将其股份转让给其父亲黄某 C 的行为被认定为无偿、有恶意而被撤销，工商部门根据相关司法文书将大众监理公司 33.5% 的股份登记在黄某名下。黄某上述股份转让实际是为了逃避个人债务，妨碍司法执行。经执行申请人温州煌盛管件股份有限公司起诉，洞头区人民法院、温州市中级人民法院判决将黄某恶意转移股份的行为予以撤销，工商部门因此将股份重新登记在黄某名下。洞头区人民法院也要求大众监理公司协助执行，且该登记在黄某名下的股份已经进入法院委托评估、拍卖阶段。2017 年 9 月，大众监理公司已经与洞头区人民法院确认要求行使优先购买权，并拟购入相应股份。因此，黄某起诉时其股东身份属于有“身”无“份”，已丧失合法股东身份。根据最高人民法院《关于适用〈中华人民共和国〉若干问题的决定（四）》（以下简称《公司法解释四》）第 7 条第 2 款规定，应驳回起诉。（2）黄某行使会计账簿查阅权目的不纯、动机卑劣，以恶意损害公司利益的方式损害债权人的利益。黄某为逃避债务的不正当目的不能实现，因此以行使会计账簿查阅权为借口，恶意拖延司法执行，或以损害公司利益的方式损害债权人利益并以此为借口意图与执行申请人温州煌盛管件股份有限公司协商。黄某的代理人在一审中陈述其行使相应权利的目的是排除税务风险，这一说法与黄某之前所发函件的目的不一致。更何况大众监理公司在一审中提供的查询函件是在其 2016 年 9 月 6 日被洞头区人民法院判决撤销、2016 年 12 月 10 日被温州市中级人民法院判决驳回上诉、2017 年 1 月 19 日被洞头区人民法院执行的情况下主张的，主观恶意比较明显。此外，黄某 C 的函件与黄某提交的函件在遣词用句、排列、设置，甚至标点符号上都一模一样。黄某的行为符合《公司法解释四》第 8 条“不正当目的”的情形。（3）黄某行使股权知情权应按《公司法》规定行使前置程序。黄某从未以股东身份向大众监理公司提出知情权主张，杨某某也没有收到相关请求函件。（4）黄某要求查阅、复制记账凭证、原始凭证等无法律依据。《公司法》第 33 条第 2 款规定的股东知情权的查阅对象非常明确，即仅为公司会计账簿，而会计账簿并不包括原始凭证和记账凭证。黄某要求查阅记账凭证、原始凭证没有法律依据。

被上诉人（原审原告）黄某观点：（1）黄某已经依照《公司法》的规定履行了向大众监理公司提出要求查阅账簿的通知义务。（2）黄某目前仍为大众监理公司的股东，其股权虽然被查封，但根据大众监理公司提供的账册评估得出的股权价值明显低于实际价值。黄某查到大众监理公司有很多应收款没有入账。另外，大众监理公司从成立至今，黄某从未得到分红，股权被查封也不能以真实价格被拍卖，同时大众监理公司还可能涉及税务问题，故黄某要求行使股东知情权，目的合法、正当。

法院观点

一审法院观点：《公司法》第 33 条规定：“股东有权查阅、复制公司章程、股东会会议记录、董事会会议决议、监事会会议决议和财务会计报告。股东可以要求查阅公司会计账簿。股东要求查阅公司会计账簿的，应当向公司提出书面请求，说明目的。公司有合理根据认为股东查阅会计账簿有不正当目的，可能损害公司合法利益的，可以拒绝提供查阅，并应当自股东提出书面请求之日起十五日内书面答复股东并说明理由。公司拒绝提供查阅的，股东可以请求人民法院要求公司提供查阅。”股东知情权，是指股东对公司经营管理、财务状况、重要文件和重大事项知晓和了解的权利，是法律规定股东享有的一种重要的权利，也是股东实现其他股东权的基础性权利。黄某作为大众监理公司的工商登记股东因此享有上述股东权利。大众监理公司以黄某在本案诉讼或者二审诉讼过程中可能丧失股东身份为由，对黄某的股东身份提出异议，缺乏依据，其辩称不予采信。黄某具有大众监理公司股东资格，依法享有股东知情权。关于黄某在提起知情权诉讼前是否履行了法律规定的前置程序问题。黄某于诉讼前通过向大众监理公司法定代表人杨某某邮寄《请求查阅、复制公司相关财务会计报告、会计账簿的函》的方式，要求查阅、复制公司相关材料。根据快递回执显示，函件已经被签收。但大众监理公司或杨某某至今未向黄某提供相应的公司材料，亦未向黄某作出书面答复。可以认定黄某已经于本案诉讼前依法履行了向大众监理公司要求查阅的程序。关于黄某行使股东知情权是否存在不正当目的问题。《公司法解释四》第 8 条规定，有限责任公司有证据证明股东存在下列情形之一的，人民法院应当认定股东有公司法第三十三条第二款规定的“不正当目的”：（一）股东自营或者为他人经营与公司主营业务有实质性竞争关系业务的，但公司章程另有规定或者全体股东另有约定的除外；（二）股东为了向他人通报有关信息查阅公司会计账簿，可能损害公司合法利益的；（三）股东在向公司提出查阅请求之日前的三年内，曾通过查阅公司会计账簿，向他人通报有关信息损害公司合法利益的；（四）股东有不正当目的的其他情形。本案中，大众监理公司提供的证据无法证明黄某存在上述“不正当目的”的情形，其主张黄某行使股东知情权存在不正当目的，缺乏依据。关于黄某是否有权查阅公司记账凭证和原始凭证问题。股东知晓公司信息的首要前提是可以查看公司真实、完整的财务资料，只有股东知晓公司的真实信息才能在股东会以及公司监督等途径中作出真实的意思表示来行使股东权利、保障股东利益，故股东有权查阅会计账簿、会计凭证等反映公司真实财务信息的资料。《会计法》虽对会计账簿和会计凭证予以区分，但又明确规定会计账簿登记是以会计凭证为依据，故股东只有在查阅会计凭证的前提下，才能确认其所查阅的会计账簿的真实性和完整性，才能获得真实的公司财务状况，从而在实质上保障股东知情权的行使。而会计凭证包括记账凭证和原始凭证，故黄某要求查阅公司记账凭证和原始凭证，予以支持。关于黄某查阅、复制的合理期间问题。《公司法》对股东查阅会计账簿所需合理期间没有规定，结合黄某要求查阅的会计账簿时间长度，酌定其查阅会计账簿的时间为 10 个工作日。关于股东会会议记录、董事会会议决议、监事会会议决议、财务会计报告等材料，因黄某在查阅的同时还有权复制上述资料，故黄某提出15个工作日的时间明显过长，酌定黄某可在5个工作日内查阅、复制上述资料。另外，股东行使知情权不受诉讼时效限制，大众监理公司辩称黄某行使股东知情权超过诉讼时效，缺乏依据，不予采信。

二审法院观点：（1）关于黄某是否已经丧失大众监理公司股东资格的争议。黄某虽然因无法清偿债务被温州市洞头区人民法院查封了其所持有的大众监理公司33.5%的股权，且该股权正在评估拍卖过程中，但该拍卖程序至今尚未终结，大众监理公司上述33.5%的股权仍登记在黄某名下，即从法律层面而言，黄某仍是大众监理公司的股东。黄某以大众监理公司股东身份对大众监理公司提出股东知情权诉讼，其原告主体是适格的。（2）关于黄某主张股东知情权的目的是否正当的争议。首先，黄某至今虽仍是大众监理公司工商登记的股东，但由于其所持有的股权已因负债而被法院查封且已进入司法强制执行的拍卖阶段，且黄某二审期间也承认其除该股权外没有其他财产可清偿所负的债务，也就是说，黄某所持有的大众监理公司的股权将被拍卖用以清偿债务是必然的。因此，黄某属于即将丧失股东身份的特殊股东。在此情形下，对黄某行使股东知情权的目的正当性要求应高于一般股东。其次，现黄某本人主要以温州市洞头区人民法院在准备拍卖其股权的过程中委托评估机构作出的股权评估价值过低为由主张行使股东知情权。黄某的上述主张属于对温州市洞头区人民法院拍卖其股权的执行程序中的评估行为存在异议所产生，其完全可以在执行程序中向执行法院或评估机构提出异议、申请重新评估等方式和途径进行救济，且黄某二审期间也承认已向执行法院就评估报告提出相应的异议和主张，执行法院在强制执行黄某的股份之前理应会对此作出回应。因此，黄某以执行程序中对股权评估价值存在异议为由另行起诉主张行使股东知情权，理由并不充分。最后，黄某2014年11月6日将其股权无偿转让给其父亲黄某C后，至2017年5月17日基于撤销权纠纷判决部分股权回转至黄某名下，期间黄某C的儿子、黄某的弟弟黄某E曾经于2016年2月26日至2016年9月13日从大众监理公司借取2011年至2015年财务凭证、2011年至2014年账本及报表等财务资料。黄某虽辩称黄某E上述借取大众监理公司账本及财务凭证的行为其并不知情，但黄某E借取上述财务资料时其父亲黄某C因黄某的无偿股权转让行为占有大众监理公司48%的股权，故黄某E的上述借取行为应视为代表黄某C行使股东知情权的行为。根据生效判决，黄某C与黄某之间的股权转让已被撤销，且黄某C与黄某之间又是父子关系，可以认定黄某E代表黄某C借取公司财务账册和凭证行使股东知情权的效力及于实际股东黄某。即黄某或其无偿转让股权期间的代持股人黄某C并不存在对大众监理公司的财务状况和财务账册不知情的情形。最后，从黄某在巨额负债的情况下将其所持有的股权无偿转让给其父亲黄某C，导致执行程序因无财产可供执行而终结。在债权人对其股权转让行为提出异议，通过撤销权诉讼最终撤销其股权转让行为。黄某在恢复执行程序后又在执行程序之外另行提出股东知情权诉讼，而其父亲黄某C的代表黄某E在2016年期间实际已经从大众监理公司借阅了财务账册和凭证，依法行使了股东知情权，大众监理公司有关黄某提起本案诉讼是为了拖延执行程序进程的主张有一定的合理性。根据上述分析，本院认为黄某提出本案股东知情权诉讼符合《公司法解释四》第8条第4项规定的股东有不正当目的的其他情形，故本院对黄某要求查阅大众监理公司财务账簿及凭证的诉讼请求不予支持。

二、公司应承担股东具有不正当目的的举证责任

案　　号：（2017）苏01民终5233号

案件名称：陈某某与南京亚东奥土矿业有限公司股东知情权纠纷案

裁判要旨：股东享有查阅会计账簿的权利，为平衡股东、公司间的权益，《公司法》要求股东行使权利时必须基于正当目的，反映至诉讼举证责任分配中，该举证责任应分配给公司。

案情简介

上诉人（原审被告）：南京亚东奥土矿业有限公司

被上诉人（原审原告）：陈某某

南京亚东奥土矿业有限公司（以下简称亚东公司）成立于2011年7月26日。2015年3月27日，陈某某受让马某某持有的亚东公司49%的股份，2015年4月3日，工商登记变更股东为马某某、陈某某。2016年9月23日，陈某

某通过顺丰快递邮寄送达一份申请书至亚东公司，主要内容为陈某某于2015年3月27日通过购买亚东公司股份成为公司股东。成为股东后，陈某某不能依法行使自己的股东权利。为了解公司的实际情况，更好地对公司事务参与和监管，维护自己的合法权益，依法行使股东知情权。陈某某准备于2016年9月30日前，在公司所在地依据《公司法》的规定查阅或复制公司的所有材料（含公司所有会计账簿、原始凭证、财务报告、契约、担保书、通信、传票、通知等），特对公司提出书面申请。望公司备好材料，以书面形式答复陈某某或者其委托代理人韩律师。

陈某某向一审法院起诉请求：请求判决亚东公司完整提供公司自成立至今的公司所有会计账簿、原始凭证、财务报告、契约、担保书、通信、传票、通知供陈某某查阅。

裁判结果

一审判决：（1）亚东公司于判决生效之日起10日内提供自公司成立以来至起诉之日期间的会计账簿（包括总账、明细账、日记账）、原始凭证、财务会计报告供陈某某查阅，查阅地点在亚东公司办公区域内，查阅期间为15个工作日（正常营业时间内）；（2）驳回陈某某的其他诉讼请求。

二审判决：驳回上诉，维持原判。

各方观点

上诉人（原审被告）亚东公司观点：（1）一审法院认定事实错误。被上诉人的诉讼目的并不是为了行使股东知情权，只是为其不正当目的增加筹码，一审法院却仅仅以双方存在纠纷，上诉人的报警记录不能证明被上诉人有不正当目的为由而支持被上诉人行使股东知情权。上诉人的报警记录能够认定被上诉人行使股东知情权是为实现不正当目的，但一审法院却错误认定被上诉人行使股东知情权不存在不正当目的。2016年8月起被上诉人以种种过激方式侵扰上诉人正常经营，目的就是迫使上诉人屈服并将所谓的股权款连本带息退还。为达到其不正当目的，自2016年8月至10月，被上诉人陆续以堵门、停电、查封公司货物、阻止公司送货、派人入住公司、拿走公司生产原料和工具等种种过激行为，扰乱上诉人正常经营秩序，每次上诉人都会报警求助、备案，公安部门也多次告知被上诉人不要采取过激措施，双方应通过法律途径解决，在此情形下被上诉人才提起了股东知情权诉讼。结合上诉人之前一直持续伴有的骚扰行为，上诉人有理由相信被上诉人行使股东知情权有不正当目的，故上诉人才会拒绝其查阅公司账簿。（2）一审法院适用法律错误。①《公司法》对股东知情权已有明确规定，一审法院突破《公司法》具体条款规定并运用解释方法违反了法律适用规则。《公司法》明确规定股东可以查阅公司会计账簿，被上诉人是2015年4月3日登记为公司股东的，其即使行使股东知情权，也只能在其成为公司股东之后，而不能溯及公司成立之时。但一审法院却从立法目的角度支持被上诉人查阅公司成立以来的文件资料。②一审法院违反法律适用规则，突破《公司法》具体条文规定并运用目的解释方法支持股东可查阅公司原始凭证。《公司法》在股东知情权条文中仅规定股东有权查阅会计账簿，但《公司法》未明确规定股东可查阅原始凭证，更无可援引、参照《会计法》等相关规定的准用性条款情形下便适用《会计法》等相关规定。不仅如此一审法院还违反法律适用规则，一审法院在法律有明确规定的情形下，还运用目的解释方法支持被上诉人可查阅公司原始凭证，违反了法律适用规定。

被上诉人未发表意见。

法院观点

一审法院观点：本案有三个争议焦点：一是行使股东知情权的起始点；二是行使股东知情权的范围；三是陈某某行使股东知情权是否具有不正当目的。

第一个争议焦点，股东要求查阅公司会计账簿的，应当向公司提出书面请求，说明目的。该规定明确了股东查阅会计账簿的前置程序。陈某某于2016年9月即向亚东公司送达申请书，载明申请查阅的范围、目的，亚东公司未予以回应。陈某某现诉至法院请求行使股东知情权，一审法院予以支持。陈某某股份虽为从他人处受让，取得股东资格的时间较公司成立时间晚，但作为公司股东有权对公司成立以来的法律规定知情权范围内的文件资料予以查阅。《公司法》设置股东知情权的目的在于便于股东对公司整体情况进行了解、知情，达到质询和建议的目的，如果仅仅从具有股东资格之日起才享有股东知情权，则与立法目的相悖。故亚东公司辩称应从陈某某成为亚东公司股东之日起行使股东知情权，于法无据，本院不予采信。

第二个争议焦点，股东有查阅会计账簿、财务会计报告的权利。《会计法》规定会计账簿包括总账、明细账、日记账等，陈某某要求查阅亚东公司会计账簿（包括总账、明细账、日记账）、财务会计报告系股东行使知情权的应有之义。《会计法》同时规定会计凭证包括原始凭证和记账凭证。原始凭证是编制会计账簿的基础依据。但《公司法》并未对股东查阅原始凭证作出明确规定，法院对此适用目的解释方法对股东是否可查阅会计凭证予以认定。《公司法》对股东知情权行使内容的规定是为了保护股东利益，股东作为公司的出资人，有权知悉、了解公司的真实经营状况，只有将原始凭证纳入查阅的范围，股东对公司的经营情况、财务状况才能有清晰地了解，股东知情权才能得到实质性保护。故陈某某要求查阅会计账簿、原始凭证、财务会计报告的诉讼请求，本院予以支持。

第三个争议焦点，公司有合理根据认为股东查阅会计账簿有不正当目的，可能损害公司合法权益的，可以拒绝提供查阅，并应当自股东提出书面请求之日起 15 日内书面答复股东并说明理由。股东享有查阅会计账簿的权利，为平衡股东、公司间的权益，《公司法》要求股东行使权利时必须基于正当目的，反映至诉讼举证责任分配中，该举证责任应分配给公司。亚东公司为证明陈某某可能损害公司利益，提供报警记录等证据。本院认为，《公司法》中阻却股东行使股东知情权的“不正当目的”应与其行使股东知情权间存在法律上的因果关系。报警记录可以证明案涉股东和公司间存在纠纷，但不能证明陈某某行使股东知情权系为了损害公司利益，对此本院不予采信。在考虑股东知情权利益时，同时兼顾公司正常经营及保护公司合法权益的考量，一审法院给予陈某某 15 个工作日（正常营业时间）的查阅期，并将地点定于亚东公司办公区域内。

二审法院观点：股东知情权是指股东享有的知道和了解公司经营状况重要信息的权利。股东参与公司经营管理的前提是要全面了解公司的经营状况和相关信息，公司应当向股东履行相关信息报告和披露的义务。《公司法》第 33 条第 2 款规定：“股东可以要求查阅公司会计账簿。股东要求查阅公司会计账簿的，应当向公司提出书面请求，说明目的。公司有合理根据认为股东查阅会计账簿有不正当目的，可能损害公司合法利益的，可以拒绝提供查阅，并应当自股东提出书面请求之日起十五日内书面答复股东并说明理由。公司拒绝提供查阅的，股东可以请求人民法院要求公司提供查阅。”陈某某于2016年9月23日向亚东公司提出了书面申请并说明了目的。陈某某向亚东公司提出书面申请说明其行使知情权是为了了解公司实际情况、更好地对公司事务参与和监督、以维护自己的合法权益。本案中，亚东公司认为陈某某行使股东知情权具有不正当目的，应对此承担相应的举证责任。现亚东公司提供的证据不足以证明拒绝陈某某查阅公司会计账簿的合理性，且在陈某某提出查阅公司会计账簿申请15日内未按规定予以书面答复，说明理由。故亚东公司以陈某某要求查阅公司会计账簿有不正当目的、可能损害公司合法利益为由，拒绝提供查阅的主张，依据不足，本院不予采信。

关于陈某某行使股东知情权起始时间问题。陈某某获得亚东公司股东资格时间虽晚于亚东公司成立之时，但股东知情权是公司股东固有的法定权利，一旦成为公司股东，即享有与其他股东完全相同的权利，不应以成为公司股东的时间先后而予以区别对待或限制，故陈某某行使股东知情权的起始时间可自公司成立之时。

关于陈某某的查阅范围是否包括原始凭证问题。股东知情权最重要的部分就是查阅权，股东只有通过查阅才能知情。根据《公司法》的规定，陈某某作为股东，可以要求查阅公司会计账簿。根据《会计法》的规定，会计账簿登记必须以经过审核的会计凭证为依据，而会计凭证包括原始凭证和记账凭证。公司的具体经营活动、真实财务状况只有通过查阅原始凭证才能知晓，故陈某某行使股东知情权，要求查阅公司会计账簿的范围自然应当包括原始凭证和记账凭证。且我国《公司法》未对股东查阅原始凭证加以限制，股东查阅会计账簿时一并查阅原始凭证不会过分加重公司义务，故亚东公司应提供其会计账簿所附的原始凭证供陈某某查阅，方便陈某某了解公司真实的财务情况。亚东公司主张陈某某查阅范围不应包含原始凭证，依据不足，本院不予支持。一审认定陈某某可以查阅的会计账簿的原始凭证，并无不当。

律师点评

根据《公司法》第33条第2款，公司可以股东具有不正当目的为由，拒绝股东查阅公司会计账簿。《公司法解释四》第8条对不正当目的予以明确规定：有限责任公司有证据证明股东存在下列情形之一的，人民法院应当认定股东有《公司法》第33条第2款规定的“不正当目的”：(1) 股东自营或者为他人经营与公司主营业务有实质性竞争关系业务的，但公司章程另有规定或者全体股东另有约定的除外；(2) 股东为了向他人通报有关信息查阅公司会计账簿，可能损害公司合法利益的；(3) 股东在向公司提出查阅请求之日前的三年内，曾通过查阅公司会计账簿，向他人通报有关信息损害公司合法利益的；(4) 股东有不正当目的的其他情形。

一般而言，正当目的可以分解为以下四个层面来解读：

1. 正当目的必须是一个从股东身份出发的目的，即股东身份性。换言之，某个人提出查阅请求时，所主张的目的不能是纯粹其个人的而与股东身份无关的目的。

2. 正当目的与基于股东身份的个人利益具有合理关联性。合理相关性的要求，是一个抽象的标准，主要是指股东查阅公司信息要与公司投资相关。换言之，该目的应当是关乎公司经济利益（最终表现为股东的经济利益）或者投资人股票价值的。

3. 该目的本身必须合法且不能违背公司利益。

4. 这些目的必须是善意的，股东提出查阅请求时不是为了满足好奇心，也不是出于投机或者骚扰公司以及使公司管理层陷入尴尬等目的。即使陈述的目的在法律上是充分的，如果陈述的目的不是出于善意，则法院仍将不允许查阅。出于股东权保护之理念，对于目的的正当性采用推定主义。当然，股东也应当提出证明自己存在正当性目的的基础证据或者初步证据。[1]

相关法律依据

1.《公司法》

第33条　股东有权查阅、复制公司章程、股东会会议记录、董事会会议决议、监事会会议决议和财务会计报告。

---

〔1〕参见刘德全、俞宏雷：《最高人民法院司法观点集成——商事卷I》，中国法制出版社2017年版，第891页。

股东可以要求查阅公司会计账簿。股东要求查阅公司会计账簿的，应当向公司提出书面请求，说明目的。公司有合理根据认为股东查阅会计账簿有不正当目的，可能损害公司合法利益的，可以拒绝提供查阅，并应当自股东提出书面请求之日起十五日内书面答复股东并说明理由。公司拒绝提供查阅的，股东可以请求人民法院要求公司提供查阅。

第 97 条 股东有权查阅公司章程、股东名册、公司债券存根、股东大会会议记录、董事会会议决议、监事会会议决议、财务会计报告，对公司的经营提出建议或者质询。

2. 最高人民法院《关于适用〈中华人民共和国公司法〉若干问题的规定（四)》

第 7 条 股东依据公司法第三十三条、第九十七条或者公司章程的规定，起诉请求查阅或者复制公司特定文件材料的，人民法院应当依法予以受理。

公司有证据证明前款规定的原告在起诉时不具有公司股东资格的，人民法院应当驳回起诉，但原告有初步证据证明在持股期间 其合法权益受到损害，请求依法查阅或者复制其持股期间的公司特定文件材料的除外。

第 8 条 有证据证明股东存在下列情形之一的，人民法院应当认定股东有公司法第三十三条第二款规定的“不正当目的”：

（一）股东自营或者为他人经营与公司主营业务有实质性竞争关系业务的，但公司章程另有规定或者全体股东另有约定的除外；

（二）股东为了向他人通报有关信息查阅公司会计账簿，可能损害公司合法利益的；

（三）股东在向公司提出查阅请求之日前的三年内，曾通过查阅公司会计账簿，向他人通报有关信息损害公司合法利益的；

（四）股东有不正当目的的其他情形。

第 9 条 公司章程、股东之间的协议等实质性剥夺股东依据公司法第三十三条、第九十七条规定查阅或者复制公司文件材料的权利，公司以此为由拒绝股东查阅或者复制的，人民法院不予支持。

第 10 条 人民法院审理股东请求查阅或者复制公司特定文件材料的案件，对原告诉讼请求予以支持的，应当在判决中明确查阅或者复制公司特定文件材料的时间、地点和特定文件材料的名录。股东依据人民法院生效判决查阅公司文件材料的，在该股东在场的情况下，可以由会计师、律师等依法或者依据执业行为规范负有保密义务的中介机构执业人员辅助进行。

第 11 条　股东行使知情权后泄露公司商业秘密导致公司合法利益受到损害，公司请求该股东赔偿相关损失的，人民法院应当予以支持。

根据本规定第十条辅助股东查阅公司文件材料的会计师、律师等泄露公司商业秘密导致公司合法利益受到损害，公司请求其赔偿相关损失的，人民法院应当予以支持。

第四章　股东涉公司决议纠纷

公司的股东会作为依法定职权决议公司重要事务的最高权力机关，是股东行使股东权利的重要平台。召开股东会就公司重大经营事项作出决议则是公司治理的主要方式。在此过程中，股东应当按照法律和公司章程规定的方式和程序对相关议案内容进行决议，并对股东会召开及形成的决议是否符合法律或章程规定进行监督，从而确保股东能充分参与公司重要事务决策管理，决议内容能充分代表和体现全体股东真实意思表示。在企业日常经营中，股东间难免会就公司事务出现分歧，此时股东会将可能演变成股东间权益博弈的一个重要战场，并可能由此引发股东间就公司决议问题的纠纷。

本章所述股东涉公司决议纠纷是指因公司股东会决议的内容违反法律、行政法规，股东会的会议召集程序、表决方式违反法律、行政法规或公司章程，或者决议内容违反公司章程，股东向人民法院提起诉讼，要求确认股东大会的决议效力或撤销股东大会决议等所引发的纠纷。

第一节　股东决议的效力优先性

一、股东决议的对内效力优于工商登记

案　　号：（2014）民四终字第20号

案件名称：大拇指环保科技集团（福建）有限公司与中华环保科技集团有限公司股东出资纠纷案

裁判要旨： 工商登记的法定代表人对外具有公示效力，对于公司与股东之间因法定代表人任免产生的内部争议，则应以有效的股东会任免决议为准，并在公司内部产生法定代表人变更的法律效果。

案情简介

上诉人（原审被告）：中华环保科技集团有限公司

被上诉人（原审原告）：大拇指环保科技集团（福建）有限公司

大拇指环保科技集团（福建）有限公司（以下简称大拇指公司）是于2004年经福建省人民政府批准的外商独资企业。中华环保科技集团有限公司（以下简称环保科技公司）是一家新加坡注册成立的有限股份上市公司。自2005年9月起，环保科技公司成为大拇指公司股东。2008年，大拇指公司进行增资，增资部分全部由环保科技公司认缴并需以等值外汇现金投入。2010年6月，环保科技公司进入司法管理程序，由司法管理人接管。2010年8月，大拇指公司向福州中院提起另案诉讼，要求环保科技公司支付增资款。2011年1月20日，环保科公司的司法管理人作出书面决议，将大拇指公司的法定代表人田某变更为何某某。2012年3月30日，环保科技公司的司法管理人再次作出书面决议和任免书，免去何某某大拇指公司法定代表人职务，委派保某某为大拇指公司法定代表人。该等变更并未办理工商登记。由于环保科技公司未完全履行出资义务，大拇指公司于2012年4月27日依增资协议诉请环保科技公司缴付增资款。2012年12月18日，大拇指公司的法定代表人变更登记为洪某。2013年，保某某代表大拇指公司向法院提交撤诉申请。

裁判结果

一审判决：环保科技公司应于判决生效之日起10日内向大拇指公司缴纳出资款4500万元。

二审判决：撤销一审判决，驳回起诉。

各方观点

大拇指公司观点：保某某为大拇指公司合法的现任董事长。大拇指公司的起诉状和授权委托书是无权人员盗用公司公章而为，未经合法的法定代表人同意，不能代表大拇指公司的真实意思，起诉无效。保某某签署的撤诉申请是大拇指公司的真实意思，应予准许。

环保科技公司观点：工商登记载明的大拇指公司法定代表人洪某有权代表大拇指公司提起本案诉讼。按照中国现行法律规定，大拇指公司新任的法定代表人须经合法登记后，方可行使法定代表人职权，环保科技公司司法管理人任命的所谓法定代表人保某某未依法进行变更登记，故不能行使法定代表人职权，亦无权申请撤诉。

法院观点

一审法院观点：在适用中国法律的前提下，工商登记的信息具有公示公信的效力。认定大拇指公司法定代表人仍应以工商登记为准，在无证据证明保某某被登记为大拇指公司的法定代表人前，其代表大拇指公司作出的意思表示不具有法律效力，故不予认可。大拇指公司提起诉讼的目的在于请求其唯一股东履行增资所确定的出资义务，环保科技公司不予主动履行，反而向有关部门提出减资申请，以抵销大拇指公司的请求，环保科技公司与大拇指公司显然存在利益冲突。在此情况下，大拇指公司起诉主张权利，起诉状及授权委托书盖有公司公章，并不违反中国法律规定，亦不能就此否认大拇指公司提起本案诉讼系真实意思。因此，环保科技公司关于大拇指公司起诉没有法律效力的抗辩主张不成立，不予采纳。

二审法院观点：根据《公司法》（2005 年）第 47 条第 2 项的规定〔1〕，公司董事会作为股东会的执行机关，有义务执行股东会或公司唯一股东的决议。大拇指公司董事会应当根据其唯一股东环保科技公司的决议，办理董事及法定代表人的变更登记。由于大拇指公司董事会未执行股东决议，造成了工商登记的法定代表人与股东任命的法定代表人不一致的情形，进而引发了争议。

法律规定对法定代表人变更事项进行登记，其意义在于向社会公示公司

〔1〕 2018 年修正的《公司法》第 46 条第 2 项。

意志代表权的基本状态。工商登记的法定代表人对外具有公示效力，如果涉及公司以外的第三人因公司代表权而产生的外部争议，应以工商登记为准。而对于公司与股东之间因法定代表人任免产生的内部争议，则应以有效的股东会任免决议为准，并在公司内部产生法定代表人变更的法律效果。因此，环保科技公司作为大拇指公司的唯一股东，其作出的任命大拇指公司法定代表人的决议对大拇指公司具有约束力。本案起诉时，环保科技公司已经对大拇指公司的法定代表人进行了更换，其新任命的大拇指公司法定代表人明确表示反对大拇指公司提起本案诉讼。因此，本案起诉不能代表大拇指公司的真实意思，应予以驳回。环保科技公司关于本案诉讼的提起并非大拇指公司真实意思的上述理由成立。

二、董事会决议是公司的意志体现，其效力优于公司公章

案　　号：（2013）苏商外终字第0035号

案件名称：成某某、胡某某与中青投资咨询（无锡）有限公司公司证照返还纠纷案

裁判要旨：公司意志系通过股东会、董事会等议事、决策机构的议事内容所体现，而非公司公章的有无及实际控制情况。

案情简介

上诉人（原审被告）：成某某

上诉人（原审被告）：胡某某

被上诉人（原审原告）：中青投资咨询（无锡）有限公司（以下简称中青无锡公司）

中青无锡公司于2008年3月26日核准设立，注册资本1000万港元，系中青投资有限公司（以下简称中青公司）出资设立的全资子公司。中青公司原委任成某某担任中青无锡公司的执行董事、法定代表人职务，聘任胡某某担任中青无锡公司的总经理。中青无锡公司章程第8条规定公司不设董事会，只设执行董事一名，执行董事任期3年，任期届满，连选可以连任。执行董事为公司的法定代表人。第9条规定执行董事对股东负责，行使职权包括决

定聘任或者解聘公司经理及其报酬，并根据经理的提名决定聘任或者解聘公司副经理、财务负责人及其报酬事项。

2011 年 5 月 13 日，中青公司作出董事会决议，主要内容为：(1) 中青公司是中青无锡公司的独家出资人，由于成某某涉嫌贿赂及诈骗公司股东，正接受香港廉政公署调查，本公司决定撤换成某某担任中青无锡公司法定代表人及执行董事职务，即时生效；(2) 撤换胡某某担任中青无锡公司的总经理职务，即时生效；(3) 委任陈某 A 出任中青无锡公司的法定代表人及执行董事职务、代替胡某某出任总经理职务，即时生效。同时，陈某 A 依据中青无锡公司章程作出免除胡某某担任中青无锡公司总经理职务的决定。

2011 年 10 月 18 日，中青无锡公司委托律师分别向成某某、胡某某发律师函，要求成某某、胡某某交还中青无锡公司证照、印签章、财务账册，并要求成某某配合办理法定代表人工商登记变更手续，律师函因无法送达被退回。至今双方未办理中青无锡公司财物的交接和工商变更手续。中青无锡公司请求法院判令：成某某、胡某某返还中青无锡公司的证照（包括营业执照、外商投资企业批准证书、财政登记证、组织机构代码证、税务登记证、外汇登记证)、印鉴章（包括公章、合同专用章、财务专用章、法定代表人印鉴章)、财务账册，并承担本案诉讼费用。

裁判结果

一审判决：成某某、胡某某于本判决生效后 10 日内返还或负责追回中青无锡公司的证照（包括营业执照、外商投资企业批准证书、财政登记证、组织机构代码证、税务登记证、外汇登记证)，印鉴章（包括公章、合同专用章、财务专用章、法定代表人印鉴章)，财务账册。

二审判决：驳回上诉，维持原判。

各方观点

成某某、胡某某观点：中青无锡公司的起诉状未加盖公章，只有法定代表人的签名。公司的法定代表人陈某 A，虽经股东任命，但未经工商登记，不能行使权利。

中青无锡公司观点：公司法定代表人的工商登记仅具有公示效力，仅是形式要件。由陈某 A 签署的起诉状是有效的。

法院观点

一审法院观点：《公司法》第 4 条规定："公司股东依法享有资产收益、参与重大决策和选择管理者等权利。"中青公司作为中青无锡公司的全额投资者，其通过董事会决议作出免除成某某担任中青无锡公司法定代表人和执行董事并任命陈某 A 担任中青无锡公司法定代表人和执行董事的决定符合公司章程和法律的规定。虽然中青无锡公司尚未办理法定代表人的工商变更手续，但工商变更仅仅是形式要件，2011 年 5 月 13 日的董事会决议一经作出就具有法律约束力，董事会决议作出后，成某某已丧失了作为管理者代表中青无锡公司对外行使职权、履行职务的资格，陈某 A 则有权作为管理者代表中青无锡公司对外行使职权、履行职务，其当然可以代表中青无锡公司提起民事诉讼。故成某某提出的关于中青无锡公司诉讼主体不适格的抗辩事由不能成立。2011 年 5 月 13 日的董事会决议作出后，成某某、胡某某失去了管理者的职权，其已经无权再继续持有该公司证照、印章、财务账册，成某某、胡某某负有离任交接的义务，即应当积极配合中青无锡公司办理财物移交手续，并配合办理工商变更登记。如果上述财物确实由中青无锡公司的其他管理人员保管，其也应当负责追回，并办理移交。

二审法院观点：中青公司作为中青无锡公司的唯一股东，其有权任免中青无锡公司的法定代表人。中青公司董事会作出决议免除了成某某的中青无锡公司法定代表人和执行董事职务，并任命陈某 A 担任中青无锡公司的法定代表人和执行董事。该决议符合法律和公司章程的规定，应为有效。陈某 A 作为中青无锡公司的法定代表人，有权代表公司在起诉状中签名，提起本案诉讼。成某某、胡某某主张，陈某 A 虽由中青无锡公司的股东任命，但未办理工商登记，不能对外行使法定代表人的权利。对此，本院认为，公司法定代表人的变更登记属于备案性质，未办理变更登记并不影响陈某 A 担任中青无锡公司的法定代表人的效力。成某某、胡某某的上述主张没有法律依据，本院不予支持。

律师点评

通常情况下，股东会作为公司的最高权力机关，负责决定公司的经营方针及策略、决定公司的存续、选任公司高级管理人员及审议公司的利润分配等关系到每个股东的切身利益的重大事项。无论是独资企业还是合资企业，股东会决议是体现股东会真实意思表示的最直接来源。工商行政主管部门的登记、备案所公示的内容及对公司公章、营业执照等重要材料的持有和使用所产生的外在感官效果均无法代替股东会的决议。在两者出现不一致的情况下，必然以股东会决议内容为优先。因此，正是由于股东会决议的优先性，一旦公司股东间就公司事务产生异议，股东会决议易成为各方兵戎相见之地。尤其对于股东组成、股东会召开、决议程序较为复杂的情况，各方常会围绕股东会决议的效力问题产生纠纷。

《公司法》中对股东会的召集及召开程序作出了基础性的规定，结合公司章程或其他公司治理类文件的规定，公司需依法依规召开股东会并表决通过相关决议。实践中，股东决议违反法律法规或违反程序性规定的情况并不罕见，其中不乏公司大股东利用其控制权优势通过股东会决议来损害中小股东的利益案例。该等瑕疵将对股东会决议的效力构成影响，并分不同情况可分为可撤销、无效或不成立的股东决议。

第二节　决议无效之诉

一、违反非强制性规定不构成无效决议

案　　号：(2017) 沪01民终14920号

案件名称：吕某与上海鸿洋船舶有限公司公司决议纠纷案

裁判要旨：《公司法》项下公司减资程序并非效力性强制性规定，对该规定的违反不会导致股东决议无效。

案情简介

再审申请人（一审吕某、二审上诉人）：吕某

被申请人（一审霍某、二审被上诉人）：霍某

被申请人（一审鸿洋公司、二审被上诉人）：上海鸿洋船舶有限公司（以下简称鸿洋公司）

鸿洋公司成立于2000年1月24日，注册资本5000万元，登记股东为吕某和霍某，持股比例分别为10%、90%。鸿洋公司2014年7月20日章程第4条规定公司增加或减少注册资本，必须召开股东会并由经代表一半以上表决权的股东表决通过并作出决议，公司减少注册资本，还应当自作出决议之日起10日内通知债权人，并于30日内在报纸上公告，公司变更注册资本应依法向登记机关办理变更登记手续……第12条规定股东会由全体股东组成，是公司的权力机构，行使下列职权：……（8）对公司增加或减少注册资本作出决议……第29条规定公司根据需要或涉及公司登记事项变更的可修改公司章程，修改后的公司章程不得与法律、法规相抵触等。

2015年9月7日，鸿洋公司曾召开股东会，并形成如下决议：（1）公司注册资本由5000万元更改为500万元；（2）通过公司章程修正案；（3）授权公司股东霍某依据公司章程，全权负责公司注册资本更改工商登记事宜，公司股东吕某协助公司股东霍某办理公司注册资本更改等手续，表决结果为：霍某同意，占股90%；吕某不同意，占股10%。其中，前述提及的章程修正案记载，鸿洋公司注册资本由5000万元更改为500万元，霍某的出资由4500万元改为450万元，吕某的出资由500万元改为50万元，吕某和霍某的持股比例不变，分别为10%、90%，该份章程修正案的表决结果为：霍某同意，占总股数90%；吕某不同意，占总股数10%。后就2015年9月7日股东会决议所涉减资事宜未实际履行，也未办理变更登记等手续。

2016年7月22日，鸿洋公司形成如下股东会决议：（1）公司注册资本由5000万元减至1750万元；（2）公司减少注册资本后，股东的出资额及持股比例如下：霍某出资额1250万元，出资比例71.43%，吕某出资额500万元，出资比例28.57%；（3）公司在本决议作出后，编制资产负债表及财务清单，在10日内通知债权人，并于30日内在报纸上公告；（4）通过章程修正案等，

表决结果为：霍某同意，占总股数90%[1]；吕某不同意，占总股数28.57%。2016年8月13日，鸿洋公司在文汇报上刊登减资公告，记载鸿洋公司经股东会决议由注册资本5000万元减至1750万元。2016年9月30日，鸿洋公司出具有关债务清偿及担保情况说明（以下简称情况说明）记载，根据《公司法》和鸿洋公司章程规定，并根据2016年7月22日鸿洋公司关于减资的股东会决议，鸿洋公司编制了资产负债表及财产清单，在该决议作出之日起的10日内通知了债权人，并于2016年8月13日在文汇报上刊登了减资公告，现就减资所涉及的债务清偿及担保问题作如下说明：根据公司编制的资产负债表及财产清单，公司对外债务为零万元；至2016年9月30日鸿洋公司已向要求清偿债务或提供担保的债权人清偿了全部债务或提供了相应的担保；未清偿的债务，由公司继续负责清偿，并由股东霍某在法律规定的范围内提供相应的担保。该份情况说明落款加盖了公司印章，且霍某在担保人处签名确认。2017年3月，鸿洋公司办理了上述减资的工商变更登记手续。后吕某要求确认2016年7月22日股东会决议无效并要求鸿洋公司和霍某办理相关撤销变更登记手续，故涉诉。

裁判结果

一审判决：驳回吕某的诉讼请求。

二审判决：驳回吕某的上诉，维持原判。

再审判决：驳回吕某的再审申请。

各方观点

吕某观点：吕某和霍某系鸿洋公司股东，霍某系大股东，鸿洋公司原注册资本5000万元，但霍某于2016年7月22日强行对鸿洋公司减资并随后办理了变更登记手续，但该次股东会决议违反《公司法》第20条、第22条、第37条、第43条及章程第4条、第12条、第29条的规定，当属无效，且鸿洋公司曾于2015年9月7日形成了有效的股东会决议但尚未办理变更登记手续，故2016年7月22日股东会无权就2015年9月7日股东会决议中已经形

[1] 由于减资需以股东决议通过为条件，因此股东决议时表决权仍按减资前股权份额比例计算。

成过决议的注册资本和股东出资事项再次进行决议。基于2016年7月22日的股东会决议无效，鸿洋公司应当办理相关撤销登记手续，且霍某在办理减资登记手续过程中未编制资产负债表，也未通知鸿洋公司的债权人，财产清单不全，并谎称鸿洋公司债务为零，实际上鸿洋公司尚有多个执行案件未了结，也没有向债权人清偿债务及提供担保。霍某以大股东的身份强行减资且未依《公司法》相关程序办理，并以虚假手段骗取变更登记，严重损害了鸿洋公司债权人的权益，也损害了吕某作为小股东的权益。

鸿洋公司及霍某观点：2015年9月7日股东会决议形成后，鸿洋公司曾根据决议至工商部门办理手续时咨询获悉，该决议因一方股东反对减少自己的出资，法律上不准许，故该股东会决议实际无法履行。2016年7月22日的股东会决议形成后，吕某从未再要求按照2015年9月7日的股东会决议履行。而且2016年7月22日的股东会决议内容是维持吕某的出资额，只是减少了霍某的出资额，该决议合法有效，亦已按此决议进行工商变更登记。

法院观点

一审法院观点：本案争议焦点在于2016年7月22日鸿洋公司的股东会决议是否无效，即其内容是否存在违反法律法规的效力性强制性规定的情形。首先，该次股东会决议内容主要涉及鸿洋公司注册资本减资和霍某出资额减资的事项，且该次股东会决议由鸿洋公司的全体股东即吕某和霍某参与表决，虽然吕某投票反对，但因霍某投票同意该决议，故该决议内容已经代表2/3以上表决权的股东通过，符合《公司法》第37条、第43条的规定。对于鸿洋公司2014年7月20日章程第4条规定与《公司法》第43条存在不一致之处，应以《公司法》第43条为准。其次，对于吕某以鸿洋公司和霍某存在违反《公司法》第20条、第177条规定情形而要求确认该次股东会决议无效并办理申请撤销登记手续的意见，但《公司法》第20条、第177条内容并非效力性强制性规定，故吕某以鸿洋公司和霍某存在违反该条款情形而要求确认2016年7月22日股东会决议无效并办理撤销登记手续的意见，不予支持。如果吕某及其他债权人认为鸿洋公司和霍某存在违反该条款情形并致使其合法权益受到损害的，可另循合法途径向鸿洋公司和霍某进行主张。最后，针对鸿洋公司2015年9月7日形成的涉及减资的股东会决议，吕某投票予以反对，且该股东会决议并未实际履行及办理变更登记手续，故吕某以曾形成过该股东会决议为由，要求确认随后于2016年7月22日形成的已经实际履行并办理变更登记手续的股东会决议无效，缺乏事实和法律依据，不予支持。

二审法院观点： 鸿洋公司2016年7月22日股东会决议，从内容上看不存在违反现行法律法规的强制性规定，且鸿洋公司已按该决议内容实际办理了工商变更登记。现吕某要求确认该决议无效及撤销对鸿洋公司注册资本的变更登记，缺乏充分的事实和法律依据。同时，鸿洋公司于2015年9月7日及2016年7月22日先后形成两份股东会决议，吕某均投票反对。从决议内容看，两份决议均涉及对鸿洋公司注册资本进行减资的事项，但2015年9月7日的股东会决议是在对股东持股比例不变的情况下进行的减资，而2016年7月22日的股东会决议则是在维持吕某原认缴的出资额不变、仅减少霍某出资额的情况下进行减资。根据现有证据，在2016年7月22日的股东会决议形成后，吕某从未提出其同意2015年9月7日股东会决议的内容并要求按该决议履行。鉴于此，吕某的诉讼请求，于法无据，其上诉理由，不能成立，应予驳回。

再审法院观点： 虽然公司设立时对注册资本的确定以及各股东对具体出资额的认缴需要各股东进行合意，公司设立时股东之间的关系更类似于合同关系；但在公司成立后，股东缴纳的出资额已经转化为公司的注册资本，所有权属于公司，在公司运营过程中根据具体经营情况需要对注册资本进行增减时，需要遵守公司权力机构股东会作出的决议。《公司法》之所以规定对注册资本进行增减的股东会决议需要经代表2/3以上表决权的股东通过，正是遵循了对公司重要事项的资本多数表决原则。注册资本的增减必然涉及具体股东出资额及出资比例的变化，若强求达成一致意见才能对注册资本进行增减，显然有违《公司法》第43条规定的初衷。本案中，在吕某反对2015年9月7日同比例减资的股东会决议的情况下，2016年7月22日股东会决议仅减少了霍某的出资额，保留了吕某的出资额，程序正当，内容合法，且已经办理工商变更手续，各股东理应按照股东会决议的内容履行。由于股东以其出资额为限对公司债务承担有限责任，因此该保留吕某出资额的股东会决议对其权利并未造成损害。综上所述，吕某的再审申请不符合《民事诉讼法》第200条第6项之规定。

二、违法限制股东资格的决议无效

案　　号：（2018）京02民终1332号

案件名称：徐某等与北京金牧鑫农生物科技有限公司公司决议效力确认纠纷案

裁判要旨：决议内容对股东的基本身份限制未得到全部股东同意，强制剥夺了小股东对自己股东权利的自由处分，应属无效。

案情简介

上诉人（一审原告）：李某某、史某某、温某某、徐某

被上诉人（一审被告）：北京金牧鑫农生物科技有限公司（以下简称金牧公司）

金牧公司系有限责任公司，于2008年3月31日成立。李某某、史某某、温某某、徐某系该公司股东。2017年3月17日，金牧公司召开了2017年第一次临时股东会，会议通过了关于修改公司章程的议案。修改后的公司章程增加了第7条的部分内容及第22条和第23条。第7条增加：本公司自然人股东必须是本企业正式在职职工或公司聘请的专家，股东离职或专家不再续聘，其所持公司股份必须转让给公司其他股东或由公司进行计价回购。第22条：股东从公司离职的，其应当在办理离职前30日将其所持有的公司股权转让给公司其他股东。股权转让价格按以下原则确定：（1）股东持股未满五年的不满一年的，按公司上一年度净资产价值的60%为标准确定；满一年的、按公司上一年度净资产价值的70%为标准确定；满二年至三年的，按公司上一年度净资产价值的80%为标准确定，满四年的，按公司上一年度净资产价值的85%为标准确定。（2）股东入股满五年的可以按公司上一年度净资产价值的100%为标准确定。（3）持股时间以公司的出资证明为起点，以股东离职时间为终点，期间股东不间断的持股时间。第23条：离职股东股权受让顺位对于离职股东股权的按以下顺位受让：（1）股东按照持股比例依次确认，持股比例高的股东优先于持股比例低股东，股东放弃优先顺位，自然进入下一顺位。（2）除离职股东外，其他股东均放弃受让的，由公司回购。

在股东会表决过程中，李某某、史某某、温某某、徐某通过共同的委托代理人王某某对上述议案投了反对票。此后，李某某、史某某、温某某、徐

某认为上述内容违反了《民法典》《物权法》等相关规定，损害了股东的意思自治和小股东的合法权益，故诉至法院，请求法院确认上述内容无效。

裁判结果

一审判决：驳回李某某、史某某、温某某、徐某的诉讼请求。

二审判决：撤销一审判决，改判金牧公司2017年3月17日第一次临时股东会审议通过的金牧公司章程第7条新增内容、第22条、第23条内容无效。

各方观点

李某某、史某某、温某某、徐某观点：1. 强制股东转让股权违背相关法律规定应属无效。首先，我国《物权法》第65条规定：私人合法的储蓄、投资及其他收益受法律保护。《民法总则》第113条规定：民事主体的财产权利受法律平等保护。股权作为股东的合法财产受法律保护，对股权的处分权应当由股东本人行使而非公司自治的范畴，股东享有对股权中的财产权益占有、使用、收益、处分的权利。非经权利人的意思表示或法律的强制执行程序不得变动。在未得到股东的同意下，强制离职股东转让股权必然是对离职股东财产权的损害。其次，本案不适用《公司法》（2005年）第72条[1]，该条规定公司章程对股权转让另有规定的，从其规定。但是该规定中的公司章程系指合法有效的公司章程，当公司章程损害了股东权益，则此章程无效。《公司法》（2005年）第72条第4款的规定是针对本条前3款规定而言，是对前3款的补充，约定的范围是"股东之间转让股权""股东向公司以外的第三人转让股权""股东优先权行使"三个方面，是在充分考虑到有限责任公司人合性的基础上，就股东股权转让的受让主体、受让程序及优先权行使等非实体处分权方面的规定，而不是对股东是否进行股权转让这一实体权利的规定，股权转让权可以通过章程进行限制，但一般限制的是权利的行使方式而非权利的处分，公司章程不能强制股东在非自愿的情况下转让股权。因此，强制离职股东转让股权的公司章程并不是公司的自治范畴。

[1] 2018年修正的《公司法》第71条第3款。

2. 强制股权转让条款严重损害小股东权益。

综上所述，股权转让属于股东意思自治范畴，强制股权转让条款无效。

金牧公司认为：我方在2017年3月17日召开的临时股东会，会议的召集程序和决议的内容均符合相关法律规定及公司章程规定，应属合法有效。

法院观点

一审法院观点：《公司法》第22条第1款规定："公司股东会或者股东大会、董事会的决议内容违反法律、行政法规的无效。"有限公司兼具资合性与人合性，在不损害其他主体利益的情况下，应当允许公司内部对股东资格及股权转让等作出合理约定。涉案章程新增的内容系对公司自然人股东资格、股东离职时股权处理的规定，系公司意思自治的体现，不违反法律、行政法规的效力性强制性规定，应属有效。综上所述，关于李某某、史某某、温某某、徐某要求确认金牧公司2017年3月17日第一次临时股东会审议通过的金牧公司章程第7条新增内容、第22条、第23条内容无效的诉讼请求，缺乏事实和法律依据，一审法院不予支持。

二审法院观点：合伙企业是完全的人合性，企业经营的所有决定必须经全体合伙人一致通过才有效。股份有限公司是完全的资合性，只要公司决议达到了公司章程规定的多数通过，决议就有效。而有限责任公司不同于两者之处就是既有资合性也有人合性，人合性为其本质属性，资合性为其外在表现形式。在决定公司经营策略、收购、合并、分立、清算或者变更公司形式等具体经营上更多体现的是有限责任公司的资合性，只要按照公司章程规定，完成了召集、通知、表决等《公司法》规定的程序，决议内容多数通过就生效。在这种情况下，异议股东可以通过行使股东知情权了解公司运营情况，或者依照《公司法》第71条转让股份，从而来表达自己的意见，维护自己的权益，自由行使自己的股东权利。而在通过类似于限定股东资格身份、现有股东如何退出等内容的决议时，本院认为应该更多地体现有限责任公司的人合性，类似于合伙企业，必须经现有股东一致通过方可有效，不然就会出现有限责任公司控股股东恶意操纵股东会，随意修改公司章程，强制驱逐不同意见的小股东的行为。如果相关内容条款是在有限责任公司设立之初就已经在公司章程约定的，那么就可以认定此内容得到所有股东的一致同意，对所有的股东都有约束力。

具体到本案，金牧公司按照法定程序召开股东大会，全体参加股东行使了自己的表决权，按照达到2/3多数通过的公司章程规定，通过了相关的公司决议，修改公司章程，程序上完全符合《公司法》规定。但是，金牧公司的决议内容是修改公司章程，对股东资格进行了限制，要求不符合资格的股东必须退出公司，将股份转让。这种对股东最基本的身份限制的决议内容没有得到现有股东的全部同意，相当于强制剥夺了小股东对自己股东权利的自由处分。

《公司法》第22条第1款规定："公司股东会或者股东大会、董事会的决议内容违反法律、行政法规的无效。"

金牧公司2017年3月17日第一次临时股东会审议通过的金牧公司章程第7条新增内容、第22条、第23条内容，损害了李某某、史某某、温某某、徐某股东权益，违法剥夺了李某某、史某某、温某某、徐某对自己股份权利处分的意思自治，违反了《民法总则》中的公平原则和自愿原则，决议内容无效。

三、违法限制股东基本权利的决议无效

案　　号：（2013）沪一中民四（商）终字第822号

案件名称：袁某某与上海宗剑模具机械有限公司公司决议效力确认纠纷案

裁判要旨：未经股东同意终止或者限制股东的资产收益权的决议应属无效。

案情简介

上诉人（原审原告）：袁某某

被上诉人（原审被告）：上海宗剑模具机械有限公司（以下简称宗剑公司）

2008年11月宗剑公司章程中登记的公司注册资本为930,000元，登记的股东为H公司（出资比例26.88%），彭C、杨J、宋K、何L、赵M、蒋N、彭O、袁某某（出资比例1.11%）、孙P、何Q、蒋R、朱S、盛T、陆U、王V、孙X、蒋Y、沈Z、何AA、李BB、杨CC、王DD、陆EE、王FF、罗

F、朱G、徐E，上述27名自然人股东共计持有73.12%。该份公司章程第7条记载股东会由全体股东组成，是公司的权力机构，行使下列职权：……（6）审议批准公司的年度财务预算方案、决算方案；上述事项股东以书面形式一致表示同意的，可以不召开股东会会议，直接作出决定，并由全体股东在决定文件上签名、盖章。第9条股东会会议由股东按照出资比例行使表决权。第10条股东会会议分为定期会议和临时会议，并应于会议召开15日以前通知全体股东。定期会议应每半年召开一次。代表1/10以上表决权的股东。第11条股东会会议由董事会召集，董事长主持，董事长不能履行职务或者不履行职务的，由副董事长主持；副董事长不能履行职务或者不履行职务的，由半数以上董事共同推举一名董事主持。第12条股东会会议应对所议事项作出决议，决议应由代表1/2以上表决权的股东表决通过，但股东会会议作出修改公司章程、增加或减少注册资本的决议，以及公司合并、分立、解散或变更公司形式的决议，必须经代表2/3以上表决权的股东表决通过。股东应当对所议事项的决定作出会议记录，出席会议的股东应当在会议记录上签名。第13条公司设董事会，成员为彭C、罗F、朱G，由股东会选举产生。董事任期3年，任期届满，可连选连任。董事会行使下列职权：……（2）执行股东会决议；（3）决定公司的经营计划和投资方案……（5）制定公司的利润分配方案和弥补亏损方案……

2011年1月14日13时宗剑公司在龙吴路5××9号（X大酒店）召开第四届第三次股东会形成的股东会决议（以下简称13时股东会决议），会议由彭C董事长主持，出席本次会议的股东共计26人（股东王DD未出席），代表公司98.86%的表决权，所作出的决议经公司股东表决权98.86%通过，决议事项如下：（1）2010年公司未分配利润为3,280,000元。其中提取240,000元作为红利分配资金（上半年度120,000元，下半年度120,000元），其余作为员工年终奖、上岗股东奖等分配资金进行分配发放。（2）决定从盈余公积及其他历年收入积累资金中，提取部分作为发展资金、风险资金（公司亏损弥补资金），其余再次作为2010年度奖金进行分配发放。（3）具体分配方案细则今股东会授权由董事会讨论决定。对董事会决定的奖金分配考评发放工作，今股东会表示认可。（4）利润分配方式为现金，于2011年1月31日之前划入个人银行账号或直接去公司财务部领取。（5）对公司2010年度利润分配方案进行表决。表决结果同意4450股，占总股数98.86%。决议末尾由除王DD之外的其余26名股东签名。同日15时再次召开股东会形成的股东会决议（以下简称15时股东会决议），决议事项如下：为了公司更好地正常经营，激励持股在岗员工工作积极性，区别对待上岗和不上岗（含退休、工伤了断后与公司无劳动关系的员工）的员工报酬待遇，特制定以下决议。（1）从2008年度起，由董事会制定并经股东会授权董事会决定的上岗股东奖（指在公司8小时正常上班工作的持股员工奖金发放）分配方案，今再次提请股东会表决通过。（2）股东会再次授权董事会从2010年度起，每年上岗股东奖金利润分配方案由董事会决定，不再提请股东会表决通过。以前及今后由董事会决定的上岗股东奖金分配方案，股东会均表示认可。（3）由总经理提出上岗股东奖金分配方案交董事会讨论表决通过。（4）对授权董事会决定上岗股东奖金的发放工作等决议事宜进行表决。表决结果同意的4450股，占总股数98.86%，决议末尾由除王DD之外的其余26名股东签名。

裁判结果

一审判决：驳回袁某某的诉讼请求。

二审判决：（1）撤销一审判决；（2）确认宗剑公司于2011年1月14日15时作出的第四届第三次股东会决议中第2条无效；（3）驳回袁某某的其余诉讼请求。

各方观点

袁某某观点：13时的股东会决议以“上岗股东奖”等的名义对部分利润进行重复分配，造成股东利润分配差距悬殊，违反了同股同权（利）的法律规定；15时的股东会决议载明“以前及今后由董事会决定的上岗股东奖金分配方案，股东会均表示认可”，该决议内容违反法律规定，损害了股东的利益。另宗剑公司当时有27名股东，但两份系争股东会决议均只有26名股东签字，未达到《公司法》对该类事项要求的比例。因此，宗剑公司2011年1月14日13时和15时分别作出的第四届第三次股东会会议决议均为无效。

宗剑公司观点：系争两份股东会决议将股东会的权利授权给董事会行使，

并未侵害他人合法利益，且决议形式符合法律、公司章程的规定。并且袁某某已在系争两份股东会决议上签字认可，包括本案袁某某在内的公司全体股东实际领取了相应的分红利润，因此系争两份股东会决议是有效的。

法院观点

一审法院观点：案件的主要争议焦点在于宗剑公司于2011年1月14日作出的两份股东会决议的效力问题。认定股东会决议无效应当是股东会决议的内容违反法律、行政法规的强制性规定，而宗剑公司作出的两份股东会决议的内容主要是涉及公司利润的分配及股东会授权由董事会决定利润分配方案。首先，结合两次股东会决议的表决结果看，持有宗剑公司98.86%股份的股东均同意系争股东会决议的结果。虽袁某某一再强调对于利润分配需要由全体股东一致同意，但是结合宗剑公司章程中关于表决方式的规定，即使本案系争决议的事项属于特别决议事项，即涉及修改公司章程、增加或减少注册资本、公司合并、分立、解散或变更公司形式的决议，需要经代表2/3以上表决权的股东表决通过。按照此规定，持有宗剑公司98.86%股份的股东均同意上述股东会决议的内容，故系争股东会决议的表决方式并不违反法律、行政法规的强制性规定，亦不违反宗剑公司章程的规定。其次，结合整个企业的演变过程可以得知，宗剑公司从一家集体性质的福利企业通过一系列的改制过程，最终改制为民营的有限责任公司，但是该公司仍承担一定的社会福利责任，需要安置残疾职工。故宗剑公司针对在岗、不在岗职工的利润分配作出区别对待，也是充分考虑了企业的特殊情况，充分体现宗剑公司在积极履行其应承担的社会责任。最后，关于股东会作出的将利润分配的决定权授权给董事会的决议。《公司法》关于股东会职权之规定正是主要规范公司权力在不同机关之分配，以及各机关行使这些权力之要件，以形成运作有序之公司治理架构，而这类规则因为只涉及公司内部之权利分配，应为任意性规范，且这类规则并不涉及第三人利益。公司通过股东会议决议将股东会权力下放给董事会，是其自由意志发挥作用之法律空间，也是行使其自身权利之一种方式，法律无权也没有必要加以干涉。同时，《公司法》（2005年）第38条第 1 款第 11 项[1]和第 47 条[2]规定的“公司章程规定的其他职权”作为兜底条款，也为公司通过股东会决议赋予董事会其他权利保留了必要之法律空间。故本案中宗剑公司股东会限缩自身之部分职权而将其授权董事会行使，并不实质违背股东会职权之性质。宗剑公司股东会职权的限缩也不构成对股东表决权及股东知情权等股东权利的侵害，且该决议是以绝对多数决之形式通过，在程序上亦不违反《公司法》之规定，因此应认定宗剑公司作出的上述两份系争股东会决议均合法有效。

二审法院观点：本案的争议焦点在于系争两份股东会决议的效力如何认定。根据法律规定，股东会决议的效力确认应考察股东会决议内容是否违反法律、行政法规的规定。

关于 13 时股东会决议的效力问题，从股东会决议所载明的 2010 年公司未分配利润总额以及利润分配的具体方案来看，系公司全体股东针对公司利润进行的自主分配。其中 26 名股东参加会议并签字确认分配方案，股东王 DD 虽未出席 13 时的股东会并签字同意利润分配方案，但结合王 DD 在此后两份 2010 年股利发放清单中签字的确认及本人生前未对此分配提出异议的行为，可以认定其对 2010 年公司的利润分配方案是知晓并确认的。宗剑公司 13 时股东会决议虽未体现出决议当时全体股东同意按照上述决议的利润分配方案进行红利分配，但因王 DD 和袁某某均签收相关股利款，袁某某亦在决议上签字确认，因此上述行为可视为股东认可股东会决议并未侵犯其权益，该 13 时的股东会决议内容符合法律规定，其效力本院予以认定。

关于 15 时股东会决议的效力问题，该份股东会决议的是“从 2008 年度起，由董事会制订并经股东会授权董事会决定的上岗股东奖（指在公司 8 小时正常上班的持股员工奖金发放）分配方案”“以前及今后由董事会决定的上岗股东奖金分配方案，股东会均表示认可”等内容。结合宗剑公司 13 时股东会决议中将公司其余未分配利润作为上岗股东奖等分配资金进行分配发放的情况，可知 15 时股东会决议的内容一方面是股东会追认 2008 年起至表决日止的上岗股东奖分配方案，另一方面则是概括性授权董事会从 2010 年起在公司股东利润中决定上岗股东奖，因此上述概括性的授权是对公司将来未分配

---

〔1〕 2018 年修正的《公司法》第 37 条第 1 款第 11 项。
〔2〕 2018 年修正的《公司法》第 46 条。

利润总额的分配进行新的调整。根据《公司法》的规定，股东按照实缴的出资比例分取红利，但是全体股东约定不按照出资比例分取红利的除外。可见，资产收益是公司股东享有的根本权利之一，应由公司全体股东决定公司未分配利润的分配方案，即使存在不按照出资比例分取红利的情况，也应建立在公司全体股东对分配方案认可的基础上。现15时股东会决议中概括性授权董事会决定上岗股东奖的分配方案问题，并约定“以前及今后由董事会决定的上岗股东奖金分配方案，股东会均表示认可”，该决议内容未考虑到今后公司是否有利润、利润多少、如何分配上岗股东具体奖金利润。即股东在无法预见自己利益损失的情况下且未经全体股东充分讨论，也未告知议事事项供股东分析该决议对自己的股东利益是否有损，故该决议内容限制了股东对未知奖金利润分配方案行使否决的行为，一旦实施完全有可能终止或者限制股东的资产收益权，因此股东会决议的该条内容违反了法律的规定，应确认为无效。

四、决议无效事由可能因股东默许而消灭

案　　号：（2015）沪一中民四（商）终字第1549号

案件名称：上海可中实业发展有限公司诉吴某某公司决议效力确认纠纷案

裁判要旨：股东知晓或应当知晓股东会决议存在无效事由，但长期予以默许的，股东会决议有效。

案情简介

上诉人：上海可中实业发展有限公司（以下简称可中公司）

被上诉人：吴某某

可中公司系于2001年3月13日设立的有限责任公司。据其工商备案材料显示，设立时注册资本为人民币500万元，股东及出资金额分别为A出资440万元，B、吴某某分别出资30万元。可中公司章程第16条规定，股东会的议事方式和表决程序依《公司法》的有关规定进行。

2003年7月17日，可中公司召开股东会，形成股东会决议：(1) 同意增

加公司注册资本：原公司注册资本为500万元，现增加到1100万元。（2）同意增加股东：原公司股东为三名，他们是A、B、吴某某。现增加股东两名：C、D。（3）同意公司增资后，五位股东出资情况和股权作变更：A. 货币出资638万元，占全部注册资本的58%；B. 货币出资220万元，占全部注册资本的20%；C. 货币出资110万元，占全部注册资本的10%；D. 货币出资110万元，占全部注册资本的10%；吴某某，货币出资22万元，占全部注册资本的2%。（4）同意选任B为公司监事。（5）同意涉及本公司章程有关条款作相应调整。“股东（签名）”处有A、B、C、D、吴某某签字。吴某某认为该签字非其本人所签，故诉请确认2003年7月17日的可中公司股东会决议无效，诉讼费由可中公司负担。

裁判结果

一审判决：形成于2003年7月17日的可中公司股东会决议无效。

二审判决：（1）撤销一审判决；（2）驳回被上诉人吴某某的原审诉讼请求。

各方观点

吴某某观点：公司股东会由全体股东组成，而2003年7月17日的股东会吴某某作为股东之一没有参加，也没有委托他人参加，股东会决议上的签字非其本人所签，其对决议内容亦不知情，直至2013年吴某某才知晓此事。且股东会的组成不合法，形成的股东会决议因严重侵害其合法权益，故应当被确认无效。

可中公司观点：（1）可中公司于2001年3月13日设立，当时在工商部门设立登记时，吴某某作为股东的签名均是委托他人代为签名的，可以证明吴某某对公司股东会决议有委托他人代为签名的先例。（2）本案系争股东会决议于2003年7月17日作出，此后吴某某多次参加可中公司的董事会决议表决，而可中公司股东会成员即为董事会成员，在本案系争股东会决议作出之前，公司董事会成员仅为原股东三人，但吴某某并未对多出的两名董事会成员提出异议，故吴某某称其对系争股东会决议内容不知情违背客观事实。

（3）系争股东会决议已于2003年7月经工商部门变更登记，至吴某某提起本案诉讼已近12年。工商登记有公示效力，若撤销系争股东会决议，则会破坏交易安全。诉讼实践中，提起股东会决议无效之诉的诉讼时效为2年，故吴某某提起本案诉讼早已超过诉讼时效。（4）依据《公司法》的相关规定，公司股东会决议内容违反法律、行政法规的无效，但系争股东会决议内容为增资扩股，并未违反法律的强制性规定，不应被确认无效。

法院观点

一审法院观点：《公司法》第4条明确规定，公司股东依法享有资产收益、参与重大决策和选择管理者等权利。股东会作为公司的重要权力机构，公司股东有权与会商议、投票，行使其参与决策权。本案中，系争股东会决议上吴某某签字非其本人所签。可中公司称开会当日吴某某因故先行离开，后吴某某电话表示同意后由人代签。现吴某某对此予以否认，可中公司对上述事实，未能提供充分证据予以证明。故本院难以认定吴某某参与系争股东会，并授权他人签字确认，系争股东会决议违反了《公司法》关于股东基本权利的规定，应属无效。

二审法院观点：本案的争议焦点在于形成于2003年7月17日的可中公司股东会决议是否应被确认无效？（1）首先，本案系争股东会决议作出后，可中公司已根据该决议进行工商变更登记。工商登记对外具有公示的作用，并置于工商部门，社会公众均可查询。可中公司进行工商变更登记已近12年，吴某某作为可中公司的股东，对此应当知晓。其次，从可中公司提供的2004年10月18日的董事会决议来看，该决议的内容为公司的投资计划等事项，均为可中公司股东会应行使的职权范围。可中公司章程明确约定公司不设董事会，仅设执行董事一名。吴某某作为公司股东对此明知，故该份董事会决议实质就是股东会决议，吴某某在其上签名，表明至少在2004年10月吴某某已经知晓公司股东由原来的3人变更为5人，但此后期间至本案诉讼提起前吴某某并未提出任何异议，故本院认为吴某某知晓系争股东会决议内容。（2）系争股东会决议的内容主要是关于增加公司注册资本金和增加股东，可中公司已经根据该股东会决议增资完毕，吸收C和D为公司新的股东，并据此开展后续经营活动。而吴某某提起本案诉讼距系争股东会决议的作出已近12年，系争股东会决议若被确认无效，不利于公司稳定和商事交易安全，也不利于债权人权利的保护，故本院对吴某某的诉讼请求不予支持。

律师点评

决议无效之诉是股东涉公司决议类纠纷的主要救济途径之一。尤其在《公司法解释四》颁布实施之前，仅《公司法》第22条第1款对公司决议无效的法定事由作了规定。该条款规定“公司股东会或者股东大会、董事会的决议内容违反法律、行政法规的无效”，但并未进一步明确公司决议无效之诉的适用情形。在实践中，决议无效之诉并不局限于违反法律法规效力性强制性规定的情形，司法机关往往出于保护股东基本权益（如股东资格、分红权、增资优先认缴权等）的考虑，对公司决议无效规定予以一定程度扩大适用。因此，在《公司法解释四》出台并确立决议不成立的情形之前，一些决议因重大瑕疵而不存在或不成立的情况通常会以决议无效的方式进行认定。较常见的股东会决议无效情形包括：

（1）剥夺股东获取红利权利的股东会决议无效；

（2）侵害股东对公司增资的优先认缴权的决议无效；

（3）违法解除股东资格的决议无效；

（4）擅自变更股东出资额或持股比例的决议无效。

在2016年4月公布《公司法解释四（征求意见稿）》时也曾从该等角度对决议无效之诉的事由进行列举，其中第6条表述为股东会或者股东大会、董事会决议存在下列情形之一的，应当认定无效：（1）股东滥用股东权利通过决议损害公司或者其他股东的利益；（2）决议过度分配利润、进行重大不当关联交易等导致公司债权人的利益受到损；（3）决议内容违反法律、行政法规强制性规定的其他情形。不过，在此后正式颁布的《公司法解释四》中最终删除了上述条款，未再具体列举公司决议无效的事由。同时，《公司法解释四》也首次确立了决议不成立之诉，在一定程度上“分流”了决议无效之诉的适用场景。

第三节　决议撤销之诉

一、召集程序存在瑕疵，股东会决议可撤销

案　　号：（2017）吉24民终388号

案件名称：延边大兴建筑有限责任公司与赵某某公司决议撤销纠纷案

裁判要旨：未依照法律或公司章程规定的时间送达会议通知，召集程序上存在瑕疵，因此形成的股东会决议可撤销。

案情简介

上诉人（原审被告）：延边大兴建筑有限责任公司（以下简称大兴公司）

被上诉人（原审原告）：赵某某

2001年3月1日，由赵某某出资67万元（出资比例13.4%）、延边世雅建设有限公司（以下简称世雅公司）出资270万元（出资比例54%），另外6位自然人股东合计出资163万元［分别为韩某某（出资比例11.6%）、俞某某（出资比例5.4%）、姜某某（出资比例4.6%）、南某某（出资比例4.6%）、金某某（出资比例4.4%）、任某某（出资比例2%）］，成立了大兴公司，注册资金500万元，法定代表人为赵某某。大兴公司章程第20条规定："公司召开股东会议，于会议召开十五日以前通知全体股东。通知以书面形式发送，并载明会议的时间、地点、内容及其他有关事项。"

2009年4月该公司进入清算程序后，赵某某由大兴公司登记为清算组组长即负责人。2016年4月27日，大兴公司召开股东会，会议参加人员为世雅公司股东金某某、崔某某，韩某某、任某某、南某某、俞某某，该会议形成《延边大兴建筑有限责任公司股东会议决议》，其主要内容为："1. 决定撤销本公司于2009年4月29日成立的清算组，撤销赵某某的清算组组长职务，重新任命清算组成员为：延边世雅建设有限公司财务总监金某某、李某某、韩某某、李某A，清算组组长为崔某某。2. 委托崔松哲办理公司清算组备案手

续。”该决议由金光哲、韩某某、任某某、南某某、俞某某签字、按捺手印，延边世雅建设有限公司和大兴公司加盖公章。2016年5月16日，赵某某向法院提起诉讼，要求撤销大兴公司于2016年4月27日作出的《延边大兴建筑有限责任公司股东会议决议》。

裁判结果

一审法院：判决撤销延边大兴建筑有限责任公司于2016年4月27日作出的《延边大兴建筑有限责任公司股东会议决议》。

二审法院：驳回上诉，维持原判。

各方观点

赵某某观点：第一，该股东会决议内容违反《公司法》规定，应认定无效。第二，股东会议内容与落款不一致，应予撤销。第三，该股东会决议严重违反召集程序和表决方式，应予撤销，即未在召开股东会议15日前以书面形式通知全体股东参加，原告从未接到该诉争股东会议通知，且该股东会决议中有些签字并非为本人所签。第四，金某某、李某某、李某A等人并非为被告公司股东，因此上述人员不能成为被告公司清算组成员。

大兴公司观点：（1）金某某、李某某、李某A、崔某某均为被告公司的控股股东及世雅公司的股东，故上述人员有权担任被告公司的股东；（2）被告公司的股东会决议合法有效，该决议为其股东真实的意思表示，其内容没有违反法律的规定及公司章程的规定，故符合《公司法》第38条的规定；（3）参与表决的股东股份额占77.6%，符合《公司法》第43条之规定；（4）被告公司股东会议由谁主持且某个股东的缺席并不直接导致所作出的股东会决议无效；（5）被告公司所作出的股东会决议属于其公司内部管理，不宜司法干涉。

法院观点

一审法院观点：根据《公司法》第41条第1款的规定如下：“召开股东会会议，应当于会议召开十五日前通知全体股东；但是，公司章程另有规定或者全体股东另有约定的除外。”同时，大兴公司章程第 20 条规定如下：“公司召开股东会议，于会议召开十五日以前通知全体股东。通知以书面形式发送，并载明会议的时间、地点、内容及其他有关事项”。因此，大兴公司召开股东会应在 15 日以前通知全体股东。

股东会会议通知按公司章程规定提前 15 日有效送达股东是股东得以参加股东会并行使其干预权的前提。根据大兴公司的主张，就该公司 2016 年 4 月 27 日延边大兴建筑有限责任公司股东会议，对包括赵某某在内的所有股东都进行了通知，但赵某某在庭审中否认收到过参会通知，大兴公司亦未能举证证明按照大兴公司章程之规定提前 15 日向原告送达股东会会议参会通知，导致赵某某最终未能实际参会，争议股东会的召集程序已明显违反了《公司法》规定及被告公司章程的约定，应予撤销。

同时，2016 年 4 月 27 日大兴公司作出的《延边大兴建筑有限责任公司股东会议决议》并非基于紧急情况而召开，且该股东会决议实际决议了包括撤销原告作为清算组组长职务并重新任命清算组成员等多项公司重大事项。赵某某作为大兴公司当时的清算组组长，诉争股东会决议的内容与其利益紧密相关，在会议召集程序出现明显瑕疵的情况下，其主张的撤销请求应予支持。综上所述，赵某某要求撤销大兴公司于 2016 年 4 月 27 日作出的《延边大兴建筑有限责任公司股东会议决议》，符合《公司法》以及公司章程的有关规定，应予支持。

关于大兴公司提出参与表决的股东份额为占 77.6%，符合《公司法》第 43 条之规定的抗辩理由，本院认为法律之所以规定召开股东会必须通知全体股东，主要就是为了切实保障所有股东平等参与公司决策、充分行使表决权等各项股东权利。据此，公司股东实际参与股东会并作出真实意思表示，应当是股东会决议有效的必要条件。未通知股东参加股东会，剥夺个别股东就公司重大事项表达意见、参与决策等重大权利，在此情况下作出的股东会决议，无论内容如何，都不能体现未到会股东的意志，实质的结果就是剥夺其就公司重大事项表达意见、参与决策等重大的股东权利，应认定决议不具有法律效力。因此大兴公司的抗辩理由不能成立。综上所述，依照《公司法》第 22 条第 2 款、第 41 条第 1 款之规定，判决撤销延边大兴建筑有限责任公司于 2016 年 4 月 27 日作出的《延边大兴建筑有限责任公司股东会议决议》。案件受理费 100 元，由延边大兴建筑有限责任公司负担。

二审法院观点：本案尚无证据证明大兴公司依照《公司法》第42条及大兴公司章程之规定在股东会召开15日前通知了股东赵某某，因此一审认定2016年4月27日的股东会会议召集程序违反法律、行政法规和大兴公司章程，应予撤销并无不当。

二、决议撤销需以召集程序、表决方式是否违反法律、行政法规或者公司章程为基础，决议内容是否属实、合理非司法审查范围

案　　号：2010沪二中民四（商）终字第436号

案件名称：李某某诉上海佳动力环保科技有限公司公司决议撤销纠纷案

裁判要旨：人民法院在审理公司决议撤销纠纷案件中应当审查：会议召集程序、表决方式是否违反法律、行政法规或者公司章程，以及决议内容是否违反公司章程。在未违反上述规定的前提下，解聘总经理职务的决议所依据的事实是否属实，理由是否成立，不属于司法审查范围。

案情简介

上诉人（原审被告）：上海佳动力环保科技有限公司（以下简称佳动力公司）

被上诉人（原审原告）：李某某

被上诉人李某某系上诉人佳动力公司股东，并担任总经理职务。佳动力公司为有限责任公司，其股权结构为：葛某某持股40%、李某某持股46%、王某某持股14%。三人共同组成董事会，由葛某某担任董事长，其余二人为公司董事。公司章程规定："董事会行使包括聘任或者解聘公司经理等权利；董事会须由三分之二以上的董事出席方为有效；董事会对所议事项作出的决定应由占全体股东三分之二以上的董事表决通过方为有效。"2009年7月18日，经董事长葛某某电话召集，佳动力公司召开董事会，会议经葛某某、王某某表决同意通过了"鉴于总经理李某某不经董事会同意私自动用公司资金在二级市场炒股，造成巨大损失，现免去其总经理职务，即日生效"的决议。决议由葛某某、王某某及监事签名，李某某未在决议上签名。2009年7月27日，李某某以该决议依据的事实错误，在召集程序、表决方式及决议内容等方

面均违反了《公司法》的规定、应予撤销为由提起诉讼，要求撤销上述董事会决议。

裁判结果

一审判决：判决对该董事会决议予以撤销。

二审判决：（1）撤销一审判决；（2）驳回李某某的诉讼请求。

各方观点

李某某观点：从事实上看，所谓“总经理李某某不经董事会同意私自动用公司资金在二级市场炒股，造成巨大损失”不成立。李某某是在董事会同意、董事长葛某某的安排下的所进行的职务行为，有相关证据为证。

佳动力公司观点：本案仅需审理召集程序、表决方式、内容是否违反法律、行政法规。是否存在“总经理李某某不经董事会同意私自动用公司资金在二级市场炒股，造成巨大损失”与本案诉请没有必然联系，因为《公司法》和佳动力公司的章程均规定董事会有权解雇和聘用经理，且对董事会解聘经理的权力没有任何限制性规定，故佳动力公司董事会对解聘总经理的理由是否作出解释、作出解释的理由是否符合事实均不影响董事会行使解聘总经理的法定权力。

法院观点

一审法院观点：董事会决议撤销诉讼旨在恢复董事会意思形成的公正性及合法性，在注重维护主张撤销权人合法利益的同时，也兼顾公司法律关系的稳定。2008 年 7 月 18 日，佳动力公司董事会决议在召集、表决程序上与《公司法》及章程并无相悖之处，但董事会形成的“有故”罢免李某某总经理职务所依据的李某某“未经董事会同意私自动用公司资金在二级市场炒股，造成损失”的事实，存在重大偏差，在该失实基础上形成的董事会决议，缺乏事实及法律依据，其决议结果是失当的。从维护董事会决议形成的公正、合法性角度出发，李某某主张撤销 2008 年 7 月 18 日佳动力公司董事会决议，可予支持。至于佳动力公司董事会出于公司治理需要，需对经理聘任进行调整，应在《公司法》及公司章程的框架内行使权利。据此，依照《公司法》(2005 年) 第 47 条第 9 项[1]、第 48 条[2]、第 49 条[3]的规定，判决佳动力公司于 2008 年 7 月 18 日形成的关于“鉴于总经理李某某不经董事会同意私自动用公司资金在二级市场炒股，造成巨大损失，免去李某某总经理职务”等的董事会决议，予以撤销。

二审法院观点：“总经理李某某不经董事会同意私自动用公司资金在二级市场炒股，造成巨大损失，免去其总经理职务”这一董事会决议是否撤销，须依据《公司法》第 22 条第 2 款的相关规定进行审查。该条款规定了董事会决议可撤销的事由包括：(1) 召集程序是否违反法律、行政法规或公司章程；(2) 表决方式是否违反法律、行政法规或公司章程；(3) 决议内容是否违反公司章程。佳动力公司公司章程规定，股东会会议由董事长召集和主持。2009 年 7 月 18 日董事会由董事长葛某某召集，李某某参加了该次董事会，故该次董事会在召集程序并未违反法定程序；佳动力公司章程规定，对所议事项作出的决定应由占全体股东 2/3 以上的董事表决通过方为有效。因佳动力公司的股东、董事均为 3 名且人员相同，2009 年 7 月 18 日决议由 3 名董事中的两名董事表决通过，在表决方式上未违反公司章程。因此，本院认定 2009 年 7 月 18 日董事会决议在召集程序、表决方式上不符合应予撤销的要件，应认定为合法有效。佳动力公司和李某某二审中对本案的争议焦点在于董事会决议免去李某某总经理职务的理由即“总经理李某某不经董事会同意私自动用公司资金在二级市场炒股，造成巨大损失”是不是事实，如该事实不成立，是否足以导致董事会决议被撤销？即一审判决是否应当对导致李某某被免职理由所依据的事实进行实体审查，该事实的成立与否是否足以影响董事会决议的效力？对此，本院认为，首先，从《公司法》的立法本意来看，对公司行为的规制着重体现在程序上，原则上不介入公司内部事务，最大限度赋予公司内部自治的权利，只要公司董事会决议在召集程序、表决方式、决议内容上不违反法律、行政法规或公司章程，即可认定为有效。从佳动力公司的公司章程来看，规定了董事会有权解聘公司经理，对董事会行使这一权利未

---

[1] 2018 年修正的《公司法》第 46 条第 9 项。

[2] 2018 年修正的《公司法》第 47 条。

[3] 2018 年修正的《公司法》第 48 条。

作任何限制性规定，即未规定必须“有因”解聘经理。因此，佳动力公司董事会行使公司章程赋予其的权利，在召集程序、表决方式符合《公司法》和决议内容不违反公司章程的前提下“无因”作出的聘任或解聘总经理的决议，均应认定为有效。

三、会议召集程序存在轻微瑕疵，对决议未产生实质影响的不予撤销

案　　号：（2016）苏10民初133号

案件名称：福斯派国际股份有限公司与永丰福斯派包装（扬州）有限公司公司决议撤销纠纷案

裁判要旨：公司董事会的召集程序方式虽有轻微瑕疵，但对决议未产生实质影响，福斯派国际公司请求撤销不能得到支持。

案情简介

原告：福斯派国际股份有限公司（以下简称福斯派国际公司）

被告：永丰福斯派包装（扬州）有限公司（以下简称永丰福斯派公司）

第三人：永丰余蓝色自然资源（扬州）有限公司（以下简称永丰余公司）

福斯派国际公司系香港法人，2014年6月，福斯派国际公司与永丰余公司签订了《合资合同》、原《章程》。双方拟申请设立永丰福斯派公司。

2014年7月21日，设立永丰福斯派公司及原《章程》得到开发区管委会批准。原《章程》第13条规定，公司股东会由全体股东组成，股东会是公司的权力机构，行使下列职权：（1）决定公司的经营方针和投资计划；（2）委派和更换董事、监事，并决定有关董事、监事的报酬事项；（3）审议批准董事会的报告；（4）审议批准监事的报告；（5）审议批准公司的年度财务预算方案、决算方案；（6）审议批准公司的利润分配方案和弥补亏损方案；（7）对公司增加或者减少注册资本作出决议；（8）对发行公司债券作出决议；（9）对公司合并、分立、解散、清算或者变更公司形式作出决议；（10）修改公司章程；（11）其他重大事宜。第16条规定，有关修改公司章程、增加或者减少注册资本的决议，以及公司合并、分立、解散或者变更公

司形式的决议，必须经代表3/4以上表决权的股东通过。第17条规定，公司设董事会，董事会对股东负责，行使下列职权：（1）召集股东会会议，并向股东会报告工作；（2）执行股东会的决议；（3）决定公司的经营计划和投资方案；（4）制定公司的年度财务预算方案、决算方案；（5）制定公司的利润分配方案和弥补亏损方案；（6）制定公司增加或者减少注册资本以及发行公司债券的方案；（7）制定公司合并、分立、解散、清算或者变更公司形式的方案；（8）决定公司内部管理机构的设置；（9）决定聘任或者解聘公司的总经理、财务经理以及其他高级职员及其报酬事项；（10）制定公司的基本管理制度；（11）股东会授权的其他事宜。第20条规定，董事会会议由董事长召集并主持，董事长不能召集时，由董事长委托副董事长或者其他董事负责召集并主持董事会会议。有关修订公司章程、公司合并、分立、终止、解散或组建合资公司、战略联盟或引进战略投资者等重大事宜须经全体董事会同意方可批准；其他事宜由董事会1/2的董事同意后生效。董事会对于第17条第5款、第6款、第7款、第9款有关重大事项进行讨论决议前，应先咨询副董事长的意见，经副董事长提出建议后，始提交董事会讨论决议。第22条规定，董事会会议每年召开一次，经1/3董事提议可召开董事会临时会议。永丰福斯派公司原《章程》与管委会批准《章程》上述内容一致，亦与《合资合同》内容相符。《合资合同》第25条规定，董事长应在董事会会议召开前7天发出召集会议的书面通知予全体董事，写明会议内容、时间和地点。

2014年8月28日，永丰福斯派公司召开股东大会暨第一届第一次董事会会议，其中分为股东大会和董事会，股东大会先行召开并作出《永丰福斯派包装（扬州）有限公司股东大会决议》，一致同意永丰福斯派公司的股东会为最高权力机构。而后，永丰福斯派公司又召开了董事会，形成了第一届第一次董事会决议，聘任袁某某为永丰福斯派公司的总经理；表决通过、一致同意通过了永丰福斯派《核决权限》和《核决流程》的决议，并提出在公司实际运行过程中，凡对《核决权限》和《核决流程》中的相关条款增减或完善的部分，由公司相关部门提出报总经理，并在下次董事会上讨论、协商、决议。

2016年3月，永丰福斯派公司的董事变更为浦某某、袁某某、闵某某，浦某某为董事长。

2016年9月2日，浦某某向袁某某、詹某某、闵某某发送永丰福斯派公司2016年第二次临时董事会会议通知。会议召开时间：2016年9月13日9

时至12时。地点：江苏省扬州经济开发区春江路168号永丰余生物制浆厂5楼会议室。参加人员：浦某某、袁某某、詹某某、闵某某。会议议程："一、决议事项，1. 永丰福斯派解散案；2. 永丰福斯派《核决权限表》修正案；3. 永丰福斯派总经理薪酬调整案；4. 对福斯派国际尚有60万元资本金未到位的追讨方案讨论；5. 对江阴福斯派包装技术有限公司的应收账款追讨方案。二、临时动议。三、散会。"

2016年9月12日，浦某某向袁某某、詹某某、闵某某发送永丰福斯派公司2016年第二次临时董事会会议议程文件与附件。该次董事会的会议议程载明：（1）永丰福斯派公司解散案。（2）永丰福斯派《核决权限表》修正案，说明：本公司经2016年7月25日的董事会讨论修正《核决权限表》，经实际运作结果，尚有部分内容需要修正。（3）永丰福斯派总经理薪酬调整案，说明：①江阴福斯派包装技术有限公司积欠本公司总金额人民币8,547,205元，并有高达人民币8,206,641元的逾期货款迟迟未能收回，总经理袁某某先生对于其为实际控制人之江阴福斯派包装技术公司的逾期货款，一再借口拖延收款，怠忽职守，导致本公司营运资金产生缺口，无法继续经营；②总经理袁某某先生明知却纵容本公司业务主管赵某，在与本公司建立劳动关系的情况下，又在福南包装技术（上海）有限公司等其他企业担任职务，与公司利益具有冲突，且在公司招标、验收等工作中，严重失职，对本公司造成重大损害；③总经理袁某某先生明知却纵容本公司业务副经理徐某某，在与本公司建立劳动关系的情况下，又在江阴福斯派包装技术公司担任职务，对本公司发出采购订单，与本公司利益具有冲突，对本公司造成重大损害；④拟请董事会讨论决议调整总经理薪酬，并追究总经理的责任与惩处。（4）福斯派国际尚有60万元资本未到的追讨方案之讨论。（5）对江阴福斯派包装技术有限公司的应收账款追讨方案。

2016年9月13日，永丰福斯派公司召开了董事会，出席董事为浦某某、袁某某、闵某某，监事詹某某。会议形成了董事会决议，（1）永丰福斯派解散案，同意此案的为浦某某、闵某某，袁某某不同意，本议案需全体出席董事同意才能通过，故本决议未通过。（2）永丰福斯派《核决权限表》修正案，同意此案的为浦某某、闵某某，袁某某不同意，本议案采多数表决方式决议，故本议案通过。（3）永丰福斯派总经理薪酬调整案，同意自2016年9月13日起解聘袁某某总经理有两票，分别为浦某某、闵某某，袁某某不同意，本议案采多数表决方式决议，故本议案通过，自2016年9月13日起解聘袁某某总经理的职务，当场经浦董事长对袁总经理进行通知并生效。（4）福斯派国际尚有60万元资本未到的追讨方案之讨论，同意此案的为浦某某、闵某某，袁某某不同意，本议案采多数表决方式决议，故本议案通过。（5）对江阴福斯派包装技术有限公司的应收账款追讨方案，同意此案的为浦某某、闵某某，袁某某不同意，本议案采多数表决方式决议，故本议案通过。后原告福斯派国际公司以永丰福斯派公司第二次董事会决议的召集、表决方式、决议内容均违反公司章程为由，诉请撤销永丰福斯派公司2016年9月13日作出的2016年第二次董事会决议。

裁判结果

驳回原告福斯派国际股份有限公司的全部诉讼请求。

各方观点

福斯派国际公司观点：2016年9月，福斯派国际公司与永丰余公司就永丰福斯派公司经营发生分歧，永丰余公司于2016年9月13日在违反公司《章程》的情况下强行通过永丰福斯派公司2016年第二次董事会决议。《公司法》第22条第2款规定，董事会决议可撤销的事由包括：董事会的会议召集程序、表决方式违反法律、行政法规或者公司章程，或者决议内容违反公司章程的。因永丰福斯派公司第二次董事会决议的召集、表决方式、决议内容均违反公司章程，故提起本案诉讼，请求依法撤销该董事会决议。

永丰福斯派公司和永丰余公司观点：（1）永丰福斯派公司2016年9月13日永丰福斯派董事会决议符合公司章程，合法有效，福斯派国际公司提请撤销没有事实和法律依据；（2）福斯派国际公司的代表董事袁某某也已参加该次董事会，并行使了自己的权利，因此，该次董事会召集程序上的瑕疵不影响决议的效力。

法院观点

一审法院观点：永丰福斯派公司2016年9月13日的董事会在会议召集程

序或者表决方式虽有轻微瑕疵，但对决议未产生实质影响，因此，福斯派国际公司要求撤销永丰福斯派公司2016年9月13日董事会决议的诉讼请求不能得到支持。理由如下：

《公司法》第22条第2款规定，股东会或者股东大会、董事会的会议召集程序、表决方式违反法律、行政法规或者公司章程，或者决议内容违反公司章程的，股东可以自决议作出之日起60日内，请求人民法院撤销。《公司法解释四》第4条规定，股东请求撤销股东会或者股东大会、董事会决议，符合公司法第二十二条第二款规定的，人民法院应当予以支持，但会议召集程序或者表决方式仅有轻微瑕疵，且对决议未产生实质影响的，人民法院不予支持。永丰福斯派公司董事会决议能否被撤销应以原《章程》及上述法律规定为依据。

首先，永丰福斯派公司董事会决议于2016年9月13日作出，而福斯派公司于2016年11月7日提起本案撤销之诉，故福斯派国际公司提起本案撤销诉讼未超过法定60日的期限。其次，根据开发区管委会备案《章程》的规定，董事会经1/3董事提议可召开董事会临时会议。浦某某系永丰福斯派公司三名董事之一，依照开发区管委会备案《章程》规定，其有权提议召开董事会临时会议。再次，永丰福斯派公司2016年9月13日召开的董事会临时会议议案有5项，共形成4项决议。第1项为股东会职权事项，该事项不属董事会职权范围，因该议案未形成决议，故无须撤销。第2项为永丰福斯派公司的《核决权限表》，《核决权限表》系公司经营问题的反映，根据开发区管委会备案《章程》规定公司经营问题由董事会决定，且公司在2014年第一次董事会上就已明确《核决权限表》的修改由董事会决定，故董事会有权对《核决权限表》进行修改，福斯派国际公司主张《核决权限表》的修改由股东会决定不能得到支持。第3项至第5项为永丰福斯派总经理薪酬调整案、对福斯派国际尚有60万元资本金未到位的追讨方案讨论、对江阴福斯派包装技术有限公司的应收账款追讨方案。上述第2项至第5项内容均属董事会职权范围。根据开发区管委会备案《章程》规定董事会对于上述事项进行讨论决议前，应先咨询副董事长的意见，经副董事长提出建议后，始交董事会讨论决议。2016年9月13日永丰福斯派公司董事会召开前，董事长虽未先咨询副董事长袁某某意见，但是，永丰福斯派公司董事长浦某某在2016年9月12日将董事会会议需讨论决议事项告知副董事长袁某某，袁某某在2016年9月13日的董事会上对所有讨论议案均发表意见并投反对票，且董事会决议已经1/2以上的董事同意，符合章程关于决议生效的规定。由此可见，董事会召集程序存在的轻微瑕疵并不影响袁某某公平的参与和获知对其作出意思表示所必需的信息，亦未对议案的形成产生实质影响。因此，福斯派国际公司请求撤销该董事会决议的诉讼请求，本院依法不予支持。

律师点评

根据《公司法》第22条的规定，若股东大会会议的召集程序、表决方式两方面存在违反法律、行政法规或者公司章程，或决议内容违反公司章程的情况下，股东有权在60日的期限内请求人民法院撤销。该规定所称的“召集程序”一般包括会议召集人、会议通知时间和会议通知内容与决议内容等方面；“表决方式”则指法律法规强制性规定以及公司章程所规定的决议表决和形成的方式；“决议内容违反公司章程”则广泛指有违公司章程的决议内容，但仅部分决议内容违反公司章程的，可撤销的范围仅限于该部分，而非股东会决议整体。实践中常见可撤销股东决议的情形包括：

（1）股东会议召集方式不正确，如没有依规定进行书面通知或公告，仅以口头方式联系；

（2）股东会召集通知中未依规载明特定事项，如召集事由、议题、议案、概要等；

（3）股东会决议超出通知范围，如实际决议事项超出召集开会通知中记载的会议目的或议案；

（4）无表决权的股东或表决权受限制的股东出席会议并参加表决；

（5）无会议主持资格人担任会议主持。

在《公司法解释四》颁布之前，关于股东决议的纠纷的救济途径仅有公司决议无效之诉及公司决议撤销之诉。在《公司法解释四》确立决议不成立情形后，其与公司决议撤销之诉形成了层递的逻辑顺序，即主张公司决议无效的前提是决议成立。若股东会决议存在较为严重的程序瑕疵（如未召开会议、未进行表决、表决结果未形成等），则可能属于决议不成立的范畴。

同时，为了避免公司决议仅仅因轻微的瑕疵就使之处于可撤销的状态，影响公司治理的高效性，《公司法解释四》第4条进一步明确，如果会议召集程序、表决方式仅有轻微瑕疵，未对决议产生实质影响的，则不属于可撤销范围。该等轻微瑕疵必须是会议程序上的瑕疵，如会议的召集、通知、投票和计票、宣布表决结果方式等。同时，瑕疵必须是轻微的，并对决议不产生实质影响、不侵犯股东的实体权利的。

第四节　决议不成立之诉

一、公司未召开会议形成的公司决议不成立

案　　号：（2019）川01民终592号

案件名称：成都同昭实业有限公司、陈某某公司决议效力确认纠纷案

裁判要旨：违反股东会召集、表决程序，由部分股东私自作出的股东决议不成立。

案情简介

上诉人（原审被告）：成都同昭实业有限公司（以下简称成都同昭公司）

被上诉人（原审原告）：陈某某

被上诉人（原审原告）：钟某某

原审第三人：杨某A

原审第三人：杨某B

成都同昭公司于2012年5月22日成立，注册资本5000万元。2014年6月12日，成都同昭公司股权结构变更为钟某某认缴出资1700万元，陈某某认缴出资300万元，杨某A认缴出资2000万元，杨某B认缴出资1000万元，认缴期限均为2044年4月8日。

《成都同昭实业有限公司章程》第25条第2款第2项约定："股东会应对所议事项作成会议记录，出席会议的股东应在会议记录上签名，会议记录作为公司档案材料长期保存。"

2016年9月16日，杨某B与杨某A签订"股权转让协议"，约定杨某B将其持有的同昭公司20%股权（认缴出资1000万元注册资本）以货币形式出

让给杨某A。同日，成都同昭公司形成《成都同昭实业有限公司股东会决议》（以下简称《股东会决议》），载明：（1）同意公司股东杨某B所持有同昭公司的20%股权（认缴出资1000万元注册资本）转让给股东杨某A，其他公司股东自愿放弃购买。（2）同意杨某B将所持有同昭公司股权比例的债权、债务转移给股东杨某A。（3）同意杨某B退出成都同昭公司股东会。（4）同意通过公司《章程修正案》。该决议有股东杨某A、杨某B、记录人方某某的签名及同昭公司盖章。同日，成都同昭公司制作了《章程修正案》，将股东名称、认缴出资等内容变更为“杨某A认缴出资3000万元，钟某某认缴出资1700万元，陈某某认缴出资3000万元”，并办理了工商变更登记。

陈某某、钟某某以上述股东会议未召开为由，起诉请求：（1）确认成都同昭公司2016年9月16日的《成都同昭实业有限公司股东会决议》不成立；（2）确认2016年9月16日成都同昭公司《章程修正案》无效。

裁判结果

一审法院：（1）成都同昭实业有限公司于2016年9月16日形成的《股东会决议》不成立；（2）驳回陈某某、钟某某的其他诉讼请求。

二审法院：驳回上诉，维持原判。

各方观点

陈某某、钟某某观点：（1）2016年9月16日，成都同昭公司没有任何证据证明通知过钟某某、陈某某召开股东会的时间、议题和召开股东会，钟某某、陈某某亦未参加，更未在该次股东会决议上签字。（2）2016年9月16日，杨某B不在成都，而在新疆。（3）根据该次股东会决议内容来看，要修改公司章程需经过公司2/3以上表决权的股东签字才能生效，但该次股东会决议上并无钟某某、陈某某的签字。另外，武侯区行政审批局已经对公司工商登记进行了变更。

同昭公司观点：成都同昭公司已通过电话形式通知了陈某某、钟某某召开股东会，而杨某A、杨某B收到会议通知并参加了会议，杨某A、杨某B的持股比例为60%，其在股东会决议上亦签字，应视为出席会议的股东在会议记录上签名，则案涉股东会决议符合公司章程规定的股东会召开程序。

法院观点

一审法院观点：当事人应对自己所主张的事实提供证据予以证明。成都同昭公司辩称其电话通知陈某某、钟某某召开股东会议，但未提供证据予以证明，故该答辩意见本院不予采信。根据《公司法》第41条第2款规定及同昭信公司章程第25条第2款第2项约定，股东会应对所议事项的决定作成会议记录，出席会议的股东应当在会议记录上签名。本案中，在陈某某、钟某某否认公司就决议事项召开过股东会的情况下，未有会议记录和其他相关证据的印证，仅凭成都同昭公司盖章和杨某A、杨某B签名的决议材料，难以确认公司召开过股东会对决议事项进行过表决。根据《公司法解释四》第5条第1款第1项规定："股东会或者股东大会、董事会决议存在下列情形之一，当事人主张决议不成立的，人民法院应当予以支持：（一）公司未召开会议的，但依据公司法第三十七条第二款或者公司章程规定可以不召开股东会或者股东大会而直接作出决定，并由全体股东在决定文件上签名、盖章的除外……"故陈某某、钟某某主张2016年9月16日的股东会决议不成立，一审法院予以支持。

二审法院观点：首先，成都同昭公司在本案中仅提交了一份书面的2016年7月13日股东会决议，而决议中并无陈某某、钟某某签字。同时，成都同昭公司对此并未提交相应的会议通知、会议签到、会议表决等证据予以佐证，则其仅凭一份书面的股东会决议，不足以证实该次股东会已真实召开。其次，虽成都同昭公司上诉认为，该公司以往的股东会均未单独制作会议记录，均是直接以股东会决议、纪要形式予以体现，但该主张并无证据证明，亦未得到陈某某、钟某某的确认。因此，成都同昭公司该项上诉理由，本院不予采纳。综上所述，根据《民诉解释》第90条"当事人对自己提出的诉讼请求所依据的事实或者反驳对方诉讼请求所依据的事实，应当提供证据加以证明，但法律另有规定的除外。在作出判决前，当事人未能提供证据或者证据不足以证明其事实主张的，由负有举证证明责任的当事人承担不利的后果"之规定，成都同昭公司提供的证据不足以证明该公司在2016年9月16日召开了股东会，则应由成都同昭公司承担举证不能的不利后果。《公司法解释四》第5

条第1款第1项规定："股东会或者股东大会、董事会决议存在下列情形之一，当事人主张决议不成立的，人民法院应当予以支持：（一）公司未召开会议的，但依据公司法第三十七条第二款或者公司章程规定可以不召开股东会或者股东大会而直接作出决定，并由全体股东在决定文件上签名、盖章的除外……"因此，陈某某、钟某某关于要求确认成都同昭公司2016年9月16日《股东会决议》不成立的诉讼请求成立，应予支持。

二、决议不成立与决议撤销的区分

案　　号：（2017）苏01民终1337号

案件名称：欧某某与南京君畅文化艺术有限公司、侯某等公司决议撤销纠纷案

案件要旨：决议不成立之诉的实质是判断相关决议作为一项民事法律行为是否得以成立。

案情简介

上诉人（原审原告）：欧某某

被上诉人（原审被告）：南京君畅文化艺术有限公司（以下简称君畅公司）、侯某、李某某、徐某某

君畅公司于2013年8月30日经南京市工商行政管理局建邺分局登记成立。其注册资本100万元，其中徐某某出资34万元，欧某某出资26万元，李某某出资25万元，侯某出资15万元；侯某系法定代表人，担任执行董事职务。2014年11月12日，君畅公司向南京市工商行政管理局玄武分局申请变更登记，将法定代表人变更为欧某某，股东变更为欧某某、侯某、徐某某；并将章程修正案备案。同年11月18日，南京市工商行政管理局玄武分局核准变更登记。欧某某诉称其在2014年11月12日决议期间未在中国境内，君畅公司是在侯某操纵下伪造了股东会决议及章程修正案，变更欧某某为公司执行董事、法定代表人；同时变更欧某某的股权份额为51万元。故请求：(1) 撤销君畅公司2014年11月12日的股东会决议及公司章程修正案；(2) 恢复侯某为君畅公司的法定代表人及执行董事并判令被上诉人协助办理

工商登记手续；(3) 恢复欧某某在君畅公司的股权份额为26%即出资额为26万元人民币并判令被上诉人协助办理工商登记手续；(4) 本案诉讼费用由侯某承担。

裁判结果

一审法院驳回欧某某的诉讼请求。

二审法院驳回上诉，维持原判。

各方观点

欧某某观点：(1) 君畅公司据以变更工商登记的欧某某与李某某2014年11月12日签订的股权转让协议、君畅公司2014年11月12日的股东会决议、君畅公司2014年11月12日的《章程修正案》中欧某某的签名均不是其本人所签。君畅公司在2014年11月12日并未召开股东会议；2014年11月12日，欧某某并不在中国境内，有上海市东方公证处出具的欧某某护照的公证材料为证。(2) 根据2007年第9期《最高人民法院公报》刊载的张艳娟诉江苏万华工贸发展有限公司、万华、吴亮亮、毛建伟股东权纠纷案，如果公司股东会及股东决议是虚假的，只要股东知道或应当知道其权利被侵害后，在法律规定的诉讼时效内提起诉讼，人民法院应该受理，不受《公司法》第22条60日期限的限制。(3) 现行法律并未明确股东会议不存在之诉，其只存在于尚未公布实行的《公司法解释四》(征求意见稿) 之中。

被上诉人不认同上述观点。

法院观点

一审法院观点：本院在审理中已向欧某某释明，其提起诉讼的事实基础为，2014年11月12日的股东会决议是虚假的，应当变更诉讼请求为确认该股东会决议不存在；但欧某某坚持撤销之诉，并认为60日的期间应当自股东知道股东会决议内容之日起算。《公司法》第22条规定，股东会或者股东大会、董事会的会议召集程序、表决方式违反法律、行政法规或者公司章程，或者决议内容违反公司章程的、股东可以自决议作出之日起60日内，请求人民法院撤销。现欧某某提起撤销之诉，未提供符合该条法律规定的相应证据；且在向其释明后，不予变更诉讼请求，坚持其诉讼意见，故其要求撤销股东会决议的请求，本院不予支持。欧某某的其他诉讼请求，系建立在其撤销之诉成立的基础上，故本案中欧某某的其他诉请，亦不予支持。

二审法院观点：欧某某一审诉讼请求所基于的基础事实和理由为案涉股东会决议系伪造，因该决议为民事法律行为，判断该决议效力的前提则为该民事法律行为是否成立。基于此，判定其成立与否的效力状态，应为审理中争议焦点。一审法院围绕该争议焦点进行释明并无不当。欧某某坚持其诉讼主张不予变更，故应予驳回。

《公司法》第22条第2款规定："股东会或者股东大会、董事会的会议召集程序、表决方式违反法律、行政法规或者公司章程，或者决议内容违反公司章程的，股东可以自决议作出之日起60日内，请求人民法院撤销。"该法条明确规定股东对股东会决议行使撤销权的期限为60日，起算点为股东会作出决议之日。本案中，案涉股东会决议作出之日为2014年11月12日，距欧某某一审起诉时间2015年12月1日，已经超过法律规定的60日期限，故一审法院驳回欧某某一审诉讼请求，有事实和法律依据。

律师点评

公司决议不成立是《公司法解释四》中新确立的公司决议形态。在《公司法解释四》颁布之前，《公司法》第22条对决议效力瑕疵问题采取了决议无效和决议可撤销的"两分法"。由于此种分类针对的是以公司决议构成有效的民事法律行为为前提的，无法妥善解决公司决议不成立所引发的纠纷。在早期司法实践中，就决议不成立所引发的纠纷法院通常从保护股东基本权益的角度，对形成过程存在重大瑕疵的决议倾向认定为无效，而对于轻微瑕疵的决议倾向认定为可撤销。

《公司法解释四》颁布后，其第1条即明确人民法院应当受理请求确认股东会或者股东大会、董事会决议不成立的诉讼，有效弥补了上述立法缺失，为决议不成立所生纠纷的处理提供了合理的救济途径。自此，决议效力纠纷问题步入"三分法"的时代。同时，《公司法解释四》第5条更进一步列举了决议不成立的情形，分别为：(1) 公司未召开会议的，但依据《公司法》第

37 条第 2 款或者公司章程规定可以不召开股东会或者股东大会而直接作出决定，并由全体股东在决定文件上签名、盖章的除外；（2）会议未对决议事项进行表决的；（3）出席会议的人数或者股东所持表决权不符合《公司法》或者公司章程规定的；（4）会议的表决结果未达到《公司法》或者公司章程规定的通过比例的；（5）导致决议不成立的其他情形。

笔者注意到，对比《公司法解释四》的征求意见稿，最高人民法院将征求意见稿中的第 4 条“决议不存在”与第 5 条“未形成有效决议”两个条款的内容进行了调整、合并，形成了《公司法解释四》第 5 条“不成立”。值得注意的是，《公司法解释四》第 5 条虽然增加了一条兜底条款，但删除了《公司法解释四》征求意见稿第 5 条“未形成有效决议”列举情形中的第 3 款“决议上的部分签名系伪造，且被伪造签名的股东或者董事不予认可”、第 4 款“决议内容超越股东会或者股东大会、董事会的职权”。从最高人民法院的这一调整来看，最高人民法院对前述两种情形是否属于决议不成立在意见上尚有所保留的，仍需通过法院对具体案件的处理来了解法院对此的态度。总体上，确认公司决议不成立出台时间尚短，目前救济途径的生效法院判决/裁定数量有限，尚不足以进行详细的整理和分析。

相关法律依据

1.《公司法》

第 22 条　公司股东会或者股东大会、董事会的决议内容违反法律、行政法规的无效。

股东会或者股东大会、董事会的会议召集程序、表决方式违反法律、行政法规或者公司章程，或者决议内容违反公司章程的，股东可以自决议作出之日起六十日内，请求人民法院撤销。

股东依照前款规定提起诉讼的，人民法院可以应公司的请求，要求股东提供相应担保。

公司根据股东会或者股东大会、董事会决议已办理变更登记的，人民法院宣告该决议无效或者撤销该决议后，公司应当向公司登记机关申请撤销变更登记。

第 39 条　股东会会议分为定期会议和临时会议。

定期会议应当依照公司章程的规定按时召开。代表十分之一以上表决权的股东，三分之一以上的董事，监事会或者不设监事会的公司的监事提议召开临时会议的，应当召开临时会议。

第 41 条 召开股东会会议，应当于会议召开十五日前通知全体股东；但是，公司章程另有规定或者全体股东另有约定的除外。

股东会应当对所议事项的决定作成会议记录，出席会议的股东应当在会议记录上签名。

第 42 条 股东会会议由股东按照出资比例行使表决权；但是，公司章程另有规定的除外。

第 43 条 股东会的议事方式和表决程序，除本法有规定的外，由公司章程规定。

股东会会议作出修改公司章程、增加或者减少注册资本的决议，以及公司合并、分立、解散或者变更公司形式的决议，必须经代表三分之二以上表决权的股东通过。

2. 最高人民法院《关于适用〈中华人民共和国公司法〉若干问题的规定（一）》

第 3 条 原告以公司法第二十二条第二款、第七十四条第二款规定事由，向人民法院提起诉讼时，超过公司法规定期限的，人民法院不予受理。

3. 最高人民法院《关于适用〈中华人民共和国公司法〉若干问题的规定（四）》

第 1 条 公司股东、董事、监事等请求确认股东会或者股东大会、董事会决议无效或者不成立的，人民法院应当依法予以受理。

第 2 条 依据公司法第二十二条第二款请求撤销股东会或者股东大会、董事会决议的原告，应当在起诉时具有公司股东资格。

第 3 条 原告请求确认股东会或者股东大会、董事会决议不成立、无效或者撤销决议的案件，应当列公司为被告。对决议涉及的其他利害关系人，可以依法列为第三人。

一审法庭辩论终结前，其他有原告资格的人以相同的诉讼请求申请参加前款规定诉讼的，可以列为共同原告。

第 4 条 股东请求撤销股东会或者股东大会、董事会决议，符合公司法第二十二条第二款规定的，人民法院应当予以支持，但会议召集程序或者表决方式仅有轻微瑕疵，且对决议未产生实质影响的，人民法院不予支持。

第5条　股东会或者股东大会、董事会决议存在下列情形之一，当事人主张决议不成立的，人民法院应当予以支持：

（一）公司未召开会议的，但依据公司法第三十七条第二款或者公司章程规定可以不召开股东会或者股东大会而直接作出决定，并由全体股东在决定文件上签名、盖章的除外；

（二）会议未对决议事项进行表决的；

（三）出席会议的人数或者股东所持表决权不符合公司法或者公司章程规定的；

（四）会议的表决结果未达到公司法或者公司章程规定的通过比例的；

（五）导致决议不成立的其他情形。

第6条　股东会或者股东大会、董事会决议被人民法院判决确认无效或者撤销的，公司依据该决议与善意相对人形成的民事法律关系不受影响。

第五章　公司盈余分配纠纷

公司盈余分配权是股东最重要的自益权权利之一，系股东作为投资者获得投资回报的权利。股东作为投资者如何能够实现合理预期，获得合理回报，是众多股东的共同需求。但实践中，经常会发生股东（特别是中小股东）投资后，即使公司处于多年盈利的状态，但是仍然无法获得利益分配，存在投资利益回报不能实现的情况。

虽然《公司法》第74条规定了公司连续五年盈利但不向股东分配利润，并且符合公司法规定的分配利润条件的，股东可以请求公司按照合理的价格回购其股权的救济途径。但是前述要求公司回购条件却较为苛刻，时长必须长达5年，且该期间内必须连续不予分配。因此，在大多数情况下无法达到要求公司回购的条件，从可操作性方面考虑，股东可考虑通过公司盈余分配之诉进行维权。

《公司法》第4条规定了公司股东依法享有资产收益、参与重大决策和选择管理者等权利。《公司法》第34条规定了股东按照实缴的出资比例分取红利。公司股权作为股东的特殊资产，股东有权对该特殊资产享有资产收益的权利，即按照其实缴出资比例分取公司红利。上述两条规定是对股东"分红权"的原则性规定。而具体到个案的可行性，股东方面需要考虑是否符合提起公司盈余分配之诉的各项条件，在不符合条件的情况下如何补足条件，以及在何种情况下才能由法院司法干预公司盈余分配。

结合本章案例所示的司法实践情况，归纳公司盈余分配纠纷诉讼的提起需要符合以下条件：（1）原告主体，为具有盈余分配请求权的"股东"（并不限于公司现股东）；（2）实质上，公司需要有可供分配的利润；（3）程序上，要由董事会、执行董事制定公司的利润分配方案并经股东会审议批准；

(4) 在实际控制人、控股股东滥用支配地位情况下，长期不分配利润，导致其他股东利益明显受损，由法院司法介入后强制分配，此为前述第三点之例外情况。综上所述，本章节将从主体地位、实质、程序、其他途径救济四个方面，结合《公司法》及其解释以及实务中的热点问题对公司盈余分配纠纷诉讼进行分析、阐述。

第一节　因股权转让产生的盈余分配请求权纠纷

一、请求公司盈余分配的股东必须首先具有公司股东资格

案　　号：(2014) 晋民终字第168号

案件名称：李某A、李某B等与襄垣县桃树天利煤业有限公司盈余分配纠纷案

裁判要旨：股权是指股东基于股东资格而享有从公司获取经济利益并参与公司经营管理的权利。根据《公司法》的规定，公司盈余分配请求权是作为公司股东基于其股东资格而对公司享有的一项股东权利，因此能够请求公司盈余分配的须具有公司股东资格。

案情简介

上诉人（原审原告）：李某A、李某B、王某C、冯某D

被上诉人（原审被告）：襄垣县桃树天利煤业有限公司（以下简称天利煤业公司）

原审第三人：王某E

原审第三人：襄垣县吉韩镇添利投资管理有限公司（以下简称添利投资公司）

天利煤业公司的前身系襄垣县桃树联营煤矿（以下简称桃树联营煤矿），注册登记的企业性质为桃树村集体企业，法定代表人为李某G。2003年由桃树村委和李某G（原告冯某D的丈夫，已故）、李某A、李某B、王某F（又

名王××，现原告王某C的儿子，已故）发起并经桃树村委同意设立天利煤业公司。2003年6月19日，山西省工商行政管理局核准企业名称变更登记，注册资本为100万元，登记的投资人及投资比例为桃树村委60%，李某G、李某A、李某B、王某F各10%，均以实物资产出资。注册时的验资报告、资产评估报告显示，股东出资的实物资产，即是桃树联营煤矿的房屋建筑物（评估价值44,862元）、构筑物及其他辅助设施（主副井筒、主巷道、主井架，评估价值616,130元）和机器设备（评估价值340,426元），评估值1,001,418元，其中100万元转入实收资本，余下1418元转入公司资本公积。登记法定代表人为李某A。2003年8月2日，以桃树联营煤矿（负责人李某G、李某A签字）为甲方、天利煤业公司（负责人王某E签字，加盖襄垣县桃树天利煤业有限公司公章）为乙方，签署《协议书》，内容为："我们桃树联矿产量小、煤田少，又受到国家关井压产政策的影响，已无法继续生存发展。经我矿股东会议研究决定，一次以（180万元）壹佰捌拾万元转让给曹坪煤矿办矿。经双方签字之日起生效。"协议书下方列12人（李某G、刘H、赵I、赵J、张K、王L、杨M、王N、李某A、杨O、王某F、王P）签名加印指印。2003年8月6日，又以天利煤业公司（新的组织、领导）为甲方、天利煤业公司（原桃树联营煤矿）为乙方，签署《股权转让协议书》，内容为："乙方因煤田枯竭，无法继续生存发展，已无开采价值，经董事会研究决定，报请镇党委、政府和有关部门同意，自愿将该公司股权转让。经古韩镇党委、政府研究决定及有关部门同意，移口迁址到后庄村三荆沟煤矿旧井，于二〇〇三年八月六日起，由该公司新的组织领导全权行使本公司的一切权利和义务。股权转让的相关事宜，经协商特定如下条约：一、股权转让之后由镇党委、政府任命的法人代表矿长王某E，公司书记郭Q全权组织、领导公司的移口基建，行使公司的权利和义务，乙方不再参与公司的经营管理。二、甲乙双方同意，甲方一次性付给乙方人民币壹佰捌拾万元（180万元）转让买断（含原股东的股份）清前断后，不留后患。三、乙方转让前的一切经济往来，民事纠纷，转让后乙方的股金分红，退股结算，以及其他方面有关事项，均由乙方负责承担与甲方无关。四、双方签约后一手交款，一手交接各种证件，相互协作，互不违约。五、本协议一式五份，有关方面各执一份，签字后生效。"甲方署名：天利煤业公司（公章），法人代表、矿长王某E（签名加名章）；乙方署名：天利煤业公司（原桃树联营煤矿），法人代表、矿长李某G、李某A（签名加指印）；中证单位：襄垣县古韩镇人民政府（只有打印署名）、古韩镇桃树村村委会（公章）。2003年11月至2004年4月，李某G签收条收取180万元。2003年8月6日前，天利煤业公司经营场所、生产矿井在桃树村原桃树联营煤矿（2003年11月7日煤炭生产许可证记载，公司详细地址襄垣县古韩镇桃树村，井口坐标X4049169.4Y19677422.7）。2003年8月6日后，该公司经营场所、生产矿井在后庄村三荆沟煤矿旧井（2004年7月10日煤炭生产许可证记载，公司详细地址襄垣县古韩镇后庄村，井口坐标X4049694Y19677149）。从2004年3月起，天利煤业公司开始向襄垣县古韩镇镇政府上缴利润。2008年4月22日，天利煤业公司申请变更登记，股东由原来的桃树村委、李某G、李某A、李某B、王某F变更为王某E、郭Q、李R、李某A。此次变更登记提交的文件有：《公司2008年第一次股东会决议（2008年4月21日）》（股东署名有李某G且有指印）、《公司章程修正案》、《股权转让协议》三份（桃树村委、王某F对王某E）、（李某G对郭Q）、（李某B对李R）。襄垣县公安局古韩派出所2009年2月4日出具的户口注销证明记载，李某G于2007年9月4日死亡。2008年9月23日，山西煤矿安全监察局长治监察分局向天利煤业公司下达《国家煤矿安全监察现场处理决定书》，依据长政办明电（2008）102号长治市人民政府办公厅《关于政策性关闭煤矿停产的通知》要求，该矿被列为政策性关闭矿井。责令该矿立即停止井下一切采掘作业活动，暂扣安全生产许可证。当日，天利煤业公司所属煤矿被政策性关闭，公司营业执照正副本被襄垣县工商行政管理局收回。天利煤业公司年检上报的资产负债表显示：公司未分配利润，2003年年初数为52,154.64元，年末数为87,429.58元；2004年年初数材料显示不清，年末数为2,138,037.70元；2005年年初数为2,138,037.70元，年末数为1,555,227.17元；2006年年初数为1,555,227.17元，年末数为9,186,490.92元；2007年年初数为9,186,490.92元，年末数为16,264,497.36元。李某G去世后，曾在2003年8月2日协议书上署名的部分桃树村村民，要求天利煤业公司解决桃树联营煤转让的未尽事宜。古韩镇政府组织天利煤业公司和提出要求的村民进行了调查和调解，因村民的要求和天利煤业公司的答复分歧较大，未能达成一致意见。四原告遂于2009年2月23日提起诉讼，同年5月27日，长治市中级人民法院曾以天利煤业公司支付四原告60万元调解此案，7月17日四原告已实际领取了该60万元。2011年9月4日，古韩镇人民政府发文［韩政发（2011）61号］，授权添利投资公司经营管理天利煤矿的实物资产及投资地面企业形成的股权及其收益。该文件显示“桃树天利煤业”享有襄垣县华宇选煤有限公司74.2%的股权。

裁判结果

一审判决：驳回原告李某A、李某B、王某C、冯某D的诉讼请求。

二审判决：驳回上诉，维持原判。

各方观点

上诉人观点：1. 一审法院关于股东身份的事实认定错误，并直接导致其判决错误。四自然人实际履行了出资义务，股东身份毋庸置疑。在各方当事人均未对李某G、李某B、李某A、王某F出资质疑的情况下（一审法院亦从未对此质疑），尤其是襄垣县古韩镇桃树村村民委员会（被上诉人改制时显名持有60%股权的股东）未曾有过任何质疑的情况下，一审法院为达到其实现一审判决的意图，断章取义的认定改制时被上诉人股东的出资是山西省襄垣县桃树联营煤矿的房屋建筑物、构筑物和其他辅助设备，四自然人没有出资的验资证明。一审法院的上述认定完全无视了验资报告、资产评估报告正文中所明确阐述的出资实物为李某G、李某B、李某A、王某F与桃树村委会共同所有，验资报告中明确表明每一自然人股东的出资折价为10万元，桃树村委会的出资折价为60万元的事实。为此，桃树村委会特出具了证明，在验资报告和资产评估报告的基础上再一次证明四股东实际出资的事实。

2. 一审法院认为上诉人与被上诉人之间的股权转让，与《公司法》有关股权转让的规定不符，实质是煤矿开采手续的转让属于事实认定错误。首先，假如各协议确为各方真实意思表示、真实签订，那么，股权转让的形式要件虽有瑕疵，但股权转让协议的实质内容并未违反《公司法》规定的情形，一审法院不应对此进行否认，其属于认定错误。其次，被上诉人所提的《协议书》并非12位股东（含隐名股东）的真实意思表示，该协议实为被上诉人新管理团队骗取12位股东在空白纸张签字后填写，不是双方交易的本意。双方当时关于如何转让以及转让的对价事实上尚未达成一致。再次，四股东只是显名持有股权，而12位股东实际持有的股权为本案所涉交易的基础，同时也是被上诉人新管理团队得以实际控制被上诉人的权利来源，一审法院对于四自然人持股的否定本身即自相矛盾。最后，被上诉人利用采矿权手续移口开采的煤矿实际上属于协议签订前的公司所有，被上诉人对其开采行为理应支付合理对价。

被上诉人观点：首先，2003年8月"股权转让"的实质是煤矿资质转让，上诉人原投资的桃树联营矿需进行政策性关停，上诉人与被上诉人实际无投资关系，不享有股权。2003年8月股权转让的背景是桃树联矿因产能小，确定要进行政策关停，已无存续发展可能。按当时的补偿政策，包括上诉人在内的桃树联营煤矿原投资人只能获得很少的政策补偿。在此背景下，被上诉人（现实际股东）襄垣县古韩镇政府，考虑其所办集体煤矿三荆沟煤矿属于"一证两井"，决定以"股权转让"的形式，受让煤矿全部股权，取得该矿的证照资质，另行开采三荆沟煤矿旧井（曹坪矿）。后经上诉人一方多次与古韩镇政府及相关部门请示、协商，双方以远高于关井补偿价格的180万元达成转让协议。因此，目前存续的被上诉人与上诉人曾经投资的桃树联营煤矿，实为两个企业主体。在双方签订的《协议书》《股权转让协议书》中明确写明双方"一次性转让买断、清前后断，不留后患"。一审判决认定该"股权转让"的实质属于煤矿经营资质的转让。因此，桃树煤矿原投资人不再享有后来桃树天利煤业的权益，是清楚的。上诉人现在主张否定两份协议的效力，依据不足，不能成立。其次，上诉人在2003年6月至2008年4月仅是被上诉人的挂名股东，与被上诉人根本不存在投资关系，实际从未参与过经营管理，无权主张盈余分配。股东资产收益权是股东的固有权益，其权利基础是资本投资——收益关系。没有投资关系不能从公司分取利润，这也是《公司法》第35条中规定股东按照实缴比例而非认缴比例分红及认缴出资、承认实际控制人的理论基础。2003年8月6日"股权转让"后，上诉人与被上诉人之间不存在投资关系，而被上诉人的生产经营活动始终是由襄垣县古韩镇人民政府组织实施。众所周知，2003年至2008年，煤炭企业经营形势很好，而四原告恰恰在这期间从未向答辩人主张过股利分配，这说明他们对自己的挂名股东身份是认可的。在没有实际的投资关系前提下，四原告仅依据由于历史原因形成的工商登记上的挂名股东关系，向被上诉人主张盈余分配，缺乏事实依据，不能成立。

原审第三人王某E观点：第一，2003年8月2日、2003年8月6日的两份协议成立。从2004年4月23日起按照合作协议，价款已将履行完毕，该转让合同是真实的。第二，关于身份认定问题，这是天利煤业公司没有及时到工商管理部门进行股东变更，但工商登记不影响股权转让的效力。第三，从2003年8月6日签订合同以后，直到煤矿政策性关闭，这期间四位上诉人从未参加过股东会议，从未争取过盈余分配，也未提出过其他异议。

原审第三人添利投资公司观点：第一，第三人认可上诉人为天利煤业公司的初始股东。但在2003年8月6日之后，上诉人的股权已经转让给了新股东，股权转让协议已经生效并实际履行。上诉人与被上诉人的新股东（名义上是王某E、郭Q、李R、李某A四个自然人，实质上是古韩镇政府）的股权转让已完成。2003年8月6日之后，上诉人不再是天利煤业公司的股东，因此，其要求分配天利煤业的利润缺乏依据。第二，尽管股权转让协议存在签章、署名这些形式上的瑕疵，但双方已按照真实意愿实际履行。2003年8月6日股权转让之后，直至天利煤业被政策性关闭之日，一直由新股东组织生产经营，也一直向古韩镇上缴利润。根据商法保护交易的原则，也应当认定为股权转让的效力。第三，股权转让完成后，未办理工商变更登记不影响股权转让的效力。因为，法律并没有规定股权转让协议必须经工商登记才生效。未办理变更登记，原则上对公司以外不产生法律效力，但并不影响对股权转让各方的法律效力。也就是说，只产生对抗第三人的效力。第四，假如天利煤业公司应向上诉人承担盈余分配义务，那么在利润计算上也不应当以上诉人依照资产负债表计算出的760多万元为准。天利煤业公司真实可分配的利润应当由上诉人、被上诉人共同聘请会计师事务所进行全面核查，以审计结果作为利润分配的依据。第五，被上诉人天利煤业公司目前尚未办理工商注销登记，法人资格尚未消灭。即使被上诉人天利煤业公司应当向上诉人分配利润，我方作为授权管理被上诉人天利煤业实物资产的管理人，也没有支付义务，应由天利煤业公司自行支付。

法院观点

一审法院观点：我国公司法律制度认可实际控制人的存在。《公司法》

(2013 年) 第 217 条第 1 款第 3 项规定[1]:“实际控制人，是指虽不是公司的股东，但通过投资关系、协议或者其他安排，能够实际支配公司行为的人。”在法律适用方面，《公司法解释三》(2011 年) 第 23 条规定[2]:“当事人之间对股权归属发生争议，一方请求人民法院确认其享有股权的，应当证明以下事实之一：(一) 已经依法向公司出资或者认缴出资，且不违反法律法规强制性规定；(二) 已经受让或者以其他形式继受公司股权，且不违反法律法规强制性规定。”《公司法解释三》(2011 年) 第 24 条第 2 款规定：“……名义股东以公司股东名册记载、公司登记机关登记为由否认实际出资人权利的，人民法院不予支持”。本案中，2003 年 8 月天利煤业公司的所谓“股权转让”，与《公司法》有关股权转让的规定不符，其实质就是煤矿开采手续的转让。天利煤业公司成立时其所属的煤矿（桃树联矿）已经资源枯竭且面临被政策性关闭。如果被关闭，煤矿生产的全部证照将归于作废。而古韩镇政府所属的三荆沟煤矿有一口旧井因没有证照无法生产。因此，以天利煤业公司（原桃树联营煤矿）和天利煤业公司（新的组织、领导）名义，签署了所谓《股权转让协议》。协议签订后，桃树联营煤矿的负责人李某 G 收取了协议中约定 180 万元转让款，并在桃树联营煤矿内部进行了分配，以王某 E、郭 Q 为代表的所谓公司新的组织、领导持有了公司营业执照及煤矿开采的全部手续，开始办理移口手续并组织恢复了位于古韩镇后庄村的三荆沟煤矿旧井。天利煤业公司注册登记的资产，留在了桃树村。股东权益源于出资，没有出资不享有权益。天利煤业公司成立时，李某 G、李某 B、李某 A、王某 F 即不享有股权。桃树联营煤矿登记为桃树村集体企业，没有证据显示有其他投资人。天利煤业公司是经桃树联营煤矿改制成立的，登记股东为桃树村委和李某 G、李某 B、李某 A、王某 F，股东出资均为实物。而股东出资的实物却是桃树联营煤矿的实物资产。没有李某 G、李某 B、李某 A、王某 F 四个股东出资认购其中 40% 实物资产的验资证明，而是直接将桃树联营煤矿实物资产的 40% 作为四个人的个人实物出资注入了天利煤业公司。

综上所述，本案现有证据均不能证明李某 G、李某 B、李某 A、王某 F 对天利煤业公司有实际出资，故原告李某 A、李某 B、王某 C、冯某 D 以天利

[1] 2018 年修正的《公司法》第 216 条第 1 款第 3 项。
[2] 2014 年修正的《公司法解释三》第 22 条。

煤业公司 2003 年 6 月至 2008 年 4 月登记股东为李某 G、李某 B、李某 A、王某 F 为由，主张分配该期间的公司利润，无事实依据和法律依据，本院依法不能支持其诉讼请求。

二审法院观点：本案争议的焦点为：四位上诉人能否主张天利煤业公司的盈余分配（2003 年 6 月至 2008 年 4 月）。而上诉人能否对天利煤业公司上述期间的盈余主张权利，前提是上诉人是否为这一期间天利煤业公司的股东（实际股东）。

股东身份，是投资人取得和行使股东权利，承担股东义务的基础。股份的取得是成为股东身份的前提。股东因出资而取得公司股份，从而对公司享有股权。股权是股东基于其出资行为而享有的从公司获取经济利益和参与公司经营管理的各项权利。本案中，根据 2003 年 6 月 10 日的公司设立登记申请书及同年 6 月 19 日的企业变更登记申请书可证实李某 G（冯某 D 的丈夫）、李某 A、李某 B、王某 F（王某 C 的儿子）是天利煤业公司登记注册的显名股东（并不全是实际股东）。而实际的“显名”股东是《协议书》《关于桃树村民（桃树联营煤矿股东）要求处理煤矿转让未尽事宜的调查情况记录》《镇政府的调解笔录》所列股东及各方当事人都认可的 12 人，即李某 G、刘 H、赵 I、赵 J、张 K、王 L、杨 M、王 N、李某 A、杨 O、王某 F、王 P。另还有 13 名隐名股东。股权转让是股权权属变动的主要方式，其本质是权利的买卖。我国《合同法》规定，合同的成立与生效一般同时发生，而先成立后生效的合同主要是法律法规界定应当办理批准、登记等手续生效的合同，如附生效条件的合同、附生效期限的合同等。依法成立的股权转让合同自成立时生效，所以判断股东身份是否丧失应更多地关注股权权属变动的原因情况及各方当事人的真实意思表示。结合本案，交易关系人就股权转让共签订了两份协议。第一份协议是 2003 年 8 月 2 日《协议书》：“甲方桃树联矿，负责人李某 G、李某 A（签字指印）、乙方天利煤业公司，负责人王某 E（签字指印，加盖天利煤业公司公章）。我们桃树联矿产量小、煤田少，又受到国家关井压产政策的影响，已无法继续生存发展。经我矿股东会议研究决定，一次以（180 万元）壹佰捌拾万元转让给曹坪煤矿办矿。经双方签字之日起生效。”以下是甲方 12 名股东签名指印。第二份协议是 2003 年 8 月 6 日《股权转让协议书》：“甲方天利煤业公司（新的组织、领导）、乙方天利煤业公司（原桃树联营煤矿）。乙方因煤田枯竭，无法继续生存发展，已无开采价值，经董事会研究决定，报请镇党委、政府和有关部门同意，自愿将该公司股权转让。经古韩镇党委、政府研究决定及有关部门同意，移口迁址到后庄村三荆沟煤矿旧井，于二〇〇三年八月六日起，由该公司新的组织领导全权行使本公司的一切权利和义务。股权转让的相关事宜，经协商特定如下条约：一、股权转让之后由镇党委、政府任命的法人代表矿长王某E，公司书记郭Q全权组织、领导公司的移口基建，行使公司的权利和义务，乙方不再参与公司的经营管理。二、甲乙双方同意，甲方一次性付给乙方人民币壹佰捌拾万元（180万元）转让买断（含原股东的股份）清前断后，不留后患。三、乙方转让前的一切经济往来，民事纠纷，转让后乙方的股金分红，退股结算，以及其他方面有关事项，均由乙方负责承担与甲方无关。四、双方签约后一手交款，一手交接各种证件，相互协作，互不违约。五、本协议一式五份，有关方面各执一份，签字后生效。”以下是甲方天利煤业公司公章，法人代表、矿长王某E签名加名章；乙方天利煤业公司（原桃树联营煤矿）法人代表、矿长李某G、李某A签名指印；中证单位：襄垣县古韩镇人民政府（只有打印署名）、古韩镇桃树村村委会（公章）。

1. 两个协议应为有效协议

首先，交易关系人意思表示真实。（1）《协议书》载明，“经我矿股东会议研究决定，一次以（180万元）壹佰捌拾万元转让给曹坪煤矿办矿”；《股权转让协议书》载明，“乙方……自愿将该公司股权转让。经古韩镇党委、政府研究决定及有关部门同意，移口迁址到后庄村三荆沟煤矿旧井，于二〇〇三年八月六日起，由该公司新的组织领导全权行使本公司的一切权利和义务”。这表明双方就股权转让事宜达成一致，也符合《合同法》关于合同成立的要约和承诺两要素。（2）约定了比较高的转让价款180万元（按照2003年资源整合补偿标准，该矿补偿标准一般在50万元到100万元）。（3）《协议书》后有12名实际股东签字认可。另《关于桃树村民（原桃树联营煤矿股东）要求处理煤矿转让未尽事宜的调查情况记录》载明：“2003年11月8日，我们股民25家，其中明股12人，暗股13人决定转让桃树联矿于曹坪煤矿办矿。……当时签订协议时，李某G（已故）口头承诺每年给股民5000吨煤，这样我们全体明股（12人）才在180万元的转让协议上签字。”说明12名实际股东和13名隐名股东对股权转让是全面知情并予以认可，其股权转让的意思表示是真实的。上诉人主张的“该协议实为被上诉人新管理团队骗取12位股东在空白纸张签字后填写，不是双方交易的本意”，不符合本案实际情况，也没有证据证明，故本院不能支持。

其次，股权转让的内容和程序并不违法。《股权转让协议》载明，“股权转让后，乙方（转让方）不再参与经营管理”，“甲方一次性付给乙方人民币壹佰捌拾万元（180 万元）转让买断（含原股东的股份）清前断后，不留后患。”说明交易双方对股权转让的标的、交易对方、交易价格等一致认同，没有异议。同时，2003 年 8 月 2 日全体股东在《协议书》上签字，相当于旧股东形成股东会决议；2003 年 8 月 6 日古韩镇召开了党政班子会议形成的《关于成立天利煤业有限公司会议纪要》《古韩镇委员会关于任命天利煤业有限公司法人代表、书记的决定》说明新股东也召开了会议，讨论决定股权转让事宜。

最后，股权转让主体有瑕疵。这与当时（2003 年）乡镇企业对《公司法》的认知和理解程度有限，不拘泥于形式有关。《协议书》将甲方列为桃树联矿，负责人李某 G，李某 A 签字捺手印；乙方列为天利煤业公司，负责人王某 E 签字捺手印，但 12 名股东在协议书上签字认可。《股权转让协议书》甲方列为天利煤业公司（新的组织领导），乙方也列为天利煤业公司（桃树联营煤矿），但交易双方对甲和乙进行了区分，即甲方为新股东，乙方为旧股东。虽然两份协议的签约主体，即形式要件存有瑕疵，但实质要件真实合法，即股权真实、意思表示真实、转让价格真实。这一点，上诉人也是认可的（上诉状）：“股权转让的形式要件虽有瑕疵，但股权转让协议的实质内容并未违反《公司法》规定的情形，原审法院不应对此进行否认。”

综上所述，《协议书》和《股权转让协议书》的约定是交易当事人真实意思体现，应为有效协议。

2. 股权转让协议已实际履行

不再享有股权是股东身份丧失的实质标准。股权的实际转让有赖于对合同的实际履行，股权的实际转让就是股权的交付。即股权的实际转让和股东身份的继受需要当事人的履约行为来完成。受让人的主要义务是按照约定向转让方支付转让款。同时，股东向股东以外的人转让股权，应当经其他股东过半数同意。本案，股权转让协议经上诉方全体股东同意并签订后，被上诉人分五次向上诉人支付了 180 万元股权转让款，上诉人也认可收到该款。同时，被上诉人也实际接管了天利煤业公司并进行生产经营，股权转让协议得到实际履行，该商事交易完成。股东资产收益权是股东的固有收益，其权利基础是资本投资收益关系，没有投资关系不能从公司分取利润，这也是我国

《公司法》规定股东按照实缴比例分红及认缴出资的理论基础。所以，2003年8月6日股权转让后，上诉人与被上诉人之间已不存在投资和收益关系，上诉人不再享有天利煤业公司的股权，不再具有被上诉人的股东身份，也就不能从被上诉人处取得投资收益即分配盈余。

3. 未办理工商登记不影响股权转让的效力

我国《公司法》对于普通的股权转让合同并无办理批准登记手续后才能生效的规定，因此不能以工商登记变更作为股权转让合同生效的要件，因为工商登记变更只是对已经发生的股权转让事实予以确认。虽然我国《公司法》规定，股东转让股权后，应当办理工商变更登记。但是，这里的“应当”属于法律规范类型中的倡导性规范，而非强制性规范。是对交易关系中私人利益冲突进行协调的一种行为规范，只是提醒交易关系人采取特定的行为，以求最大限度实现自己的利益。因此，股权变更登记与股权转让行为的效力无关，这种登记在性质上属于对抗性登记，其仅仅在于公示权利，进而产生对抗第三人的法律效力，未经登记并不会导致商事行为无效，并不决定股权转让合同的效力。本案，2003年8月6日股权转让后，上诉人与被上诉人并没有到工商管理部门办理股东变更登记，一直到2008年4月才进行了变更登记。这期间，上诉人只是天利煤业公司形式上的股东，天利煤业公司的股权实际由古韩镇政府享有并有效行使，成为实际控制人。《关于成立天利煤业公司会议纪要》和《古韩镇委员会关于任命天利煤业有限公司法人代表、书记的决定》可证明这一点。根据《公司法解释三》第24条第2款规定：“……名义股东以公司股东名册记载、公司登记机关登记为由否认实际出资人权利的，人民法院不予支持”。

综上所述，上诉人李某A、李某B、王某C、冯某D请求分配天利煤业公司自2003年6月至2008年4月的盈余的上诉理由不能成立，本院不予支持。

二、在股权转让时，公司盈余分配权也被包含在股权内，一并转让给受让人

案　　号：（2016）渝02民终2087号

案件名称：重庆宁兰食品（集团）有限公司与重庆宁兰物流有限公司及第三人苏某

某、张某某公司盈余分配纠纷案

裁判要旨： 根据股权的概括转让原则，公司盈余分配权与其他股东权利一并转让给受让人，不得独立于股份或股权而存在，更不能割裂开来留给转让人继续享有。

案情简介

上诉人（原审原告）：重庆宁兰食品（集团）有限公司（以下简称宁兰食品公司）

被上诉人（原审被告）：重庆宁兰物流有限公司（以下简称宁兰物流公司）

原审第三人：苏某某

原审第三人：张某某

宁兰食品公司于2000年3月1日登记设立，公司法定代表人为熊某某。2012年1月17日，宁兰食品公司与苏某某、张某某共同登记设立宁兰物流公司，宁兰食品公司持有51%的股权，苏某某持有30%的股权，张某某持有19%的股权。2015年2月11日，宁兰物流公司作出的《重庆宁兰物流有限公司2014年度股东分红明细》载明："2014年度公司实际净利润504,713.89元，未分配利润759,849.2元，按税后净利润提取盈余公积15%，应提盈余公积金75,707.08元，余下359,006.81元作为股东分红基数。总公司按51%比例分红实得183,093.47元，苏某某按30%比例分红实得107,702.04元，张某某按19%比例分红实得68,211.29元。请各股东知悉!"2015年2月13日，宁兰食品公司法定代表人熊某某、苏某某与张某某在该分红明细上"全体股东签名"处签名确认。2015年8月20日，宁兰食品公司作为转让方与苏某某、张某某作为受让方共同签订了《股权转让合同书》，约定：宁兰食品公司将其持有的宁兰物流公司51%的股权全部转让给苏某某和张某某，其中，30%的股权转让给苏某某，21%的股权转让给张某某；股权转让总价款为948,000元，其中，以货币形式支付股权转让款483,040.60元，以债权转让冲抵债务的形式支付股权转让款464,959.40元。该股权转让协议签订后，宁兰食品公司及苏某某、张某某实际按月进行了履行，且在工商行政管理部门进行了股东变更（股权转让）登记。该次股权转让后，苏某某合计持有宁兰物流公司60%的股权，张某某持有该公司40%的股权。2016年3月9日，苏某某与张某某签订股权转让协议，张某某将其持有的宁兰物流公司40%的股权全部转让给苏某某，股权转让价款为80万元。

宁兰食品公司向一审法院起诉请求：（1）宁兰物流公司向宁兰食品公司支付2014年度应分配利润183,093.47元，并从2015年2月13日起按中国人民银行同期同类贷款基准利率标准支付资金占有损失至付清时止；（2）诉讼费和保全费由宁兰物流公司承担。

裁判结果

一审判决：驳回宁兰食品公司的全部诉讼请求。

二审判决：驳回上诉，维持原判。

各方观点

上诉人观点：（1）一审法院认定事实错误。①股东分红明细是宁兰物流公司决定分配红利的股东会决议。宁兰物流公司2014年度在无亏损并提取了公积金后对股东进行分红，符合《公司法》及公司章程的规定。股东分红明细足以说明宁兰物流公司的各股东均可依据该明细向宁兰物流公司要求分红，只不过不是以字面为“股东会决议”出现，但实际内容就是具体分配红利的股东会决议。虽然没有具体分红时间但不妨碍股东分红权，宁兰食品公司享有分配红利的给付请求权。宁兰食品公司与苏某某、张某某的股权转让合同中并没有相反的约定，宁兰食品公司仍然对宁兰物流公司享有给付请求权。而且根据张某某、苏某某在一审所作陈述，足以证明该二股东已经就2014年的公司盈余进行了分配，充分证明股东分红明细就是分配红利的股东会决议。②股权转让协议不应包含已取得的分红权。2015年8月20日三方签订的股权转让合同约定的94.8万元股权转让款并不包含宁兰食品公司应分得的2014年度的分红183,093.47元，因为双方约定的股权转让的对价，并不包括分红权。分红权是分离于股权转让的，不能对双方没有约定的事项凭空确定。股权转让协议的客体是股权的给付，而不包括债权的给付，既然股权转让协议对分红没有提及，理应只视为股权转让不包含属于债权给付的分红权。（2）一审法院程序不当。宁兰食品公司在一审中申请对宁兰物流公司的财务报表等账册进行证据调取或保全，因宁兰食品公司无法提供这些证据，符合申请人民法院调取或保全证据的规定。如果这些证据不能调取，将导致本案关键事实，即张某某、苏某某已对宁兰物流公司 2014 年度的盈余进行了分配无证据的证明。而一审法院无视这个足以查清案件事实的证据，违反规定不予调取或保全，程序不当。

被上诉人观点：一审认定事实清楚，裁判正确，请求驳回上诉，维持原判。(1) 宁兰食品公司称股东分红明细相当于股东分红决议，但根据《公司法》和公司章程，利润分配方案必须通过严格程序，分红明细未经实质性决议，不能作为盈余分配的依据；(2) 从宁兰食品公司与张某某、苏某某签订的股权转让协议可以看出股权转让款是包含涉案的 18 万余元的，否则双方不会约定给付 94.8 万元后，双方之间的债权债务清结。

法院观点

一审法院观点：根据《公司法》的规定，公司股东依法享有资产收益、参与重大决策和选择管理者等权利，有限责任公司的股东按照全体股东的约定或实缴的出资比例分取红利，分取公司盈余是公司股东最根本的利息指向，也是其重要的权利之一，公司盈余分配权是公司股东基于其股东资格所享有的股权之最核心的权能之一，即申请公司盈余的主体必须是持有公司股权的股东，必须具备公司的股东资格。本案的争议焦点为：宁兰食品公司现在是否具有宁兰物流公司之盈余分配权？当事人各方对此问题各执己见，本院结合本案具体案情，综合评判如下：(1) 公司盈余分配应遵循必要的程序。宁兰物流公司于 2015 年 2 月 11 日向包括宁兰食品公司在内的时任公司各股东发出 2014 年度股东分红明细，告知各股东知悉公司 2014 年度可分配利润的构成、具体金额、拟向各股东分配的利润等红利明细，各股东或股东之代表随后在该股东分红明细上签名确认知悉，显见宁兰物流公司此时已具备了进行利润分配的条件，并将公司可分配利润情况告知公司股东，各股东确认知悉后需申请宁兰物流公司股东会正式审议并决定是否同意相关利润分配方案，进而按照审议最终确定的分配方案正式向各股东分配公司利润。彼时的宁兰食品公司作为时任股东，享有向宁兰物流公司申请分配公司利润的请求权，但基于种种原因，包括宁兰食品公司在内的时任宁兰物流公司股东在确认知悉上述公司盈余情况后，并未随即提请公司股东会审议相关公司盈余分配方案，亦未要求宁兰物流公司按照通过后的公司盈余分配方案向各股东进行分配，即当时宁兰物流公司盈余分配方案尚未获得全体股东之有效通过，公司盈余分配方案并未最终确定，公司盈余分配程序仅刚刚启动，尚未正式完成。(2) 宁兰食品公司之后概括出让其所持有的宁兰物流公司股权已包含案涉之公司盈余分配权。司法在面对商事主体行为时应表现出足够的谦抑性，公平正义在商事领域中的基本要求是尊重商事主体之间的意思自治，而公司股东系属典型的商事主体，当事人的意思自治被视为最重要和最优先的原则和价值，在不违反法律、行政法规禁止性规定的前提下，股东得自由依照公司章程或全体股东一致达成之特别约定享有其股东权利、履行其股东义务，即在商事领域，“有约定，从约定；无约定，从法定”。依照《公司法》的规定，股东系公司股东基于其所持有的公司股份而产生的包括财产性权利和人身性权利在内的综合性权利，而公司盈余分配权是公司股东基于其股东资格所享有的股权之最核心的权能之一。公司股东在转让其股权时，实际上是将其基于股东资格而享有之权利和承担之义务进行的概括性转让。本案中，宁兰食品公司在宁兰物流公司股东会或全体股东正式就公司利润分配实施方案达成一致意见前，将其持有的宁兰物流公司51%的股权全部转让给同为宁兰物流公司股东的苏某某、张某某，且在该股权转让过程中当事各方未就上述公司利润分配相关事宜进行任何约定，故依照法律规定应认定宁兰食品公司在向苏某某、张某某转让其所持有的宁兰物流公司股东时，股权转让双方并未就所转让之股权进行特别约定，该股权具备完整之权能，即包含了公司盈余分配权，则宁兰食品公司出让其所持有的宁兰物流公司股权时，已将包含案涉公司盈余分配权一并转让给股权受让方，股权转让后，宁兰食品公司已丧失宁兰物流公司股东身份，不再享有向宁兰物流公司主张公司盈余分配之权利。综上所述，宁兰食品公司已将其持有的宁兰物流公司股权全部转让给苏某某和张某某，而案涉公司盈余分配权系公司股东所享有的股权之权能之一，且股权转让双方并未就此权利进行特别约定，则案涉公司盈余分配权已包含在股权之内一并转让给股权受让方。同时宁兰食品公司并未举示充分证据证明其所主张之事实成立，应承担相应的不利后果，故对于宁兰食品公司的诉讼请求，不予支持。

二审法院观点：股权，是指股东基于股东资格而享有从公司获取经济利益并参与公司经营管理的权利。根据《公司法》的规定，公司盈余分配请求权是作为公司股东基于其股东资格而对公司享有的一项股东权利，因此能够请求公司盈余分配的须具有公司股东资格。宁兰食品公司在提起本案诉讼时已不具有宁兰物流公司股东资格，其股权已在2015年8月转让给苏某某和张某某。根据股权的概括转让原则，公司盈余分配权与其他股东权利一并转让给受让人，不得独立于股份或股权而存在，更不能割裂开来留给转让人继续享有。本案中宁兰物流公司是依据《公司法》规定登记设立的有限责任公司，宁兰食品公司在2015年8月将其持有的宁兰物流公司股权转让给苏某某和张某某后，即丧失了宁兰物流公司的股东资格，其行使股东权利的基础已不存在，故宁兰食品公司要求对宁兰物流公司的盈余进行分配的请求权有违《公司法》关于股东权利的规定，不应得到支持。至于宁兰物流公司于2015年2月作出的股东分红明细是否是股东会决议，以及张某某和苏某某是否已经按照分红协议实际取得了2014年度公司分红，均不能成为宁兰食品公司向宁兰物流公司请求分配2014年度公司分红的理由。因此，宁兰食品公司提出调取宁兰物流公司相关财务资料的申请，与本案审理不具关联性，本院不予准许。至于宁兰食品公司称转让价款中未包含宁兰物流公司2014年度分红，但这与本案诉讼无关，系宁兰食品公司与张某某、苏某某之间的股权转让关系。宁兰食品公司如认为股权转让价款中未包含2014年度公司分红，损害其应得利益，可与张某某、苏某某进行协商，或诉讼解决。

综上所述，宁兰食品公司的上诉请求不能成立，应予驳回；一审判决认定事实清楚，适用法律正确，应予维持。

三、原股东可基于在股权转让前形成的公司股利分配决议主张利润分配权

案　　号：（2018）苏04民终3723号

案件名称：李某与江苏三德利牧业发展有限公司、和盛食品集团有限公司盈余分配纠纷案

裁判要旨：在股权转让前形成的公司股利分配决议的，可确立原股东与公司之间的债权债务关系，故原股东基于债权可主张利润分配权。

案情简介

上诉人（原审原告）：李某

被上诉人（原审被告）：江苏三德利牧业发展有限公司（以下简称三德利公司）

被上诉人（原审被告）：和盛食品集团有限公司（以下简称和盛公司）

2016年1月28日，三德利公司向李某发放股权证，股权证中记载了李某的入股数18,182股及入股金额200万元。2018年1月15日，泰州和盈畜牧有限公司（以下简称和盈公司，甲方）与三德利公司（乙方）签订《协议书》一份，和盈公司以增资及股权受让方式取得三德利公司股东资格，现就各股东之间权利、义务及公司内部管理等相关事宜，达成协议如下：第1条三德利公司原注册资本为1500万元，现由和盈公司增资至2600万元，增资后股权结构调整为和盈公司现金出资2000万元，占注册资本的76.924%；朱A、杨B、杨C、肖D、蓝E、黄F均保留原出资额100万元，占注册资本的3.846%……第5条2018年4月底前，按照实际股权的10%进行红利分配，分配方式按原实际持股比例，股利计入增资后的公司财务成本，公司依法代扣个人所得税；第6条2018年12月31日前，三德利公司原非法人股东根据个人意愿选择继续持股、退股或股转债。和盈公司、三德利公司分别在落款“甲方”“乙方”处加盖公章，朱A、杨B、杨C、肖D、蓝E、黄F在“股东”处签字。

2018年4月8日，李某向三德利公司发送告知函一份，载明：根据2018年1月15日和盈公司与三德利公司所签协议书第6条约定，本人要求名下所持有的三德利公司200万元股转为200万元债，请公司领导配合办理相关手续。三德利公司法定代表人韦某某于次日在该份告知函上签署意见：经协商，双方同意于4月底前作退股处理，退股200万元。退股后，李某收到退股款200万元。李某与三德利公司因分红支付事宜协商未果，遂诉至法院处理。

另查明，2018年5月24日，和盈公司将企业名称变更登记为和盛公司。镇江鼎信联合会计师事务所接受三德利公司委托对其公司2007年8月1日至2018年1月31日进行专项审计，并于2018年6月1日出具审计报告，审计结果为资产总计5628.56万元，负债合计8327.29万元，所有者权益合计-2698.73万元，负债和所有者权益总计5628.56万元。

李某向一审法院起诉请求：(1) 判令三德利公司立即支付分红 20 万元及从 2018 年 5 月 1 日起按照中国人民银行同期基准贷款利率计算至实际付款之日止的逾期付款违约金；(2) 三德利公司承担本案律师费 12,900 元；(3) 和盛公司对上述费用承担连带责任；(4) 本案诉讼费、保全费和保函费由三德利公司、和盛公司共同承担。诉讼中，李某陈述第一项诉讼请求中“分红”实质为股权转让的补偿款，不是一般意义上的分红。三德利公司对李某上述陈述不予认可，认为“分红”应该为盈余分配。

裁判结果

一审判决：判决驳回李某的诉讼请求。

二审判决：驳回上诉，维持原判。

各方观点

上诉人观点：(1) 一审法院定性错误，本案基础法律关系应为股权转让补偿款，并非公司盈余分配。案涉协议载明“红利”的真实意思是因三德利公司原各股东增资和转让股权后在公司的持股比例降至 3.846%，和盛公司对原各股东让利进行的相应补偿，而非传统意义上的公司盈余分配请求权，因此实际补偿款的支付主体应为和盛公司，但三德利公司与和盛公司达成合意由三德利公司支付，故两公司均应对补偿款承担付款义务。因系补偿款则与公司是否亏损无涉，故三德利公司、和盛公司以 2018 年 6 月 1 日出具的审计报告进行抗辩，违背诚信原则。(2) 一审认定事实不清。李某诉请的是原各股东持股减少及比例降低的补偿款，但一审法院不仅予以剥夺，且还通过“紧急立法权”创设李某提起诉讼的时效，认为 2018 年 4 月在李某转让完毕其股权即丧失诉讼权利。

被上诉人观点：一审认定事实清楚，适用法律正确，李某的上诉请求不能成立。李某一审起诉要求支付分红款，而 2018 年 1 月 15 日协议书第 5 条也明确约定为红利分配，李某所谓的补偿款的解释是在其母黄 F 诉三德利公司、和盛公司盈余分配纠纷案中，三德利公司、和盛公司答辩黄 F 已经将股权转让给和盛公司，其已丧失股东资格，股东的权利义务已由和盛公司享有的情况下才改口强行解释为补偿款，其改口陈述与协议约定不符，无任何事实依据。故恳请二审法院驳回其上诉，维持原判。

法院观点

一审法院观点：根据双方的诉辩意见，结合查明的事实，本案的争议焦点为：（1）李某是否具有诉讼主体资格。（2）李某主张的“分红”款是盈余分配还是股权转让的补偿款。（3）李某要求支付分红款20万元是否得到支持。

关于争议焦点一，三德利公司于2016年1月28日向李某发放股权证，股权证中记载了李某的入股数18,182股及入股金额200万元，结合三德利公司于2018年4月同意李某退股并支付退股金的情况，可以认定李某自2016年1月至2018年4月系三德利公司股东，只不过未记载于股东名册，公司未将李某姓名向公司登记机关办理手续而已，故对于三德利公司与和盛公司辩称李某非公司股东无诉讼主体资格的意见，不予采信。

关于争议焦点二，根据《协议书》第5条载明的内容，可以认定系和盛公司以增资和股权受让的方式取得三德利公司股东资格，各股东按实际股权的10%、原实际持股比例于2018年4月底前分配红利的约定，而非李某庭审中主张的股权转让补偿款。同时，李某也未提供相应的证据证明该主张。李某在三德利公司入股金额200万元，于2018年4月底前其股权已转让完毕，并收到退股款200万元，即使存在所谓股权转让补偿款，理应在此转让过程中主张。综上所述，李某主张的“分红”应是盈余分配。

关于争议焦点三，公司分配股利必须符合《公司法》规定的实质要件和形式要件。实质要件：为了贯彻资本维持原则，不仅公司资本的减少要遵循严格的法定程序，而且不能用公司资本向股东分配股利，否则就意味着向股东返还出资，从而也就损害了资本维持原则。因此，股利分配的资金来源不能是公司的资本，而只能是公司的利润。形式要件：公司实际分配股利与否，除取决于是否有可供分配的利润外，还取决于公司的意思，通过公司意思表示机构（通常为股东会）作出是否分配的决议。关于公司是否有利润，即判断是否具备利润分配实质要件，在证据审查上，必须有符合《公司法》规定的依法经过审查验证的财务报表和利润分配计划。理由：为了贯彻资本充实的原则，巩固公司的财务基础，保护股东、债权人、交易关系人的利益，维护交易安全和社会经济秩序，确保社会公众利益，股东会审议批准公司的利润分配方案时，应当以经审查验证的财务会计报告作为依据。同时《公司法》第164条、第165条规定，公司应当依照相关规定制作财务会计报告，并依法经会计师事务所审计。而关于公司可否进行股利分配，除了审查是否有利润外，还应审查是否有可供分配的利润。《公司法》第167条规定，公司分配的利润须是在扣除税款、弥补了上年度亏损、提取法定公积金、提取任意公积金（按公司章程规定由股东会决议）等之后的利润，即符合公司法要求的可供分配的利润。《公司法》第167条还规定，股东会、股东大会或董事会违反规定的，在公司弥补亏损和提取法定公积金之前向股东分配利润的，股东必须将违反规定分配的利润退还公司。本案中，三德利公司就李某诉请的分配红利事宜未召开股东会进行决议，仅是在和盛公司与三德利公司就入股事宜达成的协议上载明分配红利事宜。即使三德利公司全体股东在该份协议书上签字确认，但也必须以符合《公司法》规定的依法经过审查验证的财务报表作为利润分配的依据，不能仅凭公司股东意思表示一致就分配公司资产，否则可能损害公司、公司债权人、公司交易关系人的利益。根据三德利公司提供和2007年8月1日至2018年1月31日审计报告载明的内容，李某要求三德利公司支付分红款的诉请证据不足，不予支持。因此，李某诉请违约金、律师费、保函费、和盛公司承担连带责任的主张无事实依据，不予支持。

二审法院观点：本案二审争议焦点为：李某主张的20万元款项的性质及付款条件是否成就问题。

本院认为，应认定李某主张的20万元款项系股利分配而非股权转让补偿款，且三德利公司尚无须支付，理由如下：（1）从合同解释的方法来看，主要包括文义解释、体系解释、目的解释、参酌交易惯例。其中文义解释应当优先考虑，毕竟合同双方旨在表达的意见，通常会在被理解和接受的语词中体现。案涉协议书中载明的是“按照实际股权的10%进行红利分配”，而非“股权转让的补偿款”。（2）从款项支付主体来看，如系股权转让补偿款，则付款主体应系受让股东和盛公司，但案涉协议书约定的红利分配主体却为三德利公司。（3）从实现股利分配请求权的要件构成分析，首先，三德利公司各股东是在李某转让部分股权且退股之前，通过协议书的形式作出向股东分配公司剩余利润的决议。因此，尽管李某现已不具有股东资格，但在股权转让前形成的公司股利分配决议，确立了公司与原股东李某之间的债权债务关系，故李某基于债权可主张权利，此系股东实现股利分配请求权的形式要件。但在公司无利润可供分配的情形下，根据《公司法》的相关规定，公司不得向股东分配股利，股东的股利分配请求权也只能处于期待的法律状态，此系股东实现股利分配请求权的实质要件。从三德利公司提供的审计报告来看，公司现处于亏损状态，无利润可供分配，故李某主张股利分配的实质要件并不成就。

律师点评

股东的盈余分配请求权即股利分配请求权（又称分红权、利润分配权或资产收益权），是股东自益权的一种，指股东基于其股东地位依法享有的请求公司按照自己的持股比例或实缴出资比例向自己分配利润的权利。

司法实践中，股东诉请公司盈余分配一般需要满足以下几项条件：(1) 具备盈余分配请求权；(2) 具备可分配的利润；(3) 股东会通过关于利润分配的决议。其中，第一项经常与股东资格产生一定关联，原因在于公司存续情况下，盈余分配是股东取得收益的主要手段，通常只有公司目前股东才专享有该权利，在司法实践中，不乏在股权转让交割完成后的原股东诉请公司要求分配其持有公司股权期间的利润，而此时不具备公司股东资格。

根据《公司法解释四》第 14 条的规定，“股东提交载明具体分配方案的股东会或者股东大会的有效决议，请求公司分配利润，公司拒绝分配利润且其关于无法执行决议的抗辩理由不成立的，人民法院应当判决公司按照决议载明的具体分配方案向股东分配利润”。该解释条文亦没有对其“股东”定义是否包括公司原股东进行明确的界定。法理上一般认为，盈余分配请求权作为股东自益权的一种，须依附于股东身份，遂根据股权转让的概括性原则，盈余分配权与其他股东权利一并转让给新的股东。但在司法实践中逐步形成区别于上述自益权的裁判思路，即在股权转让之前，公司已经形成明确具体有效的分配方案及股东会决议的情况下，原股东依据《公司法解释四》第 14 条请求公司支付利润的，虽然原股东起诉时已不再具有公司股东身份，但原股东请求公司支付相关款项也不再是行使自益权，而是行使独立的债权请求权，法院应予以支持。

结合前述案件生效判决文书的裁判理由，因股权转让产生的盈余分配纠纷的审判思路如下：

1. 股权是指股东基于股东资格而享有从公司获取经济利益并参与公司经营管理的权利。根据《公司法》的规定，公司盈余分配请求权是作为公司股东基于其股东资格而对公司享有的一项股东权利，因此能够请求公司盈余分配的须具有公司股东资格。根据股权的概括转让原则，公司盈余分配权与其他股东权利一并转让给受让人，不得独立于股份或股权而存在，更不能割裂开来留给转让人继续享有。

2. 在股权转让前形成的公司股利分配决议的，可确立原股东与公司之间的债权债务关系，故原股东基于债权可主张权利，此系股东实现股利分配请求权的必备形式要件，并不因原股东股权转让行为而丧失该债权请求权。

第二节 盈余分配有效股东会决议

一、在公司董事会、股东会未就公司利润分配方案进行决议之前，公司股东不可直接向人民法院起诉请求判令公司向股东分配利润

案　　号：（2006）民二终字第110号

案件名称：河南思维自动化设备有限公司与胡某公司盈余分配纠纷案

裁判要旨：公司在进行利润分配时应依照一定的顺序，履行相应的程序，即有限责任公司的董事会制订公司的利润分配和弥补亏损方案，经股东会批准形成决议后，再经弥补亏损和提取法定公积金后，方能依照《公司法》第34条的规定进行利润分配。

案情简介

上诉人：河南思维自动化设备有限公司（以下简称思维公司）

被上诉人：胡某

1998年4月29日，胡某、王某某、李A、李B作为发起人，在河南省工

商行政管理局注册成立了思维公司，公司性质为有限责任，注册资本金为300万元，胡某、王某某、李A、李B四个自然人股东出资额均为75万元，胡某为董事长。思维公司章程载明：第8条，股东享有的权利是股东按照出资比例分取红利；第28条，公司分配当年税后利润时，应当提取利润的10%列入公司法定公积金，并提取利润的5%~10%列入公司法定公益金，公司法定公积金累计额为公司注册资本金的15%以上的，可不再提取，公司提取公积金、法定公益金后所余利润，公司按照股东的出资比例分配。思维公司2004年度企业财务会计报表载明，截至2004年12月底思维公司未分配利润（历年）期末数为103,812,679.64元，资本公积金期末数为34,803,668.26元，盈余公积金期末数为65,351,871.29元。本案在审理中，思维公司申请对2000年7月20日董事会决议上胡某的签名进行鉴定，鉴定结论为，该董事会决议上的签名系胡某所写。胡某对鉴定结论未再提出异议。

2005年3月3日，胡某以思维公司自成立以来长期拒不向股东分红、损害股东利益为由，向一审法院提起诉讼，请求判令思维公司向其分红4000万元。

一审法院查明：(1) 本院2003年6月12日作出的（2001）豫法民二终字第230号民事判决认定：1996年11月23日，河南思达自动化设备有限公司（以下简称思达公司）向河南省工商行政管理局提交《公司设立登记申请表》和《关于申请有限责任公司规范的报告》。《公司设立登记申请表》中载明公司注册资本金为300万元，由胡某、王某某、李A、李B等4人平均持有。1996年12月20日，思达公司成立。思维公司成立时，利用了思达公司的部分资产和设备，思维公司成立时的注册资本金是从思达公司未分配利润中提取的，胡某、王某某、李A、李B等4人平均各占25%。目前，思达公司处于歇业状态，但未办理注销手续。2000年6月16日，思维公司股东胡某、王某某、李A、李B召开股东会一致同意由李B出任该公司董事长，免去胡某的董事长职务，并报工商机关核准办理了变更登记。该判决已生效执行。(2) 1997年2月14日，思达公司董事会作出《关于合作开发〈横沥自建代建别墅区〉项目的决议》，同意胡某投资此项目的意向，项目投资总额500万元，投资回收期为7年，自资金从公司账户汇出至资金回收到公司账号止，投资回报率以月息3分为下限，高出部分为胡某的风险回报，投资回收期最多延长半年。延长期内，本金、利润同时计息，月息6分，延长期止未能收回本金、利润，胡某承担损失，以本金、利润总额冲抵其个人在公司的资产，不足部分胡某筹集。1997 年 2 月 14 日思达公司与海南省经济发展咨询公司签订了合作开发横沥自建代建别墅区合同，约定双方合作开发东莞横沥房地产项目。1997 年 2 月 21 日、1997 年 5 月 7 日思达公司分别向海南省经济发展咨询公司电汇 400 万元、100 万元，共计 500 万元。1997 年 4 月 24 日，胡某向思达公司董事会出具函件，认为公司董事会 1997 年 2 月 14 日的决议当中确定的 500 万元投资距实际需要差距较大，尚需以公司名义向银行贷款 150 万元，期限 5 个月，胡某向公司交纳利息，按月息 3 分计算。1997 年 5 月 29 日，思达公司向海南省经济发展咨询公司电汇 150 万元。思达公司共向东莞横沥项目投入 650 万元。1997 年 10 月 9 日胡某向思达公司董事会出具函件，申请将思达公司 150 万元贷款转为公司投资，如董事会不同意，可以扣除其个人在公司按股份占有的资产以冲抵此项贷款。2000 年 3 月 14 日，思达公司作出《关于胡某先生东莞横沥项目的投资到期未收回的决议》，该决议载明：鉴于东莞项目投资实际状况，根据胡某先生申请，董事会对 1997 年 2 月 14 日的决议，作出如下复议决定：胡某投资东莞横沥项目的本金和应收回的利润经商议截至 1998 年 8 月定为人民币 1000 万元，根据实际投资状况，决定不再考虑利润回报，其他董事利益以人民币 1000 万元银行同期定期利息以分红形式分配（分配期自 1998 年 8 月至 2001 年 3 月）。投资回报期延至 2001 年 3 月 1 日。在 2001 年 3 月 1 日前本金 650 万元收回，利润部分 350 万元可延至 2002 年 3 月 1 日。到期不能收回投资（2001 年 3 月 1 日 650 万元，2002 年 3 月 1 日 350 万元）按公司 1998 年 8 月的财务报表及其他资金（其他资金总值 2400 万元）冲抵胡某股份。

裁判结果

一审判决：（1）思维公司于本判决生效后 10 日内支付胡某盈余分红款 25,953,169.91 元。（2）驳回胡某的其他诉讼请求。

二审判决：（1）撤销河南省高级人民法院（2005）豫法民二初字第 15 号民事判决。（2）驳回胡某的诉讼请求。

各方观点

上诉人观点：思维公司不服一审法院上述民事判决，向本院提起上诉称：（1）公司是否分配利润，分配的具体方案等是公司内部决策的事务，一审直接判令思维公司对胡某分红，侵害了公司的自主经营权。（2）胡某是与其他三位股东出资比例相同，一审判决将被上诉人认定为小股东有违本案事实。（3）一审判决对思维公司和思达公司的关系认定不清，思维公司已充分地证明了思维公司和思达公司事实上的合并和法律上的承继关系，直接导致思达公司的权利和义务由思维公司承担的法律后果。因此，思维公司董事会关于折抵胡某股份的决议形式上是否合法有效，这完全取决于思达、思维两公司之间是否合并和承继。（4）思维公司以董事会决议的形式将胡某的欠款冲抵股份后，已将胡某相应的股份由出资清偿其欠款的股东受让了股份。公司不会因为股份的转让而减少注册资本。一审判决认定胡某不能清偿债务，就将出现公司回购自己的股份的情况，并将造成公司注册资本的减少，没有事实和法律依据。（5）对胡某股东身份的认定违背了《民事诉讼法》的规定，超越了审理权限。思维公司在一审中不仅提交证据证明被上诉人已不具备思维公司的股东资格，并且在庭审中也说明了上诉人已在郑州市中级人民法院立案，诉请法院依照思维公司董事会的决议依法判令被上诉人胡某不具备思维公司的股东资格。在此确权之诉没有结果的情况下，本案一审法院在审理被上诉人请求分红的给付之诉中，在双方当事人均无确权之诉的情况下，就简单地直接判定上诉人向被上诉人支付盈余分红，超越了审理权限。据此，请求二审法院依法改判，驳回胡某的起诉。

被上诉人观点：（1）由于思维公司陷入股东之间的僵局，胡某作为少数股东丧失对股东会决议分配股利的信赖，胡某请求人民法院强制分配股利，并不违反法律的禁止性规定。（2）胡某持有思维公司25%的股权，相对于其他三名多数股东持有的75%的股权而言，胡某属于少数股东。由于多数股东控制公司，长期不分配利润，一审判决依法保护少数股东利益，符合公司法立法精神。（3）思维公司和思达公司分别在工商管理部门注册登记，思达公司虽然歇业，但并未注销，思维公司和思达公司是两个独立的企业法人。（4）思维公司以行使抵押权的名义处置胡某在思维公司的股权的行为无效。广东东莞横沥房地产项目的投资主体是思达公司，胡某于1997年2月14日作出风险承诺时思维公司尚未成立，处置胡某在思维公司的股权没有根据。思达公司作出的董事会决议规定东莞横沥房地产项目的投资损失直接冲抵胡某在思达公司的股份，其结果是股东以此手段抽回出资，违反了《公司法》的禁止性规定，而且以质押股权直接冲抵债务也违反了《担保法》的禁止性规定。思维公司以股东会决议的形式处置胡某的股权，将胡某的股权强行转让给其他三名股东，侵犯了股东的自益权。据此，请求驳回上诉，维持原判。

法院观点

一审法院观点：思维公司是1998年4月29日由胡某、李B、李A、王某某四人共同出资设立的有限责任公司，注册资本金300万元，四名股东每人出资75万元，胡某作为思维公司的股东之一，对思维公司拥有75万元的出资，占思维公司股本总额的25%。思维公司成立以来，盈利丰厚，截至2004年年底，思维公司未分配利润已有1亿元以上，但公司成立以来至今没有向股东分红。思维公司有巨额利润而长期拒不向股东分配，违反了《公司法》规定，特别是在股东之间发生纠纷时，长期不分配利润损害了占股比例小的股东的利益。故胡某可以通过诉讼要求公司分配利润。思维公司依法应向胡某分红。按照《公司法》(2004年）第33条[1]和思维公司的章程规定，胡某按照其出资比例对思维公司的盈余享有25%的分配权。依思维公司2004年度企业财务会计报表载明，截至2004年12月底思维公司未分配利润（历年）期末数为103,812,679.64元，胡某按25%的出资比例应分配到25,953,169.91元。胡某请求分红的主张有相应的事实及法律依据，应受法律保护。

对于胡某要求对资本公积金和超出15%比例的盈余公积金也作为公司盈余分配的主张，因按照思维公司的章程规定的公司法定公积金累计额为公司注册资本金的50%以上的，可不再提取，该规定不属于禁止性的规定。《公司法》(2004年）第177条[2]规定的："……公司法定公积金累计额为公司注册资本金的百分之五十以上的，可不再提取……也属于倡导性规定，而不是强制性的规定。思维公司盈余分配范围依法限于提取完法定公积金、法定公

〔1〕 2018年修正的《公司法》第34条。
〔2〕 2018年修正的《公司法》第166条。

益金和任意公积金后所剩余的利润。鉴于提取多少公积金属于公司的商事自主权，并不违反前述法律规定，思维公司的该项商事行为也有利于公司后续生产经营，因此，胡某要求对资本公积金和盈余公积金作为公司盈余分配的主张，缺乏法律依据，本院不予支持。

关于思维公司辩称的思达公司与思维公司的关系问题，由于思达公司和思维公司均是分别在工商机关注册登记的有限责任公司，思达公司虽歇业并没有办理公司合并所要求的变更登记及注销登记，思达公司和思维公司之间无论是否存在事实上的合并，均不影响对胡某在思维公司股东身份的认定。对思维公司辩称的胡某的股份已冲抵欠款，胡某已不具备思维公司的股东资格问题，从本案查明事实看，胡某作为股东从思达公司借出的款项，胡某与思达公司之间是债权债务关系，思维公司提交的思达公司的几次董事会决议内容均是如果胡某到期不能偿还公司欠款，将其在公司的股份用以抵债，其实质是股东用股份担保自己对公司的债务，根据《公司法》的规定，如果胡某不能清偿债务，就将出现公司回购自己的股份的情况，这将造成公司注册资本的减少，在法律上是被禁止的，故胡某与思达公司的约定及思达公司董事会的决议内容因违反法律规定而应认定无效。思维公司以董事会决议主张胡某已经不是思达公司的股东既无事实依据又无法律依据，本院不予采信。

二审法院观点：本院认为，根据《最高人民法院关于适用〈中华人民共和国公司法〉若干问题的规定（一）》（以下简称《公司法解释一》）第1条的规定，本案应适用2005年10月27日修订前《公司法》的规定。根据修订前《公司法》第38条和第46条的规定，有限责任公司利润分配方案应由公司董事会制订并由公司股东会审议批准。2005年10月27日修订后的《公司法》亦保留了上述内容。据此，在公司董事会、股东会未就公司利润分配方案进行决议之前，公司股东直接向人民法院起诉请求判令公司向股东分配利润缺乏法律依据。因此，本案中在思维公司董事会、股东会未就公司利润分配作出决议之前，胡某以股东身份直接向人民法院起诉请求分配公司利润，其诉讼请求本院不予支持。由于公司是否分配利润以及分配多少利润属公司董事会、股东会决策权范畴，一审判决认定思维公司有巨额利润而长期拒不向股东分配损害了占股比例较小的股东的利益，并据此径行判决公司向股东分配利润，不符合公司利润分配的法律规定，应当予以纠正。

二、原利润分配决议被认定无效后，公司未就利润分配方案形成新的决议并履行完相应程序之前，股东不可直接起诉公司请求司法介入

案　　号：(2017) 最高法民申 3628 号

案件名称：顾某某等九人与凯里市利达食品有限责任公司、席某某公司盈余分配纠纷案

裁判要旨：是否分配利润、分配多少利润以及按照何种比例分配利润属于公司自治范畴，在公司未就利润分配方案形成新的决议并履行完相应程序之前，股东直接起诉公司请求司法介入的一般不予支持。

案情简介

再审申请人（一审原告、二审上诉人）：顾某某、吴某、班某等

被申请人（一审被告、二审被上诉人）：凯里市利达食品有限责任公司（以下简称利达公司）

被申请人（一审被告、二审被上诉人）：席某某

2013 年 2 月 1 日，利达公司召开的股东会决议形成配股方案，之后 2013 年至 2014 年公司董事会、股东会数次以该股东会决议为基础形成相应的配股方案及分配利润的决议，后该股东会决议被法院生效判决确认为无效，利达公司并未进行盈余分配。顾某某等人认为利达公司未按照法律及公司章程的规定进行红利分配，造成其红利减少，因此诉至法院，该案一审、二审均驳回原告顾某某等人起诉，再审申请人顾某某等不服贵州省高级人民法院 (2016) 黔民终 59 号民事判决书，向最高人民法院申请再审。

裁判结果

再审法院裁定：驳回再审申请。

各方观点

再审申请人观点：(1) 2013 年 2 月 1 日的股东会决议无效，并不影响股

东依法分取红利。①经生效判决书确认无效的2013年2月1日的股东会决议仅涉及2012年度红利的发放，并未决定之后年度的红利是否发放以及拿出多少金额发放。②《公司法》第34条、第37条、第46条和《公司章程》第15条第7项和第51条均明确规定了红利的分取方式。利达公司董事会、股东会对红利的分配仅涉及是否分配红利以及拿出多少金额分配。2013年2月1日的股东会决议被判决无效，只是关于配股和按配股后的持股比例分配利润无效，与股东会决议拿出多少金额发放红利毫不相干。故2013年至2014年利达公司董事会、股东会数次作出发放红利的决议中确定发放红利及红利总金额的内容合法，即按什么方式分配红利与拿出多少金额发放红利是两个不同的法律行为。（2）补发红利，无须董事会、股东会表决通过。①2013年2月1日后，利达公司多次经过董事会、股东会决议，并得到股东的认可，要拿出一定数额的利润来发放红利。②利达公司已向股东发放了红利，只是分配比例违反法律及公司章程的规定，造成顾某某等九人应获红利的减少。顾某某等九人只是诉请按正确的比例补发减少的部分，并非诉请公司分配红利。二审将“分配红利”和“补发红利”混为一谈，导致错判。股东有权按照《公司法》第34条的规定向法院诉请公司补发减少的红利。③顾某某等九人不可能通过董事会和股东会来维护其补发红利的权利，一审、二审关于应通过董事会、股东会解决的认定不具有现实性，也违背了《公司法》关于保护股东权益的基本原则。（3）法定公积金未提取，并不必然导致股东会决议无效，也与本案无关联。一审、二审引用《公司法》第166条的规定，但并未查实公积金是否提取，也未对此问题具体进行论述。并且该条系对公司税后利润分配设置的相关条件，违反此类程序性规范并非必然导致股东会、董事会决议无效。且根据《公司法》第203条的规定，法定公积金可以嗣后补充提取，亦可通过行政措施予以补救。同时本案涉及的是红利补发的问题，公积金是否提取与本案没有关联。二审适用《公司法》第166条错误，且该条涉及的事实亦缺乏证据证明。综上所述，顾某某等九人依据《民事诉讼法》第200条第1项、第2项、第6项之规定申请再审。

法院观点

再审法院观点：本案的主要争议焦点为：二审有关顾某某等九人无权请

求法院来确定具体的利润分配金额的认定是否正确。

根据《公司法》第34条的规定，股东享有获得分红的权利。同时根据《公司法》第37条、第46条、第166条的规定，公司在进行利润分配时应依照一定的顺序，履行相应的程序，即有限责任公司的董事会制定公司的利润分配和弥补亏损方案，经股东会批准形成决议后，再经弥补亏损和提取法定公积金，最后方能依照《公司法》第34条的规定进行利润分配。

本案中，2013年2月1日利达公司召开的股东会决议所形成的配股方案，系此后董事会、股东会决议分配利润的标准。现因该股东会决议已经法院的生效判决确认为无效，故此后董事会、股东会以该股东会决议所形成的配股方案而分配利润的决议缺乏合法性的基础。在此情况下，由于是否分配利润、分配多少利润以及按照何种比例分配利润，包括应否补发相应利润均属于利润分配方案的相关内容，属于董事会、股东会的职权范畴，在利达公司董事会、股东会未就利润分配方案形成新的决议并履行完相应程序之前，顾某某等九人直接起诉请求人民法院判令利达公司按照股东出资比例补发红利，缺乏法律依据。顾某某等九人主张其为小股东，不可能通过董事会和股东会来维护其权利，可通过《公司法》规定的其他救济措施予以救济。而本案中，二审认定顾某某等九人无权请求法院来确定具体的利润分配金额，并无不当。

律师点评

通说认为，公司盈余分配属于公司及股东内部自治范畴，通常法院保持审慎态度，不宜过度司法介入公司分配利润事项。

根据《公司法》第38条、第47条规定，公司利润的分配方案由董事会制订，由股东会决定；《公司法解释四》第14条、第15条规定，股东诉讼请求公司进行盈余分配的，需提交载明具体分配方案的股东会决议。

司法实践上，最高人民法院对司法权介入公司利润分配事宜坚持审慎，甚至一定程度的否定态度，原因在于公司盈余是否分配、资本公积如何计提、分配方案如何制定、分配时间等均属于公司自治范畴，应当由公司权力机构自行审议批准，司法权力不宜过度干预，但在形成具体分配方案的股东会决议情况下，公司拒不分配的，法院则有权从保护股东权利角度予以平衡。

参照以上两案件生效判决文书裁判理由，可归纳司法权介入公司盈余分配的基本原则如下：

1. 根据《公司法》第 34 条的规定，股东享有获得分红的权利。同时根据《公司法》第 37 条、第 46 条、第 166 条的规定，公司在进行利润分配时应依照一定的顺序，履行相应的程序，即有限责任公司的董事会制定公司的利润分配和弥补亏损方案，经股东会批准形成决议后，再经弥补亏损和提取法定公积金后，方能依照《公司法》第 34 条的规定进行利润分配。

2. 由于是否分配利润、分配多少利润以及按照何种比例分配利润，包括应否补发相应利润均属于利润分配方案的相关内容，属于董事会、股东会的职权范畴。在公司未就利润分配方案形成新的决议并履行完相应程序之前，股东直接起诉公司请求人民法院判令按照股东出资比例补发红利，缺乏法律依据；即便公司存在可分配利润但长期没有分配，有可能损害了占股比例较小的股东的利益，但没有生效决议的情况下，法院径行判决公司直接向股东分配利润，不符合公司利润分配和公司自治的法律规定。

第三节 滥用股东支配地位不分配公司盈余情形的司法救济

股东可以向法院起诉制止部分股东滥用支配地位变相分配利润、隐瞒或转移公司利润

案　　号：（2016）最高法民终 528 号

案件名称：庆阳市 A 热力有限公司、李某因与甘肃 B 门业有限责任公司公司盈余分配纠纷案

裁判要旨：原则上股东分红属于公司自治范畴，是否进行公司盈余分配及分配多少，应当由股东会作出公司盈余分配的具体方案。但是，当部分股东变相分配利润、隐瞒或转移公司利润时，则会损害其他股东的实体利益，已非公司自治所能解决，此时应司法加以适度干预可以制止权利滥用，保护中小股东权益。

案情简介

上诉人（一审被告）：庆阳市A热力有限公司

上诉人（一审被告）：李某

被上诉人（一审原告）：甘肃B门业有限责任公司

庆阳市A热力有限公司（以下简称A公司）由李某和张某二人于2006年3月设立，公司注册资本1000万元，李某以货币212万元、实物438万元总计出资650万元，占注册资本65%；张某出资350万元，占注册资本35%。2006年6月，A公司经庆阳市工商行政管理局登记注册成立，经营范围为热能供给、管道安装维修。

2006年10月，A公司受让取得甘肃省庆阳市西峰区××路与××路××口西南角46,200.4平方米市政设施建设用地。

2007年4月，张某与甘肃B门业有限责任公司（以下简称B公司）签订股权转让协议，将其在A公司的350万元股权转让给B公司。2007年5月，李某与甘肃C工贸有限公司（以下简称C公司）、B公司签订股权转让协议，将其在A公司的股权600万元转让给C公司，50万元转让给B公司。同年5月，A公司修改公司章程，将公司股东变更为C公司和B公司，C公司持股比例60%，B公司持股比例40%，并在工商行政管理部门进行变更登记。

2009年9月29日，庆阳市人民政府召开市长办公会决定对A公司进行整体收购，并形成第23期会议纪要。会议纪要主要内容有：（1）收购内容包括资产和土地两大项。资产包括7791.33平方米的新建办公楼、锅炉房、换热站等房屋建筑；2台40吨的供热锅炉、1台10吨的供热锅炉，高、低压配电系统和电气自控系统各1套，以及与之相配套的设施设备；226万元的备用供热管材和相关工程物资；已完成铺设的20.44千米的供热管道；在建的12个换热站和供热管线。土地按热源厂现有占地36.6亩收购，平行分割。（2）收购价款除政府已拨付的支持资金和截至2009年8月15日A公司已收取的城市供热配套费（共计3234.72万元）外，政府再支付7000万元。（3）换热站、供热管线等在建工程，包括内配设施，由A公司负责建成，具备供热条件；所有工程的善后工作由A公司负责，并按程序做好竣工验收；项目建设的所有遗留问题，包括项目建设的各种规费、税费、工程建设费等，一律由

A公司负责，不留尾巴。(4) 对现有的69.3亩热源厂建设用地（不含代征城市道路用地7.14亩），36.6亩用于热源厂的建设和发展，32.7亩留A公司开发，市政府允许对留A公司开发的土地性质依法依规转换。2009年10月6日，庆阳市西峰区人民政府（甲方）与A公司（乙方）签订《庆阳市西峰区新区集中供热站工程回购合同》约定，按照庆阳市人民政府2009年第23期会议纪要制定该合同，回购A公司资产，经甘肃华信会计师事务所评估价款为9126.48万元，递减政府拨付的补助资金和已交付乙方的城市供热配套费，共计3234.72万元。甲方再支付乙方收购价款7000万元。合同还约定，甲方已于2009年10月前向乙方支付1000万元，其余6000万元于2009年采暖期结束前一次性付清。

2010年7月10日，庆阳市经济发展投资有限公司向A公司支付资产转让余款57,616,003.25元。一审法院查明：2010年6月17日，庆阳市国土资源局（出让人）与A公司（受让人）签订了《国有土地使用权出让合同变更协议》约定，出让人于2006年10月14日出让给受让人位于西峰区××路与××路××口西南角46,200.4平方米市政设施用地，受让人申请、出让人同意将21,661.96平方米土地用途变更为商业、住宅用地，变更后土地使用权出让年限为商业40年、住宅70年，从2006年9月28日起算，土地使用权出让金金额为909,700元。同日，庆阳市人民政府就前述21,661.96平方米土地向太一房地产公司颁发了庆市国用（2010）第4106号《国有土地使用证》。2012年10月24日，甘肃省天水市中级人民法院就B公司诉庆阳市人民政府、第三人太一房地产公司土地管理行政登记一案作出（2012）天行初字第04号行政判决书：撤销庆阳市人民政府于2010年6月17日向第三人太一房地产公司颁发的庆市国用（2010）第4106号《国有土地使用证》。该案二审期间，各方当事人达成和解协议并履行完毕。2013年7月26日，甘肃省高级人民法院裁定准予庆阳市人民政府、太一房地产公司撤回上诉。再查明：C公司2013年1月诉A公司、第三人B公司公司解散纠纷一案，C公司2013年1月诉B公司、第三人A公司与B公司反诉C公司、第三人A公司股东出资纠纷一案，甘肃省庆阳市中级人民法院在重审中，于2014年12月15日分别裁定准许C公司撤回起诉。

本案审理期间，经B公司申请，一审法院于2013年5月委托甘肃茂源会计师事务有限公司对A公司的盈余状况进行了审计。2015年2月9日，甘肃茂源会计师事务有限公司出具甘茂会审字（2015）第52号《审计报告》（以下简称《审计报告》），结论为：截至2014年10月31日，A公司资产总额93,635,362.38元，其中货币资金2,984,981.97元、应收账款33,900,000元、其他应收款21,657,860.38元、固定资产646,278.82元、工程施工34,446,241.21元；负债总额4,856,924.26元；所有者权益88,778,438.12元，其中实收资本12,805,025.04元、未分配利润75,973,413.08元；清算收益112,067,641.39元，清算支出36,094,228.31元，清算净收益75,973,413.08元。

《审计报告》“重大事项说明”有以下几项内容：（1）截至2013年8月31日“工程施工”账面数35,488,291.09元，审计调整后34,446,241.21元。由于记入工程施工成本的附件大部分为白条、收据等，无法认定其真实性，所以工程施工34,446,241.21元暂时未转清算损益。（2）B公司提供资料，A公司在经营期间为世纪新村花园小区、太一地中海、贡园小区1－16号楼铺设、接通供热管道，并安装了换热站，应收取接口费1038.21万元，账面无反映。（3）A公司资产明细账列支的其中一台锅炉金额1,674,974.96元，为无股东签字的白条入账，已作审计调整。经了解，该锅炉为李某2005年购入，确实在收购中移交政府，根据甘肃正宇资产评估事务有限公司2009年9月5日出具的评估报告，该锅炉评估净值743,580元，不应作为公司收益参与股东分配。（4）公司账面反映实收资本14,980,000元，审计调整后12,805,025.04元，大部分为现金记入或关联单位转账，并非投资款，并与公司章程、两次验资报告相互矛盾，本次审计对实收资本的真实性无法确认。该《审计报告》另外说明：本次审核暂按审计调整后利润总额29,546,551.95元计提企业所得税7,386,637.99元。因清算结果未确定，尚未对清算期间的清算所得计提所得税，以当地税务机关对清算所得期间所得的税款清算数为准。该《审计报告》载明，A公司应收账款33,900,000元，系2010年9月8日转入兴盛建安公司，于2013年7月30日收回1,000,000元，清算数33,900,000元；其他应收款21,694,383.08元中，兴盛建安公司12,988,795.65元。

B公司对《审计报告》的质证意见为：（1）世纪新村花园小区、太一地中海城、贡园小区1－16号楼三个小区共计应缴接口费1038万元未作应收账款反映。（2）知立置业、市国税局、黄官寨东队三小区的供热“接口费”实际缴款金额与账目反映金额相差115万余元，应核查落实。(3) 两个采暖季应收采暖费9,044,821.88元，账目中只显示6,665,983.50元，相差2,378,838.38元，应当在应收账款中反映。(4) 第二个采暖季炉渣收入应有20万元，财务账目未显示，应核查落实。(5) 单独开具四张煤运费、虚开煤运费发票、虚增主营业务成本792,728.66元问题，应核查落实。(6) 2012年至2013年清算费3.6万元应由李某自行承担。(7) A公司银行贷款1000万元由李某自己公司长期占用，利息2,319,118.75元由A公司支付，应增列2,319,118.75元应收账款。(8) 在财务资料虚假、数据出入巨大的情况下，对工程施工费未作审计鉴证，应汇总相对真实的数字。(9) 应对A公司现金账目和账户进行全面盘点，核查净盈余的现金去向。(10) 审计报告依据未列入《供热项目回购合同》和《资产移交清单》。

A公司对《审计报告》的质证意见为：(1)《审计报告》第3项"不属于公司发生的锅炉款及费用1,674,974.96元"，根据甘肃正宇资产评估事务有限公司出具的《庆阳市A公司房地产及设备评估报告》，收购后的上述资产已经成为政府资产，不应调减固定资产1,674,974.96元。(2)《审计报告》第3项"调整属于列账依据不足的成本费用6笔，金额511,787.18元"应予以认定。(3)《审计报告》第3项"调整政府收购行为结束后列支不属于公司发生的管理费用共4笔，金额1,483,876元"，属于A公司的管理费用。(4)《审计报告》第3项"调整不应列支的税金2笔，金额2,167,099元"，除兴盛建安公司应承担的税金部分外，剩余税金1,242,501.40元应由A公司承担。 (5)《审计报告》中"重大事项说明"第1项"工程施工账面数为35,488,291.09元，审计调整为34,446,241.21元，因为附件部分为白条、收据，审核组无法认定其真实性，34,446,241.21元没有给出最终审计意见，在损益部分未作为成本在最终的利润部分予以抵扣"。该项工程已经得到政府的现场评估和收购，政府收购过程中的评估报告为第三方甘肃正宇资产评估事务有限公司，完全可以依据评估报告予以认定并在最终的审计利润中予以扣除。(6)《审计报告》"重大事项说明"第2项A公司经营期间应收世纪新村花园小区、太一地中海、贡园小区1-16号楼三个小区应收接口费账面无反映问题。政府在收购热力公司时，资产评估总值1.02亿元，实际支付6761万元，差额3000余万元就是以A公司收取的暖气"接口费"予以抵扣。三处暖气"接口费"如果当时付给A公司，也会在政府拨款中扣除。根据庆阳市发改委文件，三处暖气“接口费”被政府取缔收缴，与A公司没有任何关系。贡园小区建设单位为庆阳市人民政府，不属于A公司开发项目。B公司认为A公司有巨额盈余，法定代表人恶意不召开股东会、转移公司资产，严重损害B公司的股东利益，法院应强制判令进行盈余分配。故请求法院判令：(1) 判令A公司对盈余的7000余万元现金和盈余的32.7亩土地（从政府受让取得时的地价款为330万元）按照《公司法》第35条和A公司章程第27条之规定向B公司进行分配；(2) 判令李某对B公司的第一项诉讼请求承担连带责任。

裁判结果

一审判决：(1) A公司于判决生效后10日内支付B公司盈余分配款20,466,276.4元；(2) A公司按中国人民银行同期贷款利率向B公司支付20,466,276.4元自2010年7月11日起至实际付清之日的利息；(3) 如A公司到期不能履行上述一、二项给付，由李某承担赔偿责任。

最高院二审判决：(1) 撤销一审民事判决书；(2) A公司于本判决生效后10日内给付B公司盈余分配款16,313,436.72元；(3) A公司到期不能履行上述给付义务，由李某承担赔偿责任。

各方观点

上诉人（一审被告）A公司的观点：(1) 在B公司没有书面诉请的情况下，一审判决A公司按中国人民银行同期贷款利率向B公司支付利息，超出了诉请范围。且归属于B公司的盈余在没有从公司财产中区分开之前，仍为A公司的财产，对股东之间的盈余分配判决承担利息没有事实及法律依据。(2) 一审判决不仅对是否应向B公司分配盈余的认定错误，而且对盈余数额的认定也错误。尤其是对应由国家收取的“接口费”，错误认定为属于A公司的盈利。此外，一审的《审计报告》存在诸多错误。(3) 一审判决明显剥夺了法定的股东会权利，其判决结果与适用的法律规定相矛盾：①没有股东会决议，就不能进行盈余分配。②没有进行盈余分配，并不代表侵害股东权益。既然盈余分配权利属于股东会，那么股东就无权直接以诉讼方式请求人民法院干预股东会的权利并代行股东会的职责。在股东会作出决议前，B公司请求进行盈余分配的诉求没有法律依据。（4）一审判决李某承担连带责任错误：A公司不认为李某损害了B公司的股东权益。李某仅为A公司的法定代表人，而非A公司的股东。是否分配盈余，只能由股东会决定，在股东会没有决定盈余分配前，不存在损害股东权利的理由和事实。本案为公司盈余分配之诉，而非侵权之诉，一审适用《公司法》第21条、第152条规定判令李某承担连带责任不当，该条款与股东盈余分配没有直接关系。一审认定李某侵权适用的法律和A公司章程错误，且甘肃兴盛建筑安装公司是否长期占用资金，与损害公司股东利益之间没有必然的联系。（5）在股东会未决定分配盈余前，B公司有诸多法律救济行为，无权以此提起诉讼。

被上诉人（一审原告）B公司的观点：（1）李某长期占用A公司盈余资金，进行个人营利，在民事责任上应当承担利息。（2）根据事实背景和当地实践，"接口费"1038万元属于A公司的应收款。（3）一审判决对A公司盈余数额的认定是相对客观和公正的。（4）《审计报告》对"工程施工"造价未发表鉴定意见，一审判决根据《审计报告》对"工程施工"造价汇总的数字34,446,241.21元予以认定，比实际工程施工造价高出737万余元。（5）一审判决A公司向B公司进行盈余分配有法律和事实依据。B公司作为股东依法享有A公司盈余分配的权利，其根据是《公司法》第4条、第34条、第166条第4款的规定，以及A公司章程第14条、第15条、第27条第4款的规定。根据本案客观事实，判决盈余分配是正确的：①自2006年6月A公司登记成立至2013年1月本案诉讼前，A公司无法对股利分配方案形成股东会决议；②司法审计结论A公司存在可供分配的利润5116万余元，但长期不向股东分配；③李某于2010年7月将政府支付的收购款私自转为己用，背着另一股东将公司32.7亩土地变更登记在自己的房地产公司名下，说明李某企图独吞公司全部盈余；④在本案诉讼过程中A公司两股东之间又因32.7亩土地分割、公司股东出资、公司解散发生诉讼，A公司、李某以股东会未形成决议为由，不进行盈余分配是恶意的；⑤A公司盈余土地已通过行政诉讼分配完毕，既然盈余土地能通过诉讼途径来分配解决，那么盈余现金也应可以。（6）B公司通过诉讼解决公司盈余分配问题，实现自己的资产收益权利，符合A公司的规定。（7）A公司、李某称在股东会未决定分配盈余前B公司有诸多的法律救助行为，不适合本案的客观情况，均属不能实现保护自身权益的情形。

法院观点

一审法院观点：（1）《公司法》第4条规定，公司股东依法享有资产收益、参与重大决策和选择管理者等权利。第34条规定，股东按照实缴的出资比例分取红利；公司新增资本时，股东有权优先按照实缴的出资比例认缴出资。但是，全体股东约定不按照出资比例分取红利或者不按照出资比例优先认缴出资的除外。第166条第4款规定，公司弥补亏损和提取公积金后所余税后利润，有限责任公司依照本法第34条的规定分配；股份有限公司按照股东持有的股份比例分配，但股份有限公司章程规定不按持股比例分配的除外。根据《公司法》规定及A公司章程，B公司享有按照其在A公司的出资比例分取红利的权利。A公司应当依法向股东B公司分配利润。（2）《公司法》第37条第1款规定，公司股东会行使审议批准公司的利润分配方案和弥补亏损方案的职权，即公司股利分配属于公司股东大会决策事项。根据本案事实，B公司2007年受让取得股权成为A公司股东，2009年A公司全部资产被庆阳市人民政府整体收购，至本案诉讼前，A公司两股东未形成任何公司股利分配方案或者作出决定。A公司存在可供分配的利润，但长期不向股东分配，严重损害股东合法权益的行为。根据《公司法》第34条、第166条第4款的规定，A公司章程约定，应当按照股东的出资比例向股东分配红利。A公司章程约定、工商登记记载B公司的出资比例为40%，故A公司应按此比例向B公司分配的盈余。（3）鉴于A公司长期占用B公司应分配利润，应当按中国人民银行同期贷款利率支付资金占用期间的利息。（4）《公司法》第21条规定，公司的控股股东、实际控制人、董事、监事、高级管理人员不得利用其关联关系损害公司利益。违反前款规定，给公司造成损失的，应当承担赔偿责任。《公司法》第152条规定，董事、高级管理人员违反法律、行政法规或者公司章程的规定，损害股东利益的，股东可以向人民法院提起诉讼。李某系A公司执行董事、法定代表人，在庆阳市人民政府整体收购A公司全部资产后，违反《公司法》及A公司章程规定，未经公司股东会决策同意，将资产转让所得款项中5600万余元转入兴盛建安公司，由该公司长期占用，形成A公司账面巨额应收款项，严重损害公司股东利益，给公司造成损失，应当对A公司支付B公司的盈余分配款承担赔偿责任。B公司要求李某承担赔偿责任的诉讼请求成立，应予支持。

二审法院（最高人民法院）观点：本案的焦点问题，一是A公司是否应向B公司进行盈余分配；二是如何确定B公司应分得的盈余数额；三是A公司是否应向B公司支付盈余分配款的利息；四是李某是否应对A公司的盈余分配给付不能承担赔偿责任。

1. 关于A公司是否应向B公司进行盈余分配的问题

A公司、李某上诉主张，因没有股东会决议故不应进行公司盈余分配。B公司答辩认为，A公司有巨额盈余，法定代表人恶意不召开股东会、转移公司资产，严重损害B公司的股东利益，法院应强制判令进行盈余分配。本院认为，公司在经营中存在可分配的税后利润时，有的股东希望将盈余留作公司经营以期待获取更多收益，有的股东则希望及时分配利润实现投资利益，一般而言，即使股东会或股东大会未形成盈余分配的决议，也不会对希望分配利润股东的利益发生根本损害，因此，原则上这种冲突的解决属于公司自治范畴，是否进行公司盈余分配及分配多少，应当由股东会作出公司盈余分配的具体方案。但是，当部分股东变相分配利润、隐瞒或转移公司利润时，则会损害其他股东的实体利益，已非公司自治所能解决，若此时司法不加以适度干预则不能制止权利滥用，亦有违司法正义。虽目前有股权回购、公司解散、代位诉讼等法定救济路径，但不同的救济路径对股东的权利保护有实质区别，故需司法解释对股东的盈余分配请求权进一步予以明确。为此，《公司法解释四》第15条规定，“股东未提交载明具体分配方案的股东会或者股东大会决议，请求公司分配利润的，人民法院应当驳回其诉讼请求，但违反法律规定滥用股东权利导致公司不分配利润，给其他股东造成损失的除外”。在本案中，第一，A公司的全部资产被整体收购后没有其他经营活动，一审法院委托司法审计的结论显示，A公司清算净收益为75,973,413.08元，即使扣除双方有争议的款项，A公司也有巨额的可分配利润，具备公司进行盈余分配的前提条件。第二，李某为A公司及其控股股东太一工贸公司法定代表人，未经公司另一股东B公司同意，没有合理事由将5600万余元公司资产转让款转入兴盛建安公司账户，转移公司利润，给B公司造成损失，属于太一工贸公司滥用股东权利，符合《公司法解释四》第15条但书条款规定应进行强制盈余分配的实质要件。第三，前述司法解释规定的股东盈余分配的救济权利，并未规定需以采取股权回购、公司解散、代位诉讼等其他救济措施为前置程序，B 公司对不同的救济路径有自由选择的权利。因此，一审判决关于 A 公司应当进行盈余分配的认定有事实和法律依据，A 公司、李某关于没有股东会决议不应进行公司盈余分配的上诉主张不能成立。

2. 关于如何确定 B 公司分得的盈余数额问题

A 公司、李某上诉主张，《审计报告》采用了未经质证的证据材料作为审计依据且存在 6 项具体错误。B 公司答辩认为，一审判决对 A 公司盈余数额的认定相对客观公正。本院认为，在未对盈余分配方案形成股东会或股东大会决议情况下司法介入盈余分配纠纷，系因控制公司的股东滥用权利损害其他股东利益，在确定盈余分配数额时，要严格公司举证责任以保护弱势小股东的利益，但还要注意优先保护公司外部关系中债权人、债务人等的利益。本案中，第一，一审卷宗材料显示，一审法院组织双方对公司账目进行了核查和询问，对《审计报告》的异议，一审庭审中也进行了调查和双方当事人的质证辩论。A 公司、李某虽上诉主张审计材料存在未质证问题，但并未明确指出哪些材料未经质证，故本院对该上诉理由不予支持。第二，对于 A 公司能否收取诉争的 1038.21 万元入网“接口费”，双方当事人各执一词，因该款项涉及案外人的实体权益，应当依法另寻救济路径解决，而不应在本案公司盈余分配纠纷中作出认定和处理，故该款项不应在本案中纳入 A 公司的可分配利润，一审判决未予扣减不当，本院予以纠正。第三，A 公司、李某上诉主张的《审计报告》其他 5 项具体问题，均属事实问题，其在二审中并未提交充分证据证明一审判决的相关认定有误，故本院不予调整。因此，B 公司应分得的盈余数额，以一审判决认定的 A 公司截至 2014 年 10 月 31 日可分配利润 51,165,691.8 元为基数，扣减存在争议的入网“接口费”1038.21 万元，再按 B 公司 40% 的股权比例计算，即为 16,313,436.72 元。

3. 关于 A 公司是否应向 B 公司支付盈余分配款利息的问题

A 公司、李某上诉主张，公司盈余分配的款项不应计算利息；B 公司答辩认为，李某挪用公司收入放贷牟利，需对 B 公司应分得的盈余款给付利息。本院认为，公司经营利润款产生的利息属于公司收入的一部分，在未进行盈余分配前相关款项均归属于公司；在公司盈余分配前产生的利息应当计入本次盈余分配款项范围，如本次盈余分配存在遗漏，仍属公司盈余分配后的资产。公司股东会或股东大会作出盈余分配决议时，在公司与股东之间即形成债权债务关系，若未按照决议及时给付则应计付利息。而司法干预的强制盈余分配则不然，在盈余分配判决未生效之前，公司不负有法定给付义务，故不应计付利息。本案中，第一，B 公司通过诉讼应分得的盈余款项系根据本案司法审计的净利润数额确定，此前 A 公司对 B 公司不负有法定给付义务，若《审计报告》未将公司资产转让款此前产生的利息计入净利润，则计入本次盈余分配后的公司资产，而不存在 A 公司占用 B 公司资金及应给付利息的问题。第二，李某挪用 A 公司款项到关联公司放贷牟利，系 A 公司与关联公司之间如何给付利息的问题，B 公司据此向 A 公司主张分配盈余款利息，不能成立。第三，B 公司一审诉讼请求中并未明确要求 A 公司给付本判决生效之后的盈余分配款利息。因此，一审判决判令 A 公司给付自 2010 年 7 月 11 日起至实际付清之日的利息，既缺乏事实和法律依据，也超出当事人的诉讼请求，本院予以纠正。

4. 关于李某是否应对 A 公司的盈余分配给付不能承担赔偿责任的问题

李某上诉主张其没有损害公司利益，一审判令其承担连带责任没有法律依据。B 公司答辩认为，李某滥用法定代表人权利损害 B 公司股东利益，应承担赔偿责任。本院认为，《公司法》第 20 条第 2 款规定，“公司股东滥用股东权利给公司或者其他股东造成损失的，应当依法承担赔偿责任”。第 21 条规定，“公司的控股股东、实际控制人、董事、监事、高级管理人员不得利用其关联关系损害公司利益。违反前款规定，给公司造成损失的，应当承担赔偿责任”。第 149 条规定，“董事、监事、高级管理人员执行公司职务时违反法律、行政法规或者公司章程的规定，给公司造成损失的，应当承担赔偿责任”。第 152 条规定，“董事、高级管理人员违反法律、行政法规或者公司章程的规定，损害股东利益的，股东可以向人民法院提起诉讼”。盈余分配是用公司的利润进行给付，公司本身是给付义务的主体，若公司的应分配资金因被部分股东变相分配利润、隐瞒或转移公司利润而不足以现实支付时，不仅直接损害了公司的利益，也损害到其他股东的利益，利益受损的股东可直接依据《公司法》第 20 条第 2 款的规定向滥用股东权利的公司股东主张赔偿责任，或依据《公司法》第 21 条的规定向利用其关联关系损害公司利益的控股股东、实际控制人、董事、监事、高级管理人员主张赔偿责任，或依据《公司法》第 149 条的规定向违反法律、行政法规或者公司章程的规定给公司造成损失的董事、监事、高级管理人员主张赔偿责任。本案中，第一，李某既是 A 公司法定代表人，又是兴盛建安公司法定代表人，其利用关联关系将 A

公司5600万余元资产转让款转入关联公司，若李某不能将相关资金及利息及时返还A公司，则李某应当按照《公司法》第21条、第149条的规定对该损失向公司承担赔偿责任。第二，B公司应得的盈余分配先是用A公司的盈余资金进行给付，在给付不能时，则李某转移A公司财产的行为损及该公司股东B公司利益，B公司可要求李某在A公司给付不能的范围内承担赔偿责任。第三，《公司法》第152条规定的股东诉讼系指其直接利益受到损害的情形，本案中李某利用关联关系转移公司资金直接损害的是公司利益，应对公司就不能收回的资金承担赔偿责任，并非因直接损害B公司的股东利益而对其承担赔偿责任，一审判决对该条规定法律适用不当，本院予以纠正。因此，一审判决判令A公司到期不能履行本案盈余分配款的给付义务则由李某承担赔偿责任并无不当，李某不承担责任的上诉主张，本院不予支持。

律师点评

在公司活动中，经常出现公司部分股东利用其实际参与公司经营的便利，通过关联交易、虚假交易、无息借款等方式转移公司利润，在实质上达到私分公司利润，损害其他股东合法权利的目的。而另有一些公司常年盈利，股东会在大股东的控制下，一直不予分配公司利润，导致小股东的分红权益无法实现。

实践中，一直以来司法机关认为公司分红属于私法自治范畴，必须由公司股东决策，司法权力不应介入。但经过多年司法实践的探索，有关此传统审判观点逐渐转变，法院认为有必要在一定程度上由法院介入利润分配事项，以保护未实际参与公司经营的中小股东的合法权益。

关于公司盈余分配纠纷实体争议如何处理，自2017年9月1日起施行的《公司法解释四》用两个条文进行了规定。其中，第14条规定："股东提交载明具体分配方案的股东会或者股东大会的有效决议，请求公司分配利润，公司拒绝分配利润且其关于无法执行决议的抗辩理由不成立的，人民法院应当判决公司按照决议载明的具体分配方案向股东分配利润。"第15条规定："股东未提交载明具体分配方案的股东会或者股东大会决议，请求公司分配利润的，人民法院应当驳回其诉讼请求，但违反法律规定滥用股东权利导致公司不分配利润，给其他股东造成损失的除外。"

从法条文义可以明显看出，原则上，这种分红冲突属于公司自治范畴，是否进行公司盈余分配及分配多少，应当由股东会作出公司盈余分配的具体方案。但是，当部分股东变相分配利润、隐瞒或转移公司利润时，则会损害其他股东的实体利益，已非公司自治所能解决，若此时司法不加以适度干预则不能制止权利滥用，亦有违司法正义。

本案中，A公司的全部资产被整体收购后没有其他经营活动，一审法院委托司法审计的结论显示，A公司清算净收益为75,973,413.08元，即使扣除双方有争议的款项，A公司也有巨额的可分配利润，具备公司进行盈余分配的前提条件。此外，李某为A公司及其控股股东太一工贸公司法的定代表人，未经公司另一股东B公司同意，没有合理事由将5600万余元公司资产转让款转入兴盛建安公司账户，转移公司利润，给B公司造成损失，属于滥用股东权利，符合《公司法解释四》第15条但书条款规定应进行强制盈余分配的实质要件。本案是《公司法解释四》施行后最高人民法院二审判决的第一例公司盈余纠纷，且作为公报案例，对解释和适用股东利润强制分配请求权具有重大指导作用。《公司法解释四》中将司法强制分配的例外情况规定为“股东滥用权利、损害其他股东利益”，本案对此定义相应进行了解释，并且列举了“部分股东变相分配利润、隐瞒或转移公司利润”这些具体情形，明确了此类情形的具体认定标准。

相关法律依据

1.《公司法》

第4条　公司股东依法享有资产收益、参与重大决策和选择管理者等权利。

第34条　股东按照实缴的出资比例分取红利；公司新增资本时，股东有权优先按照实缴的出资比例认缴出资。但是，全体股东约定不按照出资比例分取红利或者不按照出资比例优先认缴出资的除外。

第74条　有下列情形之一的，对股东会该项决议投反对票的股东可以请求公司按照合理的价格收购其股权：

（一）公司连续五年不向股东分配利润，而公司该五年连续盈利，并且符合本法规定的分配利润条件的；

（二）公司合并、分立、转让主要财产的；

（三）公司章程规定的营业期限届满或者章程规定的其他解散事由出现，股东会会议通过决议修改章程使公司存续的。

自股东会会议决议通过之日起六十日内，股东与公司不能达成股权收购协议的，股东可以自股东会会议决议通过之日起九十日内向人民法院提起诉讼。

第 166 条　公司分配当年税后利润时，应当提取利润的百分之十列入公司法定公积金。公司法定公积金累计额为公司注册资本的百分之五十以上的，可以不再提取。

公司的法定公积金不足以弥补以前年度亏损的，在依照前款规定提取法定公积金之前，应当先用当年利润弥补亏损。

公司从税后利润中提取法定公积金后，经股东会或者股东大会决议，还可以从税后利润中提取任意公积金。

公司弥补亏损和提取公积金后所余税后利润，有限责任公司依照本法第三十四条的规定分配；股份有限公司按照股东持有的股份比例分配，但股份有限公司章程规定不按持股比例分配的除外。

股东会、股东大会或者董事会违反前款规定，在公司弥补亏损和提取法定公积金之前向股东分配利润的，股东必须将违反规定分配的利润退还公司。

公司持有的本公司股份不得分配利润。

2. 最高人民法院《关于适用〈中华人民共和国公司法〉若干问题的规定(三)》

第 16 条　股东未履行或者未全面履行出资义务或者抽逃出资，公司根据公司章程或者股东会决议对其利润分配请求权、新股优先认购权、剩余财产分配请求权等股东权利作出相应的合理限制，该股东请求认定该限制无效的，人民法院不予支持。

3. 最高人民法院《关于适用〈中华人民共和国公司法〉若干问题的规定(五)》

第 4 条　分配利润的股东会或者股东大会决议作出后，公司应当在决议载明的时间内完成利润分配。决议没有载明时间的，以公司章程规定的为准。决议、章程中均未规定时间或者时间超过一年的，公司应当自决议作出之日起一年内完成利润分配。

决议中载明的利润分配完成时间超过公司章程规定时间的，股东可以依据公司法第二十二条第二款规定请求人民法院撤销决议中关于该时间的规定。

第六章　损害公司利益责任纠纷（股东代表诉讼）

公司维护自身合法权益有多重途径，股东代表诉讼（又称派生诉讼）正是基于为维护公司合法权益这一目的所构建的一种诉讼制度，其核心含义是指当公司的合法权益遭受不法侵害，而公司无法或拒绝抑或怠于诉讼时，符合法定条件的股东为维护公司利益以股东自己的名义对侵害人提起诉讼，避免因公司不行使或消极行使诉权而遭受损失，从而间接维护股东自身权益的诉讼制度。

股东代表诉讼区别于股东直接诉讼，在股东直接诉讼中，根据《公司法》第152条的规定，“董事、高级管理人员违反法律、行政法规或者公司章程的规定，损害股东利益的，股东可以向人民法院提起诉讼”。而在股东代表诉讼中，根据《公司法》第151条的内容，董事、高级管理人员有本法第149条规定的情形的，在符合一定条件的情况下，股东有权为了公司的利益以自己的名义直接向人民法院提起诉讼。

同样是股东作为原告，同样是董事、高管作为被告，但在实践中，出现了很多股东在起诉时不注意区分股东直接诉讼和股东代表诉讼，导致本应由股东代表公司提起损害公司利益纠纷，变成了由股东直接提起损害股东利益纠纷，最终导致法院驳回其诉讼请求。因此，本章将着重梳理股东代表诉讼相关内容，就股东在提起股东代表诉讼时会受到诸如主体资格、前置程序要求等限制以及股东代表诉讼的审查要素等内容进行解析。

第一节 股东代表诉讼中的前置程序及股东身份

一、公司合法权益遭受侵害和公司本身怠于行使诉权是股东提起派生诉讼应当具备的两个前提条件

案　　号：（2014）沪二中民四（商）终字第S543号

案件名称：健康解决方案（国际）有限公司诉程某公司证照返还纠纷案

裁判要旨：股东派生诉讼解决的主要是股东的诉权问题，相对方对公司应承担的民事责任不应限于损害赔偿，而应当根据公司实际遭受的具体损失的性质来确定责任种类。在确认股东享有代位请求权后，还应注意把握股东派生诉讼中公司合法权益受损的实体要求和股东用尽救济途径的前置程序要求。

案情简介

上诉人（原审原告）：健康解决方案（国际）有限公司

被上诉人（原审被告）：程某某。

上诉人健康解决方案（国际）有限公司（以下简称健康方案公司）为与被上诉人程某某、原审第三人上海华源健康创业投资有限公司（以下简称华源公司）公司证照返还纠纷案，不服上海市杨浦区人民法院（2013）杨民二（商）初字第S641号民事判决，向一审法院提起上诉。一审法院受理后，依法组成合议庭于2014年5月29日公开开庭进行了审理。上诉人健康方案公司委托代理人邹某某、黄某，被上诉人程某某委托代理人陆某某到庭参加诉讼。原审第三人华源公司经一审法院合法传唤未到庭，一审法院依法缺席审理。本案现已审理终结。

一审法院经审理查明：华源公司于2004年8月2日设立，注册资本2000万美元，股东为健康方案公司及案外人无锡生命科技发展股份有限公司（以

下简称无锡公司）、柏克布朗华源有限公司（以下简称柏克布朗公司）。健康方案公司注册于新加坡，认缴出资500万美元、实缴出资500万美元；无锡公司认缴出资1000万美元、实缴出资1000万美元；柏克布朗公司注册于香港特别行政区，认缴出资500万美元、实缴出资100万美元。

2007年7月31日，上海市工商行政管理局浦东新区分局登记华源公司董事会成员有李某、黄某、何某、程某某、AllanYap、Desmond Foo Der Chyang、Willy Lim Chong Meng、Robert Neil Topfer，其中李某、黄某、何某、程某某由无锡公司委派，Allan Yap、Desmond Foo Der Chyang由健康方案公司委派，Willy Lim Chong Meng、Robert Neil Topfer由柏克布朗公司委派。李某担任董事长。

2007年10月1日，案外人恒威集团有限公司（以下简称恒威公司）与程某某订立《聘用合同》，内容为：任命程某某为医疗部代表，暂管中国区域；聘用期始于2007年10月1日，直至相关条款规定的终止日；聘用合同可以单方面解除，由任一方提前一个月书面通知对方等。TSMP律师事务所受恒威公司委托，于2013年5月15日书面通知程某某《聘用合同》于2013年2月26日解除。同年5月24日，恒威公司于《文汇报》刊登公告，载明其与程某某雇佣合同于2013年2月26日终止。

2011年5月27日，上海市工商行政管理局浦东新区分局以华源公司“未按规定在年检截止日期前申报2008年度、2009年度年检，并在登记机关责令改正的期间内也未申报年检，且自登记机关年检补检公告发布之日起60日内仍未申报年检”“在吊销营业执照行政处罚听证公告规定的期限内未提出听证申请，视为放弃听证权利”等为由，依法吊销其营业执照，同时要求华源公司依法组成清算组清算、及时办理注销登记。华源公司目前企业状态为“吊销未注销”。

2013年4月22日，华源公司向案外人达成包装制品（苏州）有限公司（以下简称达成公司）发出《还款通知》，内容有：“鉴于：1. 上海华源健康创业投资有限公司（以下简称我公司）与达成包装制品（苏州）有限公司（以下简称贵公司）于2012年12月12日签署《资金占用协议》及《支付费用抵扣债务协议》，我公司向贵公司出借人民币现金贰拾柒万陆仟玖佰贰拾贰元零玖分（276,933.09元）（以下简称我公司债权）用于贵公司经营性流动资金需求，贵公司从贵公司账户替我公司支付我公司所需支付的办公室租金、人员工资等相关费用（以下简称我公司债务），我公司债权抵扣我公司债务后尚有债权余额人民币贰拾陆万零壹拾元叁角叁分（260,011.33元）；2. 我公司现因自身情况需要使用上述资金。根据《资金占用协议》第二条之规定，我公司特此通知贵公司在本通知签发当日（含当日）起五个工作日内将上述人民币贰拾陆万零壹拾壹元叁角叁分（260,011.33元）现金扣除汇费（如有）后之余款归还我公司，并请将该款项全部转入上海贝隆投资咨询有限公司银行账户……”达成公司未向华源公司交付钱款。程某某系上海贝隆投资咨询有限公司法定代表人、股东。

2013年5月15日，华源公司向江苏省苏州市相城区人民法院提起诉讼，要求达成公司返还借款人民币210,963.48元、赔偿利息损失。

裁判结果

一审判决：驳回健康解决方案（国际）有限公司全部诉讼请求。

二审判决：(1) 撤销上海市杨浦区人民法院（2013）杨民二（商）初字第S641号民事判决；(2) 被上诉人程某某应于本判决生效之日起10日内向一审第三人上海华源健康创业投资有限公司返还上海华源健康创业投资有限公司的批准证书、营业执照正副本和公章；(3) 被上诉人程某某应于本判决生效之日起10日内向一审第三人上海华源健康创业投资有限公司返还上海华源健康创业投资有限公司2007年10月1日至2013年7月15日的财务报表、会计账簿和会计凭证。

各方观点

上诉人健康方案公司观点：(1) 一审法院案由错误，健康方案公司提起诉讼系基于《物权法》上的返还原物请求权，诉讼的目的是要求程某某向华源公司返还公司所有的证照和相关财务资料，故本案案由应当为返还原物纠纷。(2) 健康方案公司作为华源公司的唯一现存股东，有权依法行使股东代位权要求程某某向华源公司返还证照及财务资料。(3) 程某某实际控制和支配涉诉物品，属无权占有，且在占有期间，恶意操纵华源公司对达成公司提起借款返还之诉，其实质是非法侵吞华源公司财产。综上所述，健康方案公司请求二审法院撤销一审判决，改判支持其一审诉讼请求。

被上诉人程某某观点：（1）健康方案公司没有权利代表华源公司向程某某主张返还义务，如果要返还，也是由华源公司主张。（2）健康方案公司所称的公司证照、财务凭证等均不在程某某处，程某某也没有义务和责任保存上述物品。（3）华源公司与达成公司的借款合同之诉是为了保护华源公司的正当利益，而非健康方案公司所称恶意侵害公司利益的行为。综上所述，被上诉人程某某认为一审判决认定事实清楚，适用法律正确，请求驳回上诉，维持原判。

法院观点

一审法院观点：健康方案公司系华源公司股东，程某某系华源公司之董事。虽然程某某董事任期已经届满，但因华源公司未改选董事，故程某某继续履行董事职务。一般有限责任公司股东因董事履职过错提起股东代表诉讼，须书面请求监事会或者不设监事会的公司监事向人民法院提起诉讼遭到拒绝，或者自请求书到达之日起 30 日内监事会、监事未提起诉讼，股东方才有权为了公司的利益以自己的名义直接向人民法院提起诉讼。现华源公司未到庭，其向公司登记机关提交的公司章程未见设置监事会、监事机构，故健康方案公司直接提起诉讼并无不当。但股东代表公司诉讼应当出于维护公司利益的目的。健康方案公司认为程某某操纵华源公司向达成公司提起金钱给付之诉造成华源公司利益受损，程某某虽抗辩华源公司法定代表人知悉其接洽律师代理华源公司提起该诉讼，但无证据佐证，故一审法院对此不予采信。但该起诉讼目的系为实现华源公司对外债权，未侵害华源公司之利益。根据健康方案公司自认，其与达成公司有共同的股东恒威公司，故健康方案公司与达成公司系关联公司，现健康方案公司主张由程某某委托律师代理华源公司向达成公司提起的返还钱款诉讼不利于华源公司，缺乏证据佐证。鉴于庭审中健康方案公司自认，程某某获得授权处理华源公司的部分事务，且依据健康方案公司的现有证据也不足以证明程某某对华源公司负有过错且造成华源公司损失，故对其股东代表诉讼之诉讼请求不予支持。在华源公司已出现被依法吊销营业执照的法定解散事由之情形下，健康方案公司应当积极履行股东义务，与其他股东充分协商，依照法律规定、公司章程约定对华源公司进行清算，妥善处理公司事务，包括证照、公章等处置。综上所述，一审法院作出如下判决：驳回健康解决方案（国际）有限公司全部诉讼请求。一审案件受理费人民币 50 元，由健康方案公司负担。

二审法院经审理查明，一审查明事实属实，二审法院予以确认。

二审法院院另查明，一审审理中，华源公司工商登记的法定代表人李某向一审法院陈述称：2005 年李某去华源公司任职的时候，程某某一直在华源公司管业务上的事情，程某某的角色可以视为中方在华源公司的主要管事；程某某曾找李某说公司档案没有地方交，档案可能包括财务账册，后据程某某说，档案交出去了，李某对此没有经手，也不知道有无办理交接手续；李某已于 2008 年辞职，对现仍为华源公司法定代表人的身份不确认，本案系争物品目前由谁控制不清楚，不希望该纠纷通过诉讼解决，也不愿意接收系争物品。

二审法院观点：根据《涉外民事法律关系适用法》的规定，法人及其分支机构的民事权利能力、民事行为能力、组织机构、股东权利义务等事项，适用登记地法律。因此健康方案公司作为华源公司之股东，向华源公司董事程某某提出股东代表诉讼，应适用华源公司登记地法律即中华人民共和国法律，且本案双方对适用中华人民共和国法律均无异议，二审法院对此予以确认。

根据双方的诉辩意见及庭审查明的事实，本案二审期间的争议焦点为：(1) 本案当事人之间法律关系的性质如何；(2) 健康方案公司的原告主体身份是否适格；(3) 程某某是否持有系争公司证照及财务资料。

关于争议焦点一即本案的定性问题，本院认为，健康方案公司提起本案诉讼系基于物权所有权的返还，其诉讼的目的是要求无权持有人向公司返还属于公司的经营性资料。健康方案公司现主张返还的标的物具体包括与公司身份主体资格有关的公司公章、经营证照及为记载公司经营管理状况的财务账册资料。因此，基于《公司法》上的特定物返还，根据我国《民事案件案由规定》的相关条文，本案的法律关系性质即案由应定性为公司证照返还之诉。

关于争议焦点二即原告的主体资格问题，本院认为，本案系一起股东代表诉讼案件，根据我国《公司法》对股东代表诉讼的规定，股东提起派生诉讼应当具备两个前提条件：一是公司合法权益遭受侵害，二是公司本身怠于行使诉权。具体至本案中，首先，公司的公章、经营证照及财务账册资料属公司所有的财产，公司对其合法财产享有排他的支配权，除公司及其授权机关和人员外，其他民事主体均无权持有或控制上述财产，否则即侵害了公司对该些财产的所有权权益。因此，公司在其物权权利遭受侵害的前提下，依法有权主张相对人返还财产。需要指出的是，根据股东代表诉讼的立法目的及原理，股东以自己的名义代表公司对侵害人提起的诉讼，一旦诉请得到支持，侵害人应当承担的法律责任的形式既包括赔偿损失，也包括停止侵害行为、利益返还等形式。其次，根据我国《公司法》的规定，股东提起代表诉讼必须具备相应条件并履行一定的前置程序，包括对股东持股比例的要求及向监事会或者监事请求遭拒绝的事实前提。本案中，华源公司未设监事会或监事机构，其工商登记的法定代表人李某已离职，且表示不愿意代表公司提出诉讼；华源公司的另外两名股东无锡公司、柏克布朗公司已分别被破产清算及自动清盘，且华源公司本身也处于吊销未注销、停止营业的状态。在这种情况下，公司通过召开股东会变更法定代表人或者再次指定授权机关主张权利客观上存在障碍，也不利于及时、有效地维护公司合法权益。因此，综合上述情况，本院认为，在现有情况下，健康方案公司作为华源公司持股25%且唯一现存的股东，在公司利益受损而公司又怠于行使诉权时，其作为原告提出本案诉讼，符合我国法律规定的股东代表诉讼中的原告主体资格，其要求无权占有人向公司返还财产亦于法无悖。

关于争议焦点三即程某某的返还责任，本院认为，对该问题的分析涉及两个层面：一是程某某是否实际持有公司证照及财务账册，二是程某某继续持有上述物品是否具有正当理由。对此，本院分析如下：（1）首先，根据恒威公司与程某某订立的聘用合同、华源公司工商登记材料及程某某自述，程某某受无锡公司委派担任华源公司的董事，并接受恒威公司聘用担任其中国代表协助处理华源公司事务。程某某作为董事及授权代表，在履行职责的过程中，对公司的证照及财务资料享有控制的权利。其次，根据健康方案公司的举证及程某某代理人在本案中的陈述，在华源公司与达成公司的诉讼中，有关华源公司主体身份的营业执照等资料及加盖公司公章的委托授权书均系由程某某亲自交予代理人。因此，从该案的诉讼情况来看，程某某理应持有营业执照及公章。程某某在本案中虽否认持有该些物品，但却对如何取得上述诉讼文件无法作出合理说明。此外，从李某在一审中的陈述来看，程某某实际系华源公司中方管事，曾持有公司的档案材料，包括财务账册。而程某某在本案中却始终否认持有过，对于该节核心事实，其既不能解释自身陈述的合理性，也不能说明财务账册实际在何处。因此，综合上述情况，本院认为，程某某因其履行职务而曾对公司证照及财务资料形成的保管事实与其因实际使用而具有的控制力，共同说明了系争公司证照及财务资料更可能由程某某持有。（2）根据恒威公司的通知函及报纸公告，恒威公司已于2013年2月26日终止了对程某某的聘用，而且程某某在华源公司的董事任期也已经届满，虽然未改选，但鉴于公司实际已处于停业状态，故继续对程某某任命或授权已缺乏实际必要性。因此，本院认为，程某某已丧失继续持有华源公司证照及财务资料的正当性基础，在健康方案公司代表华源公司提出返还主张的情况下，程某某依法应当将系争物品向华源公司予以返还。

二、股东只是代为行使公司的诉权，提起损害公司利益责任纠纷案件的原告必须具备公司的股东身份

案　　号：最高人民法院（2014）民一终字第295号

案件名称：高金合伙企业与许某、谢某等损害公司利益责任纠纷案

裁判要旨：股东资格是提起股东代表诉讼的前提。

案情简介

上海高金合伙企业原名苏州华东有色股权投资合伙企业（有限合伙）（以下简称苏州合伙企业），系华东有色公司的股东，持有该公司12.13736%的股权，华东地勘局持有华东有色公司51.40%的股权。一审被告许某某、谢某某、江某、范某某、江某某、刘某某、田某某、刘某某、邵某系华东有色公司现任的高级管理人员，一审被告张某某、卢某某、周某某、刘某某系华东有色公司现任的监事会成员。

2007年4月26日，华东地勘局作为唯一出资人设立有色公司。

2013年1月17日，华东地勘局、高金合伙企业、中静公司、云峰公司四

方签订《有色公司增资协议》。增资协议约定：有色公司增资至12亿元，云峰公司、中静公司和高金合伙企业有意对有色公司进行增资并成为该公司新股东。本次增资款分三期进行缴纳。在协议生效先决条件全部满足后，有色公司发出缴款通知的3个工作日内，增资各方应缴纳增资款总额20%的首期增资款，2013年6月30日前缴纳增资款总额40%的第二期增资款，增资款总额40%的第三期增资款于2013年11月30日前缴纳。协议另约定：如果增资方逾期缴纳增资款超过30个工作日，则守约方有权且应当在10个工作日内选择如下处置方式：（1）按违约方实缴出资重新调整认缴出资及出资比例；（2）取消违约方在协议项下的出资资格；（3）要求违约方继续履行本合同向有色公司补缴欠缴增资款。

增资协议签订后，参加增资的各方股东均按期缴付首期增资款。第二期增资款的缴纳时限为2013年6月30日，高金合伙企业于2013年6月28日缴纳了20,500万元，但未能在约定缴纳时限内缴纳第三期增资款。

后在有色公司的业务运营中，高金合伙企业认为一审被告滥用职权处理有色公司投资适宜，给公司造成重大经济损失，故将前述人员诉至法院，要求其向华东有色公司赔偿19,597.62万元。

2014年1月24日，华东地勘局与云峰公司达成会议纪要1份，其中载明：按照增资协议约定，各股东方增资款分三期缴纳。其中，第三期增资款缴纳时限为2013年11月30日前，云峰公司已于2013年11月29日缴纳了21,591.367548万元；高金合伙企业未按协议缴纳20,500万元第三期增资款，并于2013年11月29日、2014年1月13日两次函告其决定中止对有色公司进行第三期出资。截至目前，该公司逾期缴纳第三期增资款的天数已超过30个工作日。与会两方一致同意决定按照增资协议的约定，取消高金合伙企业对有色公司的出资资格。

有色公司于2014年5月28日形成股东会年度会议决议1份，决议内容为：依据2014年1月24日华东地勘局、云峰公司两方股东特别会议达成的会议纪要决定，高金合伙企业的股东资格已经发生变化。决议依据两方股东的认缴出资情况，将公司注册资本减少为77,015.976807万元，同时按两方股东的认缴出资重新确定了公司股东、出资情况及持股比例。同时修改有色公司章程第13条和第14条。该决议作出后，有色公司已申请办理工商变更登记手续。

裁判结果

一审判决：裁定驳回高金合伙企业的起诉。

二审判决：维持原裁定。

各方观点

上诉人观点：（1）一审裁定认为上诉人不具备华东有色公司股东资格，认定事实及适用法律错误。截至起诉时，上诉人已如期缴纳增资款30,750万元，履行了出资义务。华东有色公司工商变更登记显示，上诉人已经是其登记在册的合法股东。（2）华东有色公司解除上诉人股东资格的股东会决议，违反增资协议约定，应属无效。一审裁定依据该决议否定上诉人股东资格是错误的。上诉人缴纳前两期出资后，华东地勘局违反增资协议，上诉人依法享有合同抗辩权，暂缓第三期出资不构成违约。即使构成违约，华东地勘局也无权解除上诉人的股东资格。华东有色公司解除上诉人股东资格的股东会决议违反《公司法解释三》第17条规定，应属无效。（3）华东有色公司股东会决议，未经法庭质证，一审裁定违反最高人民法院《关于民事诉讼证据的若干规定》（以下简称《民诉规定》）第47条（2001年）规定，[1] 剥夺了上诉人的诉讼权利。请求撤销一审裁定，指令一审法院继续审理本案。

被上诉人江某某观点：（1）关于股东资格的认定。上诉人违反增资协议在先，已经被取消了股东资格，且取消股东资格及减资的决议合法有效，该决议已经过江苏省南京市中级人民法院相关民事判决确认。（2）上诉人在一审中已明确放弃通过法律程序申请撤销股东会决议。（3）本案发生在目标公司及高管之中，就股东内部而言，应该以相关章程及生效判决为准。（4）若本案进行实体审理判决，则等同于撤销或确认股东会决议无效，剥夺了相对人陈述抗辩的权利。请求驳回上诉，维持原裁定。

被上诉人华东地勘局观点：（1）股东代表诉讼首先要具备股东身份，起诉时没有或者之后丧失股东身份都属于不具备股东身份的情形。上诉人在诉讼中丧失股东资格，一审裁定驳回起诉有法律依据。（2）上诉人未按照合同约定支付第三期出资款，根据增资协议，全体守约股东决定取消上诉人增资

[1] 2019年修正的最高人民法院《关于民事诉讼证据的若干规定》对此另有表述。

资格，股东会决议确认了取消上诉人的股东资格。（3）一审法院庭前证据交换过程中对上诉人违约和被取消股东资格的事实进行了调查，对相关证据也进行了审查。（4）华东有色公司股东会决议的效力问题，不属于本案审理范围。请求驳回上诉，维持原裁定。

法院观点

一审法院观点：（1）高金合伙企业提起的股东代表诉讼，是指当公司合法权益受到不法侵害、公司怠于起诉时，股东可以自己的名义起诉、诉讼利益归于公司。公司享有实际的诉权，诉讼后果由公司负担。在该类诉讼中，股东只是代为行使公司的诉权，因此提起损害公司利益责任纠纷案件的原告必须具备公司的股东身份，以证明其与本案具有直接的利害关系。（2）依据增资协议、股东会年度会议决议，高金合伙企业未能依约履行增资协议确定的第三期增资款的缴纳义务，已不具备有色公司的股东资格。高金合伙企业在无股东资格的情形下，无权提起股东代表诉讼。如允许其在丧失股东身份后继续为公司利益提出诉讼请求，亦违背该派生诉讼的原意。（3）因高金合伙企业在本案中未能举证证明其具备有色公司的股东身份，故其起诉不符合法律规定，应裁定驳回起诉。

二审法院观点：（1）有色公司股东会根据增资协议约定，在上诉人高金合伙企业未按增资协议约定缴纳第三期增资款，经过两次函告仍未缴纳的情况下，于2014年5月28日召开股东会年度会议并作出决议，以减少注册资本的形式解除了高金合伙企业的股东资格。根据《公司法》及相关司法解释规定，有限责任公司的股东会有权以股东会决议形式解除股东资格。（2）《公司法》第22条规定，如果股东认为“股东会或者股东大会、董事会的会议召集程序、表决方式违反法律、行政法规或者公司章程，或者决议内容违反公司章程的，股东可以自决议作出之日起六十日内，请求人民法院撤销”；或者认为“公司股东会或者股东大会、董事会的决议内容违反法律、行政法规的”，股东可以提起确认股东会决议无效之诉。然而，截至一审裁定作出时，上诉人并没有依法提起申请撤销股东会决议诉讼或申请确认股东会决议无效诉讼。因此，一审裁定以上诉人在本案中丧失了股东资格，无权提起股东代表诉讼，裁定驳回起诉，并无不当。（3）关于上诉人提出的应在本案中一并审理有色公司股东会决议效力的问题。本院认为，股东资格诉讼与股东代表诉讼虽然都是与公司有关的诉讼，但两类诉讼的诉讼请求不同、法律关系不同，诉讼中当事人的诉讼地位也不同。在申请撤销或确认股东会决议解除股东资格无效之诉中，股东为原告，公司为被告；而在损害公司利益责任纠纷的股东代表诉讼中，虽然股东也是原告，但其是代表公司进行诉讼，诉讼利益完全归于公司，在该诉讼中，损害公司利益的法人或者个人为被告，公司只能是以第三人的身份出现。因此，确认股东资格诉讼和损害公司利益责任诉讼是两个完全独立的诉讼，前一诉讼是前提，是基础，两类诉讼不符合诉的合并的条件。如果在股东代表诉讼中对于股东资格发生争议，人民法院应当向当事人释明，告知当事人可以通过提起撤销股东会决议诉讼或者确认股东会决议无效诉讼来解决。因此，上诉人认为有色公司股东会决议解除其股东资格无效，可以另行向有管辖权的人民法院提起申请确认股东会决议无效之诉。

律师点评

设立股东派生诉讼制度的国家一般都规定了股东派生诉讼的前置程序。这要求股东在提起股东派生诉讼之前，必须在公司内部寻求救济。只有在不能通过公司内部获得救济后，才能取得对公司利益的代位权，才具有提起派生诉讼的资格。在美国，一般称为“用尽公司内部救济”原则（Exhaustion of Intra Corporate Remedies）。

根据《公司法》及其相关司法解释的规定，股东代表诉讼的行使主体为公司的股东，即只有具备公司股东身份才能够提起股东代表诉讼。此处的股东身份既包括公司正常存续期间记载于股东名册上的股东，也包括公司因解散而进入清算程序的股东，还包括已注销公司的股东，但不包括股权代持中的实际出资人，因为根据《公司法解释三》第24条第3款的规定，实际出资人在没有变更登记且记载于公司股东名册上的情况下，无法获得公司股东的法律地位，因此不具备提起股东代表诉讼的资格。此外，2019年《全国法院民商事审判工作会议纪要》中认为何时成为股东不影响起诉。股东提起股东代表诉讼，被告以行为发生时原告尚未成为公司股东为由抗辩该股东不是适格原告的，人民法院不予支持。

另外，法院通常认为公司合法权益遭受侵害和公司本身怠于行使诉权是股东提起派生诉讼应当具备的两个前提条件。

关于公司合法权益是否遭受侵害，当事人可以根据实际情况，提供证据材料，法院亦可根据侵权案件的一般标准对公司合法权益是否遭受侵害进行判断。而对于公司本身是否怠于行使诉权，法官在审查股东直接诉讼案件时，首先应当审查有资格提起该类诉讼的股东所代位之公司，其法定代表人主观上是否愿意代表公司以公司名义提起诉讼来维护公司合法权益。如本章节第1个案例中，华源公司工商登记的法定代表人早已离职，且明确表示不愿意代表华源公司提出诉讼，公司也未设可代为履职的监事或监事会，且华源公司除健康方案公司以外的股东均已被破产清算及自动清盘，通过股东会变更法定代表人的条件客观上也已无法成就。该事实可以视为公司作为法律拟制人格“怠于”行使其诉权的表现形式。

此外，法院通常还会审查提起代表诉讼之股东是否“用尽公司内部救济”。《公司法》第151条对股东代表诉讼中具有提起诉讼资格的股东在持股比例要求方面作了规定。对于“用尽公司内部救济”的审查，主要应当以现行《公司法》规定股东代表诉讼前置程序的两部分组成内容为主：“要求起诉”和“拒绝起诉”。“要求起诉”是指符合法定持股比例要求的股东书面请求监事会或监事向人民法院提起诉讼；监事侵害公司利益的，应向董事会或执行董事提出上述请求。“拒绝起诉”是指监事会或监事、董事会或执行董事决定拒绝起诉或在收到上述书面请求之日起30日内未起诉。本章节第1个案例中，华源公司的另外两名股东已分别被破产清算及自动清盘，且华源公司本身也处于吊销未注销、停止营业的状态。在这种情况下，通过召开股东会再次指定授权机关主张权利客观上存在障碍，也不利于及时、有效地维护公司合法权益。综合审查上述问题后，健康方案公司作为华源公司持股25%且唯一现存的股东，在公司利益受损而公司又怠于行使诉权时，作为原告提出诉讼，可以认定为其具备了股东代表诉讼法定的程序条件。

股东代表诉讼制度设立的目的在于维护公司的利益，因此，我国《公司法》为了避免该制度的僵化，特别规定前置程序的例外情形。即情况紧急、不立即提起诉讼将会使公司利益受到难以弥补的损害的，前款规定的股东有权为了公司的利益以自己的名义直接向人民法院提起诉讼。当公司股东以情况紧急、不立即提起诉讼将会使公司利益受到难以弥补的损害为由提起诉讼的，是否立案，应由人民法院决定。人民法院审查后，认为确实存在紧急情况、不立即提起诉讼将会使公司利益受到难以弥补的损害的，应当立案受理；法院审查后，认为不存在将会使公司利益受到难以弥补的损害的紧急情况的，不予受理，同时应告知提起诉讼的股东先履行前置程序，以防止股东恶意诉讼。

在2019年《全国法院民商事审判工作会议纪要》中，法院认为一般情况下，股东没有履行该前置程序的，应当驳回起诉。但是，该项前置程序针对的是公司治理的一般情况，即在股东向公司有关机关提出书面申请之时，存在公司有关机关提起诉讼的可能性。如果查明的相关事实表明，根本不存在该种可能性的，人民法院不应当以原告未履行前置程序为由驳回起诉。

2019年《全国法院民商事审判工作会议纪要》还提出，在股东依据《公司法》第151条第3款的规定提起股东代表诉讼后，被告以原告股东恶意起诉侵犯其合法权益为由提起反诉的，人民法院应予受理。被告以公司在案涉纠纷中应当承担侵权或者违约等责任为由对公司提出的反诉，因不符合反诉的要件，人民法院应当裁定不予受理；已经受理的，裁定驳回起诉。

第二节 股东代表诉讼中常见“董监高”损害公司利益要点解析

高管是否违反忠实义务，须结合商业机会是否属于公司，公司是否为获取商业机会付出实质努力和高管是否采取剥夺、谋取等手段来综合判断

案　　号：（2012）民四终字第15号

案件名称：林某某、李某一、涂某某损害公司利益纠纷案

裁判要旨：认定高管是否违反忠实义务、损害公司利益需结合实际情况综合考量。

案情简介

上诉人：林某某（一审原告），男，汉族，香港地区居民，新纶高科技集团股份有限公司股东

上诉人：李某一（一审被告），男，汉族，香港地区居民，新纶高科技集

团股份有限公司股东

被上诉人：涂某某（一审被告），女，香港地区居民

一审第三人：华通地产投资有限公司

一审第三人：江西万和房地产有限公司

一审第三人：力高集团（香港）有限公司

一审第三人：新纶高科技集团股份有限公司

一审第三人：新纶高科技皮业（江西）有限公司

2003年10月31日，新纶高科技集团股份有限公司（以下简称香港新纶公司）在香港依据香港公司条例注册成立，注册编号：868589。李某一、林某某在香港新纶公司各占50%的股份。

2004年5月9日，新纶高科技皮业（江西）有限公司（以下简称江西新纶公司）在南昌县成立，注册资本2999万美元，法定代表人李某一，香港新纶公司为唯一股东。该公司董事长为李某一，董事林某某、李某二。

2004年5月19日，香港新纶公司对江西新纶公司出资710万港元，该款由李某一、林某某各投资355万港元。

2004年6月22日，江西泰豪会计师事务所有限公司对江西新纶公司出具赣泰豪验字（2004）0601号验资报告，审验结论为：截至2004年6月15日，江西新纶公司收到香港新纶公司第一期缴纳的注册资本折合91.0606万美元。

2005年6月28日，江西华泰会计师事务所对江西新纶公司出具华泰验字（2005）029号验资报告，审验结论为：截至2005年6月23日，香港新纶公司投入第二期注册资本折合110.2988万美元，连同第一期出资，江西新纶公司共收到股东缴纳的注册资本合计201.3594万美元。本次验资报告所附的验资事项说明记载：上述汇入资本金账户的860万港元，全部为香港新纶公司委托指派的江西新纶公司法定代表人李某一投入，并已全部结汇。

2006年2月27日，江西华泰会计师事务所对江西新纶公司出具华泰验字（2006）011号验资报告，审验结论为：截至2006年2月23日，香港新纶公司投入第三期注册资本折合181.5756万美元，连同第一、二期出资，江西新纶公司共收到股东分三次缴纳的注册资本合计382.9350万美元。本次验资报告所附的验资事项说明记载：第三期注册资本实际缴入资本金账户为港元，金额1408万港元。其中，408万港元系投资者委托其指派的被投资单位江西新纶公司法定代表人李某一投入，1000万港元系投资者委托RWDCDHOLD-

INGS（HONGKONG）CO. LTD 投入。资本金1408万港元到账后408万港元已结汇，1000万港元汇入境外公司购置设备。

2006年3月3日，江西华泰会计师事务所对江西新纶公司出具华泰验字（2006）011－1号验资报告，审验结论为：截至2006年3月2日，香港新纶公司投入第四期注册资本折合1128.5042万美元，连同第一、二、三期出资，江西新纶公司共收到股东分四次缴纳的注册资本合计1511.4392万美元。本次验资报告所附的验资事项说明记载：上述货币资金全部为投资者委托RWDCDHOLDINGS（HONGKONG）CO. LTD汇入。到账后全部汇出境外公司购置设备。

2006年8月1日，江西华泰会计师事务所对江西新纶公司出具赣华泰会验字（2006）011－2号验资报告，审验结论为：截至2006年7月31日，江西新纶公司收到香港新纶公司第五期投入注册资本279万美元。连同第一、二、三、四期出资，共收到股东分五次缴纳的注册资本合计1790.4392万美元。其验资事项说明记载：上述货币资金全部为投资者委托其委任的被投资企业法人代表李某一汇入，到账后汇出境外购置设备款180万美元，99万美元已结汇。

2010年4月7日，国家外汇管理局江西省分局作出赣汇检罚字〔2010〕8号行政处罚决定书，认定江西新纶公司于2006年2月23日、24日，3月1日、7日，7月3日、6日，先后6次对外预付货款1443.2860万美元。由于对方未履行合同，一直未有货物进口，至今未到外汇局办理核销手续，决定对江西新纶公司处以30万元罚款。

关于股权转让，1998年5月13日，力高集团（香港）有限公司（力高公司）在香港依据香港公司条例注册成立。

2004年5月12日，华通地产投资有限公司（以下简称华通公司）在香港依据香港公司条例注册成立，注册编号：900621。公司注册地址：香港九龙尖沙咀么地道67号半岛中心A座5楼504室。公司股东：李某一，持有6200股；涂某某，持有3800股。

2004年9月24日，江西万和房地产开发有限公司（以下简称万和公司）在南昌县成立，公司股东为华通公司，法定代表人、董事长李某一，董事涂某某、李某三。

2005年4月，华通公司与力高签订股权转让协议，华通公司向力高公司转让其在万和公司85%的股权，该协议未记载股权转让价款。2005年5月8日，南昌市对外贸易经济合作委员会批复同意该股权转让。

2006年5月23日，华通公司与力高公司签订股权转让协议由华通公司将其在万和公司持有的15%股权无偿转让给力高公司。2006年5月29日，南昌市对外贸易经济合作委员会批复同意该股权转让。万和公司董事会成员变更为：董事长黄某一，董事黄某二、黄某三。至此，力高公司持有万和公司100%的股权。

万和公司出具付款凭证，证明华通公司向力高公司转让股权的价款为5040万元人民币。

关于700亩土地使用权出让受让的事实，2004年3月11日，香港新纶公司（甲方）与江西省南昌县小蓝工业园管理委员会（乙方）签订《合同书》，南昌县人民政府作为监证单位盖章。该合同第1条约定：由甲方在乙方的辖区内兴办“新纶高科技（江西）股份有限公司”投资项目，注册资金3亿港元，投资总额8亿港元。第2条约定：甲方在乙方县城南路隔堤象湖新区投资“香港华通花园”房地产项目，乙方以挂牌方式依法出让700亩商住用地给甲方。第3条是关于甲、乙双方的责任，其中约定由甲方提供其公司资料，乙方代理甲方在乙方辖区内就上述两个项目注册两家由甲方独资设立的外商独资企业。合同第4条至第7条约定合同生效、违约及其他相关事宜。

2005年9月22日，万和公司向南昌县国土资源局交纳6000万元土地出让款项。

2005年12月7日，甲方香港新纶公司，乙方南昌县国土资源局，丙方万和公司签订补充协议书，内容为：三方共同确认：甲方根据甲乙双方于2005年9月19日签订的《协议书》向乙方提供的700亩项目用地土地出让金预付款人民币6000万元整系丙方所有，其全部权益也归丙方。

2006年3月7日，南昌县国土资源局、南昌县土地储备交易中心发布（2006）第5号国有土地使用权出让公告：（1）出让宗地基本情况：NCX2006006号宗地位于南昌县范围内，象湖路以北，金沙二路以西，抚河故道以南，土地面积700亩；起始价为人民币17.5万元/亩；履约保证金6000万元整。同时还对土地使用年限、容积率建筑密度等作了记载。（2）竞买人范围：竞买人必须是具备房地产开发资质。（3）挂牌交易时间：自2006年3月27日9时至4月7日10时。《关于我县范围内象湖以北、金沙二路以西，抚河故道以南的国有土地使用权公开出让方案》注明：宗地受让人必须遵守以下条件：①宗地竞买履约保证金为人民币6000万元，其中1500万元作为引进企业的保证金（不能充抵土地出让金）；②宗地受让人必须在2006年6月底以前在南昌县小蓝工业园引进一家注册资本4500万美元（其中前期注册资金2900万美元，挂牌前进资1450万美元），年产值3000万美元以上的企业；如受让人未履行上述条件，该1500万元保证金不予以退回；③竞买人须一次性付清土地出让金；④竞买人应书面承诺如与铁路西环线引线冲突必须服从。

2006年3月27日，万和公司提交了《竞买申请书》，并获得了竞买资格证书。

2006年3月27日，江西新纶公司向南昌县国土资源局暨土地储备交易中心递交了两份证明，一份证明的内容为：江西新纶公司系招商引资并落户于南昌县小蓝工业园的外商独资企业，注册资本2999万美元，现至今已实缴资本1511.4392万美元，占应出资本的50.39%。另一份证明的内容为：万和公司、江西新纶公司系关联企业，且均属政府招商引资项目下的投资经营主体，并且江西新纶公司是万和公司引进在南昌县小蓝工业园注册资本金超2900万美元的工业企业。根据有关协议，江西新纶公司同意因其投资经营（进资）所引致的700亩商住地竞买权由万和公司承受。江西新纶公司的企业法人营业执照、验资报告也附在南昌县土地储备交易中心的交易档案中。

2006年4月4日，万和公司向南昌县土地储备交易中心提交了《挂牌交易报价单》，申报单价为17.5万元/亩。

2006年4月7日，南昌县国土资源局与万和公司签订《南昌县挂牌出让国有土地使用权成交确认书》，确认万和公司以每亩17.5万元竞得NCX2006006号国有土地使用权，宗地位于南昌县范围内，象湖路以北，金沙二路以西，抚河故道以南，土地面积700亩。

2006年4月7日，南昌县公证处向南昌县土地储备交易中心出具（2006）南内证经字第138号公证书，证明本次挂牌出让活动及挂牌出让结果真实、合法、有效。

此外，2005年1月15日，林某某向李某一发传真称："关于香港新纶高科技集团股份有限公司投资江西新纶高科技皮业（江西）有限公司一事，由于在合作初期，贵方一些承诺未能兑现，为了不至于双方受到利益损失，基于合作精神，再加上本人由于时间关系，无暇兼顾，故希望能大家想出一个折中办法，尽快处理此事。现提出如下几点建议，希望在一星期内作出答复：（一）本人多次声明同意将持有香港新纶高科技集团股份有限公司50%的股份，保本转让新投资者，在签转让合约书前，将本人投入股本355万港元，转交香港律师做公证，待签署有关法律文件后，由律师事务所转交本人，涉及律师费用各半；（二）关于在江西南昌成立新纶高科技皮业（江西）有限公司，在转让前后所发生一切债权债务与本人无关，及所签署合约、协议本人均不知情，故不承担一切法律及经济责任；（三）如果双方未能达成以上共识，本人将要求政府有关部门，取消该项目投资并进行清盘，所涉及费用在双方认可前提下，按股份各自负担；（四）为了双方在财务上认可，希望提供新纶高科技皮业（江西）有限公司由香港投资汇入港币710万资金流向及财务报表。以上几点提议，希望在7日内给我司一个明确答复。”2005年1月26日，林某某又以香港新纶公司等名义通知李某一召开香港新纶公司、江西新纶公司临时董事会，讨论林某某转股相关事宜；并明确表示如果李某一届时不出席，则视为其放弃表决权，同意转让，林某某可将股份自行转让他人，李某一不得持有异议。2005年1月29日，李某一以香港新纶公司、江西新纶公司名义回复林某某同意其进行股份转让并要求其在一个月内办妥，也同意将林某某已投入的355万港元退还其香港账号。

裁判结果

一审法院判决：原告林某某要求李某一将因谋取公司商业机会的所得返还香港新纶公司，华通公司对该还款承担连带责任的诉请，应予支持；对原告林某某要求被告涂某某承担连带责任以及要求李某一向香港新纶公司赔偿人民币5800万元损失的诉请，不予支持。依据《民法通则》第146条，《公司法》（2005年）第149条、第150条、152条[1]之规定，经一审法院审判委员会讨论决定，一审法院判决：（1）由被告李某一向第三人新纶高科技集团股份有限公司返还款项5040万元人民币；（2）被告华通公司对上述还款承担连带责任；（3）驳回原告林某某的其他诉讼请求。一审案件受理费人民币

〔1〕 2018年修正的《公司法》第148条、第149条、第151条。

331,800元，由被告李某一、华通公司承担。

二审法院判决：一审判决遗漏部分事实，认定李某一、华通公司侵权不当，适用法律错误，本院依法予以纠正。上诉人林某某的上诉请求缺乏事实和法律依据，本院不予支持。上诉人李某一的上诉请求有充分的事实和法律依据，本院予以支持。依照《民事诉讼法》第153条第1款第2项、第3项之规定，本院判决如下：（1）撤销江西省高级人民法院（2010）赣民四初字第4号民事判决；（2）驳回林某某的全部诉讼请求。

一审案件受理费人民币331,800元，二审案件受理费人民币331,800元，共计人民币663,600元，均由林某某负担。

各方观点

林某某观点：（1）一审判决认定李某一谋取公司商业机会获得的经济收入金额仅为人民币5040万元，系认定事实错误。力高公司、万和公司提供的人民币5040万元股权转让金额的证据，足以证明李某一至少获得了人民币5040万元股权转让收入，无须借助任何推定，一审判决依据《民诉规定》（2001年）第75条[1]推定李某一获得经济收入人民币5040万元系认定事实错误；本案应当推定的是李某一、涂某某和华通公司仍然隐瞒的股权转让收入。由于李某一、涂某某和华通公司拒不提供真实的股权转让合同、股权转让金额，故应当推定以万和公司在工商机关登记的股权转让的价格或金额为准，即1亿港元减去无偿转让的15%股权，实际应为8500万港元。按照股权转让发生时中国银行外汇牌价的中间价折算，截至2011年10月31日诉讼期间，李某一获得的经济收入或赔偿金额总额为人民币12,579.50万元。

（2）一审判决认定涂某某不承担连带责任没有事实和法律依据，且与一审判决自身确定承担连带责任的标准相冲突。华通公司系李某一、涂某某二人于2004年5月12日在香港注册成立。华通公司在江西省南昌市设立万和公司，必须先经过华通公司股东会同意或者决定，且万和公司的登记档案明确将香港新纶公司与南昌县小蓝工业园签订的协议书作为设立公司的依据和目的，而涂某某明知华通公司并非香港新纶公司的关联公司，与香港新纶公司

[1] 2019年修正最高人民法院《关于民事诉讼证据的若干规定》第95条。

没有任何关系。因此，华通公司及其股东涂某某明显具有主观上侵权故意，且与李某一具有共同的侵权故意；作为华通公司的股东、董事，涂某某同意将华通公司在万和公司的利益转让给力高公司，从而获得巨额收入，其始终参与了侵权行为的实施过程；涂某某的侵权行为与李某一谋取公司商业机会的危害后果或获得巨大经济收入之间，具有法律上的因果关系；涂某某获得了利益，是最终和真正的获利主体。

（3）关于赔偿请求额的说明。林某某请求赔偿的人民币 5800 万元，实际上就是李某一谋取公司商业机会获得的经济收入，李某一的经济收入是公司经济损失的组成部分，也是公司向李某一索赔的组成部分；该 5800 万元也是在李某一拒不承认获得巨额经济收入，而又不能确定李某一全部收入情况下不得已提出的，最终的数额可能比该数额高，仍应由法院查实或依法推定后确定；本案要求李某一赔偿的范围，仅限于一审判决所称的“公司归入权”的请求范围，林某某保留继续向李某一提出超出归入权损失部分的赔偿权利并保留另案起诉李某一的权利。

李某一观点：（1）一审判决认定李某一谋取了香港新纶公司的商业机会，给香港新纶公司造成损失，违背事实，纯属错误。南昌县土地局出让的 700 亩土地使用权，被万和公司摘牌获得，不属于香港新纶公司可期待的商业机会。“公司的商业机会”在法律及实务中必须具备一定的条件要求。本案中涉及 2003 年南昌县小蓝工业园区同意出让 700 亩商住用地的信息，林某某是明知的。但在该 700 亩土地实际出让一年多前，林某某书面向李某一表示无暇兼顾香港新纶公司向江西新纶公司投资一事，愿意转让其持有的香港新纶公司 50% 的股权，亦表示江西新纶公司的一切债权债务与其无关。可见，林某某对此“商业机会”已持放弃态度。该函件构成了对已知商业机会“放弃或拒绝”的书面宣示。万和公司依法公开挂牌竞买获得该 700 亩土地，在相应的申请附属资料中使用了江西新纶公司的证明材料，但这不等于获得该土地使用权就等同于香港新纶公司的商业机会，因为符合土地摘牌的条件是李某一促成的，并不是香港新纶公司出资成立江西新纶公司时已存在的条件。该土地依法出让过程所产生的结果并不符合法律规定的商业机会的要件；万和公司在土地摘牌后，向江西新纶公司补偿转款人民币 3053.24 万元。若说是香港新纶公司的“商业机会”利益，该利益已归入其独资的江西新纶公司，李某一并未侵占该利益。一审判决对该事实进行了认定，该事实恰恰说明一审判决书认为李某一“利用职务便利为万和公司谋取”，“本属于该公司（香港新纶公司）所有的700亩土地使用权的商业机会”，进而构成对香港新纶公司商业机会的侵犯是不成立的。

（2）一审判决认定该补偿款（以股权转让形式）即商业机会利益收益为人民币5040万元，事实不清，证据不足。一审判决将力高公司在2005年向永通鞋业公司汇款人民币2000万元认定为“商业机会”的补偿款，明显事实不清，证据不足。汇款单上注明的是“往来款”，从财务层面讲，往来款的内涵是多样的；汇款主体是力高（福建）公司并非力高（香港）公司；一审判决采信力高（香港）公司出具的“付款确认函”，不符合法律要件及港澳证据的合法性要求；一审庭审时宣读该证据并未给当事人反证的时限，程序违法。

（3）林某某的起诉已经超过法律规定的诉讼时效。

（4）李某一虽为华通公司的大股东，但华通公司在本案中与香港新纶公司可期待商业机会之间不存在法律关系，一审判决华通公司承担连带责任，没有事实和法律依据。

法院观点

一审法院观点：本案的争议焦点是：（1）原告林某某能否提起本案股东代表诉讼；（2）被告李某一是否利用职务便利谋取属于香港新纶公司的商业机会；（3）如谋取商业机会成立，应承担何种法律责任及责任主体。

关于第一个争议焦点。原告林某某能否依据《公司法》在我国境内提起股东代表诉讼，涉及原告的诉权问题，而诉权问题属程序范畴，根据法律适用的一般原则，对程序问题的处理应适用法院地法，即适用中华人民共和国内地程序法。林某某依据《公司法》向我院提起股东代表诉讼，并未违反法律的禁止性规定，应予准许。被告以《公司法》第2条抗辩，认为原告不能代表境外的香港新纶公司提起股东代表诉讼，不能成立。林某某的诉权应予保护。

关于第二个争议焦点。从本案来看，首先，2004年3月11日南昌县小蓝工业园管理委员会即与香港新纶公司签订了《合同书》，双方约定由香港新纶公司在该管理委员会的辖区设立相应规模的企业，作为回报出让给香港新纶公司投资的项目或设立的公司700亩商住用地的土地使用权。700亩商住用地的土地使用权具有较大的商业价值，南昌县小蓝工业园管理委员会有给予香港新纶公司700亩土地使用权这一商业机会的意愿，且与香港新纶公司签订了《合同书》，因此，该700亩商住用地的使用权构成《公司法》上的商业机会。其次，香港新纶公司于2004年5月9日在南昌县小蓝工业园设立了江西新纶公司，江西新纶公司的出资也达到了700亩土地使用权受让的条件。由此可见，香港新纶公司在积极履行《合同书》约定的设立企业的义务，并最终符合受让700亩土地使用权设立的条件，应该认定受让700亩土地使用权的商业机会属于香港新纶公司。

但在实际运作中，李某一以设立的江西新纶公司为获得受让700亩土地使用权的引资企业，同时以华通公司为股东在南昌县另外设立万和公司，作为受让700亩土地使用权的主体。未经香港新纶公司董事会或股东会的同意，李某一于2005年12月7日，以香港新纶公司名义与南昌县国土资源局、万和公司签订补充协议书，将受让700亩土地使用权的商业机会直接给了万和公司。在处置700亩土地使用权商业机会的过程中，李某一既是江西新纶公司的法定代表人，又是万和公司的法定代表人，同时作为香港新纶公司的股东，还代表香港新纶公司。因此，应认定李某一谋取了属于香港新纶公司的商业机会，给香港新纶公司造成了损失。

李某一、华通公司均提出700亩土地使用权是通过挂牌方式出让的，符合条件的主体都可以竞争，不是商业机会，该辩称不能成立。尽管土地使用权的取得应通过挂牌方式出让，但是香港新纶公司与南昌县小蓝工业园管理委员会于2004年3月即签订了设立企业获得700亩土地使用权的《合同书》，后香港新纶公司一直在运作设立符合引进企业条件的江西新纶公司，至2006年3月3日江西新纶公司验资到账的前期注册资本金达到1511.4392万美元，符合挂牌前进资1450万美元的竞拍条件。而700亩土地使用权出让公告的时间是2006年3月7日，挂牌交易时间是2006年3月27日，在短短的20天时间内不可能新设立符合竞拍条件的企业。即使原来在该辖区内已经有企业达到设定的进资规模，但要在这20天内缴纳人民币6000万元履约保证金，很难实现，因一个正常经营的企业不会将人民币6000万元的资金闲置在账户上。所以，名义上是向社会公开挂牌竞拍700亩土地使用权，实际上只有引进了江西新纶公司的主体才能报名竞拍。在700亩土地使用权竞拍过程中，只有万和公司一家企业以引进江西新纶公司报名，系唯一的报名竞拍者，不存在价高者受让的竞争问题。另外，早在2005年9月22日万和公司就已经提前向南昌县国土资源局缴纳了将于 2006 年 3 月 7 日开始竞拍报名的人民币 6000 万元履约保证金，这也可以印证只要江西新纶公司按照约定进资，就不会存在 700 亩土地使用权的公开竞争。

关于第三个争议焦点。根据《公司法》（2005 年）第 149 条[1]的规定，董事、高级管理人员不得有该条款记载的 8 种行为，如董事、高级管理人员违反前款规定所得的收入应当归公司所有。第 150 条[2]规定，董事、监事、高级管理人员执行公司职务时违反法律、行政法规或者公司章程的规定，给公司造成损失的，应当承担赔偿责任。

本案中，原告林某某认为被告李某一在担任香港新纶公司董事、股东期间，未经香港新纶公司股东会同意，利用职务便利将本属于该公司所有的 700 亩土地使用权的商业机会给了万和公司。故林某某既可以依据《公司法》（2005 年）第 149 条的规定，要求李某一将其从该商业机会的所得归入香港新纶公司；也可以根据该法第 150 条的规定要求李某一向香港新纶公司承担赔偿损失的民事责任。当行使归入权后仍不能弥补损失时，对超出归入权的损失部分，仍可以主张赔偿。原告林某某在诉状中写明的第一个诉讼请求是要求承担人民币 5800 万元的赔偿责任，第二个诉讼请求是要求行使归入权，要求李某一将违反忠实义务的收入、报酬归入香港新纶公司。但诉讼中，林某某对赔偿的诉请未举证，更未举证证明其损失大于行使归入权的收入，且其诉状依据的法律亦是《公司法》（2005 年）第 149 条第 1 款第 5 项[3]的规定。因此，对林某某要求李某一赔偿的诉请不予支持。

关于李某一在谋取该商业机会中的经济收入。在万和公司未开展任何经营行为，也未购置资产的情形下，力高公司之所以购买该公司股权，正是基于万和公司将获得 700 亩土地使用权。因此，李某一在该商业机会中的获利主要体现在万和公司的股权转让所得。力高公司、万和公司均出具证据，证明万和公司的股权转让金额为 5040 万元人民币，虽李某一、华通公司予以否认，但因李某一、华通公司未提交股权转让获利的证据，也未将实际交易的股权转让合同提交法庭，在法庭提问华通公司股权转让的金额时，该公司以

---

〔1〕 2018 年修正的《公司法》第 148 条。
〔2〕 2018 年修正的《公司法》第 149 条。
〔3〕 2018 年修正的《公司法》第 148 条第 1 款第 5 项。

与本案无关不予回答。根据最高人民法院《民事诉讼证据的若干规定》（2001年）第75条[1]的规定，有证据证明一方当事人持有证据无正当理由拒不提供，如果对方当事人主张该证据的内容不利于证据持有人，可以推定该主张成立。依据上述规定，推定万和公司股权转让的金额为人民币5040万元。

至于承担责任的主体，因万和公司的股东系李某一、涂某某夫妇设立的华通公司，该公司是万和公司股权转让款的获利主体，故对李某一向香港新纶公司返还人民币5040万元股权转让款应承担连带责任。

二审法院观点：本案的争议焦点是李某一、涂某某、华通公司在本案中的行为是否构成单独或者共同侵权，从而剥夺了香港新纶公司的商业机会，进而损害了香港新纶公司的合法权益以及在李某一、涂某某或者华通公司构成侵权的情况下如何认定香港新纶公司的损失。

1. 关于李某一、涂某某、华通公司的行为是否构成单独或者共同侵权，从而剥夺了香港新纶公司的商业机会，进而损害了香港新纶公司的合法权益。这一问题，首先，取决于案涉700亩土地使用权是否应当认定专属于香港新纶公司的商业机会。根据香港新纶公司与南昌县小蓝工业园管理委员会于2003年3月11日签订的《合同书》，该700亩土地使用权当初确实是要给予香港新纶公司的。但是，香港新纶公司要获得这一商业机会并不是无条件的。相反，上述《合同书》明确约定了香港新纶公司必须满足的相关条件，这些条件包括：投资江西新纶公司注册资金3亿港元，投资总额达8亿港元；在县城南路隔堤象湖新区投资“香港华通花园”房地产项目，开发建设投资为人民币3亿元；注册一家注册资本为1亿港币的外资房地产企业等。双方在《合同书》中还约定了香港新纶公司或其投资的房地产企业需在合同签订一个月内向南昌县小蓝工业园管理委员会支付定金人民币200万元；土地出让挂牌时，支付4800万元人民币挂牌保证金等。因此，该700亩土地使用权并非当然属于香港新纶公司的商业机会，香港新纶公司要获得该商业机会必须满足其与南昌县小蓝工业园管理委员会所订合同中的相关条件。本案中，没有证据证明香港新纶公司（或者通过林某某的行为）满足了上述约定条件。此外，香港新纶公司与南昌县小蓝工业园管理委员会在上述合同书中还明确约定该700亩土地使用权通过挂牌出让方式获得，而本案南昌县国土资源局、

[1] 2019年修正的最高人民法院《关于民事诉讼证据的若干规定》第95条。

南昌县土地储备交易中心发布的（2006）第5号国有土地使用权出让公告明确要求竞买人必须具备房地产开发资质且要缴纳人民币6000万元保证金等多项条件，因此，香港新纶公司要获得该商业机会尚需要满足挂牌交易条件。但本案中，香港新纶公司显然不具备在内地从事房地产开发的资质，其也没有按照约定在内地设立房地产开发企业并按公告要求缴纳人民币6000万元保证金。实际上，根据上述公告的要求，任何满足公告要求条件的房地产企业，均可作为竞买人购买该700亩土地使用权，故竞买人并非仅限于香港新纶公司。综上所述，无论是从香港新纶公司与南昌县小蓝工业园管理委员会约定的合同条件看，还是从南昌县国土资源局作为国有土地管理部门确定的挂牌出让方式、资质及交易条件看，案涉700亩土地使用权并非当然地专属于香港新纶公司的商业机会。其次，要审查香港新纶公司或者林某某为获取该商业机会是否作出了实质性的努力。根据本案一审、二审查明的事实，林某某、李某一分别占有香港新纶公司50%的股份，该公司成立之目的即是在江西成立江西新纶公司及设立房地产企业运营房地产项目。但林某某、李某一在设立江西新纶公司之后，双方的合作并不融洽，甚至为香港新纶公司投入江西新纶公司的投资款去向问题产生了严重的分歧和矛盾。由于无法达成一致，林某某于2005年1月15日向李某一发传真明确表示放弃在江西的项目并要求李某一退还其投入香港新纶公司的335万港元投资款。正常情形下，香港新纶公司、江西新纶公司均在经营之中，林某某作为香港新纶公司的股东之一，理应积极配合上述两个公司进行投资和经营，而非在未经清算的情况下要求保本撤资。但既然林某某坚持撤资，作为另一股东的李某一对于内地投资项目只能面临两种选择，即要么放弃内地投资项目，对中方违约；要么设法自己单独或者与其他投资者共同合作继续经营内地投资项目。显然，李某一在本案中选择了后者。二审期间，李某一称自从林某某于2005年1月15日以书面通知方式要求退出香港新纶公司、不再履行对香港新纶公司的出资义务以及不再对江西的投资项目承担任何经济和法律责任之后，林某某在长达5年的时间里对香港新纶公司及江西新纶公司不闻不问、不管不顾，也从未承担过任何法律义务和责任。对于李某一的上述主张，林某某没有举证予以否定。林某某也未能举证证明其通过自身的努力为香港新纶公司获取700亩土地使用权作出过任何实质性的工作。事实上，在林某某明确要求保本撤资的情况下，香港新纶公司已不可能如约履行投资及在江西设立房地产企业等义务，更无可能为获得本属于其的700亩土地使用权这一商业机会而作出任何实质性的努力。因此，应当认定林某某在本案中没有积极履行股东、董事义务，香港新纶公司也未能积极履行投资、设立房地产企业等义务。本案最终满足700亩土地使用权的合同约定条件及挂牌交易条件，是李某一、涂某某、华通公司及一审第三人共同合作和努力的结果，不仅与林某某没有关联，而且与香港新纶公司无关。尽管李某一等在报送相关材料过程中借用了香港新纶公司的名义，但显然不能将李某一、涂某某、华通公司以及一审第三人为满足700亩土地使用权的约定交易条件和挂牌交易条件所进行的一系列行为，简单地等同于香港新纶公司的行为，更不应认定林某某有权享有这些行为所带来的任何利益。最后，要审查李某一、涂某某、华通公司在本案中是否采取了剥夺或者谋取行为。本案中，要构成剥夺或者谋取香港新纶公司的商业机会，李某一、涂某某或者华通公司应当单独或者共同采取欺骗、隐瞒或者威胁等不正当手段，使林某某或者香港新纶公司在不知情的情况下放弃该商业机会，或者在知情的情况下不得不放弃该商业机会。但综观本案事实，林某某对香港新纶公司可能获得700亩土地使用权的商业机会是明知的，李某一、涂某某、华通公司没有隐瞒这一商业机会，也没有采取欺骗手段骗取林某某放弃该商业机会。林某某是在获知该商业机会之后不仅没有采取积极行为为香港新纶公司获取该商业机会创造条件，反而要求李某一退还其已投入香港新纶公司并通过香港新纶公司转投江西新纶公司注册资金的投资款，林某某的保本撤资行为必然使香港新纶公司陷入对中方违约的境地，李某一为避免违约并继续经营内地投资项目，也必然要寻找其他投资者或者合作者。因此，李某一、涂某某、华通公司在本案中的行为，不但不应被认定为侵权行为，反而应当定性为避免香港新纶公司违约而采取的合法补救行为，更是各方为维护其自身权益而采取的正当经营或者交易行为。林某某无权在自己拒绝继续投资、放弃投资项目且拒绝承担任何经济和法律责任的情况下，要求李某一停止继续经营内地投资项目。林某某没有提供充分证据证明李某一、涂某某、华通公司单独或者共同采取了欺骗、隐瞒或者威胁等不正当手段剥夺或者谋取了本属于香港新纶公司的商业机会，故其有关李某一、涂某某、华通公司构成共同侵权、损害香港新纶公司合法权益的诉讼请求依法不能成立，本院不予支持。

2. 关于香港新纶公司的损失。既然李某一、涂某某或者华通公司在本案中的行为不构成对香港新纶公司的单独或者共同侵权，则香港新纶公司即便存在任何损失，也无须李某一、涂某某或者华通公司承担。但一审判决根据力高公司出具的“付款确认函”等推定万和公司的股权转让金额为人民币5040万元依据明显不足；在未查明李某一声称的万和公司在股权转让后补偿江西新纶公司人民币3053.24万元是否属实以及李某一实际获得股权转让款额的情况下，一审判决判令李某一返还香港新纶公司人民币5040万元有失公允。林某某虽主张实际股权转让数额远高于一审判决认定的人民币5040万元，但并无相应证据予以证明。由于李某一、涂某某以及华通公司在本案中不构成侵权，因此，万和公司的实际股权转让金额已与林某某的诉请无关，林某某要求李某一、涂某某、华通公司承担至少8500万港元损失的上诉请求无理，本院不予支持。

律师点评

公司利益受损是行使股东代表诉讼的前提，若公司利益未受损，即使公司“董监高”及其“他人”存在不当行为，也不能构成股东代表诉讼的诉因。依此，对于可诉行为的范围，应理解为所有损害公司利益的行为，包括“董监高”违反忠实义务、善管义务的行为，控制股东、实际控制人和其他股东违反诚信义务的行为以及第三人的侵害行为等。

具体来说，对于“董监高”违反忠实义务、善管义务的行为，主要为以下几种具体情形：(1) 涉及侵占公司财产的案件，《公司法》第147条第2款规定的，董事、监事、高级管理人员不得利用职权收受贿赂或者其他非法收入，不得侵占公司财产的规定。(2) 涉及公司管理层重大过失的案件，即重大过失情形下的对注意义务的违反。如《公司法》第112条规定，董事会的决议违反法律、行政法规或者公司章程、股东大会决议，致使公司遭受严重损失的，参与决议的董事对公司负赔偿责任。(3) 涉及自我交易的案件，即“董监高”违反竞业禁止规定与本公司签订合同或进行自我交易。如《公司法》第148条第4项规定，“违反公司章程的规定或者未经股东会、股东大会同意，与本公司订立合同或者进行交易”。(4) 涉及利用公司机会的案件，即董监高自营或为他人经营与其所任职公司同类的业务。如《公司法》第148条第5项规定，“未经股东会或者股东大会同意，利用职务便利为自己或者他人谋取属于公司的商业机会，自营或者为他人经营与所任职公司同类的业务”。(5) 涉及浪费公司资产或与第三人串通损害公司利益的案件，即“董监高”擅自进行与公司利益没有任何关联的、不合理的巨额捐赠，或与第三人串通从事损害公司利益的交易。(6) 涉及关联交易的案件，即与关联企业进行损害公司利益的交易。如《公司法》第21条规定，“公司的……董事、监事、高级管理人员不得利用其关联关系损害公司利益。违反前款规定，给公司造成损失的，应当承担赔偿责任。”(7) 涉及管理报酬的案件，即“董监高”领取不合理的高薪。(8) 涉及泄露商业秘密的案件，即“董监高”擅自披露公司商业秘密。如《公司法》第148条第7项规定。

在此笔者结合案例对“董监高”违反忠实义务的具体问题进行进一步讲解。

1. 涉及侵占公司财产案件

这是最常见的一类案件，也是“董监高”违反忠实义务的重灾区。出现这一情况的原因主要是因为涉案公司的财务管理制度混乱，为相关人员利用财务管理漏洞、侵占公司财产等提供了可乘之机。公司财务管理混乱往往包括：(1) 利用财务管理漏洞，从公司暂支款项，事后未归还或未如实报销；(2) 隐瞒并截留公司收入，未予入账，或者收取应由公司收取的业务款未予返还；(3) 通过财务操作，将应收账款冲销；(4) 擅自占用公司财产取得个人收益；(5) 虚构转账事由将公司资金转出；(6) 公司清算期间转走公司账上资金等。当然，也是由于许多公司章程未能有效发挥对董事、高管的约束作用：一方面，许多公司的章程只是公司设立时必须有的“摆设”，公司一经成立，章程便被束之高阁。另一方面，很多公司存在章程趋同的现象，没有根据公司本身的业务类型、经营特点等事先作出有针对性的规定，没有事先对董事、高管作出规范细化的授权性或制约性规定。

比如，张某、朱某作为股东注册成立科丰公司，朱某为法定代表人。2012年5月8日，法院作出调解书，其中约定：本协议生效之日起30日内由双方共同到工商行政管理部门办理科丰公司的注销登记等。后朱某在注销期间将科丰公司商标无偿转让给朱某自己的公司。

这是一个典型的高管违反忠实义务侵占公司财产的案例，首先它发生的时间在公司解散后，其次案例中高管并非直接侵占公司财产而是将财产转让给了第三人。那么是否还能构成高管违反忠实义务侵占公司财产呢？

最高人民法院认为，在公司解散后、被注销之前，公司高管人员仍然对公司负有忠实义务和勤勉义务。系争商标依法属于科丰公司的财产。根据科丰公司的公司章程第17条、第18条的规定，法定代表人仅有权“拟定公司解散的方案”，不具有在公司解散后处分公司重要资产的职权。朱某作为科丰公司的法定代表人，未经公司股东会的同意，以科丰公司的名义将属于公司重要财产的系争商标无偿转让给自己担任法定代表人的田霸公司，未履行其对公司负有的忠实义务、勤勉义务，侵害了原科丰公司及其股东的合法权益，违反了《公司法》第147条董事、监事、高级管理人员不得利用职权收受贿赂或者其他非法收入，不得侵占公司财产的规定。

2. 涉及竞业禁止案件

竞业禁止作为案件高频区也引起了越来越多的关注。竞业禁止所涉争议较为广泛，这里笔者再结合一个案例来看其中的主体认定、行为认定和公司归入权的行使范围问题。

甲公司成立于1995年10月，主营业务为化工原料和产品销售。胡某自1997年起在甲公司工作，2004年起担任甲公司业务经理，2006年起担任甲公司总经理。李某2004年在甲公司工作，2005年起担任甲公司业务经理。

2006年1月，胡某、李某均与甲公司签订《甲公司内部管理规程》，该规程规定，“公司对业务骨干奖励干股，如果员工中途辞职，则取消其奖励干股，相应投资风险金转为商业机密保密保证金，保证期两年，保证该员工保守公司商业秘密不损害公司利益，否则则公司有权没收其保证金。公司员工不得以任何形式参加其他公司或个人的业务经营”。

2006年8月，胡某、李某在未办理任何离职手续的情况下离开甲公司，并于同年9月胡某和李某发起并成立了乙公司，公司注册资本人民币50万元，其中胡某认缴出资人民币30万元，李某认缴出资人民币20万元。该公司经营范围为销售化工原料及产品、商务信息咨询，由胡某担任该公司法定代表人。乙公司的业务范围与甲公司基本相同。

2008年7月，甲公司以胡某、李某、乙公司侵害公司利益为由，将三者一并诉至法院，要求胡某、李某在乙公司的全部收入所得归甲公司所有并承担连带责任，乙公司应停止经营与甲公司相同的业务。

一审和二审法院均认为，我国《公司法》规定公司董事、监事、高级管理人员应当遵守法律、行政法规和公司章程，对公司负有忠实和勤勉义务。《公司法》第148条明确规定，公司董事、高级管理人员对公司负有竞业禁止义务，包含禁止自营或为他人从事与公司营业有竞争性的活动，胡某的行为显已违反竞业禁止义务。法院判决胡某在乙公司所得收入依法归原告所有，驳回原告对李某和乙公司的诉讼请求。

本案涉及主体认定、行为认定和公司归入权的行使范围问题，笔者分别进行解析。

（1）竞业禁止主体的认定

《公司法》意义上的竞业禁止义务属于法定的竞业禁止义务，与约定的竞业禁止义务不同。《公司法》第216条第1项规定了4个高管职位：经理（总经理、总裁）、副经理（副总经理、副总裁、高级副总裁、执行总裁等）、财务负责人（财务部部长/主任、财务总监、CFO等）以及上市公司的董事会秘书。另外，《公司法》还规定“公司章程规定的其他人员”也是公司的高管，常见的有公司首席法律顾问、总会计师、总工程师、重要部门的经理以及审计负责人等，在认定时须依据公司章程的具体规定。对于公司章程所确定的高管职位，任职者到职即自动取得高管资格。

本案在认定胡某和李某是否构成违反竞业禁止义务时，首先需要判断胡某和李某是否为《公司法》意义上的高级管理人员。本案中，依据另案已生效民事判决认定的事实以及相关证据，足以证明胡某为甲公司的总经理，胡某在事实上和法律上都应当属于公司的高管。胡某未向甲公司办理离职手续，法律上应认为其尚属甲公司的员工。胡某作为公司的总经理，肩负公司经营管理职责，其离职须经过相应的程序。胡某在未办理任何离职手续的情况下，在法律上仍认定为公司的总经理。而李某仅是公司的业务经理，不属于法定的4种高管职位，也不属于公司章程中规定的高管职位，所以不是公司的高管，没有法定的竞业禁止义务。

（2）竞业禁止行为的认定

根据《公司法》的相关规定，作为公司管理者和经营者之一的胡某，在职期间必须维护公司的利益。在离职之前，应按照诚实信用的原则继续履行总经理的职责，不得从事有损公司的行为。但胡某未经离职即组建乙公司，从事与甲公司同类的经营活动，构成竞业行为，损害了甲公司的利益，违反了《公司法》的相关规定。在对竞业行为的认定上，法院认为，乙公司所经营的业务及客户与甲公司的业务及客户有重合，从而认定胡某设立乙公司的行为构成对竞业禁止义务的违反。胡某在上诉中称：甲公司未能证明被告利用职务便利获取了甲公司的商业秘密并加以利用，从而不应承担责任。实际上，认定胡某的责任无须证明胡某利用了甲公司的资源，只要事实上存在竞业关系为即可。

(3) 公司归入权的行使范围

职业经理人违反对公司的竞业禁止义务，并不因此而影响行为本身的效力，而仅需依法行使公司归入权，将经营基于该行为所得之收益收归公司所有。公司归入权所得之利益包括在竞业期间因违反法定义务而获得的报酬、其他金钱、物品、有价证券等财产权益，一般限于可计算的利益，但不要求已经现实取得。实践中，股份投资收益的计算基数在个案中有所差异，有的以竞业公司特定年份的未分配利润为基数，有的参照竞业公司营业收入及年检报告确定的费用，有的以竞业公司的“净利润”为基数。

在本案中，竞业禁止行为的认定，不以公司的实际损失为要件，也不以竞业行为的实际盈利结果为要件。甲公司有权要求胡某将其在乙公司任职期间所得的收益归甲公司所有。关于归入权的计算方法，法院认为，胡某在乙公司获得的收益包括胡某的个人收入，也包括胡某在竞业禁止期间，作为乙公司的股东对公司利润享有的股份收益。

我国《公司法》将公司归入权规定于在第 148 条第 2 款，将损害赔偿权规定在第 149 条，应当认为，当董事、高级管理人员等职业管理人违反竞业禁止义务给公司造成的损害大于其竞业行为的所得收入时，公司行使归入权仍不足以弥补其损失，公司还可以要求董事、高级管理人员赔偿。

第三节　股东代表诉讼管辖

股东基于未尽到勤勉义务的高管及其他股东对公司的损害行为提起的诉讼为股东代表诉讼，应由侵权行为地或者被告住所地人民法院管辖

案　　号：(2009) 徐民二初字第 0083 号

案件名称：海南盛元投资有限公司诉海南盛鼎实业有限公司、赵某与徐州市国盛投

资控股有限公司的损害公司利益责任纠纷案

裁判要旨： 股东对未尽到勤勉义务的高管及其他股东对公司的损害行为提起诉讼，最高院在明确案件为股东代表诉讼，但不属于应当由公司住所地人民法院管辖民事案件的情形，应由侵权行为地或者被告住所地人民法院管辖。

案情简介

海南盛鼎实业有限公司（以下简称盛鼎公司）向海南省高级人民法院起诉认为，2002 年 1 月至 9 月，徐州市财政证券公司利用其实际控制海南盛鼎实业有限公司（以下简称实业公司）及其资金账户的优势地位，将海南盛元投资有限公司（以下简称盛元公司）在大连证券有限责任公司徐州证券交易营业部开设的 023911 资金账户内 90,912,438.73 元资金转入该公司名下据为己有，严重损害了盛元公司及其他股东的利益。盛元公司系由盛鼎公司、徐州证券公司及案外人赵某某共同出资于 1999 年 3 月 16 日设立，三方分别持有盛元公司 45%、45%、10% 的股份，盛元公司董事长及总经理由徐州证券公司委派赵某担任。徐州市国盛投资控股有限公司（以下简称国盛公司）作为徐州证券公司的义务承受人，依法应将该款项本金及利息返还盛元公司，赵某作为盛元公司法定代表人，支持并实施了前述危害盛元公司利益的行为，依法应承担连带赔偿责任。赵某向海南省高级人民法院提出管辖权异议，认为本案原告方主张的财产被侵权的行为地和结果发生地都在江苏徐州，本案应由江苏省高级人民法院管辖。海南省高级人民法院认为本案两被告国盛公司及赵某的住所地均在江苏省徐州市，盛鼎公司所主张的侵权行为实施地和侵权结果发生地均在江苏省徐州市，故本案应由江苏省高级人民法院管辖。盛鼎公司不服一审裁定，向最高人民法院提出上诉。最高人民法院审理后认为根据上诉人盛鼎公司在一审中提出的诉讼请求，海南省高级人民法院确定本案为损害公司利益责任纠纷正确。《民事诉讼法》第 26 条规定，“因公司设立、确认股东资格、分配利润、解散等纠纷提起的诉讼，由公司住所地人民法院管辖”。本案为损害公司利益责任纠纷，由盛元公司的股东盛鼎公司代表其向国盛公司请求返还其转走的盛元公司在大连证券徐州营业部资金账户内的款项，并要求盛元公司法定代表人赵某承担连带赔偿责任，虽然根据《民事案件案由规定》列为“与公司有关的纠纷”，但不属于《民事诉讼法》第26条规定的应当由公司住所地人民法院管辖民事案件的情形，本案应当按照《民事诉讼法》第28条规定由侵权行为地或者被告住所地人民法院管辖。

裁判结果

一审裁定：认定本案的侵权行为地在江苏省徐州市是正确的，盛鼎公司主张侵权结果发生地在海南省海口市的上诉理由不能成立。

二审裁定：驳回上诉，维持原裁定。

各方观点

盛鼎公司观点：2002年1月至9月，徐州市财政证券公司（以下简称徐州证券公司）公司利用其实际控制实业公司及其资金账户的优势地位，将盛元公司在大连证券有限责任公司徐州证券交易营业部（以下简称大连证券徐州营业部）开设的资金账户内90,912,438.73元资金转入该公司名下，严重损害了盛元公司及其他股东的利益。国盛公司作为徐州证券公司的义务承受人，依法应将该款项本金及利息返还盛元公司，赵某作为盛元公司法定代表人，支持并实施了前述危害盛元公司利益的行为，依法应承担连带赔偿责任。请求判令：（1）国盛公司向盛元公司返还本金90,912,438.73元及利息58,474,531元，合计149,386,969.73元；（2）判令赵某对第一项诉讼请求承担连带赔偿责任；（3）国盛公司、赵某承担本案的诉讼费用。

盛鼎公司辩称受侵害的盛元公司住所地在海南，侵权结果发生地应为海南没有事实和法律依据。同时，本案被告之一国盛公司的住所地在江苏省徐州市；另一被告赵某提交的身份证记载其住址即户籍所在地亦在江苏省徐州市，根据最高人民法院《关于适用〈中华人民共和国民事诉讼法〉若干问题的意见》（以下简称《民诉意见》，已失效）第4条“公民的住所地是指公民的户籍所在地”的规定，赵某的住所地应为江苏省徐州市。依据《民事诉讼法》第21条第1款的规定，对公民提起的诉讼，由被告住所地人民法院管辖；被告住所地与经常居住地不一致的，由经常居住地人民法院管辖。盛鼎公司提交工商登记的“盛元公司董事会成员、经理、监事会成员情况表”，上载赵某住所为海南省海口市国贸大道中盐公寓401室（盛元公司住所地）。依据《民诉意见》（已失效）第5条“公民的经常居住地是指公民离开住所地至起诉时已连续居住一年以上的地方”的规定，盛鼎公司未能提供证据证明至2009年9月24日本案起诉时赵某在海南省连续居住一年以上的事实，赵某本人也主张并提供证据证明其住所地在江苏省徐州市。依据《民事诉讼法》第28条“因侵权行为提起的诉讼，由侵权行为地或者被告住所地人民法院管辖”的规定，本案应由江苏法院管辖。根据最高人民法院《关于调整高级人民法院和中级人民法院管辖第一审民商事案件标准的通知》（2008年）第1条的规定，江苏省高级人民法院可管辖诉讼标的额在1亿元以上且当事人一方住所地不在本辖区的第一审民商事案件。本案标的额为149,385,969.73元，且当事人一方即原告盛鼎公司的住所地在海南，故本案应由江苏省高级人民法院作为一审管辖法院。

盛鼎公司观点：（1）本案属于损害公司利益责任纠纷，又称股东代表诉讼、股东派生诉讼，应由盛元公司的住所地法院管辖。（2）即使依据《民事诉讼法》第28条的规定确定管辖法院，海南也属于侵权结果发生地。（3）一审裁定认为，因相关案件系由江苏法院管辖并判决，本案宜由江苏法院管辖，没有任何法律依据，并且在管辖权异议阶段，法院不应对案件的实体内容进行审理，未经质证和庭审，对案件相关实体事实予以认定，违背法律规定。江苏法院已审理的两个案件，均属于国盛公司和赵某利用其是盛元公司股东、占用盛元公司公章的优势地位，在原告、被告之间无争议的情况下，为了达到侵占盛元公司资产的目的，而进行的自我诉讼和虚假诉讼。该两份生效判决，证明江苏法院存在不适宜管辖本案的情形。请求撤销一审裁定，由海南省高级人民法院继续审理本案。

被上诉人国盛公司观点：（1）盛鼎公司的上诉理由不能成立。对于诉争款项，徐州市泉山区人民法院和徐州市中级人民法院已经先后作出了生效判决。盛鼎公司虚构一审被告赵某住址，列盛元公司为被告，目的是争夺管辖权，案件提级管辖后又将盛元公司变更为第三人，一审法院以被告住所地行使案件管辖权的依据丧失。（2）本案在海口市中级人民法院移送管辖、盛鼎公司变更诉讼请求后，成为股东代表提起的“损害公司利益责任纠纷”，该诉讼的两被告住所地均在江苏省徐州市。本案转款行为的完成和转款结果是密不可分，侵权行为发生地和侵权结果发生地均在江苏省徐州市。（3）盛鼎公司提起的股东代表诉讼，不符合提起股东代位诉讼的起诉条件和管辖规定，诉争资金所有权已确认不归属盛元公司，盛鼎公司起诉替盛元公司主张归还资金本息，不具备起诉的实质条件。根据盛鼎公司的诉讼请求，本案是一般的侵权给付之诉，不能依照《民事诉讼法》第26条规定确定管辖。请求驳回上诉，维持原裁定。

法院观点

一审法院观点：盛元公司系盛鼎公司、财政证券公司、赵某某于1999年3月共同投资成立的公司，而作为盛元公司股东之一的财政证券公司于2002年1月至9月从盛元公司在大连证券徐州营业部的资金账户上分四次共转出90,912,438.73元，现盛鼎公司起诉要求财政证券公司的继受者国盛公司返还该款项的本息，该诉请的实质是认为争议钱款属于盛元公司所有，而盛元公司于2009年11月23日即以国盛公司为被告诉至江苏省徐州市中级人民法院，请求确认盛元公司资金账户上被划走的90,912,438.73元的所有权。该院经审理于2010年10月13日作出（2009）徐民二初字第0083号民事判决，认定国盛公司是上述款项的所有权人，遂驳回了盛元公司的诉讼请求。该判决已生效。《民诉解释》第247条规定，"当事人就已经提起诉讼的事项在诉讼过程中或者裁判生效后再次起诉，同时符合下列条件的，构成重复起诉：（一）后诉与前诉的当事人相同；（二）后诉与前诉的诉讼标的相同；（三）后诉与前诉的诉讼请求相同，或者后诉的诉讼请求实质上否定前诉裁判结果。当事人重复起诉的，裁定不予受理；已经受理的，裁定驳回起诉，但法律、司法解释另有规定的除外"。现盛鼎公司所提诉请系作为盛元公司股东之一提起的股东代表诉讼，诉讼请求与盛元公司在江苏省徐州市中级人民法院所起诉的案件的诉讼标的相同，其起诉本意也在否定前诉裁判结果，因此，本案系重复诉讼，应依法驳回盛鼎公司的起诉。至于江苏省徐州市中级人民法院所作判决是否应予撤销应通过审判监督程序审查确定。

另外，一审法院认为，（2009）徐民二初字第0083号民事案件系盛元公司应公司监事东某某的意见而提起，且不论该诉请真实意图何在，有一点说明盛元公司从表面上看并未怠于主张权利，而《公司法》第151条第1款、第2款所规定的股东代表诉讼的前提，是符合法定条件的股东在书面请求公司监事提起诉讼、而公司监事怠于起诉的情形下方可以自己名义代表公司诉讼，而本案不符合此情形，也不存在法律所规定的“情况紧急、股东不立即提起诉讼将会使公司利益受到难以弥补的损害的”的情形，故盛鼎公司无权提起本案股东代表诉讼。

综上所述，依照《公司法》第151条，《民事诉讼法》第119条、第154条第1款第3项，《民诉解释》第247条、第208条第3款之规定，裁定如下：驳回海南盛鼎实业有限公司的起诉。

二审法院观点：根据上诉人盛鼎公司在一审中提出的诉讼请求，海南省高级人民法院确定本案为损害公司利益责任纠纷正确。《民事诉讼法》第26条规定，“因公司设立、确认股东资格、分配利润、解散等纠纷提起的诉讼，由公司住所地人民法院管辖”。本案为损害公司利益责任纠纷，由盛元公司的股东盛鼎公司代表其向国盛公司请求返还其转走的盛元公司在大连证券徐州营业部资金账户内的款项，并要求盛元公司法定代表人赵某承担连带赔偿责任，虽然根据本院《民事案件案由规定》列为“与公司有关的纠纷”，但不属于《民事诉讼法》第26条规定的应当由公司住所地人民法院管辖民事案件的情形，本案应当按照《民事诉讼法》第28条规定由侵权行为地或者被告住所地人民法院管辖。

关于侵权行为地。盛鼎公司上诉认为被上诉人国盛公司和一审被告赵某实施的侵权行为，损害的是第三人盛元公司的财产利益，盛元公司住所地海南省海口市是侵权结果发生地，因此海南省高级人民法院对本案有管辖权。本院认为，盛鼎公司诉称的国盛公司和赵某的侵权行为一经实施即产生盛元公司财产受到损害的后果，在本案中侵权结果发生和侵权行为实施密不可分，直接体现为盛元公司在大连证券徐州营业部开立的证券账户的资金减少，因此，一审裁定认定本案的侵权行为地在江苏省徐州市是正确的，盛鼎公司主张侵权结果发生地在海南省海口市的上诉理由不能成立。

关于被告住所地。被上诉人国盛公司的住所地在江苏省徐州市，各方当事人没有异议。上诉人盛鼎公司认为一审被告赵某的经常居住地在海南省海口市，根据其提供的在工商部门登记的“盛元公司董事会成员、经理、监事会成员情况表”载明，赵某住所为海口市国贸大道中盐公寓401室，但该地址实际是盛元公司住所地，而且该表中所列盛元公司其他董事、监事的住所与赵某的住所完全一致，盛鼎公司不能提供至其起诉时赵某在海南省连续居住一年以上的证据，因此，不能证明赵某的经常居住地在海南省海口市。赵某 2007 年核发的身份证上住址为江苏省徐州市泉山区 × × 小区，一审法院查明赵某 2011 年 5 月至今的经常居住地为江苏省徐州市建国西路 × × 小区。因此，应当认定一审被告赵某的住所地和经常居住地均不在海南省，即使以被告住所地或经常居住地人民法院确定管辖，海南省高级人民法院对本案亦没有管辖权。综上所述，上诉人盛鼎公司的上诉理由不能成立，对其要求撤销一审裁定，由海南省高级人民法院审理本案的主张，本院不予支持。一审裁定认定事实清楚，适用法律正确，应予维持。

律师点评

关于股东代表诉讼管辖的问题，在 2012 年公布的最高人民法院《关于适用中华人民共和国公司法若干问题的规定（四）（征求意见稿）》中曾规定了，“依据公司法第一百五十二条之规定提起诉讼的案件，为股东代表诉讼案件，由公司住所地人民法院管辖”。但是在 2016 年 4 月 12 日公布的最高人民法院《关于适用中华人民共和国公司法若干问题的规定（四）（征求意见稿）》中又删除了这一条款。可见，目前审判实务中还未对股东代表诉讼的管辖问题最终定论。

在现有法律法规中，《民事诉讼法》第 26 条只列举规定了公司设立、确认股东资格、分配利润、解散等案件由公司住所地人民法院管辖的特殊地域管辖，对于股东代表诉讼案件未有专门的管辖规定，在审判实务中，法院的观点亦未统一。笔者发现，在一些最高人民法院的判例中，认为股东代表诉讼应当按照《民事诉讼法》第 28 条规定由侵权行为地或者被告住所地人民法院管辖；但也存在一些包括高级人民法院在内的地方法院，在判例中认为股东代表诉讼属于“与公司有关的纠纷”，可以适用《民事诉讼法》第 26 条规定的应当由公司住所地人民法院管辖民事案件的情形。

由于没有统一的法律规定，笔者对各地方如何处理股东代表诉讼的管辖问题进行了检索，发现各地方法院的处理方式不尽相同，比如，上海市高级人民法院于 2007 年 9 月 18 日发布了《关于审理股东代表诉讼纠纷案件的若干意见》（沪高法民二〔2007〕11 号），其中第 1 条第 1 句规定了，“股东依据公司法第一百五十二条之规定提起的股东代表诉讼，由被告住所地或公司住所地人民法院管辖”。广东省深圳市中级人民法院制定了《关于审理股东代表诉讼案件的裁判指引》（2015年10月15日深圳市中级人民法院审判委员会民事行政执行专业委员会第14次会议讨论通过），其中第1条规定了，“股东依据公司法第一百五十一条第一、二款的规定提起股东代表诉讼的，由公司住所地人民法院管辖。股东依据公司法第一百五十一条第三款的规定提起股东代表诉讼的，应根据诉讼所涉及的公司与他人之间纠纷的性质按照民事诉讼法地域管辖的有关规定确定管辖法院”。可见，深圳市中级人民法院对股东代表诉讼的管辖进行了更为细致的分类，对于因董事、高级管理人员对公司造成损失与因他人侵犯公司合法权益造成公司损失的情况予以不同处理，其中对后者又以具体纠纷性质的不同予以不同处理。

就立法建议而言，最高人民法院《关于适用〈中华人民共和国公司法〉若干问题的规定（二）（征求意见稿）》曾给出明确规定，即由公司住所地人民法院管辖，可见，最高人民法院在股东代表诉讼的管辖权问题上，倾向于公司住所地管辖原则。笔者认为，此规定具有合理性。股东代表诉讼主要是由于公司怠于行使诉权而导致的，股东代表诉讼原告股东与被告董事、监事、高级管理人员或者其他人之间都可以通过公司这一连接点联系起来。《公司法解释四》规定股东代表诉讼应当列公司作为第三人参加诉讼，在此情形下，公司就成了必要共同诉讼当事人。从便于公司、其他股东参加诉讼以及法院查清事实的角度考虑，公司住所地法院应是股东代表诉讼最适宜的管辖法院。由于股东代表诉讼指向的是侵犯公司利益的侵权行为，按照我国《民事诉讼法》第28条的规定，因侵权行为提起的诉讼，由侵权行为地或者被告住所地人民法院管辖。在股东代表诉讼中，侵权行为地、被告住所地和公司住所地通常是一致的，此时案件由公司住所地法院管辖也具有合理性。

在实际操作上，从正反两个方面来看，如果作为起诉方，那么应当首先考虑在被告所在地、侵权行为地以及公司住所地哪一个对诉讼的进行最为有利，以选择最有利的诉讼地点为基本原则，兼顾拟起诉法院对股东代表诉讼管辖的态度。而如果作为应诉方，对方选择的法院不利于我们的时候，不妨看看是不是可以提出管辖权异议，争取到有利于我方的法院进行管辖。

第四节　股东代表诉讼中的调解

股东代表诉讼中各方达成调解的，必须经过提起股东代表诉讼的股东所在的公司和该公司未参与诉讼的其他股东同意

案　　号：（2008）民二终字第123号

案件名称：浙江和信电力公司、金华市大兴物资公司与通和置业投资有限公司、广厦公司、上海富沃公司损害公司权益纠纷案

裁判要旨：有限责任公司的股东依照《公司法》（2005年）第152条[1]的规定，向公司的董事、监事、高管人员或者他人提起股东代表诉讼后，经人民法院主持，诉讼各方达成调解协议的，该调解协议不仅要经过诉讼各方一致同意，还必须经过提起股东代表诉讼的股东所在的公司和该公司未参与诉讼的其他股东同意后，人民法院才能最终确认该调解协议的法律效力。

案情简介

通和控股成立于1999年4月30日，注册资本金为68,000万元。其中和信公司出资5000万元，占出资比例的7.35%，大兴公司出资1830万元，占出资比例的2.69%，深圳市恒信德威实业发展有限公司（以下简称恒信公司）出资34,824万元，占出资比例的51.21%，浙江广厦股份有限公司（以下简称广厦股份）出资12,500万元，占出资比例的18.38%。通和置业系2002年6月13日设立的有限责任公司，其中通和控股持有95%的股权，金华市金威产权管理服务有限公司（恒信公司的原名，2004年11月12日该公司从浙江金华市迁入广东深圳市登记注册，企业名称变更为恒信公司）持有5%的股权。2004年9月15日，通和控股分别与上海城市房地产有限公司、恒信公司签订股权转让协议，通和控股将其持有的通和置业35%、30%的股权出

[1] 2018年修正的《公司法》第151条。

让。2004年9月17日通和置业向当地工商行政管理部门办理了变更登记手续，恒信公司、上海城市房地产有限公司持有通和置业各35%的股权，通和控股持有30%的股权。2004年12月21日，以恒信公司、上海城市房地产有限公司、通和控股为股权出让方，上海富沃企业发展有限公司（以下简称富沃公司）、浙江金科实业有限公司（以下简称金科公司）为股权受让方，通和置业为第三人签订通和置业股权转让框架协议，约定：股权出让方同意将其持有通和置业的全部股权转让给股权受让方，其中恒信公司将其持有的通和置业35%的股权转让给富沃公司，上海城市房地产有限公司将其持有的通和置业5%的股权转让给富沃公司、30%的股权转让给金科公司，通和控股将其持有的通和置业30%的股权转让给金科公司。本次股权转让完成后，通和置业的股权结构和股东名册变更为：富沃公司持有40%的股权，金科公司持有60%的股权。股权出让方依据该协议约定义务出让通和置业股权应获得的总收益款为6亿元，收益款由两部分组成，股权出让方向股权受让方出让通和置业全部股权的股权转让金为3.5亿元，股权出让方自通和置业获得项目利润补偿款为2.5亿元。其中，富沃公司应支付股权转让金1.4亿元，即应付通和控股1.225亿元，在股权转让合同有效签署生效后10个工作日支付3000万元，余款在150个工作日内付清。应付恒信公司1750万元，在股权转让合同有效签署生效后的10个工作日内支付1000万元，余款在150个工作日内付清。同日，通和控股分别与上海城市房地产有限公司、恒信公司签订解除股权转让协议，均约定由于上海城市房地产有限公司、恒信公司未按股权转让协议约定支付股权转让款，各方同意解除股权转让协议，该股权标的的权利义务均由通和控股承担，上海城市房地产有限公司、恒信公司不再享有该股权的权利和义务，上海城市房地产有限公司、恒信公司承诺在通和控股找到受让方后，按照通和控股的书面授权，与通和控股指定的受让方签订股权转让协议，将股权以通和控股指定的价格、付款方式全部划入通和控股指定的银行账户。同日，通和控股分别与上海城市房地产有限公司、恒信公司签订授权委托书，授权上海城市房地产有限公司将其持有的通和置业30%的股权转让给上海邦联科技实业有限公司、5%的股权转让给富沃公司，授权恒信公司将其持有的通和置业35%的股权转让给富沃公司。同时，上海城市房地产有限公司分别与上海邦联科技实业有限公司、富沃公司签订股权转让协议，将通和置业30%的股权转让给上海邦联科技实业有限公司，将5%的股权转让给富沃公司，其中富沃公司的受让价为1750万元。恒信公司与富沃公司签订股权转让协议，将35%股权转让给富沃公司，转让价为1.225亿元。通和控股分别与金科公司、上海邦联科技实业有限公司签订股权转让协议，将其持有10%、20%的股权转让给两公司。协议签订当天，上海城市房地产有限公司、恒信公司分别给受让人出具付款委托书，要求将股权转让款划入通和控股账户。协议签订后，富沃公司于2004年12月24日向通和控股支付4500万元。2005年6月23日，通和控股、富沃公司、恒信公司签订还款协议，约定，三方确认富沃公司须向通和控股支付的债务本金数额为9500万元，其中富沃公司应付通和控股而未付的股权转让款7750万元，通过调账方式应由富沃公司支付给通和控股的债务1750万元。三方同意富沃公司应付而未付的1750万元由富沃公司直接支付给通和控股，通和控股同时冲减富沃公司所欠通和控股相同数额的债务。富沃公司在2005年6月30日前偿还债务本金500万元，2006年6月30日前偿还债务本金4500万元，并从2005年7月1日始按年利率8.5%的比例向通和控股计付资金占用费。2006年12月31日前偿还所余债务本金4500万元，并从2005年7月1日始按年利率8.5%的比例向通和控股计付资金占用费。资金占用费随相应本金一次性支付。2005年6月22日、29日，富沃公司先后支付通和控股350万元、150万元。

2006年1月，通和置业经工商行政管理部门核准变更登记，公司股权依法变更为广厦创业持有50%的股权，东阳市江南置业有限公司持有40%的股权，金科公司持有10%的股权。2006年2月28日，通和控股作出2006年第二次临时股东会决议，通过了《关于委托广厦创业代公司追回部分应收账款的议案》，同意广厦创业全权行使通和控股的债权人权利，代为追回通和置业利润补偿款15,912.5万元以及富沃公司受让通和置业股权的欠款7250万元及利息，通和控股不再行使该项权利。2006年10月，通和置业又经变更登记，广厦创业持有通和置业100%的股权。2006年11月7日，通和控股向广厦创业出具委托付款书，要求广厦创业将收回的富沃公司股权转让款5112万元直接支付给浙江大学生物科技股份有限公司。同年11月10日，广厦创业作为付款人，向该公司支付5112万元。2007年1月12日、3月2日，广厦创业先后向通和置业发出催款函，要求通和置业支付通和控股项目利润补偿款15,912.5万元。2007年3月12日、4月16日，和信公司、大兴公司等通和控股股东先后给通和控股发出《关于要求公司立即通过诉讼追回被违法占用资金和转移项目的函》和《关于要求公司立即通过诉讼追索应收债权，切实维护公司及其股东合法权益的紧急催告函》，要求公司通过诉讼向广厦创业、通和置业、富沃公司追回公司的巨额应收债权，追回被广厦创业侵吞的蚌埠新区发展股份有限公司股权转让款和分红等。2007 年 4 月 17 日，通和控股总裁徐某函复和信公司、大兴公司等，称基于公司当时的状况及用章的审批程序，公司无法根据股东的要求提起诉讼、向通和置业、富沃公司和广厦创业追索公司的巨额应收债权。2007 年 4 月 25 日，和信公司、大兴公司共同向原审法院提起诉讼，请求：（1）通和置业立即向通和控股支付利润补偿款 23,750 万元及利息 1049.71 万元；（2）富沃公司立即向通和控股支付股权转让款 9000 万元及利息 1419.5 万元；（3）撤销通和控股对广厦创业的委托代收的授权；若广厦创业已经收取部分债权，则应返还通和控股；（4）通和置业、富沃公司、广厦创业承担诉讼费用。

裁判结果

二审期间，经本院主持调解，本案各方当事人基于自愿、合法原则，经友好协商，于 2009 年 3 月 17 日达成如下调解协议："一、关于和信公司、大兴公司、通和控股与通和置业、广厦创业间权利义务的协议。

第 1 条，通和置业应支付利润补偿款的数额及支付方式。

1.1　和信公司、大兴公司、通和控股与通和置业经过友好协商，一致确认：通和置业实际产生的净利润已经超过了 2.5 亿元，通和置业应当支付通和控股总利润补偿款贰亿叁仟柒佰伍拾万元（23,750 万元）。各方一致同意通和置业以追加利润分配的形式向通和控股支付该利润补偿款，即通和置业在 23,750 万元的基础上扣除所交 25% 企业所得税后向通和控股支付壹亿柒仟捌佰壹拾贰万伍仟元（17,812.5 万元）。

1.2　通和置业应于 2009 年 6 月 30 日前向通和控股提供证明通和置业向原股东通和控股追加分配的利润壹亿柒仟捌佰壹拾贰万伍仟元（17,812.5 万元）已经完税的以下材料：

1.2.1　通和置业股东会向原股东通和控股追加分配利润壹亿柒仟捌佰壹拾贰万伍仟元（17,812.5 万元）的决议原件贰（2）份。

1.2.2　证明通和置业股东会在作出向原股东通和控股分配利润壹亿柒仟

捌佰壹拾贰万伍仟元（17,812.5 万元）的决议时，通和置业可向股东分配的利润大于壹亿柒仟捌佰壹拾贰万伍仟元（17,812.5 万元）的、经具有证券从业资格审计机构出具的通和置业的审计报告复印件贰（2）份（需经通和置业盖章确认与原件一致）。

1.2.3 证明通和置业向原股东通和控股追加分配的利润壹亿柒仟捌佰壹拾贰万伍仟元（17,812.5 万元）已经完税的完税证明文件复印件贰(2)份(需经通和置业盖章确认与原件一致)。

1.3 如通和置业未提供本协议第 1.2 款规定的材料且通和控股为通和置业支付的利润补偿款承担了纳税义务，则通和置业应当在壹亿柒仟捌佰壹拾贰万伍仟元（17,812.5 万元）之外另行补偿通和控股因获得的利润补偿款缴纳的税款。通和置业应在接到通和控股通知后 10 日内向通和控股支付前述税款。若逾期支付，则应自逾期之日起支付违约金，违约金的数额按通和控股需缴纳税款乘以 4 倍的中国人民银行同期贷款基准利率计算。

第 2 条，通和置业支付利润补偿款的时间。

2.1 通和置业应于 2009 年 3 月 31 日前向通和控股支付柒仟壹佰贰拾伍万元（7125 万元），其余壹亿零陆佰捌拾柒万伍仟元（10,687.5 万元）应于 2009 年 6 月 30 日前向通和控股支付。协议各方一致确认通和置业已经向通和控股支付了叁仟万元（3000 万元），该叁仟万元（3000 万元）从前述价款中相应扣减。

2.2 若通和置业在 2009 年 3 月 31 日前向通和控股支付的税后利润补偿款不足柒仟壹佰贰拾伍万元（7125 万元），则和信公司、大兴公司、通和控股有权要求通和置业及其保证人立即向通和控股支付壹亿柒仟捌佰壹拾贰万伍仟元（17812.5 万元）全款，并有权申请人民法院强制执行通和置业及其保证人的财产，不受上述分期支付约定的限制。

第 3 条，通和置业付款义务的担保。

3.1 广厦创业自愿为通和置业履行本协议约定的付款义务提供不可撤销的连带责任保证担保，并放弃就本协议项下的全部事项提出异议、抗辩和诉讼的权利。

3.2 广厦建设集团有限责任公司（以下简称广厦建设）自愿为通和置业履行本协议约定的付款义务提供不可撤销的连带责任保证担保，并放弃就本协议项下的全部事项提出异议、抗辩和诉讼的权利。

3.3　楼某某先生自愿为通和置业履行本协议约定的付款义务提供不可撤销的连带责任保证担保，并放弃就本协议项下的全部事项提出异议、抗辩和诉讼的权利。

3.4　本协议第3.1款至第3.3款所约定担保的担保范围包括以下各项：

3.4.1　通和置业应向通和控股支付的税后利润补偿款壹亿柒仟捌佰壹拾贰万伍仟元（17,812.5万元）；

3.4.2　通和置业按照本协议第1.3款应向通和控股补偿的税款及违约金；

3.4.3　通和置业按照本协议第5条的规定应向和信公司、大兴公司支付的诉讼费；

3.4.4　通和置业按照本协议应承担的违约责任；

3.4.5　和信公司、大兴公司、通和控股为催收通和置业利润补偿款、违约金支出的费用等。

第4条，通和控股委托广厦创业委托收款代理权的撤销。

协议各方一致确认：2006年2月28日通和控股临时股东会决议内容是通和控股委托广厦创业代为向通和置业和富沃公司收取到期债权，而不是通和控股将该等应收股权转让收益款的债权转让或无偿赠予广厦创业。同时，协议各方一致确认：自一审判决之日（2008年5月13日）起通和控股委托广厦创业收取债权的代理权终止。

第5条，诉讼费用承担。

5.1　本案一审判决和信公司、大兴公司承担的901,380元，通和置业承担的630,966元，共计1,532,346元（该诉讼费已全部由和信公司、大兴公司垫付），由通和置业承担佰分之柒拾（70%），和信公司、大兴公司共同承担佰分之叁拾（30%），即通和置业承担1,072,642.2元，和信公司、大兴公司共同承担459,703.8元。

5.2　和信公司、大兴公司的二审诉讼费由通和置业承担佰分之柒拾（70%），和信公司、大兴公司共同承担佰分之叁拾（30%）。和信公司、大兴公司共已缴纳二审诉讼费2,570,870元，根据调解案件诉讼费减半收取的原则，和信公司、大兴公司的二审诉讼费暂按1,285,435元计算，故通和置业应承担899,804.5元，和信公司、大兴公司共同承担385,630.5元。

5.3　按本协议第5.1、5.2款确定的原则综合计算，通和置业应承担和信公司、大兴公司已支付的一审、二审诉讼费中的壹佰玖拾柒万贰仟肆佰肆拾陆元柒角（1,972,446.7元）。通和置业应于本协议签订之日起五日内向和信公司、大兴公司偿付诉讼费壹佰玖拾柒万贰仟肆佰肆拾陆元柒角（1,972,446.7元）。

5.4 如最高人民法院最终裁定和信公司、大兴公司的二审诉讼费数额与本协议第5.2款估算的数额（1,285,435元）不一致，对于和信公司、大兴公司的二审诉讼费以最高人民法院裁定的数额为准，由通和置业承担佰分之柒拾（70%），和信公司、大兴公司共同承担佰分之叁拾（30%）。

5.5 通和置业、广厦创业的二审诉讼费由通和置业、广厦创业分别自行承担。

第6条，违约责任。

6.1 若通和置业未能按照本协议约定的时间、期限支付利润补偿款，则通和置业应向通和控股支付违约金，违约金按通和置业未支付数额乘以四倍的中国人民银行同期贷款基准利率计算。

6.2 若通和置业未能按照本协议约定的时间、期限向和信公司、大兴公司支付诉讼费，则通和置业应向和信公司、大兴公司支付违约金，违约金按通和置业未支付数额乘以四倍的中国人民银行同期贷款基准利率计算。

第7条，协议生效及其他。

各方承诺本协议是各方真实、自由的意思表示。各方一致同意本协议经各方签字或盖章，并经通和控股股东会通过或通和控股其他股东同意后生效，并一致同意将调解协议交最高人民法院审查并制作调解书。”

二、关于和信公司、大兴公司、通和控股与富沃公司间权利义务的协议。

第1条，对一审判决的服从。

各方一致表示服从一审判决第二项“上海富沃企业发展有限公司于本判决生效之日起10日内支付通和投资控股有限公司股权转让款3888万元及利息（2005年7月1日至2006年11月10日，款项为9000万元按还款协议约定的年利率8.5%计付；2006年11月11日至付清之日，款项为3888万元按还款协议约定的年利率8.5%计付）”。

各方一致表示服从一审判决中关于富沃公司负担270,414元案件受理费的判决。

第2条，富沃公司欠通和控股债务数额的确定。

各方一致确认：按照一审判决第二项确定的方法计算，截至2009年2月28日，富沃公司应向通和控股支付的利息共计1827.245万元，本息合计5715.245万元（伍仟柒佰壹拾伍万贰仟肆佰伍拾元整）。

第3条，富沃公司欠通和控股债务的偿还。

各方一致同意，富沃公司以其转让深圳市恒信德威实业发展有限公司37.64%股权的转让款偿还其欠通和控股的债务，并同意由股权受让方直接将5715.245万元（伍仟柒佰壹拾伍万贰仟肆佰伍拾元整）支付至通和控股，付款时间不迟于2009年2月28日。

协议各方一致确认，富沃公司已经将前述全部价款5715.245万元（伍仟柒佰壹拾伍万贰仟肆佰伍拾元整）支付给了通和控股。

第4条，诉讼费用的支付。

鉴于本案一审判决富沃公司负担的诉讼费270,414元（贰拾柒万零肆佰壹拾肆元整）已由和信公司、大兴公司预缴，富沃公司应于本协议签订之日起5日内向和信公司、大兴公司偿付诉讼费270,414元（贰拾柒万零肆佰壹拾肆元整）。

第5条，各方承诺本调解协议是各方真实、自由的意思表示。各方一致同意，本协议经各方签字或盖章，并经通和控股股东会通过或通和控股其他股东同意后生效，并一致同意将本协议交最高人民法院审查并制作调解书。

法院观点

一审法院观点：和信公司、大兴公司作为通和控股的股东，在公司怠于行使权利的情况下，依照《公司法》第152条[1]的规定，有权提起股东派生诉讼，其具备原告的主体资格。和信公司、大兴公司在本案中提起的诉讼分别涉及利润补偿款、股权转让款的支付以及解除委托关系等三项请求，而请求的对象虽涉及三个不同的主体，但由于原告的请求是以实现股权转让款这一同一标的作为其事实上的牵连而构成了必要的共同诉讼，该案可以合并审理。

通和置业未按股权转让框架协议的约定在公司取得盈利的情况下，向通

---

〔1〕 2018年修正的《公司法》第151条。

和控股支付补偿款，应就其盈利的部分承担支付补偿款的民事责任。富沃公司未按股权转让协议及还款协议的约定，如数向通和控股支付股权转让款，应按实际欠款额承担付款并赔偿损失的民事责任。广厦创业在接受通和控股委托当时，未如实告知其与通和置业之间存在的关联关系，且在接受委托后，也未积极履行委托人的义务，原告在通和控股怠于行使任意解除权的情况下，提起代位诉讼，理由正当。故判决：（1）通和置业投资有限公司于该判决生效之日起 10 日内支付通和投资控股有限公司补偿款 130,080,177.93 元；（2）上海富沃企业发展有限公司于该判决生效之日起 10 日内支付通和投资控股有限公司股权转让款 3888 万元及利息（从 2005 年 7 月 1 日起至 2006 年 11 月 10 日止，款项为 9000 万元按还款协议约定的年利率 8.5% 计付；2006 年 11 月11 日至付清之日止，款项为 3888 万元按还款协议约定的年利率 8.5% 计付）；（3）撤销通和投资控股有限公司对广厦控股创业投资有限公司的委托代收债权的授权；（4）驳回原告浙江和信电力开发有限公司、金华市大兴物资有限公司的其他诉讼请求。如果未按该判决指定的期间履行金钱给付义务，应当按照《民事诉讼法》第 229 条之规定，加倍支付迟延履行期间的债务利息。案件一审受理费 1,802,760 元，由原告浙江和信电力开发有限公司、金华市大兴物资有限公司共同负担 901,380 元，被告通和置业投资有限公司负担 630,966 元，被告上海富沃企业发展有限公司负担 270,414 元。

二审法院观点：调解协议是各方当事人在自愿基础上的真实意思表示，不违反法律、行政法规的禁止性规定。调解协议的内容不仅经过了提起代表诉讼的股东即和信公司、大兴公司以及作为诉讼第三人的公司即通和控股的同意，而且也已经经过了通和控股中的其他所有股东的书面同意，所以调解协议没有损害通和控股及其股东的利益。本院对以上调解协议予以确认。

律师点评

在最高人民法院《关于适用中华人民共和国公司法基地问题的规定（四）（征求意见稿）》第 34 条（诉讼中的调解）曾规定了，“人民法院审理股东依据公司法第一百五十一条第二款、第三款规定提起诉讼的案件，当事人达成调解协议的，应提交股东会或者股东大会通过调解协议的决议。有限责任公司未提交股东会决议的，全体股东应当在调解协议书上签名、盖章或者向人民法院出具同意调解协议的书面意见”。这一规定后来在正式的司法解释中被删去，但关于股东代表诉讼的调解，实际上早在最高人民法院公报案例(2008）民二终字第123号中就有了比较明确的答案。

2019年《全国法院民商事审判工作会议纪要》中明确，公司是股东代表诉讼的最终受益人，为避免因原告股东与被告通过调解损害公司利益，人民法院应当审查调解协议是否为公司的意思。只有在调解协议经公司股东（大）会、董事会决议通过后，人民法院才能出具调解书予以确认。至于具体决议机关，取决于公司章程的规定。公司章程没有规定的，人民法院应当认定公司股东（大）会为决议机关。

在我国《民事诉讼法》第96条规定，“调解达成协议，必须双方自愿，不得强迫。调解协议的内容不得违反法律规定”。实际上，调解协议性质上仍属于合同，按照《合同法》相关原理，当事人双方间的合同不得损害第三人的利益，如果调解协议损害了他人的利益，当然就违反了法律的规定，应当无效。

在通常的民事诉讼中，法院主持调解时，只要双方当事人达成协议，且协议内容不违反法律时，一般无须经由诉讼外主体的同意，法院就可以依照当事人的协议内容制作调解书，经送达后就发生法律效力。这是《民事诉讼法》处分原则的内容，也是诉讼当事人行使处分权的表现。但是在股东代表诉讼中，提起诉讼的股东在与对方达成的调解协议中处分的不是股东自己的利益，而是公司的利益，这样的调解协议就有可能损害公司的利益，比如，股东不以公司利益为重，在协议中随意作出妥协和让步，使公司利益受损；甚至侵害人与公司部分股东串通，让部分股东提起诉讼，然后在诉讼中通过调解达成协议，取得民事调解书，并以此阻断公司或其他股东行使诉权。当调解协议损害了公司利益，该协议应当无效，法院不能确认其效力。所以，在股东代表诉讼程序中的调解，法院必须对调解协议的内容进行审查，只有该协议不损害公司利益时才能对这些调解协议予以确认。此外，为了让公司的意思能够得到充分的体现、最大限度地维护有限公司股东的利益，调解协议除了由董事会代表公司表示同意外，还应当由公司中除提起代表诉讼的股东之外的其他股东表示同意。在公司和股东全体均同意且调解协议没有他其他违法事由时，法院才能对调解协议进行确认，进而制作民事调解书。实际上，在国外法例上，也有法院在股东代表诉讼和解中征求公司和其他股东意见的惯例，保证他们行使知情权和异议权，这与该案中的做法具有很大的相似性。该案中，通和控股的董事会代表公司对和信公司、大兴公司与通和置业、富沃公司、广厦创业间的调解协议予以认可，通和控股的其他股东也书面同意调解协议，所以二审法院依照这些调解协议的内容制作民事调解书，确认了调解协议的内容。

相关法律依据

1.《公司法》

第 22 条　公司股东会或者股东大会、董事会的决议内容违反法律、行政法规的无效。

股东会或者股东大会、董事会的会议召集程序、表决方式违反法律、行政法规或者公司章程，或者决议内容违反公司章程的，股东可以自决议作出之日起六十日内，请求人民法院撤销。

股东依照前款规定提起诉讼的，人民法院可以应公司的请求，要求股东提供相应担保。

公司根据股东会或者股东大会、董事会决议已办理变更登记的，人民法院宣告该决议无效或者撤销该决议后，公司应当向公司登记机关申请撤销变更登记。

第 151 条　董事、高级管理人员有本法第一百四十九条规定的情形的，有限责任公司的股东、股份有限公司连续一百八十日以上单独或者合计持有公司百分之一以上股份的股东，可以书面请求监事会或者不设监事会的有限责任公司的监事向人民法院提起诉讼；监事有本法第一百四十九条规定的情形的，前述股东可以书面请求董事会或者不设董事会的有限责任公司的执行董事向人民法院提起诉讼。

监事会、不设监事会的有限责任公司的监事，或者董事会、执行董事收到前款规定的股东书面请求后拒绝提起诉讼，或者自收到请求之日起三十日内未提起诉讼，或者情况紧急、不立即提起诉讼将会使公司利益受到难以弥补的损害的，前款规定的股东有权为了公司的利益以自己的名义直接向人民法院提起诉讼。

他人侵犯公司合法权益，给公司造成损失的，本条第一款规定的股东可以依照前两款的规定向人民法院提起诉讼。

2. 最高人民法院《关于适用〈中华人民共和国公司法〉若干问题的规定(三)》

第16条 股东未履行或者未全面履行出资义务或者抽逃出资，公司根据公司章程或者股东会决议对其利润分配请求权、新股优先认购权、剩余财产分配请求权等股东权利作出相应的合理限制，该股东请求认定该限制无效的，人民法院不予支持。

第17条 有限责任公司的股东未履行出资义务或者抽逃全部出资，经公司催告缴纳或者返还，其在合理期间内仍未缴纳或者返还出资，公司以股东会决议解除该股东的股东资格，该股东请求确认该解除行为无效的，人民法院不予支持。

在前款规定的情形下，人民法院在判决时应当释明，公司应当及时办理法定减资程序或者由其他股东或者第三人缴纳相应的出资。在办理法定减资程序或者其他股东或者第三人缴纳相应的出资之前，公司债权人依照本规定第十三条或者第十四条请求相关当事人承担相应责任的，人民法院应予支持。

3. 最高人民法院《关于适用〈中华人民共和国公司法〉若干问题的规定(四)》

第23条 监事会或者不设监事会的有限责任公司的监事依据公司法第一百五十一条第一款规定对董事、高级管理人员提起诉讼的，应当列公司为原告，依法由监事会主席或者不设监事会的有限责任公司的监事代表公司进行诉讼。

董事会或者不设董事会的有限责任公司的执行董事依据公司法第一百五十一条第一款规定对监事提起诉讼的，或者依据公司法第一百五十一条第三款规定对他人提起诉讼的，应当列公司为原告，依法由董事长或者执行董事代表公司进行诉讼。

第24条 符合公司法第一百五十一条第一款规定条件的股东，依据公司法第一百五十一条第二款、第三款规定，直接对董事、监事、高级管理人员或者他人提起诉讼的，应当列公司为第三人参加诉讼。

一审法庭辩论终结前，符合公司法第一百五十一条第一款规定条件的其他股东，以相同的诉讼请求申请参加诉讼的，应当列为共同原告。

第25条 股东依据公司法第一百五十一条第二款、第三款规定直接提起诉讼的案件，胜诉利益归属于公司。股东请求被告直接向其承担民事责任的，人民法院不予支持。

第26条　股东依据公司法第一百五十一条第二款、第三款规定直接提起诉讼的案件，其诉讼请求部分或者全部得到人民法院支持的，公司应当承担股东因参加诉讼支付的合理费用。

第七章　股权转让纠纷

股权是股东作为投资者按投入公司的资本取得股东资格而享有获取经济利益和参与公司经营管理的权利。股权转让，是指股东将其对公司所有之股权转移给受让人，由受让人继受取得股权而成为公司新股东的法律行为。股权转让是公司运作过程中十分重要的经济活动。股权转让通过流转公司重要资产即股权，既能使公司在主体不间断的情况下可以持续发展，也能使公司在资金和运营管理上得以更进一步的革新。股权转让既有有限责任公司股权的转让，也有股份有限公司的股份转让，鉴于股份有限公司股份主要通过证券交易市场自由流转，流通性强，来自立法和公司章程的限制较少，且实践中多数股权转让纠纷发生在有限责任公司，故本章对股权转让问题的探讨，如无特别说明，仅限于有限责任公司。本章将基于相关司法判例对股权转让的合同效力、履行、解除、违约责任认定等纠纷的司法实践和审判理念进行探讨和研究。

第一节　股权转让合同效力的判定

◇ 侵害其他股东优先购买权的股权转让合同的效力认定

一、存在《合同法》规定的合同无效情形的，股权转让合同当然无效

案　　号：(2012) 沪一中民四（商）初字第23号

案件名称：复星公司诉证大置业、绿城公司等股权转让合同纠纷案

裁判要旨：通过间接收购方式明显旨在规避《公司法》关于有限公司股权转让的规定的股权转让行为，系《合同法》第52条规定的无效情形，应为无效转让行为。

案情简介

原告：浙江复星商业发展有限公司（以下简称复星公司）

被告：上海长烨投资管理咨询有限公司（以下简称长烨公司）

浙江嘉和实业有限公司（以下简称嘉和公司）

上海证大置业有限公司（以下简称证大置业公司）

上海长昇投资管理咨询有限公司（以下简称长昇公司）

杭州绿城合升投资有限公司（以下简称绿城公司）

上海证大五道口房地产开发有限公司（以下简称证大五道口公司）

2010年8月，被告证大置业公司作为唯一出资人，签署《上海证大外滩国际金融服务中心置业有限公司章程》，于2010年10月11日设立项目公司，注册资金人民币70亿元，该项目公司的100%股权由被告证大置业公司持有。2010年2月1日，被告证大置业公司通过公开竞买方式竞得外滩8－1地块，项目公司负责签订土地出让合同并对外滩8－1地块进行开发，并相应取得2010年12月1日由上海市黄浦区房地产登记处颁发的《上海市房地产权证》（“沪房地黄字2010第004498、004499号”），载明房地坐落“上海市黄浦区×××街道×××街坊1/1丘”，土地用途“商业、金融、文化、办公”，使用权面积20,183.90平方米、25,288平方米，2011年1月17日，项目公司取得《建设用地规划许可证》，2011年11月23日，项目公司取得《建筑工程施工许可证》。

项目公司取得外滩8－1地块土地使用权后，被告证大置业公司所属关联方与原告所属关联方、被告绿城公司所属关联方、磐石投资达成了建立合资公司的合意，旨在通过合资公司控股项目公司开发外滩8－1地块。上海海之门房地产投资管理有限公司（以下简称海之门公司）遂于2010年4月26日成立，注册资金人民币10亿元，股权结构为原告持有50%，被告证大五道口公司持有35%，被告绿城公司持有10%，磐石投资持有5%（详情见图7－1）。2011年10月28日，被告证大置业公司与海之门公司签署《股权出售和购买协议》。约定被告证大置业公司将项目公司100%的股权及附属于股权的一切权利以及被告证大置业公司就股东借款享有的一切权利以对价人民币95.70亿元转让给海之门公司，其中股权转让对价为人民币70亿元，股东借款转让对价为人民币25.70亿元。转让完成后，海之门公司将持有项目公司100%的股权，从而间接享有外滩8-1地块100%的权益。因2010年10月8日，被告证大五道口公司就其持有的海之门公司35%股权中的10%股权与新华信托股份有限公司（以下简称新华信托）协议设定股权投资集合资金信托计划，信托期限拟定18个月，募集信托资金人民币95,800万元。至此，海之门公司股权结构为：原告持有海之门公司50%股权；被告绿城公司、被告证大五道口公司、磐石投资、新华信托分别持有海之门公司10%、25%、5%、10%股权，合计持有海之门公司50%股权。

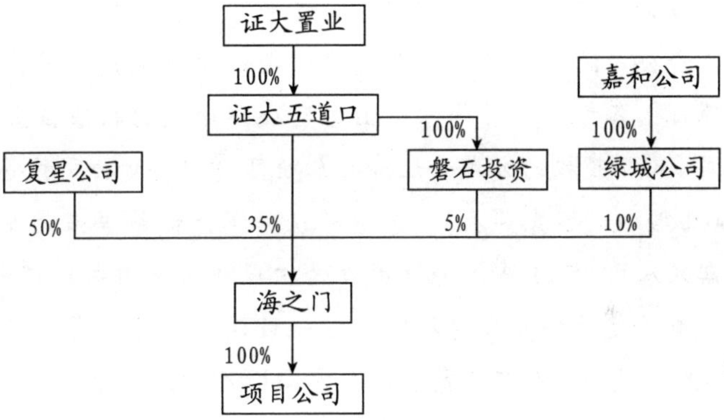

图7-1　项目公司股权情况

2011年12月29日，被告证大五道口公司与磐石投资的唯一出资人上海磐石投资有限公司签署《股权转让协议》，约定受让上海磐石投资有限公司持有的磐石投资100%股权，现已交割登记完毕。2010年4月25日，证大房地产公司分别与复地集团、被告绿城公司签署《合作投资协议》，约定由证大房地产公司、复地集团、被告绿城公司、磐石投资四方共同在上海投资设立合资公司，并对四方对合资公司的出资和股东贷款进行了约定。其中，第11.2条（证大房地产公司与复地集团签署版）、第10.2条（证大房地产公司与被告绿城公司签署版）皆有如下约定："除非本协议另有规定，未经对方事先书面同意，任何一方均不得全部或部分转让其在本协议项下的任何权利和义务。但是，任何一方均可指定其位于中国境内的下属公司行使和履行其在本协议项下的权利、责任和义务。"《海之门公司章程》第6.2条和第6.3条有如下约定："第6.2条股东向股东以外的人转让股权，应当经其他股东过半数同意。股东应就其股权转让事项书面通知其他股东征求同意，其他股东自接到书面通知之日起满三十日未答复的，视为同意转让。其他股东半数以上不同意转让的，不同意的股东应当购买该转让的股权；不购买的，视为同意转让。第6.3条经股东同意转让的股权，在同等条件下，其他股东有优先购买权，但本章程另有规定的除外。两个以上股东主张行使优先购买权的，应协商确定各自的购买比例；协商不成的，按照转让时各自的出资比例行使优先购买权。股东将其在公司的全部或部分股权转让给其母公司、子公司的，不适用第6.3条规定的在同等条件下其他股东有优先购买权的规定。"2010年10月7日，原告与海之门公司、被告证大置业公司、被告绿城公司、被告证大五道口公司、磐石投资、证大房地产公司共同签署了《合作协议》。《合作协议》约定：鉴于合资公司的成立目的为开发建设由证大房地产公司推荐的位于上海的房地产项目；各方确认并同意，由合资公司通过自被告证大置业公司处受让项目公司100%股权的方式受让持有本项目（以合资公司被登记成为持有项目公司100%股权的股东为准）；各方确认并同意，被告证大置业公司注册项目公司所需的人民币23.9亿元货币资金由原告负责筹措；证大方面承诺，除非本协议另有约定或合资公司各股东方一致同意，在合资公司受让成为持有项目公司100%股权的股东之前，证大方面均不以任何形式处置其对合资公司或项目公司的任何债权（包括以往债权及对项目公司的新增债权），包括但不限于全部或部分转让、设定质押担保等权利负担。

被告长烨公司于2011年12月设立，唯一投资人系上海长茂投资管理有限公司；被告长昇公司于2011年9月设立，唯一投资人系上海长鼎投资管理有限公司。2011年12月22日，被告证大置业公司致函原告，同意原告可以在2011年12月28日之前决定以人民币42.5亿元的总对价购买证大方股东合计持有的海之门公司50%的股权及股东借款；原告如同意购买，应当不迟于2011年12月28日17时30分之前送达正式书面同意决定，且该等书面决定应当不得附有任何额外条件；总对价付款进度应当至迟不晚于：2012年1月31日前完成支付人民币17亿元，2012年2月28日前完成支付人民币12.75亿元，剩余对价在2012年3月31日之前完成支付；如原告适当发出同意购买的正式书面决定，则被告证大置业公司进一步同意：被告证大置业公司将促使被告绿城公司、被告证大五道口公司、磐石投资分别同意和配合按照本函规定出售其在海之门公司持有的股权及股东借款，就原告关联方持有的证大房地产公司的约2,431,815,000股股份，被告证大置业公司将促使证大房地产公司以成本价格进行回购。2011年12月26日，被告证大置业公司与证大房地产公司联合致函原告，同意原告可以在2011年12月27日17时之前决定以人民币42.5亿元的总对价购买证大方股东合计持有的海之门公司50%的股权及股东借款，但不包括证大房地产公司和被告证大置业公司及其关联方为海之门公司和项目公司前期垫付费用人民币2079.71万元、被告证大置业公司及其关联方向项目公司直接提供的人民币2600万元流动资金、被告证大五道口公司向新华信托所要支付的信托收益；原告如决定购买，应当不迟于2011年12月27日17时30分之前送达正式书面同意决定，且该等书面决定应当不得附有任何额外条件；总对价付款进度应当符合以下规定：2011年12月28日前完成支付人民币16亿元；2012年1月31日前完成总对价扣除以下两项后金额的支付；2012年4月26日之前支付人民币等值于新华信托发行信托计划的回购价款；等值于证大房地产公司以成本价格向原告关联方收购持有的证大房地产公司的2,431,815,000股股份的金额于相关方进一步约定的时间和方式支付；如原告适当发出同意购买的正式书面决定，则被告证大置业公司和证大房地产公司进一步同意：被告证大置业公司将促使被告绿城公司、被告证大五道口公司、磐石投资分别同意和配合按照本函规定出售其在海之门公司持有的股权及股东借款，就原告关联方持有的证大房地产公司的约2,431,815,000股股份，被告证大置业公司和证大房地产公司同意以成本价格每股价格0.33港元向原告关联方进行回购。2011年12月29日，被告长烨公司与被告嘉和公司、被告证大置业公司签署了《框架协议》，约定被告长烨公司受让被告证大置业公司、被告嘉和公司分别持有的被告证大五道口公司、被告绿城公司100%股权，转让价款分别为人民币701,430,000元、130,330,000元，合计人民币831,760,000元；受让被告证大置业公司、被告嘉和公司对海之门公司所提供的股东借款债权的转让价款合计人民币2,189,800,000元；代被告证大五道口公司向新华信托支付信托受益权转让对价人民币978,440,000元，上述交易价款共计人民币40亿元；被告绿城公司、被告证大五道口公司除上述股权及债权外，尚持有的其他资产或权益，应当剥离至其关联公司名下；《框架协议》中关于签署《框架协议》的目的具有如下描述："转让方（嘉和公司、证大置业公司）一致同意，按本协议约定方式向长烨公司转让其所持目标公司（证大五道口公司、绿城公司）100%的股权。长烨公司亦同意按照本协议约定方式，收购转让方所持的目标公司100%的股权，从而实现间接持有海之门公司50%股权以及项目公司50%的股权的收购目的，长烨公司进行本次收购的基础是通过目标公司一次性间接持有海之门公司和项目公司50%的股权及权益……”《框架协议》中对被告绿城公司、被告证大五道口公司持有的，除海之门公司股权外其他资产的处理及被告长烨公司受让被告绿城公司、被告证大五道口公司100%股权的先决条件，作出了如下约定：“绿城公司已将剥离资产全部剥离完毕，除本协议另有约定外未对绿城公司造成任何义务或负债；证大五道口公司以长烨公司满意方式将剥离资产剥离完毕，除本协议另有约定外未对证大五道口公司造成任何义务或负债；证大置业公司的控股股东证大房地产公司股东大会批准本协议项下交易。”2012年1月9日，被告长烨公司与被告嘉和公司、被告证大置业公司签署了《框架协议之补充协议》，对被告证大置业公司出让被告证大五道口公司100%的股权和债权的对价分配进行了调整，即股权转让价款为人民币624,216,511元，债权转让价款为人民币1,357,025,494元，并对受让被告绿城公司、被告证大五道口公司100%的股权的主体作出了如下变更约定：“长烨公司有权指定第三方适格主体分别自证大置业公司和嘉和公司处受让证大五道口公司100%股权和相关债权和绿城公司100%的股权和相关债权。本补充协议签署之前长烨公司分别与证大置业公司和嘉和公司就证大五道口公司100%的股权和相关债权、绿城公司100%的股权和相关债权已经签订的股权转让协议和债权转让协议项下的长烨公司权利与义务，自本补充协议签署之日起一并概括转让予长烨公司指定的第三方适格主体，证大置业公司与嘉和公司同意在本补充协议签署之日与长烨公司指定的第三方适格主体重新签署相关股权和债权转让协议。”2011年12月29日，××有限公司与绿城中国控股有限公司通过香港联合交易所分别发布《须予披露交易》。××有限公司发布的《须予披露交易》声明：“本公司（××）全资附属公司长烨公司与卖方订立股权及债权转让框架协议（《框架协议》），以收购证大五道口公司及绿城公司的全部股权及该等股东贷款的所有权利及拥有权，对价人民币40亿元。……于完成后，长烨公司将透过证大五道口公司及绿城公司间接拥有海之门公司50%的股权，另于完成项目公司转让协议后，海之门公司将成为项目公司的唯一股东，而项目公司拥有外滩8－1项目地块的土地使用权，而长烨公司将间接拥有项目公司及外滩8－1地块50%权益。”绿城中国控股有限公司发布的《须予披露交易》与××有限公司发布的《须予披露交易》对以上事实所述吻合。2011年12月29日，被告证大置业公司与被告长昇公司签署了《股权转让协议》，约定由被告长昇公司受让被告证大置业公司持有的被告证大五道口公司100%股权，转让价款人民币624,216,511元。2012年1月12日，被告嘉和公司与被告长昇公司签署了《股权转让协议》，约定由被告长昇公司受让被告嘉和公司持有的被告绿城公司100%的股权，转让价款人民币1500万元。2012年1月12日，杭州市工商行政管理局核准将被告绿城公司的股东变更为被告长昇公司。2012年1月17日，上海市工商行政管理局浦东分局核准被告证大五道口公司的股东变更为被告长昇公司。

2011年12月30日，原告委托上海市锦天城律师事务所发出律师函，声明：贵方理解并确认成立海之门公司是基于各方之间的信赖所作出的商业决策。以上交易的安排及日后的履行，已导致被告证大五道口公司及被告绿城公司的股东及实际控制人发生了重大变化，导致被告证大五道口公司及被告绿城公司在日后对海之门公司未来运行过程中作出的商业决策发生变化，影响了有限责任公司股东之间的信赖，违反了各方在成立海之门公司时的初衷，破坏了海之门公司作为有限责任公司的人合性，从而将导致海之门公司拥有的上海外滩8－1地块权益受到重大影响。根据中华人民共和国法律及海之门公司章程，原告对其他股东转让海之门公司股权具有优先购买权，贵方对以上交易的安排明显旨在规避法律的强制性规定（包括立法本意）及章程约定，已经涉嫌违反法律规定及侵害原告及其关联公司的合法权益。综上所述，原告及其关联公司将密切关注本律师函中所提事宜的进展，望贵方自行并敦促其他关联方中止一切法律行为，否则原告及其关联公司将通过合适之法律途径，维护其合法权益。特此函告！海之门公司成立后有董事会成员12名，原告委派6名董事并担任董事长、法定代表人，并对海之门公司处于实际控制。目前，被告绿城公司、被告证大五道口公司已经提请召开董事会，要求更换董事、监事，但会议未能如期举行。

裁判结果

（1）确认长烨公司与嘉和公司、证大置业签订的《框架协议》中关于嘉和公司、证大置业向长烨公司转让绿城公司、证大五道口公司100%的股权的约定无效；（2）确认嘉和公司与长昇公司签订的《股权转让协议》无效；（3）确认证大置业与长昇公司签订的《股权转让协议》无效；（4）被告嘉和公司、证大置业应在判决生效后15日内将绿城公司、证大五道口的股权状态恢复至转让前。

各方观点

复星公司观点：复星公司以证大置业、嘉和公司、长烨公司、长昇公司、绿城公司、证大五道口为被告向上海市第一中级人民法院提起诉讼，认为六被告之间关于股权收购的交易，旨在规避《公司法》第72条关于股东优先购买权的规定及海之门公司章程第6.2条、第6.3条的约定，违反了成立合资公司的目的和约定，属于恶意串通，损害了复星公司利益，应为无效。

被告长烨公司、被告长昇公司、被告绿城公司及被告证大五道口公司共同观点：被告绿城公司、被告证大五道口公司与本案交易行为无关；原告及其关联方明知并与被告长烨公司、被告长昇公司的关联方协商过股权收购事宜，后因价格原因未能达成一致；四被告之间的股权交易不涉及海之门公司，亦未改变海之门公司的股权结构，故原告对此不享有优先购买权；四被告之间的股权交易不违背法律规定，不存在恶意串通，亦未损害原告的合法权益，且相关法定程序已经履行完毕；四被告均不存在违反《合作协议》的违约行为，同时《合作协议》约定了仲裁条款。综上所述，请求驳回原告全部诉讼请求。

被告嘉和公司观点：被告嘉和公司及其关联方是基于公司内部原因，愿意与被告证大置业公司采取捆绑方式转让海之门公司50%的权益，原告与被告长烨公司的关联方均表示愿意购买，但原告一直在压价，故被告嘉和公司及其关联方与被告证大置业公司以利益最大化为目标，最终与被告长烨公司的关联方达成转让合意；被告嘉和公司出让的是被告绿城公司100%的股权，属有权处置，交易本身不涉及海之门公司，未改变海之门公司的股权结构，故原告对此不享有优先购买权；交易本身不违反海之门公司的章程，亦未违反合作协议，不存在恶意串通；原告与本案交易不具有法律上的利害关系，无权提起诉讼；系争交易不违背法律规定且相关法定程序已经履行完毕，属于合法的商事交易。综上所述，请求驳回原告全部诉讼请求。

被告证大置业公司观点：项目公司及外滩 8－1 地块均由被告证大置业公司取得，后成立海之门公司，原告享有 50% 的权益，对于另 50% 的权益的出让事宜，被告证大置业公司所属关联方最先是与原告关联方协商，协商时间长达半年之久，但因原告的压价和消极而未果；被告证大置业公司最终决定与被告绿城公司捆绑出让予被告长烨公司所属关联方，完全系出于商业利益考虑；原告对于涉案交易的股权不享有优先购买权，原告因此并未发生损害，不具有请求权基础；原告并未就被告证大置业公司违反《合作协议》提出违约之诉，且《合作协议》订有仲裁条款；《框架协议》不单纯指股权还包括债权；股权交易完成后，不影响海之门公司以及原告在海之门公司的任何权益；被告证大置业公司不存在恶意串通，致函原告的行为仅是要约性质，不涉及股东优先购买权。综上所述，请求驳回原告全部诉讼请求。

法院观点

一审法院观点：本案涉及的各方诉讼主体以及合同参与主体，按照资产权益归属关系，分别隶属于四个核心利益集团和同一实际控制人，其中复星公司和复地集团、复星国际有限公司为一方（以下简称复星方），长烨公司、长昇公司和 SOHO 公司为一方，嘉和公司、绿城公司和绿城控股为一方（以下简称绿城方），以及证大置业公司、证大五道口公司和证大集团为一方（以下简称证大方）。

本案争议的焦点在于依据现行的法律，对证大置业、嘉和公司、长烨公司、长昇公司、绿城公司、证大五道口之间的交易行为之法律效力如何进行评判，是否如原告所诉，应依法确认系争协议为无效。

（1）从交易目的来看。综观本案被告间交易行为的目的，旨在控制海之门公司 50% 的权益。交易前，海之门公司的原有股权结构实际由三方核心利益集团构成，即复星方持有 50%，绿城方持有 10%，证大方持有 40%，原告处于相对控股地位，海之门公司内部的人合性、股权结构的合理性、股东之间的信赖关系相对稳定，经营管理相对正常。交易发生后，仅从形式上研判，被告嘉和公司、被告证大置业公司、被告长昇公司作为股权交易的主体，与海之门公司并无直接关联，原告与上述交易主体亦不具有同一阶梯的关联关系。但是，从交易行为的实质上判断，上述交易行为结果具有一致性，且最终结果直接损害了原告的利益，即原告对于海之门公司的相对控股权益受到了实质性地影响和损害，海之门公司股东之间最初设立的人合性和内部信赖关系遭到了根本性地颠覆。

（2）从交易主观性来看。股东优先购买权具有法定性、专属性、是一种附条件的形成权和期待权。六被告对于股东优先购买权的法律规定应当是明知的，本案中，被告绿城公司、被告证大五道口公司共同出让其合计持有的海之门公司50%的股权的意思表示是清晰完整的，并由被告证大置业公司代表被告绿城公司、被告证大五道口公司作为联合方发函询问原告是否决定购买之一节事实，亦充分证明了被告绿城公司、被告证大五道口公司明知法律赋予股东优先购买权的履行条件和法律地位。但嗣后，被告绿城公司和被告证大五道口公司并未据此继续执行相关股东优先购买的法定程序，而是有悖于海之门公司的章程、合作协议等有关股权转让和股东优先购买的特别约定，完全规避了法律赋予原告享有股东优先购买权的设定要件，通过实施间接出让的交易模式，达到了与直接出让相同的交易目的。据此，本院认为，被告绿城公司和被告证大五道口公司实施上述交易行为具有主观恶意，应当承担主要的过错责任。

（3）从交易结果来看。上述交易模式的最终结果，虽然形式上没有直接损害原告对于海之门公司目前维系的50%的权益，但是经过交易后，海之门公司另50%的权益已经归于被告长烨公司、被告长昇公司所属的同一利益方，客观上确实剥夺了原告对于海之门公司另50%的股权的优先购买权。目前双方对于海之门公司的董事会成员改组事宜已经发生争议，各持50%的股权结构的不利因素已经初见端倪，海之门公司未来的经营管理和内部自治的僵局情形也在所难免。显然，上述交易后果的发生，不利于海之门公司以及项目公司的实际经营和运作，也难以保障外滩8－1地块项目的正常开发。

（4）从合同法规定的无效情形来看。《合同法》第52条规定：“有下列情形之一的，合同无效：……（三）以合法形式掩盖非法目的……”依据上述法律规定并结合本案基本法律事实，被告绿城公司、被告证大五道口公司系海之门公司的直接股东，被告嘉和公司、被告证大置业公司又系被告绿城公司、被告证大五道口公司的唯一出资人，被告嘉和公司、被告证大置业公司与被告长昇公司之间实际实施的关于被告嘉和公司、被告证大置业公司持有的被告绿城公司、被告证大五道口公司股权的转让行为，旨在实现一个直接的、共同的商业目的，即由被告长烨公司、被告长昇公司所归属的同一利益方，通过上述股权收购的模式，完成了对被告绿城公司、被告证大五道口公司的间接控股，从而实现对海之门公司享有50%的权益，最终实现对项目公司享有50%的权益。综上所述，被告之间关于股权交易的实质，属于明显规避了《公司法》第72条之规定，符合《合同法》第52条第3项规定之无效情形，应当依法确认为无效，相应的《框架协议》中关于被告嘉和公司、被告证大置业公司向被告长烨公司转让被告绿城公司、被告证大五道口公司100%的股权的约定为无效，被告嘉和公司与被告长昇公司、被告证大置业公司与被告长昇公司签署的《股权转让协议》亦为无效。同时，基于《合同法》第58条之规定："合同无效或者被撤销后，因该合同取得的财产，应当予以返还……"上述交易行为亦应当予以恢复原状。被告之间因无效而产生的财产返还事宜，可自行协商解决。据此，原告的诉讼请求，具有事实和法律依据，应当依法予以支持。

二、未告知及征得其他股东同意的股权转让行为侵害了其他股东的优先购买权，其他股东可以要求撤销股权转让合同

案　　号：（2014）南市民二终字第379号

案件名称：秦某与陈某、程某、元盛公司股权转让纠纷案

裁判要旨：股东对外转让其股权时，应当履行通知其他股东的义务，没有履行通知义务，即侵害了其他股东的优先购买权，其对外转让股权的行为是可撤销的行为。股东对外转让股权的行为被依法撤销后，已转让的股权应当返还，股东可以选择继续转让或者终止转让，股权转让一旦终止，其他股东不能主张行使优先购买权。

案情简介

上诉人（一审原告）：秦某

上诉人（一审第三人）：程某

被上诉人（一审被告）：陈某

一审第三人：元盛公司

一审第三人：陈某甲

元盛公司由陈某甲和陈某出资设立，陈某甲出资占注册资本的51%，陈某出资占注册资本的49%，企业类型为有限责任公司。

2012年9月2日，陈某甲、陈某与秦某共同签订一份《合同书》，秦某以股权转让方式入股元盛公司。股权转让后，元盛公司股东比例为：陈某甲26%、陈某22%、秦某52%。

2012年10月22日，陈某与程某签订一份股权转让协议书，约定陈某将其持有元盛公司22%的股权转让给程某。在同日的元盛公司股东会决议中，决议内容为同意上述股权转让事宜，其他股东放弃优先购买权。陈某甲、陈某、程某均在决议上签名，但署名为“秦某”的签名并非秦某本人所签。元盛公司于当日在工商行政管理局办理了股东变更登记，变更后公司股东及出资情况为：陈某甲出资2082.08万元，占注册资本的26%；程某出资1761.76万元，占注册资本的22%；秦某出资4164.16万元，占注册资本的52%。

元盛公司2011年1月4日制定的公司章程第22条明确规定了，公司股东向股东以外的人转让股权，其他股东享有优先购买权。

裁判结果

（1）撤销元盛公司2012年10月22日的股东会决议；（2）撤销陈某与程某于2012年10月22日签订的股权转让协议书；（3）驳回秦某的其他诉讼请求。

各方观点

秦某观点：陈某在未告知的情况下向股东以外的人转让股权，侵犯了其对涉案股权的优先购买权，请求：（1）撤销陈某与陈某甲、程某签订的《元盛公司股东会决议》及陈某与程某签订的《元盛公司股权转让协议书》；

(2) 秦某在同等条件下享有对涉案股权的优先购买权，即按《元盛公司股权转让协议书》约定的转让价受让陈某在元盛公司中22%的股份。

陈某观点：针对秦某要求按照陈某与程某之间的股权转让价格受让元盛公司22%股份的主张，(1) 秦某的股权优先购买权为同等条件下的优先缔约请求权，属于要约，不属于承诺。本案的股权转让行为、要约与承诺发生在陈某与程某之间，双方为股权转让协议的合同相对方，与其他人无关。秦某若要行使优先购买权购买陈某的股权，应向陈某提出要约，为一个新的要约。在同等条件下，秦某有优先购买权，也即优先缔约请求权。(2) 秦某的股权优先购买权只是同等条件下的优先缔约请求权，不具有强制缔约的法律效果。股权转让协议不属于法律规定强制缔约的合同，签订应遵循合同自由原则，尊重当事人的意思自治。本案秦某有权主张行使股权优先购买权，这只是同等条件下的优先缔约请求权。秦某主张优先购买权，作为要约，陈某有权选择接受或拒绝，这完全取决于陈某的意思自治。秦某不能强迫陈某签订合同，双方无论在事实上及法律规定上都没有形成股权转让关系。股权转让协议不属于法律规定强制缔约的合同，不适用强制缔约的规定。(3) 股东的优先购买权是基于同一个交易关系而言的，不在同一个交易关系中，即没有所谓的优先购买权。陈某与程某的股权转让关系和秦某提出购买陈某的股权为两个不同的交易关系。陈某与程某签订的股权转让协议书因侵害秦某的优先权被一审法院撤销，协议被撤销后，该股权仍属陈某所有。由于陈某与程某的股权转让关系随着协议被撤销而结束，因此秦某在这一交易关系中的优先购买权也随之终止。(4) 本案讼争的股权价格，姑且无论该价格是否真实，确为前一交易关系中的价格，而不是新的交易关系中的价格。在新的交易关系中，即使陈某决定出让股权，也当然会重新确定一个新的价格。秦某提出以前一交易关系中的价格作为新的交易关系中的价格进行交易，没有道理。

法院观点

一审法院观点：《公司法》第72条规定，股东向股东以外的人转让股权，应当经其他股东过半数同意，在同等条件下其他股东有优先购买权。元盛公司的公司章程也制定了相同规定。有限责任公司具有人资两合性，股东之间相互信赖是此类公司实现稳定和发展的重要基础，上述规定通过赋予股东优先购买权以维护有限责任公司的人合性。本案中，陈某在未告知秦某的情况下，向股东以外的程某转让其持有的元盛公司22%的股权，并制作内容为其他股东放弃优先购买权的股东会决议（2012年10月22日），同时在工商行政管理部门办理了股权变更登记。上述股权转让事宜未取得股东秦某同意，相关股东会决议也没有秦某签名认可，陈某在未经过其他股东过半数同意的情况下对外转让股权，侵害了秦某作为公司股东的优先购买权。至于秦某是否按《合同书》的约定履行其他出资义务，不影响秦某对优先购买权的行使。因此，对于秦某请求撤销2012年10月22日的股东会决议及陈某与程某签订的股权转让协议书的诉请，予以支持。优先购买权是同等条件下的优先缔约请求权，不具备强制缔约的法律效果，且本案诉争股权真实价值存在争议，故上述股权转让协议撤销后，陈某是否继续转让股权，应由当事人自行协商确定，秦某要求以1761.76万元的转让价受让元盛公司22%股份的请求，缺乏依据，不予支持。

二审法院观点：本案争议焦点，（1）元盛公司于2012年10月22日作出的《元盛公司股东会决议》及陈某与程某于2012年10月22日签订的《元盛公司股权转让协议书》是否应当撤销；（2）陈某与程某之间签订的《元盛公司股权转让协议书》被撤销后，秦某能否对陈某持有元盛公司22%的股权行使优先购买权。

1. 陈某与程某股权转让协议是否应当撤销

《公司法》第72条[1]规定，股东向股东以外的人转让股权，应当经其他股东过半数同意，在同等条件下其他股东有优先购买权。元盛公司的公司章程也制定了相同规定。有限责任公司具有人资两合性，股东之间相互信赖是此类公司实现稳定和发展的重要基础，上述规定通过赋予股东优先购买权以维护有限责任公司的人合性。本案中，陈某在未告知秦某的情况下，向股东以外的程某转让其持有的元盛公司22%的股权，并制作内容为其他股东放弃优先购买权的股东会决议（2012年10月22日），同时在工商行政管理部门办理了股权变更登记。上述股权转让事宜未取得股东秦某同意，相关股东会决议也没有秦某签名认可，陈某在未经过其他股东过半数同意的情况下对外转

[1] 2018年修正的《公司法》第71条。

让股权，侵害了秦某作为公司股东的优先购买权，因此，对于秦某请求撤销2012年10月22日的股东会决议及陈某与程某签订的股权转让协议书的诉请，予以支持。

2. 股权转让撤销后，秦某可否要求继续行使优先购买权

股东优先购买权，是指当股东对外转让其股权时，其他股东享有的以同等条件优先于第三人购买该股权的权利。股东优先购买权是附有条件的形成权，其行使并非随时可以进行，只有在股东向第三人转让股权时，方可行使，股东对外转让股权是其他股东优先购买权行使的前提。而股东对外转让其股权时，应当履行通知其他股东的义务，没有履行通知义务，即侵害了其他股东的优先购买权，其对外转让股权的行为是具有可撤销的行为。股东对外转让股权的行为被依法撤销后，已转让的股权应当返还，股东可以选择继续转让或者终止转让，股权转让一旦终止，其他股东不能主张行使优先购买权。本案中，陈某与程某之间产生的股权转让行为侵害了秦某的优先购买权，被依法撤销后，陈某选择继续转让，秦某即可行使优先购买权，陈某选择终止转让，是陈某的自由意志，不受制于秦某行使优先购买权的意愿，秦某不能行使优先购买权。秦某以陈某与程某之间的股权转让行为被依法撤销后，应由其在同等条件下享有并行使陈某转让给程某股权的优先购买权没有法律依据，理由不成立，本院不予支持。

关联案例

《人民司法（案例）》2011年第14期，重庆市第五中级人民法院在（2010）渝五中法民终字第4034号案中认为："根据公司法第七十二条第二款和第三款规定，股东向股东以外的人转让股权，应当经其他股东过半数同意……经股东同意转让的股权，在同等条件下，其他股东有优先购买权。但公司法第七十二条第四款又规定，公司章程对股权转让另有规定的，从其规定。因此，关于股权转让协议中股东同意权和优先购买权的规定系补充型或任意型规则，并非强制性规范，有限责任公司章程另有规定的，可以不适用该规则。因此，吴某主张该部分股权转让行为因违反前述规定而无效的理由不能成立，其只能主张撤销黄某等其余四股东的股权转让行为。"

三、其他股东未明确放弃优先购买权的情况下，转让方与受让方之间的股权转让协议不生效

案　　号：（2014）沪二民中民四（商）终字第1566号

案件名称：上海电力实业有限公司、中国水利电力物资有限公司与中静实业（集团）有限公司股权转让纠纷案

裁判要旨：产交所并非司法机构，并不具有处置法律纠纷的职能，其无权对于中静公司是否享有优先购买权等作出法律意义上的认定。在中静公司未明确放弃优先购买权的情况下，被告电力公司与水利公司的股权转让合同不生效。但同时为防止股东优先购买权的滥用，即确权后不行权，导致保护优先购买权成空文或对股权出让人和受让人的利益造成损害，因此，需要确定股东的优先购买权的行权期限、行权方式。

案情简介

上诉人（一审被告）：上海电力实业有限公司（以下简称电力公司）

上诉人（一审被告）：中国水利电力物资有限公司（以下简称水利公司）

被上诉人（一审原告）：中静实业（集团）有限公司（以下简称中静公司）

一审第三人：上海新能源环保工程有限公司（以下简称新能源公司）

一审第三人：上海联合产权交易所（以下简称产权交易所）

民营企业中静公司、国有企业某电力公司系某新能源公司的股东，两者分别持股38.2%、61.8%。

2012年2月15日，新能源公司通过股东大会决议：同意电力公司转让其所持股份，转让价以评估价为依据；中静公司不放弃优先购买权。5月25日，新能源公司将股权公开转让材料报送某产权交易所。6月1日，产权交易所公告新能源公司61.8%股权转让的信息。7月2日，中静公司向产权交易所发函称，根据框架协议及补充协议，系争转让股权信息披露遗漏、权属存在争议，中静公司享有优先购买权，请求产权交易所暂停挂牌交易，重新披露信息。7月3日，水利公司与电力公司通过产权交易所签订产权交易合同。9月11日，新能源公司向水利公司出具出资证明书，并将其列入公司股东名册，但未能办理工商变更登记。

裁判结果

中静公司对电力公司与水利公司转让的新能源公司的股权享有优先购买权；中静公司应当在本判决生效之日起20日内行使优先购买权，否则视为放弃；中静公司优先购买权的行使内容、条件，与电力公司和水利公司签订的产权交易合同相同。

各方观点

中静公司观点：中静公司以电力公司、水利公司为被告，以新能源公司、产权交易所为第三人，诉至法院，认为电力公司擅自转让股份侵害了其优先购买权，水利公司和产交所以中静公司未进场交易为由认定中静公司放弃优先购买权没有法律依据，请求判令中静公司对电力公司转让给水利公司的新能源公司61.8%股权享有优先购买权，并以转让价48,691,000元行使该优先购买权。

电力公司、水利公司、新能源公司、产权交易所观点：(1) 水利公司与电力公司的股权交易过程合法公平公正，且水利公司已经支付股权转让款并完成了股权转让的附随条件，其善意第三人的合法权利应当得到法律保护。(2) 电力公司属集体所有制企业，按相关法律规定其股权转让须进产权交易所挂牌交易，中静公司行使优先购买权的前提条件是“在同等条件下”，既包括程序上的同等也包括实体上的同等，国有产权交易的程序是交易主体应当进场交易，中静公司拒绝进场交易，视为其放弃了优先购买权，否则有违同等条件中程序同等的规定。故其诉讼请求不能成立。

法院观点

一审法院观点：首先，股东优先购买权是我国《公司法》赋予股东的法定权利，我国《公司法》仅在第73条规定了法院强制执行程序中，具有优先购买权的股东被通知后在法定期间内不行权，视为放弃优先购买权一节，法律及司法解释并未规定其他情形的失权程序；其次，根据《最高人民法院关于贯彻执行〈中华人民共和国民法通则〉若干问题的意见（试行）》的规定，不作为的默示效果只有在法律有规定或者当事人双方有约定的情况下，才可视为意思表示；最后，产权交易所作为依法设立的产权交易平台，法律并未赋予其判断交易标的是否存在权属争议和交易一方是否丧失优先购买权这类法律事项的权利。综上所述，在法律无明文规定，且中静公司未明示放弃优先购买权的情况下，中静公司未进场交易并不能得出其优先购买权已丧失的结论。从商事交易的角度来说，商事交易尽管要遵循效率导向，也要兼顾交易主体利益的保护。并且，具有优先购买权的股东未进场交易，联交所亦可通知其在一定期限内作出是否接受最后形成的价格的意思表示，不到场并不必然影响交易的效率。若片面强调具有优先购买权的股东不到场交易则丧失该权利，无疑突出了对联交所利益和善意第三人利益的保护，而弱化了对具有优先购买权的股东利益的保护，必将导致利益的失衡。

二审法院观点：本案争议焦点为，被上诉人中静公司是否已经丧失了涉案股权的股东优先购买权。法院认为，中静公司并未丧失涉案股权的股东优先购买权。

（1）考虑到有限公司的人合性特征，我国《公司法》等相关法律法规规定了股东向股东以外的人转让股权的，应当向其他股东充分履行通知义务。其他股东在同等条件下享有优先购买权。此处所涉通知的内容，应当包括拟转让的股权数量、价格、履行方式、拟受让人的有关情况等多项主要的转让条件。结合本案，首先，在电力公司于新能源公司股东会议中表示了股权转让的意愿后，中静公司已明确表示不放弃优先购买权。其次，电力公司确定将股权转让给水利公司后，也并未将明确的拟受让人的情况告知中静公司。故而对于中静公司及时、合法的行权造成了障碍。而权利的放弃需要明示，故不能当然地认定中静公司已经放弃或者丧失了该股东优先购买权。

（2）中静公司在产交所的挂牌公告期内向产交所提出了异议，并明确提出了股东优先购买权的问题，要求产交所暂停挂牌交易。但产交所未予及时反馈，而仍然促成上诉人电力公司与水利公司达成交易，并在交易完成之后，才通知中静公司不予暂停交易，该做法明显欠妥。需要说明的是，产交所的性质为经市政府批准设立，不以盈利为目的，仅为产权交易提供场所设施和市场服务，并按照规定收取服务费的事业法人。基于此，产交所并非司法机构，并不具有处置法律纠纷的职能，其无权对于中静公司是否享有优先购买权等作出法律意义上的认定。故当中静公司作为新能源公司的股东在挂牌公告期内向产交所提出异议时，产交所即应当暂停挂牌交易，待新能源公司股东之间的纠纷依法解决后方恢复交易才更为合理、妥当。故其不应擅自判断标的公司其余股东提出的异议成立与否，其设定的交易规则也不应与法律规定相矛盾和冲突。

（3）在中静公司未明确放弃优先购买权的情况下，上诉人电力公司与水利公司的股权转让合同不生效。考虑到新能源公司目前的实际状况，同时为防止股东优先购买权的滥用，即确权后不行权，导致保护优先购买权成空文或对股权出让人和受让人的利益造成损害，因此，需要确定股东的优先购买权的行权期限、行权方式。比照《公司法》第73条的规定，法院认为，可以要求中静公司在确权生效后20日内行权，否则视为放弃行权。只有中静公司放弃行权，电力公司与水利公司的股权转让合同才生效。关于行权方式，中静公司应按照国有资产转让的规定办理。

关联案例

湖北省高级人民法院在（2015）鄂民二终字第00042号案件中认为："《公司法》赋予了公司股东在同等条件下享有优先购买的权利。武汉桥都公司原本非恒鸿盛公司的股东，陈某向其转让股份时，公司股东依法享有优先购买权，且对于违反《公司法》规定进行转让的合同有权提起诉讼，予以撤销。陈某与武汉桥都公司之间签订的股东股权转让协议书的效力可能因此而待定。"

四、股东优先购买权并非强制性效力性规定，不能就此认定股权转让合同无效

案　　号：（2015）吉中民三终字第137号

案件名称：段某甲与段某乙、董某甲、董某乙股权转让纠纷案

裁判要旨：《公司法》第72条没有规定违反此条款的转让合同无效，规定"公司章程对股权转让另有规定的，从其规定"，由此可见该条款不属于效力性的强制性规定，不能就此认定股权转让合同无效。由于《公司法》对于侵犯股东优先购买权的股权转让合同效力没有明确规定，因此，探讨其效力应当从《合同法》关于合同效力的一般规定入手。《合同法》第52条规定了合同无效的法定事由，本案股权转让协议的订立和履行涉及的是个人之间的权利义务关系，不存在《合同法》关于合同无效的5种情

形。即便段某甲的股东权益受到侵犯，侵犯其权益的是转让人段某乙，其可依法向段某乙主张权利，段某甲请求确认段某乙与董某甲、董某乙股权转让协议无效没有法律依据。

案情简介

上诉人（原审原告）：段某甲

被上诉人（原审被告）：段某乙

被上诉人（原审被告）：董某甲

被上诉人（原审被告）：董某乙

原审第三人：邱某

梧泰公司成立于1999年4月9日，公司注册资本为200万元，出资股东分别为罗某、段某甲、江门贸易公司，其中罗某出资额为160万元，占公司注册资本的80%，段某甲、江门贸易公司各出资20万元，各占公司注册资本的10%，公司法定代表人为罗某。后经股权转让和增资，梧泰公司注册资本为1000万元，罗某、段某甲、段某乙分别持股10%、10%、80%。

2006年10月10日，段某乙分别与罗某、邱某及董某甲、董某乙签订了《转让公司注册资本金协议书》，罗某将其持有的梧泰公司10%的股权转让给段某乙，段某乙则将其持有的梧泰公司80%的股权分别转让给了董某甲、董某乙和邱某，但未通知公司另一位股东段某甲。

后梧泰公司以股东会决议的方式变更段某乙为法定代表人，公司设立董事会，董事会成员为邱某、段某乙、董某乙，董某甲为公司监事，新增经营范围为房屋租赁，但该股东会决议及梧泰公司同日出具的《公司法定代表人任职证明》、《董事、监事成员任职证明》以及2006年10月18日形成的《吉林市梧泰房地产开发经营有限责任公司章程样本》上面股东段某甲的签名均非其本人所签。2006年10月19日，梧泰公司办理了变更股东工商登记，至此，该公司共有五位股东，即邱某、段某乙、董某甲、董某乙、段某甲，出资额分别为650万元、160万元、100万元、50万元及40万元。

2013年，因控制权纠纷，董某甲在吉林高新技术产业开发区人民法院起诉段某甲与段某乙，要求返还梧泰公司公章。

裁判结果

驳回原告段某甲的诉讼请求。

各方观点

段某甲观点：段某甲以其于2013年因董某甲在吉林高新技术产业开发区人民法院起诉其与段某乙，要求返还梧泰公司公章时得知段某乙于2006年10月10日与董某甲、董某乙分别签订了《转让公司注册资本金协议书》，段某乙将其持有的梧泰公司的部分股权转让给了董某甲、董某乙，却未向段某甲履行书面通知义务，也未经段某甲同意，侵犯了段某甲作为股东的优先购买权为由起诉至法院，要求确认段某乙与董某甲、董某乙签订的《转让注册资本金协议书》无效。

董某甲、董某乙观点：（1）董某甲、董某乙善意取得了段某乙转让的股权，段某甲主张转让协议无效，无法律依据。（2）《转让公司注册资本金协议书》是双方当事人的真实意思表示，不违反法律法规的强制性规定，合法有效。（3）《公司法》第71条第3款是管理性强制性规范，而非效力性强制性规范。所谓的管理性规范，是指法律及行政法规未明确规定违反此类规范将导致合同无效的规定。此类规范旨在管理和处罚违反规定的行为，但并不否认该行为在民商法上的效力。既然是股权自由转让的例外原则，第71条就不是效力性规范，应是管理性规范，违反本条规定，不能导致合同无效。（4）自2006年10月19日、2009年3月2日梧泰公司两次进行工商登记变更，段某甲应当知道梧泰公司股东发生变化。企业工商登记具有公示效力，企业或自然人持合法的证件即可查阅、复制。《公司法》第33条规定，股东有权查阅、复制公司章程、股东会会议记录、董事会会议决议、监事会会议决议和财务会计报告。股东可以要求查阅公司会计账簿。段某甲作为梧泰公司的股东，基本的权利和义务就是及时行使上述股东权利。段某甲怠于通过工商登记行使知情权，是其股东权利的自愿放弃，并不能否定梧泰公司两次工商登记变更以及其应该知道董某甲、董某乙已经成为公司股东的客观事实，因此段某甲诉讼超过诉讼时效。综上所述，董某甲、董某乙与段某乙签订的股权转让协议合法有效，依法应驳回段某甲的诉讼请求。

法院观点

一审法院观点：《公司法》第71条规定："有限责任公司的股东之间可以相互转让其全部或者部分股权。股东向股东以外的人转让股权，应当经其他股东过半数同意。股东应就其股权转让事项书面通知其他股东征求同意，其他股东自接到书面通知之日起满三十日未答复的，视为同意转让。其他股东半数以上不同意转让的，不同意的股东应当购买该转让的股权；不购买的，视为同意转让。经股东同意转让的股权，在同等条件下，其他股东有优先购买权。两个以上股东主张行使优先购买权的，协商确定各自的购买比例；协商不成的，按照转让时各自的出资比例行使优先购买权。公司章程对股权转让另有规定的，从其规定。"按照上述规定，段某乙向董某甲、董某乙转让股权时应当通知梧泰公司的其他股东，并取得其他股东的同意。本案中，虽然段某乙承认其在股权转让时未通知段某甲，而董某甲、董某乙及邱某亦未能提供证据证明段某乙转让股权时履行了书面通知其他股东的义务，能够认定段某乙将股权转让给被告董某甲、董某乙并未履行书面通知其他股东并取得其他股东同意的义务。但是，虽然相关法律与梧泰公司的公司章程并未明确规定其他股东行使优先购买权的期限，但并不意味着其他股东可以无限期地拖延行使该权利，为了维护交易安全及经济秩序的稳定，其他股东应当在合理期限内积极行使优先购买权。由于本案三位被告之间的股权转让行为早在2006年即已发生，而作为梧泰公司股东的段某甲应当及时掌握包括公司的股权结构变化在内的重要信息，却怠于行使该项权利。另外，段某甲于2009年12月15日在吉林市公安局制作的询问笔录中也曾明确表示已经知晓董某甲、董某乙及邱某入股梧泰公司的事实，因此，由于段某甲在知晓公司股东将股权转让给了股东以外的人，明知其股东优先购买权受到侵害后，多年来一直未主张权利，应视为其放弃了该项权利。另外，本院认为《公司法》第71条所赋予的公司其他股东的优先购买权，其立法目的是在最大限度上保障公司股东之间的人合关系，但其保障的不仅是原有股东之间的人合关系，也包括新加入股东与原有股东之间的人合关系。段某乙早在2006年即向董某甲、董某乙转让了股权，并办理了股权变更登记手续，公司在长期的运营过程中，新老股东之间已经建立起了新的人合关系，新的股东结构已趋稳定，双方争议的股权价值与转让时相比也会发生较大的变化，而段某甲在2014年8月25

日才提起本次诉讼，要求行使股东优先购买权，其行为必将导致已趋稳定的法律关系遭到破坏，交易安全得不到应有的保障，并可能会产生显失公平的法律后果，现段某甲提起告诉，已明显超过合理期限。故段某甲要求确认被告段某乙与被告董某甲、董某乙之间签订的《转让公司注册资本金协议书》无效的诉讼请求不应予以支持。如段某甲认为段某乙转让股权的行为使其蒙受了损失，可另行主张权利。综上所述，本院依照《公司法》第 71 条、《民事诉讼法》第 64 条第 1 款之规定，并经原审法院审判委员会讨论鉴定，判决如下：驳回原告段某甲的诉讼请求。

二审法院观点：股权转让合同固然要受《公司法》的规范，但作为合同的一种，在《公司法》没有特别规定时，其也应受《合同法》的调整。虽然段某乙向董某甲、董某乙转让股权时没有通知段某甲，段某甲亦没有书面同意，违反了《公司法》第 72 条的规定，但《公司法》第 72 条没有规定违反此条款的转让合同无效，规定“公司章程对股权转让另有规定的，从其规定”，由此可见该条款不属于效力性的强制性规定，不能就此认定股权转让合同无效。由于《公司法》对于侵犯股东优先购买权的股权转让合同效力没有明确规定，因此，探讨其效力应当从《合同法》关于合同效力的一般规定入手。《合同法》第 52 条规定了合同无效的法定事由，本案股权转让协议的订立和履行涉及的是个人之间的权利义务关系，不存在《合同法》关于合同无效的 5 种情形。即便段某甲的股东权益受到侵犯，侵犯其权益的是转让人段某乙，其可依法向段某乙主张权利，段某甲请求确认段某乙与董某甲、董某乙股权转让协议无效没有法律依据。

此外，法院认为《公司法》第 72 条所赋予的公司其他股东的优先购买权，其立法目的是在最大限度上保障公司股东之间的人合关系，但其保障的不仅是原有股东之间的人合关系，也包括新加入股东与原有股东之间的人合关系。段某乙早在 2006 年即向董某甲、董某乙转让了股权，并办理了股权变更登记手续，公司在长期的运营过程中，新老股东之间已经建立起了新的人合关系，新的股东结构已趋稳定，双方争议的股权价值与转让时相比也会发生较大的变化，而段某甲在 2014 年 8 月 25 日才提起本次诉讼，要求行使股东优先购买权，其行为必将导致已趋稳定的法律关系遭到破坏，交易安全得不到应有的保障，并可能会产生显失公平的法律后果，现段某甲提起告诉，已明显超过合理期限。故段某甲要求确认被告段某乙与被告董某甲、董某乙之间签订的《转让公司注册资本金协议书》无效的诉讼请求不应予以支持。

◇ 名义出资人与实际出资人不一致情形下的股权转让合同

五、实际出资人（隐名股东）向知情的第三人转让股权的行为有效

案　　号：（2016）最高法民终18号

案件名称：毛某与焦甲、焦乙等股权转让纠纷案

裁判要旨：遵循商事外观主义原则，对公司外部而言，公司的股权应当以对外公示的工商登记为准；而在公司内部，有关隐名股东身份及持股份额之约定等属于公司与实际出资人或名义股东与实际出资人之间形成的债权债务的合意，除非隐名股东要求变更为显名股东以外，该约定不会引起外界其他法律关系的变化，亦不会破坏有限责任公司的人合性，故一般应当认可其有效性。本案中，股权转让的受让方并非公司外部不知情的第三人，故更加不存在标的股权无法转让的现实障碍。

案情简介

上诉人（原审被告）：焦甲

上诉人（原审被告）：焦乙

被上诉人（原审原告）：毛某

原审被告：准格尔旗川掌镇石圪图煤炭有限责任公司（以下简称石圪图煤炭公司）

石圪图煤炭公司系由自然人投资或控股的有限责任公司，法定代表人为焦甲，股东为焦甲和恒华公司。恒华公司法定代表人为焦乙，焦甲与焦乙系同胞兄弟。

毛某于2008年2月26日至3月28日通过借款等方式向石圪图煤炭公司、焦甲、焦乙支付3900万元。2009年1月12日毛某与石圪图煤炭公司经协商后签订股权认购协议书，该协议确定毛某占该公司12%的股权总股份价值35,200万元，同时还约定由焦乙、毛某及原其他股东组成股东会，股东会是公司的最高权力机构，决定公司的经营方针和投资计划。现公司股权以本协议为准，与工商注册无关，其权利与义务由现任股东按出资比例享受。该股

权认购协议书签订后，双方未办理工商注册变更登记。

2013 年 12 月 28 日，毛某为转让方与焦甲为受让方，焦乙为担保方，田某某为见证人签订了股权转让合同，约定将毛某拥有的石圪图煤炭公司 12% 的股权作价 1 亿元人民币转让给焦甲。该股权转让合同签订后，焦甲未能按照合同约定时间履行其合同义务。

裁判结果

焦甲在判决生效之日起 10 日内给付毛某股权转让款及迟延利息。

各方观点

毛某观点：毛某以焦甲为被告向法院提起诉讼，请求焦甲支付股权转让款及迟延履行利息。

焦甲、焦乙观点：（1）“债转股”必须经股东会表决通过，否则增资扩股无效。①《公司法》第 34 条规定公司增资扩股必须召开股东会，经表决通过后方为有效。因此，股东会表决是公司增资扩股的必要条件，此规定是强制性规定，人民法院不能认定未经股东会表决的增资扩股行为有效。②《公司法解释三》第 24 条第 3 款规定：“实际出资人未经公司其他股东半数以上同意，请求公司变更股东、签发出资证明书、记载于股东名册、记载于公司章程并办理公司登记机关登记的，人民法院不予支持。”石圪图煤炭公司股东众多，并非仅有焦甲一人。而对于债转股一事未经其他股东表决因而无效，毛某不具有股东资格。③因毛某的股权在法律上尚未成立，故其无法再次转让，其主张的股权转让款因而不存在。毛某为证明其享有了合法股权而提供的证据不足以证明该事实。毛某提供的付款凭证及收据与待证事实无关，该款并未打入公司账户，公司也没有为其出具“出资证明”，毛某也没有“股权证”及“股东名册”。股权认购协议书实质是债权转股权，应当履行增资手续，并应经过全体股东同意，否则，应当认为该协议未经股东会表决同意而无效。④毛某关于股东会决议举证不能。毛某既不能证明已经实际出资，也不能证明增资扩股经过了股东会表决通过，其就自己享有合法股权一事举证不能。（2）毛某不具有股东身份，转让的标的不存在。其与焦甲签订的股权转让合同不成立，焦甲不承担给付对价的义务，故毛某的诉讼请求不能成立。

法院观点

一审法院观点：毛某与石圪图煤炭公司、焦甲、焦乙签订的股权认购协议书、股权转让合同、补充协议书以及石圪图煤炭公司出具的《担保书》是各方当事人真实意思表示，内容不违反法律规定，故合法有效。上述协议能够清晰地反映毛某从开始向石圪图煤炭公司投入3000万元建设资金到逐渐转变为持有该公司12%的股权后，由焦甲按1亿元价格予以收购及焦乙、石圪图煤炭公司为本次股权收购予以担保的事实。上述协议签订后，毛某已按约履行，焦甲取得受让的股权后，未按约支付股权价款，构成违约，应当承担相应的付款和违约责任。焦甲关于其对毛某投入的3000万元经营权变为股权的事实不清楚，股权认购协议只有焦乙签字，身份不清，不同意毛某的诉请的抗辩理由，因其在庭审中对其在收购股权过程中由其签署的合同、协议等真实性均不持异议，故其上述抗辩理由不能成立，不予支持。

焦乙作为本次股权收购的担保人，不但在股权转让合同中作为担保方签字，且在之后其签订补充协议书的条款中更进一步明确《股权转让合同》全部条款内容有效，焦乙对焦甲的全部债务提供连带担保，故焦乙对焦甲因该股权收购产生的债务应当承担连带担保责任。虽然焦乙在《补充协议书》的签字处签写“本人焦乙保证毛某投资金额肆仟万元整，如焦甲没能力支付的情况下”的内容，但因各方在补充协议书中共同确认的协议条款并未进行更改，焦乙签字处签写的与协议条款不一致的内容，也未得到协议其他各方的签字确认。故无论在签字处以何种方式签写，除只具有签字的效力外，不能构成协议条款，不具有协议条款的效力，不能以此作为减轻协议条款中确定责任的抗辩理由。综上所述，焦乙作为保证人应当对焦甲本次股权收购所欠债务承担全部连带责任。

因石圪图煤炭公司在股权认购协议书、股权转让合同、补充协议书、担保书均加盖了公章，对毛某所举证据的真实性并无异议，即使对焦乙的股东身份、毛某的投资款有疑问，也不能免除其应当承担的相应责任。故其不同意毛某的诉讼请求的抗辩理由，因既无事实依据，又无法律依据，不能成立，不予支持。

股权转让合同规定，如焦甲未按照合同约定按时支付股权价款，每迟延一天，应按迟延部分价款的1‰以复利方式支付滞纳金。合同此约定亦是各方当事人认可的行为，依相关法律规定，部分价款的违约金以弥补损失为主，惩罚为辅，在毛某并未举出因各被告之违约行为给其造成损失的证据的情况下，其要求以复利方式计算滞纳金，过分加重了各被告负担，故对毛某请求支付的滞纳金，应以股权转让合同约定付款时间，计算标准分段进行计算。对毛某请求支付的复利，不予支持。

1. 毛某是否具备股东资格问题

石圪图煤炭公司存在登记股东与实际股东不一致的情形，因此，不能仅依据工商登记之有无而断定毛某是否为石圪图煤炭公司的股东。本院认为，在公司内部涉及股东之间的纠纷中，法律并未明确规定未经登记的股东不具备股东资格，而是应当结合其他证据综合认定。石圪图煤炭公司以签订股权认购协议书的形式，确认了焦乙及毛某股东之身份，并认可该二人享有公司股东的权利及义务，据此，可以确认毛某系石圪图煤炭公司隐名股东这一身份，享有以隐名股东身份持有12%的股权，其股东资格不因未工商登记而被否定。

2. 毛某与焦甲股权转让协议效力问题

遵循商事外观主义原则，对公司外部而言，公司的股权应当以对外公示的工商登记为准；而在公司内部，有关隐名股东身份及持股份额之约定等属于公司与实际出资人或名义股东与实际出资人之间形成的债权债务的合意，除非隐名股东要求变更为显名股东以外，该约定不会引起外界其他法律关系的变化，也不会破坏有限责任公司的人合性，故一般应当认可其有效性。本案中股权转让的受让方并非公司外部不知情的第三人，故更加不存在标的股权无法转让的现实障碍。

六、名义股东向对其代持股权情况明知的他人转让股权，股权转让行为无效

案　　号：（2018）京01民终3848号

案件名称：宋某等与周某股权转让纠纷案

裁判要旨： 一般情况下，第三人凭借对登记内容的信赖，可以合理地相信显名股东就是真实的股权人，可以接受该显名股东对股权的处分，实际出资人不能主张处分行为无效。但若第三人对名义股东代持股权明知却仍受让该股权，则不符合善意取得的要件，损害了实际出资人的利益，应为无效。

案情简介

上诉人（原审被告）：北京华媛丽景投资控股有限公司（以下简称华媛丽景公司）

上诉人（原审被告）：宋某

被上诉人（原审原告）：周某

2015 年 2 月，周某、章某、钱某、宋某签署投资合作协议，约定拟设立红管家公司，周某、章某、钱某分别以现金出资，股权比例分别为 38.5%、38.5%、13%，各方一致同意宋某持干股，占公司注册资本的 10% 实际出资人为周某。同月，红管家公司注册成立，工商登记股东为章某、钱某、宋某。周某，章某、钱某先后向红管家公司交纳投资款。

2015 年 6 月 22 日，章某、钱某、宋某分别与华媛丽景公司签订出资转让协议书，章某、钱某分别将在红管家公司的出资转让给华媛丽景公司，宋某将其在红管家公司的部分出资转让给华媛丽景公司。同日，红管家公司召开第二届第一次股东会，会议就变更股东事项达成如下协议：同意由宋某、华媛丽景公司组成新的股东会；变更后的出资情况为：注册资本为 100 万元，其中宋某出资货币 10 万元；华媛丽景公司出资货币 90 万元。2015 年 7 月 7 日，红管家公司的股东变更登记为宋某、华媛丽景公司。

华媛丽景公司法定代表人为钱某。

裁判结果

宋某与华媛丽景公司于 2015 年 6 月 22 日签订的出资转让协议书无效。

各方观点

周某观点：周某以宋某、华媛丽景公司为被告，起诉请求确认 2015 年 6

月22日宋某与华媛丽景公司作出的出资转让协议书无效。

周某对股权转让不仅知晓，也是认可的。成立红管家公司和华媛丽景公司是周某、章某、钱某等人事先筹划好的，成立华媛丽景公司的整个过程周某是知晓并认可的。华媛丽景公司成立后，将周某持有红管家公司的股权转让华媛丽景公司，周某是知晓并认可的。

法院观点

一审法院观点：本案涉及隐名股东的权益保护。通过股权投资协议书及法院生效判决，可以确认周某系红管家公司的实际投资人，其在红管家公司的股份由宋某代持。隐名股东的法律内涵决定了显名股东可以根据自己的意志处理公司事务，无须征得隐名投资者的同意。一般情况下，第三人凭借对登记内容的信赖，可以合理地相信显名股东就是真实的股权人，可以接受该显名股东对股权的处分，实际出资人不能主张处分行为无效。但本案中，钱某既是红管家公司的股东（且是股权投资协议的一方），又是华媛丽景公司的法定代表人，其对宋某代持周某的股份的事实是明知的，且华媛丽景公司在股权转让中未支付相应对价，在此情形下宋某将其代持的周某的股权转让给华媛丽景公司，不符合第三人善意取得的构成要件，宋某的转让行为损害了实际出资人周某的利益，显名股东宋某处分股权的效力应当认定为无效。华媛丽景公司及宋某所提证据不足以证明周某对转让股权的事实知晓并认可，故对其辩称事项不予采信。

二审法院观点：本案的争议焦点为，对宋某将其在红管家公司代周某持有的股份转让给华媛丽景公司，周某是否明知且同意。对此争议事实，应由宋某及华媛丽景公司承担举证证明责任。宋某和华媛丽景公司主张：第一，根据周某、章某、宋某、钱某四人的微信群聊天记录显示，2015年6月16日，章某称“拟了股权转让协议，已发某红邮箱”；2015年6月17日，周某称“法人不能变我的”；2015年6月19日，章某称“下周一找个时间开会，签下股权变更事宜文件及确定公司法人事宜”，并询问周某时间；同日，章华称“值控股公司已注册完毕，想一次更换股权及法定代表人，周日已取得大家的一致同意。周一召开员工大会并宣布小媛为红管家CEO，控股公司大股东担任子公司CEO是很正常的事”；2015年6月22日，周某称“战友们，我已经到家!”，表明周某参加了6月22日的股东会。第二，在红管家公司起诉周某，要求周某继续出资的二审案件询问中，法官询问周某“红管家公司主张把你的股份转让给华媛丽景公司是经过你同意的，你是否认可”，周某回答“如果签署了代持协议、做了公证，我认可，但现在我不认可”；法官问“对方是否告诉过你？你是否知晓？”，周某回答“告诉过我，但我没有同意”。宋某和华媛丽景公司依据上述证据，主张周某对案涉股权转让明知且同意。周某称微信不能完全反映事实，当时其与其他股东发生矛盾，对微信内容不是完全了解。

针对宋某和华媛丽景公司的举证，本院认为，在微信聊天记录中，并无周某对案涉股权转让协议表示同意或事后追认的表述，在另案询问中，周某亦坚持了自己对案涉股权转让没有同意的意见，宋某和华媛丽景公司的举证，尚不足以证明周某对案涉股权转让协议明知且同意，宋某和华媛丽景公司应承担举证不能的法律后果。

在现有证据不足以证明案涉股权转让协议取得周某明确同意的情况下，鉴于华媛丽景公司法定代表人钱某明知宋某代持股份事实，华媛丽景公司不符合善意第三人的法定情形，根据《公司法解释三》第25条第1款的规定，应认定宋某与华媛丽景公司于2015年6月22日签订的出资转让协议书无效。综上所述，华媛丽景公司、宋某的上诉请求不能成立，应予驳回。

◇ 涉及国有、外资等应当办理审批但未办理的股权转让合同

七、应当办理批准手续而未办理的股权转让合同应认定为未生效合同

案　　号：（2013）民二终字第42号

案件名称：陈某与云南红塔集团有限公司股权转让纠纷案

裁判要旨：本案所涉《股份转让协议》依法属于应当办理批准手续的合同，需经财政部批准才能生效，但因红塔有限公司上级主管部门中烟总公司不同意本次股权转让，报批程序已经结束，《股份转让协议》已确定无法得到有权机关批准，故应依法认定为不生效合同。

案情简介

上诉人（原审原告）：陈某

被上诉人（原审被告）：云南红塔集团有限公司（以下简称红塔集团）

2009 年 9 月 10 日，陈某与红塔集团签订股权转让协议，陈某购买红塔集团所持有云南白药 12.32% 股份，购买总价为人民币 2,207,596,050.22 元（提前支付 2 亿元保证金，5 日内一次支付 22 亿元转让款），合同约定："股份转让协议自签订之日起生效，但须获得国务院国有资产监督管理机构审核批准后方能实施。如果转让得不到主管机构的批准，甲方应及时通知乙方，并将乙方支付的全部款项不计利息退还给乙方，甲乙双方互不承担违约责任，且本协议自乙方收到甲方退还的全部款项之日起解除。"

2009 年 12 月 2 日云南中烟公司向中国烟草总公司上报请求批复的书面请示，2012 年 1 月 17 日中国烟草总公司批复："为确保国有资产保值增值，防止国有资产流失，不同意本次股份转让。"

裁判结果

红塔集团自判决生效之日起 10 日内向陈某返还本金及利息，驳回陈某其他诉讼请求。

各方观点

陈某观点：陈某起诉红塔集团，要求确认股权转让协议合法有效，要求判令红塔集团全面履行该协议，赔偿所获股息及其利息及转增股份、赔偿至起诉时的损失及承担受理费。

红塔集团观点：（1）股份转让协议合法有效，红塔集团依约履行了合同义务，因约定的解除条件已成就，该协议应当解除。①双方当事人对股份转让协议得到或得不到国有资产监督管理机构批准有明确预期，并对得到批准或得不到批准的后续处理都分别作了明确、具体的约定。云南中烟公司依据中烟总公司不同意转让的批复逐级作出了不同意本次股权转让的相关批复，股份转让协议第 26 条第 3 项所约定的解除条件已成就，股份转让协议应当依法解除。②红塔集团于股份转让协议签订后的次日，将符合法律规定的有关报批文件按法律规定程序上报，又依法通过云南白药集团对本次股份转让事项进行了信息披露，并在收到上级单位下发的不同意转让股份的批复后，立即通知陈某，告知审批结果，红塔集团全面履行了协议约定的报批义务和信息披露义务。（2）陈某主张红塔集团未将文件报送至财政部即为未履行协议约定的报批义务，该主张不能得到支持。一方面，《股份转让协议》并没有此种约定，红塔集团上级主管部门作出任何决定（包括不批准）均不构成红塔集团违约。另一方面，按照《财政部关于烟草行业国有资产管理若干问题的意见》，烟草行业国有资产转让需逐级报批，红塔集团无权越级上报。（3）红塔集团的上级单位不同意本次股份转让的批复系行使国有资产出资人权利，依法属于有权审批，其作出不同意股份转让的决定后，无须继续上报。（4）红塔集团的上级主管部门不是股份转让协议的当事人，其对协议的审批属依法行使国有资产出资人的权利，陈某在订立协议时明知该协议存在得到批准和得不到批准的两种可能，其要求揭开红塔集团的法人面纱，缺乏事实和法律依据。

法院观点

一审法院观点：结合确认的事实及当事人诉辩主张，本案各方当事人争议的焦点为：（1）股份转让协议的效力，陈某诉请红塔集团全面继续履行合同是否成立？（2）红塔集团是否构成违约？陈某诉请红塔集团立即采取完善申报材料、催请审批等补救措施是否成立？（3）陈某诉请判令红塔集团赔偿其损失是否成立？

（1）关于股份转让协议的效力，陈某诉请红塔集团全面继续履行合同是否成立的问题。2009 年 1 月 4 日，中烟总公司作出《关于云南红塔集团有限公司转让持有的云南白药集团股份有限公司股份事项的批复》，根据该批复精神，经过公告的法定程序和充分协商，2009 年 9 月 10 日，本案双方当事人签订了股份转让协议。该协议系双方当事人真实的意思表示，内容也不违反法律法规的禁止性规定，且根据股份转让协议第 30 条“本协议自签订之日起生效”的约定，陈某诉请确认股份转让协议合法有效的请求成立，应予支持。根据股份转让协议第 30 条“本协议自签订之日起生效，但须获得有权国有资产监督管理机构的批准同意后方能实施”的约定，本案的股份转让只有在获得有权国有资产监督管理机构批准同意后方能实施，但目前本案的股份转让协议并未获得有权国有资产监督管理机构批准，因此，对陈某诉请判令红塔集团继续全面履行该股份转让协议的请求，不予支持。

（2）关于红塔集团是否构成违约，陈某诉请红塔集团立即采取完善申报材料、催请审批等补救措施是否成立的问题。股份转让协议合法有效，根据《合同法》第60条第1款“当事人应当按照约定全面履行自己的义务”的规定，本案双方当事人均应严格依约履行各自的义务。依据《股份转让协议》第12条的约定，红塔集团在协议生效，且收到陈某支付的2,207,596,050.22元款项后，应当及时办理所有与本次目标股份转让有关的报批、信息披露等手续。根据查明的事实，在股份转让协议签订的第二天，即2009年9月11日，红塔集团就及时依约履行了相应的信息披露手续，并按规定向其上级机构上报了相关审批手续，因此，红塔集团已及时按约履行了就本案所涉股份转让的有关报批、信息披露等手续，并未违反协议的约定，陈某认为红塔集团未恰当履行合同义务已构成违约无事实及法律依据。此外，从当事人举证来看，红塔集团已按约将完善的申报材料向其上级机构进行了上报，因此，对于陈某诉请红塔集团立即采取完善申报材料、催请审批等补救措施的请求，不予支持。

（3）关于陈某诉请判令红塔集团赔偿其损失是否成立的问题。根据《合同法》第107条“当事人一方不履行合同义务或者履行合同义务不符合约定的，应当承担继续履行、采取补救措施或者赔偿损失等违约责任”的规定，只有在当事人违反合同约定，构成违约的前提下，依法才承担相应的违约责任。而从本案查明的事实看，红塔集团并未构成违约，因此对于陈某认为因红塔集团违约给其造成的损失应由红塔集团予以赔偿的请求，不予支持。

综上所述，股份转让协议合法有效，红塔集团已按约履行了自己的合同义务，陈某的诉讼请求除请求确认股份转让协议合法有效外，其余均不能成立。

二审法院观点：本案争议焦点有二：一是程序上是否需要追加中烟总公司、云南中烟公司等作为无独立请求权第三人参加诉讼；二是陈某是否有权要求红塔集团继续履行股份转让协议并承担违约责任。

（1）关于本案是否需要追加中烟总公司、云南中烟公司（以下简称中烟总公司等）作为无独立请求权第三人参加诉讼的问题。根据《民事诉讼法》

第56条第2款，同案件处理结果有法律上的利害关系的主体可以作为无独立请求权第三人参加诉讼。所谓“有法律上的利害关系”，通常是指当事人双方争议的诉讼标的涉及的法律关系，与无独立请求权的第三人参加的另一个法律关系有牵连。前一个法律关系的审理，将影响无独立请求权第三人在后一个法律关系中的责任承担。本案的双方当事人是陈某与红塔集团，争议的标的是基于股份转让协议产生的股权转让法律关系，中烟总公司等是红塔集团的出资人，但不是股份转让协议的当事人，故不属于本案所审理的股权转让纠纷的当事人。中烟总公司等对股份转让协议所作的批复是依法行使国有资产出资人的权利，批复结果将影响股份转让协议的效力，故本案审理的股权转让法律关系应审查中烟总公司等的批复行为，但本案的审理结果并不会反过来影响中烟总公司等的批复行为效力的认定及相应的责任承担，因此，中烟总公司等不属于《民事诉讼法》第56条第2款所指的“有法律上的利害关系”的第三人。陈某认为，中烟总公司等与本案纠纷的产生、审理和处理，均具有法律上的直接牵连和利害关系，应作为无独立请求权第三人参加诉讼，不符合法律规定，本院不予支持。

（2）关于陈某是否有权要求红塔集团继续履行股份转让协议并承担违约责任的问题。该问题的前提是股份转让协议是否有效、是否能够继续履行。对此，本院认为，本案所涉股份转让协议依法属于应当办理批准手续的合同，但未能得到有权机关批准，故应依法认定为不生效合同。

第一，本案所涉股份转让协议依法属于应当办理批准手续的合同。《企业国有资产监督管理暂行条例》（以下简称《暂行条例》）第23条规定，国有资产监督管理机构决定其所出资企业的国有股权转让。对于重要子企业的重大事项，《暂行条例》第24条规定，所出资企业投资设立的重要子企业的重大事项，需由所出资企业报国有资产监督管理机构批准的，管理办法由国务院国有资产监督管理机构另行制定，报国务院批准。根据以上规定，国务院国有资产监督管理委员会与中国证券监督管理委员会经国务院同意，于2007年联合颁布了《国有股东转让所持上市公司股份管理暂行办法》（以下简称《暂行办法》，已失效），对国有股东转让所持上市公司股份行为进行规范。《暂行办法》规定，国有股东所持上市公司股份的协议转让至少需要经过两次上报：一是国有股东拟协议转让上市公司股份的，在内部决策后，应当及时按照规定程序逐级书面报告省级或省级以上国有资产监督管理机构；二是国有股东与拟受让方签订股份转让协议后，应及时履行信息披露等相关义务，同时应按规定程序报国务院国有资产监督管理机构审核批准。本案红塔集团是国有企业，拟转让的是所持云南白药集团的上市股份，转让的形式是与受让人协议转让，故双方当事人签订股份转让协议后，应按照《暂行办法》要求的程序办理相关手续。本案双方当事人对本案所涉股权的转让需要经过审批均是明知的。根据股份转让协议的约定，双方当事人在订立股份转让协议时知悉该协议需要经过审批，并通过股份转让协议第 4 条予以确认，同时双方还在第 12 条、第 26 条对审批手续的办理以及不能得到审批的后果作了明确、清晰的约定。

第二，《股份转让协议》未得到有权机关批准。对于烟草行业产权转让的审批程序和权限，《财政部关于烟草行业国有资产管理若干问题的意见》（以下简称《财政部意见》）规定："……中烟总公司所属烟草单位向非烟草单位的产权转让，主业评估价值在 1 亿元以上（含 1 亿元）、多种经营在 2 亿元以上（含 2 亿元）的，由各单位逐级上报中烟总公司（国家烟草专卖局），由中烟总公司（国家烟草专卖局）报财政部审批……"本案《股份转让协议》签订时，双方拟转让的股份价值 20 多亿元，根据《财政部意见》的精神，应由红塔集团逐级上报至中烟总公司，由中烟总公司报财政部批准。红塔集团在与陈某签订股份转让协议后，即按程序将相关材料上报至上级单位，上级单位则按程序上报至云南中烟公司，云南中烟公司也按程序上报至中烟总公司，现中烟总公司收到上报材料后，明确作出不同意本次转让的批复。据此，股份转让协议已无法经由财政部批准。陈某认为，中烟总公司批复不同意本案股份转让，而且不按规定将股份转让协议报送财政部审批，应属红塔集团内部决策程序中的行为，不属于有权审批，不应产生对本案股权转让不批准的法律效力，其行为应构成红塔集团对陈某的违约。根据《财政部意见》的精神，本案所涉股份转让协议的有权审批主体虽是财政部，中烟总公司无权批准本次股权转让行为，但作为红塔集团的出资人，中烟总公司等根据国有资产监督管理相关规定，行使股东重大决策权和国有资产出资人权利，其作出的不同意本次股权转让的批复，终结了股份转让协议的报批程序。此外，中烟总公司等是红塔集团的出资人，属于独立的主体，且不是股份转让协议的当事人，将中烟总公司等的行为视为红塔集团违约亦缺乏法律依据。

第三，股份转让协议依法应认定不生效。关于审批对合同效力的影响，

《合同法》第 44 条第 2 款规定：“法律、行政法规规定应当办理批准、登记等手续生效的，依照其规定。”《最高人民法院关于适用〈中华人民共和国合同法〉若干问题的解释（一）》（以下简称《合同法解释一》）第 9 条进一步明确“依照合同法第四十四条第二款的规定，法律、行政法规规定合同应当办理批准手续，或者办理批准、登记等手续才生效，在一审法庭辩论终结前当事人仍未办理批准手续的，或者仍未办理批准、登记等手续的，人民法院应当认定该合同未生效”。本案所涉股份转让协议依法属于应当办理批准手续的合同，需经财政部批准才能生效，但因红塔集团上级主管部门中烟总公司不同意本次股权转让，报批程序已经结束，股份转让协议已确定无法得到有权机关批准，故应依法认定为不生效合同。值得注意的是，《合同法》第 44 条和《合同法解释一》第 9 条对合同生效的要求，是合同的法定生效条件，属于强制性规定，不允许当事人通过约定的方式予以变更，故尽管当事人对合同生效有相关约定，仍应依据以上法律规定来判断合同的效力。一审法院根据股份转让协议第 30 条关于“本协议自签订之日起生效”之约定认定股份转让协议合法有效，属适用法律错误，应予纠正。既然股份转让协议不生效，其第 26 条关于协议解除的约定也不产生效力，红塔集团提出的股份转让协议应按第 26 条第 3 项之约定解除的主张亦不能成立。

因股份转让协议不生效，陈某要求红塔集团继续履行股份转让协议并承担违约责任的主张缺乏合同依据，本院不予支持。股份转让协议不生效后，当事人应比照《合同法》第 58 条关于“合同无效或者被撤销后，因该合同取得的财产，应当予以返还”之规定，向对方承担返还取得财产的义务，故红塔集团应将已经收取的 2,207,596,050.22 元款项返还给陈某，并给付相应利息，其利息标准根据公平原则应按照银行同期贷款利率计算。

八、对于应当办理批准手续的股权转让合同，股权转让人不履行报批义务，应承担缔约过失责任

案　　号：（2016）最高法民终 802 号

案件名称：深圳市标榜投资发展有限公司、鞍山市财政局股权转让纠纷案

裁判要旨：本案的股份转让合同书虽已经成立，但因未经有权机关批准，应认定其

效力为未生效。鞍山财政局违反合同约定，未履行报批义务，亦未按照有权机关要求补充报送相关材料，其行为属于《合同法》第42条第3项规定的“其他违背诚实信用原则的行为”，应认定鞍山财政局存在缔约过失。

案情简介

上诉人（原审原告）：深圳市标榜投资发展有限公司（以下简称标榜公司）

上诉人（原审被告）：鞍山市财政局（以下简称鞍山财政局）

2011年，鞍山财政局委托交易所挂牌出让鞍山银行27%国有股权，深圳标榜公司在内的四家公司交纳保证金摘牌。2012年4月17日，鞍山财政局与深圳标榜公司签订股权转让合同。2012年2月10日，标榜公司按约定将相关报批材料按双方合同约定提交至鞍山银行。2012年6月，鞍山银行向中国银行业监督管理委员会[1]鞍山监管分局报送审查申请，2012年6月12日，中国银行业监督管理委员会鞍山监管分局向辽宁银监局报送监管意见，拟同意鞍山银行此次股东变更有关行政许可事项。

2013年3月25日，鞍山市国资委作出《关于终止鞍山银行国有股权受让的函》，称银监部门认为相关企业存在关联交易，不会通过审批，并发函终止合同。2013年3月26日，中国银行业监督管理委员会辽宁监管局作出行政许可事项不予受理通知书，载明因鞍山银行未在规定其期限内提交补正申请材料，故标榜公司受让持股鞍山银行股东资格审查行政许可事项不予以受理。

裁判结果

鞍山财政局在本判决发生法律效力之日起10日内赔偿标榜公司交易费及相应利息、保证金利息、损失；驳回标榜公司其他诉讼请求。

各方观点

标榜公司观点：标榜公司向法院提起诉讼，请求判令鞍山财政局履行合

---

〔1〕 2018年改为中国银行保险监督管理委员会。

同，并赔偿其损失。

鞍山财政局观点：（1）涉案股份转让合同未经有权机关批准，属于未生效合同。（2）鞍山财政局行使合同解除权，不违反法律规定，不应承担赔偿责任。标榜公司作为房地产企业不符合股权受让条件，其受让股权的资金来源为应收账款可能不是自有资金，因标榜公司自身缺陷导致合同不能履行，无法实现合同目的，鞍山财政局才不得不单方解除合同。涉案股份转让合同已经解除，双方相关问题已处理完毕，标榜公司的起诉不应支持。（3）鞍山财政局不应当赔偿标榜公司的可得利益损失。涉案股份转让合同并未生效，鞍山财政局转让收益系合法所得，并未损害标榜公司利益。即使标榜公司实际取得涉案股权，因合同约定的转让期限限制，到期转让股份还需监管部门批准，所以标榜公司主张以鞍山财政局转让股权价差计算其可得利益损失无法律和合同依据。（4）鞍山财政局不应当赔偿标榜公司交易费、保证金以及相应利息损失。标榜公司已向沈阳联合产权交易所（以下简称交所）发函承诺交易费不退，鞍山财政局并无过错，也已于2014年3月17日返还交易费及利息，不应再予赔偿。产权交易保证金未成交的不计利息是行业惯例，鞍山财政局已于2013年10月16日退还保证金，不应再支付利息。上述交易费及保证金即使支付利息也应当按照人民银行同期存款利率计算。

法院观点

一审法院观点：本案纠纷的争议焦点是：（1）鞍山财政局与标榜公司签订的股份转让合同书是否成立未生效；（2）鞍山财政局与标榜公司签订的股份转让合同书是否已解除；（3）本案是否已超过诉讼时效；（4）鞍山财政局应否赔偿标榜公司交易费、保证金利息及交易可得利益损失。

1. 关于鞍山财政局与标榜公司签订的股份转让合同书是否成立未生效问题。《合同法》第44条规定："依法成立的合同，自成立时生效。法律、行政法规规定应当办理批准、登记等手续生效的，依照其规定。"国务院办公厅国办发明电〔1994〕12号《关于加强国有企业产权交易管理的通知》第2条规定："国有企业产权属国家所有。地方管理的国有企业产权转让，要经地级市以上人民政府审批，其中有中央投资的，要事先征得国务院有关部门同意，属中央投资部分的产权收入归中央。中央管理的国有企业产权转让，由国务院有关部门报国务院审批。所有特大型、大型国有企业（包括地方管理的）的产权转让，报国务院审批。”鞍山财政局与标榜公司签订股份转让合同书第16条约定：“本合同自甲乙双方法定代表人或授权委托人签字及盖章，并依律、行政法规规定获得有权审批机关批准后生效。”因此，本案鞍山财政局转让其持有鞍山银行国有股权，应根据前述规定经相应级别的政府部门审批合同才生效。涉案的股份转让合同书未经政府部门审批，该合同成立但未生效。故对鞍山财政局关于案涉合同成立未生效的主张，有事实和法律依据，予以支持。

2. 关于鞍山财政局与标榜公司签订的股份转让合同书是否已解除问题。《合同法》第93条第1款规定：“当事人协商一致，可以解除合同。”本案中，2013年3月25日，鞍山市××委以宏运集团等四户企业存在关联交易，不会通过审批为由，向宏运集团等四户企业发出鞍国资函〔2013〕13号函，提出终止交易。2013年3月27日，鞍山市××委向沈交所，发出鞍国资函〔2013〕15号函，要求终止交易。2013年4月11日，宏运集团等四家公司针对“鞍国资函〔2013〕13号函”提出异议，要求继续履行合同。鞍山市××委针对宏运集团等四家公司提出的异议，委托会计师事务所对四家企业提供报批资料进行审计。在未出审计结果情况下，2013年6月6日，鞍山财政局以国有资产明显增值为由，向深交所发出鞍财债〔2013〕137号终止鞍山银行国有股权转让函，再次提出终止转让。2013年6月14日，沈交所根据鞍山财政局终止转让函件，向标榜公司、宏运集团、中信红河矿业有限公司、辽宁融信资产经营有限公司发出终止鞍山银行国有股权转让的通知。2013年10月11日，宏运集团代表四家挂牌公司向鞍山财政局发出要求返还交易保证金函。从该函载明的内容看：（1）宏运集团代表四家挂牌公司已接收到鞍山市××委关于终止鞍山银行国有股权受让函件；（2）鞍山市××委提出终止股份转让，并告知其保证金退还及办理事宜；（3）宏运集团代表四家挂牌公司表示，鉴于此，我集团代表各受让企业向鞍山财政局提出退还保证金及支付交易费的要求。从上述鞍山市××委提出终止合同，宏运集团代表四家挂牌公司提出异议，到鞍山市××委再次提出终止合同退还保证金，宏运集团代表四家挂牌公司提出退还保证金及支付交易费的要求过程，可以证明宏运集团代表四家挂牌公司同意解除合同，据此，可以认定双方签订的股份转让合同书已于2013年10月11日约定解除。故鞍山财政局关于股份转让合同书已解除的主张，应予以支持。

3. 关于本案是否已超过诉讼时效问题。涉案合同已于2013年10月11日约定解除，2015年5月20日标榜公司向鞍山财政局提出损失赔偿要求，2015年9月1日，提起本案诉讼，本案未超过诉讼时效。故对鞍山财政局关于本案已过诉讼时效的抗辩，无事实依据，不予支持。

4. 关于鞍山财政局应否赔偿标榜公司交易费、保证金利息及交易可得利益损失问题。涉案股份转让合同签订后，标榜公司基于对鞍山财政局的信赖，已按合同约定履行了交付保证金、提交申报材料等合同义务。鞍山财政局应按合同约定，根据标榜公司提交的材料，对其受让资格条件进行审查，办理批准手续，促成合同生效。但在履行合同中，在审计结果尚未作出、没有经过政府部门审批，也没有证据证明标榜公司不符合受让条件情况下，鞍山市××委、鞍山财政局分别于2013年3月25日、27日、6月6日，以宏运集团等四户企业存在关联交易，国有资产增值，不会通过审批为由，向宏运集团等四家挂牌公司及沈交所发出终止鞍山银行国有股权受让函，导致涉案股份转让合同成立未生效并解除后，鞍山财政局又将股权转让他人，该行为有悖诚实信用。根据《合同法》第42条的规定："当事人在订立合同过程中有其他违背诚实信用原则的行为情形的，给对方造成损失的，应当承担损害赔偿责任……"《合同法解释二》第8条的规定："依照法律、行政法规的规定经批准或者登记才能生效的合同成立后，有义务办理申请批准或者申请登记等手续的一方当事人未按照法律规定或者合同约定办理申请批准或者未申请登记的，属于合同法第四十二条第（三）项规定的'有其他违背诚实信用原则的行为'，人民法院可以根据案件的具体情况和相对人的请求，判决相对人自己办理有关手续；对方当事人对由此产生的费用和给相对人造成的实际损失，应当承担损害赔偿责任。"《合同法》第97条规定"合同解除后，尚未履行的，终止履行；已经履行的，根据履行情况和合同性质，当事人可以要求恢复原状、采取其他补救措施，并有权要求赔偿损失"。因此，涉案股份转让合同成立未生效并解除后，标榜公司有权向鞍山财政局主张承担损害赔偿责任。

关于标榜公司主张交易费用损失及相应利息损失问题。根据查明的事实，标榜公司等四家受让企业摘牌后，于2012年3月30日向沈阳联合产权交易支付了受让方应支付的交易费用100万元（含本案27.846535万元），至今未退还，给标榜公司造成了实际损失。鞍山财政局应退还交易费本金27.846535万元，按银行同期贷款利率支付从2012年3月30日至实际给付之日期间的利息损失。故对标榜公司关于鞍山财政局应承担交易费用损失及相应利息损失的主张，该院予以支持。

关于标榜公司主张的交易保证金利息损失问题。标榜公司等四家受让企业摘牌后，缴纳了两次交易保证金。一次是2012年2月24日支付给鞍山财政局保证金1350万元，2013年10月16日鞍山财政局退还。另一次是2012年3月30日支付给沈交所保证金1294.30693万元，2012年7月2日退还。鞍山财政局应赔偿按银行同期贷款利率支付从2012年3月30日至实际给付之日期间的利息损失。对标榜公司关于鞍山财政局应赔偿保证金利息损失的主张，应予支持。

关于标榜公司主张的可得利益损失问题。标榜公司认为，双方约定鞍山财政局将其持有的鞍山银行股份中的22,500万股以每股2元的价格转让给标榜公司，在合同履行中，鞍山财政局又以每股2.50元的价格转让给他人，导致合同无法履行，鞍山财政局应赔偿（2.50－2.00）元×22,500万股＝11,250万元的可得利益损失。因双方签订的《股份转让合同书》成立并未生效。《合同法》第113条第1款规定，“当事人一方不履行合同义务或者履行合同义务不符合约定，给对方造成损失的，损失赔偿额应当相当于因违约所造成的损失，包括合同履行后可以获得的利益，但不得超过违反合同一方订立合同时预见到或者应当预见到的因违反合同可能造成的损失”。根据《合同法》第24条，《合同法解释二》第8条之规定，鞍山财政局应承担缔约过失赔偿责任，只赔偿给标榜公司造成的实际损失。据此规定，可得利益是指合同履行以后可以获得的纯利润，而不包括取得这些利益所支付的费用。本案中，股份转让合同书第11.4条的约定，乙方标榜公司声明及保证自股份交割之日起5年内不转让所持标的企业股份，到期转让股份应取得监管部门批准。挂牌文件中也已明确受让股权企业5年内不得转让购买股份。鉴于上述约定，即使标榜公司经有权部门批准成为鞍山银行股东，其受让股权5年内不得转让，对5年后的股权价格及交易纯利润损失无法确定。因此，标榜公司不能把鞍山财政局2013年12月31日的挂牌价2.5元/股与合同约定价2元/股，差价0.5元/股，作为主张交易可得利益的依据。故对标榜公司关于鞍山财政局应赔偿交易可得利益损失的主张，不予支持。

关于鞍山财政局提出对标榜公司进行财务审计的申请。主张标榜公司具备受让股权主体资格的证明责任在于鞍山财政局，而不是标榜公司，现鞍山财政局无法提供证据证明其主张，而申请法院审计标榜公司的财务账目，于法无据。因此，对此项申请，不予支持。另外，对鞍山财政局关于标榜公司违约不具备受让资格，其不承担损害赔偿责任的抗辩，无事实和法律依据，不予支持。

综上所述，标榜公司关于鞍山财政局赔偿交易费用损失及交易费、保证金相应利息损失的诉请，有事实和法律依据，予以支持。

二审法院观点：本案争议焦点问题是：（1）涉案股份转让合同书的效力应如何认定；（2）涉案股份转让合同书解除的方式应如何认定；（3）鞍山财政局应否赔偿标榜公司交易费、保证金利息及可得利益损失。

1. 涉案《股份转让合同书》应认定为成立未生效合同

《合同法》第44条规定，依法成立的合同，自成立时生效。法律、行政法规规定应当办理批准、登记等手续生效的，依照其规定。国务院办公厅国办发明电〔1994〕12号《关于加强国有企业产权交易管理的通知》第2条规定，地方管理的国有企业产权转让，要经地级市以上人民政府审批，其中有中央投资的，要事先征得国务院有关部门同意，属中央投资部分的产权收入归中央。中央管理的国有企业产权转让，由国务院有关部门报国务院审批。所有特大型、大型国有企业（包括地方管理）的产权转让，报国务院审批。财政部《金融企业国有资产转让管理办法》第7条规定，金融企业国有资产转让按照统一政策、分级管理的原则，由财政部门负责监督管理。财政部门转让金融企业国有资产，应当报本级人民政府批准。政府授权投资主体转让金融企业国有资产，应当报本级财政部门批准。金融企业国有资产转让过程中，涉及政府社会公共管理和金融行业监督管理事项的，应当根据国家规定，报经政府有关部门批准。《商业银行法》第28条规定，任何单位和个人购买商业银行股份总额5%以上的，应当事先经过国务院银行业监督管理机构批准。涉案股份转让合同书的转让标的为鞍山财政局持有的鞍山银行9.9986%，即22,500万股股权，系金融企业国有资产，转让股份总额已经超过鞍山银行股份总额的5%。依据上述规定，该合同应经有批准权的政府及金融行业监督管理部门批准方产生法律效力。由此，本案的股份转让合同书虽已经成立，但因未经有权机关批准，应认定其效力为未生效。标榜公司主张涉案合同已经鞍山市人民政府批准，其所依据的是鞍山市国有银行股权转让说明书，但该说明书仅是鞍山市人民政府对涉案股权挂牌出让的批准，并非对涉案股份转让合同书的批准。标榜公司关于涉案合同已生效的上诉理由，不符合法律规定，不能成立。

2. 关于涉案股份转让合同书解除的方式应如何认定的问题

涉案股份转让合同书应认定为于2013年10月11日协商解除。《合同法》第93条规定，当事人协商一致，可以解除合同。当事人可以约定一方解除合同的条件。解除合同的条件成就时，解除权人可以解除合同。本案中，鞍山财政局于2013年6月6日以国有资产明显增值为由，向沈交所发出鞍财债〔2013〕137号《终止鞍山银行国有股权转让的函》，沈交所根据该函，于2013年6月14日向标榜公司、宏运集团、中信红河矿业有限公司、辽宁融信资产经营有限公司发出终止鞍山银行国有股权转让的通知。2013年10月11日，宏运集团代表四家挂牌公司向鞍山财政局发出《关于要求返还交易保证金的函》。该函虽未明示同意解除合同，但并未主张继续履行合同，反而对合同解除后如何处理提出要求，即要求返还保证金及支付交易费，该回复函应认定为表示同意解除合同。因此，一审判决认定双方于2013年10月11日达成一致解除合同，合法有据。

鞍山财政局、标榜公司关于涉案合同已单方解除的上诉理由均不能成立。《合同法》第96条对合同解除权行使作了规定，只有在存在《合同法》第93条第2款规定的“双方合同约定的解除条件成就”或者第94条第1项至第5项情形时，当事人才有权单方解除合同，并以解除通知到达相对方的时间为合同解除时间。一方面，本案中鞍山市××委虽于2013年3月27日作出《关于终止鞍山银行国有股权转让的函》，标榜公司等亦于2013年4月11日回函提出异议，但鞍山市××委并非涉案合同当事人，鞍山财政局也无证据证明鞍山市××委的意思表示可以视为鞍山财政局的意思表示。因此，鞍山市××委终止交易的函，不能产生解除合同的法律效果。鞍山财政局关于涉案合同因鞍山市××委作出终止转让的函而解除的上诉理由，于法无据，不能成立。另一方面，根据前述分析，对于鞍山财政局向沈交所发出的终止交易的函，标榜公司等已发函表示同意，双方就合同解除达成一致，涉案合同应认定为于2013年10月11日协商一致解除。标榜公司关于涉案合同于2013年6月14日经鞍山财政局单方通知解除的上诉理由，与事实不符，亦不能成立。

3. 关于鞍山财政局应否赔偿标榜公司交易费、保证金利息及可得利益损失的问题

《民法通则》第4条规定，民事活动应当遵循自愿、公平、等价有偿、诚

实信用的原则。《合同法》第 42 条规定，当事人在订立合同过程中有下列情形之一，给对方造成损失的，应当承担损害赔偿责任：（1）假借订立合同，恶意进行磋商；（2）故意隐瞒与订立合同有关的重要事实或者提供虚假情况；（3）有其他违背诚实信用原则的行为。上述法律规定确立了缔约过失责任，即在合同缔约过程中，如一方当事人违背诚实信用原则，不履行相关先合同义务，其应对相对人因此所受损失承担赔偿责任。根据法律规定及本案事实，对本案合同解除后鞍山财政局所应承担的责任性质、赔偿范围及具体数额，分析如下：

（1）鞍山财政局未将涉案合同报送批准存在缔约过失

首先，鞍山财政局未履行报批义务违反合同约定。《合同法》第 8 条规定，依法成立的合同，对当事人具有法律约束力。当事人应当按照约定履行自己的义务，不得擅自变更或者解除合同。依法成立的合同，受法律保护。《合同法解释二》第 8 条规定，依照法律、行政法规的规定经批准或者登记才能生效的合同成立后，有义务办理申请批准或者申请登记等手续的一方当事人未按照法律规定或者合同约定办理申请批准或者未申请登记的，属于《合同法》第 42 条第 3 项规定的“其他违背诚实信用原则的行为”，人民法院可以根据案件的具体情况和相对人的请求，判决相对人自己办理有关手续；对方当事人对由此产生的费用和给相对人造成的实际损失，应当承担损害赔偿责任。根据上述法律和司法解释规定，如果合同已成立，合同中关于股权转让的相关约定虽然需经有权机关批准方产生法律效力，但合同中关于报批义务的约定自合同成立后即对当事人具有法律约束力。当事人应按约履行报批义务，积极促成合同生效。本案中，股份转让合同书第 7.1 条规定，本次转让依法应上报有权审批机关审批。甲、乙双方应履行或协助履行向审批机关申报的义务。并尽最大努力，配合处理任何审批机关提出的合理要求和质询，以获得审批机关对本合同及其项下股权交易的批准；第 11.2 条规定，标榜公司作为乙方保证向甲方及沈交所提交的各项证明文件及资料均真实、准确、完整。上述约定虽未明确涉案合同报批义务及协助报批义务具体由哪一方负担，但根据约定标榜公司的主要义务是提供相关证明文件、资料，主要是协助报批。据此，应认定涉案合同报批义务由鞍山财政局负担。但鞍山财政局违反合同约定，未履行报批义务，亦未按照有权机关要求补充报送相关材料，依据上述司法解释规定，其行为属于《合同法》第 42 条第 3 项规定的“其他违背诚实信用原则的行为”，应认定鞍山财政局存在缔约过失。鞍山银行并非涉案股份转让合同书的当事人，鞍山财政局上诉主张报批义务由鞍山银行承担，没有合同依据，不予支持。

其次，鞍山财政局不履行报批义务的抗辩理由不能成立。一方面，鞍山财政局关于标榜公司等四户企业存在关联关系导致其不具有受让涉案股权资格的证据不足。根据查明的事实，鞍山市××委于2013年3月25日作出鞍国资函〔2013〕13号《关于终止鞍山银行国有股权受让的函》，以标榜公司等四户企业存在关联交易为由终止涉案股权转让。但在标榜公司等企业提出异议后，鞍山市××委又于2013年5月2日发函对标榜公司等四户企业呈报资料进行审计，并按审计结果上报监管部门审定。由于审计报告的作出时间早于鞍山财政局终止涉案股权转让的时间，审计结论亦未明确否定标榜公司等企业不具有受让资格，因此，鞍山财政局关于标榜公司因存在关联关系等原因不具有涉案股权受让资格的上诉理由，证据不足，不能成立。另一方面，鞍山财政局拒不报送审批材料无合法依据。在鞍山财政局已与标榜公司签订涉案合同的情况下，应视为其认可标榜公司具有合同主体资格。涉案股份转让合同书是否批准，应由政府及金融行业监管部门决定，鞍山财政局作为合同一方当事人，不具有审批权力，不能以其自身判断而违反合同约定免除其报送审批的义务。鞍山财政局关于涉案合同因标榜公司等不具有受让资格而无须报批的上诉理由，无事实和法律依据，不能成立。

综上所述，鞍山财政局无正当理由不履行涉案合同报批义务，其行为已构成《合同法》第42条规定的“其他违反诚实信用原则的行为”，应认定其存在缔约过失。

（2）鞍山财政局对标榜公司的直接损失应予赔偿

根据上述分析，鞍山财政局违反诚实信用原则，存在缔约过失。标榜公司在缔约过程中支付交易费及保证金利息，属于标榜公司的直接损失，应由鞍山财政局承担赔偿责任。具体分析如下：首先，关于交易费及利息问题。根据查明的事实，标榜公司于2012年3月30日向沈交所交付了涉案交易费用，鞍山财政局退还的保证金亦扣除了交易费，该费用系标榜公司在合同签订过程中实际财产的减损，该费用及相应利息均应由鞍山财政局予以赔偿。标榜公司已向沈交所保证无论交易成功与否均不退还交易费，故在交易不成功的情况下，该笔交易费已经构成其损失，且是因鞍山财政局不诚信行为导致。因此，鞍山财政局主张其不应赔偿的上诉理由不能成立。其次，关于保证金利息问题。鞍山财政局虽已将标榜公司支付的保证金返还，但标榜公司作为商事主体，无论是否以自有资金支付保证金，均因保证金的支付产生财务成本。因此，标榜公司所支付保证金的相应利息属于直接损失，应当由鞍山财政局予以赔偿。最后，关于利息计算标准问题。一审判决以人民银行同期贷款利率作为计算上述交易费及保证金利息的标准，符合通常的计算标准，并无不当。鞍山财政局主张应以同期银行存款利率为标准计算利息，没有法律依据，不予支持。鞍山财政局关于不付利息是行业惯例的上诉理由，无证据证明，应当不予采信。

（3）鞍山财政局对标榜公司所主张的可得利益损失应予适当赔偿

①当事人客观合理的交易机会损失应属于缔约过失责任赔偿范围。缔约过失责任制度是实现诚实守信这一民法基本原则的具体保障。通过要求缔约过失责任人承担损害赔偿责任，填补善意相对人信赖利益损失，以敦促各类民事主体善良行事，恪守承诺。通常情况下，缔约过失责任人对善意相对人缔约过程中支出的直接费用等直接损失予以赔偿，即可使善意相对人利益得到恢复。但如果善意相对人确实因缔约过失责任人的行为遭受交易机会损失等间接损失，则缔约过失责任人也应当予以适当赔偿。一方面，免除缔约过失责任人对相对人间接损失的赔偿责任没有法律依据。《合同法》第42条规定的“损失”并未限定于直接损失。《合同法解释二》第8条规定在报批生效合同当事人未履行报批义务的，如合同尚有报批可能，且相对人选择自行办理批准手续的，可以由相对人自行办理报批手续，并由缔约过失责任人赔偿相对人的相关实际损失。上述规定均未排除缔约过失责任人对相对人交易机会损失等间接损失的赔偿责任。另一方面，缔约过失责任人对于相对人客观合理的间接损失承担赔偿责任也是贯彻诚实信用原则，保护无过错方利益的应有之义。虽然交易机会本身存在的不确定性对相应损害赔偿数额的认定存在影响，应当根据具体案情予以确定，但不应因此而一概免除缔约过失责任人的间接损失赔偿责任。

②关于鞍山财政局应否对标榜公司其他损失承担赔偿责任的问题。首先，鞍山财政局恶意阻止合同生效的过错明显。鞍山财政局作为政府部门，在国有产权交易过程中，既应践行诚实信用价值观念，有约必守；更要遵循政务诚信准则，取信于民，引领全社会建设诚实守信市场秩序。但在本案中，其

在能够将涉案合同报送有权机关批准的情况下，拒不按照银监部门的要求提交相应材料，导致银监部门对相关行政许可事项不予以受理，致使合同不能生效。不仅如此，还将涉案股权在很短时间内另行高价出售。鞍山财政局恶意阻止涉案合同生效，其行为明显违反诚实信用原则，过错明显。

其次，标榜公司存在客观合理的交易机会损失。标榜公司主张的可得利益损失实际系丧失取得涉案股权的交易机会所带来的损失。机会，是指特定利益形成或者特定损害避免的部分条件已经具备，但能否最终具备尚不确定的状态。而机会损失，则是当事人获取特定利益或避免特定损害的可能性降低或者丧失。一般而言，在交易磋商阶段，合同是否能够订立以及合同订立所带来的交易机会能否最终实现均属未知，故此时交易机会尚不具有可能性。但如果双方已经达成合意并签订合同，在合同生效要件具备前，双方的相互信赖的程度已经达到更高程度，因信赖对方诚实守信的履行相关义务从而获取特定利益的机会也具有相当的可能性。此时，如一方当事人不诚实守信履行报批义务，其应当预见对方因此而遭受损失。就本案而言，涉案《股份转让合同书》订立后，虽须经有权机关批准方才生效，但双方已就标榜公司购买鞍山银行股权达成合意，在无证据证明该合同不能获得有权机关批准的情况下，标榜公司有合理理由信赖鞍山财政局恪守承诺，及时妥善的履行报批手续，从而使涉案合同的效力得到确定，进而通过合同的履行实际取得涉案股权，获取相关利益。因此，标榜公司获得涉案股权的可能性现实存在。但因鞍山财政局拒不将涉案合同报批，继而还将涉案股权另行高价出售，其不诚信行为直接导致标榜公司获得涉案股权的可能性完全丧失，导致标榜公司因此而获得相关利益的现实性完全丧失。综上所述，标榜公司因鞍山财政局的不诚信行为存在客观现实的交易机会损失。

最后，鞍山财政局对标榜公司交易机会损失承担赔偿责任是维护公平正义和市场交易秩序的需要。一方面，鞍山财政局对标榜公司交易机会损失承担赔偿责任符合公平原则。鞍山财政局所获得的股权出售价差利益，是以标榜公司丧失购买涉案股权的机会为代价。在鞍山财政局因其过错行为获得利益的情况下，如果不对标榜公司的交易机会损失予以赔偿，将导致双方利益严重失衡，不符合公平原则。另一方面，鞍山财政局在赔偿标榜公司直接损失的基础上，对标榜公司间接损失承担适当赔偿责任，以使其为不诚信行为付出相应代价，有利于敦促各类民事主体善良行事，恪守诚实信用，也有利于维护诚实守信的市场交易秩序。

③关于标榜公司交易机会损失的数额认定问题。结合本案事实，对标榜公司因合同未生效导致交易机会损失数额，应综合考虑以下因素予以确定：首先，鞍山财政局的获益情况。如前所述，鞍山财政局违反诚实信用，以2.5元/股的价格将涉案股权另行出售，其所获得的0.5元/股的价差，系其不诚信行为所得。标榜公司丧失涉案股权交易机会的损失数额，可以以此作为参考。其次，标榜公司的交易成本支出情况。因涉案合同未生效并已解除，标榜公司未实际支付对价，亦未实际取得涉案股权，其主张应当以鞍山财政局转售股权价差的全部作为标准进行赔偿不符合本案情况，不应支持。本案中，即使标榜公司实际取得涉案股权，因双方合同对股权再转让有期限限制的约定，故约定期限届满之后，涉案股权价值是涨是跌，尚不确定。另外，标榜公司虽丧失购买涉案股权的交易机会，但并不妨碍其之后将资金另行投资其他项目获得收益。综上所述，对标榜公司交易机会损失，本院酌定按鞍山财政局转售涉案股权价差的10%予以确定，以涉案股权转售价2.5元/股减去涉案股权转让合同价2元/股乘以22,500万股再乘以10%计算，即1125万元。该损失应由鞍山财政局予以赔偿。

（4）标榜公司的起诉未超过诉讼时效

《民法通则》第135条规定，向人民法院请求保护民事权利的诉讼时效期间为2年，法律另有规定的除外。第137条规定，诉讼时效期间从知道或者应当知道权利被侵害时起计算。[1] 如前所述，涉案合同于2013年10月11日解除，标榜公司同时明确提出返还保证金及交易费的要求。此时，标榜公司对其利益受到损害是知道的，故应当从2013年10月11日开始计算其主张保护权利的诉讼时效。2014年1月16日，标榜公司提起诉讼向鞍山财政局主张权利，诉讼时效发生中断，应从该日起重新计算诉讼时效。2015年9月1日标榜公司提起本案诉讼，不超过2年诉讼时效期限。鞍山财政局关于标榜公司起诉已超诉讼时效的上诉理由，无事实依据，不予支持。

---

[1] 《民法典》生效后，相关内容依照《民法典》规定。

九、未经评估的国有股权转让合同效力以国资部门行政批准前置为认定依据

案　　号：（2015）民二终字第399号

案件名称：北京安联置业发展有限公司与北京安恒达投资有限公司、国澳投资有限公司股权转让纠纷案

裁判要旨：未按《国有资产评估管理办法》规定进行评估的国有股权转让合同，以国资部门行政处理批准前置作为合同效力认定依据，如果国有资产监督管理机关没有对未经评估国有资产转让进行否定，则法院也不直接以未评估为由否定转让行为无效。

案情简介

上诉人（原审原告、反诉被告）：北京安联置业发展有限公司（以下简称安联公司）

被上诉人（原审被告、反诉原告）：北京安恒达投资有限公司（以下简称安恒达公司）

被上诉人（原审被告）：国澳投资有限公司（以下简称国澳公司）

安联公司系安徽省交通控股集团有限公司和安徽安联高速公路有限公司共同出资设立的国有控股公司。世纪中珠公司股东为中珠控股公司、安联公司，分别持股51%和49%。2011年7月，安联公司与安恒达公司就世纪中珠公司49%股权转让签订《交易框架安排协议》，约定安联公司将世纪中珠公司49%股权转让给安恒达公司，安联公司应依照国有资产转让的法律法规就转让世纪中珠公司49%股权完成资产评估的备案。

安联公司提供了其控股股东及上级主管企业安徽交控集团2011年8月12日《会议纪要》，安徽交控集团对安联公司出让涉诉股权并无异议。

2011年8月，安恒达公司向安联公司支付了第一笔交易价款。2011年10月至2013年9月，安联公司与安恒达公司之间就《交易框架安排协议》履行问题发生分歧。安恒达公司没有向安联公司支付第二、第三、第四笔交易价款。双方也未完成世纪中珠公司49%股权过户的工商变更登记。

安徽省国资委2014年6月16日作出的《监督检查意见书》，载明：“2014年3月至5月，省属企业第六监事会对你集团非主业及三级（不含三

级）以下子公司情况进行了专项监督检查，检查报告已经省国资委2014年第11次主任办公会议研究通过。……报告客观反映了3户四级公司的基本情况，揭示了……以及世纪中珠公司存在较大法律诉讼风险等问题。请你们根据报告中反映的问题研究制定整改方案，并对部分项目未履行报批程序进行说明，于2014年6月30日前报省国资委监事会工作处。”

裁判结果

驳回安联公司、安恒达公司的诉讼请求。

各方观点

安联公司观点：安联公司向法院起诉，要求安恒达公司继续履行合同义务，向工商部门提交世纪中珠49%股权变更登记文件并支付违约金。

安恒达公司观点：安恒达公司向法院提起反诉，以安联公司未履行相关资产评估备案为由要求法院确认股权转让合同无效，并承担违约责任。

法院观点

一审法院观点：该案系世纪中珠公司股权转让纠纷，安联公司与安恒达公司及案外人中珠控股公司就世纪中珠公司51%的股权的转让已经履行完毕，各方当事人就安联公司持有的世纪中珠公司49%的股权转让产生争议。对于涉及世纪中珠公司49%股权转让的《交易框架安排协议》《四方协议》，本院认为是签约各方当事人真实意思表示，不违反法律、法规强制性规定，合法、有效，各方当事人均应依约履行义务。第一，根据现有证据，安联公司系安徽省国资委管理的地方国有企业投资的三级全资子公司。从安联公司提交的其投资方安徽交控集团会议纪要、安徽省国资委《监督检查意见书》内容看，安联公司转让其持有的世纪中珠公司49%的股权，得到了其上级投资公司的批准，亦在相关国资监管机关的监督管理之下。但依据《交易框架安排协议》第5.2.1条约定，安联公司应就“转让世纪中珠公司49%股权完成资产评估的备案”，而安联公司提供的前述会议纪要、《监督检查意见书》与合同约定的资产评估备案不符。国务院国有资产监督管理委员会颁布的《企业国有资产评估管理暂行办法》第4条规定企业国有资产评估项目实行核准制和备案制。因此,《交易框架安排协议》约定安联公司应当对其持有的世纪中珠公司49%的股权进行资产评估备案,既是当事人的意思表示,又符合相关法律、法规的规定。安恒达公司关于安联公司应当提供其持有的世纪中珠公司49%的股权资产评估备案材料的抗辩具有法律和合同上的依据,应当予以支持。截至该案开庭辩论结束,安联公司未能提供符合合同约定的其持有的世纪中珠公司49%的股权资产评估备案材料,已经构成违约。对于国澳公司主张因安联公司未能提供资产评估备案材料、未在产权交易市场公开进行转让,所涉世纪中珠公司49%的股权转让的协议无效的抗辩理由,本院认为,由于安联公司属地方国资委管理的地方国企下属三级全资子公司,其转让企业投资的资产的行为已经得到其上级主管企业的批准,亦未脱离地方国有资产监管机关的监管,但欠缺约定的资产评估备案环节。在安联公司、安恒达公司未提出终止合同履行的情形下,如安联公司依约将相关资产评估备案手续补充完成后,世纪中珠公司股权仍然可以继续转让。因此,该案涉及世纪中珠公司49%股权转让的《交易框架安排协议》《四方协议》不属于《合同法》第52条规定的合同无效情形,国澳公司关于涉诉协议无效的抗辩主张没有法律依据,本院不予支持。第二,安联公司与安恒达公司签订《交易框架安排协议》,安恒达公司拟收购世纪中珠公司100%的股权。在世纪中珠公司51%的股权转让后,双方未能继续履行合同。后来,安恒达公司与国澳公司签订《股权收购协议》,将世纪中珠公司100%的股权转让给国澳公司,并披露了世纪中珠公司49%的股权仍属于安联公司的实际情况。随后,安联公司、安恒达公司、国澳公司及世纪中珠公司共同签署了《四方协议》,就国澳公司受让安联公司持有的世纪中珠公司49%的股权部分进行了安排,内容包括:世纪中珠公司49%的股权转让款由国澳公司向安联公司支付,股权过户至国澳公司名下;股权转让相关过户手续由协议各方按《交易框架安排协议》的约定共同办理。故《四方协议》是各方当事人就世纪中珠公司49%股权的转让问题,在股权受让主体、股权转让价款、股权过户登记流程等事项上达成新的合意,是对《交易框架安排协议》的相关内容进行的变更。对于国澳公司关于其与安联公司之间不存在股权转让法律关系的主张,本院认为,《四方协议》是对《交易框架安排协议》的部分变更,国澳公司作为《四方协议》的当事人一方,与安恒达公司共同成为世纪中珠公司100%的股权转让法律关系中的股权受让方。国澳公司辩称其与安联公司之间没有股权转让法律关系与事实不符，本院不予采信。第三，依照《交易框架安排协议》第5条的约定，世纪中珠公司49%的股权过户安排为安联公司就持有的世纪中珠公司49%的股权完成资产评估备案、安联公司与安恒达公司签署分批过户的为工商变更登记使用的相关文件并交世纪中珠公司保管、10日内分期支付约定的转让款项等步骤。由于《四方协议》的签署，安联公司持有的世纪中珠公司49%的股权的受让方已实际变更为国澳公司，相应股权价款亦由国澳公司一次性向安联公司支付，同时明确约定有关世纪中珠公司股权转让过户、法定代表人、董事、监事变更登记等有关手续，由《四方协议》的各方当事人依据《交易框架安排协议》等约定共同办理，即除股权转让价款不再区分比例地一次性支付外，办理股权过户的其余环节仍按资产评估备案、签署工商变更登记需要的文件、支付转让款的约定步骤进行。安联公司虽然提供了其上级公司和国资监管机构的相关文件，表明其持有的世纪中珠公司股权转让得到了有关部门的认可，但其没有完成其持有的世纪中珠公司49%股权资产评估备案，履约行为不符合合同约定；同时，根据《交易框架安排协议》《四方协议》约定，签约各方应当共同签署世纪中珠公司49%股权转让工商变更登记所需文件。根据查明事实，国澳公司作为股权受让方已经签署了工商变更登记所需的文件，但安联公司未在合理期限内签署该文件。因此，在安联公司未完成世纪中珠公司49%的股权资产评估备案、签署股权变更登记文件前，股权转让款项的付款条件尚不具备。故本院对于安联公司要求国澳公司支付世纪中珠公司49%的股权转让款项的请求不予支持。第四，由于安联公司违反合同约定，没有履行资产评估备案、签署股权变更登记文件的合同义务，致使其不能向国澳公司主张给付股权转让款，该情形不符合《四方协议》第4条关于该次股权转让过户终止的约定，故国澳公司关于《四方协议》已经终止的主张不能成立。

关于安恒达公司的反诉请求。依照《四方协议》约定，世纪中珠公司49%的股权的受让方已经由安恒达公司变更为国澳公司，世纪中珠公司49%的股权直接过户至国澳公司名下，由国澳公司向安联公司履行相应付款义务。故安恒达公司反诉请求安联公司就世纪中珠公司49%的股权转让的履行问题向其承担违约责任没有事实和法律依据，该院依法不予支持。

二审法院观点：安联公司与安恒达公司签订《交易框架安排协议》约定安联公司将涉诉世纪中珠公司49%的股权转让给安恒达公司，因该49%的股权系国有资产，所以协议各方应当依照国有资产转让的法律法规完善相关程序和手续。安联公司提供的其控股股东及上级主管企业安徽交控集团2011年8月12日《会议纪要》，虽然安恒达公司不认可其真实性，但因安恒达公司未提供证据予以推翻，故对上述《会议纪要》的真实性应予采纳。该《会议纪要》表明上级主管企业安徽交控集团对安联公司出让涉诉股权并无异议，安徽省国资委2014年6月16日作出的《监督检查意见书》也可在一定程度上表明涉诉49%股权转让未脱离国有资产监督管理机关的监管。所以，即使安联公司出让上述股权未在产权交易场所公开进行、未办理股权资产评估备案，但在没有充足证据证明国有资产监督管理机关否定股权转让的情形下，不宜直接认定安联公司出让涉诉股权的行为无效。

安联公司与安恒达公司间签订的《交易框架安排协议》第5.2条关于“第二笔交易价款的支付安排”中约定安联公司应就涉诉49%的股权完成资产评估的备案，而且约定安联公司与安恒达公司签署涉诉相应股权的全部工商变更登记文件等材料后安恒达公司才向安联公司支付后续交易价款。因安联公司尚未按照上述协议完成资产评估的备案，也未签署涉诉49%的股权的工商变更登记文件，所以，安联公司主张安恒达公司应继续履行支付后续股权转让款的义务，亦缺乏法律依据。而且，因安联公司、安恒达公司、国澳公司等在《四方协议》中约定了国澳公司按照安恒达公司的授权向安联公司支付付款保函载明金额562,106,478.6元，安联公司未提供证据证明安恒达公司已授权国澳公司支付上述付款保函，所以安联公司要求国澳公司支付上述金额也缺乏事实基础。故本院对安联公司要求安恒达公司、国澳公司支付上述562,106,478.6元的主张不予支持。

因安联公司认可涉诉49%股权的变更登记文件不需要安恒达公司签署且国澳公司已签署，所以安联公司在本案诉讼中再主张安恒达公司、国澳公司签署上述变更登记文件，缺乏法律意义。涉诉股权变更登记中，作为股权出让人的安联公司必须签署股权变更登记文件。安联公司在其未签署上述文件情形下主张安恒达公司、国澳公司向工商登记机关提交上述文件，不应支持。由于安联公司在完成股权资产评估的备案前不能要求安恒达公司、国澳公司支付股权转让款，因此，相关股权变更登记文件无法提交给工商登记机关实际系因安联公司导致。故安联公司主张安恒达公司、国澳公司向工商登记机关提交股权变更登记文件，亦不应支持。

安联公司以其2013年10月16日、10月21日向安恒达公司发送的《关于付款事宜的函》《付款通知》中载明的包括违约金在内的应收款总额与《四方协议》中的交易金额一致，就推定安恒达公司认可自身违约，因《关于付款事宜的函》《付款通知》系安联公司单方形成，且并无证据表明《四方协议》中的交易金额包括了违约金，所以安联公司主张安恒达公司自认违约的主张，难以成立。因安联公司要求安恒达公司、国澳公司支付562,106,478.6元款项的主张不能成立，相应地安联公司主张安恒达公司、国澳公司支付逾期付款的违约金3,781,074.72元及安联公司在本案中的律师费用5,727,800元，亦缺乏事实基础，对其主张本院不予支持。

律师点评

股权转让在现代商业社会中频繁发生，因股权转让涉及公司、转让股东、受让人、公司其他股东等多主体的利益，也涉及行业乃至国家利益，故股权转让的交易主体都会通过签订股权转让合同来明确各方的权利义务、股权转让交易的时间和条件等。但由于错综复杂的现代商业环境，股权转让合同有时候不仅不能使交易各方免于诉争，反而存在合同效力被否定、股权转让交易被终止的诉讼风险。关于侵害股东优先购买权的股权转让协议、名义出资人与实际出资人不一致的股权转让协议、未经批准的股权转让协议效力问题，笔者结合以往司法判例和2019年《全国法院民商事审判工作会议纪要》总结评述如下：

1. 侵害股东优先购买权的股东转让协议效力

侵害股东优先购买权的股权转让协议的效力认定问题可以说是股东优先购买权制度中"最令人困惑和最具争议的尖锐问题"。《公司法》对于该问题未予明确，通过本章节第一部分四个案例可以看到，在2019年《全国法院民商事审判工作会议纪要》发布之前，因个案具体情况和案件事实的不同，司法实践中，对该问题的裁判也存在多种理解和结果。但同样通过对上述案例的梳理和研读，我们可以看到，法院在处理涉及侵害股东优先购买权的股权转让合同效力认定问题上的思路和斟酌因素仍具有一定的共通点，具体如下：

(1) 以《合同法》关于合同效力的一般规定为基础探讨并认定侵害股东优先购买权的股权转让合同的效力

涉及股东优先购买权的股权转让合同属于《公司法》和《合同法》的交

叉领域，《公司法》中并没有对侵害股东优先购买权的股权转让合同的效力进行明确的规定，故对于股权转让合同的效力，多数法院仍以《合同法》的规定为基础。《合同法》第52条明确规定了合同无效的5种情形，即“一方以欺诈、胁迫的手段订立合同，损害国家利益；恶意串通，损害国家、集体或者第三人利益；以合法形式掩盖非法目的；损害社会公共利益；违反法律、行政法规的强制性规定”。《合同法》第54条规定：“下列合同，当事人一方有权请求人民法院或者仲裁机构变更或者撤销：（一）因重大误解订立的；（二）在订立合同时显失公平的。一方以欺诈、胁迫的手段或者乘人之危，使对方在违背真实意思的情况下订立的合同，受损害方有权请求人民法院或者仲裁机构变更或者撤销。当事人请求变更的，人民法院或者仲裁机构不得撤销。”存在上述情形的，无论《公司法》规定如何，股权转让合同当然无效或撤销。

（2）基于股东优先购买权的权利特点，通过类推适用《合同法》相关法律规定认定侵害股东优先购买权的股权转让合同的效力

①效力待定合同的认定

《公司法》及《公司法解释四》关于股东优先购买权的规定，有限责任公司股东对外第三人转让股权的条件是经过其他股东的同意且其他股东放弃优先购买权，如果其他股东不同意且要求行使有限购买权，则股权受让方由第三人转为其他股东。由此可知，有限责任公司股东与第三人之间股权转让交易是否能够进行是以其他股东是否行使优先购买权为条件的。司法实践中，部分法院结合股东优先购买权的上述特点及《合同法》第47条、第48条、第51条关于效力待定合同的规定，采取了“合同效力因公司其他股东未放弃行使权力而待定”的裁判思维来认定合同效力。江苏省高级人民法院《关于审理适用公司法案件若干问题的意见（试行）》第62条第1款规定：“有限责任公司股东向公司以外的人转让股权，未履行《公司法》第三十五条规定的规定同意手续的，应认定合同未生效。诉讼中，人民法院可以要求当事人在一定期限内征求其他股东的意见，期限届满后其他股东不作相反意思表示的，视为同意转让，可以认定合同有效。该期限内有其他股东表示以同等条件购买股权的，应认定合同无效，受让人只能要求出让人赔偿损失。”

②可撤销合同的认定

《合同法》第74条规定：“因债务人放弃其到期债权或者无偿转让财产，对债权人造成损害的，债权人可以请求人民法院撤销债务人的行为。债务人

以明显不合理的低价转让财产，对债权人造成损害，并且受让人知道该情形的，债权人也可以请求人民法院撤销债务人的行为……”上述规定系为第三人设定了撤销协议之权利，而设定撤销权的根本基础在于，第三人对于系争标的享有某种法律意义上的权利或者期待，对于损害这种权利或期待的合同或决议，第三人得以行使撤销权。从这个意义上看，有限责任公司的股东对于转让的股权亦享有法律意义上的权利或者期待。根据《公司法》第72条第2款的规定，这种权利或者期待包括两个方面，第一，其他股东半数以上不同意转让的，不同意的股东应当购买该转让的股权；第二，经股东同意转让的股权，在同等条件下，其他股东有优先购买权。即不同意转让股东的购买权，和同意转让股东的优先购买权。当他们的购买权或者优先购买权受到侵害时，部分法院认为可类比合同法对于债权人的保护，赋予股东撤销权。江西省高级人民法院《关于审理公司纠纷案件若干问题的指导意见》（赣高法〔2008〕4号）第36条规定：“股东未按照《公司法》第七十二条第二款的规定征得其他股东过半数同意而向非股东转让股权的，公司或其他股东可以申请人民法院撤销股权转让合同。公司章程对此另有规定的，从其规定。”山东省高级人民法院《关于审理公司纠纷案件若干问题的意见（试行）》（鲁高法发〔2007〕3号）第45条规定：“股东未按照《公司法》第七十二条第一款的规定征得其他股东过半数同意而向非股东转让股权的，其他股东可以申请人民法院撤销股权转让合同。”

（3）原则上合同有效的司法裁判准则

在不存在《合同法》规定的无效、可撤销情形下，仅仅损害股东优先购买权的股权转让合同，《公司法解释四》的规定及最高院法官的解释倾向于合同原则上有效。

《公司法解释四》第21条第2款、第3款规定，前款规定的其他股东仅提出确认股权转让合同及股权变动效力等请求，未同时主张按照同等条件购买转让股权的，人民法院不予支持，但其他股东非因自身原因导致无法行使优先购买权，请求损害赔偿的除外。股东以外的股权受让人，因股东行使优先购买权而不能实现合同目的的，可以依法请求转让股东承担相应民事责任。

根据该条规定，存在如下两种情况，第一，被侵害优先购买权的股东如果仅仅就确认股权转让合同效力提起诉讼，而不同时主张行使优先购买权的，法院将不予支持，即公司股东向股东以外的其他人转让股权的交易会继续进行，股权转让合同是有效的状态；第二，被侵害优先购买权的股东主张行使优先购买权，则股东与股东以外的股权受让人之间的股权转让行为因其他股东优先购买权的行使而不能继续履行，但股权受让人可以股权转让合同目的无法实现请求股东承担相应民事责任，该种情形下，股权受让人实际上追究的是合同目的无法实现的违约责任，股权转让合同有效。因此，《公司法解释四》条文中隐含了股权转让合同原则上有效的法律内涵。而最高人民法院审判委员会专职委员杜万华，在最高人民法院发布《关于适用〈中华人民共和国公司法〉若干问题的规定（四）》的新闻发布会上也表示，“就损害股东优先购买权的股权转让合同的效力问题，公司法并无特别规定，不应仅仅因为损害股东优先购买权认定合同无效、撤销合同，而应当严格依照合同法规定进行认定。正是基于此类合同原则上有效，因此人民法院支持其他股东行使优先购买权的，股东以外的受让人可以请求转让股东依法承担相应合同责任”。

2019 年《全国法院民商事审判工作会议纪要》正式明确，审判实践中，部分人民法院对《公司法解释四》第 21 条的规定的理解存在偏差，往往以保护其他股东的优先购买权为由认定股权转让合同无效。应准确理解该条规定，既要注意保护其他股东的优先购买权，也要注意保护股东以外的股权受让人的合法权益，正确认定有限责任公司的股东与股东以外的股权受让人订立的股权转让合同的效力。一方面，其他股东依法享有优先购买权，在其主张按照股权转让合同约定的同等条件购买股权的情况下，应当支持其诉讼请求，除非出现第 21 条第 1 款规定的情形。另一方面，为保护股东以外的股权受让人的合法权益，股权转让合同如无其他影响合同效力的事由，应当认定有效。其他股东行使优先购买权的，虽然股东以外的股权受让人关于继续履行股权转让合同的请求不能得到支持，但不影响其依约请求转让股东承担相应的违约责任。由此可见，《公司法解释四》第 21 条虽然没有明确规定，即使没有履行《公司法》第 71 条第 2 款、第 3 款的义务侵犯了其他股东的优先购买权，转让股东与股东以外的股权受让人之间签订的股权转让合同如无其他无效事由，也是有效的，但从文义来看，可以得出上述结论。最高人民法院再次通过会议纪要的形式对此重审，就是要统一这类案件的裁判尺度。

2. 实际出资人与名义出资人不一致情形下的股权转让合同效力

实际出资人与名义出资人不一致情形下的股权转让合同效力，《公司法解释三》已有较明确地规定，司法实践中，对该类合同的效力也存在较一致的认定：

(1) 对于隐名股东作为转让人的《股权转让协议》

隐名股东作为公司实际出资人，虽未经登记，但具备股东资格。隐名股东与第三人签订的真实意思表示、不违反法律强制性规定的《股权转让协议》应当具有法律效力。但对于股权受让人来讲，需要考虑标的股权是否实际可以转让，因为即便股权转让合同有效，根据债权行为与物权行为相分离的原则，如果公司或公司股东会过半数股东不确认隐名股东身份或内部股东需要行使优先购买权，作为外部的受让方是无法获得标的股权的。

(2) 对于名义股东作为转让人的《股权转让协议》

基于外部第三人对工商登记的信赖利益，隐名股东不能以名义股东无权处分为由主张股权处分行为无效。名义股东与外部第三人的股权转让行为符合《物权法》第106条规定善意取得条件的，股权转让合同有效，不符合善意取得条件的，合同无效。

3. 未经批准的股权转让协议效力

根据《合同法》规定及上述司法判例，应当办理批准手续而未办理的合同应认定为未生效合同，负有履行办理审批义务的主体不履行办理义务，应承担缔约过失责任。而对于未按《国有资产评估管理办法》规定进行评估的国有股权转让合同，以国资部门行政处理批准前置作为合同效力认定依据，如果国有资产监督管理机关没有对未经评估国有资产转让进行否定，则法院也不直接以未评估为由否定转让行为无效。

第二节 股权转让合同的履行

一、明确内部股权变更与外部股权变更登记的不同，据此明确股权转让合同履行中当事人间的权利义务

案 号： 一审：(2008) 二中民初字第11221号

二审：(2009) 高民终字第1824号

案件名称： 北京宝利达投资管理有限责任公司与上海浦之威投资有限公司等股权转让纠纷案

裁判要旨：公司内部股权变更是指公司经审查股权转让符合《公司法》及公司章程的规定，同意将受让人登记到公司股东名册，成为公司认可的股东。外部股权变更登记是指公司将其确认的股东，依据《公司登记管理条例》的规定到工商行政管理部分办理公司股东变更登记，取得对抗第三人的法律效果。股权变更是公司内部的变更，是股权转让合同得以履行的必要条件之一；股权变更登记是公司外部登记事项的变更，是股东依据股权转让合同对抗第三人和承担民事责任的依据。两种变更方式作用不同。

案情简介

上诉人（原审原告、反诉被告）：北京宝利达投资管理有限责任公司

上诉人（原审被告、反诉原告）：上海浦之威投资有限公司

上诉人（原审被告、反诉原告）：上海东方汽配城有限公司

2004年8月11日，北京宝利达投资管理有限责任公司（以下简称宝利达公司）、北京荣丰工贸开发公司（以下简称荣丰公司）和上海浦之威投资有限公司（以下简称浦之威公司）三方共同签订《股权转让合同》，约定：宝利达公司、荣丰公司分别将其持有的蓝霸汽配超市连锁有限公司（以下简称蓝霸公司）60%、20%的股权以人民币700万元、200万元的对价转让给浦之威公司，荣丰公司确认宝利达公司收取以上全部股权转让款。支付方式为：合同生效后当日浦之威公司支付宝利达公司、荣丰公司共人民币50万元；符合本合同交易条件和工商管理部门受理本股权转让的变更登记时，浦之威公司支付宝利达公司、荣丰公司人民币200万元（含已付的人民币50万元），在股权变更登记日满一年之日再支付人民币100万元，在股权变更满两年之日支付人民币600万元。以上款项由浦之威公司按期支付给宝利达公司。上海东方汽配城有限公司（以下简称东方汽配城）对浦之威公司履行本协议付款责任提供担保，担保合同另行签订。浦之威公司迟延付款每月应按拖欠金额的3%向宝利达公司、荣丰公司支付违约金。

合同签订后，2004年8月31日，浦之威公司支付宝利达公司股权转让款人民币50万元。2004年9月5日，宝利达公司与浦之威公司就蓝霸公司财务、发票、财物以及密码表进行了交接，并确认股权转让合同生效。2004年9月17日，浦之威公司支付宝利达公司股权转让款人民币150万元。蓝霸公司

于2004年在北京市工商行政管理局办理了迁至上海市的手续。2005年4月25日，蓝霸公司在上海召开了2005年第一次股东会会议，出席股东为浦之威公司、荣丰公司和宝利达公司。同时，蓝霸公司在同一地点召开2005年第一次董事会会议，并决议任命章某某为公司董事长，是公司的法定代表人。2005年5月18日，蓝霸公司在上海市工商行政管理局获准设立登记，并领取营业执照。2005年10月23日，蓝霸公司在上海市曹安路1926号东方汽配城举行开业庆典。至此，蓝霸公司已经完全从北京迁至上海。2006年1月25日，浦之威公司支付宝利达公司股权转让款人民币20万元。2006年4月28日，蓝霸公司在上海市工商行政管理部门办理了宝利达公司与浦之威公司股权转让变更登记，变更后的登记显示：蓝霸公司注册资本人民币3000万元，浦之威公司出资人民币1800万元，占公司注册资本的60%，荣丰公司出资人民币900万元，占公司注册资本30%，宝利达公司出资人民币300万元，占公司注册资本10%。2006年6月6日，浦之威公司支付宝利达公司股权转让款人民币80万元。至此，浦之威公司共计支付股权转让款300万元。

2007年7月18日，浦之威公司为宝利达公司出具《承诺函》，承诺：无论荣丰公司的过户手续何时完成，其将于2007年9月底前，将双方协商后应支付的股权转让款余款结清。2007年7月18日，蓝霸公司的股东浦之威公司、宝利达公司、荣丰公司共同作出股东会决议，决议如下：荣丰公司将其持有的蓝霸公司30%股权变更登记至浦之威公司名下，完成股权转让后新的股比为浦之威公司持有蓝霸公司90%的股权，宝利达公司持有蓝霸公司10%的股权。2007年7月19日，蓝霸公司向上海市工商行政管理局嘉定分局申请工商变更登记。2007年9月26日，该局决定准予上述股东变更登记。股权转让完成后，宝利达公司持有蓝霸公司10%的股权，荣丰公司持有蓝霸公司10%的股权，浦之威公司持有蓝霸公司80%的股权。

裁判结果

一审法院依照《合同法》第61条的规定，判决驳回宝利达公司的诉讼请求。

二审法院判决维持原判，驳回宝利达公司的上诉。

各方观点

宝利达公司观点：宝利达公司起诉请求法院判令浦之威公司向其支付股权转让款600万元及利息（2006年9月5日至判决确定的支付之日止），东方汽配城承担连带责任。

浦之威公司观点：（1）宝利达公司未按约定时间完成向浦之威公司转让股权。根据股权转让合同的约定，股权转让完成后宝利达公司持有蓝霸公司10%的股权，荣丰公司持有蓝霸公司10%的股权，浦之威公司持有蓝霸公司80%的股权，且应当在股权转让合同生效后30个工作日内（2004年9月21日前）完成股权转让的工商登记。但是，由于宝利达公司和荣丰公司的原因，直至2006年6月8日才完成宝利达公司60%的股权转让的工商变更登记，至2007年9月26日才完成合同约定的80%的股权转让的工商变更登记。（2）浦之威公司已经提前向宝利达公司支付了股权转让款。股权转让合同约定：浦之威公司在工商部门受理其股权变更登记时（应为2007年9月26日）支付人民币200万元；在股权变更登记满一年之日（应为2008年9月26日）支付人民币100万元；在股权变更登记满二年之日（应为2009年9月26日）再支付人民币600万元。在宝利达公司严重违约的情况下，浦之威公司在2006年6月之前已经提前支付股权转让款人民币300万元，故浦之威公司在2009年9月26日前也不应再支付股权转让款。（3）宝利达公司未兑现其对蓝霸公司资产的承诺。如蓝霸公司的"蓝霸汽车配件"注册商标的商标权没有取得、蓝霸公司对于"NAPA"商标和名称在中国的排他使用权没有实现、蓝霸公司的实物资产远低于合同约定的人民币600万元等。（4）宝利达公司违背对浦之威公司补偿的承诺，浦之威公司有权解除合同。解除合同时，宝利达公司应立即归还已经收取的股权转让款。（5）由于宝利达公司的违约行为，导致浦之威公司巨额经济损失。（6）浦之威公司请求法院判令宝利达公司履行股权转让合同，并对浦之威公司进行股权补偿，同时，对显失公平的股权转让价进行下浮。如果浦之威公司不能得到上述救济，则要求行使解除股权转让合同的权利。

东方汽配城观点：东方汽配城与宝利达公司在《保证合同》中约定的保证期间是主债务履行期届满之日起6个月，故在主债务未届满前，东方汽配城不应承担担保责任。此外，本案主债务人未经东方汽配城同意变更了主合同的履行期限，依据《最高人民法院关于适用〈中华人民共和国担保法〉若干问题的解释》第30条的规定，东方汽配城不应再承担担保责任。故请求法院驳回宝利达公司的诉讼请求。

法院观点

一审法院观点：宝利达公司、荣丰公司、浦之威公司三方共同签订的《股权转让合同》和宝利达公司与东方汽配城签订的保证合同，意思表示真实，内容不违反法律、法规的强制性规定，股权转让合同业经宝利达公司与浦之威公司以《〈股权转让合同〉生效确认书》确认生效，故上述合同应属有效，对相关当事人具有约束力。荣丰公司在股权转让合同中确认将收取股权转让款的权利交由宝利达公司行使，其在该案中具函表示对该案涉及的本诉与反诉已知晓，并对此不持异议且不主张任何权利，则宝利达公司有权根据股权转让合同及保证合同等在该案提出主张。

关于宝利达公司要求浦之威公司支付股权转让款人民币600万元及利息问题。股权转让合同第2条对于股权转让款的支付方式约定，在符合本合同交易条件和工商管理部门受理本股权转让的变更登记时，浦之威公司支付股权转让款人民币200万元，在股权变更登记日满一年之日支付人民币100万元，在股权变更满两年之日支付人民币600万元。该约定表明，合计人民币900万元的股权转让款的支付分为三期，第一期人民币200万元于符合交易条件并由工商管理部门受理股权转让变更登记时支付，第二期人民币100万元于股权变更登记满一年之日支付，第三期人民币600万元于股权变更满两年之日支付。根据上述约定整体表达的文义内容及表达的先后顺序，对于第三期人民币600万元支付的时间应确定为股权变更登记满两年之日。由于股权转让合同项下的股权变更登记全部完成于2007年9月26日，且该案现有证据亦未表明存在可归责于浦之威公司的原因，则浦之威公司向宝利达公司履行支付第三期人民币600万元股权转让款的时间应为2009年9月25日，宝利达公司对该人民币600万元股权转让款的请求权亦应自2009年9月25日行使。宝利达公司主张的其于2004年9月5日向浦之威公司交接的蓝霸公司相关证照、公章、财产等行为，属于股权转让合同第4条约定的股权移交情形，不构成股权转让合同第2条约定的支付第三期股权转让款的股权变更情形。虽然浦之威公司于2007年7月18日向宝利达公司承诺，无论荣丰公司的过户何时完成，其将于2007年9月底前将双方协商后应支付的股权转让款余款结清。但该案尚无证据证明存在双方另行协商达成一致并变更上述股权转让款支付条款约定的事实，故该承诺不发生变更上述支付时间约定的效力。由于浦之威公司该项义务履行期限尚未到期，宝利达公司在该案提出浦之威公司支付股权转让款人民币600万元及利息的请求没有法律依据，法院不予支持。关于东方汽配城保证责任承担问题。东方汽配城提出股权转让各方未经其同意，变动了主合同的履行期限，因此，其不应再承担担保责任。该案无证据证明存在股权转让合同各方当事人改变主合同履行期限的事实，故对东方汽配城提出其不应再承担担保责任的主张不予支持。此外，由于浦之威公司支付人民币600万元股权转让款的履行期限未届满，故宝利达公司要求东方汽配城承担连带责任的诉讼请求以及东方汽配城关于保证期间已过的主张，法院均不予支持。

二审法院观点：宝利达公司、荣丰公司与浦之威公司三方当事人签订的股权转让合同以及作为股权转让合同附件的宝利达公司与浦之威公司签订的生效确认书、宝利达公司与东方汽配城签订的保证合同是当事人的真实意思表示，内容不违反国家法律、法规的强制性规定，应为有效合同。鉴于此，荣丰公司在股权转让合同中确认宝利达公司有权收取全部股权转让款，且其在一审法院审理过程中表明“其已知晓本案的诉讼，并对此不持异议且不主张任何权利”的意见，故一审法院认定宝利达公司有权向浦之威公司、东方汽配城主张权利正确，本院予以确认。本案二审的争议焦点主要在于，浦之威公司支付股权转让款人民币600万元的履行期限问题，对此，本院作如下认定：

关于浦之威公司支付股权转让款人民币600万元的履行期限问题。宝利达公司上诉提出本案所涉及的股权转让于2004年9月就已经完成，根据股权转让合同第2条的约定，浦之威公司应于2006年9月向其支付股权转让款人民币600万元。但浦之威公司对此提出抗辩理由认为，应于股权变更登记满两年之日支付人民币600万元，因本案股权变更登记日为2007年9月26日，故其应于2009年9月26日支付人民币600万元股权转让款。因此，浦之威公司支付股权转让款人民币600万元的履行期限问题是本案二审的争议焦点问题之一。

首先，股权变更与股权变更登记是两个不同的概念。根据《公司法》及《公司登记管理条例》的有关规定，受让人通过有效的股权转让合同取得股权后，有权要求公司进行股东变更登记，公司需根据《公司法》及公司章程的规定进行审查，经审查，股权的转让符合《公司法》及章程的规定，同意将受让人登记股东名册后，受让人才取得公司股权，成为公司认可的股东，这就是股权变更。但股东名册是公司的内部资料，不具有对世性，不能产生对抗第三人的法律效果，只有在公司将其确认的股东依照《公司登记管理条例》的规定到工商管理部门办理完成股东变更登记后，才取得对抗第三人的法律效果，这就是股权变更登记。因此，股权变更与股权变更登记是两个不同的法定程序。

其次，公司股东的工商登记属于宣示性的登记，而不是设权性登记。因为公司将其确认的股东向工商管理部门办理登记，公司的确认已经实现，股东的身份已经确定，股东的权利也已经产生，股东的工商登记仅仅是一种宣示而已。因此，股东权利的获得与行使并不以工商登记程序的完成为条件。股东的工商登记来自公司的登记，或者说股东的工商登记以公司股东名册为基础和根据。这不仅表现为程序上的时间顺序，更是由两种登记的不同性质决定的。公司股东名册的登记确定股权的归属，工商管理部门将其进行工商登记。公司股东名册的登记发生变动，工商登记的内容亦作相应的更改。两者之间的关系决定了在发生差异的时候，即工商登记的内容与公司股东名册登记内容不一致的时候：作为一般原则，公司股东名册的登记内容应作为确认股权归属的根据；在股权转让合同的当事人之间、股东之间、股东与公司之间因为股权归属问题发生纠纷时，当事人不得以工商登记的内容对抗公司股东名册的记录，除非有直接、明确的相反证明。

最后，结合本案双方当事人在股权转让合同中的约定，应认定第三期人民币 600 万元支付的时间应确定为股权变更登记之日满两年，而不是股权变更之日满两年。（1）根据股权转让合同第 1 条关于“宝利达公司将其持有的蓝霸公司 60% 的股权转让给浦之威公司，荣丰公司将其持有的蓝霸公司 20% 的股权转让给浦之威公司”的约定，虽然宝利达公司于 2006 年 4 月 28 日将其持有的蓝霸公司 60% 的股权转让给浦之威公司，但荣丰公司于 2007 年 9 月 26 日将其持有的蓝霸公司 30% 的股权转让给浦之威公司。因此，应认定截至 2007 年 9 月 26 日，浦之威公司才持有蓝霸公司 90% 的股权。（2）根据股权转让合同第2条关于“在符合本合同交易条件和工商管理部门受理本股权转让的变更登记时，浦之威公司支付股权转让款人民币200万元，在股权变更登记日满一年之日支付人民币100万元，在股权变更满两年之日支付人民币600万元”约定的全部文意解释，应认定第三期人民币600万元支付的时间应确定为股权变更登记之日满两年。因为浦之威公司通过受让股权成为蓝霸公司的股东，蓝霸公司于2004年9月就完成了相应的股权变更，浦之威公司就开始行使股东权利。此后，在受让了蓝霸公司另一股东荣丰公司持有的30%股权后，在享有蓝霸公司90%股权的情况下，蓝霸公司于2007年9月26日才向工商部门办理了股东变更登记手续。探求本案当事人签订《股权转让合同》的本意，浦之威公司向宝利达公司履行支付第三期人民币600万元股权转让款的时间应为2009年9月25日，宝利达公司在2009年9月25日之前还不能请求浦之威公司给付人民币600万元股权转让款。

综上所述，宝利达公司关于支付股权转让款人民币600万元的履行期限应为“股权变更登记”满两年之日，而不是“工商变更登记满两年之日”的请求，本院不予支持。

二、已完成股权转让款支付但未完成股权交付的情况下，因股权所产生的红利孳息归属作为实际权利人的受让人

案　　号： 一审：（2016）湘民初45号

二审：（2018）最高法民终60号

案件名称： 陈某、荆某股权转让纠纷案

裁判要旨： 在股权转让协议有效且受让人依约完成价款支付义务的情况下，继续持有股权的转让人与受让人之间实际形成股权转让与股权代持两种法律关系，在该法律关系中，转让人仅作为被转让股权的显名股东存在，该部分被转让股权产生的权利义务应由作为实际权利人的受让人享有。

案情简介

上诉人（原审被告）：陈某

被上诉人（原审原告）：荆某

原审被告：湖南大康国际农业食品股份有限公司（以下简称大康公司）

2008年8月20日，陈某（甲方）与荆某（乙方）签订《股份转让协议》，约定：（1）湖南大康牧业股份有限公司（以下简称大康牧业公司）现有注册资金6380万元（为6380万股），陈某将其在大康牧业公司2624.58万股股份中的190万股股份转让给荆某，转让后陈某股份变更为2434.58万股，在公司所占股份比例从41.14%变更为38.16%；（2）荆某付给陈某200万元以购买陈某在大康牧业公司的190万股股份，转让后荆某占大康牧业公司股份总额6380万股（按注册资金6380万元计算）的2.98%的股份；（3）陈某从其股份转让之日起，不再享有大康牧业公司该转让部分的权利，亦不承担相应的义务，其在大康牧业公司转让部分的权利义务由荆某承担；（4）本协议一式四份，一份交公司登记机关，一份交大康牧业公司，另外，两份由陈某、荆某双方各留一份；（5）协议从签订之日起生效。

同日，大康牧业公司向荆某颁发《股权证》，该《股权证》记载：荆某持有大康牧业公司股份190万股，占总股本比例2.98%。该公司时任董事长陈某签名，并加盖了公司公章。

2008年11月13日，荆某通过兴业银行向陈某汇款150万元，注明用途为往来款。2008年12月30日，荆某通过农业银行向陈某汇款40万元。2008年12月30日，陈某出具“收据”，载明：“今收齐我与荆某2008年8月20日签订的190万股股权转让款壹佰玖拾万元（190万元）。”根据陈某出具“收据”载明的内容及荆某的当庭陈述，对协议约定的股权转让款200万元，双方已经变更为190万元。

2010年11月18日，大康牧业公司在深圳证券交易所上市，股票简称为“大康牧业”，股票代码“002505”。陈某为该公司发起人、控股股东和实际控制人、董事长，在公司上市时持有“大康牧业”股票2358.23万股，持股比例为22.94%。在大康牧业公司首次公开发行股票招股说明书中，荆某未登记在该公司股东名册。

大康牧业公司2010年度利润分配方案为以未分配利润向全体股东每10股送2股同时派发现金0.5元（含税），以资本公积金转增股本的方式向全体股东每10股转增4股；2011年度利润分配方案为向全体股东每10股派1元人民币现金（含税），同时以资本公积金向全体股东每10股转增5股；2012年度利润分配方案为不派发现金红利、不送红股、不以公积金转增股本；

2013 年度利润分配方案为以资本公积金向全体股东每10 股转增5 股；2014 年半年度利润分配方案为以资本公积金向全体股东每10 股转增12 股；2015 年度权益分配方案为以资本公积金向全体股东每10 股转增9 股。根据大康牧业公司2010 年度至2015 年度利润分配方案，截至2016 年6 月30 日，荆某受让的陈某190 万股大康牧业公司股份已增至2859.12 万股，已派发现金红利321,100 元。

2015 年12 月9 日，大康牧业公司法定代表人变更为彭某某，2016 年5 月25 日，大康牧业公司名称变更为大康公司（后文统称大康公司），同年5 月31 日，大康公司股票名称由“大康牧业”变更为“大康农业”。

荆某2016 年向一审法院起诉请求：（1）判令陈某向荆某交付截至2016 年6 月30 日大康公司股票（代码为002505）2859.12 万股；（2）如陈某不能向荆某足额交付2859.12 万股大康公司股票，请求判令陈某按从大康公司上市之日起至给付之日止该股票的每股最高价6.68 元作为标准给予荆某2859.12 万股相应的财产损失赔偿；（3）判令陈某支付2859.12 万股大康公司股票从2016 年6 月30 日起至股票交付之日止的分红、送股、配股、转增股等派生权益；（4）判令陈某向荆某交付大康公司2016 年6 月30 日前派发的税后现金红利321,100 元；（5）判令大康公司对陈某所承担的前述四项给付义务承担连带赔偿责任；（6）判令本案诉讼费用和保全费用及财产保全担保费等由陈某、大康公司承担。

裁判结果

一审判决：（1）陈某于判决生效之日起10 日内向荆某支付证券代码002505 大康公司2859.12 万股股票的相应财产权益（股票价格按执行之日价格确定，2016 年6 月30 日之后产生的分红，转、赠股，配送股继续计算至执行之日止）；（2）陈某于判决生效之日起10 日内向荆某支付诉争股票已派发的现金红利321,100 元；（3）驳回荆某的其他诉讼请求。

二审判决：驳回上诉，维持原判。

各方观点

陈某观点：股份转让协议签订于2008年，此时，大康公司已改制为股份有限公司，陈某向荆某转让股份并为其代持，该行为并未在指定的证券交易场所或者按国务院规定的其他方式进行，违反了《公司法》的禁止性规定，干扰国家正常经济金融秩序，损害社会公共利益，应属无效。本案中，陈某与荆某未完成诉争股份的交付，该股份在交付之前产生的孳息应归陈某所有。

荆某观点：根据《公司法》第138条的规定不能否定荆某通过合法民事行为取得股份的权利，也不能影响案涉股份转让协议的效力。该协议是荆某与陈某之间的真实意思表示，内容不违反法律、行政法规的强制性规定，且荆某已按约定完成股权价款支付义务，故一审法院认定协议有效，适用法律正确。按照《股份转让协议》的约定，案涉股权通过权益分派产生的权利及红利应归荆某所有。

大康公司观点：陈某与荆某之间以私下转让非上市股份有限公司股份为主要内容的股份转让协议，违反《公司法》和《证券法》等法律、行政法规的强制性规定，该协议中的"股份转让+股份代持"模式，以规避法律和监管为目的，损害了资本市场的健康运行和社会公共利益，符合《合同法》第52条的规定，当属无效。即使认定《股份转让协议》有效，荆某有权取得的财产权益也限于该协议约定的190万股股份在大康公司股份公开发行前的价值，此后产生的权益不应归荆某所有。

法院观点

一审法院观点：本案的争议焦点有四个：

（1）案涉股份转让协议是否有效。首先，陈某与荆某签订的股份转让协议约定，陈某将其持有的大康公司股份中的190万股转让给荆某。其次，陈某在与荆某签订股份转让协议的当日即签发了股权证，载明荆某持有大康公司190万股股份，享有公司2.98%的权益。再次，陈某认可收取了荆某的190万元，虽其主张该190万元是借款而非股权转让款，但陈某并未提供任何证明借款关系的相关证据，而在陈某出具的收据中，其写明已收齐与荆某于

2008 年 8 月 20 日签订的 190 万股股权转让款 190 万元。因而，本案陈某与荆某之间股权转让关系成立，荆某已依约履行了支付股权转让款的义务，陈某抗辩否认所签股份转让协议及股权证的真实性，主张收取的 190 万元系借款的理由不能成立。陈某抗辩认为转让的股票价格与市场真实交易不符，存在显失公平及非法因素。因双方在股份转让协议中对转让的股份价格进行了约定，荆某已按协议履行了付款义务，陈某已在收据中明确收齐了股权转让款，且直至本案荆某诉讼前陈某并未行使撤销权，故陈某该抗辩理由不能成立。陈某、大康公司抗辩认为本案股权转让违反《公司法》第 138 条的规定，未在依法设立的证券交易场所或者按照国务院规定的其他方式进行，但该规定不能否定荆某个人通过合法的民事行为取得股份的权利，也不影响陈某与荆某之间股份转让协议的效力。综上所述，案涉股份转让协议系陈某与荆某的真实意思表示，内容不违反法律、行政法规的强制性规定，且荆某已按协议完成了支付股权转让款的义务，故该协议应认定为有效。

（2）陈某应如何承担本案民事责任。《合同法》第 60 条第 1 款规定“当事人应当按照约定全面履行自己的义务”，荆某已依约履行了支付全部股权转让款的义务，陈某也应依约履行相应义务。双方所签股份转让协议第 2 条约定“陈某自股份转让之日起，不再享有大康公司该转让部分的权利，亦不承担相应的义务，其在大康公司的权利义务由荆某承继”，而荆某受让的陈某 190 万股大康公司股票，通过大康公司历年股份权益分派，截至 2016 年 6 月 30 日已增至 2859.12 万股，该增加部分的权利依约应由荆某享有。对于荆某要求陈某交付 2859.12 万股股票的诉讼请求，经审查，陈某与荆某的股权转让发生在大康公司上市之前的 2008 年，之后在大康公司上市公告中并未将荆某登记在股东名册。根据股份有限公司首次公开发行股票的要求，大康公司有关的财务记载、股东信息已经相关行政部门审查确认，且已向社会公开披露。现荆某要求陈某交付 2859.12 万股股票，势必与大康公司首次公开募股已经行政部门审查确认的内容不一致，也与大康公司向社会公开披露的信息相悖。为维护大康公司首次公开募股的行政审查效力及对公众披露信息的确定性，对荆某要求陈某交付 2859.12 万股股票的诉讼请求不予支持。对于荆某的第二项诉讼请求“若陈某不能交付股票，则请求按从大康公司上市之日起至给付之日止该股票的每股最高价 6.68 元作为标准给予相应的财产损失赔偿”及第三项诉讼请求“陈某支付 2016 年 6 月 30 日起至股票交付之日止产生的分红、送股、配股、转增股等派生权益”，该两项诉讼请求实际为请求陈某给付190万股股票自股权转让以后所派生的相应财产权益。本院认为，在对荆某要求陈某交付股票的诉讼请求不予支持的情况下，荆某基于其与陈某之间有效的《股份转让协议》，主张受让的190万股股票所派生的财产权益应予以支持。但在荆某主张的股票数量已从190万股增至2859.12万股的情况下（截至2016年6月30日），还要求以大康公司上市之日至给付之日期间的最高价6.68元计算每股价格没有依据，其股价应以增至2859.12万股之后的价格来确定。因股票价格不断变化，宜以本判决执行之日的股票价格为计算依据。而对于2859.12万股股票在2016年6月30日之后所产生的权益，则以大康公司公示资料为准。对于荆某的第四项诉讼请求“陈某交付大康公司2016年6月30日前派发的税后现金红利321,100元”，因该部分属于荆某受让的190万股股票已经派发的红利，陈某应向荆某支付，故对荆某该项请求予以支持。

（3）大康公司是否应对陈某的支付义务承担连带清偿责任。本案为股权转让纠纷，股权转让关系发生在陈某与荆某之间，大康公司仅为《股份转让协议》所针对的目标公司，并非协议的相对方，其在该协议中既不享有权利也不负有相关义务。虽然大康公司为荆某颁发了股权证，但其义务仅限于将荆某登记于公司股东名册，办理相关的股权变更手续，而非为股东转让股权行为承担责任，故对荆某要求大康公司承担本案连带清偿责任的诉讼请求不予支持。

（4）荆某的起诉是否超过诉讼时效。大康公司答辩提出，因签订股份转让协议时大康公司的股票并没有相关禁售的规定，荆某也明知股权变更需要进行登记，因而诉讼时效应从协议签订时开始计算。从双方签订的协议内容来看，仅约定了陈某从转让之日起将190万股股票的权利转让给荆某，但对何时办理股权变更手续以及何时交付股票财产权益均没有约定。根据《合同法》第62条第4项“履行期限不明确的，债务人可以随时履行，债权人也可以随时要求履行，但应当给对方必要的准备时间”的规定，荆某有权随时要求陈某履行股权变更或交付相关财产权益的义务。根据最高人民法院《关于审理民事案件适用诉讼时效制度若干问题的规定》第6条“未约定履行期限的合同，依照合同法第六十一条、第六十二条的规定，可以确定履行期限的，诉讼时效期间从履行期限届满之日起计算；不能确定履行期限的，诉讼时效期间从债权人要求债务人履行义务的宽限期届满之日起计算，但债务人在债权人第一次向其主张权利之时明确表示不履行义务的，诉讼时效期间从债务人明确表示不履行义务之日起计算”的规定，本案的诉讼时效应从荆某向陈某要求履行义务的宽限期届满之日起计算，或者以陈某表示不履行义务之日起计算。因本案并无证据证明陈某在荆某提起本案诉讼之前表示过不履行义务，且陈某并未提出诉讼时效的抗辩，故荆某提起本案诉讼要求陈某履行股权转让协议，并未超过诉讼时效，大康公司的抗辩理由不能成立。

二审法院观点：本案二审争议焦点为：（1）《股份转让协议》是否有效；（2）荆某是否依约完成价款支付义务；（3）《股份转让协议》约定的 190 万股股份产生的派生权益归谁所有。

（1）《股份转让协议》是否有效

《公司法》第 137 条规定，股东持有的股份可以依法转让。《股份转让协议》签订时大康公司为股份有限公司，《公司法》第 138 条对股份有限公司股东转让股份场所或方式的规定，对股权转让关系效力并无影响。陈某作为大康公司的股东转让其持有的大康公司股份是对自己权利的正常处分，不违反法律、行政法规的强制性规定。从本案查明的事实看，在《股份转让协议》签订后，陈某并未将拟转让的股份交付给荆某，而是由其继续持有，而对于股份交付或者变更的具体期限，双方当事人亦未明确约定。该股份转让关系不会引起陈某股东身份及大康公司股权关系的变化，亦不导致对股份转让市场秩序的负面影响。陈某主张《股份转让协议》无效，无事实和法律依据，本院不予支持。

（2）荆某是否依约完成价款支付义务

根据本案查明的事实，2008 年 8 月 20 日《股份转让协议》约定的股份转让价格为 200 万元。该协议签订后，荆某分别于 2008 年 11 月 13 日和 12 月 30 日通过银行转账方式向陈某支付 150 万元和 40 万元，共计支付 190 万元。虽然，在转账凭证注明的款项用途中未载明所转款项即为股份转让款，但作为股份转让人的陈某于 2008 年 12 月 30 日出具收据，载明“收齐”其与荆某 2008 年 8 月 20 日签订的 190 万股股份转让款 190 万元。上述事实从付款时间、款项金额等方面均可相互印证，亦与荆某关于双方当事人将协议约定的股权转让款由 200 万元变更为 190 万元的陈述相吻合，证明荆某向陈某支付的 190 万元即为《股份转让协议》约定的股份转让款，表明荆某已依约履行股份转让款支付义务。陈某主张荆某未履行股份转让款支付义务，无事实依据，不能得到支持。

（3）《股份转让协议》约定的190万股股份产生的派生权益归谁所有

本案中，在《股份转让协议》签订后，陈某并未将转让的190万股股份交付给荆某，而是由其继续持有，其与荆某之间实际形成股份转让与股份代持两种法律关系。在该法律关系中，陈某仅作为被转让股份的显名股东存在，该部分被转让股份产生的权利义务应由作为实际权利人的荆某享有，190万股股份产生的派生权益亦应归属于荆某。并且，《股份转让协议》第3条明确约定，陈某从其股份转让之日起，不再享有大康公司该转让部分的权利，也不承担相应的义务，该转让部分的权利义务由荆某承继。表明陈某与荆某就该190万股股份在转让后产生的权利义务作出了明确、具体的安排。该行为系当事人的真实意思表示，是当事人对各自权利义务的正常安排，应予认可。在此情形下，陈某主张该190万股股份产生的派生权益归其所有，无事实和法律依据，不能得到支持。

三、股权转让款不能协商一致确定的，股权转让协议不成立

案　　号：（2012）沪一中民四（商）终字第1291号

案件名称：李A与杨B股权转让纠纷案

裁判要旨：股权转让价款的确定与股东持股比例、法人财产状况、公司潜力及股东的理念与意志密切相关，而不存在市场价、政府指导价等《合同法》规定的可供参照的标准。作为股权转让协议的主要条款，如果股权转让价款确实不能协商确定，则股权转让协议不成立。当事人对转让价款是否达成一致须综合全案的事实与证据，合理认定。

案情简介

上诉人（原审原告）：李A

被上诉人（原审被告）：杨B

被上诉人（原审被告）：李C

被上诉人（原审被告）：杨D

李A与杨D系再婚夫妻关系。杨B系杨D与前夫之子，李C系李A与前妻之子。E公司于1992年4月13日成立，注册资本人民币1680万元，为有限责任公司。李A原持有E公司42.05%股权，杨D原持有E公司57.95%股权。公司现由杨B实际经营。

2009年3月5日，杨D（甲方）、李A（乙方）作为出让方与作为受让方的杨B（丙方）、李C（丁方）签订一份股权转让协议约定：(1)甲方将所持有的E公司57.95%股权转让给丙方，乙方将所持有的E公司14.05%股权转让给丙方，乙方将所持有的E公司28%股权转让给丁方；(2)附属于股权的其他权利随股权的转让而转让；(3)受让方于本协议签订之日起30日内，向出让方付清全部股权转让价款；(4)本协议一式五份，协议各方各执一份，标的公司执一份，以备办理有关手续时使用；(5)本协议各方签字后生效。随后，上述股权出让方与受让方在工商登记管理机关办理了股权变更登记手续。

E公司的公司章程第5条记载：股东杨B出资额1209.60万元，投资比例72%；股东李C出资额470.40万元，投资比例28%。E公司工商登记记载：公司法定代表人季某某；公司注册资本1680万元；股东李C出资额470.40万元，股东杨B出资额1209.60万元。后李A向法院提起诉讼，以股权转让协议缺少价款条款，请求确认股权转让协议不成立。

裁判结果

一审驳回李A诉讼请求。

二审维持原判，驳回李A上诉请求。

各方观点

李A观点：涉案股权转让协议内容不完整，缺乏相应的价款要件，且价款是涉案股权转让协议的必备条款，缺少该条款，合同无法履行，不能成立。

杨B观点：股权转让并不必然是有偿的，本案中李A和杨D赠与的意思表示明确，涉案股权转让协议并没有缺少相应的条款。

李C观点：同意李A的请求，本案所涉股权转让属有偿转让。

杨 D 观点：涉案股权转让确属无偿转让，而且涉案股权转让协议已经履行完毕，李 A 再主张协议不成立没有法律依据。

法院观点

一审法院观点：对于涉案股权转让协议是否成立的争议焦点，李 A 与杨 B 等各执一词。根据各方当事人的诉辩理由以及提供的证据，本院以为，首先，《合同法》总则以及分则并没有规定缺少价款条款合同就不成立，而《合同法》对于价款的补缺性规定，说明价款不是考量合同成立的必备条件。其次，从争议的股权转让协议的履行角度看，双方有意思表示一致的履行行为。李 A、杨 D 具有出让股权行为，杨 B、李 C 具有受让股权行为，双方的共同行为构成了股权的变更行为。因此，变更股权的事实行为印证了争议协议的成立。再次，E 公司无论是公司外部记载（工商登记）还是公司内部记载（公司章程）均表明存在股权已经交付的法律事实，且受让人杨 B 参与公司经营。由此，李 A 要求确认股权转让协议不成立的请求权因无基础规范而不能得到支持。另外，由于争议焦点系合同成立与否，与 E 公司无关，在本案中无须追加 E 公司为第三人。

二审法院观点：在本案中，李 A 主张其虽签订了涉案股权转让协议，但没有就具体的转让价款与受让方达成一致，协议签订后至本案诉讼前的 2 年多时间内，仍未商定价款，故请求确认涉案股权转让协议未成立。基于李 A 的诉请，二审法院充分审核了涉案股权转让协议以及其他相关证据，注意到股权转让协议就有关具体转让价款确未作约定，仅就支付时间约定为："受让方应于本协议签订之日起 30 日内，向出让方付清全部股权转让价款。"就协议各方的书面约定而言，股权转让价款的确定应当是协议各方另行商定的。如此，本案的争议焦点便集中于，签订涉案股权转让协议的各方是否就股权转让价款已经达成一致。本院着重分析如下：

股权有别于一般商品，因为股权的特殊属性，股权价款的确定与普通商品价款的确定存在显著差异。股权转让价款的确定与股东持股比例、法人财产状况、公司潜力及股东的理念与意志密切相关，而不存在市场价、政府指导价等《合同法》规定的可供参照的标准。故本院认为，作为股权转让协议的主要条款，如果股权转让价款确实不能协商确定，则股权转让协议不成立。

然而，本院在审理中注意到各方在订立涉案股权转让协议之后不久，股权出让方李A、杨D与受让方杨B、李C即在工商登记管理机关办理了股权变更登记手续。而且作为出让股东之一的李A在股权变更登记之后、本案涉讼之前的很长一段时间内，甚至，从未向受让方主张过股权转让价款。如此，本院有充分理由相信，涉案股权转让协议各方就股权转让价款具体的支付金额和方式已然达成合意，该合意无非为出让方李A、杨D已经免除了价款或协议各方已经以其他方式确定了价款。又鉴于签订涉案股权转让协议各方是父子或母子关系，故免除股权转让价款或以其他形式确定价款具有很大可能性。涉案股权转让协议实际已经履行完毕，现李A在股权变更登记手续已经完成多年之后主张涉案协议不成立，显然不符合一般常理，本院对其诉讼请求难以支持。此外，本院需要指出的是，如李A坚持认为其出让系争股权系有偿，则可以通过其他形式主张权利。

四、股权转让合同可以约定用公司利润支付股权转让款，但不能以此作为不按期支付股权转让款的理由

案　　号： 一审：（2008）南商初字第30048号

二审：（2010）青民二商终字第84号

案件名称： 李甲与李乙股权转让纠纷案

裁判要旨： 根据《公司法》的规定，利润分配主体是公司，公司是否分配利润，取决于公司是否有利润以及公司股东会是否通过利润分配决议。从股权转让协议的约定来看，以公司利润支付股权转让价款只是双方约定支付股权转让款的一种付款方式，并不是支付股权转让款所附的条件。即使公司不分配利润也不能成为股权出让方不支付受让方股权转让款的正当抗辩理由。出让方长期不支付转让款构成根本违约，受让方可据此要求解除双方之间的股权转让合同。

案情简介

上诉人（原审被告）：李甲

被上诉人（原审原告）：李乙

青岛霄泰经贸有限公司系由李乙及案外人李丙共同出资，于2006年3月15日所设立。其中，李乙的投资额为人民币27万元，占注册资本的54%，李丙投资的投资额为人民币23万元，占注册资本的46%。2007年3月27日，经青岛霄泰经贸有限公司股东会决议，李乙将所持公司股份的50%进行转让，其中45%转让给李甲，转让价格为人民币22.5万元，4%转让给案外人朱某某，转让价为人民币2万元，1%转让给李丙，转让价为人民币5000元。

2007年4月9日，李乙与李甲签订股权转让协议书，就转让青岛霄泰经贸有限公司股权之事宜达成协议，协议主要内容为：李乙将其拥有的青岛霄泰经贸有限公司股权中的45%转让给李甲，股权转让金为人民币22.5万元。转让后，李甲的股权占公司注册资本的45%，李乙的股权占公司注册资本由原来的54%降至4%。李甲暂无资金给付李乙，李乙同意李甲于2007年12月31日之前付清人民币22.5万元股权转让金，本合同签订之日，李甲向李乙出具欠条。如截至2007年12月31日，李甲的应得利润达不到人民币22.5万元的数额，李甲应当积极筹措其他资金支付上述股权转让金。转让协议签署之后，李乙负责向有关部门办理本次股权转让的审批及变更手续，其中包括公司章程的修改。李乙在足额收回此股权转让资金之后，将欠条交还给李甲，双方股权转让协议履行完毕。如李甲未在2007年12月31日之前付清人民币22.5万元的股权转让金，李乙有权选择依法申请撤销本协议。

2007年4月30日，李甲向李乙出具欠条一张，主要内容为，今欠李乙股权转让金人民币225,000元，可以从本人在青岛霄泰经贸有限公司的利润中支付给李乙。2007年3月28日，经申请并办理相关手续后，青岛霄泰经贸有限公司股东由李乙、李丙变更为李乙、李甲、李丙、朱某某。

李乙向法院提起诉讼，要求行使解除权，解除与李甲之间签订的股权转让协议，李甲返还李乙青岛霄泰经贸有限公司45%的股权。

裁判结果

一审法院依照《合同法》第94条、第96条、第97条之规定，判决解除李乙与李甲签订的股权转让协议，李甲返还李乙青岛霄泰经贸有限公司45%的股权。

二审法院判决驳回上诉，维持原判。

各方观点

李乙观点：双方约定李甲于2007年12月31日前支付股权转让款，李甲至今仍然拒绝给付股权转让款，李乙有权按照协议约定撤销转让协议，即解除双方所签订的股权转让合同。

李甲观点：（1）从利润中支付股权转让金是附条件支付的合同约定，对双方应发生约束力。李甲与李乙于2007年4月9日签订股权转让协议对于支付股权转让金的约定有两层含义：一是双方约定李甲于2007年12月31日前付清22.5万元的股权转让金，李甲向李乙出具欠条，该层次确定了双方已由股权转让的关系转化为债权债务关系。二是如2007年12月31日前李甲的利润达不到22.5万元的数额，李甲筹措其他资金支付的约定，该层次确定了转让金的支付是附条件的，该股权转让金应从李甲2007年12月31日的应得利润中支付。只有在确定李甲年底应得利润不足支付的情况下，李甲再行筹措其他资金支付。（2）李甲未支付股权转让金的原因在于股权转让协议约定的付款条件未成就。因为至今法院未对2007年12月31日的利润有生效的认定。

法院观点

一审法院观点：李乙与李甲之间所签订的股权转让协议书依法成立，对双方具有法律约束力，双方应按照协议约定履行各自的义务。同时，李甲就股权转让金问题向李乙所出具的欠条，应视为对合同中如何给付股权转让金条款的具体补充约定，系李甲的真实意思表示，具有法律约束力。在李乙履行完相关股权审批及变更手续的合同义务后，李甲应履行给付股权转让金的合同义务。李乙与李甲之间关于李甲可以从青岛霄泰经贸有限公司利润中支付相应股权转让金的约定，仅系李甲履行合同义务的一种方式，但该给付方式并不具备唯一性，无论青岛霄泰经贸有限公司利润是否超过22.5万元股权转让金的数额，李甲均应按照约定在2007年12月31日之前履行完合同义务。李甲未按照合同约定，于约定给付期限前付清22.5万元股权转让金，构成根本性违约，在此情形下，李乙以诉讼方式通知李甲，请求解除与李甲之间的股权转让协议，符合法律相关规定。李乙诉讼请求合理，应予以支持。返还股权系解除李乙与李甲签订的股权转让协议之必然后果，本院对此诉讼请求亦予以支持。

二审法院观点：本案争议的焦点问题是上诉人与被上诉人签订的股权转让合同应否解除。上诉人李甲与被上诉人李乙签订的股权转让合同系双方当事人真实意思表示，且未违背国家相关法律法规的强制性规定，合法有效，当事人均应恪守履行。双方协议签订后，被上诉人李乙根据股权转让协议约定，已将相应股权变更至李甲名下，但李甲至本案诉讼期间，仍没有且拒绝向被上诉人李乙支付股权转让款。上诉人李甲称，其不支付股权转让款的原因是合同约定付款条件不成就以及被上诉人李乙侵害其分配利润的权利，上诉人李甲是在行使正当的抗辩权。对此本院认为，双方在合同中以及 2007 年 4 月 30 日出具的欠条中，载明以李甲在公司中的利润支付股权转让款，不足部分由李甲另行筹措资金支付。从该约定看，这只是双方约定上诉人李甲向被上诉人李乙支付股权转让款的一种付款方式，并不是对上诉人李甲支付股权转让款所附的条件。根据《公司法》的规定，利润分配主体是公司，公司是否分配利润，取决于公司是否有利润以及公司股东会是否通过利润分配决议。而被上诉人李乙与上诉人李甲签订股权转让协议，是被上诉人李乙对自己私权利的处分，即使公司不分配利润或如上诉人所言公司停止李甲在公司中的工作侵害上诉人李甲的权利，也不能成为上诉人李甲不支付被上诉人李乙个人股权转让款的正当抗辩理由。上诉人李甲在受让股权长达两年多的时间里，拒绝向被上诉人李乙支付股权转让款，违反了双方合同第 5 条第 1 款的规定以及法律的相关规定，构成根本违约，被上诉人据此要求解除双方之间的股权转让合同合法有据，本院予以支持。至于上诉人李甲在法院判令股权转让合同解除前，与公司之间存在的其他纠纷可另行寻求法律救济。

律师点评

股权转让合同进入履行阶段，转让方的主要义务是向受让方转移股权，受让方的主要义务是按照约定向转让方支付转让款。股权转让合同的标的为股权，转让方的交付义务实际上体现为对公司的一种通知义务，即转让方将股权转让的事实及要求，公司办理变更登记手续的意思通知公司的行为。股权转让合同的履行看似简单，然而，在真实的商业交易过程中，各方往往会因为各种各样的问题产生诸多争议和纠纷。

股权转让合同的成立与生效是股权转让的前提和基础，而要使股权转让真正地完成，有赖于股权转让合同的履行即股权的交割。不同于有形动产、不动产、商标权等权利交付，股权既没有特定的、统一的权利证书作为其表现形式，也没有交付界限和标志，有学者认为有限责任公司股权转让以公司股东名册的变更登记为准，有学者认为只要股权转让方将转让的事实以书面方式通知了公司即完成了股权转让，也有学者认为以工商变更登记作为股权交付的标志，因此，股权的交割具有复杂性。

股权是综合性的权利，内容包含权属和权能，权属更多地体现为股东资格，权能则侧重于股东权利。因此，股权交付包括权属转让和权能转移。股权权属主要通过股东出资证明书、股东名册、工商注册文件等形式表现，权属转让即将相关权属证明进行相应的变更，包括公司内部股东名册变更和外部工商变更。外部工商登记属于宣示性的登记，而不是设权性登记。股东的工商登记来自公司的登记，或者说股东的工商登记以公司股东名册为基础和根据。这不仅表现为程序上的时间顺序，更是由两种登记的不同性质决定的。公司股东名册的登记确定股权的归属，工商管理部门将其进行工商登记。公司股东名册的登记发生变动，工商登记的内容亦作相应的更改。两者之间的关系决定了在发生差异的时候，即工商登记的内容与公司股东名册登记内容不一致的时候，公司股东名册的登记内容应作为确认股权归属的根据，股东权利的获得与行使并不以工商登记程序的完成为条件。权能的转移则是股东享有的各种权利，包括参与公司管理的共益权和分配公司盈利的自益权等实际地转由受让人行使。由于股权权能的实现需通过公司才能实际享有，有赖于公司和其他股东的协助和配合。

对于有限责任公司的股权变动，2019 年《全国法院民商事审判工作会议纪要》中认为，当事人之间转让有限责任公司股权，受让人以其姓名或者名称已记载于股东名册为由主张其已经取得股权的，人民法院依法予以支持，但法律、行政法规规定应当办理批准手续生效的股权转让除外。未向公司登记机关办理股权变更登记的，不得对抗善意相对人。2019 年《全国法院民商事审判工作会议纪要》的上述规定明确了以股东名册变更作为股权转移的标志，区分了股权转让合同生效与股权权属变更，区分了股东名册记载与公司登记机关记载的效力，兼顾了转让股东、受让股东的利益以及对公司债权人和不特定相对人的保护。

此外，是否依约支付股权转让款也是股权是否转让，受让人是否取得公司股权的重要因素。根据权利义务一致原则，受让人依约支付了股权转让款后，在不存在合同无效或违反强制性效力性法律规定的情形下，即便未办理相关权属变更，受让人也当然受让股权，享有股东权利。

第三节　股权转让合同的违约与解除

一、解除合同应当向对方当事人提出，合同解除后，违约一方应依据合同约定承担相应的违约责任

案　　号：一审：（2006）穗中法民二初字第217号

二审：（2007）粤高法民二终字第165号

再审：（2010）民提字第153号

案件名称：广东达宝物业管理有限公司与广东中岱企业集团有限公司、广东中岱电讯产业有限公司、广州市中珊实业有限公司股权转让合作纠纷案

裁判要旨：股权转让合同中，即使双方约定转让的股权系合同外的第三人所有，但只要双方的约定只是使一方负有向对方转让股权的义务，而没有实际导致股权所有人的权利发生变化，就不能以出让人对股权无处分权为由认定股权转让合同无效。一方要解除合同应当向对方当事人提出。解除合同方未向对方提出而是在其他合同中与他人约定解除前述合同的，不发生合同解除的效果。商事合同中双方常常对合同义务附加前提条件，在条件未成就时合同义务实际上并不存在，故也谈不上履行问题，此时，针对该义务约定的违约金条款就不能适用。

案情简介

申诉人（一审被告、二审上诉人）：广东中岱企业集团有限公司（以下简称中岱集团公司）

申诉人（一审被告）：广东中岱电讯产业有限公司（以下简称中岱电讯

公司)

申诉人(一审被告):广州市中珊实业有限公司(以下简称中珊公司)

被申诉人(一审原告、二审被上诉人):广东达宝物业管理有限公司(以下简称达宝公司)

2005年12月12日,达宝公司与中岱电讯公司、中珊公司签订《合作协议书》,约定:三方以重组后的中珊公司作为经营平台,共同对目标地块进行房地产开发;合作的前提和基础为中岱电讯公司承诺,中岱电讯公司有权处置中珊公司100%的股权,中岱电讯公司和中珊公司承诺,中珊公司对外没有任何债权债务。股东夏某、苏某无条件将穗国地出合[2005]133号《广州市国有土地使用权出让合同》项下琶洲PZB1301地块(目标地块)使用权转入中珊公司名下。中珊公司股权作价为49,380万元(其中土地出让金46000万元,注册资本2000万元,契税1380万元)。中岱电讯公司将其持有的中珊公司100%股权中的10%股权转让给达宝公司。股权转让价款的支付方式为:2005年12月13日前,达宝公司支付首期受让款3000万元整,此款用于支付目标地块的土地出让金,余款在2005年12月30日付清。协议还约定,由于交纳该地块土地出让金的需要,中岱电讯公司希望达宝公司能尽快投入资金,虽然已办妥达宝公司10%的股权登记手续,但不等于双方已就双方合作事宜及公司章程等达成一致,因此,如双方未能在该协议签订后三个月内就合作事宜达成一致(合作各方就该目标地块的合作事宜正式签订协议),达宝公司有权退出合作,中岱电讯公司同意以5285万元受让达宝公司持有中珊公司的10%股份,并即全额付清款给达宝公司,如中岱电讯公司未能如期履行,中岱电讯公司同意向达宝公司支付违约金,违约金额按未履行金额每天0.2%计算。任何一方未能全面履行该协议,违约方应承担违约责任。违约方除须赔偿中珊公司损失外,还须向其他股东支付违约金,违约金额按违约金额每天0.2%计算。中珊公司为中岱电讯公司在该协议中的责任和义务提供全面担保,如中岱电讯公司未能全面履行该协议,中珊公司同意为中岱电讯公司该协议项下的全部责任和义务承担连带责任。

2005年12月12日,中岱集团公司向达宝公司出具一份《承诺书》,内容为:由于急需在2005年12月13日交纳该地块的土地出让金,中岱集团公司希望达宝公司在中岱集团公司、达宝公司双方未能谈妥有关合作事宜前,先行准备资金3000万元,以保证届时能按时向政府交纳土地出让金。如双方未能就合作事宜达成一致，达宝公司在准备该资金过程中的损失由中岱集团公司承担。2005年12月13日，达宝公司支付给中珊公司3000万元，中珊公司随即将该款用于支付夏某、苏某交纳给政府的土地出让金。

由于夏某、苏某违反与广州市国土资源和房屋管理局（以下简称广州国土局）签订的合同没有按期支付土地出让金，广州国土局解除了与其签订的《广州市国有土地使用权出让合同》，收回出让给夏某、苏某的琶洲PZB1301地块，并于2006年1月14日在广州市房地产交易登记中心重新公开挂牌转让。

2006年2月23日，达宝公司向中岱电讯公司、中珊公司发函称目标地块由于未按期交付土地出让金被政府收回，合作各方已无可能就合作事宜达成一致，故要求终止合作，并要求中岱电讯公司、中珊公司尽快退还达宝公司款项。2006年6月9日，中岱集团公司向达宝公司出具一份《承诺函》，内容为：达宝公司原已交付国有土地出让金3000万元，由中岱集团公司负责偿还，包括原达宝公司与中岱电讯公司签订的资金费用。经多次交涉，中岱电讯公司、中岱集团公司、中珊公司未返还达宝公司款项，达宝公司遂提起诉讼。

2006年9月8日，达宝公司向广州市中级人民法院提起诉讼，请求：(1) 解除达宝公司与中岱电讯公司、中珊公司签订的《广州市中珊实业有限公司股权转让合作协议书》（以下简称《合作协议书》）。(2) 判令中岱电讯公司、中珊公司、中岱集团公司返还达宝公司3000万元，支付资金费用（损失赔偿）2285万元，支付逾期付款利息（按5285万元为本金，按逾期归还银行贷款利率计算，从2006年2月23日起计算至实际返还之日止，暂计至起诉之日止为2,158,000元），上述合计为55,008,000元。

一审判令：(1) 解除达宝公司与中岱电讯公司、中珊公司签订的《合作协议书》。(2) 中岱电讯公司在判决生效之日起10日内向达宝公司返还股权转让款3000万元、赔偿预期利益损失2285万元，并以5285万元为本金从2006年2月24日起至付清款项之日止按中国人民银行规定的同期同类逾期贷款利率计付逾期付款违约金。逾期履行，按照《民事诉讼法》（2007年）第229条[1]规定执行。(3) 中珊公司和中岱集团公司对中岱电讯公司在判决第2项中所应承担的债务负连带清偿责任。(4) 驳回达宝公司其他诉讼请求。

---

〔1〕 2017年修正的《民事诉讼法》第253条。

中岱集团公司不服一审判决，向广东省高级人民法院提起上诉。广东省高级人民法院二审查明以下事实：达宝公司、中岱电讯公司、中珊公司在合作协议书中约定三方同意中岱电讯公司所转让的中珊公司的10%的股权转让价为4931万元。股权转让后，中岱电讯公司持有中珊公司90%的股权，达宝公司持有10%的股权。股权转让价款的支付方式为：2005年12月13日前，达宝公司向中岱电讯公司支付股权首期受让款3000万元整，此款用于支付目标地块的土地出让金，余款2005年12月30日前向中岱电讯公司付清。2005年12月13日，中珊公司向达宝公司出具一张收据，载明：收到达宝公司投资款人民币3000万元整。同日，中珊公司将3000万元汇入广州市土地出让金财政专户。2006年2月23日，达宝公司向中岱电讯公司、中珊公司发函称：目标地块由于未按期交付土地出让金被政府收回，达宝公司与中岱电讯公司、中珊公司已无可能就合作事宜达成一致，因此，达宝公司通过该函正式通知其终止与中岱电讯公司、中珊公司的合作，并请中岱电讯公司、中珊公司按照协议书尽快退回达宝公司的款项。2006年6月9日，中岱集团公司向达宝公司出具的承诺函内容为：达宝公司与中岱集团公司下属企业中岱电讯公司合作经营的中珊公司（开发位于琶洲广交会新馆南面PZB1301地块），由于该地块已被广州国土局收回，达宝公司原已交付国有土地出让金3000万元，由中岱集团公司负责偿还，包括原达宝公司与中岱电讯公司签订的资金费用。

另查明：2005年10月14日，作为出让方的广州国土局与作为受让方的夏某、苏某签订了《广州市国有土地使用权出让合同》，通过挂牌方式将琶洲PZB1301地块以46000万元出让给夏某、苏某。2005年10月25日，夏某、苏某签订了《广州市中珊实业有限公司章程》，出资设立中珊公司。2005年12月5日，中珊公司经广州市工商行政管理局登记成立，公司注册资本人民币2000万元，法定代表人为张某某。

一审诉讼中，中珊公司提交一份《关于穗国房函［2005］1616号的复函》，主要内容为："广州市国土资源和房屋管理局，贵局于2005年12月29日邮递给我夏某、苏某《关于解除琶洲PZB1301地块出让合同的函》（穗国房函［2005］1616号），我们不同意贵局单方解除琶洲PZB1301地块出让合同。自然人买地，我们需要时间注册项目公司等事宜，我们在合同约定时间12月14日前已交土地出让金：7380万元（一次性交清契税：1380万元）。在我们交款不到12个小时内，贵局就在12月15日作出单方解除合同，12月20日贵局又开具出土地出让金缴款单让我们交纳，贵局单方解除的公函我们却在15天后（12月29日）才收到。我们认为贵局对一个企业在12小时内所作出这么重大的决定有所欠妥……中珊公司、夏某、苏某。2006年1月12日。”

广州国土局以夏某、苏某违反合同约定，没有按期支付土地出让金为由，解除了与其签订的《广州市国有土地使用权出让合同》，收回出让给夏某、苏某的琶洲PZB1301地块，并于2006年1月14日在广州市房地产交易登记中心重新公开挂牌出让。

除以上事实外，广东省高级人民法院二审查明的事实与一审判决查明的事实相同。二审驳回上诉，维持原判。

二审判决后，中岱集团公司不服该判决，向最高人民法院申请再审。最高人民法院于2008年3月4日将其申请材料批转广东省高级人民法院审查。

广东省高级人民法院审查查明的事实与二审判决查明的事实一致。中岱集团公司在申诉期间，提供了夏某、苏某与达宝公司于2005年12月13日签订的合作合同书，约定：“一、股东股权转让及中珊公司重组。1. 股东夏某在中珊公司持有股权85%，出资人民币1700万元整，其中将转让给达宝公司50%股权，即50%股权按原值转让金为人民币1000万元。2. 股东苏某在中珊公司持有股权15%，出资人民币300万元整，全部转让给达宝公司，即15%股权按原值转让金为人民币300万元。3. 转让后的中珊公司股权比例：达宝公司占65%，夏某占35%。4. 重组后双方股东同意对中珊公司进行股权变更及管理，双方约定股权变更在目标地块（琶洲PZB1301地块）开发项目总建筑面积达到60%之时，即办理股权变更的工商登记手续，并对中珊公司的董事会进行调整，调整后中珊公司董事会由5名董事组成，其中达宝公司委派3人，夏某委派2人。5. 该合同签订之日起，达宝公司与中岱电讯公司签订的合作协议书自动失效，已支付的款项作为合作合同书的股权转让金，余额作为支付土地出让金的部份款……”

达宝公司否认与夏某、苏某签订了上述合作合同书。广东省高级人民法院经审查裁定驳回中岱集团公司的再审申请。

中岱集团公司不服一审判决、二审判决和广东省高级人民法院裁定书，向最高人民法院申诉，请求撤销广东高院裁定书，撤销一、二审判决，并驳回达宝公司的诉讼请求。

裁判结果

最高人民法院判决：（1）撤销广东省高级人民法院二审判决；（2）变更一审判决主文第 2 项为中岱电讯公司向达宝公司返还 3000 万元股权转让款，并向达宝公司支付该 3000 万元产生的利息（利息从 2006 年 2 月 24 日起按照中国人民银行同期贷款利率计算至实际付清之日）；（3）维持一审判决主文第 1 项、第 3 项、第 4 项。

各方观点

中岱集团公司观点：（1）该案纠纷系因中岱电讯公司处分中珊公司股权所引起，而中珊公司的股东并非中岱电讯公司，而是夏某某和苏某。无论是股权处分行为本身，还是案件的处理结果，都与股东夏某某和苏某有密切的利害关系。该案所涉的待开发地块，是夏某某和苏某通过挂牌竞拍向国土部门取得的，又因其未及时缴纳土地出让金而导致该地块被收回，致使达宝公司单方面解除股权转让协议。根据《民事诉讼法》的规定，该二股东应当以第三人身份参加诉讼，这也有利于查明事实及明辨是非，确定各方的过错及责任的分担。（2）股权转让协议约定：达宝公司受让中珊公司 10% 股权的转让价款为 4931 万元；2005 年 12 月 13 日前，达宝公司向中岱电讯公司支付股权首期受让款 3000 万元，余款在 2005 年 12 月 30 日前付清；中珊公司可以接受股东借款，按照年利率 25% 计算利息；如双方未能在该协议签订后三个月内就合作事宜达成一致，达宝公司有权退出合作，中岱电讯公司同意以人民币 5285 万元受让达宝公司持有中珊公司的 10% 的股份。可见，在双方合作不能完成的情况下，达宝公司取得 5285 万元退股款的前置条件是付清 10% 的股权的受让款 4931 万元，其余 354 万元则是按照年利率 25% 计算的利息。而该案事实是，达宝公司在支付了首期受让款 3000 万元之后，没有如约支付第二期余款 1931 万元。这不仅说明达宝公司违约在先并造成拍卖竞得的土地使用权被政府收回，而且达宝公司根本没有付清股权受让款，其所谓“预期利益损失”没有合同及事实依据。中珊公司的股权转让合约本应由中珊公司的股东夏某某和苏某与股权受让方达宝公司之间签署，并办理股权转让的工商变更登记方可有效。而中岱电讯公司与达宝公司在未得到夏某某和苏某的授权委托及确认的情况下，擅自签署协议，应属非法处分他人权益的行为，该协议应当认定为无效，达宝公司依据无效合同索取所谓的预期利益损失没有法律依据。(3) 中岱集团公司于 2005 年 12 月 12 日向达宝公司出具的承诺书，是中岱集团公司邀请达宝公司合作经营中珊公司亟待取得地块，并希望达宝公司在双方未谈妥合作事宜前，先准备资金 3000 万元，以用于缴纳土地出让金。但之后达宝公司并未与中岱集团公司签订任何合约，而是与中岱电讯公司及中珊公司签订了协议，并依据该协议支付了 3000 万元股权首期受让款。可见中岱集团公司的该承诺书实质上是签约意向书，但并没有得到响应，不产生法律约束力。中岱集团公司于 2006 年 6 月 9 日出具的承诺函，是中岱集团公司提议，中岱电讯公司和中珊公司欠付达宝公司的 3000 万元及资金费用由中岱集团公司负责偿还。该提议的法律意义是债务的转移。但达宝公司没有响应，而是选择了诉讼。中岱集团公司与达宝公司对债务转移一事未达成一致意见。达宝公司要求中岱集团公司与中岱电讯公司、中珊公司承担连带清偿责任没有合同及法律依据。

达宝公司观点：达宝公司依据合同的约定，要求中岱电讯公司赔偿损失、中珊公司承担担保责任，具有充足的事实和法律依据。(1) 中岱电讯公司与夏某某、苏某的关系不属该案调整的范围，夏某某、苏某无须参加该案诉讼。(2) 按合作协议书的约定，中岱电讯公司应以 5285 万元受让达宝公司持有的中珊公司 10% 股份，达宝公司以此计算预期利益的损失，有合同依据。(3) 中岱集团公司出具承诺书的行为是债务加入，并非债务转移。中岱集团公司认为达宝公司选择了向中岱电讯公司和中珊公司主张债权，就无权向中岱集团公司主张债权，没有依据。

法院观点

一审法院观点：达宝公司与中岱电讯公司及中珊公司签订的合作协议书未违反法律规定，系合法有效，各方当事人应依约履行。达宝公司已依约履行了给付股权首期受让款的义务，用于支付涉案地块的土地出让金，而中岱电讯公司却未能依约提供目标地块，致使合作目的不能实现，实属违约，故达宝公司基于这一事实要求解除合作协议及请求中岱电讯公司、中珊公司、中岱集团公司退还 3000 万元的转让款，理由充分，具有合同及法律依据，应予以支持。中岱电讯公司、中珊公司、中岱集团公司称达宝公司在合同约定的3个月期限未届满前即向其发出解除合同的通知，属于达宝公司违约。虽然达宝公司提出解除合同时合作协议书约定的3个月期限尚未届满，但达宝公司的该行为具有充分的客观事实依据，属于依法行使权利，故中岱电讯公司、中珊公司、中岱集团公司这一主张与事实不符，本院不予采纳。关于损失赔偿金问题，因为合作协议约定如双方未能在协议签订后3个月内就合作有关事宜达成一致（合作各方就目标地块的合作事宜正式签订协议），达宝公司有权退出合作，中岱电讯公司同意以5285万元受让达宝公司持有的中珊公司的10%股份，并即全额付清转让款给达宝公司，所以根据该约定，在有关合作事宜已无可能正式签订协议予以履行的情形下，达宝公司要求中岱电讯公司依照上述约定赔偿3000万元转让款之外的预期利益损失2285万元，符合合同各方当事人的真实意思表示，本院予以支持。此外，合同还订明若中岱电讯公司违约还须就其承诺支付的款项按每日2‰标准计付逾期付款违约金，但达宝公司放弃合同约定的较高利率标准，而主张按中国人民银行规定的同期逾期贷款利率计付利息，是其对自身权利的处分，应予准许。达宝公司请求从其行使正当权利提出解除合同的时间即2006年2月23日开始计算上述利息，符合法律的规定，该利息从其提出解除合同的次日起开始计算。中珊公司须按照合同的约定对中岱电讯公司的债务承担连带责任。中岱集团公司在其先后两次向达宝公司出具的承诺书中均表达了对中岱电讯公司的债务负责偿还的意愿，在第二份的承诺书（时间为2006年6月9日）中还明确其承担责任的范围为退还达宝公司交纳的土地出让金即上述转让款3000万元和达宝公司与中岱电讯公司签订的资金费用，又因达宝公司在接受中岱集团公司意愿的同时，并未放弃对中岱电讯公司、中珊公司责任的追究，故中岱集团公司的行为属于债务加入，其应依承诺内容向达宝公司承担退款3000万元及赔偿预期利益损失的责任。

关于诉讼主体问题。中岱电讯公司和中岱集团公司认为中珊公司的股东夏某某和苏某与该案有法律上的利害关系，申请将其追加为第三人以便查清事实。本院认为，合作协议是达宝公司与中岱电讯公司和中珊公司签订的，协议项下的有关权利义务仅与中岱电讯公司、中珊公司有关，夏某某和苏某不是协议的相对人，达宝公司亦不主张由其承担相应的责任，若中岱电讯公司、中珊公司认为夏某某、苏某的行为损害了其合法权益，应另行解决。故该两自然人并非必须成为该案当事人，中岱电讯公司、中珊公司的请求缺乏充分的法律和事实依据，本院不予支持。中珊公司认为广州国土局单方收回目标地块是造成该案合作协议不能履行及合同目的不能实现的事实原因，所以申请将该局追加为诉讼第三人。对此，因为即便是广州国土局的行为导致中岱电讯公司和中珊公司无法履行合同义务，依据《合同法》第121条的规定，中岱电讯公司和中珊公司也须就其与该局之间的纠纷依法另行解决，故中珊公司的申请不符合法律规定，本院予以驳回。

二审法院观点：根据中岱集团公司提出的上诉请求，诉讼双方争议的焦点，一是应否追加夏某某、苏某为第三人参加诉讼的问题，二是《合作协议书》解除后中岱集团公司、中岱电讯公司、中珊公司的责任承担问题。

关于是否应当追加夏某某、苏某为该案第三人参加诉讼问题。该院认为，中岱电讯公司、中珊公司和达宝公司签订的《合作协议书》是各方当事人的真实意思表示，签订该合同的目的，是为了共同对琶洲PZB1301地块进行房地产开发。其实质是以股权转让的形式，达到合作开发房地产项目之目的。各方合作的基础是中珊公司取得该地块的土地使用权。根据已查明的事实，夏某某、苏某在与广州国土局签订《广州市国有土地使用权出让合同》后，出资设立了中珊公司，并以中珊公司名义向广州市土地出让金财政专户支付了部分款项。夏某某、苏某为中珊公司的股东、董事，中珊公司法定代表人张某某亦系夏某某、苏某直接聘用，该案所涉3000万元亦是由中珊公司作为土地出让金支付。因此，中珊公司与达宝公司签订《合作协议书》，应认定为是受夏某某、苏某委托所为，合法有效。由于夏某某、苏某未按期缴纳土地出让金，广州国土局已收回琶洲PZB1301地块，并重新公开挂牌出让。中岱电讯公司、中珊公司、达宝公司合作开发该房地产项目已无基础，合同目的不能实现，其签订的《合作协议书》应予解除。《合作协议书》为中岱电讯公司、中珊公司与达宝公司签订，而该案仅涉及合同解除后相应的责任承担问题，达宝公司在该案中亦未向夏某某、苏某主张权利，因此，案件无追加夏某某、苏某为第三人参加诉讼之必要。中岱集团公司上诉认为一审法院未通知夏某某、苏某为第三人参加诉讼属遗漏诉讼主体、导致程序错误的主张，本院不予支持。

关于《合作协议书》解除后中岱集团公司、中岱电讯公司、中珊公司的责任承担问题。本院认为，达宝公司已依约支付股权首期受让款3000万元，而中岱电讯公司未能按承诺提供目标地块，致使合作目的落空，应承担相应的违约责任。达宝公司请求解除合同并返还3000万元及相应损失，应予支持。根据《合作协议书》的约定，达宝公司取得中珊公司10%的股权，应分两期支付4931万元给中岱电讯公司。因目标地块被收回，达宝公司实际仅支付股权首期受让款3000万元，并未支付第二期股权转让款1931万元给中岱电讯公司。因此，应以达宝公司已付3000万元所占应付款4931万元的比例，来确定达宝公司退出合作后中岱电讯公司实际应付的款项，即3000÷4931×5285=3215.3721万元。按《合作协议书》约定，从《合作协议书》签订之日起满3个月之日，即从2006年3月13日起，中岱电讯公司即应付清该款。因此，按当事人的约定，应从该日至付清款项之日止，以3215.3721万元为本金，按每天0.2%计算违约金。按《合作协议书》约定的该计算方式，已超过达宝公司所主张的按5285万元为本金从2006年2月24日起至付清款项之日止按中国人民银行规定的同期同类逾期贷款利率计付逾期付款违约金的计算方式（达宝公司主张的此计算方式是以赔偿预期利益损失2285万元为前提）。达宝公司虽然只按约定支付了第一期股权转让款3000万元，但在第二期股权转让款支付之日即2005年12月30日之前，合作地块就已被收回，故达宝公司未支付股权转让款余款，应认定为是行使不安抗辩权。中岱电讯公司、中岱集团公司、中珊公司亦未提出或举证证明达宝公司无力支付该款项。因此，应认定达宝公司在该案合同解除中并无过错。考虑达宝公司已放弃按合同约定的较高计算方式主张损失赔偿，因此，该案可按达宝公司的主张来计算预期利益损失及相应的损失赔偿，一审判决第2判项可予以维持。中岱集团公司关于协议无效、达宝公司依据无效合同索取的预期利益损失没有法律依据的上诉主张，本院不予支持。

中珊公司按《合作协议书》的约定应对中岱电讯公司的债务承担连带责任。中岱集团公司两次向达宝公司书面承诺对中岱电讯公司的债务负责偿还，属自愿对债务的承担行为，一审判决认定为债务的加入正确。一审法院判决后，中岱电讯公司、中珊公司亦未提出上诉。中岱集团公司上诉认为该案应属债务的转移，与事实不符，无法律依据，本院亦不予采信。本院认为一审判决认定事实清楚，判决结果正确，应予维持。

最高人民法院观点：达宝公司与中岱电讯公司、中珊公司签订的《合作协议书》约定三方共同对目标地块进行房地产开发，中岱电讯公司将其持有的中珊公司100%的股权中的10%的股权转让给达宝公司。虽然在该协议签订时中珊公司的股东是夏某、苏某，中岱电讯公司不持有中珊公司的股权，但该协议只是使中岱电讯公司负有向达宝公司转让股权的义务，而没有使达宝公司实际获得股权从而导致中珊公司股权发生变化，该协议也没有为中珊公司的股东夏某、苏某设定义务，没有侵害夏某、苏某对中珊公司享有的股权，故《合作协议书》不因中岱电讯公司不是中珊公司股东这一事实而无效。因《合作协议书》没有导致夏某、苏某持有的中珊公司的股权受到侵害，达宝公司也没有向夏某、苏某主张权利，故夏某、苏某与本案的处理没有法律上的利害关系。广州国土局解除其与夏某、苏某签订的土地使用权出让合同属另外的法律关系，其并不影响达宝公司按照《合作协议书》向中岱电讯公司主张权利。故原审法院没有追加夏某、苏某及广州国土局为案件当事人并无不当。《合作协议书》，约定达宝公司向中岱电讯公司购买中珊公司的股权以共同对涉诉土地进行开发，并约定在不能就土地合作事宜正式签订协议时达宝公司有权退出合作。后来，中珊公司没有取得涉诉土地的使用权，土地合作事宜无法达成协议，达宝公司要求退出合作，这可以表明签订《合作协议书》时达宝公司的目的是受让股权从而参与开发土地并获利，而不是向中岱电讯公司拆借资金。《合作协议书》第11条关于中岱电讯公司以5285万元买回股权的约定是协议各方为达宝公司退出合作时设定的利益安排，其不违反法律法规的强制性规定。《合作协议书》没有导致中珊公司股权实际发生变化，该协议并不违反《公司法》第72条的规定。《合作协议书》的当事人有无房地产开发资质只是对该协议能否履行可能产生影响，并不影响该协议的效力。故申诉人以《合作协议书》属企业间拆借资金、《合作协议书》第11条属保底条款、《合作协议书》违反《公司法》的相关规定以及《合作协议书》签约各方无房地产开发资质而主张其无效，缺乏事实及法律依据，对其主张本院不予支持。《合作协议书》属各方当事人真实意思表示，不违反法律法规的强制性规定，该协议应为有效。

中岱集团公司、中岱电讯公司、中珊公司提供的《合作合同书》载明该《合作合同书》系《合作协议书》签订后达宝公司又与中珊公司股东夏某、苏某所签订，且《合作合同书》中载明该合同签订之日《合作协议书》自动失效。因《合作合同书》中载明的当事人达宝公司否认该合同书的真实性，且主张该合同书系申诉人利用《合作协议书》的相关签约文件变造而成，故该《合作合同书》系真伪不明。达宝公司要使其签订的《合作协议书》失效或者解除《合作协议书》，应当向《合作协议书》的当事人作出表示，但夏某、苏某并不是《合作协议书》的当事人，所以即使《合作合同书》真实有效，该合同中有关《合作协议书》自动失效的约定也不能发生《合作协议书》解除的效果。申诉人主张《合作合同书》解除了《合作协议书》，不能成立，本院对其主张不予支持。达宝公司没有依据《合作合同书》向申诉人主张权利，该合同书是否真实及其是否实际履行也属另外的问题，与本案无关，本院对《合作合同书》不予审理。

《合作协议书》约定达宝公司向中岱电讯公司支付的股权首期受让款3000万元用于支付涉诉地块的土地出让金。中珊公司认可其实际收取了3000万元款项，并用于协议约定的用途。中岱集团公司于2006年6月9日作出的《承诺函》表明达宝公司与中岱电讯公司合作经营中珊公司，且达宝公司已交付土地出让金3000万元。中岱电讯公司也并未主张该3000万元用于缴纳土地出让金违反《合作协议书》约定的该笔款项的用途，故应当认定达宝公司已向中岱电讯公司支付了股权首期受让款3000万元。申诉人主张达宝公司没有向中岱电讯公司支付股权转让款，难以成立，本院不予支持。达宝公司主张其已支付《合作协议书》中约定的股权首期受让款3000万元，本院予以确认。

达宝公司与中岱电讯公司在《合作协议书》中约定如果双方未能在该协议签订后3个月内就涉诉土地的合作事宜正式签订协议，达宝公司有权退出合作。2005年12月广州国土局解除了与夏某、苏某签订的土地使用权出让合同，之后中珊公司也未实际取得涉诉土地的使用权，达宝公司与中岱电讯公司也未就涉诉土地的合作事宜签订协议，故达宝公司退出合作符合双方约定。2006年2月23日达宝公司向中岱电讯公司、中珊公司发函要求终止与该两公司的合作，并无不当。《合作协议书》虽约定达宝公司退出合作后中岱电讯公司应以5285万元买回达宝公司持有的中珊公司10%的股权，但是该约定的前提是达宝公司之前应将其受让股权的4931万元款项向中岱电讯公司付清。本案中达宝公司并未将4931万元股权转让款向中岱电讯公司付清，而是仅支付了3000万元，所以达宝公司主张中岱电讯公司应以5285万元买回中岱电讯公司出让给达宝公司的股权，缺乏事实基础，本院不予采纳。二审判决以达宝公司已付3000万元所占应付款4931万元的比例认定中岱电讯公司在达宝公司退出合作后应返还其3215.3721万元，理由并不充分，本院予以纠正。

《合作协议书》约定的每天按0.2%计算违约金的标准，是对中岱电讯公司应以5285万元向达宝公司买回涉诉股权这一义务而设定，因中岱电讯公司以5285万元买回该股权这一条件并未成就，故不能适用该每天0.2%的违约金标准来计算中岱电讯公司的违约责任。达宝公司将以该标准计算出的违约金数额作为其主张的参照标准，缺乏法律依据，本院亦不予采纳。二审判决以3215.3721万元为本金按照每天0.2%计算出的违约金作为达宝公司损失的参照，有失妥当，本院予以纠正。达宝公司主张其退出合作时损失为2285万元，缺乏事实依据，本院不予支持。2006年2月23日达宝公司退出合作后，《合作协议书》无法继续履行，达宝公司也主张该协议解除，故本院对该协议已经解除予以确认。《合作协议书》解除后，中岱电讯公司应当返还达宝公司支付的3000万元股权转让款，中岱电讯公司至今未返还达宝公司支付的该笔款项，应当赔偿达宝公司因此受到的损失，该损失应自2006年2月24日起按照中国人民银行同期贷款利率计算。

达宝公司2006年2月23日向中岱集团公司发函要求退出合作后，中岱集团公司于2006年6月9日向达宝公司出具《承诺函》同意偿还达宝公司已交付的3000万元款项，该《承诺函》的效力与是否存在《合作合同书》无关。达宝公司接受该《承诺函》后未表示异议，中岱集团公司即应受《承诺函》约束。中岱集团公司提出其不应向达宝公司承担清偿责任的主张与《承诺函》不符，对其主张本院不予支持，中岱集团公司应当为中岱电讯公司向达宝公司承担连带清偿责任。中珊公司在《合作协议书》中承诺为中岱电讯公司的义务和责任提供担保并承担连带责任，达宝公司退出合作后，中珊公司仍应为中岱电讯公司的返还义务承担连带责任。中岱集团公司对广东省高级人民法院裁定书驳回其再审申请提出异议，因本案已由本院提审，本院对中岱集团公司提出的异议不再考虑。

综上所述，《合作协议书》有效，达宝公司履行了该协议中约定的3000万元的付款义务。达宝公司退出合作后该协议解除，中岱电讯公司应当返还达宝公司支付的3000万元款项，并应当支付未及时返还时给达宝公司造成的利息损失。达宝公司主张《合作协议书》解除，请求中岱电讯公司返还3000万元款项及相应利息，本院予以支持。

二、股权转让合同中一方构成根本性违约，相对方可解除合同并要求赔偿损失

案　　号：(2012) 沪一中民四（商）终字第1380号

案件名称：齐某与陈某某股权转让纠纷案

裁判要旨：股权转让协议合法有效，双方均应全面、适当履行。出让方未履行合同约定的转让股权所包含的资产无瑕疵义务，致使受让方的合同目的无法实现。由此，造成受让方利益受损，构成根本违约，应予以解除合同，并赔偿受让方的损失。

案情简介

上诉人（原审被告）：齐某

上诉人（原审被告）：刘某某

上诉人（原审被告）：A公司

被上诉人（原审原告）：陈某某

被上诉人（原审原告）：张某

被上诉人（原审原告）：卢某某

被上诉人（原审原告）：应某某

原审被告：B公司

原审被告：C公司

2008年7月16日，陈某某、张某、卢某某、应某某与齐某、刘某某签订《股权转让协议书》一份，约定：甲方（齐某、刘某某，下同）、乙方（陈某某、张某、卢某某、应某某，下同）经协商，D公司股份及其名下资产（位于天津市塘沽区河南路东侧编号××的土地使用权）转让达成协议；该地块面积约4616平方米，现有容积率1.8~2，商业用地性质，可建商业地产项目；甲方同意将D公司的股份及其名下全部资产转让给乙方；转让与公司有关的一切原始文件，包括××的土地的一切证件、合同等；当政府最终批准该地块容积率为1.8~5时，执行转让价格为人民币（以下币种同）900万元（转让价格包括公司名下所有资产），以截至2008年7月24日资产负债表列示总资产为准；当政府最终批准该地块容积率大于等于5时，执行转让价格

为2900万元（转让价格包括公司名下所有资产），以截至2008年7月24日资产负债表列示总资产为准；双方签订本协议，办理股权变更手续成立时，乙方支付甲方转让金900万元；该地块容积率调整到大于等于5后（以国家相关法律文件批准为准）7日内，乙方向甲方追加支付2000万元，每逾期一周按1%交纳违约金；甲方协助乙方办理该项目的规划手续，保证建设用地使用权上的商业地产项目的容积率至少为1.8~2，因增加容积率需向政府缴纳的土地出让金及其他费用由乙方承担；甲方保证对其转让的公司及土地拥有完全、有效的处分权，保证该公司名下资产没有发生抵押、质押等权利限制事项，并免遭第三方追索，否则甲方承担由此产生的一切责任；如甲方有变更前未向乙方告知的债务问题和其他未告知的一切事宜给乙方带来损失，均由甲方负责赔偿并承担一切违约责任，乙方有权终止转让并收回已付款项，且甲方须双倍返还乙方已付款项；甲方名下××土地使用权客观真实，不存在任何法律纠纷，不存在任何抵押、质押等权利受限制行为，甲方保证该土地使用权不被任何第三方追索；甲方须在规定时间内完成承诺的容积率调整事宜，期限为4个月，从甲方收到乙方900万元股权转让款之日起计算；在办理过户变更手续三天内甲方须完成与公司有关的一切原始文件的移交；等等。

同年7月24日，双方又签订补充协议两份，分别约定：本协议签订并于双方办理工商登记变更手续之时，甲方将目标公司公章、财务专用章、合同专用章、营业执照正副本、企业代码证、土地使用权证移交给乙方等；以及A公司为甲方履行协议的保证人等。A公司在补充协议上担保义务约定部分盖章确认。同日，B公司和C公司也向陈某某、张某、卢某某、应某某出具担保函，为齐某、刘某某的股权转让提供连带保证。同年8月初，陈某某、张某、卢某某、应某某依约向齐某、刘某某履行了900万元转让款付款义务。同年9月5日，天津市塘沽区规划局向D公司发出《建设工程规划设计要求修改通知书》，告知：上述地块不具备开发建设的时机和条件等。为此，陈某某、张某、卢某某、应某某于同年11月26日函告齐某、刘某某，就上述地块容积率报批进行催促，然齐某、刘某某未予答复。2009年12月30日，天津市塘沽区规划局又发回复单给D公司，告知：上述地块不再适宜项目建设等。至此，齐某、刘某某在股权转让合同签订时承诺的上述地块已获批容积率1.8~2无证据证明，合同约定的齐某、刘某某转让的D公司所获地块未达合同约定的容积率要求，而A公司、B公司、C公司也未履行约定担保义务，陈某某、张某、卢某某、应某某遂以合同订立目的无法实现，致其损失为由起诉至法院。

另经2011年3月17日、11月21日查明，B公司于2010年12月27日被吊销，但未注销。D公司现股东为陈某某、张某、卢某某、应某某，公司注册资本50万元，经营服务范围：代办保税货物仓储服务、运输咨询服务。

关于陈某某、张某、卢某某、应某某主张的损失计算依据是否合理一节事实，陈某某、张某、卢某某、应某某以天津市塘沽区响螺湾商务区相关写字楼的市场价12,500～13,500元/平方米的均价13,000元为参考价，并按该价的65.39%取销售单价，即8500元/平方米，又以本案所涉土地面积4616平方米，按容积率1.8计算，可得造房8308.8平方米，故得房屋销售收入7062万元；扣除建房总成本约3808万元（包括楼层单价900万元÷8308.8平方米=1083元，土建成本2000元，水电煤及其他费用1000元，广告、财务、销售等费用500元，再乘以8308.8平方米），可得项目毛利润约3254.49万元；再扣除相应税费1308.01万元（包括企业所得税813.62万元、营业税423.76万元、土地增值税70.63万元等）；由此，可得净利润1946.48万元。该计算系陈某某、张某、卢某某、应某某依据合同的约定所作的可得利益的估算，无法精确计算。就陈某某、张某、卢某某、应某某计算内容和方法看，系采房地产评估之市场比较法和成本法之因素，其计算结果较为客观、合理。齐某、刘某某虽主张房地产不具有可比性，并不认可陈某某、张某、卢某某、应某某的计算结果，但齐某、刘某某亦未提供证据证明陈某某、张某、卢某某、应某某该损失计算的非正当性，即该计算结果过高，或不合理。故陈某某、张某、卢某某、应某某的损失计算结果予以认定。

陈某某、张某、卢某某、应某某一审请求判令：（1）齐某、刘某某赔偿经济损失1946.48万元；（2）A公司、B公司、C公司对齐某、刘某某的上述债务承担连带保证责任。一审审理中，陈某某、张某、卢某某、应某某增加诉讼请求，要求解除其与齐某、刘某某于2008年7月16日签订的《股权转让协议书》。

一审法院判决：（1）解除陈某某、张某、卢某某、应某某与齐某、刘某某于2008年7月16日签订的《股权转让协议书》；（2）齐某、刘某某应赔偿陈某某、张某、卢某某、应某某经济损失共计19,464,800元，于本判决生效之日起十日内履行完毕；（3）A公司、B公司、C公司对上述齐某、刘某某的债务承担连带清偿责任。A 公司、B 公司、C 公司承担保证责任后，有权向债务人齐某、刘某某追偿。

齐某、刘某某、A 公司不服一审判决，共同提出上诉，请求依法撤销一审判决第二、三项，改判齐某、刘某某返还陈某某、张某、卢某某、应某某股权转让款 900 万元及相应利息，A 公司仅对此项债务承担连带清偿责任。

裁判结果

二审法院判决驳回上诉，维持原判，即解除陈某某、张某、卢某某、应某某与齐某、刘某某于 2008 年 7 月 16 日签订的《股权转让协议书》；齐某、刘某某应赔偿陈某某、张某、卢某某、应某某经济损失共计 19,464,800 元，于本判决生效之日起 10 日内履行完毕；A 公司、B 公司、C 公司对上述齐某、刘某某的债务承担连带清偿责任。A 公司、B 公司、C 公司承担保证责任后，有权向债务人齐某、刘某某追偿。

各方观点

齐某、刘某某、A 公司观点：系争《股权转让协议书》的实质是土地买卖，属以合法形式掩盖非法目的，应为无效；目标地块的规划是政府行为，属不可抗力；利益损失的权利主体应是 D 公司，而不应是陈某某、张某、卢某某、应某某；法院认定陈某某、张某、卢某某、应某某的损失计 19,464,800 元没有任何依据。

法院观点

一审法院观点：陈某某、张某、卢某某、应某某与齐某、刘某某之间签订的股权转让协议系双方真实意思表示，亦不违反法律法规强制性规定，合法有效，双方均应全面、适当履行。A 公司、B 公司、C 公司向陈某某、张某、卢某某、应某某作出担保，亦应按各自承诺承担担保责任。陈某某、张某、卢某某、应某某履行了转让款给付义务，但作为出让方的齐某、刘某某却未履行合同约定的，转让股权所包含的资产无瑕疵的义务，即股权转让所含目标公司的土地使用权之容积率承诺义务，致使陈某某、张某、卢某某、应某某的合同目的无法实现。因此，造成陈某某、张某、卢某某、应某某利益受损，包括直接投入的转让款损失和可得利益损失（估算），构成严重违约，陈某某、张某、卢某某、应某某据此要求解除合同，合法有据，可予支持。鉴于齐某、刘某某对陈某某、张某、卢某某、应某某的损失计算及数额并无否定及否定依据，故陈某某、张某、卢某某、应某某据此要求齐某、刘某某承担该损失赔偿义务；并依据A公司、B公司和C公司的担保承诺，要求该三当事人承担保证义务，亦无不当，可予支持。齐某、刘某某和A公司辩称，目标公司土地使用权容积率的审批系行政行为，意欲证明其无违约，因与法院查明事实不符，不予采信。B公司和C公司未依法出庭应诉，视为放弃诉讼权利。

二审法院观点：本案二审争议焦点在于《股权转让协议书》的合法性以及陈某某、张某、卢某某、应某某诉求违约赔偿的合理性。关于系争《股权转让协议书》，系陈某某、张某、卢某某、应某某与齐某、刘某某对于D公司股权的转让受让所作的意思表示，股东因此会发生变更，但土地使用权人D公司并未发生主体变更，因此，尚不能以此认定本案为土地使用权的非法转让关系，故齐某、刘某某、A公司此项上诉事由，本院不予采信。关于违约赔偿，因齐某、刘某某作为出让人，确认并保证D公司拥有的土地使用权现有容积率为1.8～2，并可建商业地产项目，但签约后的一个半月，D公司就被政府规划部门告知该地块不具备开发建设的时机与条件。一年之后，D公司又被政府规划部门告知，该土地使用权已不再适宜项目建设。换言之，齐某、刘某某在协议中的承诺至此已无法实现，齐某、刘某某根本违约的事实因此可以确认。据此，陈某某、张某、卢某某、应某某要求齐某、刘某某承担违约赔偿责任，符合法律规定，本院予以采信。至于赔偿的数额，理应兼顾合理性、补偿性和惩罚性原则，对此一审法院已经充分衡量了陈某某、张某、卢某某、应某某提出的损失计算依据，并无明显不妥之处，本院亦予以确认。

三、股权转让协议解除权的限制

案　　号：一审：（2014）海民初字第07509号

二审：（2014）一中民终字第04528号

案件名称：吴某与陈某股权转让纠纷案

裁判要旨： 关于目标公司是有限责任公司的股权转让协议是否应予解除的法律问题，一方面要考虑股权转让协议的履行情况，按照《合同法》关于合同履行与合同解除的规定审查股权转让协议是否应予解除；另一方面要考虑有限责任公司股东之间的人合性，避免股权转让协议解除后的恢复原状会损害有限责任公司股东之间的人合性。

案情简介

上诉人（原审原告）：吴某

被上诉人（原审被告）：陈某

2005年7月4日形成的天职（北京）国际工程项目管理有限公司（以下简称天职工程公司）章程载明：公司注册资本200万元，其中吴某出资29万元，持股比例为14.5%。

2009年11月23日，吴某提交辞职申请报告，其内容为：我自愿申请退出天职国际股东，辞去天职国际董事职务，辞去天职工程公司总经理职务。退出基准日为2009年12月31日。请股东大会批准。

2009年11月23日形成的《天职国际集团2009年度第二次股东（合伙人）会议决议》包括以下内容：审议并通过了关于同意吴某等三人提出的退出天职国际公司及其关联公司的股东（权益合伙人）的申请，退出基准日为2009年12月31日。

2010年5月10日，天职国际公司作为甲方，与吴某作为乙方签订《关于吴某先生退出股东（合伙人）的财务结算协议》（以下简称财务结算协议），载明：根据《天职国际会计师事务所有限公司关于股东（合伙人）提前退出股份的实施办法》（以下简称实施办法）及股东会决定，对吴某先生退出天职出资人的财务结算按以下方案处理：（1）退还股本金36万元（其中，天职国际20万元，天职工程8万元，沃克森8万元）；（2）股东（合伙人）退出补偿金10,608,648.06元；（3）盈余公积263,783.56元；（4）职业风险基金268,276.48元。上述结算款项共计12,300,708.10元，代扣个人所得税1,113,621.51元，实际支付11,187,086.59元，由总部统一支付。总部将分别于2010年8月10日前支付吴某先生6,996,384.07元，代扣个人所得税1,113,621.51元，实际支付5,882,762.56元；2011年支付吴某先生

3,182,594.41元；2012 年支付吴某先生 2,121,729.62 元。该协议由吴某签字，并由陈某作为甲方代表签字确认。一审诉讼中，吴某确认收到该协议项下款项。

2011 年 11 月 30 日，陈某作为受让方（甲方），吴某作为转让方（乙方）签订天职工程公司股权转让协议，载明：根据天职工程公司 2011 年度第一次股东会决议，甲乙双方本着友好协商原则，就乙方将其持有的天职工程公司股份转让给甲方事宜达成如下协议：（1）转让标的及价格：乙方愿意将天职工程公司的出资货币 29 万元转让给甲方。于 2011 年 11 月 30 日正式转让，自转让之日起，转让方对已转让的出资不再享有出资人的权利和承担出资人的义务，受让方以其出资额在企业内享有出资人的权利和承担出资人的义务。（2）支付方式：双方签订此协议、董事会决议、股东会决议后，甲方即一次支付乙方人民币 29 万元整。经询，双方确认，股权转让协议中所涉董事会决议系指同日形成的第二届董事会第一次会议决议；股东会决议系指同日形成的天职工程公司 2011 年度第一次股东大会决议。

2011 年 11 月 30 日，陈某作为甲方代表与吴某作为乙方代表签订《关于吴某先生 2010 年度 1 ~5 月期间利润分配的协议》（以下简称利润分配协议），载明：吴某于 2009 年 12 月书面申请，以 2010 年 1 月 1 日为基准日退出天职国际公司及其包括天职工程公司的在内的所有关联公司股东身份及其相应股份，根据实施办法及股东会决定，对吴某先生退出天职出资人的财务结算已经签署正式协议。吴某先生提出 2010 年 1 月 1 日至 2010 年 5 月 30 日他本人仍在进行一些手头工作交接，应该享受 2010 年 1 月 1 日至 2010 年 5 月 30 日的净收益。（1）支付金额，经原天职国际会计师事务所留任股东商议，考虑吴某先生 2010 年 1 月 1 日至 2010 年 5 月 30 日的净收益 130 万元，由原天职国际会计师事务所留任股东收益中扣除，与加入天职国际的原大公天华会计师事务所有限公司股东无关。（2）支付时间及方式：①支付时间：在吴某先生签署包括天职工程公司在内的所有关联公司的股权转让手续及其有关会议纪要后三个工作日内支付 100 万元；②在提供全部合法票据后三个工作日内支付全部余款，但若有税务纠纷，由吴某先生自行负责。

2011 年 11 月 30 日，天职工程公司形成 2011 年度第一次股东大会决议，其内容为：同意吴某退出天职工程的股东身份，自愿将其所持有的天职工程股份 14.5%；出资 29 万元转让给陈某；决议还包括胡某某退出天职工程的事项。

2011年11月30日，天职工程公司形成第二届董事会第一次会议决议，决议内容包括同意吴某退出天职工程的股东身份，自愿将其所持有的天职工程股份14.5%，出资货币29万元转让给陈某先生。

2013年，吴某曾向一审法院对北京市工商行政管理局海淀分局提起行政诉讼，要求撤销涉案股权转让协议对应的股权变更登记。一审法院经审理后，作出（2013）海行初字第296号行政判决书，认定：虽然第三人天职公司提交的材料中吴某的签字并非其本人所签，但该情形尚不足以推翻吴某已经在相应的公司决议和股权转让协议中的真实意思表示。并据此驳回吴某的诉讼请求。此后，吴某不服该判决，提起上诉，北京市第一中级人民法院作出（2013）一中行终字第4065号行政判决书，驳回其上诉，维持原判。

2013年9月9日吴某通过邮政特快专递向天职工程公司陈某邮寄《关于解除吴某与陈某签署的〈天职（北京）国际工程项目管理有限公司股权转让协议〉的通知书》，载明：鉴于陈某一直未履行股权转让协议，而且伪造吴某的签名违法办理了工商登记，依据法律规定，吴某决定依法解除其与陈某签署的股权转让协议，该协议自通知送达之日起解除。陈某确认收到过该通知书。同年9月12日陈某向吴某发出复函，主张吴某所提解除合同属于无效解除，其不予认可。

上述事实，有吴某提交的天职工程公司章程、股权转让协议书、行政判决书、公证书、董事会决议，陈某提交的董事会决议、股东会决议、辞职申请报告、财务结算协议、利润分配协议、账户交易明细、出资人购股记录、银行交易明细、复函及本案开庭笔录等在案佐证。

裁判结果

一审法院判决驳回吴某诉讼请求；

二审法院驳回上诉，维持原判。

各方观点

吴某观点：吴某与陈某同属天职工程公司的股东。2011年11月30日，吴某作为转让方，陈某作为受让方签署股权转让协议，转让款为29万元，现付款条件已成就，但陈某未履行付款义务。2013 年 3 月，吴某经过工商局得知，公司伪造吴某签名办理了股东及章程的变更。2013 年 7 月，经过行政诉讼，海淀区人民法院形成（2013）海行初字 296 号判决书，但并未对股权转让协议的效力及股权转让款做审理。2013 年 9 月 4 日吴某向陈某发出了解除股权转让协议的通知书，并进行了公证，综上所述，请求法院判令：（1）解除双方签订的股权转让合同；（2）陈某协助办理工商变更登记恢复原状；（3）诉讼费由陈某承担。

陈某观点：吴某退出“天职国际”就代表其退出了天职工程公司在内的所有关联公司，天职国际会计师事务所有限公司（以下简称天职国际公司）代表所有关联公司与吴某签订财务结算协议并已经实际履行完毕，其中包括涉案股权的对价；即使吴某认为陈某未履行股权转让协议，也应按照法律规定先行催告付款，而非直接解除合同。故其诉请解除合同违反法律规定。综上所述，请求法院依法驳回吴某的诉讼请求。

法院观点

一审法院观点：吴某与陈某所签股权转让协议书系双方真实意思表示，且未违反法律、行政法规的强制性规定，应属有效。本案中，双方争议的焦点在于陈某是否如约履行了股权转让协议书所约定的付款义务。对此，陈某称该协议所涉 29 万元股权转让款并非股权转让的真实对价，仅系为了办理工商变更登记所签，同时，主张吴某退出天职工程公司在内的天职集团所有股权的对价系在财务结算协议中进行的约定，且该财务结算协议已经履行完毕，其中包含了涉案股权的对价。对此吴某不予认可。本院经审查认为，财务结算协议虽系天职国际公司作为甲方与吴某签订，但在结算方案中明显包含有天职工程公司的份额，显然是对吴某退出天职工程公司及其关联公司进行的一揽子处理。这与吴某辞职申请中的表述亦可以相互印证，辞职申请中吴某也是就退出天职国际公司及天职工程公司一并提出，且同日的股东（合伙人）会议决议也就上述退出公司事宜一并作出的决议。基于上述事实，本院认为，陈某称财务结算协议系对吴某退出天职国际公司及其关联公司的综合性方案的主张更为可信，本院对其所述予以采信。另外，从涉案股权转让协议书签署的时间可见，吴某系于 2009 年 11 月提出辞职申请，实际工作交接至 2010

年5月完毕，同年5月10日签署财务结算协议，2011年11月签订股权转让协议书及相应的股东会决议等文件。2011年所签文件应为办理工商变更登记所签的法律文件。综合上述因素，本院对于陈某关于股权转让价款已在财务结算协议中约定并已经履行完毕的主张予以采信。另外，陈某关于其即使未支付对价亦不应主张解除合同的答辩意见，符合《合同法》规定，该院对该答辩意见亦予以采纳。

二审法院观点：本案系股权转让纠纷，吴某以陈某未按股权转让协议约定支付股权转让款为由要求解除双方签订的股权转让协议，并要求陈某协助办理工商变更登记恢复原状。工商变更登记之恢复原状系合同解除的法律后果，故结合当事人提交的证据，本案争议焦点在于股权转让协议应否解除，及是否应恢复股东工商登记。

关于目标公司是有限责任公司的股权转让协议是否应予解除的法律问题，一方面要考虑股权转让协议的履行情况；按照《合同法》关于合同履行与合同解除的规定审查股权转让协议是否应予解除；另一方面要考虑有限责任公司股东之间的人合性，避免股权转让协议解除后因恢复原状而损害有限责任公司股东之间的人合性。

首先，具体到本案合同履行，吴某以陈某未支付股权转让款为由诉请解除合同，陈某以财务结算协议包含天职工程公司的份额、是对吴某退出天职国际公司及其包括天职工程公司在内的所有关联公司进行的“一揽子”处理为由，主张不欠付吴某股权转让款、不同意解除股权转让协议。对此本院认为，2011年11月30日吴某和陈某签订的股权转让协议系吴某退出天职工程公司后，为办理出资比例变更的工商登记所签的法律文件。财务结算协议和利润分配协议已经对吴某退出天职国际公司及其包括天职工程公司的在内的所有关联公司作出了统一合同安排，吴某以陈某未支付股权转让款为由诉请解除合同，没有事实和法律依据。具体论述如下：

1. 从财务结算协议的内容来看，该“退出”财务结算协议是关于“退还股本金”“退出补偿金”“盈余公积”“职业风险基金”的结算协议，显然并非吴某所述的天职国际公司盈利分红协议。吴某主张该财务结算协议系吴某与天职国际公司之间的协议，与天职工程公司无关。但是财务结算协议退还股本金条款中载明支付股本包括了天职国际公司、天职工程公司、沃克森公司，且在签订财务结算协议时，吴某并非天职国际公司、沃克森公司登记股东，显然该财务结算协议并非吴某与天职国际公司之间的盈利分红协议，而系吴某与天职国际公司、天职工程公司、沃克森公司等关联公司之间关于吴某退出的“一揽子”结算协议。

2. 从本案吴某签订的各份法律文件的内容连续和衔接来看，吴某系于2009年11月提出辞职申请，实际工作交接至2010年5月完毕，2010年5月10日的财务结算协议在退还股本金条款中载明退还股本包括了天职国际公司、天职工程公司、沃克森公司，2011年11月签订股权转让协议书及相应的股东会决议、2011年11月30日利润分配协议中明确“吴某以2010年1月1日为基准日退出天职国际公司及其包括天职工程公司的在内的所有关联公司股东身份及其相应股份……吴某先生退出天职出资人的财务结算已经签署正式协议”，上述文件均系吴某退出天职国际公司及其包括天职工程公司在内的关联公司的连续性法律文件，亦可佐证天职国际公司与天职工程公司等均是以天职国际公司为主的关联公司与吴某进行“一揽子”退出结算。

3. 股权转让协议签署的同一天，即2011年11月30日的利润分配协议中明确三个重要问题：一是“吴某于2009年12月书面申请，以2010年1月1日为基准日退出天职国际公司及其包括天职工程公司的在内的所有关联公司股东身份及其相应股份”，二是“根据实施办法及股东会决定，对吴某先生退出天职出资人的财务结算已经签署正式协议”，三是“在吴某先生签署包括天职工程公司在内的所有关联公司的股权转让手续及其有关会议纪要后三个工作日内支付100万元”。显然本案吴某所诉请解除的股权转让协议系“吴某先生签署包括天职工程公司在内的所有关联公司的股权转让手续”。

4. 结合上述吴某退出“包括天职工程公司的在内的所有关联公司股东身份”的法律文件、天职工程公司章程“股东退资后，由股东大会决定出资比例的变更”和天职工程公司2011年度第一次股东大会决议同意吴某将股权转让给陈某的决定，可以认定2011年11月30日吴某和陈某签订的股权转让协议系吴某退出天职工程公司后，为办理出资比例变更的工商登记所签的法律文件。

综合上述几点可以看出，财务结算协议和利润分配协议系对吴某退出天职国际公司及其包括天职工程公司的在内的所有关联公司的统一合同安排，是涉及关联公司的“一揽子”解决方案。在此背景下，2011年11月30日吴某和陈某签订的股权转让协议，仅系为办理工商变更登记所签的法律文件，相应涉及股权退出事宜的财务问题已经在财务结算协议以及利润分配协议中予以明确和解决。现吴某以陈某未按股权转让协议约定的付款义务履行构成违约而要求解除股权转让协议，于法无据。

其次，具体到合同解除与天职工程公司人合性的关系问题。《公司法》第71条关于有限责任公司股东优先购买权的规定，所针对的系基于购买等法律行为而产生的股权变动时人合性的限制。恢复原状是合同解除的一种法定后果，是合同履行的一种逆向回归，但需要从法律上或客观上能够恢复原状为前提。股权转让合同解除，涉及股权受让人将股权恢复变更至股权出让人名下，虽然此种股权变动并非基于法律行为的股权变动，但同样涉及有限责任公司的人合性问题。在有限责任公司其他股东不同意股权出让人恢复股东身份时，股权出让人无权请求恢复原状，而只能选择其他救济方式。本案中，天职工程公司的股东作出股东会决议，均不同意吴某重新成为股东，况且，按照本院关于股权转让协议解除的论述，吴某要求恢复原状，并无股权转让协议应予解除的事实和法律基础。此外，根据《公司法》第32条第3款的规定：有限责任公司应当将股东的姓名或者名称向公司登记机关登记；登记事项发生变更的，应当办理变更登记。按照上述规定，股东变更的工商登记应由公司进行变更，吴某诉请陈某协助办理工商变更登记，诉讼主体有误。综上所述，本院对吴某要求恢复原状的诉讼请求不予支持。

四、股权转让协议终止履行后损失的分担

案　　号： 一审：（2003）高民初字第1号

二审：（2003）民二终字第143号

案件名称： 北京新奥特集团有限公司与中国华融资产管理公司股权转让合同纠纷案

裁判要旨： 因双方当事人的过错，导致股权转让协议终止履行，一方当事人因准备协议履行及实际履行中产生的损失，应由双方共同承担民事责任。

案情简介

上诉人（原审原告）：北京新奥特集团有限公司（以下简称新奥特集团）

上诉人（原审被告）：中国华融资产管理公司（以下简称华融公司）

2002年6月28日，中国华融资产管理公司（以下简称华融公司）与案外人比特科技控股股份有限公司（以下简称比特科技）、北京新奥特集团有限公司（以下简称新奥特集团）签订关于北京北广电子集团有限责任公司（以下简称北广集团）的股权转让协议，协议主要内容是：比特科技、新奥特集团共同组成收购团收购华融公司持有的北广集团55.081%的股权，股权转让的最终价格不低于3亿元。股权转让款的支付采取分期付款形式，协议签订起3日内，比特科技、新奥特集团按照华融公司提供的账户支付1亿元，余款在协议签订起3个月内或评估报告经国家主管部门备案之日起7日内付清。比特科技、新奥特集团依约支付1亿元后，华融公司协助办理股权转让的过户手续。受让方完全知悉其他股东不配合办理股权变更工商登记手续的风险，并承诺不为此向出让方提出任何抗辩，不影响受让方支付股权转让价款，出让方已经收到的股权转让价款不予返还。此外，协议还约定了股权质押、违约责任、适用法律等内容。同年6月28日，经华融公司提议召开北广集团2002年度第一次临时股东会会议，拟就华融公司将其持有的北广集团全部股权一次性转让给比特科技和新奥特集团组成的收购团的相关事项作出决议。北广集团的另一股东北京电子控股有限公司（以下简称电子公司）未在相关决议上签章认可。同年9月27日，华融公司与案外人新疆国际信托投资有限责任公司（以下简称新疆国投）、新奥特集团、比特科技；华融公司与新奥特集团、比特科技分别签订《关于股权转让相关问题的协议书》（一）、（二），两份协议书确认的事实主要是：新奥特集团、比特科技分别于同年7月22日、8月6日、8月30日共向华融公司交付股权转让款1亿元。新疆国投同意以信托方式对新奥特集团、比特科技给予融资支持，应于同年9月28日12时前将总值2亿元的资金汇出并进入约定的账户。协议书确定的内容还有，因北广集团的另一股东已经以华融公司侵犯其优先购买权为由提起仲裁程序，新奥特集团、比特科技同意对继续履行同年6月28日的股权转让协议作出承诺。即如华融公司在仲裁案件中败诉，造成转让的股权不能过户，股权转让协议不能继续履行时，新奥特集团、比特科技不得追究华融公司因签订上述协议而应当或可能负有的对2亿元的资金所产生的利息、融资成本、可预期利益、赔偿等相关责任。同时，还约定了在上述条件下，新奥特集团、比特科技应向华融公司履行的其他义务。同年12月10日，新疆国投、新奥特集团、比特科技共同致函华融公司，要求华融公司在相关期限前，与新疆国投办理自资金共管账户取回相当于2亿元的一切手续；自新奥特集团向华融公司支付的1亿元资金中，向新疆国投支付500万元。华融公司已依此函执行。后华融公司北京办事处就余款9550万元（含股权转让项目的预付款50万元），致函新奥特集团、比特科技要求退款，并曾与北京市第二公证处公证人员一同送达退款通知函，但未得到答复。新奥特集团否认收到上述各退款通知。华融公司于2003年4月16日将新奥特集团、比特科技支付的股权转让款9550万元退回新奥特集团的账户。比特科技向新奥特集团出具《委托书》，载明比特科技全权委托新奥特集团持有其合法取得的北广集团0.5%的股权，行使该股权对应的一切股东权利，并履行相应的义务。

2002年9月23日，电子公司作为申请人，以华融公司为被申请人，向北京仲裁委员会申请就电子公司作为北广集团股东有权享有优先购买权作出相关裁决。同年12月9日，北京仲裁委员会作出终局裁决，裁决的主要内容为："2002年12月31日前，电子公司有权行使作为北广集团股东所享有的同等条件对华融公司拟转让的北广集团55%股权的优先购买权。2002年12月31日前一次性将转让的总价款3亿元付给华融公司。"依据上述裁决，同年12月20日，电子公司与华融公司签约；同年12月23日，电子公司向华融公司付款。

裁判结果

一审法院判决：（1）华融公司与比特科技、新奥特集团签订的关于北广集团股权转让协议及相关协议终止履行。（2）华融公司赔偿新奥特集团损失300万元（自判决生效之日起10日内给付，逾期给付，按中国人民银行相关规定给付滞纳金）。

二审法院判决：（1）维持北京市高级人民法院（2003）高民初字第1号民事判决主文第1项；（2）变更北京市高级人民法院（2003）高民初字第1号民事判决主文第2项为：中国华融资产管理公司赔偿北京新奥特集团有限公司损失1,844,877.88元及占用1亿元资金的利息损失的50%（该利息以中国人民银行同期半年定期存款利率，按实际占有资金的时间、金额分段计算，即2000万元，从2002年7月22日计至同年12月18日；1500万元，从同年12月19日计至2003年4月16日；1000万元，从2002年8月6日计至2003

年4月16日；7000万元，从2002年8月30日计至2003年4月16日）。

各方观点

新奥特集团有限公司观点：（1）股权转让协议不能履行的责任在华融公司，华融公司应当承担损失赔偿责任。根据股权转让协议，华融公司保证对其持有的北广集团股权享有完全、排他的权利，该股权未设置任何质押及其他第三者权益。但电子公司行使优先购买权，说明该股权没有排除优先购买权，不是完全和排他的。（2）华融公司以电子公司享有优先购买权为由，要求免责于法无据。华融公司不能依据《关于股权转让相关问题的协议书（二）》第1条的约定免除其赔偿责任。因该协议约定，如果华融公司在仲裁案件中败诉，造成转让的股权不能过户，股权转让协议不能履行时，新奥特集团不得追究华融公司因签订股权转让协议和《关于股权转让相关问题的协议书（一）》而应当或可能负有的对2亿元的资金所产生的利息、融资成本、可预期利息、赔偿等相关责任。仲裁并没有裁决华融公司必须将股权转让给电子公司，并不必然造成股权不能过户到新奥特集团名下的情况，且仲裁裁决电子公司以3亿元行使优先购买权，而新奥特集团与华融公司约定的3亿元是最低购买价，上限并未封顶，华融公司应该通过为新奥特集团和电子公司提供公开、公平、公正的竞买机会，继续履行其与新奥特集团的股权转让协议。只有在新奥特集团放弃与电子公司的竞价时，华融公司方可停止履行股权转让协议。否则，华融公司就构成违约，应承担因此而产生的责任。华融公司现故意不履行股权转让协议，给新奥特集团造成了重大损失，华融公司无权以约定免除其收取新奥特集团2亿元所带来的损失。（3）双方没有免除1亿元资金所产生的损失。华融公司应赔偿新奥特集团的损失共计为19,816,077元，其中向新疆国投支付的费用6,435,750元，应向案外人金信信托投资股份有限公司（以下简称金信信托）支付的贷款利息3,044,884.93元、财务顾问费2,248,265.75元，支付完善管理有限公司的咨询费200万元，支付明则会计师事务所审计费55,000元，履行合同可得的2002年8月至12月的股权收益459万元，从事股权收购人员的工资502,590元，其他损失939,586.32元。

中国华融资产管理公司观点：判令华融公司承担赔偿责任缺乏法律依据。

华融公司对不能履行股权转让协议没有任何过错。华融公司已采取一系列措施保障电子公司的优先购买权。华融公司在仲裁裁决之前认为本次股权转让及过户完全符合有关法律的规定。新奥特集团对华融公司采取的措施是明知且认可的，其也认为电子公司已放弃优先购买权。因北京仲裁委员会裁决电子公司对华融公司拟转让的股权享有同等条件的优先购买权，华融公司履行生效的仲裁裁决而无法继续履行与新奥特集团的股权转让协议，没有过错，不应承担新奥特集团的损失。华融公司已如实告知股权资产状况及股权转让存在的风险。新奥特集团完全理解、知悉和接受股权转让存在的风险，双方约定股权不能过户的风险由新奥特集团承担，华融公司不应对股权转让协议的终止履行承担赔偿责任。

法院观点

一审法院观点：华融公司与比特科技、新奥特集团于2002年6月28日签订的关于北广集团的股权转让协议为各方当事人的真实意思表示，签约各方本应依约履行。因北京仲裁委员会先于本案的生效裁决书裁决北广集团的另一股东电子公司对华融公司拟转让的股权享有同等条件的优先购买权，且电子公司与华融公司已就此在仲裁裁决指定的时间内，签订了协议并给付款项，故华融公司与比特科技、新奥特集团股权转让协议目的已不能实现，履行合同的基础条件已经不具备，该合同应终止履行。故对新奥特集团要求继续履行股权转让协议的诉讼请求不予支持。华融公司在电子公司明确表示不同意转让该股权，亦未明确表示放弃购买权，且未在相关股东决议上签字认可转让股权行为的情况下，明知股权转让协议可能发生履行不能的后果，仍与新奥特集团签订股权转让协议及多项附属协议，并于电子公司申请仲裁后，仍收取2亿元股权转让款，其对造成本案纠纷负有主要责任，应为此承担相应后果。新奥特集团在与华融公司签约过程中对其所购股权处于不确定状态及风险已经知悉，亦应对因股权转让协议不能履行而形成的部分损失承担相应责任。新奥特集团请求赔偿在股权转让协议正常履行情况下其可能取得的收益、收购项目组的相关费用等请求不予支持。新奥特集团为实现合同目的，促成双方协议的履行所支付的款项而形成的部分损失，应由华融公司予以赔偿。鉴于双方对此未有具体约定，且亦不能达成一致意见，根据双方履行合同情况及已经发生的合理损失，同时根据双方在本案中的责任，酌情确定华融公司赔偿新奥特集团的损失数额为300万元较为适当。

二审法院观点：华融公司与新奥特集团、比特科技签订的股权转让协议是当事人的真实意思表示，且不违反相关的法律、行政法规的禁止性规定，属有效合同。股权转让协议未能继续履行的原因在于北京仲裁委员会生效的裁决书裁决案外人电子公司对华融公司拟转让的股权享有同等条件的优先购买权，且电子公司与华融公司已在仲裁裁决指定的时间内，签订协议并向华融公司给付了3亿元股权转让款。电子公司实际行使优先权的行为，使华融公司与新奥特集团签订的股权转让协议的标的不复存在，继续履行已不可能。一审判令该股权转让协议终止履行并无不当，双方当事人也未对此提起上诉，故本院对该项判决予以维持。

现本案争议的焦点之一是，股权转让协议终止履行后，给新奥特集团造成的损失如何承担。华融公司和新奥特集团在签订股权转让协议时，均知悉《公司法》规定的其他股东在同等条件下享有优先购买权，也知悉电子公司不放弃优先权的态度。由于法律对股东行使优先权的方式、期限等没有明确规定，华融公司采取通知函的形式，限期电子公司行使优先权，逾期视为放弃。新奥特集团完全认同华融公司已经以此方式排除了电子公司行使优先权的权利。双方在认为电子公司已丧失优先权的情况下签订了股权转让协议。此后的仲裁裁决没有支持华融公司与新奥特集团在优先权问题上的判断，而裁决电子公司有权行使优先权。电子公司实际行使优先权的行为，最终导致本案股权转让协议终止履行。由于华融公司与新奥特集团在签约时，应当预见该合同可能因电子公司行使优先权而终止，但没有预见，造成合同终止履行，对此双方均有过错。新奥特集团因准备合同履行及实际履行中产生的损失应由华融公司、新奥特集团各自承担50%。一审认定华融公司的责任大于新奥特集团，与事实不符，本院应予纠正。华融公司认为其履行生效的仲裁裁决而无法继续履行与新奥特集团的股权转让协议，没有过错，不应承担新奥特集团的损失，其理由与事实不符，本院不予支持。华融公司以协议约定股权不能过户的风险由新奥特集团承担为由，要求不承担协议终止履行造成的损失，因华融公司与新奥特集团在协议中，只约定了股权迟延过户的风险，并没有约定不能过户风险的承担问题，故华融公司的该上诉理由也不能成立，本院不予支持。优先购买权是法律规定股东在同等条件下对其他股东拟对外转让的股份享有的优先购买的权利，是一种为保证有限责任公司的人合性而赋予股东的权利。优先权的规定并不是对拟转让股份的股东股权的限制或其自由转让股份的限制。电子公司依法行使优先权，并不能证明华融公司对其持有的股权不享有完全的、排他的权利。新奥特集团以华融公司违反协议约定为由，要求其承担全部赔偿责任的上诉请求，没有事实和法律依据，本院不予支持。

本案争议的另一焦点是，股权转让协议终止履行造成损失的计算问题。第一，关于新奥特集团支付2亿元股权转让款损失问题。《有关股权转让相关问题的协议书（二）》明确约定，如华融公司在仲裁案件中败诉，造成转让的股权不能过户，股权转让协议不能继续履行时，新奥特集团不得追究华融公司应当或可能负有的对2亿元的资金所产生的利息、融资成本、可预期利益、赔偿等相关责任。该约定是双方当事人的真实意思表示，不违反相关法律、行政法规，应为有效。该约定免责的前提是华融公司在仲裁中的败诉，而非新奥特集团主张的在华融公司败诉的情况下，还应让新奥特集团及电子公司再行竞价。新奥特集团在华融公司仲裁败诉后即收回2亿元资金的行为也说明其不存在再行竞价的意愿。新奥特集团自愿放弃与2亿元相关的赔偿，系其处分权利的行为。故新奥特集团上诉提出华融公司应赔偿其因支付2亿元股权转让款而造成6,435,750元损失的请求本院不予支持。第二，关于新奥特集团因支付1亿元股权转让款所产生的损失问题。股权转让款如何筹集是新奥特集团自身的行为，资金的来源可能有多种，华融公司可以预见的合理损失只应是其实际占有资金期间的利息损失，而不应包括新奥特集团对外融资所产生的实际费用，故该部分损失应以华融公司实际占有资金的时间、金额，按照中国人民银行半年定期存款利率计算。第三，新奥特集团为履行合同所支付的咨询费、审计费、财务顾问费、人员工资等，是其为实现合同目的，诚意履约而实际支付或必须对外支付的款项，应认定为合同不能履行所产生的损失。其中咨询费已付200万元，但根据新奥特集团与完善管理有限公司的合同，新奥特集团有权要求完善管理有限公司退还100万元，故咨询费的实际损失应认定为100万元。人员工资损失应按照实际从事股权收购的人员、时间计算，即386,490元。审计费按实际支付金额55,000元计算。财务顾问费按新奥特集团被追索的2,248,265.75元计算。上述咨询费、审计费、财务顾问费、人员工资损失共计3689,755.75元，由华融公司承担50%，即1,844,877.88元。新奥特集团主张的股权收益459万元，因证据不足，本院不予支持。

律师点评

《公司法》及其司法解释并未对股权转让合同的解除问题作出规定，股权转让合同的解除应当适用《合同法》的有关规定。但股权并非只有财产性，股权还包括股东对公司资产的收益权及参与重大决策和选择管理的权利，故股权转让合同解除后股权的返还又不同于一般标的物的返还，除了适用《合同法》的规定外，更是要结合《公司法》的规定来综合认定。合同解除可发生在合同完全履行前的任一阶段，因此，股权转让合同解除后的恢复原状要视履行情况而定。

对于出让人还未交付股权或受让人还未支付股权转让款的合同解除自然就不存在返还股权或股权转让款的问题，而对于已经交付股权或者已经支付股权转让款的股权转让合同解除后恢复原状涉及不同情况。一般情况下，已经受让股权的受让人，在股权转让合同解除后应返还股权及孳息，并配合协助办理股权变更登记；已经受领股权转让款的出让人，在股权转让合同解除后应返还转让款及孳息给受让人。但由于有限责任公司的人合性特征，股东的变更是重大的变更。股权转让合同解除后，如果公司其他股东都对于恢复原股东的权利没有异议，自然能够顺利地恢复原状，但也可能遭遇其他股东的阻挠或产生股权再次转让第三人等无法恢复原状的情形，如若其他股东不同意恢复原股东权利或标的股权转让给第三人，就产生合同解除与公司人合性的冲突。

合同是当事人分配风险的工具，法院或仲裁庭不能任意改变当事人通过意思自治形成的利益和风险分配结构，但商事组织法与民事交易法之间存在一定的差别，基于商事组织的人合性特征，需要维护股权权益和交易秩序，故而在合同解除与公司人合性产生冲突的情况下，如果解除权的行使不利于维护交易安全或维护当事人原意所形成的利益分配结构，限制股权转让人解除权的行使或否认合同解除权是为法理所允许的。

相关法律依据

1.《公司法》

第 71 条 有限责任公司的股东之间可以相互转让其全部或者部分股权。

股东向股东以外的人转让股权，应当经其他股东过半数同意。股东应就其股权转让事项书面通知其他股东征求同意，其他股东自接到书面通知之日起满三十日未答复的，视为同意转让。其他股东半数以上不同意转让的，不同意的股东应当购买该转让的股权；不购买的，视为同意转让。

经股东同意转让的股权，在同等条件下，其他股东有优先购买权。两个以上股东主张行使优先购买权的，协商确定各自的购买比例；协商不成的，按照转让时各自的出资比例行使优先购买权。

公司章程对股权转让另有规定的，从其规定。

第 72 条 人民法院依照法律规定的强制执行程序转让股东的股权时，应当通知公司及全体股东，其他股东在同等条件下有优先购买权。其他股东自人民法院通知之日起满二十日不行使优先购买权的，视为放弃优先购买权。

2. 最高人民法院《关于适用〈中华人民共和国公司法〉若干问题的规定（四)》

第 17 条 有限责任公司的股东向股东以外的人转让股权，应就其股权转让事项以书面或者其他能够确认收悉的合理方式通知其他股东征求同意。其他股东半数以上不同意转让，不同意的股东不购买的，人民法院应当认定视为同意转让。

经股东同意转让的股权，其他股东主张转让股东应当向其以书面或者其他能够确认收悉的合理方式通知转让股权的同等条件的，人民法院应当予以支持。

经股东同意转让的股权，在同等条件下，转让股东以外的其他股东主张优先购买的，人民法院应当予以支持，但转让股东依据本规定第二十条放弃转让的除外。

第 18 条 人民法院在判断是否符合公司法第七十一条第三款及本规定所称的“同等条件”时，应当考虑转让股权的数量、价格、支付方式及期限等因素。

第 19 条 有限责任公司的股东主张优先购买转让股权的，应当在收到通知后，在公司章程规定的行使期间内提出购买请求。公司章程没有规定行使期间或者规定不明确的，以通知确定的期间为准，通知确定的期间短于三十日或者未明确行使期间的，行使期间为三十日。

第20条　有限责任公司的转让股东，在其他股东主张优先购买后又不同意转让股权的，对其他股东优先购买的主张，人民法院不予支持，但公司章程另有规定或者全体股东另有约定的除外。其他股东主张转让股东赔偿其损失合理的，人民法院应当予以支持。

第21条　有限责任公司的股东向股东以外的人转让股权，未就其股权转让事项征求其他股东意见，或者以欺诈、恶意串通等手段，损害其他股东优先购买权，其他股东主张按照同等条件购买该转让股权的，人民法院应当予以支持，但其他股东自知道或者应当知道行使优先购买权的同等条件之日起三十日内没有主张，或者自股权变更登记之日起超过一年的除外。

前款规定的其他股东仅提出确认股权转让合同及股权变动效力等请求，未同时主张按照同等条件购买转让股权的，人民法院不予支持，但其他股东非因自身原因导致无法行使优先购买权，请求损害赔偿的除外。

股东以外的股权受让人，因股东行使优先购买权而不能实现合同目的的，可以依法请求转让股东承担相应民事责任。

第22条　通过拍卖向股东以外的人转让有限责任公司股权的，适用公司法第七十一条第二款、第三款或者第七十二条规定的“书面通知”“通知”“同等条件”时，根据相关法律、司法解释确定。

在依法设立的产权交易场所转让有限责任公司国有股权的，适用公司法第七十一条第二款、第三款或者第七十二条规定的“书面通知”“通知”“同等条件”时，可以参照产权交易场所的交易规则。

3. 最高人民法院《关于适用〈中华人民共和国公司法〉若干问题的规定（三）》

第24条　有限责任公司的实际出资人与名义出资人订立合同，约定由实际出资人出资并享有投资权益，以名义出资人为名义股东，实际出资人与名义股东对该合同效力发生争议的，如无合同法第五十二条规定的情形，人民法院应当认定该合同有效。

前款规定的实际出资人与名义股东因投资权益的归属发生争议，实际出资人以其实际履行了出资义务为由向名义股东主张权利的，人民法院应予支持。名义股东以公司股东名册记载、公司登记机关登记为由否认实际出资人权利的，人民法院不予支持。

实际出资人未经公司其他股东半数以上同意，请求公司变更股东、签发出资证明书、记载于股东名册、记载于公司章程并办理公司登记机关登记的，人民法院不予支持。

第25条 名义股东将登记于其名下的股权转让、质押或者以其他方式处分，实际出资人以其对于股权享有实际权利为由，请求认定处分股权行为无效的，人民法院可以参照物权法第一百零六条的规定处理。

名义股东处分股权造成实际出资人损失，实际出资人请求名义股东承担赔偿责任的，人民法院应予支持。

4.《合同法》

第44条 依法成立的合同，自成立时生效。

法律、行政法规规定应当办理批准、登记等手续生效的，依照其规定。

第52条 有下列情形之一的，合同无效：

（一）一方以欺诈、胁迫的手段订立合同，损害国家利益；

（二）恶意串通，损害国家、集体或者第三人利益；

（三）以合法形式掩盖非法目的；

（四）损害社会公共利益；

（五）违反法律、行政法规的强制性规定。

第58条 合同无效或者被撤销后，因该合同取得的财产，应当予以返还；不能返还或者没有必要返还的，应当折价补偿。有过错的一方应当赔偿对方因此所受到的损失，双方都有过错的，应当各自承担相应的责任。

第60条 当事人应当按照约定全面履行自己的义务。

第93条 当事人协商一致，可以解除合同。

当事人可以约定一方解除合同的条件。解除合同的条件成就时，解除权人可以解除合同。

第94条 有下列情形之一的，当事人可以解除合同：

（一）因不可抗力致使不能实现合同目的；

（二）在履行期限届满之前，当事人一方明确表示或者以自己的行为表明不履行主要债务；

（三）当事人一方迟延履行主要债务，经催告后在合理期限内仍未履行；

（四）当事人一方迟延履行债务或者有其他违约行为致使不能实现合同目的；

（五）法律规定的其他情形。

第 96 条　当事人一方依照本法第九十三条第二款、第九十四条的规定主张解除合同的，应当通知对方。合同自通知到达对方时解除。对方有异议的，可以请求人民法院或者仲裁机构确认解除合同的效力。

法律、行政法规规定解除合同应当办理批准、登记等手续的，依照其规定。

第 97 条　合同解除后，尚未履行的，终止履行；已经履行的，根据履行情况和合同性质，当事人可以要求恢复原状、采取其他补救措施，并有权要求赔偿损失。

第 107 条　当事人一方不履行合同义务或者履行合同义务不符合约定的，应当承担继续履行、采取补救措施或者赔偿损失等违约责任。

5. 最高人民法院《关于适用〈中华人民共和国合同法〉若干问题的解释（一）》

第 9 条　依照合同法第四十四条第二款的规定，法律、行政法规规定合同应当办理批准手续，或者办理批准、登记等手续才生效，在一审法庭辩论终结前当事人仍未办理批准手续的，或者仍未办理批准、登记等手续的，人民法院应当认定该合同未生效；法律、行政法规规定合同应当办理登记手续，但未规定登记后生效的，当事人未办理登记手续不影响合同的效力，合同标的物所有权及其他物权不能转移。

第八章　请求公司收购股权纠纷

请求公司收购股权源于异议股东收购请求权，是指当股东会或股东大会基于多数表决，就有关公司重大事项作出决议时，持异议的少数股东虽投反对票但无力阻止决议通过的情况下，要求对其所持股权价值进行评估并由公司以合理价格予以购买的权利。

异议股东股权收购请求权是资本多数决背景下寻求公司僵局的法律解决途径以及防止大股东滥用其控制地位的产物，其价值在于保护中小股东的利益，使异议股东能够选择通过出让股权来换取合理而公平的补偿方式，不再受到因“少数服从多数”形成的决议的约束。中小股东在与公司未能就相关回购事宜达成一致的情况下，有权诉请人民法院强制回购。

第一节　股东请求公司收购股份的权利行使

一、符合法定情形，异议股东有权行使收购请求权

案　　号：一审（2013）宁民商初字第16号

二审（2016）最高法民终34号

案件名称：中国信达资产管理股份有限公司与太西集团有限责任公司因请求公司收购股份纠纷案

裁判要旨：异议股东在法定期限内提起诉讼，要求公司以合理价格收购其股份，符合《公司法》规定的法定情形的，应予以支持。

案情简介

上诉人（原审原告）：中国信达资产管理股份有限公司（以下简称信达公司）

上诉人（原审被告）：太西集团有限责任公司（以下简称太西集团）

2000年5月29日，信达公司与中国华融资产管理公司（以下简称华融公司）、石炭井矿务局签订《石炭井矿务局债权转股权协议》，三方就石炭井矿务局实施债转股的有关事宜达成如下协议：债权方信达公司、华融公司以转股债权按照1∶1转换比例折合的债转股资产作为出资，石炭井矿务局以转入新公司的净资产按照1∶1转换比例折合的资产作为出资，共同设立太西集团有限责任公司（以下简称太西集团又指后文中新公司），公司初始注册资本为133,976万元，其中石炭井矿务局出资107,783万元，占注册资本的80.45%，华融公司出资20,000万元，占注册资本的14.93%，信达公司出资6193万元，占注册资本的4.62%。协议约定，华融公司、信达公司所持有新公司的股权可采取新公司回购、债权方转让和丙方（石炭井矿务局）收购三种退出方式，退出的时间为7年，从2000年开始退出，在2007年前全部退出。2000年6月9日，信达公司与华融公司、石炭井矿务局签订《债权转股权补充协议》，约定债权方的股权通过新公司回购方式退出时，股权退出价格为债权方转股债权原值，不采取溢价方式计算，即在补充协议约定的回购期限内，债权方通过新公司回购债权方股权所得金额等于转股债权原值。原协议股权退出价款支付计划，按如下原则调整：原协议中债权方每年的股权退出比例、股权退出数额及股权全部退出年限不变，取消原计划中关于股权退出按一定股权溢价率支付回购价款的约定，新公司在每具体回购年度按照原计划中约定的回购股权本金比率实施回购，新公司回购股权价款绝对金额按上述原则重新确定。2001年12月28日，工商行政部门核发了太西集团《企业法人营业执照》，营业期限自2000年6月28日至2010年6月28日。2002年6月，太西集团给华融公司、信达公司核发《股权证明书》，载明太西集团出资为106,258万元，出资比例占80.22%，华融公司出资比例15.10%，信达公司出资比例4.68%。该月，太西集团支付信达公司股权回购款35万元，信达公司持股比例由4.68%减少为4.65%，出资额由6193万元减少为6158万元。

2002年11月22日，宁夏回族自治区人民政府下发宁政发（2002）109

号文件、宁政函（2002）176号批复，决定成立宁夏煤业集团，性质为国有独资公司，同意将宁夏亘元集团有限责任公司、太西集团、灵州集团有限责任公司、宁煤集团有限责任公司全部国有资产授权新组建的集团公司经营。2005年10月12日，宁夏回族自治区党委政府与神华集团有限责任公司（以下简称神华集团）签订《合资合作框架协议》。2006年1月13日，宁夏回族自治区政府国资委与神华集团签订《增资扩股协议》，决定成立神华宁煤集团，由神华集团以人民币现金出资51亿元，占注册资本的51%，宁夏回族自治区政府国资委以宁夏煤业集团现有经评估的全部净资产出资50亿元，占注册资本的49%。2006年10月30日中宇资产评估有限公司中宇评报字（2006）第3006号资产评估报告书载明："……计算宁夏国资委享有的宁煤集团重组范围的净资产时，直接扣减的是华融与信达债转股的余额，没有考虑资产管理公司债转股股权享有宁煤集团的累积盈余及本次评估增值应增加的净资产。"

2011年8月18日，太西集团向各股东发出《关于以信函方式召开太西集团临时股东会会议的通知》，决定采取信函方式于2011年8月28日召开临时股东会会议并形成股东会决议，通知载明："各股东接到此通知后，如无异议，请在'关于太西集团延长经营期限股东会决议'加盖相应印鉴……如果就延长经营期限事项有异议，不能加盖印鉴，请回函明示为放弃表决或反对表决……"2011年8月28日，太西集团形成《关于太西集团有限责任公司延长经营期限股东会决议》，将营业期限延长至2016年6月28日，太西集团和华融公司在决议上盖章，信达公司未盖章。信达公司于2011年9月13日向太西集团发出《关于对太西集团有限责任公司临时股东会议题表决的函》，表示不同意延长太西集团经营期限。2011年9月20日经工商登记部门核准，太西集团营业期限延长至2014年6月28日。

2011年10月20日，信达公司向神华宁煤集团发出《关于要求以合理价格收购我公司持有的太西集团有限责任公司股权的函》，要求在法定期限内收购信达公司的股权，但双方未能达成一致意见。

另查明，信达公司于2002年至2007年间每年均获得上一年度的股份分红，2007年以后再未获得分红。《石炭井矿务局债权转股权协议》《债权转股权补充协议》关于债权方股权通过新公司回购方式退出的约定，除2002年6月太西集团支付信达公司股权回购款35万元，信达公司持股比例由4.68%减少为4.65%，出资额由6193万元减少为6158万元之外，其他债权方股权回购内容没有履行。

信达公司依据《民事诉讼法》(2007年)第108条，[1]《公司法》(2005年)第75条[2]向法院提起诉讼，请求：(1)依法判决太西集团以合理价格（按清算、审计及评估后确定的股权价值与信达公司出资额6158万元两者孰高原则确定）回购信达公司持有太西集团的4.65%的股份。(2)本案诉讼费由被告承担。案件审理中，信达公司明确其第一项诉讼请求为：判决太西集团以信达公司持有太西集团4.65%股份的合理价格即28,245.23万元+神华宁煤集团2012年净资产增加额×0.97%+2007年至2012年应该通过太西集团从神华宁煤集团分配的股利，以及上述款项2012年之后至实际偿还之日的利息，利息按照中国人民银行逾期利息计算。其中神华宁煤集团2012年净资产增加额计算如下，28,245.23万元[3]=4.65%×42.42%×49%×2,911,879.75万元，4.65%是信达公司持有太西集团的股份比例，42.42%是2002年成立宁夏煤业集团时太西集团占宁夏煤业集团的比例，49%是2006年神华集团和宁夏煤业集团重组成立神华宁煤集团时原宁夏煤业集团的持股比例，2,911,879.75万元是神华宁煤集团2011年年底的净资产数额；0.97%=4.65%×42.42%×49%是信达公司通过太西集团间接持有神华宁煤集团的股权比例。

裁判结果

一审法院判决：(1)太西集团于判决生效之日起10日内支付信达公司4.65%股份的股份回购款6158万元及股份回购款6158万元自2007年1月1日至判决生效之日按中国人民银行同期贷款基准利率计算的利息。(2)驳回信达公司的其他诉讼请求。

太西集团不服一审判决，提起上诉。二审判决驳回上诉，维持原判。

---

〔1〕 2017年修正的《民事诉讼法》第119条。

〔2〕 2018年修正的《公司法》第74条。

〔3〕 本计算结果为28,144.47万元，但裁判文书表述如此，故不作修改。

各方观点

信达公司观点：（1）信达公司要求太西集团收购其股权，系基于《公司法》第74条规定，案由为“请求公司收购股权纠纷”。（2）信达公司起诉要求太西集团收购其股权与《债权转股权协议》及《债权转股权补充协议》完全无关，《债权转股权协议》及《债权转股权补充协议》股权回购条款不能作为裁判依据。上诉人提起本案诉讼系基于《公司法》第74条规定请求收购股权，而非基于《债权转股权协议》及《债权转股权补充协议》的约定，一审判决混淆了本案诉由。2003年2月23日，国务院办公厅国办发〔2003〕8号《关于进一步做好国有企业债权转股权工作的意见》，规定债转股协议和方案中某些条款予以废止，其中第5项“要求原企业全部购买金融资产管理公司股权的有关条款”。本案《债权转股权协议》及《债权转股权补充协议》中回购条款（包括回购价格条款）已被国务院明令废止，不再具有法律效力，不能作为本案裁判依据。（3）本案股权收购款项的计算方式。《公司法》第74条规定，公司应以“合理的价格”收购持异议股东股权。对于“合理的价格”，应当根据法律及本案具体情况综合考虑。财政部颁发的《金融资产管理公司资产处置管理办法》第22条第1项规定：“资产公司向国务院批准的债转股项目原国有出资人转让股权的，经财政部商国资委审核后，可不进行资产评估，以审计的每股资产净值为基础，由双方依商业原则协商确定收购价格，不得低于最近一期经审计的资产净值。”本案中，信达公司在太西集团中股份被宁夏回族自治区政府划转至宁夏煤业集团，并最终被神华宁煤集团非法占有并控制。据此“合理的价格”计算方案，应以太西集团净资产投入为纽带，先分别确定太西集团在宁夏煤业集团及神华宁煤集团的股权占比，再进而确定上诉人持有被上诉人的股权价值。

太西集团观点：（1）信达公司不符合公司收购股东股份条件，无权请求公司进行收购，应驳回其诉讼请求。《公司法》第74条规定行使异议股东股份收购请求权的首要条件是“对股东会该项决议投反对票的股东”，信达公司未于2011年8月28日前依照2011年8月18日《关于以信函方式召开太西集团临时股东会会议的通知》要求对股东会延长公司经营期限的决议投反对票。信达公司于2011年9月13日《关于对太西集团有限责任公司临时股东会议题表决的函》，超出表决期，为无效反对表决。（2）信达公司要求太西集团以神华宁煤集团净资产数额×0.97%的计算公式确定股份收购价格没有事实和法律依据。太西集团与神华宁煤集团为各自独立的法人，信达公司请求太西集团收购其股权，应依据其所持有股份的太西集团净资产数额合理计算收购价格，而非以第三方公司净资产作为计算基数。宁夏煤业集团是由宁夏回族自治区人民政府授权国有资产监督管理机构履行出资人职责由四家国有独资公司名下资产进行处置和整合成立的有限责任公司，不包括信达公司的国有资产。2006年10月30日中宇资产评估有限公司中宇评报字（2006）第3006号资产评估报告书清楚表明信达公司股权并未进入宁夏煤业集团，更未进入神华宁煤集团。信达公司与神华宁煤集团间并无股权对应关系，无权将其在太西集团的股份折算成神华宁夏煤业集团的股份并要求以神华宁煤集团净资产数额确定其股份收购价格。信达公司相关评估报告作为确定其股权价值根据，缺乏依据，应为无效。（3）本案《债权转股权协议》及其补充协议中的回购条款并未废止，其依然具有效力。信达公司混淆概念，国办发〔2003〕8号《关于进一步做好国有企业债权转股权工作的意见》第3条第5项“要求原企业全部购买金融资产管理公司股权的有关条款”予以废止的内容，该“原企业”是指债转股之前的企业即石炭井矿务局及其改制而来作为股东的太西集团，而非作为法人的太西集团。因此，信达公司不符合法定请求公司收购股权的适用条件，无权要求太西集团收购其股份，同时混淆了作为股东的太西集团与作为公司的太西集团，将股东投资行为错误理解成公司投资行为，进而要求向第三方宁夏煤业集团及神华宁煤集团主张股权，应予驳回。

太西集团称：（1）自2001年1月至2007年7月，太西集团下属的石炭井三矿、太西集团一矿、二矿相继因资源枯竭被宁夏回族自治区石嘴山市中级人民法院裁定政策性破产。因此导致太西集团资产发生了明显变化，总资产急剧缩水减少，信达公司所占股份原值也随之相应降低于6158万元。（2）本案当事人之间关系经过债转股变更为公司与股东的关系，不存在债权债务关系，判决太西集团承担利息无事实与法律依据。

信达公司答辩称：（1）信达公司依据《公司法》第74条规定请求太西集团收购股份，具有事实和法律依据，并非依据当事人《债权转股权协议》及《债权转股权补充协议》的约定。信达公司提供了证据证明太西集团资产走向，据此计算出太西集团应对信达公司进行股权收购的价格，合法合理。太西集团所称作为股东的太西集团与作为公司的太西集团，两者重合。（2）信达公司依公司法请求太西集团收购股权，及时主张权利。太西集团本着善意履行原则，应在合理期间内以合理的价格承担回购责任，故计算利息合理。

法院观点

一审法院观点：太西集团于2011年8月18日向各股东发出召开临时股东会的通知，告知各股东临时股东会采取信函方式于2011年8月28日召开并形成股东会决议。信达公司于2011年9月13日向太西集团发函，表示不同意延长太西集团经营期限。在股东会会议决议通过之日起60日内，信达公司与太西集团之间未能达成股权收购协议。信达公司于股东会决议通过之日起90日内即2011年11月28日提起诉讼，请求太西集团以合理价格收购其股权，符合《公司法》第74条“有以下情形之一的，对股东会该项决议投反对票的股东可以请求公司按照合理的价格收购其股权：……（二）公司合并、分立、转让主要财产的；（三）公司章程规定的营业期限届满或者章程规定的其他解散事由出现，股东会会议通过决议修改章程使公司存续的。自股东会会议决议通过之日起六十日内，股东与公司之间不能达成股权收购协议的，股东可以自股东会决议通过之日起九十日内向人民法院提起诉讼”的规定。

2000年5月29日，信达公司与华融公司、石炭井矿务局签订的《石炭井矿务局债权转股权协议》、同年6月9日签订的《债权转股权补充协议》，意思表示真实，内容形式不违反法律、行政法规的强制性规定，为有效协议。《石炭井矿务局债权转股权协议》约定，债权方信达公司、华融公司以转股债权按照1:1转换比例折合的债转股资产作为出资，石炭井矿务局以转入新公司的净资产按照1:1转换比例折合的资产作为出资，共同设立太西集团。协议还约定，华融公司、信达公司所持有新公司的股权可采取新公司回购、债权方转让和丙方（石炭井矿务局）收购三种退出方式，退出的时间为7年，从2000年开始退出，在2007年前全部退出。《债权转股权补充协议》约定债权方的股权通过新公司回购方式退出时，股权退出价格为债权方转股债权原值，不采取溢价方式计算，即在补充协议约定的回购期限内，债权方通过新公司回购债权方股权所得金额等于转股债权原值。原协议股权退出价款支付计划，按如下原则调整：原协议中债权方每年的股权退出比例、股权退出数额及股权全部退出年限不变，取消原计划中关于股权退出按一定股权溢价率支付回购价款的约定，新公司在每具体回购年度按照原计划中约定的回购股权本金比率实施回购，新公司回购股权价款绝对金额按上述原则重新确定。据此，《债权转股权补充协议》对债权方的股份通过新公司回购方式退出作了按原值计算的特别约定，同时明确股份退出数额及股份全部退出年限不变，当事人应当按照约定履行。《债权转股权补充协议》之后，债权方与太西集团没有形成关于债权退出新的协议，现信达公司请求太西集团回购其股份，符合《石炭井矿务局债权转股权协议》《债权转股权补充协议》约定，应予支持。但是，原告信达公司请求太西集团支付股份回购款的计算方式与《石炭井矿务局债权转股权协议》《债权转股权补充协议》约定不符，没有事实及法律依据，不予支持。本案应当按照《石炭井矿务局债权转股权协议》《债权转股权补充协议》依法处理。2002 年 6 月太西集团支付信达公司股份回购款 35 万元，信达公司股份比例变为 4.65%，出资额变更为 6158 万元，之后，信达公司股份数额再未变化，太西集团应按原协议约定的 6158 万元向信达公司支付股份退出款。《石炭井矿务局债权转股权协议》约定股份退出的时间为 7 年，从 2000 年开始退出，在 2007 年前全部退出。太西集团没有按约履行，应承担股份退出款 6158 万元自 2007 年起按中国人民银行同期贷款基准利率计算的利息。综上所述，信达公司的诉讼请求部分成立。

二审法院观点： 本案上诉争议焦点为信达公司是否有权依照《公司法》第 74 条规定请求太西集团收购其股份以及收购股权价格如何确定和是否应当支付利息的问题。

2011 年 8 月 18 日，太西集团向信达公司等股东发出《关于以信函方式召开太西集团临时股东会会议的通知》，决定采取信函方式于 2011 年 8 月 28 日召开临时股东会会议并形成股东会决议，上述内容为太西集团召集临时股东会会议及形成决议的时间，并非限制各股东对决议的异议期限。信达公司在太西集团三个股东中有两个股东于 2011 年 8 月 28 日形成了《关于太西集团有限责任公司延长经营期限股东会决议》的情况下，于 2011 年 9 月 13 日向太西集团发出《关于对太西集团有限责任公司临时股东会议题表决的函》，表示不同意延长太西集团经营期限，并在法定期限内向一审法院提起诉讼，请求太西集团以合理的价格收购其在太西集团的股份，符合《公司法》第 74 条第 1 款第 3 项规定的“公司章程规定的营业期限届满或者章程规定的其他解散事由出现，股东会会议通过决议修改章程使公司存续的”法定收购股权条件，信达公司对太西集团关于延长经营期限的股东会决议书面提出反对意见，当然有权依法请求太西集团按照合理的价格收购其股权，且符合相应程序规定。太西集团关于信达公司超出决议表决期作出无效反对表决，不符合公司收购股东股份条件，信达公司无权请求太西集团收购其股权的理由，不符合事实，缺乏法律依据。

对于本案股权收购款项的计算方式，信达公司主张应以太西集团净资产投入为纽带，分别确定太西集团在宁夏煤业集团及神华宁煤集团的股权占比，进而确定信达公司持有太西集团的股权价值，太西集团应以信达公司所持有的太西集团4.65%股份的合理价格进行收购，即28,245.23万元+神华宁煤集团2012年净资产增加额×0.97%+2007年至2012年应该通过太西集团从神华宁煤集团分配的股利，以及上述款项自2012年至实际偿还之日的利息，利息按照中国人民银行逾期利息计算。太西集团认为本案股权回购价格，应当根据信达公司持股比例及太西集团实际资产状况确定合理价格，应在太西集团章程规定及《债权转股权协议》及其补充协议框架下，结合太西集团实际经营状况，信达公司所占股份原值大幅减少，应对其股权回购价格作出调整。信达公司无权要求太西集团依照神华宁煤集团的资产价值折算回购价格。本院认为，在股东之间对股权回购有明确约定的情况下，《公司法》第74条有关股东请求公司以合理的价格收购其股权的规定，并非能够完全脱离原出资协议约定而另行确定。太西集团章程第71条规定资产管理公司所持股权按《债权转股权协议》和《债权转股权补充协议》实施。信达公司于2000年5月29日及6月9日与石炭井矿务局及华融公司三方签订的《债权转股权协议》和《债权转股权补充协议》，不仅对上述三方股东共同设立太西集团的出资形式和比例作了约定，亦对各股东股权的退出及收购方式作了特别约定。2000年5月29日《债权转股权协议》第十章股权退出，约定信达公司以及华融公司所持有太西集团的股权，可以采取新公司回购、债权方向第三方转让和丙方石炭井矿务局收购三种退出方式，退出的时间为7年，从2000年开始退出，在2007年前全部退出。且对太西集团股权回购或者丙方石炭井矿务局收购计划约定了每年的股权退出比例、股权退出数以及按照溢价率计算的每年股权退出的总价款。2000年6月9日，信达公司与石炭井矿务局、华融公司三方股东就股权退出问题及分取红利、股权退出价款支付计划调整等签订《债权转股权补充协议》作了进一步约定，其中第2条针对股权退出补充约定：债权方的股权通过新公司回购方式退出时，股权退出价格为债权方转股债权原值，不采取溢价方式计算，即当事人实际取消原协议中关于股权退出按照一定股权溢价率支付回购价款的约定。对此约定，并不违反国务院办公厅2003年2月23日国办发〔2003〕8号《关于进一步做好国有企业债权转股权工作的意见》第3条第15款第5项对债转股协议和方案中“要求原企业全部购买金融资产管理公司股权的有关条款”予以废止的规定，上述规定中“原企业”是指当时的丙方石炭井矿务局，本案当事人争议的是信达公司是否有权请求由石炭井矿务局、华融公司及信达公司三方股东共同出资设立的新公司太西集团收购或回购其股权以及以何种价格收购或回购，而并非要求原出资一方购买股权，二者有本质区别。至于原出资人石炭井矿务局主体资格演变如何认定，并不影响对本案中由原出资一方购买股权和新设立的公司购买股权两种性质的判断。当事人约定由三方股东设立的新公司太西集团回购股份，回购方式也非一次性全部回购，而是约定分期分批进行，并没有加大新公司的负担。一审判决认定本案《债权转股权协议》及《债权转股权补充协议》为当事人意思表示真实，内容形式不违反法律、行政法规的强制性规定，协议合法有效，并无不当。信达公司上诉关于本案《债权转股权协议》《债权转股权补充协议》约定的回购方式，因违反国务院办公厅国办发〔2003〕8号《关于进一步做好国有企业债权转股权工作的意见》第3条第15款第5项有关规定，对当事人已不再具有效力的理由，不能成立，本院不予支持。太西集团主张一审判决不应该按照太西集团2002年股份账面原值计算收购股权价值，一审没有考虑太西集团资产因所属单位政策性破产而带来的股权价值变化的上诉理由，亦不能成立。对于股权退出方式及价格，是三方股东根据自愿原则自由商定的，对当事人具有法律约束力。至于成立的新公司后来资产发生了变化，并非必然导致股权价值的变化，股权价值还取决于公司其他因素。不能以股权回购时企业财产的实际状况已经发生减少，约定的股权收购价值就必须相应减少，当事人对此亦没有明确约定。况且信达公司债权转为股权作为对太西集团的出资，为太西集团减负，支持其经营，所起作用是显然的，要求相应减少股权回购款，对信达公司亦有不公。太西集团关于一审判决其承担2007年1月1日至判决生效之日的利息无事实和法律依据的上诉主张，本院认为，鉴于双方当事人在《债权转股权协议》《债权转股权补充协议》约定信达公司股权必须到2007年前退出完毕，但太西集团并没有按照约定履行其义务，太西集团迟延履行支付回购股权的款项，相应地给予利息，属法定孳息，具有合法依据。综上所述，一审判决认定事实清楚，适用法律正确。

二、股权收购请求权属于形成权，应在法定期间内行使

案　　号：（2015）河商初字第0050号

案件名称：季某诉江苏华天驰宇建筑装饰工程有限公司请求公司收购股份纠纷案

裁判要旨：股东可以在股东会会议决议通过之日起90日内向法院起诉，《公司法解释一》第3条规定，“原告以公司法第二十二条第二款、第七十四条第二款规定事由，向人民法院提起诉讼时，超过公司法规定期限的，人民法院不予受理”。

案情简介

反诉原告（本诉被告）：江苏华天驰宇建筑装饰工程有限公司

反诉被告（本诉原告）：季某

被告江苏华天驰宇建筑装饰工程有限公司（以下简称华天公司）于2004年11月15日登记设立，经营期限10年，自2004年11月15日至2014年11月3日。原告季某于2008年成为华天公司股东，持有华天公司5. 35%的股份。2014年10月17日，华天公司召开股东会，研究延长公司营业期限问题。依据股东会决议，华天公司营业期限由10年变更为30年，并通过了章程修正案，但原告对该议案投反对票，不同意华天公司延长营业期限并修改公司章程。股东会决议通过后，华天公司办理了工商变更登记。股东会决议通过后，原告曾和被告协商股份回购事宜，但被告不愿意以合理价格回购原告的股份。原告诉至法院，请求依法判决：（1）被告以3.5万元的价格回购原告的股份；（2）被告承担诉讼费用。被告辩称，被告同意回购原告的股份，价格另行协商，但被告回购原告股份的前提是原告应按照公司章程缴足股本，否则股权回购不能成立。

裁判结果

一审判决：驳回原告季某的起诉。

各方观点

反诉原告观点：反诉被告从2009年7月10日起成为江苏华天驰宇建筑装饰工程有限公司股东，后经多次变更，至2011年1月19日，反诉被告持有江苏华天驰宇建筑装饰工程有限公司5.35%的股权，认缴出资额为53.5万元，并于2011年1月21日经工商变更登记。但时至今日，反诉被告并未按照其认缴的出资额足额向反诉原告缴纳出资，仅出资5.75万元。根据我国《公司法》第28条的规定，公司股东应当按期足额缴纳公司章程中规定的各自认缴的出资额。现提起反诉，请求依法判决：（1）反诉被告履行认缴出资义务，补足其未足额缴纳的47.75万元出资额；（2）反诉被告承担本诉、反诉费用。

反诉被告观点：季某因受让获得的股权，其对江苏华天驰宇建筑装饰工程有限公司不负有出资义务。反诉原告的主张没有事实依据，请求依法驳回反诉原告的反诉请求。

法院观点

法院观点：我国《公司法》第74条规定“有下列情形之一的，对股东会该项决议投反对票的股东可以请求公司按照合理的价格收购其股权：……（三）公司章程规定的营业期限届满或者章程规定的其他解散事由出现，股东会会议通过决议修改章程使公司存续的。自股东会会议决议通过之日起六十日内，股东于公司不能达成股权收购协议的，股东可以自股东会会议决议通过之日起九十日内向人民法院提起诉讼。”本案中，华天公司于2014年10月17日作出股东会会议决议，决定延长公司营业期限。季某在该次股东会决议中投票反对，因此，季某在股东会会议决议作出之日起60日内未与华天公司就股权收购达成协议时，应于股东会会议决议作出之日起90日内向人民法院提起诉讼。季某于2015年1月16日诉至本院，请求华天公司以合理价格收购其股份。据此，本院认为，季某于2015年1月16日诉至本院，已经超过了自股东会会议决议作出之日起算的90日期限，不符合人民法院受理民事案件的条件，应当驳回起诉。庭审中，被告华天公司同意回购原告季某的股份，双方当事人可以自行协商解决。

三、股东对公司转让资产有异议的情况下行使股权收购请求权，转让的资产应为公司主要资产

案　　号：（2014）西中民四初字第00350号

案件名称：深圳金信诺高新技术股份有限公司与西安三元达海天天线有限公司请求公司收购股份纠纷案

裁判要旨：《公司法》第74条将转让主要财产列为提起股份回购之诉的事由，其目的是防止不慎重地转让公司财产，足以威胁公司的存在基础，对公司运营前景产生重大不利影响，并从根本上动摇股东对公司的投资预期。因此，该条款中转让资产应是公司主要资产。

案情简介

原告：深圳金信诺高新技术股份有限公司

被告：西安三元达海天天线有限公司

被告西安三元达海天天线有限公司（以下简称西安三元达）系从事信息传输、软件和信息技术服务业的公司，注册资本8000万元，实收资本7800万元。经营范围包括移动通信系统天线及天线工程产品，微波技术产品，通信电子产品，数据通信产品，办公自动化设备，仪器仪表及相应的系统工程的研制、生产、销售、安装、检测和服务；货物与技术的进出口经营（国家限制或禁止的进出口货物技术除外）。以上经营范围排除国家规定的专控及前置许可证项目。

2013年12月31日原告深圳金信诺高新技术股份有限公司（以下简称深圳金信诺）以6,715,310.87元从西安海天天线科技股份有限公司处受让取得被告9.5%的股权，成为被告股东，持股数为760万股。被告股东分别为福建三元达通讯股份有限公司，持股比例80%；西安海天天线科技股份有限公司，持股比例为5.5%；任某某，持股比例为5%及本案原告。2014年3月14日，原告持有被告股权的比例变更为9.7436%，福建三元达通讯股份有限公司的

持股比例变更为82.0513%，西安海天天线科技股份有限公司的持股比例变更为5.641%，任某某的持股比例变更为2.5641%。被告于2014年5月4日召开董事会，于2014年5月20日召开股东会，审议通过了关于公司将SG128多探头球面近场三维全息电扫描天线测试实验室（以下简称实验室）转让的议案，原告均投反对票。2014年5月7日，经中和资产评估有限公司评估，实验室资产评估值为1817.12万元。2014年5月21日被告与西安三元达通讯技术研发有限公司签订资产买卖合同，约定西安三元达通讯技术研发有限公司以1800万元价格购买被告实验室。同年6月16日，原告向被告送达股权回购函，请求被告按照合理价格收购其760万股股权。2014年6月26日被告向原告回函称，转让实验室对公司主营收入不造成影响，且对公司持续稳定经营有诸多益处。后福建三元达通讯股份有限公司经董事会审议通过了以5500万元的价格将其全资子公司西安三元达通讯技术研发有限公司100%股权出让的股权交易事项。被告2013年的审计报告显示，被告的资产总计为82,797,362.79元，净资产为21,750,243.42元。

裁判结果

驳回原告深圳金信诺的诉讼请求。

各方观点

原告观点：其于2013年12月以6,715,310.87元受让取得被告760万股股权。被告于2014年5月4日、20日，分别召开公司董事会、股东会会议，讨论将其所有的SG128多探头球面近场三维全息电扫描天线测试实验室转让给西安三元达通讯技术研发有限公司事宜。转让实验室的议案获得被告董事会和股东会决议通过，原告均投了反对票。依据《公司法》（2005年）第75条[1]之规定，原告于2014年6月16日向被告快递送达股权回购函，请求被告按照合理价格收购其持有的被告760万股股权。被告于2014年6月26日向原告回函，辩解其转让实验室的行为未造成不良影响。福建三元达通讯股份有限公司于2014年7月10日又通过董事会决议，将实验室受让方西安三元达

[1] 2018年修正的《公司法》第74条。

通讯技术研发有限公司100%股权以5500万元转让给陕西海通天线有限责任公司。原告认为，截至2013年12月31日，被告净资产仅为2175万元，且巨额亏损，实验室评估值为1817万元，已占到被告净资产的83.5%，目前属于国内同行业最具竞争力的顶级实验室，且属于被告常规经营核心资产，应属于被告主要财产。原告在被告转让实验室的董事会和股东会会议上均投了反对票，并及时向被告发出了股权回购函，要求被告以合理价格收购其持有的760万股股权。另实验室受让方西安三元达通讯技术研发有限公司与被告同属于福建三元达通讯股份有限公司，实验室转让行为属于关联交易，低买高卖掏空被告经营实体的行为严重损害了原告作为小股东的利益。鉴于被告已连续数年巨额亏损、高额负债、当前已濒临停产，福建三元达通讯股份有限公司却利用其绝对控股地位以关联交易方式将作为被告主要财产的实验室转让获利，致使被告形同空壳，已严重损害了被告存续经营的基础和原告作为被告小股东的预期利益。故请求判令被告：（1）以6,715,310.87元回购原告持有的760万股被告股权；（2）本案全部诉讼费用、差旅费均由被告承担。

被告观点：（1）被告转让的SG128多探头球面近场三维全息电扫描天线测试实验室并非被告的主要财产，原告以被告转让主要财产，其在股东会决议中投反对票为由，要求被告收购其股权的主张没有任何事实和法律依据的。①从经营范围来看，被告的主营业务为移动通信系统天线及天线工程产品，而SG128多探头球面近场三维全息电扫描天线测试实验室作为一项天线检测设备，系为研发、生产天线产品做测试配套，其仅为被告经营项目的一部分，并非其常规经营核心资产。②从资产比重来看，截至2013年12月31日，被告资产总额为82,797,362.79元，而上述实验室的评估值为人民币1817.12万元，上述资产价值仅占被告资产总值的21.94%，不足50%。③从营业收入来看，2013年度被告累计营业收入为65,947,220.52元，而上述实验室的检测收入仅为人民币472万元，仅占营业收入总值的7.1%，远远低于50%。（2）被告转让上述实验室是为弥补流动资金不足，改善公司的经营状况，确保公司正常生产经营而采取的一项紧急措施，该行为并未损害股东的利益。（3）上述实验室的评估价值为1817.12万元，被告以1800万元的价格转让给第三方，该转让价格与资产价值相当，未损害股东的利益。（4）截至2013年12月31日，被告的净资产为2175万元，原告持股比例为9.5%，原告要求被告以6,715,310.87元的价格收购其股权没有任何事实和法律依据。综上所述，请求法院驳回原告的诉讼请求。

法院观点

法院观点：原告作为被告股东，依据《公司法》（2005 年）第 75 条之规定，请求被告以合理价格回购其股权，系在行使其异议股东股份回购请求权，该制度旨在公司结构发生重大变化时赋予异议股东在获得合理的补偿后退出结构业已发生重大变化的公司的权利。《公司法》（2005 年）第 74 条将转让主要财产列为异议股东提起股权回购之诉的事由，其目的在于防止不慎重地转让公司财产足以威胁公司的存在基础，对公司运营前景产生重大不利影响，并从根本上动摇股东对公司的投资预期。转让财产是不是公司常规经营核心资产，该财产占公司资产的比例，转让财产的行为是否实质影响了公司设立目的及公司存续，是否影响了公司的正常经营等是考量转让财产是否属于公司主要财产的因素。根据本案查明事实，被告系从事信息传输、软件和信息技术服务业的公司，仪器仪表及相应的系统工程的检测仅为被告多个经营范围中的一个，而涉案实验室系天线测试实验室，原告未提交充分证据证明该实验室系被告常规经营核心资产；2013 年年底该公司的资产总计为 82,797,362.79 元，被告转让的实验室的价值为 1817.12 万元，仅占其资产总额的 21.9%；被告未提交证据证明转让实验室的行为使公司结构发生重大变化，影响了被告的正常运营。综上所述，原告主张实验室系被告主要财产依据不足，本院难以认可。需要说明的是，即使原告举证证明实验室系被告主要财产，但其请求被告以 6,715,310.87 元的价格回购其股权缺乏证据支持，且其向本院明确表示不申请对被告股权价值进行鉴定，本院对股权回购的合理价格难以确定，故原告提出的要求被告以 6,715,310.87 元回购其持有的 760 万股被告股权的诉讼请求，本院不予支持。

律师点评

《公司法》第 74 条规定，当有限责任公司存在：（1）连续 5 年不向股东分配利润，而公司该 5 年连续盈利且符合法定分配利润条件的；（2）合并、分立、转让主要财产的；（3）公司章程规定的营业期限届满或者章程规定的其他解散事由出现，股东会决议通过决议修改章程使公司存续的法定情形时，对股东会上述决议投反对票的股东可以请求公司按照合理的价格收购其股权。《公司法》第142条规定了股份有限公司股东因对股东大会作出的公司合并、分立决议持异议，可以要求公司收购其股份。

根据上述条文可知，股东行使股权收购请求权，应同时满足如下条件：(1) 法定事项出现；(2) 公司对法定事项召开股东会进行决议；(3) 股东对该事项的决议投反对票；(4) 股东在法定期限即股东会决议通过之日起90日内提起诉讼请求公司回购。在处理请求公司收购股权纠纷案件时，法院主要审查请求主体是否具有行权资格、请求事项是否符合法定情形、是否在法定期限内提出请求等来确定异议股东的请求权是否成立，并基于司法审计、资产评估、回购协议约定等对股权回购的合理价格进行确定。

第二节　例外情形下股权收购请求权的行使

一、非因股东过错造成股东未参加股东会投反对票的情形下，股东仍享有回购请求权

案　　号： 一审：(2011) 长中民二初字第0078号
二审：(2013) 湘高法民二终字第91号
再审：(2014) 民申字第2154号

案件名称： 袁某与长江置业（湖南）发展有限公司请求公司收购股份纠纷案

裁判要旨： 根据《公司法》第74条之规定，对股东会决议转让公司主要财产投反对票的股东有权请求公司以合理价格回购其股权。非因自身过错未能参加股东会的股东，虽未对股东会决议投反对票，但对公司转让主要财产明确提出反对意见的，其请求公司以公平价格收购其股权，法院应予支持。

案情简介

再审申请人（一审被告、二审上诉人）：长江置业（湖南）发展有限公司

被申请人（一审原告、二审上诉人）：袁某

袁某系长江置业（湖南）发展有限公司（以下简称长江置业）的股东，持有长江置业20%股权。2010年3月5日，长江置业形成股东会决议，明确由沈某、钟某某、袁某三位股东共同主持工作，确认全部财务收支、经营活动和开支、对外经济行为必须通过申报并经全体股东共同联合批签才可执行，对重大资产转让要求以股东决议批准方式执行。在实行联合审批办公制度之后，长江置业在没有通知袁某参与股东会的情况下，于2010年5月31日作出股东会决议，取消了袁某的一切经费开支，并决议对案涉二期资产进行了销售。该资产转让从定价到转让，均未取得股东袁某的同意，也未通知其参加股东会。袁某在2010年8月19日申请召开临时股东会，明确表示反对二期资产转让，要求立即停止转让上述资产，但长江置业继续对二期资产进行转让。长江置业《公司章程》规定，股东权利受到公司侵犯，股东可书面请求公司限期停止侵权活动，并补偿因被侵权导致的经济损失。如公司经法院或公司登记机关证实：公司未在所要求的期限内终止侵权活动，被侵权的股东可根据自己的意愿退股，其所拥有的股份由其他股东协议摊派或按持股比例由其他股东认购。

袁某向一审法院提起诉讼，请求长江置业收购其20%的股权。

裁判结果

一审判决：被告长江置业在本判决生效后15日内向原告袁某支付股权回购款67,124,640.77元以回购原告袁某所持有的20%长江置业（湖南）发展有限公司股权。

二审判决：驳回上诉，维持原判。

再审裁定：驳回长江置业（湖南）发展有限公司的再审申请。

各方观点

长江置业观点：（1）长江置业提交《2009年第4次股东会议纪要》、《2010年临时股东会决议》、公安机关出具的《说明》等6组新的证据，足以推翻原判决。（2）原审判决认为袁某有权要求长江置业回购股权，并依据

《审计报告》确定股价，缺乏证据证明。(3) 袁某提交的长江置业原财务人员杨某、刘某、严某某三人出具的《证明》系伪造，不应作为认定事实的依据。(4) 袁某逾期提交的证据材料均未经质证，法院不应采信。(5) 长江置业的财务档案被法院采取保全措施，长江置业无法自行收集，书面申请人民法院调查收集，人民法院未调查收集。(6) 原审判决适用《公司法》第 74 条，认为袁某有权行使股份回购请求权，适用法律错误。(7) 本案一审法官存在违法情形，应当回避而没有回避。(8) 沈某、钟某某作为公司财产共有权人，应当参加诉讼未参加诉讼。(9) 袁某的诉讼请求为请求判决长江置业根据《公司法》之规定收购袁某 20% 股权，二审判决认为袁某的请求符合《公司法》和《公司章程》的规定，超出袁某的诉讼请求。袁某认为，长江置业公司的再审申请缺乏事实与法律依据，请求予以驳回。

法院观点

再审法院观点： (1) 关于袁某是否有权请求长江置业回购股权的问题。2010 年 3 月 5 日，长江置业形成股东会决议，明确由沈某、钟某某、袁某三位股东共同主持工作，确认全部财务收支、经营活动和开支、对外经济行为必须通过申报并经全体股东共同联合批签才可执行，对重大资产转让要求以股东决议批准方式执行。但是，根据长江置业与袁某的往来函件，在实行联合审批办公制度之后，长江置业对案涉二期资产进行了销售，该资产转让从定价到转让，均未取得股东袁某的同意，也未通知其参加股东会。根据《公司法》第 74 条之规定，对股东会决议转让公司主要财产投反对票的股东有权请求公司以合理价格回购其股权。从形式上看，袁某未参加股东会，未通过投反对票的方式表达对股东会决议的异议。但是，《公司法》第 74 条的立法精神在于保护异议股东的合法权益，之所以对投反对票作出规定，意在要求异议股东将反对意见向其他股东明示。本案中袁某未被通知参加股东会，无从了解股东会决议，并针对股东会决议投反对票，况且，袁某在 2010 年 8 月 19 日申请召开临时股东会，明确表示反对二期资产转让，要求立即停止转让上述资产，长江置业驳回了袁某的申请，并继续对二期资产进行转让，已经侵犯了袁某的股东权益。因此，二审法院依照《公司法》第 74 条之规定，认定袁某有权请求长江置业以公平价格收购其股权，并无不当。

同时，长江置业《公司章程》中规定，股东权利受到公司侵犯，股东可书面请求公司限期停止侵权活动，并补偿因被侵权导致的经济损失。如公司经法院或公司登记机关证实：公司未在所要求的期限内终止侵权活动，被侵权的股东可根据自己的意愿退股，其所拥有的股份由其他股东协议摊派或按持股比例由其他股东认购。本案中，长江置业在没有通知袁某参与股东会的情况下，于2010年5月31日作出股东会决议，取消了袁某的一切经费开支，长江置业和其股东会没有保障袁某作为股东应享有的决策权和知情权，侵犯了袁某的股东权益，符合长江置业《公司章程》所约定的“股东权利受到公司侵犯”的情形。因此，袁某有权根据《公司章程》的规定，请求公司以回购股权的方式让其退出公司。

从本案实际处理效果看，长江置业股东之间因利益纠纷产生多次诉讼，有限公司人合性已不复存在，通过让股东袁某退出公司的方式，有利于尽快解决公司股东之间的矛盾和冲突，从而保障公司利益和各股东利益。如果长江置业有证据证明袁某存在侵占公司资产的行为，可以另行主张。综上所述，袁某请求长江置业公司收购其20%股权符合《公司法》和长江置业司《公司章程》的规定。长江置业提交的《2009年第4次股东会议纪要》、《2010年临时股东会决议》、长沙市公安局岳麓分局经济犯罪侦查大队出具的《说明》、湖南省高级人民法院（2014）民二终字第29号《民事裁定书》以及股东钟某某、沈某的往来函件等证据材料，均不能构成推翻二审判决的新证据，本院不予采信。

（2）关于股权回购价格应如何确定的问题。长江置业在二审中提交了9组证据，拟证明《审计报告》中长江置业净资产的结论可据此调整，二审法院组织双方当事人对该9组证据进行了质证。经审查，上述证据所证明的款项均已纳入审计范围，不能达到长江置业所要证明的目的，不属于《审计报告》第5项“如出现新的证据或资料，由法院经过司法程序查证属实后，可据实调整审计结果”的情形。

（3）关于本案是否存在审判人员应当回避未予回避的情形。经向双方当事人核实，长江置业所称审判人员违规会见当事人，系一审法院审判人员组织双方当事人在长江置业公司调查取证时，长江置业工作人员利用监控设备录制的调查场景，并不存在审判人员私下会见一方当事人的情况。长江置业并无证据证明审判人员存在法律规定的其他回避情形，一审法院对其回避申请未予准许，并无不当。

（4）关于本案是否存在认定事实的主要证据未经质证的问题。一审审理期间，为查明案件事实，一审法院在举证期限届满后，要求袁某在原有证据基础上，继续提供相关补充证据，以证明股权价值，根据最高人民法院《关于适用〈关于民事诉讼证据的若干规定〉中有关举证时限规定的通知》第1条之规定，举证期限届满后，针对某一特定事实或特定证据或者基于特定原因，人民法院可以根据案件的具体情况，酌情指定当事人提供证据或者反证的期限，该期限不受“不得少于三十日”的限制。一审法院对双方当事人提交的全部证据均组织了质证，长江置业公司对相关证据不予质证是对其诉讼权利的放弃，并不影响证据已经庭审质证的效力。

（5）关于本案是否存在原审法院应当调取证据而未予调取的情形。本案双方当事人向法院提交了多份证据材料，法院均予以接收并组织质证。为了案件审理，一审法院到长沙市房产信息中心调取了案涉项目的全部销售资料，与双方当事人、审计部门到长江置业公司调取了财务资料，并将上述证据甄别对比，纳入审计范围。长江置业公司在二审中申请法院调取已经保全的证据，缺乏依据，二审法院未予准许并无不当。

（6）关于原审判决是否超出袁某诉讼请求的问题。袁某诉请长江置业回购其持有的20%股权，一审法院亦作出由长江置业以合理价格回购上述股权的判决，并未超出诉讼请求。至于依据《公司法》的规定或《公司章程》约定系判决依据，并非诉讼请求。何况，袁某在起诉书正文部分明确提出根据《公司法》第74条以及《公司章程》的约定提出诉请，并非仅依据《公司法》提出诉讼请求。长江置业公司认为原审判决超出诉讼请求的主张，本院不予支持。

（7）关于钟某某、沈某是否应当参加诉讼的问题。本案系异议股东与公司协商不成，异议股东向公司提出退股请求的诉讼，原告被告明确。其他股东对于异议股东所持股权既无独立请求，也无法律上的利害关系，并非必须参加诉讼的当事人，原审法院未予追加并无不当。

二、隐名股东无权以自己的名义行使股权收购请求权

案　　号：一审：（2012）甘民初字第1302号

二审：（2014）大民三终字第495号

案件名称： 姚某与大连麦花食品集团有限公司请求公司收购股权及公司利润盈余分配纠纷案

裁判要旨： 有权依据《公司法》第74条规定提起诉讼的主体必须是公司被登记或记载的股东。

案情简介

上诉人（原审原告）：姚某某

上诉人（原审被告）：大连麦花食品集团有限公司

被告大连麦花食品集团有限公司的前身是大连食品厂。2000年大连食品厂进行了股份合作制改造。2001年大连食品厂由股份合作制企业改制为有限责任公司。2001年11月8日大连麦花食品有限公司登记成立。2003年该公司又通过增资扩股等形式，于2003年6月2日成立了大连麦花食品集团有限公司（以下简称麦花公司）。麦花公司2003年章程规定，公司营业期限为10年。

原告姚某某于1997年12月20日到麦花公司的前身大连食品厂工作。2000年至2001年麦花公司企业改制过程中，姚某某通过现金出资、奖励和量化配送等方式成为公司原始股东。截至2004年12月8日，姚某某持有麦花公司73,174元股权，麦花公司给姚某某出具了《出资证明书》。2009年3月31日姚某某、麦花公司协商一致解除了劳动合同。多年来，麦花公司一直根据公司经营情况向姚某某支付股权红利至2008年。

因麦花公司自2009年1月起停发了姚某某的股权红利，姚某某于2010年3月向一审法院提起诉讼，请求麦花公司支付2009年红利及利息。一审法院认定麦花公司2006年章程有效，并适用2006年章程第7条第3项“股东调离、辞职或被公司辞退的，不再是本公司的股东，不得持有本公司的股份，应在办理相关手续前，将全部出资向其他股东转让。股东出资的红利计算从其离开公司之日起停止，到转让到其他股东后重新计算”之规定，于2010年11月19日作出（2010）甘民初字第3113号民事判决书，支持了姚某某自2009年1月1日至3月31日的股份红利及利息。姚某某不服一审判决，提起上诉。大连市中级人民法院（以下简称市法院）二审认定：2009年4月1日前姚某某系麦花公司股东，应分得股利；2009年4月1日后，根据2006年章程规定，原告已非麦花公司股东，无权提起公司盈余分配之诉。若姚某某认为2006年章程制定程序违法、内容违法、未经工商行政登记部门登记备案，因此章程无效，其首先应就2006年章程效力提起诉讼，进而确定其在2009年4月1日后是否具备股东资格，只有满足上述条件，其方可就2009年4月1日后的公司盈余行使请求权。遂市法院于2011年3月18日作出（2011）大民三终字第398号民事判决书，驳回了姚某某的上诉，维持原判。姚某某仍不服，向辽宁省高级人民法院（以下简称省高院）申请再审。省高院于2012年5月2日作出（2012）辽审三民申字第84号民事裁定书，指令市法院再审。市法院经再审认定了麦花公司2006年章程的效力，并表述“申请再审人姚某某为公司股东已于2009年3月31日与公司解除劳动关系。按照2006年12月修订的公司章程的规定，其作为股东出资的红利应当从离开公司之日起停止计算。故申请再审人姚某某主张2009年4月以后的股本红利因无事实依据，本院不予支持。申请再审人姚某某持有的股份应与其他股东或公司协商处理，无法协商一致的，应另行诉讼”，因此，市法院于2013年1月21日作出（2012）大审民终再字第157号民事判决书，维持了市法院原二审判决。

经查，2003年4月23日麦花公司股东会制定了2003年章程，并在工商行政管理部门办理登记备案手续。2006年12月14日麦花公司股东会通过了2006年章程，没有办理工商登记备案手续。2009年12月29日麦花公司股东会又通过了2009年章程，同样没有办理工商登记备案手续。2011年11月7日，麦花公司10年营业期限届满之时，麦花公司召开股东会，基于麦花公司2003年章程，由37名股东中的25名股东出席（出席会议股东持有公司股份比例为81.42416%），在未征得姚某某等人意见的情况下，一致通过了股东会决议，将公司营业期限修订为长期，并在工商行政管理部门办理了登记备案手续。姚某某得知麦花公司延长了公司经营期限后，于2011年12月30日通过特快专递形式向麦花公司发函，表示不同意公司存续，要求麦花公司按照合理价格收购其持有的股权。但双方无法达成一致意见。为此，姚某某依据《公司法》第75条〔1〕之规定，于2012年2月向法院提起异议股东股权收购请求权之诉，并要求分配2010年、2011年的股本红利。

〔1〕2018年修正的《公司法》第74条。

裁判结果

一审判决：(1) 大连麦花食品集团有限公司按照合理价格（以麦花公司2003年章程确定的公司经营期限届满日即2011年11月7日为评估基准日，并以该基准日的审计评估结果最终确定的股权市场价格为准）收购姚某某持有的原始股价为73,174元的股权；(2) 驳回姚某某的其他诉讼请求。

二审判决：(1) 撤销大连市甘井子区人民法院（2012）甘民初字第1302号民事判决；(2) 驳回姚某某的起诉。

各方观点

姚某某观点：其离开企业之后一直持有麦花公司股权，股东依法享有分红的权利，麦花公司的章程也规定股东有权分红，故上诉人有权要求麦花公司支付2010年红利。

麦花公司观点：本案并非公司解散或破产之诉，无须作类似清算式的评估。上诉人的年度审计会计报告系由具备法定资质的会计师事务所出具，并经股东大会审议通过，经过工商、税务等部门的年检及稽查能客观真实反映公司的经营成果及财务状况。该报告《资产负债表》中的所有者权益一栏，能反映出股东持有股份的现有价值。麦花公司章程规定股东非正常离职，应转让其所持股份，故应从姚某某离开公司上一年度即2008年度财务审计报告的相关数据作为公司股权价格计算依据。

法院观点

一审法院观点：本案系异议股东股权收购请求权及公司利润盈余分配请求权纠纷。双方争议的焦点问题是：(1) 姚某某的股东身份问题；(2) 股权收购合理价格及股权收购基准日的确定问题；(3) 麦花公司章程效力及姚某某红利分配请求问题。

关于姚某某的股东身份问题。本院认为，姚某某离开麦花公司后，因其持有的股份一直未予转让，故其仍为麦花公司股东。理由如下：首先，股权是股东因出资而享有的固有权利，是股东的合法财产权。股东合法财产的处分权，只能由股东本人行使。在没有经股东本人同意的情况下，通过章程规定及股东会决议强行转让其股权的行为，是对股东合法权益的一种侵害。因此股东资格非经股东自愿或法律规定不可被剥夺。其次，《公司法》规定了股东资格丧失的几种情形：（1）股东自愿、合法转让其所持有的股权；（2）人民法院依强制执行程序转让股东的股权；（3）对股东会决议持异议的股东请求公司收购其股权；（4）自然人股东死亡；（5）法人股东解散或破产；（6）公司解散或破产。但姚某某在麦花公司2011年11月7日股东会决议修订公司营业期限之前尚不具有上述丧失股东资格之情形。再次，公司章程对股权转让的自治条款不能成为强制处分股东私有股权的依据。只有经股东同意转让股权的情况下，才涉及章程对股东股权转让的受让主体、受让程序及优先权行使等非实体权利进行自由约定的问题。复次，依章程强制转让股东股权以将股东除名的行为，违反法律的公平性原则，违背了《公司法》保障中小股东在公司中的股东权益的目的。最后，公司可以将职工除名，但不可将股东除名。公司职工违反公司规章制度及《劳动法》的相关规定，公司可与其解除劳动合同，但公司职工身份和公司股东身份分属两个不同的法律关系，职工身份的变化和股东身份的变化依据完全不同的程序进行，分别由不同的法律法规进行规范，公司有权解除劳动合同，但是无权强制股东转让股权。股东可以不在公司工作，但不影响其持有公司股权。综上所述，本院认为，麦花公司2006年、2009年章程中关于“股东调离、辞职或被公司辞退的，不再是本公司股东”的规定不符合法律规定，姚某某仍为麦花公司股东。

关于股权收购合理价格及收购基准日的确定问题。股权收购的价格，应当由股东和公司协商确定，在双方不能达成一致意见时，应由专业的评估机构评估确定。本案审理过程中，本院曾多次组织姚某某、麦花公司双方对股权收购合理价格进行协商，但双方一直无法达成一致意见。姚某某在本院向其充分释明审计评估程序可能存在风险的情况下仍坚持启动审计评估程序，而麦花公司也明确表示不同意进行审计评估，亦不配合审计评估。本院认为，姚某某提出的审计评估请求合理，但该项审计评估程序的启动需要对麦花公司的账目进行审计，对麦花公司的固定资产（包括土地、房产、机器设备等）、无形资产进行全面评估。也就是说，这些程序的进行需要麦花公司提供账册及相关资料予以配合。如麦花公司不予配合，诉讼阶段是不能强制麦花公司履行上述行为的。因此，本案诉讼过程中通过审计评估程序来确定股权收购的合理价格不具有可操作性。综上所述，本院认为，本案应在诉讼审理阶段确定股权收购的评估基准日，待进入执行程序后再启动审计评估程序，并以该基准日的审计评估结果最终确定的股权市场价格作为麦花公司收购姚某某持有的股权的合理价格。对于麦花公司提出的以其公司每年聘请的有资质的会计师事务所所作《年度审计报告》及报告中所附《资产负债表》《利润表》《现金流量表》《财务报表附注》为依据，来确定股权收购合理价格的意见。考虑麦花公司每年度的《资产负债表》《利润表》《现金流量表》《财务报表附注》均系麦花公司单方作出，虽经专业的会计师事务所进行了审计，但该会计报表的各项数据仅能体现公司各项资产的账面价值，其资产的实际市场价值无从确定，且姚某某对麦花公司单方提供的会计报表提出了严重质疑，认为数据不实，有很多资产、资金未入账，并提供了情况说明及麦花公司资产情况的相关证据予以佐证。据此，本院认为，以麦花公司年度会计报表作为确定股权收购合理价格的标准，不具有客观性。对于姚某某庭审中提出的，如麦花公司拒不配合审计评估，则须按照1∶12的比例价格收购姚某某持有股权之请求，因无事实及法律依据，本院不予支持。关于评估基准日的确定。姚某某主张以其向麦花公司提出以合理价格收购股权之日为评估基准日，麦花公司则主张以姚某某离开公司的上一年度作为基准点。本院认为，姚某某虽于2009年3月31日与麦花公司解除了劳动合同，但其股权并未在离职时一并处理，导致姚某某拥有麦花公司股权的状态长期持续，因此，姚某某的股东身份一直存续。2011年11月7日，麦花公司2003年章程确定的营业期限届满之时，麦花公司在未通知姚某某参加股东会，亦未征求姚某某意见的情况下，通过股东会决议，将公司营业期限由10年修订为长期，直接影响了姚某某股权的变现，故，姚某某提起诉讼符合《公司法》（2005年）第75条[1]规定的异议股东股权回购请求权的主体资格。《公司法》（2005年）第75条[2]异议股东股权收购请求权的立法目的是加强对中小股东利益的保护，依据该条第1款第3项之规定，姚某某得知麦花公司修改了公司章程后，明确表示不同意公司营业期限届满后通过修改章程使公司存续，并依法要求麦花公司收购其股权，因此，以麦花公司2003年章程确定的公司经营期限届

[1] 2018年修正的《公司法》第74条。
[2] 2018年修正的《公司法》第74条。

满日即2011年11月7日作为评估基准日，符合《公司法》(2005年）第75条[1]之规定。

关于麦花公司章程效力及姚某某红利分配请求问题。本院认为，依据《公司法》(2005年）第38条[2]“有限公司的股东会有权修改公司章程”及第11条“设立公司必须依法制定公司章程。公司章程对公司、股东、监事、高级管理人员具有约束力”之规定，麦花公司2003年、2006年、2009年章程及2011年基于2003年章程所作修正案应分别在章程有效期内对包括姚某某在内的股东有效。本案中，姚某某于2009年3月31日与麦花公司解除了劳动合同，而当时麦花公司适用的是2006年12月14日经公司股东会讨论通过的2006年章程。虽然姚某某庭审中对麦花公司提供的2006年章程不予认可，认为章程中存在空白必要记载事项应属无效，但本院认为，章程中个别条款的无效并不能导致章程的整体无效，且姚某某自己提供的麦花公司2006年章程与麦花公司提供的2006年章程在本案所涉第7条第3项及第36条第2款的规定并无差异。故本院对于该章程第7条第3项中“股东出资的红利计算从其离开公司之日起停止，到转让到其他股东后重新计算”之规定的效力予以确认。据此，姚某某主张2010年、2011年的股本红利无事实依据，不予支持。

二审法院观点：姚某某系以其是持有麦花公司原始股权的股东，依照《公司法》(2005年）第75条[3]的规定提出本案诉请，诉请麦花公司以合理的价格收购其持有的股份及支付红利。首先，根据《公司法》(2005年）第75条[4]的规定，有权依据该法律规定提起诉讼的主体必须是公司的股东，故依法确定姚某某系麦花公司的股东身份是本案的首要问题。《公司法》第24条规定，“有限责任公司由五十个以下股东出资设立”，该条款是规范有限责任公司股东人数的强制性规定。经查，麦花公司原公司章程及在工商登记记载的股东为37名，修改后的现公司章程及工商登记记载的股东为13名，无论在原麦花公司工商登记及公司章程中，还是在麦花公司工商登记及公司章程中姚某某均未被登记或记载为股东，姚某某亦认可其系通过股东代表行使权利，则姚某某并非麦花公司的股东，其以自己的名义提起本案诉讼没有

[1] 2018年修正的《公司法》第74条。
[2] 2018年修正的《公司法》第37条。
[3] 2018年修正的《公司法》第74条。
[4] 2018年修正的《公司法》第74条。

法律依据，对其提起的诉请应予驳回，一审判决对此所作认定不当，应予纠正。

律师点评

现行关于股东请求公司收购股权的法律规定偏于原则性，缺少对权利行使细节的标准化和量化规定，这就使实务操作适用过程中存在捉襟见肘的现象，难以实现保护中小股东权益的立法目的。

法律规定收购股权请求权的行使主体为在股东会上行使反对票的股东，但在实践中，往往存在公司控股股东为了加强对公司的控制能力、提高决策效率而通过章程约定对小股东的表决权进行限制。对于无表决权的股东在法定情形时，是否能够行使收购股权的请求权，是一个需要司法实践认定的问题。异议股东股权回购请求权制度的创设目的是缓解有限公司封闭性带来的问题，保护股东的正当利益，其他股东需要履行义务，无表决权股东同样需要履行，限制对其正当权益的保护不具有法理基础，强行要求无表决权股东必须通过投反对票才能行使权利显然不合理。司法实践中，当法定条件成就，公司是否召开股东会已无实际意义时或股东无从表达反对意见时，股东仍有权行使公司收购股权的请求权。

《公司法》第74条中关于公司转让主要财产的界定不明确。股份有限公司主要财产可参照《公司法》第121条对上市公司“主要财产”的规定即超过30%比例的公司资产视为公司主要资产或视为对公司生产经营产生重大影响。但有限责任公司主要财产的界定并无相应标准，司法实践中通常根据财产及盈利所占公司资产及盈利的比例，若公司章程有明确界定，则以公司章程为准。此外，转让主要财产究竟是属于“股东会决议”还是“董事会决议”决议事项，在缺乏明确规定的情况下，若控股股东将“转让主要财产”归属于董事会决议事项，即在法律条文上可对股东公司收购股权请求权的行使造成障碍。

鉴于目前法律规定上关于收购股权请求权的不完备，中小股东可利用《公司法》赋予公司章程的自由约定权限，根据公司的实际情况，在不违反法律规定的前提下，对可能或必然发生的争议事项进行提前明确，以便于发生争议时具有可操作性，维护自身合法权益。

第三节 股权回购协议或“对赌协议”的效力认定

一、未发生法定回购情形下股权回购协议的认定

案 号： 一审：（2008）番法民二初字第707号

二审：（2008）穗中法民二终字第2130号

案件名称： 广州信康包装容器有限公司与张某某股权回购和公司盈余分配纠纷案

裁判要旨： 未发生《公司法》第74条规定公司回购股东股权的法定情形时，股东要求公司回购其股权缺乏依据。

案情简介

上诉人（一审被告）：广州信康包装容器有限公司

被上诉人（一审原告）：张某某

被告广州信康包装容器有限公司（以下简称信康公司）于2006年9月15日经广州市工商行政管理局批准成立，当时股东有郝某某、蓝某某、刘某某、许某某和张某某，其中张某某出资18万元，占注册资本的18%。后于2007年8月经增加注册资本100万元和股东变更，信康公司股东变更为吴某某、蓝某某、刘某某和张某某，其中张某某仍占18%的股份，并由吴某某、蓝某某、张某某三人担任公司董事。原告张某某称信康公司拟再次增加注册资本，张某某则表示反对，此外，张某某也打算移民国外，因此，张某某向信康公司提出辞去公司董事并退出公司的请求。2008年3月18日，信康公司召开股东会，全体股东到会，并作出以下决议：（1）接纳张某某提出辞去董事会董事职务，同意新增股东刘某某为董事会董事；（2）接纳同意张某某提出退出本人全部股本及股权，同意由股东吴某某受让张某某退出转让的全部股权；（3）全部股东同意在本年度4月13日前将股东张某某的股本金全部合共36万元以现金退回张某某；（4）全体股东同意将信康公司自2006年9月起至2008年3月31日止所产生的利润按其本人所占比例（18%）分三笔于2008年7月31日前提

前分配给张某某（具体时间为5月31日前35%，6月30日前35%，7月31日前30%）；信康公司2006年9月至2007年12月31日的利润以2008年3月13日董事会通过的财务报表为准，2008年1月至3月所产生的利润以前3月的财务报表为准。

同日，张某某与吴某某共同签订一份《股权转让协议》，该协议载明：张某某股东将信康公司原出资36万元（占公司注册资本18%）的全部36万元转让给吴某某，转让金36万元；2008年4月13日前，受让方需将转让金36万元全部支付给转让方；2008年3月18日止，本公司债权债务已核算清楚，无隐瞒，双方均认可：从2008年3月18日起吴某某成为本公司股东；自本协议签订之日起，张某某股东之红利仍计算至2008年3月31日止（按其原占有的股本比例18%进行分配）；本协议自转让方和受让方签字之日起生效。信康公司将该协议交吴某某在受让方栏签名，并由另外两名股东蓝某某、刘某某签名确认同意上述股权转让并放弃行使优先购买权后，交张某某签名。张某某在转让方栏签名时特别注明：本协议自本人收到股本金之日起生效。该协议的签署时间栏则空白未作记载。

2008年5月28日，信康公司发出一份《通告》，《通告》内容如下：根据本公司经营情况及党某某个人表现，公司已于2008年4月30日通知其本人解除劳动关系，但其本人拒不配合办理工作交接等有关手续。为严肃公司纪律，现就解除与党某某工作事宜通告如下："1. 自本通告发出即日起，即刻解除党某某劳动关系。2. 党某某的工资发放到2008年5月31日止。3. 自2008年6月1日起，党某某不再是信康包装容器有限公司员工，其所做的一切行为与信康包装容器有限公司无关。特此通告。"上述《通告》中的党某某系张某某妻子。2008年5月31日，信康公司发出一份《通告》，《通告》内容如下："由于质量技术部主管张某某先生已向法院提出起诉信康公司，鉴于张某某先生是起诉人，同时又是本公司的员工，考虑到其身份与公司有冲突，经公司研究决定，从2008年6月1日起，对张某某先生作停薪留职处理，直至诉讼纠纷解决为止，再作另行处理。特此通告。"

张某某一审诉讼请求：（1）信康公司依法退还张某某股本金36万元；（2）信康公司依法支付张某某自2006年9月至2008年3月底36万元股本金应分得的利润43万元；（3）信康公司依法支付张某某股本金36万元自2008年4月13日至实际给付之日的人民银行同期贷款利息约5000元。

裁判结果

一审判决：（1）信康公司在该判决发生法律效力之日起 10 日内向张某某退还股本金 36 万元，并按中国人民银行规定的同期同类贷款利率标准计付自 2008 年 4 月 13 日起至该判决发生法律效力之日止的利息；（2）信康公司在该判决发生法律效力之日起 10 日内向张某某支付 2006 年 9 月至 2008 年 3 月 31 日止的应分配利润 43 万元。

二审判决：（1）撤销一审判决主文第一项；（2）维持一审判决主文第二项；（3）驳回张某某的其他诉讼请求。

各方观点

广州信康包装容器公司观点：张某某诉请缺乏法律依据，应予驳回。

法院观点

一审法院观点：张某某请求信康公司退还股本金、利息及支付至 2008 年 3 月 31 日止的利润，其依据的事实和理由就是信康公司的董事会决议和股东会决议。很显然，由信康公司起草后再交由吴某某、张某某及另外两名股东签名的《股权转让协议书》并非真正由张某某、吴某某就股权转让进行协商而达成的合意，仅系信康公司为将回购张某某的股份过户到吴某某名下而由各方签名协助所形成的形式文件。在吴某某、张某某之间并不存在直接的股权转让交易关系。关于张某某在信康公司的股份流转是由信康公司回购后再由信康公司安排转让给吴某某。正因如此，张某某才会在上述《股权转让协议书》上签名特别注明：本协议自本人收到股本金之日起生效。该处的股本金显然指股东会决议中信康公司应退回给张某某的股本金而非《股权转让协议书》中载明的转让金。因此，信康公司作为本案被告不存在不适格的问题，也不存在张某某将受让方义务错误认知为信康公司义务的问题。因此，本案最关键的问题就是，上述信康公司的董事会及股东会关于同意张某某退出信康公司并将张某某的股本金退回给张某某的决议是否有效。

《公司法》规定，公司成立后，股东不得抽逃出资。但《公司法》并不禁止股东在公司成立之后以合法方式退出公司，包括以公司回购的形式退出公司。《公司法》第75条规定的股东回购请求权是法定的股东回购请求权，于该条规定的情形，股东可以请求公司按照合理价格收购其股权，股东与公司不能达成协议的，股东可在法定期限内向人民法院提起诉讼。除该条规定的情形股东可行使法定的回购请求权，《公司法》上仍有股东与公司于其他情形通过协议而由公司回购股东股权的余地。最高人民法院《关于适用〈中华人民共和国公司法〉若干问题的规定（二）》（以下简称《公司法解释二》）第5条即规定，人民法院审理解散公司诉讼案件，当事人协商同意由公司或者股东收购股份，或者以减资等方式使公司存续，且不违反法律、行政法规强制性规定的，人民法院应予支持。显然，股东通过公司回购退出公司，并不仅限于《公司法》第74条规定的情形。公司的成立本身就是股东意思表示一致的结果。公司存在的意义不在于将股东困于公司中不得脱身，而在于谋求股东利益最大化。在股东之间就公司的经营发生分歧，或者股东因其自身原因不能正常行使股东权利时，股东与公司达成协议由公司回购股东的股权，既符合有限责任公司封闭性和人合性特点，又可打破公司僵局、避免公司解散的最坏结局，使公司、股东、公司债权人的利益得到平等保护。《公司法》允许公司与股东在公司解散诉讼案件中协商由公司回购股东股份，以打破公司僵局，使公司保持存续而免遭解散，那么允许公司与股东在公司僵局形成之初、股东提请解散公司之前即协商由公司回购股份以打破公司僵局、避免走向公司解散诉讼，这自是《公司法》应有之义。通过公司回购股东股份，使公司继续存续，可以保持公司的营运价值，并不必然导致公司债权人利益受损。而公司回购股东股份之后，《公司法解释二》第5条即规定，或者将该股份通过减资程序注销，或者转让。无论注销或转让，均符合《公司法》关于保护公司债权人的相关规定。综上所述，在张某某因对公司拟增资的计划表示反对，且其本人也拟移民国外而不能正常行使股东权利的情形，信康公司董事会及股东会关于同意张某某退出信康公司并将张某某的股本金退回给张某某的决议并不违法。信康公司在回购张某某的股份后，自应按决议内容将股份再转让给吴某某，或者通过减资程序予以注销。2008年3月18日信康公司的股东会决议实际即为信康公司与张某某就股份回购达成的协议。信康公司应按协议内容向张某某支付回购股份的对价，包括股本金36万元及自2006年9月起至2008年3月31日止的利润，而不得以未完成减资程序或再转让手续而拒绝履行。根据协议内容，信康公司应在2008年4月13日前将36

万元股本金退回给张某某，信康公司至今拒付，构成违约，除应支付该36万元外，还应按中国人民银行规定的同期同类贷款利率计付自2008年4月13日起的利息。根据信康公司股东会决议，信康公司应在2008年7月31日前付清张某某自2006年9月至2008年3月31日止的应得利润，信康公司至今未付，张某某于本案请求支付，本院依法应予处理。信康公司董事会的成员吴某某、蓝某某、张某某2008年3月13日董事会召开的当日签名确认的《信康包装损益表》及一份《信康包装资产负债表》显示：截至2007年12月31日，信康公司利润1,928,099.84元。2008年3月18日的股东会决议则约定信康公司2006年9月至2007年12月31日的利润以2008年3月13日董事会通过的财务报表为准，2008年1月至3月所产生的利润以前3月的财务报表为准。因此，张某某应分配的2006年9月至2007年12月31日的利润为1,928,099.84元×18%即347,058元。庭审中，信康公司及张某某均未能提供2008年1月1日至2008年3月31日的财务报表及该三个月的利润数据，本院认为，宜按该三月之前的月份即2007年12月的盈利水平确定该三月的利润。2007年12月的利润为205,254.86元，则2008年1月1日至2008年3月31日的利润为615,764.58元，张某某分配利润为110,837.6元。2006年9月至2008年3月31日，张某某应分配利润共计457,896元。张某某认为按2007年信康公司的盈利水平计算，该三个月的其应分配利润为9万多元，并因此请求信康公司支付2006年9月至2008年3月31日的利润共计43万元，其请求的数额不超过前述的457,896元，本院予以支持。信康公司应向张某某支付2006年9月至2008年3月31日的利润43万元。

二审法院观点：张某某要求信康公司支付其自2006年9月起至2008年3月31日止的利润，依据是信康公司2007年3月13日的董事会决议和2007年3月18日的股东会决议。虽然信康公司不认可张某某提供的上述2007年3月13日董事会决议的真实性，但由于2007年3月18日的股东会决议中已经明确利润分配方式以2007年3月13日董事会通过的财务报表为准。而信康公司未提供相反的证据证明2007年3月13日的董事会决议不是上述张某某所提供的决议，而是另外一份决议，因此，一审判决确认上述董事会决议的真实性正确，本院予以支持。2008年3月13日信康公司董事会的成员吴某某、蓝某某、张某某共同在信康公司的《信康包装损益表》及《信康包装资产负债表》上签名，确认截至2007年12月31日信康公司的利润为1,928,099.84

元。2008 年 3 月 18 日股东会决议订明信康公司 2006 年 9 月至 2007 年 12 月 31 日的利润以 2008 年 3 月 13 日董事会通过的财务报表为准，2008 年 1 月至 3 月所产生的利润以 2008 年 3 月的财务报表为准。因此，张某某应分配的 2006 年 9 月至 2007 年 12 月 31 日信康公司的利润为 1,928,099.84 元 ×18% 即 347,058 元。一审判决对此认定正确，本院予以维持。由于信康公司作为信康公司财务报表的持有者至今都未向法院提供从 2008 年 1 月 1 日起至 3 月 31 日止的财务报表及该三个月的利润数据，因此，一审判决根据查明的事实以这三个月之前的月份即 2007 年 12 月的盈利水平确定这三个月的利润为 615,764.58元（205,254.86 元 ×3），张某某应分配利润为 110,837.6 元并无不当，本院予以维持。综上所述，张某某应分配信康公司 2006 年 9 月至 2008 年 3 月 31 日的利润共计 457,896 元。一审判决根据张某某的请求认定应由信康公司应向张某某支付 2006 年 9 月至 2008 年 3 月 31 日的利润 43 万元正确，本院予以维持。

关于张某某要求信康公司退回其 36 万元股本金的请求是否应予支持的问题。张某某要求信康公司将 36 万元的股本金退回给其本人，是认为基于上述董事会及股东会决议其与信康公司已达成了股权回购协议，在协议中信康公司已同意退回其股本金 36 万元。对此，本院认为，虽然信康公司的全体股东在董事会及股东会决议中均承诺由信康公司退回张某某在信康公司的股本金 36 万元，但由于根据《公司法》（2005 年）第 75 条[1]第 1 款规定，“有下情形之一的，对股东会该项决议投反对票的股东可以请求公司按照合理的价格收购其股权：（一）公司连续五年不向股东分配利润，而公司该五年连续盈利，并且符合本法规定的分配利润条件的；（二）公司合并、分立、转让主要财产的；（三）公司章程规定的营业期限届满或者章程规定的其他解散事由出现，股东会会议通过决议修改章程使公司存续的”。而本案现中张某某及信康公司均未提供证据证明信康公司存在上述三种情况。且从 2007 年 3 月 18 日的股东会决议内容来看，信康公司全体股东同意退回张某某股本金 36 万元的前提是张某某将其在信康公司的 18% 股份转让给吴某某，而非由信康公司回购张某某的股份。因此，张某某以已与信康公司达成股权回购协议为由，要求信康公司退回其 36 万元股本金的请求缺乏依据，故本院不予支持，予以驳

---

〔1〕 2018 年修正的《公司法》第 74 条。

回。至于张某某与吴某某基于股权转让协议引起的纠纷，因非本案审理范围，故本院在本案中不予调处；张某某与吴某某如不能协商达成一致意见，张某某则仍可通过法律途径解决。由于本案系股权回购和公司盈余分配纠纷，而非张某某作为股东对信康公司提出的解散公司之诉，因此一审判决引用《公司法解释二》第5条之规定处理本案的纠纷错误，本院在查清事实后予以纠正。信康公司部分上诉有理，本院予以支持，对其他请求由于依据不足，故本院不予支持，予以驳回。

二、股东与公司的“对赌协议”无效

案　　号： 一审：（2010）兰法民三初字第71号
二审：（2011）甘民二终字第96号
再审：（2011）民申字第1522号
提审：（2012）民提字第11号

案件名称： 苏州工业园区海富投资有限公司与甘肃世恒有色资源再利用有限公司、香港迪亚有限公司、陆某增资纠纷再审案

裁判要旨： 在民间融资投资活动中，融资方和投资者设置估值调整机制（投资者与融资方根据企业将来的经营情况调整投资条件或给予投资者补偿）时要遵守《公司法》和《合同法》的规定。投资者与目标公司本身之间的补偿条款如果使投资者可以取得相对固定的收益，则该收益会脱离目标公司的经营业绩，直接或间接地损害公司利益和公司债权人利益，故应认定无效。但目标公司股东对投资者的补偿承诺不违反法律法规的禁止性规定，是有效的。在合同约定的补偿条件成立的情况下，根据合同当事人意思自治、诚实信用的原则，引资者应信守承诺，投资者应当得到约定的补偿。

案情简介

申请再审人（一审被告、二审被上诉人）：甘肃世恒有色资源再利用有限公司

申请再审人（一审被告、二审被上诉人）：香港迪亚有限公司

被申请人（一审原告、二审上诉人）：苏州工业园区海富投资有限公司

一审被告、二审被上诉人：陆某

2007年11月1日前，甘肃众星锌业有限公司（以下简称众星公司）、苏州工业园区海富投资有限公司（以下简称海富公司）、香港迪亚有限公司（以下简称迪亚公司）、陆某共同签订一份《甘肃众星锌业有限公司增资协议书》（以下简称《增资协议书》），约定：众星公司注册资本为384万美元，迪亚公司占投资的100%。各方同意海富公司以现金2000万元人民币对众星公司进行增资，占众星公司增资后注册资本的3.85%，迪亚公司占96.15%。依据协议内容，迪亚公司与海富公司签订合营企业合同及修订公司章程，并于合营企业合同及修订后的章程批准之日起10日内一次性将认缴的增资款汇入众星公司指定的账户。合营企业合同及修订后的章程，在报经政府主管部门批准后生效。海富公司在履行出资义务时，陆某承诺于2007年12月31日之前将四川省峨边县五渡牛岗铅锌矿过户至众星公司名下。募集的资金主要用于以下项目：（1）收购甘肃省境内的一个年产能大于1.5万吨的锌冶炼厂。（2）开发四川省峨边县牛岗矿山。（3）投入500万元用于循环冶炼技术研究。第7条特别约定第1项：本协议签订后，众星公司应尽快成立“公司改制上市工作小组”，着手筹备安排公司改制上市的前期准备工作，工作小组成员由股东代表和主要经营管理人员组成。协议各方应在条件具备时将公司改组成规范的股份有限公司，并争取在境内证券交易所发行上市。第2项业绩目标约定：众星公司2008年净利润不低于3000万元人民币。如果众星公司2008年实际净利润完不成3000万元，海富公司有权要求众星公司予以补偿，如果众星公司未能履行补偿义务，海富公司有权要求迪亚公司履行补偿义务。补偿金额＝（1－2008年实际净利润/3000万元）×本次投资金额。第4项股权回购约定：如果至2010年10月20日，由于众星公司的原因造成无法完成上市，则海富公司有权在任一时刻要求迪亚公司回购届时海富公司持有众星公司的全部股权，迪亚公司应自收到海富公司书面通知之日起180日内按以下约定回购金额向海富公司一次性支付全部价款。若自2008年1月1日起，众星公司的净资产年化收益率超过10%，则迪亚公司回购金额为海富公司所持众星公司股份对应的所有者权益账面价值；若自2008年1月1日起，众星公司的净资产年化收益率低于10%，则迪亚公司回购金额为（海富公司的原始投资金额－补偿金额）×（10%×投资天数/360）。此外，还规定了信息披露

约定、违约责任、该协议自各方授权代表签字并加盖了公章，与协议文首注明之签署日期生效。协议未作规定或约定不详之事宜，应参照经修改后的众星公司章程及股东间的投资合同（若有）办理。

2007 年 11 月 1 日，海富公司、迪亚公司签订《中外合资经营甘肃众星锌业有限公司合同》（以下简称《合资经营合同》），有关约定为：众星公司增资扩股将注册资本增加至 399.38 万美元，海富公司决定受让部分股权，将众星公司由外资企业变更为中外合资经营企业。在合资公司的设立部分约定，合资各方以其各自认缴的合资公司注册资本出资额或者提供的合资条件为限对合资公司承担责任。海富公司出资 15.38 万美元，占注册资本的 3.85%；迪亚公司出资 384 万美元，占注册资本的 96.15%。海富公司应于本合同生效后 10 日内一次性向合资公司缴付人民币 2000 万元，超过其认缴的合资公司注册资本的部分，计入合资公司资本公积金。在第 68 条、第 69 条关于合资公司利润分配部分约定：合资公司依法缴纳所得税和提取各项基金后的利润，按合资方各持股比例进行分配。合资公司上一个会计年度亏损未弥补前不得分配利润。上一个会计年度未分配的利润，可并入本会计年度利润分配。还规定了合资公司合资期限、解散和清算事宜。还特别约定：合资公司完成变更后，应尽快成立“公司改制上市工作小组”，着手筹备安排公司改制上市的前期准备工作，工作小组成员由股东代表和主要经营管理人员组成。合资公司应在条件具备时改组成立为股份有限公司，并争取在境内证券交易所发行上市。如果至 2010 年 10 月 20 日，由于合资公司自身的原因造成无法完成上市，则海富公司有权在任一时刻要求迪亚公司回购届时海富公司持有的合资公司的全部股权。合同于审批机关批准之日起生效。《中外合资经营甘肃众星锌业有限公司章程》（以下简称《公司章程》）第 62 条、第 63 条与《合资经营合同》第 68 条、第 69 条内容相同。之后，海富公司依约于 2007 年 11 月 2 日缴存众星公司银行账户人民币 2000 万元，其中新增注册资本 114.7717 万元，资本公积金 1885.2283 万元。2008 年 2 月 29 日，甘肃省商务厅甘商外资字〔2008〕79 号文件《关于甘肃众星锌业有限公司增资及股权变更的批复》同意增资及股权变更，并批准“投资双方于 2007 年 11 月 1 日签订的增资协议、合资企业合营合同和章程从即日起生效”。随后，众星公司依据该批复办理了相应的工商变更登记。2009 年 6 月，众星公司依据该批复办理了相应的工商变更登记。2009 年 6 月，众星公司经甘肃省商务厅批准，到工商部门办理了名称及经营范围变更登记手续，名称变更为甘肃世恒有色资源再利用有限公司（以下简称世恒公司）。另据工商年检报告登记记载，众星公司2008年度生产经营利润总额26,858.13元，净利润26,858.13元。

2009年12月30日，海富公司诉至兰州市中级人民法院，请求判令世恒公司、迪亚公司和陆某向其支付协议补偿款1998.2095万元。

裁判结果

一审法院驳回海富公司的全部诉讼请求。

二审法院撤销一审判决，判决世恒公司、迪亚公司于判决生效后30日内共同返还海富公司1885.2283万元及利息（自2007年11月3日起至付清之日止按照中国人民银行同期银行定期存款利率计算）。

再审法院撤销二审判决，判决迪亚公司向海富公司支付协议补偿款19,982,095元。

各方观点

世恒公司、迪亚公司观点：（1）海富公司的诉讼请求是要求世恒公司、迪亚公司和陆某支付利润补偿款19,982,095元，没有请求将计入合资公司资本金的18,852,283元及利息返还。（2）将海富公司缴付并计入合资公司资本公积金的18,852,283元认定为“名为投资实为借贷”，没有证据证明，也违反法律规定。（3）海富公司与迪亚公司、世恒公司之间不存在联营关系。（4）《合资经营合同》第97条约定：该合同取代双方就上述交易事宜做出的任何口头或书面的协议、合同、陈述和谅解。所以《增资协议书》对各方已不具有约束力。迪亚公司并未依照《增资协议书》第7.2条或《合资经营合同》取得任何款项。

海富公司观点：（1）《增资协议书》是四方当事人为达到上市目的而签订的融资及股份制改造一揽子协议书，不是《合资经营合同》所能容纳得了的。（2）世恒公司和迪亚公司返还的是股本金之外的有特别用途的溢价款，不涉及抽逃出资问题。（3）陆某在《增资协议书》中只代表其个人，是合同当事人的个人行为，因其违反《增资协议书》的约定应承担补偿责任。（4）陆某的行为涉嫌刑事犯罪，其采取虚报注册资本的手段诱使海富公司误信其公司的经济实力，骗取海富公司资金。请求调取证据查证事实或将此案移交公安机关侦查。

法院观点

一审法院观点：《增资协议书》系双方真实意思表示，但第7条第2项内容即世恒公司2008年实际净利润完不成3000万元，海富公司有权要求世恒公司补偿的约定，不符合《中外合资经营企业法》（已失效）第8条关于企业利润根据合营各方注册资本的比例进行分配的规定，同时，该条规定与《公司章程》的有关条款不一致，也损害公司利益及公司债权人的利益，不符合《公司法》第20条第1款的规定。因此，根据《合同法》第52条第5项的规定，该条由世恒公司对海富公司承担补偿责任的约定违反了法律、行政法规的强制性规定，该约定无效，故海富公司依据该条款要求世恒公司承担补偿责任的诉请，依法不能支持。由于海富公司要求世恒公司承担补偿责任的约定无效，因此，海富公司要求世恒公司承担补偿责任失去了前提依据。同时，《增资协议书》第7条第2项内容与《合资经营合同》中相关约定内容不一致，依据《中外合资经营企业法实施条例》（已失效）第10条第2款的规定，应以《合资经营合同》内容为准，故海富公司要求迪亚公司承担补偿责任的依据不足，依法不予支持。陆某虽是世恒公司的法定代表人，但其在世恒公司的行为代表的是公司行为利益，并且《增资协议书》第7条第2项内容中，并没有关于由陆某个人承担补偿义务的约定，故海富公司要求陆某个人承担补偿责任的诉请无合同及法律依据，依法应予驳回。至于陆某未按照承诺在2007年12月31日之前将四川省峨边县五渡牛岗铅锌矿过户至世恒公司名下，涉及对世恒公司及其股东的违约问题，不能成为本案陆某承担补偿责任的理由。综上所述，海富公司的诉请依法不能支持。

二审法院观点：当事人争议的焦点为《增资协议书》第7条第2项是否具有法律效力。本案中，海富公司与世恒公司、迪亚公司、陆某四方签订的协议书虽名为《增资协议书》，但综观该协议书全部内容，海富公司支付2000万元的目的并非仅享有世恒公司3.85%的股权（计15.38万美元，折合人民币114.771万元），期望世恒公司经股份制改造并成功上市后，获取增值的股权价值才是其缔结协议书并出资的核心目的。基于上述投资目的，海富公司等四方当事人在《增资协议书》第7条第2项就业绩目标进行了约定，即“世恒公司2008年净利润不低于3000万元，海富公司有权要求世恒公司予以补偿，如果世恒公司未能履行补偿义务，海富公司有权要求迪亚公司履行补偿义务。补偿金额 =（1－2008年实际净利润/3000万元）×本次投资金额”。四方当事人就世恒公司2008年净利润不低于3000万元人民币的约定，仅是对目标企业盈利能力提出要求，并未涉及具体分配事宜；且约定利润如实现，世恒公司及其股东均能依据《公司法》《合资经营合同》《公司章程》等相关规定获得各自相应的收益，也有助于债权人利益的实现，故并不违反法律规定。而四方当事人就世恒公司2008年实际净利润完不成3000万元，海富公司有权要求世恒公司及迪亚公司以一定方式予以补偿的约定，则违反了投资领域风险共担的原则，使海富公司作为投资者无论世恒公司经营业绩如何，均能取得约定收益而不承担任何风险。参照最高人民法院《关于审理联营合同纠纷案件若干问题的解答》第4条第2项关于“企业法人、事业法人作为联营一方向联营体投资，但不参加共同经营，也不承担联营的风险责任，无论盈亏均按期收回本息，或者按期收取固定利润的，是明为联营，实为借贷，违反了有关金融法规，应当确认合同无效”之规定，《增资协议书》第7条第2项部分该约定内容，因违反《合同法》第52条第5项之规定应认定无效。海富公司除已计入世恒公司注册资本的114.771万元外，其余1885.2283万元资金性质应属名为投资，实为借贷。虽然世恒公司与迪亚公司的补偿承诺亦归于无效，但海富公司基于对其承诺的合理依赖而缔约，故世恒公司、迪亚公司对无效的法律后果应负主要过错责任。根据《合同法》第58条之规定，世恒公司与迪亚公司应共同返还海富公司1885.2283万元及占用期间的利息，因海富公司对于无效的法律后果亦有一定过错，如按同期银行贷款利率支付利息不能体现其应承担的过错责任，故世恒公司与迪亚公司应按同期银行定期存款利率计付利息。

因陆某个人并未就《增资协议书》第7条第2项所涉补偿问题向海富公司作出过承诺，且其是否于2007年12月31日之前将四川省峨边县五渡牛岗铅锌矿过户至世恒公司名下与本案不属同一法律关系，故海富公司要求陆某承担补偿责任的诉请无事实及法律依据，依法不予支持。

再审法院观点：2009年12月，海富公司向一审法院提起诉讼时的诉讼请求是请求判令世恒公司、迪亚公司、陆某向其支付协议补偿款19,982,095元并承担本案诉讼费用及其他费用，没有请求返还投资款。因此二审判决判令世恒公司、迪亚公司共同返还投资款及利息超出了海富公司的诉讼请求，是错误的。

海富公司作为企业法人，向世恒公司投资后与迪亚公司合资经营，故世恒公司为合资企业。世恒公司、海富公司、迪亚公司、陆某在《增资协议书》中约定，如果世恒公司实际净利润低于3000万元，则海富公司有权从世恒公司处获得补偿，并约定了计算公式。这一约定使海富公司的投资可以取得相对固定的收益，该收益脱离了世恒公司的经营业绩，损害了公司利益和公司债权人利益，一审法院、二审法院根据《公司法》第20条和《中外合资经营企业法》（已失效）第8条的规定认定《增资协议书》中的这部分条款无效是正确的。但二审法院认定海富公司18,852,283元的投资名为联营实为借贷，并判决世恒公司和迪亚公司向海富公司返还该笔投资款，没有法律依据，本院予以纠正。

《增资协议书》中并无由陆某对海富公司进行补偿的约定，海富公司请求陆某进行补偿，没有合同依据。此外，海富公司称陆某涉嫌犯罪，没有证据证明，本院对该主张亦不予支持。

但是，在《增资协议书》中，迪亚公司对于海富公司的补偿承诺并不损害公司及公司债权人的利益，不违反法律法规的禁止性规定，是当事人的真实意思表示，是有效的。迪亚公司对海富公司承诺了众星公司2008年的净利润目标并约定了补偿金额的计算方法。在众星公司2008年的利润未达到约定目标的情况下，迪亚公司应当依约应海富公司的请求对其进行补偿。迪亚公司对海富公司请求的补偿金额及计算方法没有提出异议，本院予以确认。

三、股东与公司的“对赌协议”有效

案　　号：一审：（2016）苏1003民初9455号

二审：（2017）苏10民终2380号

再审：（2019）苏民再62号

案件名称：江苏华工创业投资有限公司与扬州锻压机床股份有限公司、潘某某等请求公司收购股份纠纷案

裁判要旨：我国《公司法》并不禁止有限责任公司回购本公司股份，有限责任公司回购本公司股份不当然违反我国《公司法》的强制性规定。有限责任公司在履行法定程序后回购本公司股份，亦不会损害公司股东及债权人利益，亦不会构成对公司资本维持原则的违反。

案情简介

再审申请人（一审原告、二审上诉人）：江苏华工创业投资有限公司（以下简称华工公司）

被申请人（一审被告、二审被上诉人）：扬州锻压机床股份有限公司（以下简称扬锻公司）

被申请人（一审被告、二审被上诉人）：潘某某

被申请人（一审被告、二审被上诉人）：董某某

被申请人（一审被告、二审被上诉人）：耿某某

被申请人（一审被告、二审被上诉人）：赵某某

被申请人（一审被告、二审被上诉人）：张某某

被申请人（一审被告、二审被上诉人）：何某某

被申请人（一审被告、二审被上诉人）：钟某

被申请人（一审被告、二审被上诉人）：扬州淮左投资中心（有限合伙）（以下简称淮左投资中心）

被申请人（一审被告、二审被上诉人）：扬州亚东投资中心（有限合伙）（以下简称亚东投资中心）

被申请人（一审被告、二审被上诉人）：扬州吉安投资中心（有限合伙）（以下简称吉安投资中心）

被申请人（一审被告、二审被上诉人）：扬州金锻投资中心（有限合伙）（以下简称金锻投资中心）

2011年7月6日，江苏华工创业投资有限公司（以下简称华工公司）与扬州锻压机床集团有限公司（以下简称扬锻集团公司，后更名为扬锻公司）、招商湘江产业投资有限公司、苏州盛泉万泽股权投资合伙企业（有限合伙）、江苏高投鑫海创业投资有限公司、深圳市盛桥创鑫投资合伙企业（有限合伙）、华夏君悦（天津）股权投资基金合伙企业（有限合伙）、扬州英飞尼迪

创业投资中心（有限合伙）、上海锐合创业投资中心（有限合伙）及潘某某、董某某、耿某某、赵某某、张某某、何某某、钟某、淮左投资中心、亚东投资中心、吉安投资中心、金锻投资中心共同签订《增资扩股协议》一份，约定以公司2011年预测净利润9350万元为基础，按10.12倍PE估值，以增资后注册资本8600万元计算，确定本次增资的价格为人民币11万元注册资本，华工公司以现金2200万元人民币对公司增资，其中200万元作为注册资本，2000万元列为公司资本公积金。

同日，潘某某、董某某、耿某某、赵某某、张某某、何某某、钟某、淮左投资中心、亚东投资中心、吉安投资中心、金锻投资中心作为甲方，扬锻集团公司作为乙方，华工公司作为丙方，三方就增资的有关事宜达成《补充协议》一份。《补充协议》第1条股权回购第1款约定：若乙方在2014年12月31日前未能在境内资本市场上市或乙方主营业务、实际控制人、董事会成员发生重大变化，丙方有权要求乙方回购丙方所持有的全部乙方的股份，乙方应以现金形式收购；第2款约定：乙方回购丙方所持乙方股权的价款按以下公式计算：回购股权价款＝丙方投资额＋（丙方投资额×8%×投资到公司实际月份数12）－乙方累计对丙方进行的分红；第3款约定：甲方、乙方应在丙方书面提出回购要求之日起30日内完成回购股权等有关事项，包括完成股东大会决议，签署股权转让合同以及其他相关法律文件，支付有关股权收购的全部款项，完成工商变更登记；第4款约定：若甲方、乙方在约定的期间内未予配合并收购丙方所持有公司股份，则乙方应按丙方应得回购股权价款每日的0.5‰比率支付罚息，支付给丙方；第3条违约责任约定：本协议生效后，乙方的违约行为导致丙方发生任何损失，甲方、乙方承担连带责任。

2011年7月20日，华工公司向扬锻集团公司实际缴纳新增出资2200万元，其中注册资本200万元，资本溢价2000万元。扬锻集团公司出具收据，载明收款事由为投资款。

2011年11月20日，扬锻集团公司召开创立大会，所有股东参加，股东一致表决同意通过新的公司章程，章程第1条规定：扬锻公司为股份有限公司；第2条规定：本公司章程自生效之日起，即成为规范公司的组织与行为、公司与股东、股东与股东之间权利义务关系的具有法律约束力的文件，对公司、股东、董事、监事、高级管理人员具有法律约束力；第16条记载华工公司为公司股东；第21条规定：公司在下列情况下可以依照法律、行政法规、部门规章和本章程的规定回购本公司的股份：（1）减少公司注册资本；（2）与持有本公司股份的其他公司合并；（3）将股份奖励给本公司职工；（4）股东因对股东会作出的公司分立、合并决议持异议，要求公司回购其股份。除上述情形外，公司不进行买卖本公司股份的活动。

2011年12月29日，扬锻集团公司经扬州工商行政管理局核准变更为扬锻公司，即本案被告。

2012年11月至2014年4月，因证监会暂停18个月IPO申报，扬锻公司于2014年10月16日召开临时股东大会通过申报新三板的议案，并于2014年10月22日致函华工公司要求其明确是否支持公司申报新三板。

2014年11月25日，华工公司致函扬锻公司，述称华工公司除口头提出请求外，亦以书面提出回购请求如下：根据《补充协议》，鉴于扬锻公司在2014年12月31日前不能在境内资本市场上市，现要求扬锻公司以现金形式回购华工公司持有的全部公司股份，回购股权价格同《补充协议》的约定。

2012年7月27日、2013年7月3日、2014年8月18日、2016年6月8日，华工公司分别从扬锻公司领取分红款各26万元，合计104万元。根据《补充协议》约定，在案涉股权回购有效且回购条件成就的情况下，截至2015年7月19日，华工公司应获得的股权回购价款为：本金2200万元、利息626万元。

2016年3月29日，扬锻公司向股东发送2016年第二次临时股东大会会议通知，拟审议与舒勒贸易（上海）有限公司合资及股权转让、修改公司章程、确定合资公司中方董事、监事人选等事项。

华工公司向一审法院起诉请求判令：（1）扬锻公司、潘某某、董某某、耿某某、赵某某、张某某、何某某、钟某、淮左投资中心、亚东投资中心、吉安投资中心、金锻投资中心共同回购华工公司持有的扬锻公司股份，并共同支付股权回购款本金2200万元及利息（以本金2200万元为基数，自2011年7月20日起至实际给付之日止，按年利率8%计算，同时扣除分红款104万元）。（2）扬锻公司、潘某某、董某某、耿某某、赵某某、张某某、何某某、钟某、淮左投资中心、亚东投资中心、吉安投资中心、金锻投资中心连带向华工公司支付股权回购款罚息（以本金2200万元为基数，自2015年1

月 1 日起至判决生效之日止，按每日 0.5‰计算）。

裁判结果

一审判决：驳回华工公司的诉讼请求。

华工公司不服提起上诉，二审判决：驳回上诉，维持原判决。

再审判决：（1）撤销江苏省扬州市中级人民法院（2017）苏 10 民终 2380 号民事判决及扬州市邗江区人民法院（2016）苏 1003 民初 9455 号民事判决。（2）扬锻公司于本判决生效之日起 10 日内支付华工公司股份回购款 25,199,135.81 元及以 2200 万元为本金按每日 0.5‰计算的逾期付款利息自 2015 年 1 月 31 日起计算至本判决生效之日止。（3）潘某某、董某某、耿某某、赵某某、张某某、何某某、钟某、扬州淮左投资中心、扬州亚东投资中心、扬州吉安投资中心、扬州金锻投资中心对本判决第 2 项确定的义务承担连带清偿责任。（4）驳回江苏华工创业投资有限公司的其他诉讼请求。

各方观点

华工公司观点：（1）华工公司投资目的并非长期持有扬锻公司股份。从交易习惯看，扬锻公司及其原股东是股权回购的共同责任主体，补充协议约定扬锻公司原股东应承担连带支付股权回购款的义务。案涉“对赌协议”签订于扬锻公司改制前，当时该公司为有限责任公司。增资扩股协议及补充协议是各方当事人真实意思表示，各方均应遵循诚实信用的原则履行义务。（2）案涉股份回购约定不违反《公司法》禁止性规定，合法有效。扬锻公司有条件和义务依法定程序通过减少注册资本的方式回购股份。最高人民法院司法解释及判例亦认可公司回购股份有效。扬锻公司及原股东均是补充协议当事人，履行补充协议不构成对公司股东和债权人利益的损害。扬锻公司的新章程与补充协议的缔约主体不同，补充协议与新章程的目的及约定的权利义务不一致，其内容也不冲突，不构成对补充协议的否定。华工公司要求扬锻公司及原股东以回购股份的方式收回所投入的资本公积金不违反资本维持原则。

扬锻公司观点：合同目的不允许当事人期待法律禁止的行为和利益，交易习惯或诚信原则也不得违反法律强制性规定。华工公司作为股东在不具备法定回购情形及法定程序的情形下，要求扬锻公司回购股份，损害了公司、公司其他股东及债权人的利益。无效的股权回购条款已被公司章程取代，构成对补充协议的否定，对华工公司有约束力。股东缴纳资本公积金后不得抽回，变相抽逃。最高人民法院的判例明确与公司对赌无效。

潘某某、董某某、耿某某、赵某某、张某某、何某某、钟某观点：华工公司作为公司股东应遵守公司法及公司章程的规定。扬锻公司与华工公司之间不存在交易习惯。增资扩股补充协议明确约定扬锻公司为股权回购主体，该约定无效，故相应的担保条款亦无效。合同条款没有歧义，本案没有诚信原则适用空间。其他意见同意扬锻公司意见。

淮左投资中心、亚东投资中心、吉安投资中心、金锻投资中心观点：无效的回购条款已被公司新章程取代，公司新章程否定了补充协议，且符合法律关于股份有限公司不得收购本公司股份的规定。华工公司要求回购，违反法律强制性规定，属变相抽逃出资。法律对资本公积金的用途有明确规定，股东和公司均不得随意变更，该观点有最高人民法院裁判支持。其他意见同意七位自然人股东意见。

法院观点

一审法院观点：本案争议焦点有两个：（1）《补充协议》约定的股权回购主体除扬锻公司外是否还包括原扬锻公司股东；（2）案涉股权回购约定的效力应如何认定。

对于争议焦点（1），本院认为，《补充协议》关于股权回购的主体仅限于扬锻公司，对赌双方为华工公司与目标公司扬锻公司。首先，《补充协议》第 1 条股权回购第 1 款、第 2 款、第 4 款对于扬锻公司作为股权回购主体、回购价款及罚金给付主体的约定清晰明确；而第 3 款、第 4 款则系对于扬锻公司及原股东可能发生的约定义务事项（包含配合义务事项）的不完全概括性罗列，在股权回购主体已得到协议其他条款明确的情形下，不能作出协议各方已就原股东亦作为股权回购主体形成了一致意思表示的推定及解释。其次，其他私募股权投资方在投资后以与原股东签订股权转让协议的方式退出系双方在投资后另就股权转让形成的一致意思表示，华工公司未能提供证据证明该股权转让就是对作为格式合同的《补充协议》项下股权回购义务的履行，故该事实亦不能作为判断原股东系股权回购主体的依据。再次，华工公司在本案起诉前并未向原股东提出过股权回购主张，其要求履行回购义务的对象一直为扬锻公司。综上所述，案涉股权回购主体为扬锻公司，不包含扬锻公司原股东。

对于争议焦点（2），本院认为，案涉股权回购约定因违反《公司法》禁止性规定且违背公司资本维持和法人独立财产原则而无效。在公司有效存续期间，股东基于其投资可以从公司获得财产的途径只能是依法从公司分配利润或者通过减资程序退出公司，而公司回购股东股权必须基于法定情形并经法定程序。首先，《公司法》第142条对于6种法定情形公司可以收购本公司股份作出了明确规定。案涉《补充协议》关于约定情形下公司应以现金形式按约定计算方法回购股权的约定不符合上述法定情形、违反了上述禁止性规定。其次，该约定实际是让华工公司作为股东在不具备法定回购股权的情形以及不需要经过法定程序的情况下，直接由公司支付对价而抛出股权，使股东可以脱离公司经营业绩、不承担公司经营风险而即当然获得约定收益，损害了公司、公司其他股东和公司债权人的权益，与《公司法》第20条资本维持、法人独立财产原则相悖。故该股权回购约定当属无效。同时，扬锻公司2011年新公司章程对公司回购股份情形的重新约定系各股东真实意思表示，构成对《补充协议》约定的否定，对华工公司具有约束力。2011年11月20日，扬锻公司所有股东参加股东会并一致表决通过并经工商部门变更登记备案的新公司章程第21条对公司回购股份的情形作了重新约定，并规定除上述情形外，公司不进行买卖本公司股份的活动。该规定符合《公司法》第142条股份有限公司不得收购本公司股份的规定，系各股东对股权回购等内容的真实意思表示，亦是对《补充协议》中股权回购约定的否定，对作为股东的华工公司具有约束力。

二审法院观点：（1）《补充协议》约定的股权回购的主体如何认定，是否包括11位扬锻公司原股东；（2）如股权回购条款认定无效，华工公司所称权益的保障。

1. 关于股权回购的主体如何认定：11位扬锻集团公司原股东不是《补充协议》约定的股权回购的主体。理由如下：（1）《补充协议》并非扬锻公司提供的格式合同，根据《合同法》第39条第2款的规定："格式条款是当事人为了重复使用而预先拟定，并在订立合同时未与对方协商的条款。"本案中，扬锻公司与华工公司是平等主体，在投资过程中存在未协商的可能性极低，且华工公司未能提供证据证明该协议是扬锻公司提供并重复使用。因此，对《补充协议》的理解不能适用格式合同的理解规则。(2) 民事义务的设定需有明确意思表示，本案所涉股东回购义务的标的额巨大，为确保各方当事人的合法权益，更应以明确意思表示为准，不能轻易以推理、解释的方式认定巨额义务的负担。本案中《补充协议》第 1 条第 1 款中明确约定丙方（华工公司）有权要求乙方（扬锻公司）回购丙方所持有的全部乙方的股份，乙方应以现金形式收购；该条第 2 款明确约定乙方回购股份的条件和价款标准。该条第 3 款、第 4 款约定扬锻公司和 11 名扬锻公司原股东在回购时的相关义务。综观《补充协议》，未有明确地由 11 名扬锻公司原股东作为回购主体的表述。同时，在对合同进行整体解释时，含义明晰的条款原则上应优于不明晰的条款，在该条第 1 款、第 2 款语义明确，第 3 款、第 4 款语焉不详的情况下，宜以第 1 款、第 2 款为准。(3) 如将回购主体理解为扬锻公司和 11 名扬锻公司原股东，则前述第 1 条 4 个条款之间存在明显矛盾，解释难以自圆其说，无法解释第 1 款、第 2 款为何未将 11 名扬锻公司原股东列为回购主体的疑问，客观上也使第 1 条第 1 款、第 2 款成为赘文。而将回购主体理解为扬锻公司，则不存在矛盾。客观上，11 名扬锻公司原股东所做系对回购事宜履行，如参加股东大会等义务的解释更有合理性。即将回购主体限于扬锻公司，在逻辑上通顺完整，在内容上也使各条款相互衔接有序，不存在矛盾，也不会造成任何一个条款无意义。(4)《补充协议》第 3 条违约责任约定："本协议生效后，乙方（扬锻公司）的违约行为导致丙方（华工公司）发生任何损失，甲方、乙方承担连带责任。"验证扬锻公司才是约定的回购股权的主体，若要求 11 位扬锻公司原股东亦承担回购义务，则违约行为的主体就不仅限制于扬锻公司。(5) 2014 年 11 月 25 日，华工公司向扬锻公司致函要求该公司根据《补充协议》回购股权，而未向其他各方发函，亦验证《补充协议》约定的回购股权的主体仅为扬锻公司。

2. 回购约定无效情形下，扬锻公司所称权益的保障。华工公司诉讼请求要求判令扬锻公司及 11 位扬锻公司原股东共同回购华工公司持有的扬锻公司股份，现一审法院认定约定的回购主体仅为扬锻公司，需确定该情形下回购约定的效力。对此相关法律和扬锻公司章程均明确公司不能从事该回购事宜，否则有悖公司资本维持这一基本原则和法律有关规定，故一审认定回购约定无效依据充分。一审判决驳回华工公司诉讼请求，未涉及华工公司所称赔偿和返还投资款的问题。鉴于华工公司在一审诉请中未提及该问题，且一审法院的处理也未实质影响华工公司可能的权益，华工公司如认为有关条款或合同存在效力问题影响其相关权益，可另行主张。

再审法院观点： 1. 案涉协议约定的股权回购主体应认定为扬锻集团公司。华工公司（合同丙方）与扬锻集团公司（合同乙方）及潘某某等扬锻集团公司全体股东（合同甲方）于2011年7月6日签订的《补充协议》俗称“对赌协议”，该协议第1条第1款约定：如扬锻集团公司发生在2014年12月31日前未能在境内资本市场上市或主营业务、实际控制人、董事会成员发生重大变化等情形，华工公司有权要求扬锻集团公司回购华工公司所持有的全部股份，扬锻集团公司应以现金形式收购；第2款约定：回购股权价款计算公式为：回购股权价款=华工公司投资额+（华工公司投资额×8%×投资到公司实际月份数12）－扬锻集团公司累计对华工公司进行的分红；第3款约定：扬锻集团公司、扬锻集团公司原全体股东应在华工公司书面提出回购要求之日起30日内完成回购股权等有关事项，包括完成股东大会决议，签署股权转让合同以及其他相关法律文件，支付有关股权收购的全部款项，完成工商变更登记；第4款约定：若扬锻集团公司、扬锻集团公司原全体股东在约定的期间内未予配合并收购华工公司所持有公司股份，则扬锻集团公司应按华工公司应得回购股权价款每日的0.5‰比率支付罚息，支付给华工公司。该补充协议第1条第1款中明确约定“丙方（华工公司）有权要求乙方（扬锻集团公司）回购丙方所持有的全部乙方的股份，乙方应以现金形式收购”，该款明确股权回购义务的承担主体为扬锻集团公司，未包括该公司股东；第3款、第4款对扬锻集团公司及其11名股东在回购时的相关义务作出了约定。因《补充协议》并未明确约定扬锻公司原股东是回购主体，亦未对扬锻公司原股东是否应当承担支付回购款的义务作出明确。该《补充协议》第3条关于违约责任的约定，即“本协议生效后，乙方的违约行为导致华工公司发生任何损失，甲方（扬锻集团公司全体股东）、乙方承担连带责任”，亦可印证合同约定的股权回购主体为扬锻集团公司，扬锻集团公司股东是对该公司的违约行为承担连带责任。进而，扬锻公司原股东不是回购主体。另华工公司在合同约定的股权回购条件成就后，仅向扬锻公司致函要求该公司回购股权，而未向原扬锻集团股东提出回购要求，进一步证明该补充协议约定的回购股权的主体仅为扬锻集团公司。根据上述约定及事实，以合同条款文义及合同条款体系的合理性为依据，原扬锻集团公司股东所应承担的义务应为对回购事宜的履行辅助如参加股东大会、保证回购决议通过等义务，以及在扬锻集团公司发生违约时承担连带责任的担保义务。二审判决认定合同约定的回购主体限于扬锻集团公司，在逻辑上通顺完整，在内容上也使各条款相互衔接有序，不存在矛盾，也不会造成任何一个条款无意义，并无不当。华工公司认为扬锻集团公司股东系股权回购共同责任主体，不能成立。

2. 扬锻公司新章程未对“对赌协议”作出变更。2011 年 11 月 20 日，扬锻集团公司召开创立大会，所有股东参加，股东一致表决同意通过新的公司章程。新章程第 1 条规定：扬锻公司为股份有限公司；第 2 条规定：本公司章程自生效之日起，即成为规范公司的组织与行为、公司与股东、股东与股东之间权利义务关系的具有法律约束力的文件，对公司、股东、董事、监事、高级管理人员具有法律约束力；第 16 条记载华工公司为扬锻公司股东；第 21 条第 1 款规定，公司在下列情况下可以依照法律、行政法规、部门规章和本章程的规定回购本公司的股份：（1）减少公司注册资本；（2）与持有本公司股份的其他公司合并；（3）将股份奖励给本公司职工；（4）股东因对股东会作出的公司分立、合并决议持异议，要求公司回购其股份。第 21 条第 2 款规定，除上述情形外，公司不进行买卖本公司股份的活动。该章程虽对公司回购股份作出原则性限制，但同时亦载明因符合该章程规定的事由，扬锻公司可以回购本公司股份。该章程第 21 条第 1 款第 1 项规定公司可回购本公司股份的事由为“减少公司注册资本”。该规定与《补充协议》约定的股份回购并不存在冲突，即扬锻公司可在不违反《公司法》及公司章程关于股份回购强制性规定的情形下，通过履行法定手续和法定程序的方式合法回购华工公司持有的股份。故扬锻公司等关于公司章程对原“对赌协议”作出变更的辩解理由，不能成立。

3. 案涉“对赌协议”效力应认定有效。案涉“对赌协议”签订时扬锻集团公司系有限责任公司，且该公司全体股东均在“对赌协议”中签字并承诺确保“对赌协议”内容的履行。该协议约定扬锻集团公司及其原全体股东应在华工公司书面提出回购要求之日起 30 日内完成回购股权等有关事项，包括完成股东大会决议，签署股权转让合同以及其他相关法律文件，支付有关股权收购的全部款项，完成工商变更登记；扬锻集团公司的违约行为导致华工公司发生任何损失，扬锻集团公司及其全体股东承担连带责任。上述约定表明，扬锻集团公司及全部股东对股权回购应当履行的法律程序及法律后果是清楚的，即扬锻集团公司及全部股东在约定的股权回购条款激活后，该公司应当履行法定程序办理工商变更登记，该公司全体股东负有履行过程中的协助义务及履行结果上的保证责任。

我国《公司法》并不禁止有限责任公司回购本公司股份，有限责任公司回购本公司股份不当然违反我国《公司法》的强制性规定。有限责任公司在履行法定程序后回购本公司股份，亦不会损害公司股东及债权人利益，亦不会构成对公司资本维持原则的违反。在有限责任公司作为“对赌协议”约定的股份回购主体的情形下，投资者作为“对赌协议”相对方所负担的义务不仅限于投入资金成本，还包括完善公司治理结构以及以公司上市为目标的资本运作等。投资人在进入目标公司后，亦应依《公司法》的规定，对目标公司经营亏损等问题按照合同约定或者持股比例承担相应责任。案涉“对赌协议”中关于股份回购的条款内容，是当事人特别设立的保护投资人利益的条款，属于缔约过程中当事人对投资合作商业风险的安排，系各方当事人的真实意思表示。股份回购条款中关于股份回购价款约定为：华工公司投资额+（华工公司投资额×8%×投资到公司实际月份数12）－扬锻集团公司累计对华工公司进行的分红。该约定虽为相对固定收益，但约定的年回报率为8%，与同期企业融资成本相比并不明显过高，不存在脱离目标公司正常经营下所应负担的经营成本及所能获得的经营业绩的企业正常经营规律。华工公司、扬锻集团公司及扬锻集团公司全体股东关于华工公司上述投资收益的约定，不违反国家法律、行政法规的禁止性规定，不存在《合同法》第52条规定的合同无效的情形，亦不属于《合同法》所规定的格式合同或者格式条款，不存在显失公平的问题。扬锻公司及潘某某等关于案涉对赌协议无效的辩解意见，本院不予采信。扬锻集团公司变更为扬锻公司后，案涉“对赌协议”的权利义务应由扬锻公司承继，在案涉对赌条款激活后，扬锻公司应按照协议约定履行股份回购义务，潘某某等原扬锻集团公司股东应承担连带责任。

4. 案涉“对赌协议”具备履行可能性。2011年11月20日，扬锻集团公司股东一致表决通过新的公司章程，明确扬锻公司为股份有限公司。2011年12月29日，扬锻集团公司经工商部门核准变更为扬锻公司。故案涉“对赌协议”约定的股份回购义务应由扬锻公司履行。扬锻公司作为股份有限公司，不同于扬锻集团公司，故华工公司诉请扬锻公司履行股份回购义务，尚需具备法律上及事实上的履行可能。

关于股份有限公司股份回购，《公司法》[1]（2013 年）第 142 条第 1 款规定，公司不得收购本公司股份。但是，有下列情形之一的除外：（1）减少公司注册资本；（2）与持有本公司股份的其他公司合并……第 2 款规定，公司因前款第 1 项至第 3 项的原因收购本公司股份的，应当经股东大会决议……第 3 款规定，公司依照前款规定收购本公司股份后，属于第 1 项情形的，应当自收购之日起 10 日内注销……根据上述规定可知，《公司法》原则上禁止股份有限公司回购本公司股份，但同时亦规定了例外情形，即符合上述例外情形的，《公司法》允许股份有限公司回购本公司股份。本案中，扬锻公司章程亦对回购本公司股份的例外情形作出了类似的规定，并经股东一致表决同意，该规定对扬锻公司及全体股东均有法律上的约束力。《公司法》第 37 条、第 46 条、第 177 条、第 179 条，已明确规定了股份有限公司可减少注册资本回购本公司股份的合法途径。如股份有限公司应由公司董事会制定减资方案；股东会作出减资决议；公司编制资产负债表及财产清单；通知债权人并公告，债权人有权要求公司清偿债务或提供担保；办理工商变更登记。扬锻公司履行法定程序，支付股份回购款项，并不违反《公司法》的强制性规定，亦不会损害公司股东及债权人的利益。关于华工公司缴纳的冲入扬锻公司资本公积金部分的本金 2000 万元及相关利息损失。《公司法》第 3 条第 1 款规定，公司是企业法人，有独立的法人财产，享有法人财产权。公司以其全部财产对公司的债务承担责任。第 2 款规定，有限责任公司的股东以其认缴的出资额为限对公司承担责任；股份有限公司的股东以其认购的股份为限对公司承担责任。公司的全部财产中包括股东以股份形式的投资以及其他由公司合法控制的能带来经济利益的资源，如借款等。公司对外承担债务的责任财产为其全部财产，也即上述资产均应作为对外承担债务的范围。“对赌协议”投资方在“对赌协议”中是目标公司的债权人，在“对赌协议”约定的股权回购情形出现时，当然有权要求公司及原股东承担相应的合同责任。在投资方投入资金后，成为目标公司的股东，但并不能因此否认其仍是公司债权人的地位。投资方基于公司股东的身份，应当遵守《公司法》的强制性规定，不能

---

〔1〕《公司法》2018 年修正，本条内容已有修改。

违法抽逃出资。而其基于公司债权人的身份，当然有权依据“对赌协议”的约定主张权利。《公司法》亦未禁止公司回购股东对资本公积享有的份额。案涉“对赌协议”无论是针对列入注册资本的注资部分还是列入资本公积金的注资部分的回购约定，均具备法律上的履行可能。

扬锻集团公司在投资方注资后，其资产得以增长，而且在事实上持续对股东分红，其债务承担能力相较于投资方注资之前得到明显提高。扬锻公司在持续正常经营，参考华工公司在扬锻公司所占股权比例及扬锻公司历年分红情况，案涉“对赌协议”约定的股份回购款项的支付不会导致扬锻公司资产的减损，亦不会损害扬锻公司对其他债务人的清偿能力，不会因该义务的履行构成对其他债权人债权实现的障碍。相反，华工公司在向扬锻集团公司注资后，同时具备该公司股东及该公司债权人的双重身份，如允许扬锻公司及原扬锻集团公司股东违反“对赌协议”的约定拒绝履行股份回购义务，不仅损害华工公司作为债权人应享有的合法权益，亦会对华工公司股东及该公司债权人的利益造成侵害，有违商事活动的诚实信用原则及公平原则。案涉“对赌协议”约定的股份回购条款具备事实上的履行可能。

5. 扬锻公司应承担责任的范围。华工公司实际于2011年7月20日缴纳列入注册资本的200万元及列入资本公积金的2000万元。2014年11月25日，华工公司书面要求扬锻公司回购股份。结合“对赌协议”关于股份回购条款激活时限为2014年12月31日，股份回购履行期限为30日的约定，扬锻公司应自2015年1月30日前履行回购义务。回购价款依协议约定应为：华工公司投资额2200万元+（华工公司投资额2200万元×8%×投资到公司实际月份数42.4个月/12）－扬锻集团累计对华工公司进行的分红3,019,530.86元，计25,199,135.81元。因扬锻公司未在约定期限内履行股份回购义务，还应按照《补充协议》的约定按华工公司应得回购股权价款每日的0.5‰比率支付罚息，结合华工公司一审诉讼请求范围，该逾期付款利息应以2200万元为本金按每日0.5‰自2015年1月31日起计算。根据《公司法》关于股份有限公司股份回购所涉召开董事会、股东大会、通知公司债权人及办理回购股份的注销事宜、办理工商登记变更等事项的规定，扬锻公司确需一定的期限完成法定程序，以确保该公司在履行义务过程中不发生违反法律规定进而损害公司股东及其他债权人利益的事项发生。但案涉“对赌协议”约定的股份回购条款已于2014年12月31日激活，扬锻公司及潘某某等有充分时间按约完成与股份回购有关的作出股东会决议、制定回购方案、完成工商登记变更等事项，但时逾数年仍未履行。基于扬锻公司的违约情形，本院确定上述款项支付时间为判决生效后10日内。扬锻公司还应依《公司法》的规定履行完成工商登记变更等相应法定程序。

《补充协议》第3条约定：扬锻集团公司的违约行为导致华工公司发生任何损失，扬锻集团公司及其股东承担连带责任。该协议经扬锻集团公司原全体股东签字。故扬锻集团公司原全体股东，即潘某某、董某某、耿某某、赵某某、张某某、何某某、钟某、淮左投资中心、亚东投资中心、吉安投资中心、金锻投资中心应对上述扬锻公司应承担的义务承担连带清偿责任。

律师点评

实践中俗称的“对赌协议”，又称估值调整协议，是指投资方与融资方在达成股权性融资协议时，为解决交易双方对目标公司未来发展的不确定性、信息不对称以及代理成本而设计的包含了股权回购、金钱补偿等对未来目标公司的估值进行调整的协议。从订立“对赌协议”的主体来看，有投资方与目标公司的股东或者实际控制人“对赌”、投资方与目标公司“对赌”、投资方与目标公司的股东、目标公司“对赌”等形式。人民法院在审理“对赌协议”纠纷案件时，不仅应当适用《合同法》的相关规定，还应当适用《公司法》的相关规定；既要坚持鼓励投资方对实体企业特别是科技创新企业投资原则，从而在一定程度上缓解企业融资难问题，又要贯彻资本维持原则和保护债权人合法权益原则，依法平衡投资方、公司债权人、公司之间的利益。对于投资方与目标公司的股东或者实际控制人订立的“对赌协议”，如无其他无效事由，认定有效并支持实际履行，实践中并无争议。但投资方与目标公司订立的“对赌协议”是否有效以及能否实际履行，存在争议。

随着商业社会尤其是资本市场的不断发展和成熟，股东或投资人为确保其交易安全和避免投资风险，在《公司法》第74条和第142条规定情形之外，要求公司回购股权的现象越来越多。因此，实践中存在投资人通过用合同规定各自权利义务，设置股权回购触发条件，要求公司或其他股东回购股权，以获得利润和规避风险，由此产生了在资本市场中尤其是私募投资领域被广泛采纳的“对赌协议”。股权回购协议或“对赌协议”的出现，出现了股权回购事项中《合同法》和《公司法》的冲突，也使股权回购协议或“对赌协议”的效力认定成为司法实践中的重要争议事项。

目前司法判例中，关于公司回购股东的情形，多数法院仍以《公司法》第74条和第142条规定的法定规定情形为准，超出法定情形之外的回购事项，法院一般不会轻易予以认可。而关于股东与公司之间的股权回购协议或对赌协议的效力，通行的裁判规则仍以相关协议违反法律强制性规定为由认定无效。但随着市场经济的不断发展，尤其是关于公司注册资本从实缴制到认缴制和企业间借贷行为合法化等公司法规定和企业投资经营政策的变化以及对相关限制措施的放开，司法实践中出现了认定股权回购协议或“对赌协议”有效的不同于以往司法判例的新观点和新判例。这种变化在某种程度上反映了“海富案”之后，司法实践“对赌协议”效力和公司作为股权回购主体的认定方面所作出更贴合现代商业环境和准则的探索和努力。

在2019年《全国法院民商事审判工作会议纪要》中，法院认为应当把握如下处理规则：

在投资方与目标公司订立的“对赌协议”不存在法定无效事由的情况下，目标公司仅以存在股权回购或者金钱补偿约定为由，主张“对赌协议”无效的，人民法院不予支持，但投资方主张实际履行的，人民法院应当审查是否符合《公司法》关于“股东不得抽逃出资”及股份回购的强制性规定，判决是否支持其诉讼请求。

投资方请求目标公司回购股权的，人民法院应当依据《公司法》第35条关于“股东不得抽逃出资”或者第142条关于股份回购的强制性规定进行审查。经审查，目标公司未完成减资程序的，人民法院应当驳回其诉讼请求。

投资方请求目标公司承担金钱补偿义务的，人民法院应当依据《公司法》第35条关于“股东不得抽逃出资”和第166条关于利润分配的强制性规定进行审查。经审查，目标公司没有利润或者虽有利润但不足以补偿投资方的，人民法院应当驳回或者部分支持其诉讼请求。今后目标公司有利润时，投资方还可以依据该事实另行提起诉讼。

相信随着商业领域和资本投资领域的蓬勃发展，司法实践中会涌现出更多经典案例来推动商业社会法治的成熟与发展。

相关法律依据

1.《公司法》

第74条 有下列情形之一的，对股东会该项决议投反对票的股东可以请求公司按照合理的价格收购其股权：

（一）公司连续五年不向股东分配利润，而公司该五年连续盈利，并且符合本法规定的分配利润条件的；

（二）公司合并、分立、转让主要财产的；

（三）公司章程规定的营业期限届满或者章程规定的其他解散事由出现，股东会会议通过决议修改章程使公司存续的。

自股东会会议决议通过之日起六十日内，股东与公司不能达成股权收购协议的，股东可以自股东会会议决议通过之日起九十日内向人民法院提起诉讼。

第142条 公司不得收购本公司股份。但是，有下列情形之一的除外：

（一）减少公司注册资本；

（二）与持有本公司股份的其他公司合并；

（三）将股份用于员工持股计划或者股权激励；

（四）股东因对股东大会作出的公司合并、分立决议持异议，要求公司收购其股份；

（五）将股份用于转换上市公司发行的可转换为股票的公司债券；

（六）上市公司为维护公司价值及股东权益所必需。

公司因前款第（一）项、第（二）项规定的情形收购本公司股份的，应当经股东大会决议；公司因前款第（三）项、第（五）项、第（六）项规定的情形收购本公司股份的，可以依照公司章程的规定或者股东大会的授权，经三分之二以上董事出席的董事会会议决议。

公司依照本条第一款规定收购本公司股份后，属于第（一）项情形的，应当自收购之日起十日内注销；属于第（二）项、第（四）项情形的，应当在六个月内转让或者注销；属于第（三）项、第（五）项、第（六）项情形的，公司合计持有的本公司股份数不得超过本公司已发行股份总额的百分之十，并应当在三年内转让或者注销。

上市公司收购本公司股份的，应当依照《中华人民共和国证券法》的规定履行信息披露义务。上市公司因本条第一款第（三）项、第（五）项、第（六）项规定的情形收购本公司股份的，应当通过公开的集中交易方式进行。

公司不得接受本公司的股票作为质押权的标的。

2. 最高人民法院《关于适用〈中华人民共和国公司法〉若干问题的规定（二）》

第5条 人民法院审理解散公司诉讼案件，应当注重调解。当事人协商同意由公司或者股东收购股份，或者以减资等方式使公司存续，且不违反法律、行政法规强制性规定的，人民法院应予支持。当事人不能协商一致使公司存续的，人民法院应当及时判决。

经人民法院调解公司收购原告股份的，公司应当自调解书生效之日起六个月内将股份转让或者注销。股份转让或者注销之前，原告不得以公司收购其股份为由对抗公司债权人。

3. 最高人民法院《关于适用〈中华人民共和国公司法〉若干问题的规定（五）》

第5条 人民法院审理涉及有限责任公司股东重大分歧案件时，应当注重调解。当事人协商一致以下列方式解决分歧，且不违反法律、行政法规的强制性规定的，人民法院应予支持：

（一）公司回购部分股东股份；

（二）其他股东受让部分股东股份；

（三）他人受让部分股东股份；

（四）公司减资；

（五）公司分立；

（六）其他能够解决分歧，恢复公司正常经营，避免公司解散的方式。

第九章　公司解散纠纷

由股东提起请求解散公司之诉在我国出现的时间并不长，1993 年的《公司法》中仅仅规定了行政解散和自愿解散，对于司法解散进行了留白，直到 2005 年《公司法》修订，才对这一重要制度进行了较为明确的规定。随着司法解散在实践中逐渐显现其必要性和重要性，在适用 2005 年《公司法》的过程中再次受到其概括性立法模式的限制，主要问题表现在其规定的原则性条件缺乏操作性。为此，《公司法解释二》对《公司法》第 183 条进一步进行了解释，使公司解散纠纷有迹可循。

第一节　公司解散纠纷的提起事由

公司僵局时，股东要求解散公司必须满足最高人民法院《关于适用〈中华人民共和国公司法〉若干问题的规定（二）》第 1 条第 1 款之规定

案　　号：（2017）最高法民申 2148 号

案件名称：董某某、长春东北亚物流有限公司公司解散纠纷案

裁判要旨：《公司法解释二》第 1 条第 1 款规定了人民法院受理解散公司诉讼案件形式要件及判决是否解散公司实体审查标准的四种情形：（1）公司持续两年以上无法召开股东会或者股东大会，公司经营管理发生严重困难；（2）股东表决时无法达到法定或者公司章程规定的比例，持续两年以上不能做出有效的股东会或者股东大会决议，公司经营管理发生严重困难

的；（3）公司董事长期冲突，且无法通过股东会或者股东大会解决，公司经营管理发生严重困难的；（4）经营管理发生其他严重困难的，公司继续存续会使股东利益受到重大损失的情形。

案情简介

再审申请人（一审第三人）：董某某

再审申请人（一审被告、二审上诉人）：长春东北亚物流有限公司

被申请人（一审原告、二审被上诉人）：吉林荟冠投资有限公司

一审第三人：东证融成资本管理有限公司

2004年8月17日，长春粮食（集团）有限公司（以下简称长粮集团）与董某某签订合作合同书，该合作合同书约定长粮集团与董某某共同投资组建吉林省东北亚物流中心有限责任公司（暂定名，以下简称东北亚公司），注册资金为人民币1000万元，其中长粮集团出资人民币490万元，占东北亚公司注册资本的49%；董某某出资人民币510万元，占东北亚公司注册资本的51%。长粮集团以位于长白路东八条面积为10万平方米的土地使用权及附属配套设施、地上建筑物作价人民币5000万元投入到新成立的公司作为公司的固定资产。董某某向长粮集团支付2550万元用于长粮集团职工安置、补偿等费用。长粮集团投入到公司的10万平方米土地作为公司的固定资产，双方按份共有，长粮集团享有49%的所有权，董某某享有51%的所有权。长粮集团负责将投入新公司的国有土地使用权证由划拨地转为出让地，并承担土地转变过程中的一切费用。另外，长粮集团负责把吉林盐业集团长春有限公司所属的约1.36万平方米土地于2004年11月前置换到新成立的公司的名下，并全权负责置换该宗土地的相关事项。同时，该合同约定新公司的董事长由董某某担任，董事会成员5人，长粮集团方2人，董某某方3人。

2004年9月1日，长粮集团与董某某签订补充合作合同书，约定长粮集团将位于青岗路69号粮油市场总面积149,000平方米的土地使用权及附属配套设施、地上建筑物、铁路专用线、烘干塔、储油罐等作价人民币4000万元投入到东北亚公司并作为该公司的固定资产并入东北亚公司，由双方共同经营，长粮集团与董某某按份共有，4000万元固定资产中长粮集团享有1960万元49%的所有权，董某某出资2040万元，享有51%的所有权。董某某向长粮

集团支付人民币2040万元用于长粮集团职工安置、补偿、土地转让、所有配套设施、地上建筑物及水、电、煤气、铁路专用线等更名过户费用。同时，长粮集团负责将青岗路149,000平方米国有土地使用权由划拨地转为出让地，负责将该宗土地及地上所有配套设施、地上建筑物与水、电、煤气、铁路专用线等原有名称更名过户到东北亚公司名下并承担所有更名过户手续的一切税费。

2004年9月20日，东北亚公司经长春市工商局长江路分局注册登记成立，法定代表人为董某某，注册资金为人民币1000万元，长粮集团出资490万元，占注册资金的49%，董某某出资510万元，占注册资金的51%。

2005年1月27日，长粮集团、吉林荟冠粮食实业股份有限公司（以下简称荟冠实业）、董某某三方签订了《三方合作合同书》，约定长粮集团以长春两会集团裕昌源粮油加工有限公司4.7万平方米土地，长春粮市第一仓库、长春粮油食品供应总公司、吉林盐业集团5.3万平方米土地、青岗路69号14.9万平方米土地和上述土地的地上建筑物作价人民币9000万元投入到东北亚公司，并作为该公司的固定资产。在9000万元固定资产中董某某向长粮集团出资4590万元，享有该固定资产的51%所有权。长粮集团以价值4410万元的土地及地上物建筑物实物出资，享有该固定资产的49%所有权。长粮集团经过内部改制于2005年1月18日注册成立荟冠实业，长粮集团将投入到东北亚公司的全部投资转给荟冠实业，由荟冠实业承接和全部履行长粮集团与董某某签订合同的原有全部权利义务。2005年1月，长粮集团将其持有的东北亚公司49%的股权全部转让给荟冠实业。

2005年9月5日，荟冠实业更名为荟冠集团股份有限公司（以下简称荟冠集团）。2014年10月30日，荟冠集团更名为吉林荟冠投资有限公司，即本案荟冠公司。

2006年3月24日，董某某向荟冠公司发出《荟冠集团违反合同的几点意见》，明确了荟冠公司承接了长粮集团与董某某合作当中的全部权利和义务。

2006年9月29日，东北亚公司注册资本增资至9000万元，增资后荟冠公司的投资金额为4410万元，占注册资本的49%；董某某的投资金额为4590万元，占注册资本的51%。

2007年5月18日，董某某向荟冠公司发出《关于荟冠集团按补充合同（四）未全额支付款项的函》，表明荟冠公司应当对其违约行为向董某某承担违约责任，违约金共计4,606,530元。2007年9月4日，荟冠公司向董某某回复《关于荟冠集团应支付物流公司相关款项的意见函》，表明荟冠公司截至2006年7月31日已经向董某某支付222.76万元。

2007年11月24日，荟冠公司与董某某签订了补充合同书（五），约定双方一致同意不再追究前四份合同中各方的违约责任。

2012年4月27日至7月24日，荟冠公司与董某某之间的往来函件中显示：2012年4月27日，荟冠公司向董某某致函，要求修改公司章程中股东会会议决议事项通过比例，修改董事会人数，建议由双方分别担任董事长、总经理。2012年5月21日，董某某回函荟冠公司表示，东北亚公司董事会成员5人，董某某方3人，荟冠公司方2人，董某某方担任董事长和总经理，荟冠公司方董事2人，1名为非执行董事，一名副总，符合公司章程的规定；东北亚公司经营正常，无须修改公司章程。2012年6月4日，荟冠公司再次向董某某致函要求修改公司章程。2012年6月18日，董某某回函表示公司章程条款未违背股东双方合作的初衷，无须修改。2012年7月15日，荟冠公司第三次向董某某致函坚持要求修改公司章程，2012年7月24日，董某某回函表示休想修改公司章程。另2012年5月21日，董某某回函表示荟冠公司与董某某关于买卖股权的问题已经洽谈了3年，因荟冠公司的原因，最终未果，并表示由于荟冠公司的原因，导致四层库房被迫闲置。

2012年至2014年，荟冠公司与董某某进行多次股权转让事宜的磋商、谈判，并拟定了多份股权转让协议，但最终均未能达成协议。

2014年11月28日，荟冠公司与东证融成资本管理有限公司（以下简称东证公司）签订《关于长春东北亚物流有限公司之股权转让协议》，约定荟冠公司将其持有的东北亚公司10%的股权以9000万元的价款转让给东证公司，并约定自东北亚公司大股东董某某放弃优先购买权的意思表示后30日内，东证公司或东证公司指定的第三方向荟冠公司支付第一笔股权转让款2000万元，自荟冠公司收到第一笔款项后10个工作日内，荟冠公司应配合东证公司或东证公司指定的第三方按照法律、法规及时变更5%股权的工商登记档案，变更股东名册、公司章程。就该转让及董某某是否行使优先购买权的问题，荟冠公司于2014年12月4日制作《致长春东北亚物流有限公司股东董某某女士的函》，该函内容为："我公司拟向东证融成资本管理有限公司转让所持长春东北亚物流有限公司10%的股权，转让价格为9000万元。依据《公司法》、长春东北亚物流有限公司公司章程的有关规定，同等条件下您享有优先购买该股权的权利，请您接到此函后五日内予以回复为盼！如您选择购买请按附件一的合同文本内容，贵我双方签订股权转让协议；如您选择放弃请在附件二声明人处签字。附件一：吉林荟冠投资有限公司与东证融成资本管理有限公司签订的股权转让协议复议件。附件二：放弃优先购买权的声明。”此函由董某某的丈夫、东北亚公司的总经理王某某于2014年12月5日签收。至2015年2月6日，董某某未表示行使优先权。东证公司按照转让协议约定给荟冠公司转账2000万元作为部分股权转让对价款。

此后荟冠公司因东北亚公司拒绝配合办理前述股权转让事宜的工商变更登记手续而将其诉至法院。2015年6月23日，长春市宽城区人民法院作出（2015）宽民初字第524号民事判决，判决东北亚公司应于判决生效后30日内办理工商变更登记。

该判决作出后，被告东北亚公司提出上诉，其主要上诉理由为：荟冠公司的股权转让行为没有取得东北亚公司过半数股东的同意，违反法律法规的强制性规定。荟冠公司并未合法告知董某某。董某某的丈夫王某某并非东北亚公司股东，向王某某送达告知函并不等于向董某某送达，剥夺了董某某的优先购买权。因荟冠公司对外转让股权的行为至今没有告知董某某，未取得其同意。因此，东北亚公司不需要为荟冠公司办理变更登记。2015年11月8日，一审法院作出（2015）长民四终字第521号民事判决书，驳回东北亚公司的上诉，维持原判。

关于公司章程的修改。在2004年10月至2014年4月，东北亚公司对章程进行了前后16次的修改，其中2004年10月28日变更公司的经营范围、2004年12月24日变更公司的经营期限、2005年1月28日系对股东的变更，即由原股东长春粮食（集团）有限公司变更为吉林荟冠粮食实业股份有限公司、2005年9月5日股东名称由吉林荟冠粮食实业股份有限公司变更为荟冠集团股份有限公司、2007年4月13日变更公司经营期限、2010年4月20日修改公司的注册地址、2010年8月10日变更公司营业范围、2010年9月8日变更公司营业范围、2012年3月12日变更公司营业范围、2012年12月12日变更公司营业范围、2013年4月17日变更公司注册地址、2013年4月27日变更公司董事、2014年4月16日变更原告荟冠公司的名称。上述13次公司章程的变更均属于对于公司经营范围、经营期限、股东名称、董事人员、注册地址内容的变更，且均有相应的股东会决议。除上述公司章程变更外，尚有3次变更，具体为：(1) 2006年5月10日，董事会作出决议，同意荟冠公司委派岳某某替代邱某某担任东北亚公司董事职务，须履行董事变更手续。2006年5月10日修改的公司章程除按照董事会决议将董事人员加以变更外，将原公司章程第29条："公司根据需要可修改公司章程，修改公司章程的决议必须经代表三分之二以上表决权的股东通过……"修改为："必须经代表五分之三以上（含本数）表决权的董事通过……"股东董某某和荟冠实业在该章程的最后一页签字盖章。(2) 2006年9月25日，董事会作出决议，以东北亚公司资本和股东认缴的货币资金对公司进行增资，增资至9000万元。2006年9月25日修改的公司章程除按照董事会决议将注册资本加以变更外，将原公司章程的33条，修改为100条，新增第六章股东的出资方式、出资额和出资时间等；其中第37条规定："对第36条所列事项，股东以书面形式一致表示同意的，可不召开股东会会议，直接做出决定，并由全体股东在决定文件上签名、盖章。"新增加了董事会的相关内容，其中第47条规定："公司设董事会，董事会为公司最高权力机构……"新增董事会议事规则，新增了第53条："董事会会议由董事代股东行使表决权，董事会会议对所议事项作出决议，决议应由代表五分之三以上（含本数）表决权的董事表决通过。董事会对作出修改公司章程、增加或减少注册资本的决议以及公司合并、分立、解散或变更注公司形式的决议，必须经代表五分之三以上（含本数）表决权的董事通过……"增加了董事及经理的相关内容（第55~56条）、监事的相关内容（第61~67条）、公司合并、分立和减资的相关内容（第79~82条）等。股东董某某和荟冠集团在公司章程的最后一页签字盖章。(3) 2008年9月2日，股东会作出决议，变更公司经营范围为场地租赁、仓储服务、经销粮食、农副产品。同意变更公司董事。同意变更公司监事。2006年9月25日修改的公司章程除按照股东会决议加以变更外，将原公司章程第30条规定的"股东之间可以相互自由转让其全部或部分股权。其他股东对此提出异议的，应平等协商。协商不成，提交股东会，以股东会过半数通过的决议为准"修改为股东之间可以相互自由转让其全部或部分股权；增加第36条第10项至第14项内容；删除了原公司章程第49条中的第11项内容；将原公司章程中的第51条公司董事会议事规则及相关内容进行了修改；调整公司营业期限；修改了第95条董事会的相关事项。股东董某某和荟冠集团以及东北亚公司在该章程的最后一页签字、盖章。

东北亚公司董事及董事会、股东及股东会、监事及监事会的组成及其运行情况：

1. 关于公司董事及董事会。2004 年 8 月 17 日长粮集团与董某某签订的《合作合同书》中明确约定公司董事会成员为 5 人，荟冠公司方占 2 席、董某某方占 3 席。公司董事会会议由 2 名至 4 名董事参加，其中除 2006 年 5 月 10 日的董事会会议纪要有董事长董某某的签字外，其他历次董事会会议纪要均无董事长董某某的签字。公司的董事会共有五人，分别为董事长董某某、副董事长张某某、董事王某乙、董事郎某某、董事王某某。

自公司成立至 2007 年 8 月，公司总经理一直由荟冠公司委派人员担任。2007 年 8 月 29 日，荟冠公司向东北亚公司推荐常某某出任总经理。2007 年 9 月 26 日东北亚公司董事会决议通过聘任王某某为总经理。此后，公司董事会由东北亚公司总经理王某某根据需要随时召集董事召开。

庭审过程中荟冠公司及董某某均认可 2013 年 8 月 6 日的董事会决议为双方召开的最后一次董事会。荟冠公司选派的董事张某某明确表示其仅参加过 2013 年 8 月 6 日的股东会扩大会议，并未参加过当天召开的董事会。

2015 年 3 月 11 日，荟冠公司向东北亚公司发出委派书，委派宋某某、徐某某担任公司副董事长和副总经理并出任公司董事，东北亚公司及董某某以更换董事需要召开董事会并达到 3/5 董事通过方可变更，由于经董事会研究，该事项未能达到该比例，因此未予变更。

2. 关于公司股东及股东会。荟冠公司在提起本案诉讼时，工商登记显示公司股东为荟冠公司持股 49%，董某某持股 51%。2015 年 12 月，公司股东变更为荟冠公司持股 44%，董某某持股 51%，东证公司持股 5%。公司章程第 40 条规定，股东会分为定期会议和临时会议。定期会议必须每半年召开一次，具体时间由董事会决定，但上半年的会议不能超过当年 7 月，下半年会议不能超过第二年 2 月。第 41 条规定，召开股东定期会议，应当于会议召开 15 日前通知全体股东。第 45 条规定，股东会所议事项的决定，应有会议记录，出席会议的股东必须在会议记录上签名。

东北亚公司于 2014 年 4 月 16 日及之前召开的股东会决议上，大多同时加盖荟冠公司的印章及该公司法定代表人岳某某的私章及岳某某的亲笔签名。对于 2014 年 4 月 16 日召开的股东会，上面除加盖荟冠公司印章外，还有荟冠公司法定代表人岳某某的亲笔签名，荟冠公司、东北亚公司以及董某某对上述股东会均予以认可。

对于公司于2013年8月6日召开的股东会扩大会议，荟冠公司授权邱某某参加、董某某授权王某某、王某乙参加；对于召开于2013年9月25日的股东会扩大会议，荟冠集团授权张某某参加、董某某授权王某某、王某乙参加。双方对该两次股东会的真实性亦予以认可。

对于2014年10月3日、8日，2015年1月8日、20日的5份股东会决议，除2014年10月8日的股东会决议上加盖荟冠公司的印章及岳某某的个人名章外，其他4份均只加盖荟冠公司印章。对于该5次股东会决议，荟冠公司均不予认可，认为该5次股东会并没有实际召开。董某某的委托代理人王某某陈述称，该5次股东会系双方电话或见面或采取其他方式商量，同意以后签字盖章。上述5次股东会没有记载作为东北亚公司的股东荟冠公司、董某某授权他人参加会议的相关授权文件。

庭审过程中，荟冠公司对东北亚公司及董某某提交的5份股东会决议（分别为2014年10月8日、3日，2015年1月8日、20日）上加盖的荟冠公司公章持有异议，并申请对该公章的真伪以及公章与打印的股东会决议内容形成的先后顺序进行司法鉴定；东北亚公司称其将该5份股东会决议的唯一原件留存于工行铁道北支行贷款档案中，一审法院组织双方当事人前往工行铁道北支行调取股东会决议原件。对于2014年10月3日的股东会决议，东北亚公司提供的复印件有2份（见其证据第3册第497页、第500页），均载明系为向中国工商银行长春铁道北支行申请贷款以宽城区东八条2号的房地产进行抵押而作出。其中一份表明申请12个月5000万元流动资金贷款，该份股东会决议原件经本院从中国工商银行长春铁道北支行调取而来；对于表明为申请30个月3500万元固定资产支持融资贷款的股东会决议，一审法院向中国工商银行长春铁道北支行调取时，该行未提供落款为2014年10月3日的股东会决议原件，而是提供了落款日期为2015年2月3日的股东会决议原件，该份原件与东北亚公司提交的复印件（见其证据第三册500页）相比较显示，除去落款日期不一致外，其他内容一致。在东北亚公司的答辩状中明确认可其召开的最后一次股东会系2015年1月20日。

经委托司法鉴定科学技术研究所司法鉴定中心进行司法鉴定，司鉴中心〔2016〕技鉴字第682号鉴定意见书结论为：股东会决议上加盖的荟冠公司公章均真实，对文印有交叉的股东会决议文件的鉴定意见为先打印之后加盖公章。

庭审质证过程中，荟冠公司发现一审法院调取的5份股东会决议中的一份（落款日期为2015年2月3日）与东北亚公司提交的股东会决议复印件（落款日期为2014年10月3日，该份决议未调取到原件）内容一致，但落款日期不同。对同一次银行贷款形成了3次股东会决议（落款时间分别为：2014年10月3日，2015年1月20日、2月3日）东北亚公司及董某某对此的解释为，2014年办理贷款事宜形成了2014年的股东会决议，2015年工行铁道北支行再次要求提交股东会决议，因此对同一笔贷款向银行提交了2份股东会决议。

作为公司的大股东及董事长，无证据显示董某某曾召集、主持过东北亚公司的股东会。

3. 关于监事及监事会。荟冠公司、东北亚公司及董某某在庭审过程中均未提交有关召开监事会及监事行使职权的文书及材料。

东北亚公司治理结构：

人事管理。公司董事长为董某某，总经理为王某某，东北亚公司的粮油市场的负责人为王某丙。其中，董某某与王某某为夫妻关系，王某丙为董某某与王某某之子，另有王某乙为王某某之兄，其也参与被告东北亚公司三大市场的经营管理，对东北亚公司日常经营管理起到重要作用。人事任免均有股东签字盖章的任命书。

公司财务及其他重大事项管理：2010年之前，荟冠公司或其关联公司与东北亚公司之间的借贷，以及董某某关联公司与东北亚公司之间的全部借款，各笔均有相对应的股东会或者董事会决议。但2004年11月4日至2011年3月31日东北亚公司借给董某某95万及董某某借给东北亚公司7222万元，对于该等借款没有与之对应的股东会或董事会决议。

2015年4月2日由中兴财光华会计师事务所（特殊普通合伙）吉林分所作出的中兴财光华吉审字（2015）第01071号审计报告显示，截至2014年12月31日，东北亚公司对吉林百利生物科技有限公司应收款余额为78,349,232.41元，对王某乙应收款余额为16,845,979.80元，对王某某应收款余额为2,591,870.00元，对荟冠集团股份有限公司应收款余额为25,273,035.91元。

2014年10月，东北亚公司向中国工商银行股份有限公司长春铁道北支行申请两笔贷款，其中3500万元用于偿还东北亚公司此前的贷款。编号为2014（铁北）字0086号《流动资金借款合同》显示5000万元借款用途为购买高含量月见草精油，东北亚公司并未按要求向一审法院提交该笔贷款的具体用途及使用情况，也未提交按照贷款用途购买月见草精油的相关证据材料，荃冠公司称对于该笔贷款的用途并不知晓，均为事后得知。

2015年度，粮油市场经“改扩建”后，增加了蔬菜市场，可容纳400个业户，荃冠公司及其委派的公司董事称并未具体参与该项改扩建工程的设计和实施。

东北亚公司提交2012年度至2014年度的审计报告显示，该公司2012年度营业收入78,405,463.08元，净利润19,174,993.32元；2013年度营业收入90,032,289.65元，净利润27,083,617.58元；2014年度营业收入97,993,630.33元，净利润33,650,033.09元。该公司未对股东分红。

2016年6月16日，就东北亚公司解散问题，一审法院组织本案各方当事人进行调解，在此之前荃冠公司、东北亚公司均向一审法院提交了书面和解方案，但鉴于双方的和解差异较大，最终并未达成和解。2016年8月24日，一审法院组织荃冠公司、东北亚公司及董某某进行第三次庭审的过程中，再次组织调解，荃冠公司及董某某均表示同意调解，但始终未能向提交有效的调解方案。

另鉴于董某某系东北亚公司的大股东及法定代表人，在其委托的代理人均系诉讼代理的情况下，一审法院于第二次开庭时要求其本人在第三次开庭时到庭。但在一审法院第三次开庭时，其提交吉林大学中日联谊医院门诊诊断书及情况说明各一份。表示其身体不好，一直以来患有严重的高血压，需要注意休息，控制情绪并经常去医院复诊，其身体无法保证参加庭审，并委托了解事情经过的其丈夫王某某出庭陈述事实，董某某对其丈夫王某某的授权为诉讼代理。

东北亚公司董事会除2005年5月9日、2006年5月10日、2012年4月11日的会议纪要有董事长董某某的签字外，其他历次董事会会议纪要均无董事长董某某的签字。董某某及东北亚公司主张董某某委托王某某召集、主持东北亚公司股东会。关于荃冠公司及董某某均认可的2013年8月6日召开的最后一次董事会，董事会决议上有郎某某及张某某的签字。荃冠公司认可郎某某参加了该次董事会。

2011 年 7 月 18 日，东北亚公司亦对章程进行了修改，变更公司董事。东北亚公司、董某某及荟冠公司认可对东北亚公司章程经过行政机关登记的 13 次变更。

一审法院向银行调取的股东会决议中，文件载明时间最晚一份体现为 2015 年 2 月 3 日。

关于编号为 2014（铁北）字 0086 号《流动资金借款合同》显示 5000 万元借款用途为购买高含量月见草精油的借款用途及使用情况，东北亚公司一审出具情况说明，称该款用于公司日常经营，此贷款东北亚公司已于 2015 年 10 月 23 日全部还清。在二审中东北亚公司及董某某主张该笔款借给了董某某的关联公司吉林百利生物科技有限公司。

针对东北亚公司未对公司股东分红的原因，东北亚公司主张因公司有贷款未偿还完毕，基于与银行的相关约定，公司不能进行分红。

判决结果

一审判决：解散东北亚公司。

二审判决：驳回上诉，维持原判。

再审裁定：驳回董某某、东北亚公司的再审申请。

各方观点

东北亚公司观点：

1. 法院认定东北亚公司陷入僵局状态错误。

（1）东北亚公司最后一次股东会召开于 2015 年 2 月 3 日至今未超过 2 年，东北亚公司经营治理等事项均经全体股东协商一致并作出有效股东会决议，股东会能够有效行使股东会职权，能够有效决定公司的经营，不存在股东会机制失灵及可能导致公司解散的情形。

（2）董事会为权力机关系股东会授权的结果，公司经营管理均有董事会决议，无董事冲突长期无法解决问题，无经营管理机制失灵问题。公司章程的修订和变更均有股东会决议，且每次股东会决议包括公司章程的修改均有荟冠公司签字盖章。荟冠公司无证据推翻东北亚公司提供的股东会决议。东北亚公司提交的2005年5月9日以及2012年4月11日的董事会决议中均有董某某签字，即使没有董某某签字，但历次董事会均有董某某授权。

（3）东北亚公司经营管理正常，公司章程的修改以及最后的完成是所有股东授权同意的，其后按照公司章程召开多次董事会会议并无不妥。荟冠公司在庭审中明确表示参加过2013年8月6日董事会，而一审判决却否认该事实。东北亚公司股东会和董事会合规召开并行之有效，未出现僵局状态。荟冠公司有权提出完善公司治理结构以及修改公司章程的提议，但荟冠公司并没有证据表明其行使该项权利，法院将此作为公司僵局无法解决的原因错误。

（4）东北亚公司在工程建设方面、三大市场柜台出租方面决策均经董事会全体董事签字确认；董事、监事、高管人员的变动系全部经过董事会决议；无法分红问题已经得到各股东确认；财务管理专门制定了《请借款管理制度》《费用报销管理制度》并照此执行，综上所述，法院没有证据却认定公司重大经营决策已被董某某丈夫王某某操控。

2. 法院认定公司继续存续会使股东权益受到重大损失，公司僵局无法通过其他途径解决错误。

法院将从未分红作为东北亚公司存续使股东利益遭受损失的认定错误。法院认定关联方借款导致公司资金被非正常占用，严重影响公司现金流，致使公司被迫签订不能分红的借款合同以缓解资金压力，属于事实认定错误。荟冠公司在庭审中明确承认未分红原因这一事实，若荟冠公司认为2012年之前的股东分红权受到侵犯，则在2012年可以选择司法救济或者选择股东退出机制，而不是在2016年申请公司解散。荟冠公司声称东北亚公司修改公司章程违法，亦可根据《公司法》第22条的规定向法院申请撤销章程，而非解散公司。因此，公司僵局无法通过其他途径解决的事实认定也是错误的。

3. 2015年及2016年，东北亚公司多次通知荟冠公司召开董事会和股东会，但荟冠公司为刻意营造公司解散的情形而拒绝参加，法院应依法分清是非和相关过错方，驳回其解散公司的主张。

4. 东北亚公司不符合公司法定解散构成要件。荟冠公司要求解散公司的理由是基于公司决策参与权和利润分配请求权而提出，对此，其可依《公司法》通过诉讼主张权利，在其没有行使任何权利的情况下，径行诉求解散公司不符合法律规定。法院仅根据股东会情况判决解散公司，判决事实没有证据证明，没有考虑与公司有关的其他主体的合法权益，也没有涉及公司职工安置、政府税收等各方面利益。

荟冠公司观点：

1. 东北亚公司经营管理出现严重困难依据充分，事实清晰。

（1）股东会机制失灵。东北亚公司从未召开定期股东会，临时股东会内容基本与公司经营管理无关，股东会流于形式，虽然荟冠公司在部分临时股东会决议上签字，但该决议对应的临时股东会并未真实召开，荟冠公司并非真正参与公司经营管理。东北亚公司自认最后一次股东会时间为2015年1月20日，上诉却称是2015年2月3日，东北亚公司对离庭审不久的股东会参会人员及具体情况无法说清。东北亚公司股东会在董某某一方把控，运行随意混乱，虽存在形式决议，但实质已完全失灵。（2）董事冲突无法调和。东北亚公司章程等于董事会表决机制架空荟冠公司，荟冠公司无法对东北亚公司管理和决策形成实质影响。董某某作为董事长长期缺位，从未履行职责。因股东矛盾升级，荟冠公司派驻的董事长期处于留守状态，最近3年从未参加董事会，甚至被拒绝了解股东会、董事会内容。（3）董某某方全面控制公司人事任免、日常经营管理，荟冠公司被全面排挤。东北亚公司已成为董某某方家族式管理团队，董某某方长期把持公司重大经营项目。（4）东北亚公司重大事项由董某某方把控，脱离股东会，更无须股东会决议，荟冠公司不能通过股东会参与公司经营管理。公司章程修改绝大多数未通过股东会，即使部分修改经股东会决议通过，但修改内容及范围超出决议通过的内容，存在“篡改”。

2. 公司继续存续会使股东权益受到重大损失证据充分。东北亚公司具备分红条件，在董某某方控制下却不分。董某某方对东北亚公司的实际控制导致荟冠公司股东权益无法保障，投资目的落空。董某某关联方未经股东会决议私自从东北亚公司巨额借款，导致公司巨额资金被非法长期占有，在董某某方长期实际控制下，荟冠公司权益长期受到侵害，损失不可避免。

3. 公司僵局无法通过其他途径解决。荟冠公司自2009年不断寻求内部及外部途径解决公司僵局，建议修改公司章程、调整公司治理结构等，在长达7年多时间里，股东间始终未能达成一致意见，荟冠公司的合理意见被董某某方数次无理拒绝。自2012年起双方有经数十轮股权转让、减资等方式的谈判与磋商，甚至在诉讼中经法院多次调解，均无结果。

4. 公司僵局中的经营管理严重困难不是资金缺乏、亏损严重等经营性困难，而应理解为管理方面的严重内部障碍，主要是股东会机制失灵，无法就公司经营管理进行决策。公司是否盈利并非判断公司经营管理发生严重困难的必要条件。

5. 东北亚公司关于荟冠公司应寻求其他救济而不应解散公司的理由不能成立。有限责任公司除资合性特征外，人合性更为重要。东北亚公司僵局历时已久，长达数年。董某某方控制公司，完全排挤荟冠公司的经营管理权和决策权，严重损害荟冠公司合法权益，导致荟冠公司投资目的无法实现。股东双方丧失信任基础，陷入僵局，符合司法解散的条件。公司决策参与权及利润分配请求权的争议只是公司僵局的表现形式，此类诉讼不能实质上解除公司僵局，只能加剧股东分歧与冲突。

6. 荟冠公司未恶意制造东北亚公司两年未召开股东会、制造公司解散条件。两年未召开股东会并非公司解散唯一条件，东北亚公司存在《公司法解释二》第1款规定的其他情形，股东矛盾冲突无法调和。公司能否解散取决于公司是否符合法定僵局情形，并不取决于僵局产生的原因和责任归属。

7. 东北亚公司解散不会带来不良示范效应，解散公司是破解僵局唯一途径。

法院观点

一审法院观点：关于应否依法判令解散东北亚公司的问题。公司主体维持原则是《公司法》的基本原则。应否解散公司不仅关涉公司股东的权益，还关系与公司有关的其他民商事主体的合法权益，更涉及公司职工安置、政府税收等各方面利益。对于公司司法解散，法院必须审慎对待。只有在符合公司法及司法解释规定的要件时，才能依法判令解散公司。《公司法》第182条规定："公司经营管理发生严重困难，继续存续会使股东利益受到重大损失，通过其他途径不能解决的，持有公司全部股东表决权百分之十以上的股东，可以请求人民法院解散公司。"公司解散必须符合法定的构成要件：(1) 公司经营管理发生严重困难；(2) 公司继续存续会使股东利益受到重大损失；(3) 不能通过其他途径解决。

第一，关于荟冠公司是否具备提起解散公司诉讼的主体资格问题。《公司法》第182条规定持有公司全部股东表决权10%以上的股东具有提起解散公司诉讼的主体资格。本案中，荟冠公司持有东北亚公司44%的股权，其单独股东表决权已经超过了全部股东表决权的10%。因此，符合法律规定的提起公司解散之诉持股比例的要求，是适格的原告。

第二，关于东北亚公司经营管理是否确已出现严重困难的问题。判断一家公司经营管理是否出现严重困难，应当结合公司的股东会、董事会及监事会或监事等公司组织机构的运行状态进行综合分析，公司是否处于盈利状态并非判断公司经营管理是否发生严重困难的必要条件。公司经营管理发生严重困难的侧重点在于公司治理结构方面存在严重内部障碍，如股东会机制失灵，董事会陷入权利对峙而无法就公司的经营管理作出有效决策等。常表现为公司内部治理过程中，因股东间或管理人员之间的利益冲突和矛盾，使公司管理和决策机制陷入瘫痪，股东会或董事会因对方的拒绝参加而无法召集、召开，任何一方的提议都不被其他方接受或认可，无法形成或通过任何有效决议的状态，而不应简单地理解为公司资金缺乏、亏损严重等经营性困难。本案中，东北亚公司虽处于连年的盈利状态，但其股东会机制长期失灵，董事冲突长期无法解决，内部管理发生严重障碍，已陷入僵局状态。

具体理由如下：

1. 东北亚公司的最高权力机构的股东会机制已经失灵。其一，东北亚公司各时期章程均规定，公司定期股东会必须每半年召开一次，但公司自成立以来，从未依照《公司法》和公司章程的规定召开定期股东会。虽然自2006年9月29日之后各期章程均规定“对第三十六条所列事项，股东以书面形式一致表示同意的，可不召开股东会会议，直接作出决定，并由全体股东在决定文件上签名、盖章”，但该规定并不能排除公司应每年定期召开2次定期股东会会议的章程规定。其二，2014年10月至2015年2月3日，关于东北亚公司股东会是否召开的问题。根据荟冠公司、东北亚公司提交的证据复印件显示，2014年年度共计形成了4次股东会决议，分别为2014年4月16日决议荟冠公司变更公司名称；2014年10月3日、8日决议东北亚公司向工商银行铁道北支行申请贷款5000万元事宜；2014年10月3日以抵押方式提供担保，向中国工商银行长春铁道北支行申请30个月3500万元固定资产支持融资贷款决议。2015年度共形成了3次股东会决议，分别为2015年1月8日决议东北亚公司粮食市场分公司经营期限变更；2015年1月20日决议东北亚公司向工商银行铁道北支行申请贷款3500万元；2015年2月3日决议以抵押方式提供担保向工商银行铁道北支行申请贷款3500万元。上述股东会决议中2014年10月3日（借款5000万元）、2014年10月8日、2015年1月20日股东会决议文件原件由一审法院自工行铁道北支行调取。在调取过程中，一审法院另调取一份2015年2月3日形成的股东会决议，该份股东会决议内容也为3500万元贷款事宜；另外就东北亚公司提交的2014年10月3日股东会决议复印件对应的原件，一审法院并未在工商银行铁道北支行调取到，东北亚公司也未能提供该份决议的原件。综上所述，对于东北亚公司向一审法院出示的2014年10月至2015年2月3日的6次股东会决议，由于荟冠公司主张上述期间因股东双方矛盾激化，已关闭了全部有效的沟通渠道，虽然不能对公章如何加盖作出合理解释，但仍然否认上述股东会的实际召开。且部分股东会决议内容中显示的会议召开地点、出席人员与董某某代理人表述并不一致，也与董某某丈夫王某某表述的电话沟通、吃饭等形式不相一致，且王某某并不能准确回忆上述股东会的召开方式、参与人员以及时间、地点。东北亚公司与董某某均未能就一审法院所调取的2015年2月3日的股东会决议与其提交的2014年10月3日股东会决议（并无对应的原件）差异以及原因作出合理解释。在一审法院庭审中，东北亚公司亦多次陈述称2015年1月20日的股东会决议为最后一次股东会决议。另外，东北亚公司及董某某在庭审过程中多次表示荟冠公司为了制造诉讼条件，拒绝接听东北亚公司的电话，拒收邮件，关闭沟通渠道。综合考虑上述股东会决议系在股东矛盾爆发后所形成，且决议事项均属公司经营的重大事项，同时距离时间较近。因此，参与该些次会议的人员对参会人员、形式、地点等与召集召开的具体情形相关事项不能准确说出，明显有违常理。另外，《公司法》第40条规定："有限责任公司设立董事会的，股东会会议由董事会召集，董事长主持；董事长不能履行职务或者不履行职务的，由副董事长主持；副董事长不能履行职务或者不履行职务的，由半数以上董事共同推举一名董事主持。有限责任公司不设董事会的，股东会会议由执行董事召集和主持。董事会或者执行董事不能履行或者不履行召集股东会会议职责的，由监事会或者不设监事会的公司的监事召集和主持；监事会或者监事不召集和主持的，代表十分之一以上表决权的股东可以自行召集和主持。"本案中，已经有荟冠公司加盖公章及董某某签字的2014年10月3日至2015年2月3日间的6份股东会决议，但由于东北亚公司并未提供上述股东会召集召开的相关证据、且就召集人王某某的身份看，虽然其系董某某的丈夫、东北亚公司的总经理、董事，但由于其本身并非东北亚公司股东，其在未提供董某某或副董事长张某某关于上述股东会召集授权的情况下，无权代表董某某或张某某召集召开作为公司最高权力机构的股东会。故一审法院认为上述股东会实质上并未实际召开。其三，自 2012 年起，荟冠公司及董某某即在公司治理结构中董事会人员安排、公司章程修改问题、公司重大经营决策以及股东利益冲突等方面发生了实质分歧，股东之间逐渐丧失了信任和合作的基础。尤其是在双方协商转让股权无果后，荟冠公司将股权直接转让给东证公司，在荟冠公司已经通知了董某某的丈夫王某某关于股权转让事项及优先权行使等问题的情况下，由董某某任法定代表人的东北亚公司仍拒绝协助办理股权登记变更手续，致使荟冠公司被迫通过诉讼的途径才最终解决股权登记变更的问题。由此亦可以看出股东双方之间的矛盾已经到了无法调和的境地。股东矛盾激化后直至本案庭审结束时，股东会不能正常召集、召开的状态已经持续将近两年，无法就东北亚公司章程第 36 条的规定公司经营方针和投资计划、董事会报告的审议批准、公司年度财务预算方案、决算方案的审议批准以及公司章程的修改、对外投资、融资、发行债券等公司经营管理重大事项通过股东会进行表决，东北亚公司权利决策机制已然失灵。

2. 公司董事冲突长期无法解决。在未经荟冠公司及董某某组成的股东会决议认可的情况下，东北亚公司违法修改公司章程致使荟冠公司与董某某之间不断矛盾加深。特别是在荟冠公司推选的总经理的意见未被采纳，董某某的丈夫王某某当选为公司总经理之后，董事之间的矛盾分歧更加严重。2012 年 4 月至 7 月股东双方通过往来信函进行沟通，显见股东及董事之间的冲突已经根深蒂固难以调和。后经荟冠公司多次要求依法修改公司章程未果，董事矛盾始终存在，且无法化解，双方就公司经营管理的分歧无法达成一致。

东北亚公司于 2013 年 8 月 6 日召开最后一次董事会会议后，董事会在长达 3 年时间内未能履行公司章程规定的职能。另外，公司董事长董某某自公司成立至今，长期缺位，未履行公司章程规定的职责，董事长一职形同虚设。且就未经股东会决议通过而被非法修改后的公司章程来看，公司董事会决议经由 3/5（含本数）以上的董事通过即为有效。在东北亚公司董事会中，董某某及其丈夫王某某、王某某的哥哥王某乙系多数方，任何由董某某或其丈夫作为总经理的王某某提议均能依被其操控的董事会通过，公司董事会也已名存实亡。

3. 东北亚公司成立至今，公司监事（监事会）从未依照公司章程的规定定期召开监事会议，公司监事（监事会）从未依法履行监事职责，发挥监督作用。

4. 荟冠公司参与公司经营管理的权限已成为空设，公司重大经营管理权限已被董某某的丈夫总经理王某某全面“掌控”。具体体现在：公司三大市场的经营管理权以及人事任免等权利被董某某把控，董某某儿子王某丙任粮油市场经理。特别是2015年3月，荟冠公司作为东北亚的股东，提议向东北亚公司选派新的董事，然东北亚公司以董事会不予通过为由拒绝更换，导致荟冠公司参与公司经营、管理的权限以及董事选派的权限不能实现。

第三，关于公司继续存续是否会使公司股东权益受到重大损失的问题。一方面从东北亚公司的经营状况来看，虽然公司一直处于盈利状态，在具备分红条件的情况下，却从未进行股东分红。虽然股东之间曾达成决议，股东可以随时从公司借款，但在未经股东会决议同意的情况下，董某某的关联方王某某、王某乙等从公司大额借款。截至2014年12月31日，董某某的关联方吉林百利生物科技有限公司欠款余额为78,349,232.41元，王某乙欠款余额为16,845,979.80，王某某应欠款款余额为2,591,870.00元。关联方借款导致整个公司的资金被非正常占用，严重影响了公司的现金流。致使公司被迫向银行签订不能分红的借款合同以缓解资金压力。另一方面从东北亚公司的管理来看，现代公司治理结构及机制未能发挥有效作用，股东矛盾爆发后，股东的冲突始终不能得到解决，东北亚公司一直处于董某某及其家族的实际控制下，作为公司的持股比例较大的股东荟冠公司却游离于公司之外，不能基于其投资享有适当的公司经营决策、管理和监督的股东权利，其股东权益受到重大损失。荟冠公司投资东北亚公司的目的无法实现。

第四，公司僵局无法通过其他途径解决。东北亚公司股东间发生冲突后，双方股东均通过多种途径力图化解纠纷，但均未能成功。一方面，股东双方自行进行沟通协调，在长达7年多的时间里，进行了数次往来函件的沟通，并召开董事会、股东会等，但始终未能对修改公司章程、调整公司治理结构等分歧事项达成一致。另外，双方自2012年起十数轮股权转让、减资等方式的磋商、谈判，均因价格、付款方式等原因而未能实现。另一方面，诉讼开始之后，在一审法院的组织下，多次进行了调解，股东各方对对方提出的调解方案均不予认可，未能达成意见一致的调解协议。

综上所述，由于东北亚公司的股东之间矛盾重重，已经丧失了作为有限责任公司存续之根基的人合性，公司经营管理发生严重困难，公司亦已经沦落为控股股东压迫欺凌非控股股东的工具，该种状态之持续会使荟冠公司以及东证公司投资公司的目的不能实现，股东利益受到重大损失。在双方之间的矛盾不能通过其他途径予以解决的情况下，荟冠公司提出解散东北亚公司的请求符合法律规定，依法应予以准许。

二审法院观点：公司系具有自主决策和行动能力的组织体，虽然公司会基于内部成员间的对抗导致机制失灵、无法运转、公司决策和管理陷入无法自行解决矛盾的困境从而陷入僵局，但基于公司永久存续性的特征，国家公权力对于股东请求解散公司的主张必须持谨慎态度。当冲突各方股东不能通过协商达成谅解，任何一方都不愿或无法退出公司时，强制解散公司就成为不得已解决公司僵局的最后措施。依照《公司法》第182条的相关规定，只有在公司经营管理发生严重困难，继续存续会使股东利益受到重大损失，通过其他途径不能解决的，符合条件的相关股东才有权请求人民法院解散公司。人民法院也只有在被诉公司完全符合前述规定的要件时，方可判令公司强制解散。《公司法解释二》第1条第1款规定的人民法院受理解散公司诉讼案件形式要件及判决是否解散公司实体审查标准的4种情形包括：（1）公司持续两年以上无法召开股东会或者股东大会，公司经营管理发生严重困难；（2）股东表决时无法达到法定或者公司章程规定的比例，持续两年以上不能做出有效的股东会或者股东大会决议，公司经营管理发生严重困难的；（3）公司董事长期冲突，且无法通过股东会或者股东大会解决，公司经营管理发生严重困难的；（4）经营管理发生其他严重困难的，公司继续存续会使股东利益受到重大损失的情形。在本案中，荟冠公司明确表示其主张解散东北亚公司的法律依据是《公司法解释二》第1条第1款第3项、第4项所规定的情形。

1. 东北亚公司经营管理已发生严重困难

判断公司的经营管理是否出现严重困难，应当从公司的股东会、董事会或监事会及监事的运行现状进行综合分析，体现在公司管理方面即表现为存有严重内部障碍。从东北亚公司经营管理的客观现状看，该公司股东荟冠公司与董某某之间已经发生了不可调和的矛盾，双方的合作已经失去了彼此的信任，东北亚公司作为有限责任公司已经失去了人合性基础，经营管理发生严重困难，公司已经陷入僵局状态。

从东北亚公司现有章程来看，东北亚公司董事会成员5人，董某某方占3席，荟冠公司占2席。依据东北亚公司的现有章程，公司决策机制为董事会会议由董事代表股东行使表决权，董事会会议必须有3/5以上（含本数）董事出席即有效，董事会会议对所议事项作出决议，决议由代表3/5以上（含本数）表决权的董事表决通过。荟冠公司三次向董某某致函要求修改公司章程中关于股东会决议事项通过比例、修改董事会人数等内容，均遭到董某某的拒绝，从而使荟冠公司无法通过公司事项决策参与经营管理。东北亚公司在公司经营管理决策方面，股东之间已发生严重冲突，且荟冠公司与董某某无法通过修改公司章程解决双方的矛盾。

从东北亚公司董事会召开情况看，荟冠公司及董某某均认可2013年8月6日董事会决议系双方召开的最后一次董事会，东北亚公司虽主张2014年9月17日形成的有王某某、郎某某、马某签字的《关于2014～2015年农贸水产市场标的物价格的请示》也应认定为公司正常行使相应表决机制的具有董事会决议性质的文件，但从该文件形式和内容看，王某某、郎某某及马某分别以总经理、副总经理及财务经理身份签字，系公司日常经营性的请示、批示文件，并不能作为董事会所形成的决议予以认定，故东北亚公司关于2013年8月6日董事会决议不是最后一次召开的董事会的上诉主张，本院不予支持。

作为东北亚公司的大股东兼董事长，董某某仅在3次董事会决议中签字，长期不参加董事会且未履行法律及公司章程规定的董事长职责，东北亚公司及董某某虽主张董某某授权他人主持和参加董事会，但这仍证明其事实上并未亲自履行公司董事特别是董事长一职的职责。

东北亚公司股东矛盾冲突逐步加深以来，自2013年8月6日以后再未召开董事会，荟冠公司与董某某双方委派的董事已长期发生冲突，无法形成有效决议，至今未能解决董事间的冲突矛盾。董事会无法履行法律及公司章程规定的职能。荟冠公司向东北亚公司重新委派人员出任董事并担任职务的请求被东北亚公司以未达到董事会决策比例为由拒绝，亦证明荟冠公司无法正常行使股东权利、通过委派董事加入董事会参与东北亚公司的经营管理，东北亚公司董事会被董某某方所左右，已失去其正常的职能作用。

由于东北亚公司董事之间的长期冲突系股东之间矛盾冲突的具体表现，荟冠公司与董某某双方股东之间的矛盾为董事长期冲突的根本原因，股东双方无法通过股东会决议对董事的长期冲突加以解决。东北亚公司的对外经营管理未受影响，系因东北亚公司经营决策由股东董某某一方所控制，并非基于实施了合法有效的股东会及董事会的决策，其是在违反《公司法》相关规定及东北亚公司章程约定的情况下，在侵害其他股东合法权益的前提下的运营模式，这并非一家有限责任公司健康的公司治理结构下的经营管理状态，故该种情形可以认定东北亚公司董事之间长期冲突。

从股东会召开情况看，东北亚公司虽主张公司自成立以来，公司对外借款、经营范围变更、董事及监事变更、决定公司经营方针、增资等均经全体股东协商一致并作出有效股东会决议，但自记载时间为 2015 年 2 月 3 日的股东会决议这一时间点以后，东北亚公司至 2017 年再未召开股东会或形成股东会决议。荟冠公司主张因与董某某的矛盾冲突，断绝了与对方的沟通渠道，无论是定期股东会还是临时股东会，东北亚公司股东会已不能正常召集、召开的状态至 2017 年达 2 年之久，股东会和董事会都因股东一方拒绝参加而无法召集、召开。作为东北亚公司权力机构的股东会决策机制已经失灵，无法履行相应职责，无法形成有效决议，更无法解决董事长期冲突的问题，东北亚公司内部经营管理已经发生严重困难。故东北亚公司关于东北亚公司内部经营管理正常，管理未发生严重障碍，不存在股东会机制失灵，并非出现公司僵局的上诉主张，本院不予支持。

东北亚公司虽主张其积极纳税，企业持续盈利，但如前所述，判断公司的经营管理是否出现严重困难，应当从公司的股东会、董事会等运行现状进行综合分析。体现在公司管理方面则表现为是否存有严重内部障碍，公司盈利与否并非公司是否形成僵局、应否强制解散的前提条件，故东北亚公司以公司持续盈利、积极纳税主张其并未陷入僵局，本院不予支持。

东北亚公司虽主张荟冠刻意造成公司僵局，并未积极行使作为股东所享有的提议修改公司章程等权利，但结合本案事实，荟冠公司 3 次向董某某发函要求修改公司章程均被拒绝。同时，东北亚公司主张荟冠公司为营造公司解散情形而拒绝参加股东会和董事会，这在客观上证明双方股东合作互信的基础丧失。而且，现有法律并未规定公司是否陷入僵局、应否解散须以股东不具有过错及主观故意为判断标准和前提条件。故东北亚公司以荟冠公司存在故意及过错，故不应判令解散公司的上诉理由，本院不予支持。

2. 东北亚公司继续存续会使荟冠公司利益受到重大损害

公司股东依法享有资产收益权、参与重大决策和选择管理者等权利。荟冠公司作为东北亚公司的股东，其股东权长期处于无法正常行使的状态，其投资东北亚公司的目的无法实现，东北亚公司继续存续会使荟冠公司利益受到重大损失。

东北亚公司目前注册资本9000万元，荟冠公司作为持有东北亚公司44%股权的第二大股东，无法参与公司决策及经营管理，其投资东北亚公司的期待利益难以实现，股东矛盾冲突已无法调和，必然损害荟冠公司的股东参与公司决策权。

在公司经营管理方面，东北亚公司董事会中，董某某、董某某丈夫王某某、王某某之兄王某乙均为董事，该三人作为股东董某某一方委派的董事，依据东北亚公司章程，足以决定任何公司决策而不受荟冠公司委派董事的影响，客观上实际控制了东北亚公司，而董某某主张其长期委托其丈夫也即东北亚公司总经理王某某参加董事会，故案外人王某某能够实际控制公司。荟冠公司重新委派董事被东北亚公司以董事会不予通过为由拒绝，致使荟冠公司无法行使参与重大决策及选择管理者的权利，荟冠公司投资东北亚公司的目的无法实现。

3. 东北亚公司发生经营管理重大困难通过其他途径不能解决，应予解散

在东北亚公司股东发生矛盾冲突后，荟冠公司试图通过修改公司章程改变公司决策机制解决双方纠纷，或以向董某某转让股权等退出公司的方式解决公司僵局状态，但均未能成功。即使荟冠公司向东证公司转让股权也由于荟冠公司与董某某双方的沟通不畅历经诉讼程序方能实现。公司僵局无法通过其他途径解决。同时，一审法院及本院基于慎用司法手段强制解散公司的目的，均尽力组织各方当事人进行调解。在二审调解过程中，荟冠公司、东证公司主张对东北亚公司进行资产价格评估，确定股权价格后，由董某某收购荟冠公司及东证公司的股权，荟冠公司及东证公司退出公司，最终各方股东对此未能达成一致意见，调解未果。东北亚公司僵局状态无法通过其他途径解决。

在公司解散案件中，法律并未设置主张解散公司的股东需要行使某项权利作为请求人民法院解散公司的前置程序。即使荟冠公司在此前的股东冲突过程中未行使其他诉讼权利即提起解散公司之诉，只要该起诉符合法定受理条件，只要主张解散公司的事实和理由符合《公司法》第 182 条、《公司法解释二》第 1 条第 1 款规定的情形，人民法院即应予以裁判。且有限责任公司的人合性基础、股东之间的互信关系无法通过诉讼等渠道加以修复和维系，相反，只能进一步加深股东间的矛盾冲突。故东北亚公司关于荟冠公司在没有行使分红权、撤销权等权利的情况下径行诉请解散公司不符合法律规定的上诉主张，缺乏法律依据，本院不予支持。

结合本案，东北亚公司股东之间及董事之间长期冲突，自 2013 年 8 月 6 日以后再未召开董事会，自 2015 年 2 月 3 日以后再未召开股东会，公司运营决策机制失灵，股东已无法自行解决彼此间的冲突，已然形成僵局状态。东北亚公司继续存续必然会损害荟冠公司的重大利益，在没有其他途径解决东北亚公司僵局状态的情况下，不解散东北亚公司，无法解决股东荟冠公司与董某某之间的矛盾冲突，也没有办法使双方重新建立起彼此合作的信任基础，更难以使东北亚公司的内部运营机制恢复正常；荟冠公司坚持主张解散公司，东证公司同意荟冠公司的主张，且荟冠公司诉请解散东北亚公司具有事实及法律依据，符合《公司法》第 182 条、《公司法解释二》第 1 条第 1 款第 3 项规定的情形。为充分保护公司股东合法权益，合理规范公司治理结构，促进市场经济健康有序发展，东北亚公司不得不予以解散，故一审判决应予维持。

再审法院观点：本案的焦点问题是东北亚公司是否符合公司解散的法定条件。

首先，关于法律适用问题。2004 年 9 月 20 日东北亚公司注册成立，至 2015 年 12 月东北亚公司工商登记显示，荟冠公司持股 44%，董某某持股 51%，东证公司持股 5%。荟冠公司以东北亚公司经营管理发生严重困难、其股东利益受到重大损害、通过其他途径不能解决僵局等事实为由，请求解散东北亚公司。需要指出的是，有限责任公司系具有自主决策和行为能力的组织体，虽然公司会由于内部成员间的对抗而出现机制失灵、无法运转、公司决策和管理无法形成有效决议而陷入僵局的情形，但是基于公司永久存续性的特征，国家公权力对于股东请求解散公司的主张必须秉持谨慎态度。当股东之间的冲突不能通过协商达成谅解，任何一方都不愿或无法退出公司时，为保护股东的合法权益，强制解散公司就成为唯一解决公司僵局的措施。因此，《公司法》第182条规定："公司经营管理发生严重困难，继续存续会使股东利益受到重大损失，通过其他途径不能解决的，持有公司全部股东表决权百分之十以上的股东，可以请求人民法院解散公司。"并且，《公司法解释二》第1条第1款规定了人民法院受理解散公司诉讼案件形式要件及判决是否解散公司实体审查标准的四种情形：（1）公司持续两年以上无法召开股东会或者股东大会，公司经营管理发生严重困难；（2）股东表决时无法达到法定或者公司章程规定的比例，持续两年以上不能做出有效的股东会或者股东大会决议，公司经营管理发生严重困难的；（3）公司董事长期冲突，且无法通过股东会或者股东大会解决，公司经营管理发生严重困难的；（4）经营管理发生其他严重困难的，公司继续存续会使股东利益受到重大损失的情形。在公司解散案件中，法律并未设置主张解散公司的股东需要行使某项权利作为请求人民法院解散公司的前置程序。一审、二审法院依照《公司法》第182条、《公司法解释二》第1条第1款之规定，根据查明的案件事实，在多次调解未果的情况下，为充分保护公司股东合法权益，依法规范公司治理结构，促进市场经济健康发展，作出解散东北亚公司的判决，适用法律并无不当。

其次，关于东北亚公司是否符合公司解散的法定条件的问题。（1）东北亚公司的经营管理已发生严重困难。判断公司的经营管理是否出现严重困难，应当从公司组织机构的运行状态进行综合分析，公司是否处于盈利状态并非判断公司经营管理是否发生严重困难的必要条件。其侧重点在于公司经营管理是否存在严重的内部障碍，股东会或董事会是否因矛盾激化而处于僵持状态，一方股东无法有效参与公司经营管理。就本案而言，可以从董事会、股东会及监事会运行机制3个方面进行综合分析。根据一审、二审法院查明的事实：关于董事会方面，东北亚公司董事会有5名成员，董某某方3人，荟冠公司方2人。公司章程第53条规定：董事会会议由董事代股东行使表决权，董事会会议对所议事项作出决议，决议应由代表3/5以上（含本数）表决权的董事表决通过。根据以上规定，董某某方提出的方案，无须荟冠公司方同意即可通过。荟冠公司曾3次提出修改公司章程，均遭到董某某的拒绝。此外荟冠公司向东证公司转让部分股权一事，东北亚公司拒绝配合，最终通过诉讼才得以实现。2013 年 8 月 6 日起，东北亚公司已有 2 年未召开董事会，董事会早已不能良性运转。关于股东会方面，自 2015 年 2 月 3 日至 2017 年，东北亚公司长达 2 年没有召开股东会，无法形成有效决议，更不能通过股东会解决董事间激烈的矛盾，股东会机制失灵。关于监事会方面，东北亚公司成立至今从未召开过监事会，监事亦没有依照《公司法》及公司章程行使监督职权。综上所述，客观上东北亚公司董事会已由董某某方控制，荟冠公司无法正常行使股东权利，无法通过委派董事加入董事会参与经营管理。东北亚公司的内部机构已不能正常运转，公司经营管理陷入僵局。（2）东北亚公司继续存续会使荟冠公司股东权益受到重大损失。公司股东依法享有选择管理者、参与重大决策和分取收益等权利。本案中，荟冠公司已不能正常委派管理者。2007 年 8 月 29 日，荟冠公司推荐常某某出任总经理，2015 年 3 月 11 日，荟冠公司委派宋某某、徐某某出任董事并担任副董事长和副总经理，东北亚公司均以未达到公司章程规定 3/5 的决策比例为由拒绝，东北亚公司人事任免权完全掌握在董某某一方。荟冠公司不能正常参与公司重大决策，东北亚公司向董某某个人借款 7222 万元，没有与之对应的股东会或董事会决议，另外审计报告显示董某某的关联方从东北亚公司借款近 1 亿元。2014 年 10 月，东北亚公司向中国工商银行申请了 5000 万元贷款，而荟冠公司对于该笔贷款的用途并不知晓。2015 年东北亚公司粮油市场改造扩建一事，荟冠公司及其委派的董事也并未参与。荟冠公司未能从东北亚公司获取收益，东北亚公司虽称公司持续盈利，但多年并未分红。荟冠公司作为东北亚公司的第二大股东，早已不能正常行使参与公司经营决策、管理和监督以及选择管理者的股东权利，荟冠公司投资东北亚公司的合同目的无法实现，股东权益受到重大损失。（3）通过其他途径亦不能解决东北亚公司股东之间的冲突。基于有限责任公司的人合性，股东之间应当互谅互让，积极理性地解决冲突。在东北亚公司股东发生矛盾冲突后，荟冠公司试图通过修改公司章程改变公司决策机制解决双方纠纷，或以向董某某转让股权等退出公司的方式解决公司僵局状态，但均未能成功。即使荟冠公司向东证公司转让部分股权，也由于荟冠公司与董某某双方的冲突历经诉讼程序方能实现。同时，一审法院基于慎用司法手段强制解散公司的目的，多次组织各方当事人进行调解。在二审法院调解过程中，荟冠公司、东证公司主张对东北亚公司进行资产价格评估，确定股权价格后，由董某某收购荟冠公司及东证公司所持东北亚公司的股权，荟冠公司及东证公司退出东北亚公司，最终各方对此未能达成一致意见，调解未果。东北亚公司僵局状态已无法通过其他途径解决。综合来看，东北亚公司股东及董事之间长期冲突，已失去继续合作的信任基础，公司决策管理机制失灵，公司继续存续必然损害荟冠公司的重大利益，且无法通过其他途径解决公司僵局，荟冠公司坚持解散东北亚公司的条件已经成就。

| 律师点评 |

股东提起公司解散纠纷是一种以消灭公司人格为目的的诉讼案件，从各地司法实践及最高人民法院《关于适用〈中华人民共和国公司法〉若干问题的规定（五）》（以下简称《公司法解释五》）来看，司法解散公司的前提往往是股东穷尽其他手段仍不能解决公司经营管理困难的最终手段，因此，在《公司法》及《公司法解释二》中不仅对原告持股比例提出了要求，对于具体事由及受理条件也进行了规定，尤其是《公司法解释二》第1条之相关规定，对股东请求解散公司之诉提供了相当的操作性依据。

《公司法解释二》第1条第1款规定了人民法院受理解散公司诉讼案件形式要件及判决是否解散公司实体审查标准的4种情形，分别为（1）公司持续两年以上无法召开股东会或者股东大会，公司经营管理发生严重困难；（2）股东表决时无法达到法定或者公司章程规定的比例，持续两年以上不能做出有效的股东会或者股东大会决议，公司经营管理发生严重困难；（3）公司董事长期冲突，且无法通过股东会或者股东大会解决，公司经营管理发生严重困难的；（4）经营管理发生其他严重困难的，公司继续存续会使股东利益受到重大损失的情形。司法实践中，判决解散公司的案件必须符合以上的一个或多个情形，因此对这些情形的进一步理解与适用在公司解散纠纷中尤为重要。

第1种和第2种情形主要是针对公司最高权力机构的失常而导致的公司经营管理困难所进行的规定。在与之相关的规定中，公司持续两年以上无法召开股东会或者股东大会、股东表决时无法达到法定或者公司章程规定的比例，持续两年以上不能作出有效的股东会或者股东大会决议是需要达成的明确条件，这些条件属于事实查明范围中法院结合证据较为容易查明的部分。

例如，在解散诉讼中原告主张第1种和第2种情形成立的，被告或第三人可以提供股东就公司经营管理方面两年内的决议文件，以此证明两年的条件未达成。在司法实践中，也存在部分案件因两年时间未到而被一审法院判决驳回解散请求，在二审过程中又满足了两年的条件从而由二审法院改判解散的情况。

第3种情形主要是针对公司日常经营管理机制失常而导致的公司经营管理困难所进行的规定。在设立董事会的公司中，其章程一般会赋予董事会对公司日常经营事项的决策权，尤其是《公司法》第46条中规定的董事会职权，涵盖了公司经营中的大部分事项。因此，董事之间的长期冲突矛盾必然导致公司经营管理上的困境，符合解散公司的基本原则。该情形还规定了冲突必须无法通过股东会或者股东大会解决，排除了因董事个人原因产生的冲突，也体现了司法解散的严格标准。与第1种和第2种情形不同的是，法律并未进一步对“长期”“冲突”的定义进行明确，在司法实践中，部分法院会参照第1种和第2种情形的规定，将其理解为“两年内未作出董事会决议”“两年内未能召开董事会”等，同时，法院一般会审查董事会的表决比例。例如，章程规定公司董事会有五名成员，分别由两方股东委派，董事会决议必须经过2/3以上董事表决通过，在此情况下如果两方股东已经陷入矛盾纠纷中，那么董事之间将很难再作出任何有效的董事会决议，从而形成长期冲突。

第4种情形类似于兜底规定，法院往往会结合案件情况对“公司继续存续会使股东利益受到重大损失”进行审查裁判。例如，在案例中，二审法院认为公司股东依法享有资产收益权、参与重大决策和选择管理者等权利。如果股东权力长期处于无法正常行使的状态，其投资公司的目的无法实现，因此公司继续存续会使股东利益受到重大损失。需要进一步说明的是，“公司继续存续会使股东利益受到重大损失”与公司是否处于盈利状态无关，法院往往不会以公司仍处于盈利状态来认定股东利益不存在损失。

第二节 公司解散诉讼中的调解

司法应审慎介入公司事务，如有其他途径维持公司存续的，不应轻易解散公司

案　　号：（2010）苏商终字第0043号

案件名称：林某某与常熟市凯莱实业有限公司公司解散纠纷案

裁判要旨：公司僵局并不必然导致公司解散，司法应审慎介入公司事务，凡有其他途径维持公司存续的，不应轻易解散公司。

案情简介

申请再审人（一审被告、二审被上诉人）：常熟市凯莱实业有限公司（以下简称凯莱公司）

申请再审人（一审第三人、二审被上诉人）：戴某某

被申请人（一审原告、二审上诉人）：林某某

凯莱公司成立于2002年1月，注册资本为218万元。林某某与戴某某系该公司股东，各占50%的股份，戴某某任公司法定代表人及执行董事，林某某任公司总经理兼公司监事。凯莱公司章程规定：公司的经营范围包括服装、鞋帽、箱包制造、加工、销售；五金、电器、服装辅料、通信产品批发、零售；房屋租赁中介；快餐制售。股东会行使下列职权：（1）决定公司的经营方针和投资计划；（2）选举和更换董事，决定有关董事的报酬事项……（6）审议批准公司的年度财务预算方案、决算方案；（7）审议批准公司的利润分配方案和弥补亏损方案……股东会的决议须经代表1/2以上表决权的股东通过，但对公司增加或减少注册资本、合并、解散、变更公司形式、修改公司章程作出决议时，必须经代表2/3以上表决权的股东通过。股东会会议由股东按照出资比例行使表决权。股东会每年召开4次定期会议，代表1/4以上表决权的股东可以提议召开临时股东会。召开股东会会议，应当于会议召开15日

以前通知全体股东。执行董事行使下列职权：（1）负责召集股东会，主持股东大会，并向股东会报告工作……（5）制定公司的利润分配方案和弥补亏损方案……（8）决定公司内部常设机构的设置；（9）聘任或者解聘公司经理。根据经理的提名，聘任或者解聘公司副经理、财务负责人，决定其报酬事项；（10）制定公司的基本管理制度……

2002年4月，凯莱公司设立鞋都分公司，并租用常熟市轻纺针织品市场的房屋进行招商。2003年7月，凯莱公司设立运动鞋广场，并租用常熟市联运公司的房屋进行招商。上述分支机构的负责人均为林某某。

2004年7月12日，凯莱公司公章、财务专用章、合同专用章，鞋都分公司公章、合同专用章，运动鞋广场公章、合同专用章，由戴某某从林某某手中收回。

2004年10月21日，鞋都分公司发生火灾，几十户经营户受灾。常熟市人民政府专门成立工作小组进行灾后安置。凯莱公司两股东经协商决定，由戴某某全权处理火灾善后事宜，戴某某可从凯莱公司灾后财产补偿中提取20%作为其费用支出。

2004年12月2日及2005年8月12日，林某某与戴某某达成内部协议，约定：戴某某继续负责公司管理工作，林某某作为公司监事监督和协助戴某某工作；公司日常开支费用凭双方签字认可后每月报支一次，重大节日开支费应经双方协商确定；凯莱公司对受灾户的退款及救济金，双方各承担一半；涉及公司的重大决策、内部管理方式的调整，由双方商议后实施。

2005年10月6日，林某某与戴某某就公司结账、财务等事宜进行磋商。双方一致同意规范公司财务制度，开设专门账户，账号交林某某，密码由戴某某保存，同时聘请张某某、顾某某、沈某、陈某某四人担任公司中间人。次日，林某某与戴某某共同书写凭据一份，写明2004年9月至2005年8月凯莱公司的财务分配已经双方确认，分配款已到各自账户。

2006年起，林某某与戴某某两人之间的矛盾逐渐显现，具体表现为：（1）2006年3月19日，双方发生争执，林某某在争执中被打伤。（2）2006年5月7日，戴某某通知林某某参加议题包括凯莱女装写字楼加层结束后面临严峻形势与对策、鞋都分公司“10·21火灾”相关事宜商讨的股东会。该次会议形成会议记录一份，但内容仅涉及陈某某分配店面事宜。2006年5月9日，林某某提议并通知召开股东会。由于戴某某认为林某某没有召集会议的权利，故会议未能召开。2006年5月16日，戴某某告知林某某同意其关于召开临时股东会的提议，并通知林某某于2006年6月1日参加股东会。在该次股东会上，林某某向公司和戴某某提交了书面意见，要求了解公司的财务经营状况。2006年6月11日，凯莱公司与戴某某通知林某某以监事身份于2006年6月16日至凯莱公司参加会议，林某某回复称，在2006年6月1日的股东会议上，其提议解散公司并已表决通过，故2006年6月16日的会议无任何意义，不予参加。(3) 2006年6月6日、8月8日、9月16日、10月10日、17日，林某某委托律师向凯莱公司和戴某某发函称，因股东权益受到严重侵害，林某某作为享有公司股东会1/2表决权的股东，已按公司章程规定的程序表决并通过了解散凯莱公司的决议，要求戴某某提供凯莱公司的财务账册等资料，并对凯莱公司进行清算。2006年6月17日、9月7日、10月13日，戴某某回函称，林某某作出的股东会决议没有合法依据，戴某某不同意解散公司，并要求林某某交出公司财务资料。2006年11月15日、25日，林某某再次向凯莱公司和戴某某发函，要求凯莱公司和戴某某提供公司财务账册等供其查阅、分配公司收入、解散公司。

2006年11月28日，林某某向一审法院提起本案诉讼。此后，林某某再次委托律师向凯莱公司和戴某某发函，要求查阅2005年8月至2006年12月的公司财务资料并对公司收入进行分配。凯莱公司回函称，林某某应向凯莱公司提交书面查阅申请并说明查账目的，公司收入未能分配的原因是火灾造成的损失计提赔偿数额尚未确定以及股东间对成本支出尚未形成共识。林某某委托律师复函称：火灾已发生两年零三个月，损失赔偿数额应当早已明确，且据了解，受损经营户并未向凯莱公司提出损失赔偿的要求；凯莱公司从未向林某某提供过任何财务资料，凯莱公司称林某某质疑成本支出的合理性缺乏依据；林某某再次提出查阅公司财务会计资料。

江苏常熟服装城管理委员会（以下简称服装城管委会）向一审法院反映，凯莱公司目前经营正常，业绩良好，为了使凯莱公司能够存续，服装城管委会愿意组织林某某和戴某某进行调解。

此外，凯莱公司章程载明：本公司不设董事会。设执行董事一名，执行董事由股东会选举产生，任期3年，连选可以连任。执行董事为公司的法定代表人，行使法定代表人的权利。(1) 因特殊情况下不能履行职务时，指定或委托他人代为履行。(2) 在发生不可抗力等重大事件时，可对一切事务行使特别裁决权和罢免权，但必须符合公司利益，事后向股东报告。本公司设经理一名，经理由执行董事兼任或聘任。本公司不设监事会。设监事一名，由股东会选举产生。执行董事、经理及财务负责人不得兼任经理。监事任期3年，连选可以连任。监事行使下列权利：(1) 检查公司财务。(2) 对执行董事、经理执行公司职务时违反法律、法规或者公司章程的行为进行监督。(3) 当董事和经理的行为损害公司的利益时，要求董事和经理予以纠正。(4) 提议召开临时股东会。

2004年12月2日，戴某某与林某某签订《股东内部协议》一份，载明：林某某认可戴某某为公司法定代表人、负责公司的经营管理；戴某某认可林某某为公司监事、监督和协助戴某某做好公司工作；林某某认可从公司收入中提取10%作为管理分成归戴某某；日常开支凭双方签字认可后，每月报支一次；由戴某某全权处置火灾善后工作；今后涉及公司重大决策、内部管理方式的调整，由双方商议确定后实施。

2005年8月12日，戴某某与林某某又签订《股东内部协议》一份，载明：戴某某为公司法定代表人，负责公司的经营管理，林某某为公司监事，监督和协助戴某某做好工作，遇到重大事宜双方应商议通气，共同承担责任；日常执行费用按总收入的5%提取，然后戴某某与林某某按70%与30%包干使用；公司聘用财会人员负责建账立制，并每月召集股东通报财务情况。

2005年10月6日，林某某、戴某某就2004年9月至2005年8月的结账等事宜进行磋商，邀请张某某、顾某某、陈某某三人在场协商作证，对结账、股东责任、聘任中间人、财务情况等问题达成了共识，并形成《会议纪要》。该《会议纪要》载明：林某某作为监事主要监督执行董事的工作，并对公司财务收支等进行监督；执行董事应定时向监事通报情况，在公司每月中旬的碰头会上进行通报，以便监事了解公司状况；为了有利于股东双方的合作，由双方聘任中间人，其职责主要是参与公司每月财务通报，当股东意见不一致时在有利于公司运作及保证已定协议履行的前提下，从公司的立场提出解决办法，供股东选择。

2006年5月9日，林某某向戴某某发出《关于召开临时股东会的通知》，载明：会议的时间为2006年5月28日8时30分；地点为凯莱公司办公室；参加人包括林某某、戴某某、张某某等四位中间人以及服装城管委会等相关部门的领导；临时股东会由戴某某主持，如戴某某不到会或不主持，则由林某某主持；临时股东会议题包括执行董事戴某某进行财务、内部机构设置、人员报酬等书面报告，将财务资料报股东、监事检查，对“10·21火灾”后的相关事宜进行书面报告，将凯莱公司的费用支出明细提交股东会审查，重新选举执行董事与监事。戴某某认为，林某某仅有提议召开临时股东会的权利，没有召集临时股东会的权利。上述会议未能召开。

2006年5月16日，戴某某向林某某发出关于召开临时股东会的通知，同意林某某关于召开临时股东会的提议，通知林某某于2006年6月1日至凯莱公司办公室参加股东会，会议议题包括林某某提交的议题中关于股东会议的事项、凯莱公司今后发展的问题。

在2006年6月1日的股东会上，林某某向凯莱公司、戴某某及公司顾问提交了《股东、监事林某某在临时股东会上的书面意见》，阐述了林某某与戴某某之间的冲突，并提出由执行董事戴某某报告财务情况、选举林某某为执行董事、解散凯莱公司等要求。该次股东会未能形成有效决议。

2006年6月11日，凯莱公司及戴某某通知林某某以监事身份于2006年6月16日至凯莱公司参加会议。

2006年6月14日，林某某向戴某某发出书面通知，称其已在2006年6月1日的股东会上提议解散公司并已表决通过，故2006年6月16日的会议无任何意义，林某某不予参加。

从2006年6月1日至今，凯莱公司未召开过股东会。

服装城管委会调解委员会根据一审判决及林某某的申请，决定对凯莱公司股东林某某与戴某某的纠纷进行调解，并于2009年12月15日、12月16日两次组织双方进行调解，但均未成功。2009年12月24日，林某某向服装城管委会提交了《关于终止调解的函》。据此，服装城管委会调解委员会决定终止对凯莱公司股东纠纷的调解。

消防部门认定“10·21火灾”的原因是失火大楼底层经营户违规使用电器。鞋都分公司位于失火大楼的二层，对该火灾的发生不负有责任。火灾发生后，当地政府向每个受灾经营户发放了5000元救助金。

法院判决

一审判决：驳回林某某的诉讼请求。

二审判决：撤销江苏省苏州市中级人民法院（2006）苏中民二初字第0277号民事判决，解散凯莱公司。

再审裁定：驳回常熟市凯莱实业有限公司、戴某某的再审申请。

各方观点

林某某观点：（1）凯莱公司的经营管理已经发生严重困难，并陷入僵局。①凯莱公司股东会缺失，重大决策不能正常作出，内部管理机制失灵，经营管理陷入瘫痪。凯莱公司两位股东林某某与戴某某之间存在冲突和矛盾，造成凯莱公司从2005年10月开始无法再正常召开股东会，股东会无法形成有效决议。而且，从2006年6月1日至2009年，凯莱公司未再召开过股东会。②由于凯莱公司未设董事会与监事会，设立的执行董事与监事分别由戴某某、林某某担任，因此该两人之间的矛盾也直接导致了执行董事与监事之间的冲突，监事林某某无法行使相关权利对执行董事进行监督。③戴某某长期操纵公司财务，垄断公司收入，林某某无法根据公司章程改选执行董事，无法行使股东权利及监事权利，林某某多次提出的由凯莱公司及戴某某提供提取管理费的财务凭证等资料的要求，均遭到拒绝。④公司的正常运营须通过股东行使股东权利以及经营管理层行使管理职权来实现，原审判决认定凯莱公司经营正常、业绩良好无事实依据。（2）林某某的知情权、红利分配权、表决权、查询权、监督权等权利以及监事权利均被完全剥夺，凯莱公司的僵局如继续存在，将使林某某的上述权益继续遭受侵害。（3）林某某为打破公司僵局，在诉讼前已通过其他途径尝试解决，但并无成效。提起司法解散诉讼后，双方在原审法院主持下进行的调解也未能达成一致意见。服装城管委会在原审法院判决后所作的调解亦无成效。（4）凯莱公司的经营内容是出租自有商铺或转租承租的商铺，经营户自主经营，凯莱公司与经营户之间是租赁关系，解散凯莱公司并不会导致经营户无法继续经营。（5）原审判决关于林某某可以要求戴某某收购自己的股份、以合理价格出让股份的观点，对林某某不公平。（6）相关法律并没有规定解散公司一定需要管理部门进行调解，故原审判决认为请求服装城管委会进行调解是林某某的救济途径之一，缺乏依据。

法院观点

一审法院观点：根据《公司法》（2005 年）第 183 条[1]之规定，公司解散应当具备三个必要条件：一是公司经营管理发生严重困难，二是公司继续存续会使股东利益受到重大损失，三是通过其他途径不能解决。本案中，虽然两股东陷入僵局，但凯莱公司目前经营状况良好，不存在公司经营管理发生严重困难的情形。如果仅仅因为股东之间存在矛盾而导致公司从业人员失去工作、几百名经营户无法继续经营，既不符合《公司法》（2005 年）第 183 条[2]的立法本意，也不利于维护任何一方股东的权益。股东之间的僵局可以通过多种途径来破解。《公司法》在维护股东权利方面制定了明确而具体的规定，若林某某认为其股东权利受损，可依法进行救济。此外，林某某可以要求戴某某或凯莱公司收购林某某股份，通过以合理的价格转让股份，既能打破僵局救济股东权利，又能保持公司的存续。同时，服装城管委会作为管理部门，其出面协调两股东的矛盾，也是林某某救济股东权利的有效途径之一。综上所述，林某某关于解散凯莱公司的请求依据不足，不予支持。

二审法院观点：根据《公司法》（2005 年）第 183 条[3]关于“公司经营管理发生严重困难，继续存续会使股东利益受到重大损失，通过其他途径不能解决的，持有公司全部股东表决权 10% 以上的股东，可以请求人民法院解散公司”的规定，凯莱公司已经符合司法解散的条件。理由如下：

1. 凯莱公司的经营管理已发生严重困难

公司的正常经营管理建立在其权力机构（股东会）、执行机构（董事会或执行董事）及监督机构（监事会或监事）有效运行的基础上，判断一个公司的经营管理是否出现严重困难，应从上述组织机构的运行现状入手，加以综合分析。

（1）凯莱公司已持续 4 年未召开股东会，亦未形成有效的股东会决议，股东会机制已经失灵。《公司法解释二》第 1 条第 1 款规定，“公司持续两年以上无法召开股东会或者股东大会，公司经营管理发生严重困难的”或“股东表决时无法达到法定或者公司章程规定的比例，持续两年以上不能做出有

---

〔1〕 2018 年修正的《公司法》第 182 条。
〔2〕 2018 年修正的《公司法》第 182 条。
〔3〕 2018 年修正的《公司法》第 182 条。

效的股东会或者股东大会决议，公司经营管理发生严重困难的”，单独或者合计持有公司全部股东表决权10%以上的股东，以上述事由之一提起解散公司诉讼，并符合《公司法》（2005年）第183条[1]规定的，人民法院应予受理。该规定既是人民法院受理解散公司诉讼案件的形式审查依据，同时也是判断公司是否符合解散条件的实体审查依据。根据上述规定，“公司持续两年以上无法召开股东会或者股东大会”以及“股东表决时无法达到法定或者公司章程规定的比例，持续两年以上不能做出有效的股东会或者股东大会决议”这两种具体情形，均属于判断公司是否出现股东僵局的重要参考因素。本案中，凯莱公司仅有戴某某与林某某两名股东，两人各占50%的股份，拥有对等的表决权，同时，凯莱公司章程规定“股东会的决议须经代表二分之一以上表决权的股东通过”，且各方当事人一致认可该“二分之一以上”不包括本数，因此，凯莱公司只有在两位股东意见一致的情况下才能作出有效的股东会决议。凯莱公司的持股比例与议事规则无异于赋予股东一票否决权，只要两位股东的意见存有分歧、互不配合，就无法形成有效表决，进而影响公司的运作。可见，凯莱公司关于股东持股比例、议事方式与表决程序的制度设计本身，使该公司更易于出现表决僵局，而且僵局一旦形成，难以打破。2004年7月12日，凯莱公司及其分公司的相关印章从林某某处转至戴某某处保管时，两人之间的矛盾即已初显，但尚可通过签订股东内部协议、会议纪要、聘请中间人等途径进行调和，以保证凯莱公司的正常运转。但是，从2006年开始，两人的矛盾激化，从互相发出召开会议的通知到林某某要求重新选举执行董事、甚至要求解散公司，双方矛盾不断升级，并进一步影响凯莱公司内部机制的运作。从2006年6月1日之后，凯莱公司再未召开过股东会。凯莱公司持续未召开股东会、无法形成有效股东会决议的时间已长达4年，凯莱公司不能也不再通过股东会决议的方式管理公司，形成了股东僵局，股东会机制已经失灵。

（2）凯莱公司执行董事管理公司的行为已不再体现权力机构的意志。根据公司章程，凯莱公司不设董事会，仅设执行董事一名，由股东戴某某担任。由于出现股东僵局，凯莱公司股东会不能形成有效决议，无法行使章程规定的决定公司经营方针与投资计划、审议批准执行董事的报告等相关职权。同

[1] 2018年修正的《公司法》第182条。

时，执行董事戴某某正是互有矛盾的两名股东之一。在此情况下，凯莱公司的执行机构即执行董事戴某某管理公司的行为，已不再依据股东会的决议，无法贯彻权力机构的意志，相反，体现的正是对立股东中一方的个人意志。可见，凯莱公司股东会机制的失灵已进一步影响执行机构的运作。

（3）凯莱公司的监督机构无法正常行使监督职权。根据公司章程，凯莱公司不设监事会，仅设监事一名，由林某某担任，但是，林某某并不能正常行使监事职权。林某某关于查询财务资料的要求一再遭到拒绝。根据《公司法》（2005 年）第 54 条第 1 项〔1〕的规定，监事会、不设监事会的公司的监事有行使“检查公司财务”的职权，且对于监事的该项监督职权，《公司法》并未设置限制条件，但执行董事戴某某却以林某某未提交书面查阅申请、未说明查账目的等理由不予配合，监事林某某无法有效地对执行董事戴某某的行为进行监督及纠正。可见，由于林某某与戴某某之间的矛盾，凯莱公司的监督机构实际上已无法发挥监督的作用。

（4）公司本身是否处于盈利状况并非判断公司经营管理是否发生严重困难的必要条件。根据《公司法》（2005 年）第 183 条〔2〕以及《公司法解释二》第 1 条的相关规定，“公司经营管理发生严重困难”主要是指管理方面存有严重内部障碍，如股东会机制失灵、无法就公司的经营管理进行决策等，不应理解为资金缺乏、亏损严重等经营性困难。本案中，在凯莱公司的内部机制已无法正常运行、无法对公司的经营作出决策的情况下，即使尚未处于亏损状况也不能改变该公司的经营管理已陷入困境的局面。因此，凯莱公司与戴某某以公司仍在盈利为由，认为凯莱公司的经营管理尚未发生严重困难的观点，本院不予采纳。

综上所述，凯莱公司作为一个法律拟制的法人机构，其权力机构、执行机构、监督机构均无法正常运行，凯莱公司的经营管理已发生严重困难。

2. 凯莱公司继续存续会使股东林某某的利益受到重大损失

作为股东而言，投资设立公司的最终目的是获得收益。股东通过参与公司决策、行使股东权利来争取利益的最大化、保证收益及时获取。公司的经营管理如果出现严重困难，则有可能影响公司的正常运转和股东权利实现通

---

〔1〕 2018 年修正的《公司法》第 53 条。

〔2〕 2018 年修正的《公司法》第 182 条。

道的畅通，进而对股东的利益构成严重损害。本案中，凯莱公司的内部运作机制早已失灵。林某某虽为持有凯莱公司50%股份的股东及监事，但其股东权、监事权长期处于被剥夺的状态。由于凯莱公司长期不召开股东会，林某某并不能通过行使表决权来参与公司决策，亦不能有效地行使监督权。林某某投资设立凯莱公司的目的无法实现，合法权益遭到损害，如果这样的局面继续存续，林某某的合法权益将进一步遭受重大损失。

3. 凯莱公司的僵局通过其他途径长期无法解决

本案中，林某某在提起公司解散诉讼之前，已通过其他途径试图化解与戴某某之间的矛盾，如聘请中间人进行调和、要求查阅财务账册等，双方的沟通还涉及凯莱公司内部制度的修改、重新选举执行董事与监事、收购股权等。进入诉讼程序之后，服装城管委会作为管理部门曾组织各方当事人调解，并提出了对凯莱公司进行审计、修改章程、聘请职业经理人进行管理等建议性方案，对此，各方当事人仍未能达成一致意见。本院从慎用司法手段强制解散公司的角度出发，给予各方当事人充分的时间进行调解，并组织当事人探寻化解僵局的办法，但均无成效。据此，本院认为，凯莱公司的股东已穷尽了其他救济途径，仍无法打破公司僵局，符合通过司法程序解散公司的条件。在此情况下，如果再要求林某某继续通过其他途径解决矛盾，不符合《公司法解释二》第5条的规定，也有违公司司法解散前置程序的立法本意。

4. 林某某持有凯莱公司50%的股份，符合《公司法》关于提起公司解散诉讼的股东须持有公司10%以上股份的条件

由于凯莱公司股东戴某某、林某某之间存有较大矛盾，且彼此不愿妥协而处于僵持状况，导致公司股东会等内部机制不能按照约定程序作出决策，凯莱公司长期陷入无法正常运转的僵局，现有僵局如继续存续，将进一步损害股东的利益，在此情况下，林某某作为持股50%的股东提出解散凯莱公司，有事实与法律依据，应予支持。一审判决关于凯莱公司司法解散条件尚未成就的认定错误，应予纠正。

再审法院观点：凯莱公司已符合《公司法》及《公司法解释二》规定的司法解散的条件。首先，凯莱公司的经营管理已发生严重困难。根据《公司法》（2005年）第183条[1]和《公司法解释二》第1条的规定，判断公司的

---

〔1〕 2018年修正的《公司法》第182条。

经营管理是否出现严重困难，应当从公司的股东会、董事会或执行董事及监事会或监事的运行状况进行综合分析。“公司经营管理发生严重困难”的侧重点在于公司管理方面存有严重内部障碍，如股东会机制失灵、无法就公司的经营管理进行决策等，不应片面理解为公司资金缺乏、严重亏损等经营性困难。本案中，凯莱公司仅有戴某某与林某某两名股东，两人各占50%的股份。凯莱公司章程规定“股东会的决议须经代表二分之一以上表决权的股东通过”，且各方当事人一致认可该“二分之一以上”不包括本数。因此，只要两名股东的意见存有分歧、互不配合，就无法形成有效表决，显然影响公司的运营。凯莱公司已持续4年未召开股东会，无法形成有效股东会决议，也就无法通过股东会决议的方式管理公司，股东会机制已经失灵。执行董事戴某某作为互有矛盾的两名股东之一，其管理公司的行为，已无法贯彻股东会的决议。林某某作为公司监事不能正常行使监事职权，无法发挥监督作用。由于凯莱公司的内部机制已无法正常运行、无法对公司的经营作出决策，即使尚未处于亏损状况，也不能改变该公司的经营管理已发生严重困难的事实。凯莱公司、戴某某关于二审判决认定事实不清以及二审判决对公司僵局的认定不符合《公司法》和《公司法解释二》的规定等申请理由，缺乏事实和法律依据，本院不予支持。

其次，由于凯莱公司的内部运营机制早已失灵，林某某的股东权、监事权长期处于无法行使的状态，其投资凯莱公司的目的无法实现，利益受到重大损失，且凯莱公司的僵局通过其他途径长期无法解决。《公司法解释二》第5条明确规定了“当事人不能协商一致使公司存续的，人民法院应当及时判决”。本案中，林某某在提起公司解散诉讼之前，已通过其他途径试图化解与戴某某之间的矛盾，服装城管委会也曾组织双方当事人调解，但双方仍不能达成一致意见。两审法院也基于慎用司法手段强制解散公司的考虑，积极进行调解，但均未成功。故凯莱公司、戴某某关于二审判决解散公司不符合《公司法》规定的前置条件的申请理由，与事实和法律规定不符，本院亦不予支持。

最后，林某某持有凯莱公司50%的股份，也符合《公司法》关于提起公司解散诉讼的股东须持有公司10%以上股份的条件。

综上所述，凯莱公司、戴某某的再审申请不符合《民事诉讼法》（2007

年）第179条第1款第2项、第6项[1]规定的情形。

律师点评

法院在判决公司解散时往往要求已经穷尽各种途径仍无法解决公司僵局，而解决途径主要依赖于当事人之间的调解沟通。新出台的《公司法解释五》中再次规定人民法院审理涉及有限责任公司股东重大分歧案件时，应当注重调解。本条解释是对法院审理股东分歧案件注重调解工作的原则性规定，解释列举了多项可支持调解情形，包括公司回购、股权转让、公司减资、公司分立等。然而，调解往往是解散案件中最复杂的部分，需综合考虑当事人调解意愿、涉及案外第三人权利义务、涉及法律强制性规定以及法院出具生效法律文书可达到的调解效果等因素，因此调解工作对各方当事人及法院的沟通配合要求极高。

基于公司的永久存续性，在有限责任公司股东间因重大分歧，导致公司僵局时，公司往往陷入难以继续运营的境地。解散公司固然可以使各股东脱离泥沼，但也会直接导致公司消灭，因此，笼统地采取解散公司的方式来解决公司僵局未免显得过于简单粗暴。《公司法解释五》第5条提出涉及有限责任公司股东重大分歧案件时，应当注重调解，体现出如有其他途径解决矛盾，应当尽可能采取其他方式解决，以维持公司运营，避免解散的精神。解决公司僵局一般采取股东离散方式来避免公司解散，但有限责任公司基于其人合性特征，股权转让受到诸多限制，不愿意继续经营公司的股东退出公司较为困难，通过在诉讼过程中指引股东协商解决分歧，以调解方式允许股东退出公司，对于解决有限责任公司僵局，维持公司正常经营，避免公司解散有特殊的意义。

在笔者处理的多个解散纠纷中，法院往往会组织各方当事人进行多轮调解，并给予时间较长的调解期，多数案件的调解期甚至在半年以上。在此情况下，为避免标的公司进一步失控，原告可以考虑根据《公司法解释二》第3条的规定向法院提起财产保全，使标的公司财产不受侵犯，为长时间处理解散案件做好准备。

---

[1] 2017年修正的《民事诉讼法》第200条。

当然，法院也不应当无止境地组织各方当事人进行调解，在案例中，法院亦明确将调解等其他救济途径设置为司法解散公司的前置程序是因为司法解散将导致公司主体资格的消灭，且具有不可恢复性，处理不当可能导致社会资源浪费。但是，立法对此所抱的谨慎态度并不等同于前置程序可以久拖不决。对于那些已经陷入严重经营管理困难的公司，在通过其他多种方法仍无法化解纠纷时，只能通过司法解散公司这一股东退出机制来打破僵局。因此，在强调司法解散公司前置程序的同时，《公司法解释二》第5条明确规定“当事人不能协商一致使公司存续的，人民法院应当及时判决”，否则，过于冗长的前置程序可能使公司司法解散机制形同虚设。

相关法律依据

1.《公司法》

第180条　公司因下列原因解散：

（一）公司章程规定的营业期限届满或者公司章程规定的其他解散事由出现；

（二）股东会或者股东大会决议解散；

（三）因公司合并或者分立需要解散；

（四）依法被吊销营业执照、责令关闭或者被撤销；

（五）人民法院依照本法第一百八十二条的规定予以解散。

第181条　公司有本法第一百八十条第（一）项情形的，可以通过修改公司章程而存续。

依照前款规定修改公司章程，有限责任公司须经持有三分之二以上表决权的股东通过，股份有限公司须经出席股东大会会议的股东所持表决权的三分之二以上通过。

第182条　公司经营管理发生严重困难，继续存续会使股东利益受到重大损失，通过其他途径不能解决的，持有公司全部股东表决权百分之十以上的股东，可以请求人民法院解散公司。

第183条　公司因本法第一百八十条第（一）项、第（二）项、第（四）项、第（五）项规定而解散的，应当在解散事由出现之日起十五日内成立清算组，开始清算。有限责任公司的清算组由股东组成，股份有限公司的清算组由董事或者股东大会确定的人员组成。逾期不成立清算组进行清算的，债权人可以申请人民法院指定有关人员组成清算组进行清算。人民法院应当受理该申请，并及时组织清算组进行清算。

2. 最高人民法院《关于适用〈中华人民共和国公司法〉若干问题的规定（二）》

第1条 单独或者合计持有公司全部股东表决权百分之十以上的股东，以下列事由之一提起解散公司诉讼，并符合公司法第一百八十二条规定的，人民法院应予受理：

（一）公司持续两年以上无法召开股东会或者股东大会，公司经营管理发生严重困难的；

（二）股东表决时无法达到法定或者公司章程规定的比例，持续两年以上不能做出有效的股东会或者股东大会决议，公司经营管理发生严重困难的；

（三）公司董事长期冲突，且无法通过股东会或者股东大会解决，公司经营管理发生严重困难的；

（四）经营管理发生其他严重困难，公司继续存续会使股东利益受到重大损失的情形。

股东以知情权、利润分配请求权等权益受到损害，或者公司亏损、财产不足以偿还全部债务，以及公司被吊销企业法人营业执照未进行清算等为由，提起解散公司诉讼的，人民法院不予受理。

第2条 股东提起解散公司诉讼，同时又申请人民法院对公司进行清算的，人民法院对其提出的清算申请不予受理。人民法院可以告知原告，在人民法院判决解散公司后，依据公司法第一百八十三条和本规定第七条的规定，自行组织清算或者另行申请人民法院对公司进行清算。

第3条 股东提起解散公司诉讼时，向人民法院申请财产保全或者证据保全的，在股东提供担保且不影响公司正常经营的情形下，人民法院可予以保全。

第4条 股东提起解散公司诉讼应当以公司为被告。

原告以其他股东为被告一并提起诉讼的，人民法院应当告知原告将其他股东变更为第三人；原告坚持不予变更的，人民法院应当驳回原告对其他股东的起诉。

原告提起解散公司诉讼应当告知其他股东，或者由人民法院通知其参加诉讼。其他股东或者有关利害关系人申请以共同原告或者第三人身份参加诉讼的，人民法院应予准许。

第5条 人民法院审理解散公司诉讼案件，应当注重调解。当事人协商同意由公司或者股东收购股份，或者以减资等方式使公司存续，且不违反法律、行政法规强制性规定的，人民法院应予支持。当事人不能协商一致使公司存续的，人民法院应当及时判决。

经人民法院调解公司收购原告股份的，公司应当自调解书生效之日起六个月内将股份转让或者注销。股份转让或者注销之前，原告不得以公司收购其股份为由对抗公司债权人。

第6条 人民法院关于解散公司诉讼作出的判决，对公司全体股东具有法律约束力。

人民法院判决驳回解散公司诉讼请求后，提起该诉讼的股东或者其他股东又以同一事实和理由提起解散公司诉讼的，人民法院不予受理。

第19条 有限责任公司的股东、股份有限公司的董事和控股股东，以及公司的实际控制人在公司解散后，恶意处置公司财产给债权人造成损失，或者未经依法清算，以虚假的清算报告骗取公司登记机关办理法人注销登记，债权人主张其对公司债务承担相应赔偿责任的，人民法院应依法予以支持。

第20条 公司解散应当在依法清算完毕后，申请办理注销登记。公司未经清算即办理注销登记，导致公司无法进行清算，债权人主张有限责任公司的股东、股份有限公司的董事和控股股东，以及公司的实际控制人对公司债务承担清偿责任的，人民法院应依法予以支持。

公司未经依法清算即办理注销登记，股东或者第三人在公司登记机关办理注销登记时承诺对公司债务承担责任，债权人主张其对公司债务承担相应民事责任的，人民法院应依法予以支持。

第21条 有限责任公司的股东、股份有限公司的董事和控股股东，以及公司的实际控制人为二人以上的，其中一人或者数人按照本规定第十八条和第二十条第一款的规定承担民事责任后，主张其他人员按照过错大小分担责任的，人民法院应依法予以支持。

第22条 公司解散时，股东尚未缴纳的出资均应作为清算财产。股东尚未缴纳的出资，包括到期应缴未缴的出资，以及依照公司法第二十六条和第八十条的规定分期缴纳尚未届满缴纳期限的出资。

公司财产不足以清偿债务时，债权人主张未缴出资股东，以及公司设立时的其他股东或者发起人在未缴出资范围内对公司债务承担连带清偿责任的，人民法院应依法予以支持。

第24条　解散公司诉讼案件和公司清算案件由公司住所地人民法院管辖。公司住所地是指公司主要办事机构所在地。公司办事机构所在地不明确的，由其注册地人民法院管辖。

基层人民法院管辖县、县级市或者区的公司登记机关核准登记公司的解散诉讼案件和公司清算案件；中级人民法院管辖地区、地级市以上的公司登记机关核准登记公司的解散诉讼案件和公司清算案件。

3. 最高人民法院《关于适用〈中华人民共和国公司法〉若干问题的规定(五)》

第5条　人民法院审理涉及有限责任公司股东重大分歧案件时，应当注重调解。当事人协商一致以下列方式解决分歧，且不违反法律、行政法规的强制性规定的，人民法院应予支持：

（一）公司回购部分股东股份；

（二）其他股东受让部分股东股份；

（三）他人受让部分股东股份；

（四）公司减资；

（五）公司分立；

（六）其他能够解决分歧，恢复公司正常经营，避免公司解散的方式。

图书在版编目(CIP)数据

股东纠纷案件司法观点集成／孙彬彬主编．-- 北京：法律出版社，2020
ISBN 978－7－5197－4657－5

Ⅰ．①股… Ⅱ．①孙… Ⅲ．①股份公司－股东－经济纠纷－案例－中国 Ⅳ．①D922.291.915

中国版本图书馆 CIP 数据核字(2020)第 102772 号

股东纠纷案件司法观点集成
GUDONG JIUFEN ANJIAN SIFA GUANDIAN JICHENG

孙彬彬 主编

策划编辑 冯雨春
责任编辑 冯雨春 张 颖
装帧设计 李 瞻

出版 法律出版社
总发行 中国法律图书有限公司
经销 新华书店
印刷 三河市龙大印装有限公司
责任校对 杨锦华
责任印制 吕亚莉

编辑统筹 法律应用出版分社
开本 710 毫米×1000 毫米 1/16
印张 34.25
字数 596 千
版本 2020 年 8 月第 1 版
印次 2020 年 8 月第 1 次印刷

法律出版社／北京市丰台区莲花池西里 7 号(100073)
网址／www.lawpress.com.cn
投稿邮箱／info@lawpress.com.cn
举报维权邮箱／jbwq@lawpress.com.cn
销售热线／400－660－8393
咨询电话／010－63939796

中国法律图书有限公司／北京市丰台区莲花池西里 7 号(100073)
全国各地中法图分、子公司销售电话：
统一销售客服／400－660－8393/6393
第一法律书店／010－83938432/8433
西安分公司／029－85330678
重庆分公司／023－67453036
上海分公司／021－62071010/1636
深圳分公司／0755－83072995

书号：ISBN 978－7－5197－4657－5
定价：136.00 元